하우사語

김윤진 교수님의 정년을 맞이하여,

1980년대 초 아프리카학의 불모지나 다름없던 국내에
아프리카어과를 설립하고 30년간 후학 양성에 힘써오신 스승님의 은혜에 보답하는 마음으로
이 책을 출판합니다

장 태 상

한국외국어대학교 아프리카연구소
인문한국(HK)사업단 아프리카어학총서 1

하우사語

Nahawun **Hausa**

장 태 상

HUFS BOOKS

이 책은 2011년도 한국외국어대학교 교내 학술연구비 지원으로 집필되었습니다.

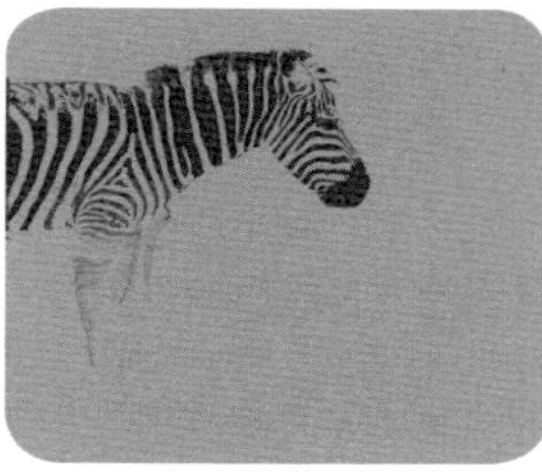

머리말

하우사어는 북부 나이지리아, 남부 니제르, 베닝, 토고, 가나 등지에서 사용되는 흑아프리카 최대의 언어로서 약 5천만 이상의 사람들이 모어로 사용하고 있다. 또한 1억 5천만에 달하는 나이지리아 인구 중 상당수의 사람들이 하우사어를 제2의 언어로 구사하고 있으며, 주변의 다른 국가들에서도 중요한 교통어로서의 기능을 하고 있다.

차드 어군을 대표하는 하우사어는 계통 분류상 셈어인 아랍어, 히브리어와 함께 아프리카-아시아 어족에 속한다. 유형학적 특징으로는 성조와 성체계(남성명사, 여성명사, 그리고 이에 따라 결정되는 다양한 종류의 문법적 성)를 들 수 있으며, 아프리카-아시아 어족의 다른 언어들처럼 명사의 복수형을 만드는 복잡한 규칙을 갖고 있다.

하우사족은 모두 무슬림들로서 나이저 강과 베누에 강 이북의 북부 나이지리아와 남부 니제르에 주로 분포되어 있다. 이들은 역사적으로 하우사 7왕국으로 알려진 도시국가들을 서기 10 세기 후반부터 건설했고, 19세기 초 플라니족이 하우사 7왕국을 정복할 때까지 수 백 년 동안 농업과 중계 무역을 통해 발전해 나갔다. 하우사족을 정복한 플라니족은 이미 하우사족에 동화되어 있었고, 따라서 두 민족 사이에 갈등은 없었다. 사람들은 이 제국을 하우사-플라니 제국이라 부른다. 하우사-플라니 제국의 문화적 전통은 영국 식민지 시대를 거쳐 오늘날까지 계승되어 오고 있으며, 현대 북부나이지리아인들의 종교적 의식 구조는 이 전통의 부산물이라고 할 수 있다. 하우사-플라니족은 독립 이래, 약 400 여 개의 민족으로 이루어진 이 나라의 정치, 군사, 경제 분야를 주도적으로 지배해 왔다. 21세기 세계를 이끌어갈 신흥 국가들 속에 나이지리아가 항상 포함된다는 사실은 하우사어의 위상과 중요성을 잘 말해 주고 있다.

이 책은 한국외국어대학교 용인캠퍼스 아프리카학부에 하우사어 강좌가 개설된 1995년부터 집필되기 시작했으며, 매년 조금씩 수정 보완되면서 학부 저학년 학생들을 대상으로 사용되어 왔다. 수정과 보완의 일관된 방향은 한국인의 외국어 습득이라는 관점에서 창의적인 문법 항목들을 포함시키는 것이었고, 설명의 단순성과 명료성을 극대화시키는 것이었다. 또한 어휘의 반복적인 사용에 기초한 풍부한 예문들을 제시함으로써 문법 지식의 전달과 함께 실질적인 언어 구사 능력의 향상이 가능하도록 쓰여졌다.

이 책은 지금까지 전 세계에서 출간된 하우사어 문법 관련 주요 서적들의 내용과 예문을 참조하고 삽입했으며, 이들 중 상당수는 신문, 잡지, 소설, 민담 등에서 저자에 의해 오랜 시일에 걸쳐 발췌된 것들이다. 참조한 기존의 문법서 및 사전은 다음과 같다.

Abraham, R.C. 1944. ***A Modern Grammar of Spoken Hausa***. London: Lowe and Brydons Printers Limited.

Abraham, R.C. 1959. ***The Language of the Hausa People***. London: University of London Press.

Abraham, R.C. 1962. ***Dictionary of the Hausa Language***. London: University of London Press Ltd.

Cowan, J. Ronayne & Russell G. Schuh. 1976. ***Spoken Hausa***. Ithaca, Newyork: Spoken Language Services, Inc.

Furniss, Graham. 1991. ***Second Level Hausa: Grammar in Action***. London: the School of Oriental and African Studies, University of London.

Jaggar, J. Philip. 1992. ***An Advanced Hausa Reader with Grammatical Notes and Exercises***. London: the School of Oriental and African Studies, University of London.

Kraft, Charles H. 1973. ***Hausa***. Hodder and Stoughton: Teach Yourself Books.

Newman, Paul and Roxana Ma Newman. 1977. ***Sabon Kamus na Hausa zuwa Turanci***. Oxford: Oxford University Press.

Newman, Roxana Ma. 1990. ***An English-Hausa Dictionary***. New Haven and London: Yale University Press.

Pilszczikowa, Nina. 1969. ***The Changing Form (Grade 2) of the Verb in Hausa***. Warszawa: Panstwowe Wydawnictwo Naukowe.

이 책은 실용적인 목적에서 하우사어의 습득을 원하는 사람들을 대상으로 집필되었다. 하우사어 문법에 대한 전문적인 지식을 원하는 중급 이상의 실력을 갖춘 사람들은 뉴먼과 재거의 다음 저서들을 참조하기 바란다.

Newman, Paul. 2000. ***The Hausa Language: An Encyclopedic Reference Grammar***. New Haven: Yale University Press.

Jaggar, J. Philip. 2011. ***Hausa***. London: John Benjamins Pub Co.

하우사 음운론, 형태통사론, 역사비교언어학에 관심이 있는 사람들은 다음의 문헌들을 알아둘 필요가 있다. 하우사 기술문법은 영국의 파슨즈(Parsons)에 의해 집대성 된 후 미국의 뉴만(Newman)에 의해 완성되었다. 아래의 논문 및 저서들은 본문의 각주에서 적어도 한 번 이상 언급된 것들로서, 파슨즈를 전후로 하는 시점부터 뉴만의 전성기에 이르기까지 영미권에서 출간된 하우사 기술문법에 관한 주요 자료들이다. 필자가 언어학자가 아닌 관계로 최근의 동향까지 수록하지는 못했다.

Abdoulaye, Mahamane L. 1992. 'Aspect of Hausa morphosyntax in role and reference grammar.' *PhD dissertation, Suny at Buffalo*, pp. 288-340.

Abraham, R.C. 1962. *Dictionary of the Hausa Language*, p. 900. London: University of London Press.

Bargari, Dauda Muhammad. 1977. 'Reanalyzing the Hausa causative morpheme', In *Papers in Chadic Linguistics*, ed. By Paul Newman and Roxana Ma Newman, pp. 1-11. Leiden: Afrika-Studiecentrum.

Bargari, Dauda Muhammad. 1987. *Hausa Subordinate Adverbial Clauses, Syntax and Semantics*, p. 89. Moroco.

Frajzyngier, Zygmunt. 1985. ''Causative' and 'benefactive' in Chadic'. *Afrika und Übersee* 68: 23-42.

Furniss, Graham. 1981. 'Hausa disyllabic form: comments on base forms and extensions', *Studies in African Linguistics* 12(2): 97-129.

Furniss, Graham. 1983. 'The 4th grade of the verb in Hausa', In *Studies in Chadic and Afroasiatic Linguistics*, ed. By Ekkehard Wolff and Hilke Meyer-Bahlburg, pp.287-300. Hamburg: Helmut Buske.

Gouffé, Claude. 1962. 'Observations sur le degré causatif dans un parler haoussa du Niger', *Journal of African Languages* 1(2): 182-200.

Jaggar, Philip J. 1977. 'The nature and function of auxiliary verbs in Hausa'. In *Papers in Chadic Linguistics*, ed. By Paul Newman and Roxana Ma Newman, pp. 57-87. Leiden: Afrika-Studiecentrum.

Jaggar, Philip J. 1978. ''And what about … ?' – Topicalization in Hausa.' *Studies in African Linguistics* 9 (1): 69-81.

Jaggar, Philip J. 1982. 'Monoverbal imperative formation in Hausa: a striking case of analogic realignment.' *Journal of African Languages and Linguistics* 4 (2): 133-156.

Jaggar, Philip J. 1985. 'Review of Manual of Hausa Idioms by Dauda M. Bagari, William R. Leben, and Faye McNair Knox'. *The Journal of West African Languages* 15 (2): 125-133.

Jaggar, Philip J. 1992. 'R.C. Abraham's early insights into Hausa pre-datival verb forms', In *African Languages and Cultures, Supplement 1, Papers in Honour of R.C. Abraham (1890-1963)*, ed. By Philip J. Jaggar, pp. 51-66. London: School of Oriental and African Studies.

Jaggar, Philip J and **Muhammed M. Munkaila**. 1992. 'Evidence against the proposal that the Hausa pre-datival final –r verb = 'Grade 5' final –r/-s verb (and an alternative analysis)'. *Proceedings of the Studia Chadica et Hamito-Semitica Symposium (Sprache und Oralität in Afrika)*, ed. By Dymitr Ibriszimow and Rudolf Leger. Frankfurt: University of Frankfurt.

McConvell, Patrick. 1973. 'Cleft sentences in Hausa? A syntactic study of focus.' *PhD thesis, SOAS, University of London.*

McIntyre, J.A. 1988. 'A NAg-ging question in Hausa: Remarks on the syntax and semantics of the plural noun of agent.' In *Studies in Hausa Language and Linguistics (In Honour of F. W. Parsons)*, ed. By Furniss, Graham and Philip J. Jaggar, pp.78-88. London: Kegan Paul International in assiciation with the International African Institute.

Munkaila, Muhammed M. 1990. 'Indirect object constructions in Hausa.' *PhD* *thesis, SOAS, University of London.*

Newman, Paul. 1973. 'Grade, vowel-tone classes and extensions in the Hausa verbal system', *Studies in African Linguistics* 4(3): 297-346.

Newman, Paul. 1977. 'Chadic extensions and pre-dative verb forms in Hausa.' *Studies in African Linguistics* 8 (3): 275-297.

Newman, Paul. 1979. 'The historical development of medial /ee/ and /oo/ in Hausa', *Journal of African Languages and Linguistics* 1(2): 183-185.

Newman, Paul. 1980. 'The classification of Chadic within Afroasiatic', p. 13. Leiden: Universitaire Pers.

Newman, Paul. 1983. 'The efferential (alias 'causative') in Hausa', In *Studies in Chadic and Afroasiatic Linguistics*, ed. By Ekkehard Wolff and Hilke Meyer-Bahlburg, pp. 397-418.

Newman, Paul. 1986. 'Tone and affixation in Hausa.' *Studies in African Linguistics* 17(3): 249-267.

Newman, Paul. 1990. *Nominal and Verbal Plurality in Chadic.* (Publications in African Languages and Linguistics 12). Dordrecht:Foris.

Newman, Paul. 1991. 'Facts count: An empiricist looks at indirect objects in Hausa.' *Berkeley Linguistics Society* 17.

Newman, Paul and **Philip J. Jaggar**. 1989. 'Low tone raising in Hausa: a critical assessment', *Studies in African Linguistics* 20 (3): 237ff.

Parsons, F.W. 1954. 'The Mutable Verb' in Hausa', In *Proceedings of the 23rd International Congress of Orientalists*, ed. By Denis Sinor, pp. 381-382. London: The Royal Asiatic Society.

Parsons, F.W. 1960. 'The verbal system in Hausa', *Afrika und Übersee* 44: 1-36.

Parsons, F.W. 1960/61/63. 'The operation of gender in Hausa.' *African Language Studies* 1: 117-136; 2: 100-124; 4: 166-207. (특히 1963: 189ff.)

Parsons, F.W. 1962. 'Further observations on the 'causative' grade of the verb in Hausa', *Journal of African Languages* 1(3): 253-272.

Parsons, F.W. 1971/72. 'Suppletion and neutralization in the verbal system of

Hausa', *Afrika und Übersee* 55: 49-97, 188-208.

Newman, Paul. 1972. 'Syllabic weight as a phonological variable.' *Studies in African Linguistics* 3: 301-323.

Parsons, F.W. 1981. *Writing on Hausa Grammar: The Collected Papers of F.W. Parsons*, ed. By Graham Furniss, pp. 153ff.: 504-506, Ann Arbor: University Microfilms International, Books on Demand.

Pilszczikowa, Nina. 1969. *The Changing Form (Grade 2) of the Verb in Hausa.* Panstwowe Wydawnictwo naukowe.

Swets, Francine. 1989. 'Grade 2 verbs with indirect objects in the Dogondoutchi dialect of Hausa.' *MA thesis, University of Leiden.*

Tuller, Laurice. 1988. 'Resumptive strategies in Hausa.' In *Studies in Hausa Language and Linguistics (In Honour of F.W. Parsons)*, ed. By Furniss, Graham and Philip J. Jaggar, pp. 132-148. London: Kegan Paul International in assiciation with the International African Institute.

Wolff, H. Ekkehard. 1984. 'Simple and extended verb stems in Hausa: towards an internal reconstruction of the Old Hausa verbal system', *The Journal of West African Languages* 14: 3-26.

날이 갈수록 국내의 아프리카에 대한 열기는 고조되어 가고 있다. 언어는 그 사회를 이해하고 그 사회의 구성원들과 친해지는 데 꼭 필요한 도구이다. 이 책이 하우사어라는 도구를 이용하여 서아프리카의 문화를 연구하고, 또 우리의 문화를 그 곳에 전달하는데 일익을 담당할 수 있기를 바란다. 16년에 걸친 강단에서의 경험을 집대성했음에도 불구하고 부족한 점이 많은 것은 내 능력의 한계에 기인하는 것이다. 부디 후학들의 질책과 수정·보완이 있기를 바랄 뿐이다.

2011년 가을

왕산에서

목 차

책의 구성 및 학습 방법

이 책은 3개 학기에 걸친 강의를 염두에 두고 씌여졌다. 총 92개의 강으로 구성되어 있으며, 1강~24강은 1학년 2학기, 25강~60강은 2학년 1학기, 61강~92강은 2학년 2학기 학생들을 대상으로 한다. 학기별 구분은 문법 범주의 난이도에 따른 것이며, 그 외의 특별한 의미는 없다. 각각의 강의는 상세한 문법 설명과 함께 풍부한 예문을 갖추고 있다.

각각의 문법 설명 끝에는 *Dialogue, Structure, Key Phrases, Reading* 등의 보충 학습 자료가 제시되어 있다. 보충학습자료는 해당 강의의 내용과는 연관성이 없다. 그러나, 일상의 대화, 하우사어의 구문구조, 중요한 표현 방식, 기초적인 독해 등, 하우사어 실력 향상에 꼭 필요한 것들이 난이도에 따라 쉬운 것부터 차례대로 소개된다. 학생들은 수업 시간에 배운 것들을 활용하여 이 보충학습자료를 혼자서 공부할 수 있다.

'새로 나온 단어'는 문법 설명에 나온 단어만을 포함하고 있으며, *Dialogue, Structure, Key Phrases, Reading* 등에 나온 것들은 포함하지 않는다. 학생들은 스스로 사전을 참조해가며 학습해야 한다. 혹, 아프리카학부 학생이 아닌 일반인이 이 책을 구입하여 학습하는 경우, 사전이 필요한 사람은 아래의 주소로 문의하기 바란다. 사전은 현재 집필 중에 있으며, 수 년의 기간이 더 소요될 예정이지만, 꼭 필요한 사람들에게는 현재까지 집필된 것을 제공할 수 있다.

한국외국어대학교 용인캠퍼스
아프리카학부 **장 태 상** 교수
tchangs@hanmail.net

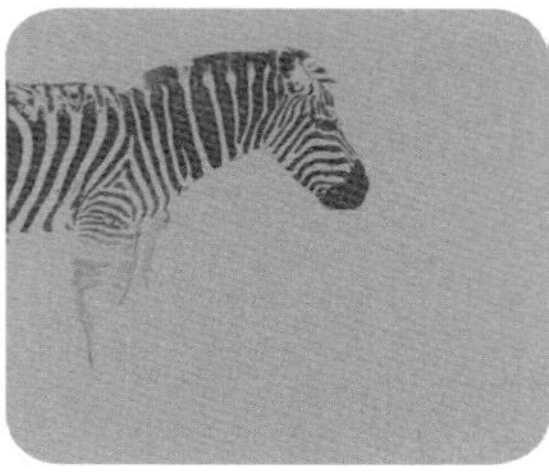

발음

과거의 하우사어는 아랍어의 알파벳을 차용해 표기했는데 이 것을 아자미 문자라고 부른다. 1세기 전까지만 해도 하우사 시, 산문, 그 밖의 종교 관련 문헌들은 이 문자로 작성되었다. 아자미가 비록 음성 문자이기는 하나, 하우사어를 표기하는데는 많은 제약이 있었다. 하우사 지역이 영국의 식민지가 된 이후에는 로마문자가 아자미를 대신하게 되었다. 이 것을 보코라고 부르는데 현대의 하우사어는 모두 보코로 표기된다.

하우사어에는 연음이 없으며, 씌여진대로 읽기 때문에 발음과 청취가 수월한 편이지만, 우리말에는 없는 소리들이 몇 개 있기 때문에 주의할 필요가 있다. 다음에 소개되는 것들 말고는 모두 영어식 알파벳 발음을 그대로 따르면 된다.

/ Ɓ, ɓ /

공기가 구강으로 빨려들어가 터지는 내파음이다. 발음하는 방법은 다음과 같다. 영어의 b음을 낼 때와 마찬가지로 두 입술을 닫는다. 목젖의 성문을 닫는다. 그 다음에 목젖(성문)을 아래로 내리면 구강의 공기가 희박해지는데(구강의 압력이 낮아진다), 이 상태에서 두 입술을 개방하면 자연스럽게 외부의 공기가 구강 안으로 빨려들어가며 이 소리가 난다.

Ex) ɓata '망치다'; ɓera '쥐'; ɓoye '숨기다'

/ Ɗ, ɗ /

역시 내파음이다. 영어의 d음을 낼 때와 마찬가지로 혀 끝을 윗니 뒤쪽의 볼록한 부분(치경)에 붙인다. 목젖의 성문을 닫는다. 그 다음에 목젖(성문)을 아래로 내리면 구강의 공기가 희박해지는데, 이 상태에서 혀 끝을 떼면 자연스럽게 외부의 공기가 구강 안으로 빨려들어가며 이 소리가 난다.

Ex) ɗaya '하나'; ɗebo '긷다'; ɗuwawu '엉덩이'

/ Ƙ, ƙ /

성문을 닫는 것은 비슷하지만 내파음이 아닌 방출음이다. 발음하는 방법은 다음과 같다. 먼저, 우리말의 ㄲ를 발음할 때처럼 혀 뒷부분으로 연구개(입천정 뒷쪽의 말랑말랑한 부분)를 막는다. 목젖의 성문을 닫는다. 그러나 내파음의 경우와는 반대로 목젖(성문)을 아래로 내리지 않고 위로 올린다. 그러면 연구개와 목젖(성문) 사이의 밀폐된 공기가 압축된다. 이 상태에서 연구개의 막힌 부분을 개방하면 이 소리가 난다. 성문이 닫힌 상태에서 소리가 난다는 것만 빼면 우리말의 ㄲ소리를 낼 때와 비슷하다.

Ex) ƙasa '나라'; ƙoƙari '노력'; ƙetare '건너다'

/ Ts, ts /

방출음이다. 우리말의 ㅉ를 발음할 때처럼 혀 끝을 윗니 뒤의 볼록한 부분(치경)에 붙인다. 성문을 닫은 상태에서 목젖을 위로 올린다. 그러면 구강 내의 밀폐된 공기가 압축된다. 이 상태에서 혀 끝을 살짝 떼면 그 좁은 틈 사이로 공기가 마찰을 일으키며 방출된다. 파열(개방)이 먼저 일어나고 그 다음에 마찰이 뒤따르는 파찰음이다.

Ex) tsaka '한 가운데'; tsoho '노인'; tsire '꼬치구이'

/ F, f /

영어의 f는 윗니와 아랫입술 사이의 틈으로 공기가 마찰을 일으키는 순치마찰음이지만, 하우사어의 f는 두 입술 사이의 틈으로 공기가 새어나오는 양순마찰음이다. 하우사인들은 f 소리와 p 소리를 잘 구분하지 못한다. 하우사 철자에 p 는 없다.

Ex) fartanya '괭이'; fenti '페인트'; fita '나가다'

/ Y, y /

혀 중앙 부분을 입 천정의 딱딱한 부분(경구개)에 가깝게 올리면 그 사이로 좁은 틈이 생긴다. 이 틈 사이로 공기가 빠져나올 때 나는 소리다.

Ex) yaro '소년'; yunwa '배고픔'; yi '하다'

/ ' /

닫힌 성문이 개방될 때 나는 성문파열음이다. 모음으로 시작하는 하우사어의 모든 단어 앞에는 항상 이 성문파열음이 온다. 따라서 누구나 예측할 수 있기 때문에 표기하지 않는 것이 관례이다. 그러나 단어 중간에 이 소리가 있을 때는 표기한다.

Ex) jami'a '대학'; ma'aikata '공장'; sana'o'i '직업'의 복수형

/ C, c /

우리말의 'ㅊ' 음에 가까운 소리다.

Ex) can '거기' ('창'으로 소리난다); ciwo '아픔'; cuta '속이다'

성조와 모음의 길이

성조 (聲調, tone)

하우사어는 중국어처럼 성조를 갖고 있다. 하우사어의 성조에는 고성조, 저성조, 하강성조가 있다.

성대의 초당 진동 수가 클수록 고음이 나고 진동 수가 적을수록 저음이 나는데, 이러한 음의 높낮이가 언어에 반영되어 단어나 형태소의 의미를 가를 때 성조(聲調, tone)라고 부른다. 성조는 강세와는 다른 개념이다. 강세(强勢, accent)는 음의 세기를 일컫는 말로서 성대의 진동 폭에 의해 결정된다. 성대의 진동폭이 크면 센 소리가 나고 진동폭이 작으면 약한 소리가 난다. 대표적인 강세 언어로 영어를 들 수 있다. 성조나 강세는 구분되는 단위로 끊을 수 없기 때문에 이 둘을 합쳐 초분절적 요소라고 부른다.

하우사어에서 고성조(高聲調, high tone)와 저성조(低聲調, low tone)는 각각 부호 ´ 와 ` 로 표시하는데, 관례상 저성조만 표기한다. 따라서 저성조 표기가 없는 것은 고성조를 의미한다.

Ex) yàrda '동의하다'

위의 단어에서 첫 음절 yar 는 낮은 소리, 즉 저성조이며, 두 번째 음절 da 는 높은 소리, 즉 고성조이다.

하강성조(下降聲調, falling tone)는 제 삼의 성조가 아니라, 고성조와 저성조가 합쳐진 것이다. 다시말해 높은 소리에서 낮은 소리로 떨어지는 소리다. 하강성조는 부호 ^ 로 표시한다.

Ex) yârā '아이들' ← yáàrā

모음의 길이

하우사어에서는 성조와 더불어 모음의 상대적 길이도 단어나 형태소의 의미를 가르는데 이용된다. 장모음은 부호 ¯ 를 모음 위에 붙이고 단모음은 아무 부호도 붙이지 않는다.

Ex) àkuyà̄ '염소'

위의 예에서, 첫 번째 음절 à 는 저성조의 단모음, 두 번째 음절 ku 는 고성조의 단모음, 세 번째 음절 yà̄ 는 저성조의 장모음이다.

성조 표시와 모음 길이 표시는 하우사어를 외국어로 배우는 학습자들을 위한 것으로서 문법서나 사전류에서 사용된다. 현지인들이 읽는 텍스트에는 이런 부호들이 등장하지 않는다.

하우사어 문법

Nahawun Hausa

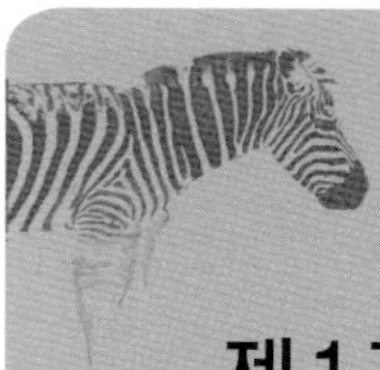

제1강

명사의 성

하우사어는 성체계가 있는 언어로서 모든 명사는 남성과 여성으로 구분되며 명사의 성에 따라 그와 관련된 각종 대명사의 형태가 결정된다.

1. 남성 명사

자음으로 끝나는 명사와 -a 이외의 다른 모음으로 끝나는 명사는 남성 명사에 속한다.

- gōrò nm. (pl. gwârrā) 1. 콜라너트 2. (작은) 선물, 보답 3. 뇌물
- hannū nm. (pl. hannuwā̀) 손, 팔
- kûnnē nm. (pl. kunnuwā̀) 귀
- littāfì̄ nm. (pl. lìttàttā̀fai) 책
- tēbùr nm. (tēburōrī) 탁자

2. 여성 명사

① 마지막 모음이 -a 로 끝나는 것은 여성 명사에 속한다.

- giwā nf. (pl. gīwā̀yē) 코끼리
- kujḕrā nf. (pl. kùjḕrū) 의자
- mā̀tā nf. (pl. mātā) 아내
- gōnā nf. (pl. gṑnàkī) 농장
- kūrā nf. (pl. kūrā̀yē) 하이에나
- màganā̀ nf. (pl. màgàngànū) 1. 말 2. 일, 용건, 업무
- makarantā nf. (pl. màkàràntū) 학교
- shìnkāfā nf. 쌀

- kȁkā nf. 수확기
- rawā nf. (pl. ràye-ràye) 춤
- ƙasā nf. (pl. ƙasȁshē) 1. 땅 2. 나라
- àkuyȁ nf. (pl. awākī, àwȁkai) 염소
- tunkìyā nf. (tumākī) 양

→ NOTE

다음의 명사들은 모음 -a 로 끝나지만 남성으로 취급된다. 사실 이런 부류에 속하는 명사들이 상당수 있기 때문에 모음 -a 로 끝나는 명사의 성을 확실히 기억해 두어야 한다.

- ɓērā nm. (pl. ɓērȁyē) 쥐, 새앙쥐
- gidā nm. (pl. gidȁjē) 집
- gȕgā nm. (pl. gūgunȁ) 양동이
- nāmȁ nm. (pl. nāmū) 고기, 들짐승
- ruwā nm. (pl. ruwȁyē) 1. 물 2. 비
- sâ nm. (pl. shānū) 황소
- sūnā nm. (pl. sūnȁyē) 이름
- wȁsā nm. (pl. wȁsànnī) 게임
- watȁ nm. (pl. wàtànnī) 1. 달 2. 월
- zàkarȁ nm. (pl. zàkàrū) 수탉

② 도시, 나라, 강 따위의 이름은 여성 명사로 취급된다.

- Nījēriyȁ nf. 나이지리아
- Fàransà nf. 프랑스
- Ingìlà nf. 영국
- Amirkà nf. 미국
- Ìkko nf. 라고스
- Kanȍ nf. 카노
- Sakkwato nf. 소코토
- Baucī nf. 바우치
- Kwârà nf. 니제르강
- Bīnuwài nf. 베누에강

→ 새로 나온 단어

- **àkuyà̄** nf. (pl. awākī, àwā̀kai) 염소
- **ɓērā** nm. (pl. ɓērā̀yē) 쥐, 새앙쥐
- **gidā** nm. (pl. gidā̀jē) 집
- **giwā** nf. (pl. gīwā̀yē) 코끼리
- **gōnā** nf. (pl. gṑnàkī) 농장
- **gōrò** nm. (pl. gwârrā) 1. 콜라너트 2. (작은) 선물, 보답 3. 뇌물
- **gū̀gā** nm. (pl. gūgunā̀) 양동이
- **hannū** nm. (pl. hannuwā̀) 손, 팔
- **kā̀kā** nf. 수확기
- **ƙasā** nf. (pl. ƙasā̀shē) 1. 땅 2. 나라
- **kujḕrā** nf. (pl. kùjḕrū) 의자
- **kûnnē** nm. (pl. kunnuwā̀) 귀
- **kūrā** nf. (pl. kūrā̀yē) 하이에나
- **littāfì̄** nm. (pl. lìttàttā̀fai) 책
- **màganā̀** nf. (pl. màgàngànū) 1. 말 2. 일, 용건, 업무
- **makarantā** nf. (pl. màkàràntū) 학교
- **mā̀tā** nf. (pl. mātā) 아내
- **nāmā̀** nm. (pl. nāmū) 고기, 들짐승
- **rawā** nf. (pl. ràye-ràye) 춤
- **ruwā** nm. (pl. ruwā̀yē) 1. 물 2. 비
- **sâ** nm. (pl. shānū) 황소
- **shìnkāfā** nf. 쌀
- **sūnā** nm. (pl. sūnā̀yē) 이름
- **tēbùr** nm. (tēburōrī) 탁자
- **tunkìyā** nf. (tumākī) 양
- **wā̀sā** nm. (pl. wā̀sànnī) 게임
- **watā̀** nm. (pl. wàtànnī) 1. 달 2. 월
- **zàkarā̀** nm. (pl. zàkàrū) 수탉

→ DIALOGUE

Bellò : Sànnu dà zuwầ, Īsā.
Īsā : Yâuwā, sànnu.
Bellò : Ìnā, gàjiyầ?
Īsā : Bâ gàjiyầ.
Bellò : Ìnā aikī̀?
Īsā : Aikī̀ dà gồdiyā.
Bellò : Ī̀nā lầbārī̀?
Īsā : Lầbārī̀ sai àlhērī̀?
Bellò : Tồ mādàllā.
Īsā : Kwal lāfiyầ?
Bellò : Lāfiyầ.
Īsā : Ìnā gidā?
Bellò : Lāfiyầ lau.
Īsā : Tồ mādàllā. Sai gồbe.
Bellò : Tồ Allầ yà kai mù.
Īsā : Ầmin.

Bellò : 어서 오세요, 이사씨.
Īsā : 네, 안녕하세요
Bellò : 많이 피곤하시죠?
Īsā : 괜찮습니다.
Bellò : 일은 잘 되시죠?
Īsā : 잘 됩니다.
Bellò : 그런데 무슨 소식이 있습니까?
Īsā : 다 좋은 소식뿐입니다.
Bellò : 네, 잘 되었군요.
Īsā : 편히 주무셨습니까?
Bellò : 네 잘 잤습니다.
Īsā : 댁내 평안하시죠?
Bellò : 아주 잘 지내고 있습니다.
Īsā : 네, 잘 되었군요. 그럼 내일 뵙겠습니다.
Bellò : 네, 그럼 무사히 뵙기를 빌겠습니다.
Īsā : 그렇게 되길 빌겠습니다.

제 2 강

계사

계사는 우리말의 '~ 이다'에 해당하며 주어와 명사 서술어를 연결해 준다. 계사는 원칙적으로 문장의 끝에 온다.

wannàn littāfì nē. (이것은 책이다.)

1. 남성 단수형과 복수형 다음에는 nē/nè 가 오고, 여성 단수형 다음에는 cē/cè 가 온다. 선행하는 명사가 저성조로 끝나면 계사는 고성조를 취하며, 고성조로 끝나면 저성조를 취한다.

남성 단수형	+ nē / nè
복수형	
여성 단수형	+ cē / cè

- wancàn tēbùr nē. (저것은 탁자이다.)
- shī mālàmī nè. (그는 선생님이다.)
- ƙōfà cē. (문이다.)
- jàkā cè. (가방이다.)
- yârā nè. (아이들이다.)
- Audù dà Hàlīmà ɗàlìbai nè. (아우두와 할리마는 학생들이다.)

2. 계사 nē/nè는 모든 문장의 끝에 선택적으로 올 수 있는데 이 때 문장의 의미는 강조된다. 이러한 기능을 위해 cē/cè가 사용되는 경우는 없다.

- yā tàfi gidā nè.[1] (그는 집으로 갔다.)

[1] tàfi 와 jē 는 둘다 '가다'의 뜻이지만, 전자가 '가서 여기에 혹은 저기에 없다'라는 사실을 함축하는 반면, 후자에는 이러한 함축이 없다.

- nā kāwō Īsa makarantā nḕ. (나는 이사를 학교에 데리고 왔다.)

> → NOTE
>
> 의문문 다음에 오는 nē/nḕ 는 다소 놀람의 느낌을 준다.

- zâi fārā̀ yâu nē? (그가 오늘 시작합니까?)
- kanā̀ nazàrī nḕ? (연구하세요?)

3. 계사의 부정은 bā̀ ... ba nḕ/cḕ 이다.

- wannàn bā̀ àllō ba nḕ. (이것은 칠판이 아니다.)
- bā̀ idṑ ba nḕ. (눈이 아니다.)
- bā̀ kujḕrā ba cḕ. (의자가 아니다.)
- sū bā̀ ɗā̀lìbai ba nḕ. (그들은 학생들이 아니다.)

4. 계사로서 kḕ nan 이 사용되기도 하는데 의미가 한층 강조된다.

- sarkī[2] kḕ nan. (왕이다.)
- bā̀ kuɗī ba kḕ nan. (돈이 아니다.)
- tô, mun dāwō gidā kḕ nan. (자, 집에 돌아왔다.)
- wā̀ ya zō? Nī kḕ nan. (누가 왔느냐?, 접니다.)

5. shī kḕ nan

shī kḕ nan 은 화제의 종결이나 전환을 표시하는데 쓰이는 고정된 표현이다. 딱 들어맞는 우리말은 없지만 '그게 다야', '그건 그렇게 된 거야', '그건 그렇고' 등으로 옮길 수 있다. 누가 미안하다거나 고맙다고 거듭 말할 때에도 '됐어, 더 이상 말하지마' 의 뜻으로 쓰인다.

- Yā mutù. Shī kḕ nan. Bāyan wannàn ... (그는 죽었다. 그건 그렇고. 그 후에 ...)

ìnā sukà tàfi? (그들은 어디에 갔습니까?)
sun tàfi gidan Bellò '그들은 벨로의 집에 갔습니다' (그래서 여기에 없습니다)
sun jē gidan Bellò '그들은 벨로의 집에 갔습니다' (갔다가 돌아왔는지 아닌지 언급하지 않음. 즉 화자의 입장에서 갔다는 것만 알고 있거나 강조하고 있음.)

[2] sarkī는 원래 3음절 sàrākī 였으며, 여성형 sàrauniyā는 sàraknìyā에서 변화된 것이다. **Newman, Paul.** 1986. 'Tone and affixation in Hausa.' Studies in African Linguistics 17(3): 249-267.

→ 새로 나온 단어

- **àllō** nm. (pl. allunà̄) (코란의 구절 따위를 쓰는 작은) 나무판
- **ɗālìbī** nm. (f. ɗālibìyā, ɗālìbā, pl. ɗà̄lìbai) 학생 (f. 여학생, pl. 학생들)
- **dāwō** v6intr. 돌아오다
- **fārà̄** v1tr. 시작하다
- **idò̄** nm. (idà̄nū) 눈
- **jàkā** nf. (pl. jakunkunà̄) 가방
- **kāwō** v6tr. 가져오다, 데려오다
- **ƙōfà̄** nf. (pl. ƙōfōfī) 문
- **kuɗī** nm. (pl. kuɗà̄ɗḕ) 1. 돈 2. 값, 가격 3. 비용
- **mālàmī** nm. (f. mālàmā, pl. mà̄làmai) 선생, 학자
- **mutù** vi. 죽다
- **nazàrī** nm. 연구, 조사
- **sarkī** nm. (f. sàraunìyā, pl. sarākunà̄) 왕, 추장
- **tàfi** v3 (vnf. tàfiyà̄) 가다, 떠나다
- **yārò̄** nm. (f. yārinyà̄, pl. yârā) 소년 (f. 소녀, pl. 아이들)
- **yâu** nf. & adv. 오늘
- **zō** vi. (vn. zuwà̄) 오다

→ DIALOGUE

Audù : Sànnu.
Mūsā : Sànnu dai.
Audù : Lāfiyà̄?
Mūsā : Lāfiyà̄ lau.
Audù : Ìnā gàjiyà̄?
Mūsā : Bâ gàjiyà̄.
Audù : Ìnā là̄bārì̄?
Mūsā : Là̄bārī̀ sai àlhērì̄.
Audù : Ìnā ìyālìnkà?
Mūsā : Lāfiyà̄ dai.
Audù : Tò̄ mādàllā.

Mūsā : Kanā̀ lāfiyā̀?
Audù : Lāfiyā̀ bâ kōmē.
Mūsā : Mutā̀nenkà lāfiyā̀?
Audù : Lāfiyā̀ ƙalau.
Mūsā : Ìnā aikī̀?
Audù : Àlhamdùlìllāhī̀.
Mūsā : Mādàllā, sai an jimā̀.
Audù : Yâuwā, mun jimā̀ dà yawā̀.

Audù : 안녕하세요?
Mūsā : 안녕하세요?
Audù : 잘 지내시죠?
Mūsā : 잘 지냅니다.
Audù : 피곤하시죠?
Mūsā : 괜찮습니다.
Audù : 무슨 소식 있어요?
Mūsā : 뭐 좋은 소식만 있죠.
Audù : 가족들은 평안하시죠?
Mūsā : 잘 지냅니다.
Audù : 다행이군요.
Mūsā : 당신도 잘 지내시죠?
Audù : 잘 지냅니다, 별 일 없습니다.
Mūsā : 당신네 다른 사람들도 잘 지내죠?
Audù : 잘 지냅니다.
Mūsā : 일은 잘 됩니까?
Audù : 잘 됩니다.
Mūsā : 좋군요, 다음에 뵙겠습니다.
Audù : 네, 다음에 뵙죠.

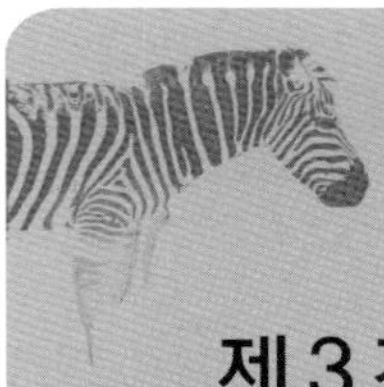

제3강

완료양상

하우사어는 동작이나 행위의 발생 시점(과거, 현재, 미래)보다는 동작이나 행위의 내적 전개 모습을 중요시한다. 내적 전개 모습은 시제라는 말 대신 양상이라는 말로 설명한다. 하우사어의 양상에는 완료양상, 진행양상, 미래양상 등이 있다.

완료 양상은 동작이나 행위가 완료된 모습을 나타낸다. 완료된 시점은 과거일 수도 있고 현재일 수도 있으며 미래일 수도 있다. 그러나 문맥상 특별한 표시가 없는한 완료 양상은 단순 과거와 비슷하다.

또한 논리상 한 동작이 완료되어야만 다음 동작이 일어나는 경우에도 완료 양상을 사용한다. 다음의 문장을 살펴보자.

- in sun tàfi, zâi dāwō. (그들이 가면, 그가 돌아올 것이다.)

조건절			주절	
in	sun	tàfi	zâi	dāwō
~ 하면	완료양상(3pl.)	가다	미래양상(3sg.masc.)	돌아오다

조건절에 완료양상이 사용된 이유는 논리상 '그들이 가는 행위'가 끝났을 때 '그가 돌아오는 행위'가 발생하기 때문이다. 이와 비슷한 이유로 우리말에서는 현재형을 사용해야 할 경우에 하우사어에서는 완료양상을 쓰는 경우들이 있다. 배우다보면 금방 익숙해진다.

1. 완료양상 대명사

① 긍정

		단수	복수
1인칭		nā tàfi (나는 갔다.)	mun tàfi (우리는 갔다.)
2인칭	남성	kā tàfi (너는 갔다.)	kun tàfi (너희들은 갔다.)
	여성	kin tàfi (너는 갔다.)	
3인칭	남성	yā tàfi (그는 갔다.)	sun tàfi (그들은 갔다.)
	여성	tā tàfi (그녀는 갔다.)	
	비인칭	an tàfi (사람들은 갔다.)	

② 부정

	여성	bà tà tàfi ba	
	비인칭	bà à tàfi ba	
		단수	복수
1인칭		bàn tàfi ba	bà mù tàfi ba
2인칭	남성	bà kà tàfi ba	bà kù tàfi ba
	여성	bà kì tàfi ba	
3인칭	남성	bài tàfi ba	bà sù tàfi ba

2. 완료양상의 활용 예문

① 긍정

- Audù yā zō. (아우두가 왔다.)
- yârā sun tàfi. (아이들이 떠났다.)
- nā kāwō r̃igā dàgà Kàtsinà. (나는 그 가운을 카지나에서 가져왔다.)
- yârā sun kai bìyar. (아이들은 다섯 명에 달했다.)
- sun bā nì kuɗī jiyà. (그들은 어제 나에게 돈을 주었다.)
- an kashè fitilā̀. (등불이 꺼졌다.)
- in sun bā nì kuɗī, zân gyārā̀ ta.
  (그들이 나에게 돈을 주면 나는 그것을 고칠 것이다.)

② 부정

- bà kà kāwō àbinci ba. (당신은 음식을 가져오지 않았다.)

- bài shā ruwā ba. (그는 물을 마시지 않았다.)
- mōtā̀ bà tà bā kà wàhalā̀ ba?
  (자동차가 말썽을 부리지 않았습니까? 직역: 자동차가 당신에게 말썽을 주지 않았습니까?)
- bàn fìta nā ganī ba. (나는 나가보지 않았다.)

→ NOTE

부정 완료 양상의 두 번째 ba 는 보통 문장의 끝에 오지만 아래의 예문에서와 같이 시간을 나타내는 부사적 표현이 있으면 이것들 앞에 올 수도 있다.

- bài zō jiyà ba. = bài zō ba jiyà. (그는 어제 오지 않았다.)

그러나 부사 tùkùna '아직 ... 하지 않았다' 는 항상 문장의 끝에 위치한다.

- bà sù kāwō kudī ba tùkùna. (그는 아직 돈을 가져오지 않았다.)
- bà tà zō ba tùkùna. (그녀는 아직 오지 않았다.)

→ 새로 나온 단어

- **àbinci** nm. 음식
- **bā** vt. 주다
- **dàgà** prep. ~로부터
- **fìta** v3 나가다
- **ganī** vt. (명사 목적어 앞에서는 ga 로 변하고 직접목적대명사 앞에서는 gan 으로 변한다) 보다
- **gyārā̀** v1tr. 고치다, 수리하다
- **jiyà** adv. 어제
- **kai** vt. & vi. 1. 가져가다, 데려가다 2. 도착하다 3. (수치나 상황이) 달하다, 이르다
- **kashḕ** v4tr. 죽이다 kashè fitilā̀ 등불을 끄다
- **rīgā** nf. (pl. rīgunā̀) 하우사 남성들이 입는 길고 품이 넓은 두루마기 비슷한 평상복
- **shā** vt. 마시다
- **tùkùna** = tùkùn adv. (부정문에서) 아직
- **wàhalā̀** nf. (pl. wahalōlī) 고생, 고난, 곤란, 곤경

→ DIALOGUE

Mammàn : Sànnu dà hūtā̀wā.
Sulè : Yâuwā, maràbā dà yawā̀.
Mammàn : Ìnā wunī̀?
Sulè : Lāfiyā̀.
Mammàn : Ìnā gùmī?
Sulè : Ai lōkàcinsà nē.
Mammàn : Gàskiyarkà.
Sulè : Kā zō lāfiyā̀?
Mammàn : Lāfiyā̀ dai.
Sulè : Gidankà lāfiyā̀?
Mammàn : Kalau.
Sulè : Mādàllā, zō kà zaunā̀.
Mammàn : Ā'ā̀, zâ ni kàntī.
Sulè : Tṑ bâ lâifī, sai kā dāwō kḕ nan.
Mammàn : Yâuwā, sai nā dāwo.

Mammàn : 쉬고 계시는군요.
Sulè : 네, 어서오세요.
Mammàn : 오늘 어떻게 보내셨습니까?
Sulè : 잘 보내고 있습니다.
Mammàn : 날씨가 덥죠?
Sulè : 더울 때죠 뭐.
Mammàn : 맞는 말씀입니다.
Sulè : 오시는데 불편하지는 않았습니까?
Mammàn : 괜찮았습니다.
Sulè : 댁내 평안하시죠?
Mammàn : 잘 지냅니다.
Sulè : 좋군요, 이리와 앉으시죠.
Mammàn : 아닙니다, 가게에 가는 중입니다.
Sulè : 그렇게 하시죠, 돌아오시면 뵙겠습니다.
Mammàn : 네, 그럼 돌아와서 뵙겠습니다.

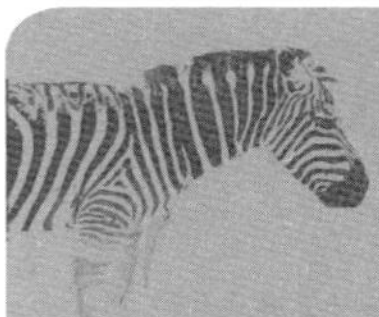

제 4 강

미래양상

미래양상은 동작이나 행위가 발생할 예정이거나 막 일어나려고 하는 경우에 사용된다. 기준점은 보통 발화 시점이지만 과거나 미래의 어떤 시점일 수도 있다. 미래양상에는 두 종류가 있다. 미래양상 1 은 미래양상 2 에 비해 사건의 발생 확률이 높은 경우에 사용되지만 실제로 사람들은 둘 사이에 특별한 구별을 두지 않는 경향이 있다.

1. 미래양상 대명사

① 긍정

		단수		복수	
		미래양상 1	미래양상 2	미래양상 1	미래양상 2
1인칭		zân zō.	nâ zō.	zā mù zō.	mâ/mwâ zō.
2인칭	남성	zā kà zō.	kâ zō.	zā kù zō.	kwâ zō.
	여성	zā kì zō.	kyâ zō.		
3인칭	남성	zâi zō.	yâ zō.	zā sù zō.	sâ/swâ zō.
	여성	zā tà zō.	tâ zō.		
	비인칭	zā à zō.	â zō.		

② 부정

		단수		복수	
		미래양상 1	미래양상 2	미래양상 1	미래양상 2
1		bà zân zō ba.	bà nâ zō ba.	bà zā mù zō ba.	bà mâ/mwâ zō ba.
2	남	bà zā kà zō ba.	bà kâ zō ba.	bà zā kù zō ba.	bà kwâ zō ba.
	여	bà zā kì zō ba.	bà kyâ zō ba.		
3	남	bà zâi zō ba.	bà yâ zō ba.	bà zā sù zō ba.	bà sâ/swâ zō ba.
	여	bà zā tà zō ba.	bà tâ zō ba.		
	비	bà zā à zō ba.	bà â zō ba.		

2. 미래양상의 활용 예문

① 긍정

- zā kà saukè dōyà̄? (당신은 얌을 내릴 것입니까?)
- zân yi aikì̄ dà yawà̄. (나는 많은 일을 할 것입니다.)
- mè̄ zā kà sàyā? (당신은 무엇을 살 것입니까?)
- yā cê duk wandà ya tàimàkē shì, zâi bā shì lādā.
  (그는 누가 그를 도와주건 그에게 보답할 것이라고 말했다.)
- zā à sārè̄ shi, sai wani ya zō ya cè̄ ...
  (그는 막 목이 달아나려고 했는데 그 때 어떤 사람이 와서 ... 라고 말했다.)
- gò̄be nâ gamà fasàlin nàn. (내일 나는 이 챕터를 끝낼 것이다.)
- nâ kai har ƙarfè̄ ukù kà̄fin ìn gamà̄.
  (끝내려면 세 시까지는 가야할 것입니다.)
- ƙīlà ɓàrāwò̄ yâ kōmō. (도둑이 돌아올지도 모른다.)
- yi hàƙurī, mwâ kāmà̄ shi. (진정하세요, 우리가 그를 잡을 것입니다.)

② 부정

- bà zā sù ci àbinci ba. (그들은 밥을 먹지 않을 것이다.)
- bà zā kà yi ƙò̄ƙarī kà gamà̄ zuwà̄ ƙarfè̄ biyu ba?
  (당신은 두 시 경에 끝내도록 노력하지 않을 것입니까?)
- mà̄tar Shēhù bà zā tà haifù̄ yâu ba.
  (쉐후의 아내는 오늘 출산하지 않을 것이다.)
- bà mâ tàfi ba. (우리는 가지 않을 것이다.)

→ 새로 나온 단어

- **aikì̄** nm. (pl. ayyukà̄) 일, 직업, 활동
- **ɓàrāwò̄** nm. (f. ɓàraunìyā, pl. ɓàrà̄yī) 도둑
- **cê, cè̄** (vnf. cêwā) 말하다
- **ci** vt. 먹다
- **dōyà̄** nf. (식물) 얌
- **duk, dukà** 1. adj. 모든 2. adv. 아주, 완전히 3. pro. 모두, 전부
  4. nm. 전체
- **fasàlī** nm. 1. (책의) 장, 절 2. 짜임새, 맵시, 대칭, 균형미, 조화 3. 계절

- **gamà̄** v1tr. 끝내다, 마치다
- **gòbe** nm. & adv. 내일 watàn gòbe 다음 달
- **haifù** vi (vn. haifùwā) (자동사로서) 출산하다, 아이를 낳다
- **hàƙurī** nm. 인내
- **har** prep. & conj. ~까지
- **kā̀fin** conj. ~하기 전에
- **kāmà̄** v1tr. 1. (도둑 따위를) 잡다 2. (물건을) 잡다, 쥐다, 붙잡다 3. 착수하다, 시작하다
- **ƙarfè** nm. (pl. ƙarā̀fā) 1. 금속 2. 시
- **ƙīlà** adv. 아마도
- **ƙòƙarī** nm. 노력
- **kōmō** v6intr. 돌아오다
- **lādā** nm. 1. 임금, 급료 2. 보상, 보답
- **sārè̄** v4 tr. & intr. 1. (사람을 내리쳐) 베다 2. (나무를) 베다 3. (장작을) 패다 4. (여행자, 말 따위가) 녹초가 되가, 기진맥진 하다 5. (물건이) 다 떨어지다, 바닥나다 6. 낙담하다, 희망을 잃다, 절망하다
- **saukè̄** v4tr. (짐 따위를) 내리다
- **sàyā** (i/ē) v2 (vn. sàyē) 사다
- **tàimakà̄** (i/ē) v2 (vn. tàimakō) 돕다
- **yawà̄** nm. 많음 dà yawà̄ = mài yawà̄ 많은 yi yawà̄ 많다
- **zuwà̄** nm. & prep. 1. 도착 2. 동사 zō 의 동명사형 3. (장소) ~로 4. zuwà̄ gà̄ 편지의 서두에 오는 호칭 zuwà̄ gà̄ Malàm Audù (아우두 선생님께) 5. ~까지

→ DIALOGUE

Bellò : Sàlāmù àlaikùm.
Jàtau : Yâuwā, shìgō Bellò.
Bellò : Mādàllā, kanā̀ lāfiyā̀?
Jàtau : Lāfiyā̀ dai.
Bellò : Ìnā gidā?
Jàtau : Lāfiyā̀.
Bellò : Mutā̀nenkà lāfiyā̀?
Jàtau : Lāfiyā̀ dukà.
Bellò : Tô, yā̀yā̀ jìkī?
Jàtau : Kâi, jìkīnā yanā̀ dā̀muwā sṑsai.
Bellò : Kâi, sànnu! Cīwòn cikī̀ nē?
Jàtau : Ā'à, ƙafā̀ cē.
Bellò : Kâi, Allā̀ yà bā dà sauƙī.
Jàtau : Ā̀min.

Bellò : 실례합니다.
Jàtau : 네, 들어오세요 벨로씨.
Bellò : 감사합니다, 잘 지내셨죠?
Jàtau : 잘 지내고 있습니다.
Bellò : 댁내 평안하시죠?
Jàtau : 잘 지냅니다.
Bellò : 다른 사람들도 잘 지내죠?
Jàtau : 모두 잘 지내고 있습니다.
Bellò : 몸은 좀 어떠세요? (note : '아픈 것은 좀 어떠세요?'라는 뜻)
Jàtau : 어휴, 몸이 좀 걱정입니다!
Bellò : 저런, 안됐습니다! 배가 아픈 것입니까?
Jàtau : 아니요, 발입니다.
Bellò : 쯧쯧, 어서 차도가 있기를 빕니다.
Jàtau : 아멘.

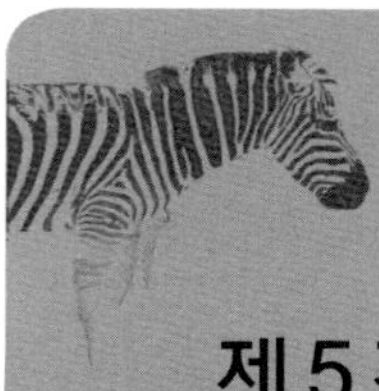

제 5 강

직접목적대명사

직접목적대명사는 타동사 다음에 온다. 직접목적대명사의 성조는 동사의 마지막 음절의 성조와 반대이다.

	선행하는 동사의 성조가 저성조 일 때	선행하는 동사의 성조가 고성조일 때
1인칭 단수	ni	nì
2인칭 단수 (남성)	ka	kà
2인칭 단수 (여성)	ki	kì
3인칭 단수 (남성)	shi	shì
3인칭 단수 (여성)	ta	tà
1인칭 복수	mu	mù
2인칭 복수	ku	kù
3인칭 복수	su	sù

1. 아래의 예문에서 알 수 있듯이 특정한 대상을 가리킬 때 반드시 직접목적대명사를 사용해야 하는 것은 아니다. 목적어를 생략할 수 있는 이러한 측면은 우리말과 비슷하다.

- Sīdì, yā dînkà wàndôn? (시디가 그 바지를 만들었습니까?)
- ī, yā dînkā̀ shi. (네, 그가 그것을 만들었습니다.)
- ī, yā dînkā̀. (네, 그가 만들었습니다.)

- kā yi tā̀barmâr? (당신이 그 돗자리를 만들었습니까?)
- ī, nā yi tà. (네, 제가 그것을 만들었습니다.)
- ī, nā yi. (네, 제가 만들었습니다.)

2. 특정하지 않은 일반적인 대상을 말할 때에는 직접목적대명사를 사용할 수 없다.

- kā yi tā̀barmā? (당신은 돗자리를 만들었습니까?)
- ī, nā yi. (네, 만들었습니다.)
  <note: 어떤 돗자리를 하나 만들었다는 의미>

3. sanī̀ '알다', ganī̀ '보다'와 같은 동사는 특정한 물리적 대상과 더불어 추상적인 사실이나 사건을 목적어로 가질 수 있다. 전자의 경우는 반드시 목적어를 취하지만 후자의 경우는 취하지 않는다.

- kā san Ī̀brāhìm? (당신은 이브라힘을 압니까?)
- ī, nā san shì. (네, 저는 그를 압니다.)

- kā san mōtā̀tā tā ɓācì? (당신은 내 자동차가 망가진 것을 압니까?)
- ī, nā sanī̀. (네, 저는 압니다.)

- kin ga mā̀tarsà? (당신은 그의 아내를 보았습니까?)
- ī, nā gan tà. (네, 저는 그녀를 보았습니다.)

- kā ga sun tàfi? (그들이 떠난 것을 보았습니까?)
- ī, nā ganī. (네, 저는 보았습니다.)

4. 이 밖에도 직접목적대명사는 다음과 같은 단어들 다음에 사용된다.

- àkwai '... 가 있다'
- bâ '... 가 없다'
- gā̀ '(손으로 가리키며) ... 가 있다'
- gàrē '... 한테' (전치사 gà 의 이형)

- àkwai takàrdâr à kân tēbùr? (탁자 위에 그 서류가 있습니까?)
- ī, àkwai tà. (네, 그것이 있습니다.)
- ā'à̄, bâ ta. (아니오, 그것이 없습니다.)
- gā̀ Audù nân. ((손으로 가리키며) 아우두가 여기 있습니다.)
- àkwai kyâu gàrē tà. (그녀는 아름답다. 직역: 아름다움이 그녀한테 있다.)

→ 새로 나온 단어

- **àkwai** ~가 있다
- **bâ** (목적어가 명시될 때 bābù 대신에 사용될 수 있음) 1. ~가 없다 2. ~없이 3. (시간 표현에서) ~전 ƙarfè ukù bâ kwatà (15분전 3시)
- **ɓācì** v3 (간접목적어 앞에서 ɓācè 로 바뀜) (물건, 상황, 마음이) 손상되다, 망가지다, 망쳐지다
- **dìnkā** (i/ē) v2 (해진 곳을) 꿰매다, 깁다
- **gà** (눈에 보이는 것을 손으로 가리키며) ...가 있다
- **kân** prep. 1. ~위에 2. ~에 대하여
- **kyâu** nm. (gen. kyân) 1. 좋음 2. 아름다움
- **mōtà** nf. (pl. mōtōcī) 자동차 bàbbar mōtà 트럭
- **sanì** vt. & nm. (직접목적대명사 앞에서 san 으로 됨) 1. 알다 2. 지식
- **tàbarmā** nf. (pl. tàbàrmī) 돗자리
- **takàrdā** nf. (pl. tàkàrdū) 1. 종이 2. 편지 3. 문서
- **wàndō** nm. (pl. wandunà) 바지

→ DIALOGUE

Mūsā : Sànnu ɗālìbī.
Audù : Yâuwā, sànnu mālàm.
Mūsā : Mènēnè wannàn?
Audù : Wannàn jàkī nè.
Mūsā : Tò, mènēnè wannàn?
Audù : Tsuntsū nè.
Mūsā : Mècēcè wannàn?
Audù : Àkwiyà cē.
Mūsā : Tò, mècēcè wannàn?
Audù : Wannàn tunkìyā cè.
Mūsā : Tò mādàllā, sai gòbe.
Audù : Yâuwā, Allà yà kai mù.

Mūsā : 안녕 학생.
Audù : 네, 안녕하세요 선생님.
Mūsā : 이게 뭐냐?
Audù : 이거 당나귀에요.
Mūsā : 그래, 이건 뭐냐?
Audù : 새입니다.
Mūsā : 이건 뭐지?
Audù : 염소입니다.
Mūsā : 그래, 이건 뭐냐?
Audù : 이건 양입니다.
Mūsā : 그래 잘했다, 내일 보자.
Audù : 그래요, 무사히 뵙기를 빌겠습니다.

제 6 강

인사표현

하우사 사회에서 인사는 형식적인 예절 이상의 의미를 갖는다. 그것은 사람들 사이의 관계를 확인하고 훌륭한 인격을 드러내는 데 기여한다.

1. 다음은 언제, 어디서나, 누구한테라도 안심하고 사용할 수는 표현들이다.

A : sànnu. (안녕하세요?)
B : yâuwā, sànnu = sànnu = sànnu kàdai. (네, 안녕하세요?)

A : lāfiyā̀. (잘 지내지요?)
B : lāfiyā̀ lau. (잘 지냅니다.)

A : ìnā gàjiyā̀? (피곤해 보입니다.)
B : bâ gàjiyā̀. (아니 피곤하지 않습니다.)

A : ìnā aikī̀? (일은 잘 되세요?)
B : aikī̀ dà gṑdiyā. (늘 감사한 마음으로 일하고 있습니다.)

A : ìnā gidā? (댁내 평안하십니까?)
B : lāfiyā̀. (평안합니다.)

A : ìnā là̄bārī̀? (무슨 좋은 소식 없습니까?)
B : là̄bārī̀ sai àlhērī̀. (좋은 소식만 있습니다.)

위의 각각의 인사 교환이 끝난 후 다음의 표현이 사용된다.

A : tṑ mādàllā. (그래요, 잘 됐군요.)
B : Ø

2. 다음은 하루의 특정한 시기, 즉 아침이나 한낮에 쓸 수 있는 표현들이다.

A : ìnā kwānā? (어떻게 주무셨습니까?)
B : lāfiyā̀. (잘 잤습니다.)

A : kwal lāfiyā̀? (잘 주무셨습니까?)
B : lāfiyā̀. (잘 잤습니다.)

A : ìnā wunī̀? (오늘 어떻습니까?)
B : lāfiyā̀. (잘 지내고 있습니다.)

3. 다음은 특정한 행동을 하고 있는 사람에게 말을 건넬 때 쓰는 표현들이다.

A : sànnu dà aikī̀. (일이 잘 되십니까?)
<note: 일하고 있는 사람한테 사용>
B : yâuwā, sànnu. (네, 잘 되고 있습니다.)

A : sànnu dà zuwā̀. (어서 오십시요.) <note: 누가 왔을 때 사용>
B : yâuwā, sànnu. (네, 안녕하세요.)

A : sàlāmù àlaikùn. (실례합니다.) <note: 사무실이나 방에 들어갈 때 사용>
B : yâuwā, àlaikà sàlāmù. (네, 어서 들어오세요.)

4. 다음은 헤어질 때 할 수 있는 다양한 표현들이다.

A : sai an jimā̀. (다음에 뵙겠습니다.)
B : yâuwā, sai an jimā̀. (네, 다음에 뵙겠습니다.)
= yâuwā, mù jimā̀ dà yawā̀. (네, 다음에 뵙겠습니다.)

A : sai gṑbe. (내일 뵙겠습니다.)
B : yâuwā, sai gṑbe. (네, 내일 뵙겠습니다.)

A : sai dà sāfe. (아침에 뵙겠습니다.)
B : yâuwā, sai dà sāfe. (네, 아침에 뵙겠습니다.)

A : sai dà yâmma. (저녁에 뵙겠습니다.)
B : yâuwā, sai dà yâmma. (네, 저녁에 뵙겠습니다.)

A : sai wani lōkàcī. (언제 다시 봅시다.)
B : yâuwā, sai wani lōkàcī. (네, 언제 다시 봅시다.)

A : sai wata rānā. (언제 다시 뵐 날이 있겠지요.)
B : yâuwā, sai wata rānā. (네, 언제 다시 뵐 날이 있겠지요.)

작별 인사를 받은 사람이 인사표현 중에 신을 언급하면 먼저 인사를 한 사람은 반드시 아멘이라고 화답해야 한다.

A : sai an jimà̄. (나중에 뵙겠습니다.)
B : tȍ Allàh yà kai mù. (네, 신이여 우리를 무사히 다시 만나게 해주소서.)
A : Ȁmin. (아멘.)

→ 새로 나온 단어

- **àmin** excl. 아멘
- **gàjiyà̄** nf. 1. 피곤함 2. gàji v3 의 동명사
- **gȍdiyā** nf. 감사(thanks)
- **jimà̄** v1intr. 얼마간의 시간을 보내다, 잠시 머물다
- **là̄bārī̀** nm. (pl. là̄bà̄rū, là̄bà̄rai) 소식, 뉴스, 정보
- **lāfiyà̄** nf. 1. 건강 2. (일반적으로) 좋은 상태 3. adv. 무사히
- **lōkàcī** nm. (pl. lȍkàtai) 시간, 때, 시기
- **mādàllā** excl. 감사나 찬성을 표현하는 일반적인 말
- **rānā** nf. (pl. rà̄nàikū, gen. rānar = ran) 1. 태양 2. 더위 3. 날
- **sāfe** adv. (보통 dà 나 na 와 함께 쓰임) 아침에
- **sāfiyā** nf. 아침
- **sai** 1. ~을 제외하고 2. ~까지
- **wani** indef. pro. (f. wata, pl. wasu) ① 어떤 사람, 어떤 것, 또 다른 사람, 또 다른 것 ② dem. 어떤
- **wunì** = yinì v3 (낮을 중심으로) 하루를 보내다
- **wunī̀** nm. 하루를 보냄
- **yâmma** nf. & adv. 1. 서쪽, 서쪽으로 2. (보통 dà 또는 na 와 함께 쓰임) 오후에
- **yâmmā** nf. 오후

→ DIALOGUE

Yūsufù : Sànnu dà zuwā̀, Daudà.
Daudà : Yâuwā sànnu.
Yūsufù : Kwal lāfiyā̀?
Daudà : Lāfiyā̀ ƙalau.
Yūsufù : Wànē ya tàfi gàrī?
Daudà : Audù nē.
Yūsufù : Yā dāwō nḕ?
Daudà : Ā'ā̀, sai gṑbe.
Yūsufù : Tṑ dà kyâu.

Yūsufù : 어서 오세요, 다우다씨.
Daudà : 네 안녕하세요.
Yūsufù : 안녕히 주무셨습니까?
Daudà : 아주 잘 잤습니다.
Yūsufù : 누가 도시에 갔습니까?
Daudà : 아우두입니다.
Yūsufù : 그가 돌아왔습니까?
Daudà : 아니오, 내일 돌아옵니다.
Yūsufù : 잘 알겠습니다.

제7강

1단동사[3]

동사에는 기본동사와 파생동사가 있다. 1단동사, 2단동사, 3단동사는 기본 동사에 속하고 4단동사, 5단동사, 6단동사, 7단동사는 파생동사이다. 각각의 동사가 몇 단에 속하는 지는 성조와 마지막 모음의 형태로 구별한다.

1단동사는 장모음 -ā 나 -ā̀ 로 끝나며 다음에 나오는 네 가지 성조 유형 중의 하나를 취한다.

High – Low

cikā̀ '채우다', gamā̀ '끝내다', rabā̀ '나누다', hanā̀ '방해하다', kāmā̀ '잡다', '쥐다', līƙā̀ '붙이다', naɗā̀ '감다', '두르다'

High – Low – High

aikàtā '하다', '수행하다', angàzā '밀어넣다', bincìkā '조사하다', daidàitā '정돈하다', fassàrā '번역하다', halàkā '파괴하다', '죽이다', jarràbā '시험하다', maimàitā '반복하다', rarràbā '분배하다'

Falling – High

mântā (= mântā dà) '~을 잊다', shâidā '알아보다', '알리다', '통지하다', sânyā '입다'

---

[3] **Parsons, F.W.** 1960. 'The verbal system in Hausa', *Afrika und Übersee* 44: 1-36.
Parsons, F.W. 1981. *Writing on Hausa Grammar: The Collected Papers of F. W. Parsons*, ed. By Graham Furniss, pp. 153ff.: 504-506, Ann Arbor: University Microfilms International, Books on Demand.
Wolff, H. Ekkehard. 1984. 'Simple and extended verb stems in Hausa: towards an internal reconstruction of the Old Hausa verbal system', *The Journal of West African Languages* 14: 3-26.

High – High – Low – High
ragargàzā '산산히 부수다'

1. 기본 타동사

타동사는 목적어로 갖는다. 문맥에 의해 목적어를 알 수 있을 때에는 목적어가 생략된다.

- sun rabā̀ su? (그들이 그것들을 나누었습니까?)
- ī, sun rabā̀. (네, 그들은 나누었습니다.)
- bābù yaddà zā à fassàrā shi? (그것을 번역할 방법이 없습니까?)
- ìnā takàrdâr dà sukà rubū̀tā? (그들이 쓴 편지는 어디에 있습니까?)

2. 여격 타동사[4]

일부 1단동사는 간접목적어를 갖는다. 이것을 여격 타동사라고 한다.

- ɗadā̀ wà '~에게 말하다'
- gayā̀ wà '~에게 말하다'
- dirā̀ wà '~를 덮치다', '~를 급습하다' cf. dìra v3 '덮치다'
- kōyā̀ wà '~에게 가르치다' cf. kṑyā v2 (vn. kṑyō) '배우다', kōyar dà v5 '~을 가르치다'
- daɓā̀ wà '~을 찌르다', '~에게 실컷 당하게 하다'

- yā gayā̀ wà malàm Audù zâi zō gṑbe.
  (그는 선생님에게 아우두가 내일 올 것이라고 말했다.)
- zākī̀ yā diram masà. (사자가 그를 덮쳤다.)
  cf. 간접목적어 앞에서 동사의 형태변화 참조
- mālàmîn yā kōyā̀ wà ɗā̀lìbai kàrā̀tū.
  (선생님은 학생들에게 읽기를 가르쳤다.)
- yā daɓā̀ masà wuƙā. (그는 칼로 그를 깊이 찔렀다.)
- an daɓā̀ masà mārī̀ / būlālā̀ / kibiyā̀.
  (그는 따귀를 / 채찍을 / 화살을 심하게 맞았다.)

---

[4] 타동사 중에는 동사의 행위나 동작을 어떤 대상에 적용하는 동사들이 있는데 뉴만은 이것을 Applicative extension '적용의 확장' 이라고 부른다. 주로 간접목적어에 동작이 적용된다: eg. ɗadā̀ wà v1dat. ~에게 말하다. cf. fàɗā = faɗī̀ v2 말하다.
Newman, Paul. 1973. 'Grade, vowel-tone classes and extensions in the Hausa verbal system', *Studies in African Linguistics* 4(3): 297-346.

3. 사회 도구격 타동사

사회 도구격 전치사 dà 와 함께 쓰이는 타동사들이 있다. 이것을 사회 도구격 타동사라고 한다. 세 개의 동사를 예로 들어 설명하면 다음과 같다.

① mântā dà (= mântā v1tr.) '~을 잊다'

- nā mântā dà shī. (나는 그것을 잊어버렸다.)[5]
- Allàh yà sâ kadà yà mântā dà àl'ādàrmù.
  (신이여 그가 우리의 풍습을 잊지 않도록 하소서.)

② kulā̀ dà ' ~에 주의하다', '~을 돌보다', '~을 보살피다'

- mutā̀nensà, bài kulā̀ dà kō nawà sukà mutù ba.
  (그의 백성들, 그는 그들이 아무리 많이 죽어도 신경쓰지 않았다.)
- bài kulā̀ dà kōmē ya àuku ba = kōmē ya àuku bài kulā̀ ba
  = bài kulā̀ ba kōmē ya àuku. (그는 어떤 일이 일어나도 신경쓰지 않았다.)
- bā yā̀ kulā̀ dà aikìnsà. (그는 그의 일에 신경쓰지 않는다.)
- bà sù kulā̀ dà kō sù ci, kō kadà sù ci ba = kō sù ci, kō kadà sù ci, bà sù kulā̀ ba. (그들은 그들이 이기든 지든 신경쓰지 않았다.)

→ NOTE

위의 마지막 예문에서 이기고 지는 행위가 아직 발생하지 않은 미래의 사건이기 때문에 kō 다음에 가상법이 쓰였다. 그러나 과거에 발생한 사건이라면 완료 양상을 사용해야 한다.

- kō sukà ci, kō bà sù ci ba, bà sù kulā̀ ba
  (그들이 이겼는지 졌는지 그들은 신경쓰지 않았다.)
- kō ya tàfi, kō bài tàfi ba, bà zâi kulā̀ ba
  (그가 갔는지 안갔는지 그는 신경쓰지 않을 것이다.)

③ aikā̀ dà (= aikḕ dà v4tr.) '(물건을) 보내다' cf. àikā v2 (vn. aikī̀) '(사람을 심부름) 보내다'

- nā aikā̀ dà kā̀jī wurinsà. (나는 그에게 닭들을 보냈다.)
- munā̀ aikā̀ dà takàrdā gûnsà. (우리는 그에게 편지를 보낸다.)

---

[5] dà 없이 기본 타동사로도 사용되므로 nā mântā shi 라고 해도 같은 뜻임.

- yā aikà̄ musù dà cêwā yanà̄ zuwà̄. (그가 오고 있다는 전갈을 그에게 보냈다.)

→ NOTE

위의 첫번째 예문은 간접 목적어를 사용해 nā aikà̄ masà dà kà̄jī '나는 그에게 닭들을 보냈다' 라고 할 수 있지만 '그에게'를 의미하는 간접 목적 대명사 masà 대신에 wurī '장소'를 사용하여 wurinsà '그한테'로 표현하는 것이 보다 하우사적인 어법이다.

→ NOTE

위의 세번째 예문에서 cê '말하다'의 동명사인 cêwā 는 동사의 목적절에 해당하는 부분을 유도하고 있다. cêwā 는 주로 발화 관련 동사 다음에서 이러한 역할을 수행한다.

- yā bayyànā cêwā ... (그는 ... 라고 설명했다.)
- nā sà̄mi lā̀bārì̄ cêwā ... (나는 ... 라는 소식을 들었다)
- mù tunà̄ mukù cêwā ... (당신들에게 ... 를 상기시켜 드리지요)

4. 기본 자동사

- tsayà̄ '멈추다', '일어서다'
- gaggàutā '서두르다'
- farkà̄ '(잠에서) 깨어나다', '다시 살아나다', '소생하다'
- gānà̄ '은밀히 이야기하다'
- gaisà̄ '인사를 교환하다'
- dākàtā '기다리다'
- kōmà̄ '돌아가다'
- kwântā '눕다'
- kyâutā '친절하다'
- zaunà̄ '앉다'

→ 새로 나온 단어

- **aikà̄** v1tr. (dà 와 함께 쓰임) (물건을) 보내다
- **aikàtā** v1tr. 실행하다, 수행하다
- **àl'ādà̄** nf. (pl. àl'à̄dū) 관습, 전통
- **angàzā** v1tr. 밀어넣다
- **àuku** v7 일어나다, 발생하다
- **bābù** ~이 없다
- **bayyànā** v1tr. 1. 설명하다 2. 폭로하다, 까발리다
- **bincìkā** v1tr. (vn. bìncìkē) 조사하다
- **būlālà̄** nf. 채찍
- **cikà̄** v1tr. 1. 채우다 2. (약속, 의무 따위를) 이행하다, 완수하다 3. ~을 많이 하다, ~의 특징이 있다
- **daɓà̄** v1tr. (간접목적어와 함께 쓰임) 1. ~을 찌르다 2. ~을 많이 하다
- **daidàitā** v1tr. 맞추다, 조정하다, 정확하게 하다, 똑바르게 하다, 같게 하다, 가지런히 하다, 정돈하다
- **dākàtā** v1intr. 1. 기다리다 2. (전치사 dà 와 함께 쓰임) 잠시 미루다, 연기하다 3. 잠시 멈추다 4. v1tr. (간접목적어와 함께 쓰임) ~을 기다리다
- **dirà̄** v1tr. (간접 목적어와 함께 쓰임) ~를 덮치다, ~를 급습하다
- **fàɗā** (i/ē) v2 (vn. faɗì̄, vnf. fàɗā) = faɗì̄ v2 1. ~을 말하다 2. nf. 말
- **faɗà̄** v1tr. (간접 목적어를 취함) ~에게 말하다
- **farkà̄** v1intr. 1. (잠에서) 깨다, 일어나다 2. (기절한 사람, 시든 식물이) 소생하다, 다시 살아나다
- **fassàrā** v1tr. 1. 번역하다 2. 설명하다
- **gaggàutā** v1intr. 서두르다
- **gaisà̄** v1intr. 인사를 나누다
- **gānà̄** v1intr. & tr. 1. ~와 은밀한 대화를 하다 2. (간접목적어와 함께 쓰임) 경험하게 하다
- **gayà̄** v1tr. (간접목적어와 함께 쓰임) ~에게 말하다
- **halàkā** v1tr. 파괴하다, 죽이다
- **hanà̄** v1tr. 1. 방해하다 2. 금지하다
- **jarràbā** v1tr. 시험하다, 테스트하다, 검사하다, 조사하다
- **kadà** 부정 가상법을 만드는데 사용된다.
- **kà̄zā** nf. (pl. kà̄jī) 암탉, 병아리
- **kibiyà̄** nf. (pl. kibiyōyī, kibau) 화살

- **kō** prep. & conj. 1. 또는, 혹은, ~이나 ~이나 2. ~인지 3. 그래 안그래? 4. 공손한 의문문을 만드는데 사용됨 5. ~조차도 6. kō kàɗan (부정 표현과 함께 쓰여) 조금도, 전혀 7. (kō dà = kō dà ya kḕ 의 형태로) 비록 ~일지라도 8. kō dà + rel. completive ~하자마자
- **kōmā̀** v1intr. 1. 돌아가다(go back, return) 2. ~로 되다
- **kōyā̀** v1tr. (간접목적어와 함께 쓰임) (사람을) 가르치다
- **kulā̀** v1tr. (dà 와 함께 쓰임) ~에 주목하다, 신경쓰다
- **kwântā** v1intr. (vnf. kwànciyā) 1. 드러눕다 2. 진정되다, 가라앉다
- **kyâutā** v1intr. 1. 친절하다 2. (흥정에서) 값을 깎거나 물건을 더주다
- **maimàitā** v1tr. 반복하다, 반복해서 말하다
- **mālàm** = **mālàmī**
- **mântā** v1tr. (= mântā dà) ~을 잊다
- **mā̀rā** (i/ē) v2 (vn. mārī̀) 따귀를 때리다
- **mārī̀** nm. 따귀
- **mùtûm** nm. (pl. mutā̀nē) 사람
- **naɗā̀** v1tr. 1. ~을 (물건을) 두르다, 휘감다 2. (간접목적어와 함께 쓰여) ~을 ~로 싸다 3. (사람을 어떤 직위에) 임명하다
- **nawà** inter. adj. 몇? 얼마나 많은?
- **rabā̀** v1tr. 1. 나누다 2. 나누어주다, 분배하다
  3. (분쟁) 수습하다, 조정하다
- **ragargàzā** v1tr. 1. 산산이 부수다, 박살내다, 분쇄하다 2. 망쳐놓다
- **rarràbā** v1tr. 1. 분배하다, 나누어 주다 2. 배포하다, 유포하다, 뿌리다
- **rubū̀tā** v1tr. (vn. rùbū̀tū) 쓰다
- **sâ** vt. 1. 두다, 놓다 2. 입다, 쓰다 3. 임명하다 4. 야기하다, 초래하다
- **sāmū̀** (sā̀mi = sā̀mu / sā̀mē) v2 (vn. sāmū̀) 1. 얻다 2. 발견하다, 찾다
  3. ~에게 생기다, 일어나다
- **sânyā** v1tr. (= sâ vt.) 1. 두다, 놓다 2. 일으키다, 야기하다 3. 입다, 쓰다
- **tsayā̀** v1intr. 1. 서다, 일어서다 2. 기다리다 3. 멈추다, 정지하다
- **tunā̀** v1tr. 1. (종종 dà 와 함께 쓰임) ~을 기억하다
  2. (간접목적어와 함께 쓰임) ~에게 생각나게 하다, 상기시키다
- **wuƙā** nf. (pl. wuƙā̀ƙē) 칼
- **wurī** nm. (pl. wurā̀rē) 장소
- **yaddà** rel. adv. 어떻게, ~하는 방법
- **zākī̀** nm. (f. zākanyā̀, pl. zākōkī) 사자
- **zaunā̀** v1intr. 1. 앉다 2. 살다, 머무르다

→ DIALOGUE

Bà̃ƙo : Ìnā wunì̃?
Garbà : Lāfiyà̃.
Bà̃ƙo : Ìnā gàjiyà̃?
Garbà : Bābù gàjiyà̃.
Bà̃ƙo : Tò̃ mādàllā.
Garbà : Kā zō lāfiyà̃?
Bà̃ƙo : Lāfiyà̃, bâ kōmē.
Garbà : Gidā lāfiyà̃?
Bà̃ƙo : Lāfiyà̃ ƙalau.
Garbà : Ìnā Bellò?
Bà̃ƙo : Yā tàfi Kanò̃.
Garbà : Tò̃ dà kyâu. Yā tàfi kà̃suwā?
Bà̃ƙo : Ā'à̃, bài tàfi kà̃suwā ba.
Garbà : Tò̃ bâ lâifī. Sai an jimà̃.
Bà̃ƙo : Yâuwā sai an jimà̃.

Bà̃ƙo : 잘 지내셨죠? (한낮에 하는 인사)
Garbà : 네 잘 지냅니다.
Bà̃ƙo : 피곤하시죠?
Garbà : 아니 괜찮습니다.
Bà̃ƙo : 그래요, 좋군요.
Garbà : 무사히 오셨습니까?
Bà̃ƙo : 네, 아무일 없었습니다.
Garbà : 댁내 평안하시죠?
Bà̃ƙo : 아주 잘 지내고 있습니다.
Garbà : 벨로는 잘 있습니까?
Bà̃ƙo : 그는 카노에 갔습니다.
Garbà : 그래요, 그는 시장에 갔습니까?
Bà̃ƙo : 아니오, 그는 시장에 가지 않았습니다.
Garbà : 그래요, 다음에 뵙겠습니다.
Bà̃ƙo : 네 다음에 뵙겠습니다.

→ STRUCTURE

Bà sù tàfi ba.	그들은 가지 않았습니다.
Bàn ci àbinci ba tùkùna.	나는 아직 먹지 않았습니다.
Bà sù kāwō littāfì̄ ba.	그들은 책을 가져오지 않았습니다.
Yārinyà̄ bà tà dāwō ba.	그 소녀는 돌아오지 않았습니다.
Audù bài zō makarantā ba.	아우두는 학교에 오지 않았습니다.
Mùtûm bài yi gōnā ba.	그 사람은 농장을 만들지 않았습니다.
Bài zō dà sāfē ba.	오늘 아침 그는 오지 않았습니다.
Yārinyà̄ bà tà tàfi gōnā ba.	그 소녀는 농장에 가지 않았습니다.
Bàn yi aikì̄ ba tùkùna.	나는 그 일을 아직 하지 않았습니다.
Bà à kāwō kujḕrā ba.	의자를 아직 가져오지 않았습니다.

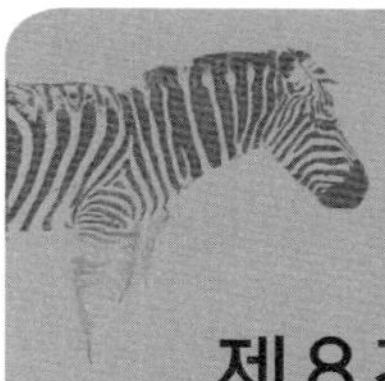

제 8 강

목적어의 유무와 1단 동사의 활용

1단동사의 성조와 마지막 모음의 길이는 목적어가 있을 때, 목적어가 없을 때, 목적어가 일반명사일 때, 목적어가 대명사일 때 각각 다른 모습을 보여준다.

1. 목적어가 없을 때는 기본형이 사용된다.

- kin gamȁ? (당신은 끝냈습니까?)
- zâi fārȁ yâu? (그가 오늘 시작할 것입니까?)
- sai kà zaunȁ. (앉아 주십시요.)
- kā kyâutā. (당신은 친절했습니다.)
- yā kàmātà kì kwântā à gadō kì hūtȁ.
  (당신은 침대에 누워 휴식을 취해야 합니다.)
- ìnā takàrdâr dà sukà rubȕtā? (그들이 쓴 편지는 어디에 있습니까?)
- mȅ ka rubȕtā cikin ɗan littāfìn nân? (이 작은 책 안에 무엇을 썼습니까?)

2. 직접목적대명사가 올 경우에도 기본형이 사용된다.

- sun rabȁ su. (그들은 그것을 나누었다.)
- ī, nā shâidā shi. (예, 나는 그를 알아볼 수 있습니다.)
- bābù yaddà zā à fassàrā shi? (그것을 번역할 방법이 없습니까?)
- bàri ìn maimàitā shi. (제가 그것을 다시 해 볼께요.)
- ɓàrāwȍ yā tsallàkā ta. (도둑이 그 것을 뛰어 넘었다.)

> → NOTE
>
> 직접목적대명사의 성조는 동사의 마지막 음절의 성조와 반대가 된다고 배웠지만 위에서 볼 수 있듯이 High-Low-High (또는 Falling-High) 의 성조를 갖는 동사 다음에서 직접목적대명사는 고성조가 된다.[6]

3. 대명사가 아닌 일반명사가 목적어로 올 경우 2음절 동사는 High-Low, 3음절 동사는 High-Low-Low (또는 Falling-Low), 4음절 동사는 High-High-Low-Low 가 되며, 마지막 모음이 단모음화 된다.

2음절 동사 → High-Low
3음절 동사 → High-Low-Low (또는 Falling-Low)
4음절 동사 → High-High-Low-Low

- yā ɗinkà rīgā. (그는 가운을 만들었다.)
- yā bazà bàrgō à kân kwalàbē. (그는 (깨진) 병 위에 담요를 펼쳐서 덮었다.)
- wàllāhì nā mântà àbîn! (솔직히 말하건데 나는 그것을 까먹었다.)
- kin shâidà wannàn mùtûm. (당신은 이 사람을 알아볼 수 있습니까?)
- gāra mù daidàità waɗànnân tàkàrdū. (우리는 이 서류들을 정돈해야 한다.)
- yànzu zân karàntà shāfì biyu. (이제 나는 두 쪽을 읽을 것이다.)
- nā jarràbà tàllàn sauran tābōbîn nan. (나는 그 나머지 담배들을 진열하려고 했다.)
- nā rubùtà àbîn dà zân yi nazàrī à kâi. (나는 내가 조사하려고 하는 것을 적었다.)

4. 간접 목적어가 올 때는 기본형이 사용된다.

- zân gyārà makà mōtàr. (나는 너를 위해 그 차를 수리할 것이다.)
- yā shâidā mîn zâi zō. (그는 나에게 그가 올 것이라고 통지했다.)
- 'yan sàndā sun bincìkā wà mùtûm màganàr.
(경찰은 그 사람을 위해 그 사건을 조사했다.)
- Īsa yā rubùtā wà ùbansà. (이사는 그의 아버지에게 편지를 썼다.)

→ 새로 나온 단어

- **àbù** nm. (f. àbā, pl. abūbuwà, gen. àbîn) 1. 것 2. 일
- **bàrgō** nm. (pl. bargunà) 담요
- **bazà** v1tr. & intr. 1. (말리기 위해서) 펴다, 펼치다
2. (소문, 질병 따위를) 퍼뜨리다
- **gadō** nm. (pl. gadàjē) 침대
- **gāra** ~하는 것이 더 낫다, ~하는 것이 더 좋다

---

[6] 이러한 점에서 볼 때 직접목적대명사의 성조는 본질적으로 고성조라는 가설을 주장할 수도 있다. Newman, Paul. 1979. 'The historical development of medial /ee/ and /oo/ in Hausa', *Journal of African Languages and Linguistics* 1(2): 183-185.

- **hūtà** v1intr. 쉬다, 휴식하다
- **kâi** nm. (pl. kāwunà̄, gen. kân) 1. 머리 2. 꼭대기 3. 머리(총명함) 4. 재귀적 용법으로 사용됨 5. 꾸러미, 다발
- **kàmātà** v3 (yā kàmātà + subjunctive 의 형태로) ~하는 것이 마땅하다, 당연하다, 적당하다
- **karàntā** v1tr. (vn. kàrā̀tū) 읽다, 공부하다
- **kāyā** nm. (pl. kāyàyyakī) 1. 짐 2. 어떤 물건이나 행위와 관련된 도구 3. 옷, 의복
- **kwalabā** nf. (pl. kwalā̀bē) 1. 유리병 2. (기계) 쇠지레
- **kwāshḕ** v4tr. 1. (음식을) 푸다, 뜨다 2. 모아서 치우다, 모아서 옮기다 3. (간접목적어와 함께 쓰임) (도둑이) 싹 쓸어가다
- **rufḕ** v4tr. & intr. (vn. rufī̀) 1. (문 따위를) 닫다 2. (진실 따위를) 숨기다, 비밀로 하다
- **sàndā** nm. or nf. (pl. sandunā̀) 1. 막대기 ɗan sàndā (f. 'yar sàndā, pl. 'yan sàndā) 경찰 2. 천의 길이를 재는 단위 (약 1m)
- **saurā** nm. 나머지
- **shāfī̀** nm. (pl. shāfuffukā̀) 1. (옷 따위의) 안대기, 안감 2. 페이지, 쪽 3. (페인트의) 막, 코우팅
- **tābā̀** nf. (pl. tābōbī) 1. 담배
- **tāgā̀** nf. (pl. tāgōgī) 창문, 벽에난 창문 구멍
- **tàllà** nm. (pl. tàllàce-tàllàce) 1. 외치고 다니며 팔기 2. 판매를 목적으로 한 물건의 진열 3. 광고
- **tsallàkā** v1tr. 가로지르다, (강,바다,다리 따위를) 건너다, (문턱,경계선 따위를) 넘다
- **ùbā** nm. (pl. ùbànnī) 아버지
- **wàllāhì** excl. (힘이 들었다거나 어려웠다거나 않좋았다는 것을 강조하는데 쓰는 말) 맹세코, 아주

→ DIALOGUE

Ùmarù : Mḕnē nḕ sūnan wannàn?
Àlī : Kḕkē nḕ.
Ùmarù : Na wā̀nē nḕ?
Àlī : Wannàn kḕken ɗan sarkī nḕ.
Ùmarù : Tô, ìnā kḕken Audù?
Àlī : Gā̀ shi cân cikin ɗākī̀.
Ùmarù : Tṑ dà kyâu, nā gōdḕ.
Àlī : Tṑ bâ lâifī.

Ùmarù : 이것의 이름이 무엇입니까?
Àlī : 자전거입니다.
Ùmarù : 누구의 것입니까?
Àlī : 이것은 추장의 아들의 자전거입니다.
Ùmarù : 그래요, 아우두의 자전거는 어디에 있습니까?
Àlī : 그것은 저기 방 안에 있습니다.
Ùmarù : 그래요, 감사합니다.
Àlī : 천만에요.

→ STRUCTURE

▪ Ìnā gidan sarkī?	추장의 집이 어디에 있습니까?
▪ Yāròn sarkī nḕ.	추장의 아들입니다.
▪ Nā kāwō fitilàr Garbà.	나는 가르바의 램프를 가져왔습니다.
▪ Àbincin kyânwā nḕ.	고양이의 밥입니다.
▪ Yārinyā̀ tā tàfi gōnar mālàmin makarantā.	소녀는 학교 선생의 농장에 갔다.
▪ Wannàn gidan sarkī nḕ.?	이것이 추장의 집입니까?
▪ Ùban yārṑ yā tàfi Kanṑ.	그 소년의 아버지는 카노에 갔다.
▪ Mālàmin makarantā bài ci àbinci ba.	학교 선생은 음식을 먹지 않았다.
▪ Ìnā àbincin dōkī̀?	말의 먹이(밥이)가 어디에 있습니까?
▪ Gā̀ sānìyar Audù.	아우두의 암소가 있다.

제9강

독립대명사

직접목적대명사나 간접목적대명사는 동사와 함께 사용되지만 독립대명사는 명사처럼 독립적으로 쓰일 수 있다. 독립대명사가 사용되는 환경들은 반드시 기억해 두어야 한다.

		단수	복수
1인칭	성구분 없음	nī	mū
2인칭	남성	kai	kū
	여성	kē	
3인칭	남성	shī	sū
	여성	ita	

1. 독립대명사는 계사 구문에서 문장의 주어로 사용된다.

- wā̀nē nḕ? nī nḕ. (누구세요? 접니다.)

- kai Bàhaushḕ nē? (당신은 하우사인입니까?)
- ā'à, nī Bàtūrḕ nē. (아니오, 나는 유럽인입니다.)

- kē Bàhaushìyā cḕ? (당신은 하우사인입니까?)
- ā'à, nī Bàtūrìyā cḕ. (아니오, 나는 유럽인입니다.)

- kū Hàusā̀wā nḕ? (당신들은 하우사인입니까?)
- ā'à, mū Tū̀rā̀wā nḕ. (아니오, 우리는 유럽인입니다.)

- sū mātā nḕ? (그들은 여자들입니까?)
- ā'à, sū 'yam mātā nḕ. (아니오, 그들은 소녀들입니다.)
- shī Audù nē. (그는 아우두이다.)

- ita Hàlīmà cē. (그녀는 할리마이다.)
- mū ɗàlìbai nè̄. (우리는 학생들이다.)

- nī nè̄. (나다.) <남성>; nī cè̄. (나다.) <여성>
- kai nè̄. (너다.) <남성>; kē cè̄. (너다.) <여성>
- shī nè̄. (그다.); ita cè̄. (그녀다.)
- mū nè̄. (우리다.); kū nè̄. (너희들이다.); sū nè̄. (그들이다.)

→ NOTE 'su + 명사'

'su + 명사'는 해당 명사와 관련이 있는 것들을 함께 묶어서 가리킨다. 주로 사람, 동물, 식물을 나타내는 데 쓰인다.

- nā àiki su Audù gōnā. (나는 아우두와 그 친구들을 농장에 보냈다.)
- su awākī sunā̀ ɓātà dāwà̄tā. (염소와 다른 동물들이 내 기니콘을 망가뜨리고 있다.)
- nā shūkà su dāwā̀ dà audùgā. (나는 기니콘과 목화 따위를 심었다.)

2. 전치사 dà 다음에 대명사가 올 때 독립대명사가 사용된다.

- dà nī dà kai mū àbṑkai nè̄. (나랑 너랑 우리는 친구다.)
- Audù yanā̀ dà ita. (아우두는 그것을 갖고 있다.)
- nā sayar dà shī. (나는 그것을 샀다.)
- mōtā̀ cē ya sayar dà ita. (그가 판 것은 자동차이다.)
- gidansà yanā̀ kusa dà shī. (그의 집은 그 근처에 있다.)

3. 준동사 bābù '~가 없다' 다음에 대명사가 올 때 독립대명사가 사용된다.

- àkwai tābā̀? (담배 있습니까?)
- ā'ā̀, bābù ita. (아니오, 그것이 없습니다.)
  = ā'ā̀, bābù. (아니오, 없습니다.)

- àkwai àgōgo? (시계 있습니까?)
- ā'ā̀, bābù shī. (아니오, 그것이 없습니다.)
  = ā'ā̀, bābù. (아니오, 없습니다.)

→ NOTE

bâ 다음에는 직접목적 대명사가 사용된다.

- àkwai àgōgo? (시계 있습니까?)
- ā'à, bâ shi. (아니오, 그것이 없습니다.)
- ā'à, bâ. (아니오, 없습니다.) (X)

<note: bâ 는 혼자서 쓰일 수 없으며 반드시 명사나 대명사가 따라와야 한다.>

→ 새로 나온 단어

- **'yam mātā** n.pl. 1. 소녀들 2. 젊은 여자
- **àbōkī** nm. (pl. àbōkìyā, pl. àbōkai) 친구, 동료
- **àgōgo** nm. (pl. àgōgai, agōgunā̀) 시계, 손목시계
- **àikā** (i/ē) v2 (vn. aikī̀) (사람을 심부름) 보내다
- **audùgā** nf. 목화, 면
- **Bàhaushè̄** nm. (f. Bàhaushìyā, pl. Hàusā̀wā) 하우사인
- **ɓātā̀** v1tr. 1. 망치다, 망쳐놓다 2. 낭비하다
- **Bàtūrè̄** nm. (f. Bàtūrìyā, pl. Tū̀rā̀wā) 유럽인
- **dāwā̀** nf. 기니콘(팥수수)
- **kusa** adv. & v3 1. 가까이 kusa dà ~에 가까이 2. 막 ~하려고 하다, 거의 ~하다
- **sayar dà** = **sai dà** v5 팔다
- **shūkā̀** v1tr. & nf. (pl. shū̀ke-shū̀ke) 1. 씨를 뿌리다 2. 농작물, 식물 3. 씨부리기, 심기
- **wā̀nē nè̄** inter. pro. (f. wā̀cē cè̄, pl. su wā̀nē nè̄) 누구세요?, (~가) 누군데요?, 누구에게?

→ DIALOGUE

Ȁdàmū : Wannàn gidā nākà nē?
Àbūbakàr : Ī, nȁwa nȅ.
Ȁdàmū : Ìnā gōnarkà?
Àbūbakàr : Gȁ gōnātā cân.
Ȁdàmū : Tȍ dà kyâu.
Àbūbakàr : Nā gamà shūkȁ jiyà.
Ȁdàmū : Tô, yàushè ka fārȁ?
Àbūbakàr : À farkon watàn nân.
Ȁdàmū : Nī, bàn gamà tȁwa ba tùkùna.
Àbūbakàr : Tȍ bâ lâifī. Nā tàfi yànzu.
Ȁdàmū : Tȍ sai wani lōkàcī.
Àbūbakàr : Yâuwā, Allȁ yà kai mù.
Ȁdàmū : Ȁmin.

Ȁdàmū : 이 집이 당신의 것입니까?
Àbūbakàr : 네, 제 것입니다.
Ȁdàmū : 당신의 농장은 어디에 있습니까?
Àbūbakàr : 제 농장은 저기에 있습니다.
Ȁdàmū : 네 그렇군요.
Àbūbakàr : 저는 어제 씨뿌리는 것을 끝냈습니다.
Ȁdàmū : 그래요, 당신은 언제 시작했습니까?
Àbūbakàr : 이 달 초에 했습니다.
Ȁdàmū : 저는 아직 끝내지 못했습니다.
Àbūbakàr : 네 괜찮습니다. 저 이제 가겠습니다.
Ȁdàmū : 네 언제 또 보죠.
Àbūbakàr : 좋습니다, 그 때까지 무사하시길 빌겠습니다.
Ȁdàmū : 저도요.

→ STRUCTURE

- Yārṑ yā tàfi Kanò̄ tà̄re dà uwarsà.
  소년은 그의 아버지와 함께 카노에 갔습니다.
- Mālàminkù yā jē gōnarsà yâu dà sāfe.
  당신들의 선생님은 오늘 아침 그의 농장으로 갔습니다.
- Dom mḕ ka sâ littāfinkà à kân kujḕrātā.
  당신은 왜 나의 의자 위에 당신의 책을 놓았습니까?
- Dōkī̀nā yā shìga gàrin àbōkinkù.
  나의 말이 당신들의 친구의 도시로 들어갔습니다.
- Yā kāwō kḕkēnā. Bài kāwō nākà ba.
  그는 나의 자전거를 가져왔습니다. 그는 당신의 것을 가져오지 않았습니다.

→ KEY PHRASES

- 나의 어머니와 나의 아버지는 어제 당신의 집에 갔습니다.
  Uwātā dà ùbānā sun tàfi gidankà jiyà.
- 나의 비누가 어디에 있습니까? 나는 그것을 내 방 안에 두었습니다.
  여기 당신의 것이 있습니다.
  Ìnā sà̄bulù̄nā? Nā sâ shi cikin ɗākī̀nā. Gà̄ nākà.
- 우리집은 카노에 있습니다. 당신의 것은 어디에 있습니까?
  Gidanmù à Kanò̄ nē. Ìnā nākà?
- 그녀의 아버지는 도시를 나가 카노에 가는 길 위에 있습니다.
  Ùbantà yā fìta gàrī à kân hanyàr Kanò̄.
- 나의 친구는 언제 그의 음식을 먹었습니까? 아침에 (먹었습니다.)
  Yàushè àbōkīnā ya ci àbincinsà. Dà sāfē.

제10강

간접목적어

간접목적어는 동사 바로 다음에 위치한다. 간접목적어와 직접목적어가 둘 다 있을 때 간접목적어가 직접목적어 앞에 온다. 간접목적어는 '~을 위해', '~에게' 로 번역한다.

1. 간접목적어가 명사일 때 명사 앞에 wà가 온다.

- nā kāwō wà mālàmī. (나는 선생님을 위해/에게 가져왔다.)
- mun yi wà sarkī aikī̀. (우리는 추장을 위해 일했다.)
- maƙḕrī yā ragḕ wà Bàtūrḕ sulḕ. (대장장이는 그 백인에게 1 실링을 깎아주었다.)
- nā yi wà Shēhù gyāran mōtā̀. (나는 세후를 위해 자동차 수리를 했다.)

→ NOTE

간접목적어와 직접목적어가 둘다 있을 때 직접목적어가 대명사이면 독립인칭대명사 형태를 취한다.

- kà kai wà Mūsā shī. (무사에게 그것을 가져가라.)
- yā kāwō wà Audù ita. (그는 아우두를 위해 그것을 가져왔다.)

2. 간접목적대명사

간접목적대명사는 여러 개의 이형을 갖고 있다. 다음의 표에서 맨 앞의 것이 카노에서 사용되는 표준 형태이다.

		단수	복수
1인칭	성구분 없음	minì / manì / mîn	manà / mamù / mumù
2인칭	남성	makà / mâ / mā	mukù / makù
	여성	mikì / makì / mâ / mā	
3인칭	남성	masà / mishì / mai / mâr	musù / masù
	여성	matà	

- yā shiryā̀ manà. (그는 우리를 위해 준비했다.)
- tā dafā̀ minì. (그녀는 나를 위해 요리했다.)
- yā kāwō matà àbinci. (그는 그녀를 위해 음식을 가져왔다.)
- sai kà ragḕ minì kuɗìntà. (당신은 나에게 그 값을 깎아주어야 합니다.)
- yā kāwō mukù kāyan gōnā? (그가 당신들에게 농작물을 가져왔습니까?)

3. 간접목적어 앞에서의 동사의 형태 변화

일부 동사들은 간접목적어 앞에서 형태가 변한다. 간접목적어 앞에서의 동사의 형태 변화는 '동사의 간접 목적형'에서 자세히 다룬다.

→ 새로 나온 단어

- **dafā̀** v1tr. 요리하다, 음식을 만들다
- **maƙḕrī** nm. 대장장이
- **sarkī** nm. (f. saraunìyā, pl. sarākunā̀, sàrā̀kai) 1. 왕, 추장 2. (전문 직업 집단의) 우두머리
- **shiryā̀** v1tr. 1. 준비하다, 계획하다 2. 화해시키다
- **sulḕ, sulài** nm. (pl. sulàllā) 나이지리아 구 통화에서의 1 실링으로서 현재의 10 코보에 해당하는 돈

→ DIALOGUE

Kànde : Waɗansu mutā̀nē sun zō gidanmù.
Maryamū̀ : Mādàllā, nā kāwō àbinci dàgà kā̀suwā yâu.
Kànde : Dà kyâu. Àkwai ruwan shâ dà yawā̀ kumā.
Maryamū̀ : Sarkin gàrī nḕ ya zō.
Kànde : Hakà nē. Yā zō tā̀re dà wani bàbban mùtûm.
Maryamū̀ : Mùtumìn, sarkī nḕ kumā?
Kànde : Hakà nē, yārònsà yā kāwō wani bàbban àkwā̀tī̀.
Maryamū̀ : Tô, mḕnē nḕ cikin àkwā̀tī̀?
Kànde : Bàn sanī̀ ba.

Kànde : 어떤 사람들이 우리집에 왔습니다.
Maryamū̀ : 그래요, 저는 오늘 시장에서 음식을 가져왔습니다.
Kànde : 좋아요, 식수도 많이 있습니다.
Maryamū̀ : 온 사람은 추장입니다.
Kànde : 네. 그는 어떤 중요한 사람과 함께 왔습니다.
Maryamū̀ : 그 사람도 추장입니까?
Kànde : 네, 그의 꼬마가 어떤 큰 상자를 가져왔습니다.
Maryamū̀ : 그렇군요, 상자 안에는 무엇이 있습니까?
Kànde : 모르겠습니다.

→ STRUCTURE

- Wani yārṑ yā fāɗì cikin ruwā.
  어떤 소년이 물에 빠졌습니다.
- Kṑgin nàn, Kwârà cē.
  이 강은 나이저강입니다.
- Kā sâ cōkàlin nàn cikin àkwā̀tìn nân.
  당신은 이 스푼을 이 상자 안에 넣었습니다.
- Ìnā kujḕrā? Gā̀ kujḕrâr.
  의자가 어디에 있습니까? 그 의자는 저기에 있습니다.
- Waɗànnân mutā̀nē sun tàfi wani gàrī.
  어떤 사람들이 어떤 도시에 갔습니다.

→ KEY PHRASES

- 이 소년은 나의 친구입니다.
  Wannàn yārṑ àbōkīnā nḕ.
- 당신은 저 의자를 여기에 두었습니다.
  Kin sâ waccàn kujḕrā nân.
- 이 소년들. 저 소년들.
  Waɗànnân yârā. Waɗàncân yârā.
- 아직 모르겠습니다.
  Bàn sanī̀ ba tùkùna.
- 나는 저 도시에 갔습니다.
  Nā tàfi gàrin càn.

제11강 가시적 지시사

지시사에는 지시대명사, 지시형용사, 장소를 지시하는 지시부사가 있다. 지시대명사는 명사처럼 주어나 목적어로 사용될 수 있고 지시형용사는 형용사처럼 명사를 꾸며준다.

지시사에는 눈에 보이는 것을 지시하는 가시적 지시사와 대화 참여자들이 이미 알고 있는 것을 지시하는데 사용되는 불가시적 지시사가 있다. 본 강에서는 가시적 지시사를 먼저 공부한다.

1. 지시대명사

		단수		복수	
		형태	뜻	형태	뜻
가까운 거리		wannàn	이 것 / 이 사람	waɗànnân	이 것들, 이 사람들
먼 거리	남성	wancàn	저 것 / 저 사람	waɗàncân	저 것들, 저 사람들
	여성	waccàn			

- wannàn littāfȉ nē? (이 것은 책입니까?)
- ā'ȁ, wannàn àlƙalàmī nȅ (아닙니다, 이 것은 펜입니다)
- wȁnē nȅ wannàn? (이 사람은 누구입니까?)
- waccàn tȁwa cȅ (저 것은 나의 것입니다.)
- waɗàncân kùjȅrū nȅ. (저것들은 의자들입니다.)

- wannàn, shī nȅ fensìr (연필은 이 것입니다. 직역: 이 것, 그 것이 연필입니다.)

→ NOTE

위의 마지막 문장 구조는 하우사인들이 흔히 사용하는 것으로서 wannàn 이 도치되어 문두에 나감으로써 초점화를 달성하고 있다. 초점화가 없는 평범한 문장은 wannàn fensìr nē 이다.

2. 지시형용사

① wannàn Type

지시대명사와 같은 형태이며 명사의 앞에 위치한다.

- wannàn yārṑ (이 소년), wadànnân yârā (이 소년들)
- wancàn tēbùr (저 탁자), wadàncân tēburōrī (저 탁자들)
- waccàn mōtā̀ (저 자동차들), wadàncân mōtōcī (저 자동차들)
- wadànnân irìn mutā̀nē bâ kyâu.
  = irìn wadànnân mutā̀nē bâ kyâu. (이런 종류의 사람들은 좋지 않다.)

→ NOTE

지시형용사가 명사의 뒤에 올 수도 있지만 이런 식으로는 거의 사용되지 않는다.

- kì yankà kuɓḕwā waccàn (저 오크라를 베어 버리시오.)
  <note: 잘 사용되지 않음>

② nân/cân (nàn/càn) Type

명사의 뒤에 오며 이 때 명사에 연결사 –n/-r 이 부착된다. 명사의 마지막 음절이 저성조로 끝나면 지시형용사의 성조는 하강성조가 되고 고성조로 끝나면 저성조가 된다.

- nân (nàn) (남성, 여성, 복수) 이
- cân (càn) (남성, 여성, 복수) 저

- ɗākìn nân (이 방)
- àbincin nàn (이 음식)

- mùtumìn cân (저 사람)
- gōnar càn (저 농장)
- dabbōbin càn (저 동물들)

3. 지시부사

- nân 여기
- cân 저기

- ìnā takàrdarkà? (당신의 종이는 어디에 있습니까?)
- tanà̄ nân cikin littāfì̄? (그 것은 여기 책 안에 있습니다.)
- gà̄ ta cân à kân tēbùr. (그 것은 저기 탁자 위에 있습니다.)

→ 새로 나온 단어

- **àlƙalàmī** nm. (pl. alƙalumà̄) 1. 펜 2. 숫자
- **dabbà̄** nf. (pl. dabbōbī) 동물, 짐승
- **ɗākì̄** nm. (pl. ɗākunà̄) 1. (지붕을 짚으로 덮은 둥근) 집 2. 방
- **fensìr** nm. (pl. fensirōrī) 연필
- **kuɓè̄wā** nf. 오크라 (okra)

→ DIALOGUE

Mālàmī : Biyu dà ukù nawà nē?
Ɗālìbī : Bìyar nè̄.
Mālàmī : Daidai nè̄. Shidà dà bakwài fa?
Ɗālìbī : Shâ ukù.
Mālàmī : Dà kyâu. Huɗu sàu biyu nawà?
Ɗālìbī : Tarà nē.
Mālàmī : Bābù. Kā yi kuskurè̄.
Ɗālìbī : Hakà nē. Sai takwàs.
Mālàmī : Tô. Nawà nē shidà sàu ukù?
Ɗālìbī : Àshìrin biyu bābù.
Mālàmī : Mādàllā. Wannàn lìssāfì̄ dà wùyā nè̄?
Mālàmī : Ā'à̄, bâ wùyā.
Ɗālìbī : Tò̄ dà kyâu.

Mālàmī : 2 더하기 3은 얼마입니까?
Ɗālìbī : 5입니다.
Mālàmī : 맞습니다. 6 더하기 7은요?

Ɗālìbī : 13입니다.
Mālàmī : 잘했습니다. 4 곱하기 2는 얼마입니까?
Ɗālìbī : 9입니다.
Mālàmī : 틀렸습니다. 당신은 실수를 했습니다.
Ɗālìbī : 그렇습니다. 7입니다.
Mālàmī : 좋습니다. 6 곱하기 3은 얼마입니까?
Ɗālìbī : 18입니다.
Mālàmī : 훌륭합니다. 이 산수가 어렵습니까?
Ɗālìbī : 아닙니다. 어렵지 않습니다.
Mālàmī : 네 좋습니다.

→ STRUCTURE

- Gā̀ mangwàrṑ biyu à kân tēbùr.
  탁자 위에 망고 두 개가 있습니다.

- Lìssāfī̀ dà wùyā nḕ. Àmmā nā gānḕ.
  산수는 어렵습니다. 그러나 나는 이해합니다.

- Yā sâ àyàbā̀ à bā̀kinsà, yā ci.
  그는 바나나를 그의 입에 넣고 먹었습니다.

- Ìnā bàbban àkwā̀tī̀? Bellò yā tàfi gidansù dà shī.
  큰 상자가 어디에 있습니까? 벨로가 그것을 가지고 그들의 집에 갔습니다.

- Kā kāwō gwēbā̀ nawà? Gùdā gōmà.
  당신은 구아바를 몇 개 가져왔습니까? 열 개요.

- Kâi!, Audù yā mântà sūnānā. Wannàn bâ kyâu.
  저런! 아우두가 내 이름을 잊어버렸습니다. 이것은 좋지 않습니다.

→ KEY PHRASES

- 그 소녀가 의자에 앉았습니다.
  Yārinyà̄ tā zaunà̄ à kujḕrā.
- 나는 나의 산수에서 실수를 했습니다.
  Nā yi kuskurḕ cikin lìssāfḭ̀nā.
- 그는 자전거를 그의 집으로 가져갔습니다.
  Yā kai kḕkē zuwà̄ gidansà.
- 우리는 강가에 있는 길을 따라갔습니다.
  Mun bi hanyà̄ à bà̄kin kṑgī.
- 저런, 저 차 안에 여덟 명이 있습니다.
  Kâi!, àkwai mùtûm takwàs cikin wancàn mōtà̄.

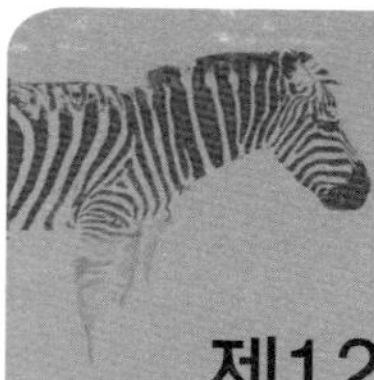

제12강

2단동사[7]

2단동사는 목적어에 따라 동사의 마지막 모음이 변하므로 모음변화동사 라고 한다. 2단동사의 성조 유형은 다음과 같다.

- Low-High
- Low-High-Low

1. 2단동사는 모두 타동사이며 불규칙한 동명사형을 갖는다.

- ā̀gazā̀ (vn. āgàjī) 돕다
- àikā (vn. àikā) 보내다
- àmbatā̀ (vn. ambatō) 언급하다
- àrā (vn. arō) 빌리다
- àurā (vn. aurē) 결혼하다
- bùgā (vn. bugū̀) 때리다, 치다
- bùkātā̀ (vn. bùkātā̀) 필요로 하다
- cìrā (vn. cìrā) 잡아뽑다
- cī̀zā (vn. cīzṑ) 물다
- cū̀tā (vn. cū̀tā) 속이다
- dàmfarā̀ (vn. dàmfarā̀) 속이다, 사기치다
- dṑkā (vnm. dūkā̀) 때리다, 치다
- fàɗā (vn. faɗī̀) 말하다

[7] **Parsons, F.W.** 1960. 'The verbal system in Hausa', *Afrika und Übersee* 44: 1-36.
Parsons, F.W. 1981. *Writing on Hausa Grammar: The Collected Papers of F.W. Parsons*, ed. By Graham Furniss, pp. 153ff.: 504-506, Ann Arbor: University Microfilms International, Books on Demand.
Wolff, H. Ekkehard. 1984. 'Simple and extended verb stems in Hausa: towards an internal reconstruction of the Old Hausa verbal system', *The Journal of West African Languages* 14: 3-26.

- fàhimtā̀ (vn. fàhimtā̀) 이해하다
- gìrbā (vn. girbī̀) 수확하다
- gṑyā (vn. gōyō) ~을 돌보다
- hàngā (vn. hàngē) 멀리서 보다
- hàrbā (vn. harbī̀) ~을 쏘다, 사냥하다
- ìsā (없음) ~에 충분하다
- jḕfā (vnm. jīfā̀) ~에게 던지다
- kàllā (vn. kallō) 보다 (watch, look at), cf. ganī̀ 보다 (see)
- kàrɓā (vn. kàrɓā) 받다, 받아들이다
- kṑrā (vn. kṑrā) 아내다
- kṑyā (vn. kṑyō) 배우다
- kwàikwayā̀ (vn. kwaikwayō) 흉내내다
- nḕmā (vnm. nēmā) 찾다, 추구하다
- nṑmā (vnm. nōmā) 경작하다, 농사짓다
- rṑƙā (vn. rṑƙō) 구걸하다, 부탁하다
- sā̀rā (vn. sārā) 1. (나무를) 잘게 토막치다, 패다,
  2. (나무를 베어 숲을) 개간하다, 3. ~에 대해 나쁘게 말하다
- sā̀tā (vn. sātā̀) 훔치다
- sàurārā̀ (vn. sàurā̀rē, sàurārō) 1. ~을 주의깊게 듣다, 2. ~을 조용히 기다리다
- sàyā (vn. sàyē) 사다
- sṑkā (vn. sūkā̀) 1. (칼로) 찌르다, 2. 비판하다
- tàimakā̀ (vn. tàimakō) 돕다
- tàmbayā̀ (vn. tàmbayā̀) 묻다
- tā̀nadā̀ (vn. tānàdī) ~을 미리 준비하다
- ùmartā̀ (vn. ùmartā̀) 명령하다
- yànkā (vnm. yankā) 잘라내다
- zā̀ɓā (vn. zā̀ɓē) 고르다, 선택하다
- zā̀gā (vn. zāgī̀) 욕하다, 모욕하다
- zìyartā̀ (vn. zìyartā̀) 방문하다

2. 다음의 2단동사에 한하여 High-Low 의 성조를 갖는다.

- ɗaukā̀ (vn. ɗaukā̀) 집다, 들다
- sāmū̀ (vn. sāmū̀) 얻다, 발견하다
- sakī̀ (vn. sakī̀, shikā̀) 풀어주다
- ɗībā̀ (dḕbi/dḕbē) (vnm. ɗībā̀) (물, 곡식) 푸다, 뜨다, 긷다

- fadȋ (vn. fadȋ) 말하다, 진술하다
  <note: 화자에 따라 Low-High 의 성조를 갖는 fàɗā vn. faɗȉ를 선호하기도 한다.>

3. 목적어의 有無와 2단 동사의 변화

① 동사 다음에 목적어가 없을 때 기본형이 사용된다.

- kāyân dà sukà sȁtā. (그들이 훔친 물건들.)
- wà kikà tàmbayȁ? (당신은 누구에게 물어보았습니까?)

② 직접목적대명사가 목적어로 올 경우 다음과 같은 변화가 일어난다.

2음절 동사	LH → LH (그대로) 마지막 모음 ā → ē
3음절 동사	LHL → LLH 마지막 모음 à → ē

- yārȍ yā kàrɓē shì. (소년은 그것을 받았다.)
- yā nȅmē tà dà aurē. (그는 그녀와의 결혼을 추구했다.)
- yā kȍrē shì. (그는 그를 쫓아버렸다.)
- nā jȅfē shì. (나는 그에게 던졌다.)
- yā ɗàukē shì. (그는 그것을 집어들었다.)
- zân zìyàrcē sù. (나는 그들을 방문할 것이다.)
- nā tàmbàyē shì. (나는 그에게 물었다.)

③ 명사가 목적어로 올 경우 다음과 같은 변화가 일어난다.

2음절 동사	LH → LH (그대로) 마지막 모음 ā → i
3음절 동사	LHL → LLH 마지막 모음 à → i

- manȍmī yā sȁri dājȉ. (농부는 숲을 개간했다.)
- sun kȍri birȉ. (그들은 원숭이를 쫓아버렸다.)
- tā ɗȅbi ruwā. (그녀는 물을 길었다.)
- nā ɗàuki dūtsȅ. (나는 돌을 들었다.)
- bà tà fàhìmci nufȉnā ba. (그녀는 나의 의도를 이해하지 못했다.)

- zā sù zìyàrci Kanṑ. (그들은 카노를 방문할 것이다.)
- nā tàmbàyi mālàm. (나는 선생님에게 물었다.)

→ 새로 나온 단어

- **ā̀gazā̀** (ji/jē) v2 돕다, 원조하다, (사람을) 구조하다
- **àmbatā̀** (ci/cē) v2 언급하다, 말하다
- **àrā** (i/ē) v2 (vn. arō) 빌리다 (빌린 것 자체를 되돌려 주어야 하는 경우)
- **àurā** (i/ē) v2 (vn. aurē) ~와 결혼하다
- **birī̀** nm. (pl. birai) 원숭이
- **bùgā** (i/ē) v2 (bugū̀) (막대기, 손 따위로 사람이나 동물을) 때리다, 치다
- **bùkātā̀** (ci/cē) v2 (vn. bùkātā̀) ~이 필요하다, ~을 요구하다
- **cìrā** (i/ē) v2 (vnf. cìrā) 뽑다, 빼내다
- **cī̀zā** (ji/jē) v2 (vn. cizṑ) 물다
- **cū̀tā** (ci/cē) v2 (vn. cū̀tā) 속이다, 기만하다, 사취하다, 사기하다
- **dājī̀** nm. (pl. dāzuzzukā̀) 덤불, 숲
- **dàmfarā̀** (i/ē) v2 (vn. dàmfarā̀) 속이다, 사기치다
- **ɗaukā̀** (ɗàuki/ɗàukē) v2 (vn. ɗaukā̀) 1. 줍다, 집다, 집어들다
  2. 가져가다, 데려가다 3. 운반하다, 나르다 4. 다루다, 대우하다
  5. ~로 생각하다, 간주하다 6. (책임) 떠맡다 7. 받아들이다 8. (사진을) 찍다
- **ɗībā̀** (ɗè̀bi/ɗè̀bē) v2 (vnm or vnf. ɗībā̀) 1. (물을) 긷다
  2. (국물을, 곡식을) 뜨다, 푸다
- **dṑkā** (i/ē) v2 (vnm. dūkā̀) (몽둥이, 회초리 따위로 사람이나 동물을) 때리다, 치다
- **dūtsè̀** nm. (pl. duwā̀tsū) 돌, 산, 언덕
- **faɗī̀** (fàɗi/fàɗē) v2 (vn. faɗī̀) 말하다
- **fàhimtā̀** (ci/cē) v2 (vn. fàhimtā̀) 1. 이해하다 2. nf. 이해력, 지능
- **gìrbā** (i/ē) v2 (vn. girbī̀) 수확하다
- **gṑyā** (i/ē) v2 (vn. gōyō) (아이를) 돌보다, 보살피다
- **hàngā** (i/ē) v2 (vn. hàngē) 멀리서 보다
- **hàrɓā** (i/ē) v2 (vn. harɓī̀) 1. (사람이나 짐승을) 쏘다
  2. (침, 가시를 가진 동식물이) 쏘다
- **ìsā** (shi/shē) v2 충분하다
- **jè̀fā** (i/ē) v2 (jīfā̀) ~에게 던지다
- **kàllā** (i/ē) v2 (vn. kallō) ~을 바라보다, 주시하다 (watch, look at)
- **kàrɓā** (i/ē) v2 (vnf. kàrɓā) 받다, 받아들이다, 수령하다

- **kȍrā** (i/ē) v2 (vn. kȍrā) 쫓아내다, 쫓아버리다
- **kȍyā** (i/ē) v2 (vn. kȍyō) 배우다
- **kwàikwayȁ** (i/ē) v2 (vn. kwaikwayō) 흉내내다, 모방하다
- **manȍmī** nm. (f. manōmìyā, pl. manȍmā) 농부
- **nȅmā** (i/ē) v2 (vn. nēmā) ~을 찾다, 추구하다
- **nȍmā** (i/ē) v2 (vnm. nōmā) 경작하다, 농사짓다
- **nufȉ** nm. 의도, 목적
- **rȍƙā** (i/ē) v2 (vn. rȍƙō) 1. 부탁하다, 요청하다 2. 구걸하다
- **sakȉ** (sàki/sàkē) v2 (vn. sakȉ) 1. 풀어놓다, 방면하다, 석방하다 2. 이혼하다 3. (무기를) 발사하다
- **sȁrā** (i/ē) v2 (vnm. sārā) 1. (나무를) 베다 2. (장작을) 패다 3. (사람을 내리쳐) 베다 4. 숲을/토지를 개간해 ~을 만들다 5. ~에 대해서 험담하다, ~에 대해서 악의있게 말하다 6. (뱀이) 물다 7. (닭 따위가) 쪼다
- **sȁtā** (ci/cē) v2 (vn. sātȁ) 훔치다
- **sàurārȁ** (i/ē) v2 (vn. sàurȁrē, sàurȁrō, sàurārō) 1. ~을 주의깊게 듣다 2. ~을 조용히 기다리다
- **sȍkā** (ki/kē) v2 (vnf. sūkȁ) 1. (칼 따위로) 찌르다 2. 비판하다, 비평하다 3. sōkȁ wà ... ~을 찌르다
- **tàmbayȁ** (i/ē) v2 (vn. tàmbayȁ) 묻다
- **tȁnadȁ** (i/ē) v2 (vn. tānàdī) ~을 미리 준비하다
- **ùmartȁ** (ci/cē) v2 (vn. ùmartȁ) 명령하다, 지시하다
- **yànkā** (i/ē) v2 (vn. yankā) 베어내다, 잘라내다
- **zȁɓā** (i/ē) (vn. zȁɓē) 1. 선택하다, 고르다 2. 선출하다, 뽑다
- **zȁgā** (i/ē) v2 (vn. zāgȉ) 욕하다, (상스럽고 공격적인 말로) 모욕하다
- **zìyartȁ** (i/ē) v2 (vnf. zìyartȁ) 방문하다

→ DIALOGUE

Hārūnà : Yàƙubù, sàlāmù àlaikùm.
Yàƙubù : Yâuwā, àlaikà sàlāmù.
Hārūnà : Ìyālìnkà lāfiyà?
Yàƙubù : Lāfiyà ƙalau. Kā zō lāfiyà?
Hārūnà : Lāfiyà. Bâ kōmē.
Yàƙubù : Mādàllā. Shìgō mù zaunà.
Hārūnà : Tò dà kyâu. Kâi rānā tā yi zāfī yâu.
Yàƙubù : Hakà nē. Yārò, kàwō ruwan shâ!
Hārūnà : Nā zō ìn gaishē kà nē.
Yàƙubù : Mādàllā. Nā gōdè. Kā zō dàgà kàsuwā nè?
Hārūnà : Ā'à, nā zō dàgà gidā ɗàzu.
Yàƙubù : Tò bâ lâifī. Gà ruwā, kà shā.
Hārūnà : Tò nā gōdè. Nā tàfi yànzu.
Yàƙubù : Tò bâ lâifī. Sai wani sā'ì.
Hārūnà : Yâuwā, sai wani sā'ì.

Hārūnà : 야꾸부씨, 실례합니다.
Yàƙubù : 네, 어서오세요.
Hārūnà : 가족들 잘 있습니까?
Yàƙubù : 잘 있습니다. 편하게 오셨죠?
Hārūnà : 네, 별일 없었습니다.
Yàƙubù : 잘 됐군요. 들어와 앉읍시다.
Hārūnà : 네 좋습니다. 이런 오늘 날씨가 무척 덥습니다.
Yàƙubù : 그렇습니다. 꼬마야, 식수좀 가져와라!
Hārūnà : 당신께 인사하러 왔습니다.
Yàƙubù : 네, 고맙습니다. 시장에서 오시는 겁니까?
Hārūnà : 아니요, 방금 집에서 오는 겁니다.
Yàƙubù : 네 그래요? 여기 물이 있습니다, 마시세요.
Hārūnà : 네 고맙습니다. 이제 가야겠습니다.
Yàƙubù : 네 그러시죠. 다음에 뵙겠습니다.
Hārūnà : 그럼 다음에 뵙지요.

→ STRUCTURE

- Kadà kà yi aikìn nân.
  이 일을 하지 마세요.
- Kadà yārinyầ tà ci àbincin nàn.
  그 소녀가 이 음식을 먹게 하지 마세요.
- Zō nân kì zaunầ.
  이리와서 앉으세요.
- Kadà kù yi hakà.
  당신들 그것을 하지 마세요.
- Fìta kà rufè ƙōfầ.
  나가서 문을 닫으세요.

→ KEY PHRASES

- 창문을 열지 마세요.
  Kadà kà buɗè tāgầ.
- 서에요! 들어오세요! 앉으세요!
  Tsàya! Shìga! Zàuna!
- 그 음식을 이리 가져오세요.
  Kì kāwō àbinci nân.
- 그가 그의 일을 하게 하세요.
  Bàri yà yi aikìnsà.
- 오셔서들 우리 집에서 당신들의 음식을 드세요.
  Kù zō kù ci àbincinkù à gidanmù.

제13강

진행양상

진행 양상은 동작이나 행위가 완료되지 않은 상태, 즉 진행 중인 상태를 나타낸다. 진행의 시점은 과거일 수도 있고, 현재일 수도 있고, 미래일 수도 있다.

- Audù yanā̀ tàfiyā̀. (아우두는 여행하고 있다.)
- Audù yanā̀ tàfiyā̀ jiyà. (아우두는 어제 여행하고 있었다.)

1. 진행양상 대명사

① 긍정

		단수	복수
1인칭		inā̀ zuwā̀. (나는 간다.)	munā̀ zuwā̀. (우리는 간다.)
2인칭	남성	kanā̀ zuwā̀. (너는 간다.)	kunā̀ zuwā̀. (너희들은 간다.)
	여성	kinā̀ zuwā̀. (너는 간다.)	
3인칭	남성	yanā̀ zuwā̀. (그는 간다.)	sunā̀ zuwā̀. (그들은 간다.)
	여성	tanā̀ zuwā̀. (그녀는 간다.)	
	비인칭	anā̀ zuwā̀. (사람들이 간다.)	

② 부정

		단수	복수
1인칭		bā nā̀ zuwā̀. (나는 가지 않는다.)	bā mā̀ zuwā̀. (우리는 가지 않는다.)
2인칭	남성	bā kā̀ zuwā̀. (너는 가지 않는다.)	bā kwā̀ zuwā̀. (너희들은 가지 않는다.)
	여성	bā kyā̀ zuwā̀. (너는 가지 않는다.)	
3인칭	남성	bā yā̀ zuwā̀. (그는 가지 않는다.)	bā sā̀ zuwā̀. (그들은 가지 않는다.)
	여성	bā tā̀ zuwā̀. (그녀는 가지 않는다.)	
	비인칭	bā à zuwā̀. (사람들이 가지 않는다.)	

2. 진행양상의 용법 1

진행양상은 우리말의 현재시제처럼 진행, 미래, 일반적 사실을 나타낸다. 진행양상 대명사 다음에는 동명사나 동작명사가 온다. 동작명사는 행위적 요소가 있는 명사들을 포함하는 넓은 의미의 개념이다. 일례로 barcī '잠', màganà̄ '말', aikì̄ '일'도 동작명사의 범주에 속한다.

① 진행

i. 진행양상 대명사 + 동명사

- Audù yanà̄ zuwà̄ makarantā yànzu. (아우두는 지금 학교에 가고 있다.)
- tanà̄ dafà àbinci. (그녀는 음식을 만들고 있다.)
- yārò̄ yanà̄ hanà awākī sù shìga.
  (그 소년은 염소들이 들어가는 것을 방해하고 있다.)
- anà̄ zuwà̄. (사람들이 오고 있다.)
- sunà̄ tsūfā. (그들은 늙어가고 있다.)
- mutànē sunà̄ tàfiyà̄ gōnarsù. (사람들이 그들의 농장으로 가고 있다.)
- inà̄ sôn kuɗī. (나는 돈을 원한다.)
- kunà̄ yînsà. (당신들은 그것을 하고/만들고 있다.)
- munà̄ jîn zāfī. (우리는 더위를 느낀다.)

ii. 진행양상 대명사 + 동작명사

- yanà̄ màganà̄ dà mālàmī. (그는 선생님과 말하고 있다.) <màganà̄ nf. 말>
- inà̄ tsàmmānì̄ kanà̄ dà awākī dà yawà̄. (나는 네가 많은 염소를 갖고 있다고 생각한다.) <tsàmmānì̄ nm. 생각, 사고>
- sunà̄ barcī. (그들은 자고 있다.) <barcī nm. 잠>
- yanà̄ lāfiyà̄. (그는 잘 있다.) <lāfiyà̄ nf. 건강, 웰빙>

② 미래

- Audù yanà̄ zuwà̄ makarantā gòbe. (아우두는 내일 학교에 간다.)

③ 일반적 사실이나 습관

- sunà̄ aikì̄ à gidan wayà̄. (그들은 우체국에서 일한다.)
- bā yà̄ aikì̄ sò̄sai. (그는 열심히 일하지 않는다.)
- àladè̄ bā yà̄ tāshì̄. (돼지는 날 수 없다.)

- màrāyā̀ bā yā̀ shakkàr mutuwàr uwar wani.
  (속담: 고아는 어떤 사람의 어머니의 죽음을 의심하지 않는다.)
- Audù yanā̀ zuwā̀ makarantā kullum. (아우두는 매일 학교에 간다.)
- yanā̀ zuwā̀ kōwàcè rānā. (그는 매일 온다.)

④ 존재

- yanā̀ (à) gidā. (그는 집에 있다.)
- yanā̀ nân yànzu. (그는 지금 집에 있다.)
- bā yā̀ nân. (그는 여기 없다.)
- bā sā̀ gidā. (그들은 집에 없다.)
- jiyà yanā̀ nân, àmmā yâu yā tàfi. (그는 어제 여기 있었지만 오늘 떠났다.)
- in yanā̀ nân gṑbe wàrhakà, zân bā shì kuɗī.
  (그가 내일 이맘때 여기 있으면 나는 그에게 돈을 줄 것이다.)

3. 진행양상의 용법 2

진행양상 대명사 다음에는 동명사나 동작명사 외에도 다음과 같은 것들이 올 수 있다.

① 진행양상 대명사 + 상태사

상태사는 동사에서 파생되며, 동작이나 행위의 결과가 초래한 어떤 상태를 나타낸다. 상태사는 마지막 음절이 고성조의 단모음 e 로 끝나며, 이것을 제외한 모든 음절의 성조는 저성조이다.

- tanā̀ zàune. (그녀는 앉아 있다.)
- note : zàune sta. intr. 앉아 있다← zaunā̀ v1intr. 앉다

- yanā̀ tsàye. (그는 서 있다.)
- note : tsàye sta. intr. 서 있다 ← tsayā̀ v1intr. 서다

② 진행양상 대명사 + dà 'with' + 보통명사 : '가지고 있다 (to have)'

- yanā̀ dà shī. (그는 그것을 가지고 있다.)
- sunā̀ dà kuɗī. (그들은 돈을 가지고 있다.)
- munā̀ dà tēburōrī. (우리는 탁자들을 가지고 있다.)

③ 진행양상 대명사 + dà 'with' + 추상명사 : 서술 형용사의 기능

- àgōgo yanà̄ dà tsā̀dā. (그 시계는 비싸다.)
- bishiyà̄ tanà̄ dà girmā. (그 나무는 크다.)
- Audù yanà̄ dà ƙarfī. (아우두는 힘이 세다.)
- Kànde tanà̄ dà kyâu. (칸데는 아름답다.)
- Hàlīmà tanà̄ dà ƙibà̄. (할리마는 뚱뚱하다.)
- ruwā yanà̄ dà zāfī. (그 물은 뜨겁다.)
- inà̄ dà wā̀yō. (나는 똑똑하다.)

→ NOTE

'완료양상 + yi + 추상명사'도 서술 형용사의 역할을 한다. '너무 ... 하다' 라는 부수적 의미를 갖는 경우가 많다.

- àgōgo yā yi tsā̀dā. (그 시계는 너무 비싸다.)
- ruwā yā yi zāfī. (그 물은 너무 뜨겁다.)

④ '진행양상 대명사 + dà + 보통(추상)명사'의 부정은 다음과 같다.

		단수	복수
1인칭		bâ ni dà ...	bâ mu dà ...
2인칭	남성	bâ ka dà ...	bâ ku dà ...
	여성	bâ ki dà ...	
3인칭	남성	bâ shi dà ...	bâ su dà ...
	여성	bâ ta dà ...	
	비인칭	bâ a dà ...	

- bâ su dà kuɗī. (그들은 돈이 없다.)
- bâ mu dà tēburōrī. (우리는 탁자가 없다.)

- fensìr ɗīn bâ shi dà tsā̀dā. (그 연필은 비싸지 않다.)
- Audù bâ shi dà ƙarfī. (아우두는 힘이 세지 않다.)
- Kànde bâ ta dà kyâu. (칸데는 아름답지 않다.)
- ruwā bâ shi dà zāfī. (그 물은 뜨겁지 않다.)

⑤ 진행양상 대명사 + ta + 동명사(동작명사) : '계속 ... 하다'

- yanà̄ ta jîn zāfī. (그는 계속 더위를 느낀다.)

- sunā̀ ta barcī. (그들은 계속 잔다.)
- kunā̀ ta aikī̀. (당신들은 계속 일한다.)

> → NOTE
>
> 'yi + ta + 동명사(동작명사)'도 같은 의미를 전달한다.

- sai kà yi ta tàfiyā̀ har kà jē Fùntuwà.
  (당신은 푼투와에 도착할 때까지 계속 가야 합니다.)

⑥ 종속절의 진행양상은 주절의 행위와 동시에 발생하는 부대상황을 나타낸다.

- nā gan shì yanā̀ aikī̀. (나는 그를 보았는데 그는 일하고 있었다.)
- yā tāshì inā̀ barcī. (그가 일어났는데 나는 자고 있었다.)
- munā̀ zuwā̀ yanā̀ ganinmù.
  (우리는 가고 있었는데 그가 우리를 보고 있었다.)
- inā̀ aikī̀ yanā̀ ta sū̀rūtū̀.
  (나는 일하고 있었는데 그는 계속 수다를 떨고 있었다.)
- yā daɗḕ yanā̀ aikī̀. (그는 오래동안 일해왔다.)
  <직역: 그는 오래동안 있었는데 그는 일하고 있었다.>

⑦ 진행양상 대명사의 數와 性의 생략

주어가 3 인칭일 때 진행양상 대명사의 수와 성을 가리키는 부분, 즉 ya, ta, su 가 생략될 수 있다. 왜냐하면 주어로 오는 명사 자체가 수와 성을 드러내기 때문이다.

- Mūsā nā̀ zuwā̀. (무사가 오고 있다.)
  = Mūsā yanā̀ zuwā̀.
- mài hàrājī̀ nā̀ màganā̀. (세금 징수인이 말하고 있다.)
  = mài hàrājī̀ yanā̀ màganā̀.

→ 새로 나온 단어

- **àladḕ** nm. (pl. àlàdai, àlàdū) 돼지, 수퇘지
- **àmmā** 그러나
- **barcī** nm. 잠
- **bishiyā̀** nf. (pl. bishiyōyī) 나무

- **dad̃ẽ** v4intr. 오래 있다, 오래 되다
- **girmā** nm. 1. 큼 2. 중요함, 명성, 위신
- **hàrājì̃** nm. 세, 세금 mài hàrājì̃ 세금 징수인
- **jē** vi (vnm. zuwà̃) 1. 가다 2. ~에 도착하다
- **ji** vt. 1. 듣다 2. 이해하다 3. 느끼다
- **ƙarfī** nm. 힘, 세기
- **ƙibà̃** nf. 비만, 살찜, 뚱뚱함
- **kōwànè** dem. (f. kōwàcè, pl. kōwàɗànnè) 1. (긍정문/의문문에서) 모든, 각각의, 매 2. (부정문에서) 어떤 ~ 도 3. ~ 을 해도, ~ 가 해도
- **kullun** adv. 항상
- **mutuwà̃** nf. 1. 죽음 2. mutù vintr. 의 동명사
- **nan** 1. adv. (눈에 보이지는 않지만) 여기에, 가까이에
  2. dem. (대화중에 언급된) 이, 그
- **nân** 1. adv. 여기에 2. dem. (고성조로 끝나는 단어 다음에서는 nàn) 이
- **shakkà̃** nf. 의심
- **shìga** v3 들어가다
- **sō** vt. 좋아하다, 원하다, 사랑하다 sôn kâi 이기심
- **sṑsai** adv. 잘, 바르게, 정확하게, 완벽하게
- **sṹrūtṹ** nm. (pl. sṹrṹtai) 수다, 지껄임
- **tāshì** v3 1. 일어서다 2. (잠에서) 일어나다, 깨다 3. 날다, 날아오르다 4. 떠나다, 가버리다 5. (여행을) 시작하다 6. (값이) 오르다 7. (성질 따위가) 오르다 8. (전쟁, 사건이) 일어하다 9. (폭탄) 터지다, 폭발하다
- **tsà̃dā** nf. 비쌈
- **tsàmmānì̃** nm. 생각
- **tsūfa** v3 늙다, 나이들다
- **uwā** nf. (pl. iyà̃yē) 1. 모친 (pl. 부모) (호칭어 아님. 지칭어)
  2. 물건의 가장 큰/중요한 부분
- **wàrhakà** adv. 이맘때
- **wayà̃** nf. 1. 철사줄, 전선 2. 건(걸려온) 전화 gidan wayà̃ 우체국
- **wà̃yō** nm. 영리함
- **yànzu** adv. 지금
- **yi** vt. 하다, 만들다
- **zāfī** nm. 1. 열, 더위, 뜨거움 2. (병이나 고통의) 심함, 강렬함

→ DIALOGUE

Mūsā : Àkwai dànkalī̀ à kā̀suwā yâu?
Gàmbo : Ā'ā̀, àmmā àkwai dōyā̀ dà yawā̀.
Mūsā : Tṑ dà kyâu. Nawà nē kuɗin dōyā̀?
Gàmbo : Sulḕ dà sīsī̀ zuwā̀ sulḕ biyu.
Mūsā : Kâi, sun yi tsā̀dā!
Gàmbo : Bābù! Dukànsù mânyā nḕ.
Mūsā : Tṑ bâ lâifī. Àkwai àyàbā̀ kumā?
Gàmbo : Ī àkwai, àmmā bâ yawā̀.
Mūsā : Tṑ, gwēbā̀ fà?
Gàmbo : Dà yawā̀. Àkwai mangwàrṑ dà lḕmō dà yawā̀ kumā.
Mūsā : Dà kyâu. Bàri mù jē mù sāmū̀.
Gàmbo : Tṑ mù jē.

Mūsā : 오늘 시장에 고구마가 있습니까?
Gàmbo : 아니요, 그러나 얌은 많이 있습니다.
Mūsā : 네 좋습니다. 얌의 가격은 얼마입니까?
Gàmbo : 15코보부터 20코보까지 입니다.
Mūsā : 저런, 비싸군요.
Gàmbo : 그렇지 않아요! 그것들 모두 큰 것들입니다.
Mūsā : 아 그렇군요. 바나나도 있습니까?
Gàmbo : 네 있지만 많지는 않아요.
Mūsā : 네, 구아바는요?
Gàmbo : 많이 있어요. 망고랑 오렌지도 많이 있습니다.
Mūsā : 그래요. 우리 가서 삽시다.
Gàmbo : 네 갑시다.

→ STRUCTURE

- Nā ji yunwà̄. Àkwai àbinci?
  배가 고픈데 음식 없습니까?
- Kā kāwō mùtumìn nē? Ī, gà̄ shi.
  당신은 그 사람을 데려왔습니까? 네 그가 있습니다.
- Bābù cōkàlī nân? Ī.
  여기 수저 없습니까? 네.
- Yârā sun tàfi makarantā, kō? Tùkùna.
  아이들이 학교에 갔습니까, 그래요? 아직이요.
- Bà kù shiryà̄ ba? Ā'à̄.
  당신들은 준비 안 되었어요? 아니요.
- Gà̄ littāfin Mālàm Garbà. Ìnā nà̄wā?
  가르바 선생님의 책이 여기 있습니다. 제것은 어디 있습니까?

→ KEY PHRASES

- 나의 어머니가 돌아왔습니까? 아니요, 그녀는 돌아오지 않았습니다.
  Uwātā tā dāwō nè̄? Ā'à̄ bà tà dāwō ba.
- 벨로는 어제 카노에 가지 않았습니까? 아니오, 그는 갔습니다.
  Bellò bài tàfi Kanò jiyà ba? Ā'à̄, yā tàfi.
- 일이(일거리가) 있습니까? 네, 일은 많지만 돈(되는 것)은 없어요.
  Àkwai aikì̄? Ī, àkwai aikì̄ dà yawà̄ àmmā bābù kuɗī.
- 여기 달걀과 우유가 있습니까? 우유는 있지만 달걀은 없습니다.
  Àkwai ƙwai dà madarā nân? Àkwai madarā, àmmā bābù ƙwai.
- 저는 배가 고픕니다. 당신은 어떻습니까.
  Nā ji yunwà̄. Kai fà?

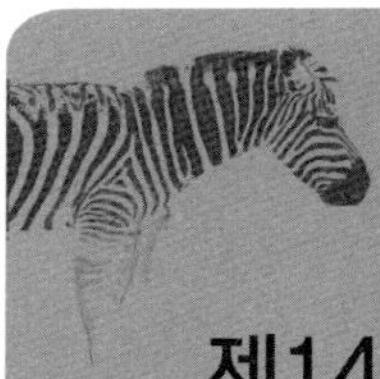

제14강

3단동사[8]

3단동사는 자동사이고 단모음 a 로 끝난다. 3단동사의 동명사는 마지막 모음을 장모음으로 만들면 된다.

- ìsa (vn. ìsā) 도착하다
- hàƙurà (vn. hàƙurā̀) 참다
- girma (vn. girmā) 자라다

1. 3단동사의 성조

① Low-High

- ɗìga (수도꼭지 따위에서 물이) 똑똑 떨어지다
- fìta 나가다 cf. fitō v6intr. 나오다
- nùka (과일이 저장되어서) 익다 cf. nukā̀ v1tr. (과일을 저장해서) 익히다
- nū̀na (과일이 자연스럽게) 익다 cf. nūnar dà v5 (과일을 자연스럽게) 익히다; dafā̀ v1tr. 요리하다, 익히다; cf. dàfu v6. 요리되다, 익다
- sàuka 1. (탈것에서) 내리다 2. 도착하다 3. 묵다 4. (열, 통증, 가격) 내리다 cf. saukar dà v5 1. (위에서 아래로, 위에 있는 것을 아래로) 내리다 2. 숙박시키다; saukḕ v4tr. (짐을) 내리다
- shìga 들어가다 cf. shigō v5intr. 들어오다
- yàrda 동의하다

[8] Parsons, F.W. 1960. 'The verbal system in Hausa', *Afrika und Übersee* 44: 1-36.
Parsons, F.W. 1971/72. 'Suppletion and neutralization in the verbal system of Hausa', *Afrika und Übersee* 55: 49-97, 188-208.
Parsons, F.W. 1981. *Writing on Hausa Grammar: The Collected Papers of F. W. Parsons*, ed. By Graham Furniss, pp. 153ff.: 504-506, Ann Arbor: University Microfilms International, Books on Demand.

② Low-High-Low

- hàƙurà 참다
- hàlakà 파괴되다, 멸망하다 cf. halàkā v1tr. 파괴하다
- kùmburà 부풀다, 부풀어오르다 cf. kumbùrā v1tr. 부풀게 하다
- màkarà 늦다, 지연되다
- tàfasà 끓다 cf. tafàsā v1tr. 끓이다

③ High-High[9]

- ɓūya 숨다
- girma 자라다
- kusa ~에 접근하다, 거의 ~해 가다
- kwāna 밤을 보내다, 24 시간의 하루를 보내다
- tsūfa 늙다
- tūba 후회하다
- zama 1. ~이다 2. ~이 되다 (= kasàncē v4intr.)

2. 3단동사의 활용 예문

- mun kusa dà gàrī. (우리는 그 도시에 가까이 갔다.)
- sallā̀ tā kusa. (축제가 가까이 다가왔다.)
- yā kusa ƙārḕwā. (그것은 거의 다 떨어져가고 있다.)
- mun kusa gamā̀wā. (우리는 거의 끝내가고 있다.)
- nā kwāna inā̀ kàrā̀tū. (나는 독서를 하면서 밤을 보냈다.)
- mun kwāna ukù à hanyā̀. = mun yi kwānā ukù à hanyā̀.
  (우리는 길에서 3일을 보냈다.)
- yā sàuka à dōkī̀. (그는 말에서 내렸다.)
- yā sàuka dàgà itā̀cē. (그는 나무에서 내려왔다.)
- kuɗinsà sun sàuka. (그 가격이 내렸다.)
- nā yàrda dà kai/shirìnkà. (나는 너에게/너의 계획에 동의한다.)
- yā yardam minì ìn tū̀ƙi mōtàrsà.
  (그는 내가 그의 자동차를 모는데 동의했다.)

[9] 파슨즈(Parsons)는 High-High 성조를 갖는 동사들을 그의 동사부류체계에서 다루지 않고 있다(1960, 1971/72, 1981: 153ff.) 이러한 동사들을 3단동사로 취급해야 한다고 주장한 사람은 뉴만(Newman)이다(1973: 304ff.)

Newman, Paul. 1973. 'Grade, vowel-tone classes and extensions in the Hausa verbal system', *Studies in African Linguistics* 4(3): 297-346.

- màganā̀ tā zama gàskiyā = màganā̀ gàskiyā cè̄. (그 말은 사실이다.)
- yā zama nāsà nē = nāsà nē. (그것은 그의 것이다.)
- yā zama hakà. (그 일은 이렇다.)
- in mun dū̀bi halin ƙasarmù dà yâddà ta zama à wannàn yāƙī̀.
  (우리나라의 상태와 우리나라가 그 전쟁에서 어떠했는가를 살펴본다면 …)
- yā zama sunā̀ nân sân dà mukà zō.
  (우리가 왔을 때 그들은 우연히 여기에 있었다.
- yā zama bā̀ nasà ba nè̄. (그의 것이 아닌 것이 되었다.)
- wurī yā zama gàrī. (그 곳은 도시가 되었다.)
- an rinà farī, yā zama baƙī. (하얀 것이 염색이 되어 까만 것이 되었다.)
- nā san hakà zâi zaman minì.
  (나는 그것이 나한테 그렇게 될 줄 알고 있다.)

→ 새로 나온 단어

- **ɓūya** v3 (사람이) 숨다
- **dàfu** v6. 요리되다, 익다
- **ɗiga** v3 1. (수도꼭지에서 물이) 똑똑 떨어지다 2. 걸러지다, 여과되다
- **dōkì̄** nm. (f. gōɗìyā, pl. dawākī) 말
- **dū̀bā** (i/ē) v2 (vn. dūbā) 1. 보다, 주시하다 2. ~에 면하다, ~을 향하다
- **gàrī** nm. (pl. garūruwā̀) 도시
- **gàskiyā** nf. 1. 진리, 진실 2. 정직
- **girma** v3 자라다, 성장하다
- **hakà** adv. 이렇게, 이런
- **hàƙurà** v3 참다, 인내하다
- **hàlakà** v3 파괴되다, 죽다, 멸망하다
- **hālī** nm. 상황, 형세, 사정
- **hanyā̀** nf. (pl. hanyōyī) 1. 길 2. 방법, 수단
- **ìsa** v3 1. 도착하다 2. 충분하다
- **itā̀cē** nm. (pl. itātuwā̀) 1. 나무 2. 목재 3. 막대기
- **ƙārè̄** v4tr. & intr. 1. 끝마치다, 완성하다 2. 완성되다, 다 되다
  3. 끝나다 4. (매우 포괄적인 의미에서 옷, 돈, 건전지, 전구, 음식, 칼 따위가) 다 떨어지다, 다 되다
- **kumbù̀rā** v1tr. 부풀게 하다
- **kù̀mburà** v3 부풀다, 부풀어오르다

- **kusa** v3 1. 가까이 가다, 가까이 다가오다 2. 거의 ~하다
- **kwāna** v3 밤을 보내다, 24 시간의 하루를 보내다
- **màkarà** v3 늦다, 늦어지다
- **nukà̄** v1tr. (과일을 저장해서) 익히다
- **nùka** v3 (과일이 저장되어서) 익다
- **nū̀na** v3 (과일이 자연스럽게) 익다
- **nūnar dà** v5 (과일을 자연스럽게) 익히다
- **rinà̄** v1tr. (vn. rinī̀) 염색하다
- **sallā̀** nf. 1. 하루에 다섯번 하는 기도들 중의 하나 2. 무슬림 종교 축제
- **sàuka** v3 1. (탈것에서) 내리다 2. (열, 통증, 가격) 내리다
  3. (비가) 내리다 4. (여관 등에) 묵다 5. 도착하다 6. 아이를 낳다
- **saukar dà** v5 1. (위에서 아래로, 위에 있는 것을 아래로) 내리다
  2. 숙박시키다
- **saukḕ** v4tr. (짐 따위를) 내리다
- **shigō** v5intr. 들어오다
- **shirī̀** nm. 1. 준비, 계획
- **tafàsā** v1tr. 1. 끓이다 2. 화나게 하다
- **tàfasà** v3 1. 끓다 2. 분노하다
- **tsūfa** v3 늙다, 나이들다
- **tūba** v3 후회하다, 유감으로 생각하다
- **tūƙà̄** v1tr. & intr. 1. (걸죽한 액체를) 젓다, 휘젓다
  2. (배, 자전거, 자동차 따위를) 몰다 3. 배에 심한 통증을 느끼다
- **yāƙī̀** nm. (pl. yà̄ƙe-yà̄ƙe) 전쟁
- **yàrda** v3 동의하다
- **zama** v3 1. ~이다 2. ~이 되다

→ DIALOGUE

Bellò : Nawà nē kuɗin tayàr kḕkē?
Mài tēbùr : Ai irī̀ ukù cē. Àkwai farā dà baƙā dà jā.
Bellò : Tô, nawà nawà kuɗinsù?
Mài tēbùr : Farā, nairà̄ ɗaya dà sulḕ shidà cē.
Bellò : Kâi, tā yi tsà̄dā!

Mài tēbùr : Àmmā itā cḕ mài kyâu.
Bellò : Baƙā fà!
Mài tēbùr : Nairā̀ ɗaya dà sulḕ huɗu.
Bellò : Jā fà!
Mài tēbùr : Jā cḕ mài àràhā à nairā̀ ɗaya dà sulḕ biyu.
Bellò : Tṑ daidai nḕ.

Bellò : 자전거 타이어 가격이 얼마입니까?
Mài tēbùr : 세 종류입니다. 하얀 것, 까만 것, 빨간 것이 있습니다.
Bellò : 네, 그것들의 값이 각각 얼마입니까?
Mài tēbùr : 하얀 것은, 1나이라 60코보입니다.
Bellò : 저런, 비싸군요.
Mài tēbùr : 그러나 좋은 것입니다.
Bellò : 까만 것은요?
Mài tēbùr : 1나이라 40코보입니다.
Bellò : 빨간 것은요?
Mài tēbùr : 빨간 것은 1나이라 20코보로 값이 쌉니다.
Bellò : 그래요 괜찮군요.

→ STRUCTURE

- Mḕ ya fā̀ru à gidan Yā̀ƙubū̀?
  야꾸부의 집에서 무슨 일이 일어났습니까?
- Hadarī̀ yā wucḕ yànzu. Bàri mù yi wā̀sā.
  폭풍우가 지나갔다. 우리 놀자.
- Kà tsayā̀ kà ɗaurè kāyankà.
  멈춰서 당신의 짐을 묶으세요.
- Dōkìnsà yā gudù dà saurī zuwā̀ gàrī.
  그의 말은 도시로 빠르게 달려갔다.
- Yā tàfi wurin àbōkinsà.
  그는 그의 친구한테 갔다.

→ KEY PHRASES

- 그녀는 문을 지나갔다.
  Tā wucè ƙōfā̀.
- 그들은 나무 그늘에 앉으려고 갔다.
  Sun tàfi sù zaunā̀ cikin inuwàr itā̀cē.
- 그것은 어제 여기서 발생했다.
  Yā fā̀ru nân jiyà.
- 아우두는 그저께 집으로 돌아갔다.
  Audù yā kōmā̀ gidā shēkaranjiyà.
- 그녀는 일찍 시장에 갔다.
  Tā tàfi kā̀suwā dà wuri.

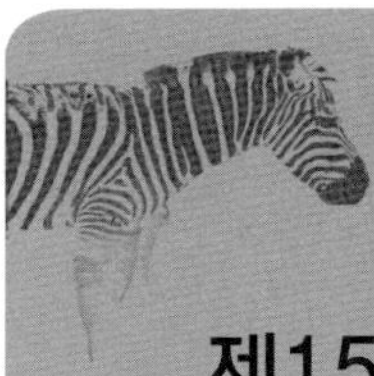

제15강

준동사

준동사는 존재나 부재를 표현하는 동사적 범주로서 양상대명사를 요구 하지 않는다. 준동사 다음에는 명사나 대명사만이 올 수 있다. 대명사가 올 때 어떤 종류의 대명사가 오는지 기억해 두어야 한다.

<table>
<tr><td rowspan="3">àkwai ...
... 가 있다
There is ...</td><td colspan="2">+ 명사</td></tr>
<tr><td colspan="2">+ 직접 목적 대명사</td></tr>
<tr><td colspan="2">+ Ø</td></tr>
<tr><td rowspan="3">dà ...
... 가 있다
There is ...</td><td colspan="2">+ 명사</td></tr>
<tr><td colspan="2">+ 독립 인칭 대명사</td></tr>
<tr><td colspan="2">* 반드시 목적어가 있어야 한다.</td></tr>
<tr><td rowspan="6">bābù ... = bâ ...
... 가 없다
There is no ...</td><td rowspan="3">bābù</td><td>+ 명사</td></tr>
<tr><td>+ 독립 인칭 대명사</td></tr>
<tr><td>+ Ø</td></tr>
<tr><td rowspan="3">bâ</td><td>+ 명사</td></tr>
<tr><td>+ 직접 목적 대명사</td></tr>
<tr><td>* 반드시 목적어가 있어야 한다.</td></tr>
<tr><td rowspan="3">gā̀
(보이는 것을 가리키며) ... 가 있다.
Here is ...</td><td colspan="2">+ 명사</td></tr>
<tr><td colspan="2">+ 직접 목적 대명사</td></tr>
<tr><td colspan="2">* 반드시 목적어가 있어야 한다.</td></tr>
</table>

1. àkwai ...

- àkwai kā̀suwā à gàrī? (도시에 시장이 있습니까?)
- ī, àkwai. (네 있습니다.)
- àkwai yârā à gidā? (집에 아이들이 있씁니까?)
- àkwai. (있습니다.)

- àkwai kuɗī à wurinkà? (당신한테 돈이 있습니까?)
- àkwai sù. (있습니다.)
  <note: 돈이 있냐고 단수로 물었지만 대명사로 대답할 때는 이 예문에서처럼 복수형을 쓴다.>
- àkwai lōkàcîn dà zân iyà ganinkà? (당신을 언제 한 번 뵐 수 있겠습니까? 직역: 제가 당신을 볼 수 있는 때가 있습니까?)

2. dà ...

- dà takàrdā? (종이가 있습니까?)
- ī, dà ita. (= ī, dà àkwai.) (네, 있습니다.)

3. bābù ... = bâ ...

- àkwai mōtōcī à gidā? (집에 자동차들이 있습니까?)
- ā'ā̀, bābù (= bâ) mōtōcī à gidā. (아니오, 집에 자동차들이 없습니다.)
- bābù (= bâ) mōtōcī cân? (거기에 자동차들이 없습니까?)
- ī, bābù (= bâ) mōtōcī. (네, 자동차들이 없습니다.)
- bābù sū. (그것들이 없습니다.)
- bâ su. (그것들이 없습니다.)
- bābù. (없습니다.)

→ NOTE

bābù ... = bâ ... '...가 없다' 는 우리말처럼 부정의 부정이 가능하다.

- à Kanṑ bâ àbîn dà bābù. (카노에는 없는 것이 없다.)
- bâ wandà bài sanī̀ ba à gàrin nàn. (이 도시에서는 그가 모르는 사람이 없다.)
- bâ wandà bā nā̀ sô. (나는 싫어하는 사람이 없다.)
- bâ indà bàn jē ba. (나는 가보지 않은 곳이 없다.)

4. gā̀

- gā̀ gidanmù cân. (우리집이 저기 있습니다.)
- gā̀ littāfī̀ à kân tēbùr. (책이 탁자 위에 있습니다.)
- gā̀ ni nân. (저 여기 있습니다.)

- ìnā mōtā̀? gā̀ ta cân kusa dà gidā.
  (자동차가 어디에 있습니까? 그것은 저기 집 옆에 있습니다.)
- ìnā littāfì̀ dà fensìr? gā̀ su nân.
  (책과 연필이 어디에 있습니까? 그것들은 여기에 있습니다.)
- gā̀ shi. ((손으로 가리키며) 그것이 (여기/저기) 있습니다.)
- gā̀ ƙōfā̀ ((손으로 가리키며) 문이 (여기/저기) 있습니다.)

→ NOTE

gà / gàrē '... 한테'

i. '… 한테 ... 가 있다'는 표현을 할 때 전치사 gà / gàrē 를 사용한다. gà / gàrē 는 '... 의 소유 하에', '... 의 관리 하에', '... 의 보살핌 하에'를 뜻하는 단어로서 우리말의 '... 한테'에 해당하는 표현이다. gà 다음에는 명사가 오고, gàrē 다음에는 저성조의 직접 목적 대명사가 온다.

- àkwai kuɗī gà Mūdī. (무디한테 돈이 있다.)
  = Mūdī yanā̀ dà kuɗī.
- àkwai mōtā̀ gàrē shì. (그한테 자동차가 있다.)
  = yanā̀ dà mōtā̀.
- dà fensìr gà Kànde. (칸데한테 연필이 있다.)
  = Kànde tanā̀ dà fensìr.
- dà littāfì̀ gàrē tà. (그녀한테 책이 있다.)
  = tanā̀ dà littāfì̀.
- yārṑ yanā̀ gà Hàlīmà. (아이들이 할리마한테 있다.)
- sunā̀ gàrē nì. (그들은 나한테 있다.)

ii. 'gàrē + 대명사' 구문에서는 àkwai 나 dà 가 생략될 수 있지만 'gà + 명사' 구문에서는 생략될 수 없다.

- mōtā̀ gàrē shì. (그한테 자동차가 있다.) (O)
- mōtā̀ gà Audù. (아우두한테 자동차가 있다.) (X)

iii. gà / gàrē 는 서술 형용사적 기능을 할 수 있다.

- àkwai kyâu gàrē tà. (그녀는 아름답다.)
- àkwai saurī gà Audù. (아우두는 빠르다.)

위의 첫번째 문장은 '그녀한테 아름다움이 있다'는 뜻이니까 '그녀는 아름답다'라고 옮긴다. 다음의 표현들은 모두 같은 의미를 전달한다.

- kyâu gàrē tà.
  = dà kyâu gàrē tà.
  = tanā̀ dà kyâu.
  = tā yi kyâu.

- dà saurī gà Audù.
  = Audù yanā̀ dà saurī.
  = Audù yā yi saurī.

iv. gà / gàrē 는 다음과 같이 쓰이기도 한다.

- mun tàfi gà mài gyàɗā. (우리는 땅콩 주인한테 갔다.)

→ 새로 나온 단어

- **dà** 1. ~와 함께, ~을 가지고 2. ~와 3. ~가 있다 4. ~할 때 5. 관계대명사
- **gyā̀ɗā** nf. 땅콩
- **iyā̀** v1tr. ~할 수 있다
- **kā̀suwā** nf. (pl. kāsuwōyī) 시장
- **saurī** nm. 빠름, 서두름, 속도

→ DIALOGUE

Bellò : Tô, nā sàyi farâr nairā̀ ɗaya dà sulḕ huɗu nḕ.
Mài tebùr: Àlbarkà. Shī nḕ kuɗin bakâr.
Bellò : Tô, nawà nē kuɗintà na gàskiyā?
Mài tebùr: Nā ragè kwabṑ ukù.
Bellò : Nā ƙārà sīsī̀.
Mài tebùr: Habà mālàm!
Bellò : Fàɗi gàskiyā.

Mài tebùr: Kā̀wō nairā̀ dà sulḕ bìyar dà sīsī̀.
Bellò : Tô, nā tayà nairā̀ dà sulḕ bìyar.
Mài tebùr: Nā sallàmā nairā̀ dà sulḕ bìyar dà tarō.
Bellò : Mādàllā, gā̀ kuɗîn.

Bellò : 좋습니다, 하얀 것을 1나이라 40코보에 사겠습니다.
Mài tebùr: 안 팔고 말겠습니다. 그건 까만 것의 가격입니다.
Bellò : 좋습니다, 그것의 진짜 가격이 얼마입니까?
Mài tebùr: 3코보를 깍아주겠습니다.
Bellò : 5코보를 더 드리겠습니다.
Mài tebùr: 여보쇼 선생님!
Bellò : 진실을 말하세요.
Mài tebùr: 1나이라 55코보를 내세요.
Bellò : 좋습니다, 1나이라 50코보를 제안합니다.
Mài tebùr: 1나이라 52.5코보면 팔겠습니다.
Bellò : 좋습니다, 여기 돈이 있습니다.

→ STRUCTURE

- Bellò yā kāwō manà nāmā̀.
  벨로가 우리를 위해 고기를 가져왔습니다.
- Kài masù littāfìn nân, kà dāwō dà wurī.
  그들에게 이 책을 가져다 주고 빨리 돌아오세요.
- Wā̀ ya bā kà ƙwai? Mài tēbùr à bā̀kin hanyā̀.
  누가 당신에게 계란을 주었습니까? 길가의 상인입니다.
- Tā jē kā̀suwā, tā sàyi dōyā̀ mài tsā̀dā.
  그녀는 시장에 가서 비싼 얌을 샀습니다.
- Kin ɗàukē sù. Kin kai sù gidan mài gidankù.
  당신은 그것들을 주웠습니다. 당신은 그것들을 당신들의 남편 집으로 가져갔습니다.

→ KEY PHRASES

- 그는 고기를 얻었습니다. 그녀가 그것을 요리했습니다.
  그들은 그것을 급히 먹었습니다.
  Yā sā̀mi nāmā̀. Tā dafā̀ shi. Sun cī shì dà saurī.
- 우리는 그의 차에 망고 세 개를 남겨두었습니다. 가서 그것들을 가져오세요.
  Mun bar mangwàrṑ gùdā ukù cikin mōtàrsà. Kà tàfi kà sā̀mē sù.
- 그녀는 큰 나무 그늘 안에서 우리를 위해 음식을 준비했습니다.
  Tā shiryā̀ manà àbinci cikin inuwàr bàbban itā̀cē.
- 그는 공구들을 샀습니다. 나는 그 이유를 모르겠습니다.
  Yā sàyi kāyan aikī̀. Bàn san dàlīlī̀ ba.
- 그가 나를 보았습니까? 네, 그러나 그는 당신을 모릅니다.
  Yā gan nì? Ī, àmmā bài san kà ba.

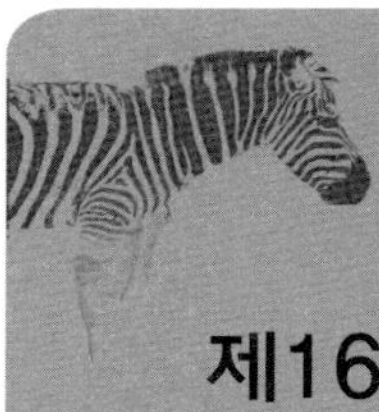

제16강

불가시적 지시사

지시하는 대상이나 장소가 눈에 보이지 않는 경우, 다시 말해, 화자나 청자가 이미 알고 있는 것을 지시하는데 사용된다.

1. 지시대명사

		단수		복수	
		형태	뜻	형태	뜻
방금 전에 언급된 것		wànnan	그 것 / 그 사람	wàɗànnan	그 것들, 그 사람들
오래 전에 언급된 것	남성	wàncan	그 것 / 그 사람	wàɗàncan	그 것들, 그 사람들
	여성	wàccan			

wannàn ita cḕ makarantā sṑsai; wàccan makarkatā cḕ. (이 것이 진짜 학교입니다; 그 것은 탈선된 장소입니다.)

2. 지시형용사

i. wànnan Type

지시대명사와 같은 형태이며 명사의 앞에 위치한다.

- wànnan ɓàrāwṑ yā kwāshḕ manà kāyā.
  (그 도둑이 우리의 물건을 훔쳐갔습니다.)

ii. **nan/can Type**

명사의 뒤에 위치하며 nan/can 의 성조는 변하지 않는다. 명사의 마지막 음절이 고성조로 끝나면 하강성조로 바뀌고 저성조로 끝나면 그대로 둔다. 남성명사에는 연결사 –n 이 부착되고 여성명사에는 연결사 -r 이 부착된다.

- cikin tābōbîn nan wàccē ta fi kā̀suwā?
  (그 담배들 중에서 어떤 것이 더 잘 팔립니까?)
- bābù aikī̀ dà yawā̀ à makarantâr can. (그 학교에는 일이 많지 않습니다.)
- à cikin shḕkaràr can an yi ruwā dà yawā̀. (그 해에는 비가 많이 왔습니다.)

iii. **–n/-r Type**

위의 nan/can Type 에서 nan/can 이 생략된 형태이다. 나머지는 모두 똑같다.

- gā̀ rīgā, àmmā ìnā wàndôn? (가운은 있는데 바지는 어디에 있습니까?)
- gā̀ kujḕrâr. (그 의자가 있습니다.)
- Audù yā kāwō àbinci. àbincîn bâ kyâu.
  (아우두가 음식을 가져왔습니다. (그런데) 그 음식이 좋지 않습니다.)
- gā̀ sābuwâr nân. (여기 그 새 것이 있습니다.)
- nā saukè dōyā̀ dàgà mōtōcîn. (나는 그 자동차에서 얌을 내렸습니다.)
- fartanyā̀ tā karyḕ. ìnā fartanyàr?
  (괭이가 부러졌습니다. (그런데) 그 괭이는 어디에 있습니까?)

iv. **ɗìn Type**

자음으로 끝나는 차용어 다음에 주로 사용되지만 특별한 제약이 있는 것은 아니다. ɗìn 다음에 nan 이 따라오기도 한다.

- inā̀ sôn fensìr ɗìn. (나는 그 연필을 좋아합니다.)
- yārṑ ɗìn nan, bài dāwō ba. (그 소년은 돌아오지 않았습니다.)
- nā kāwō kḕkē ɗìnkà. (나는 당신의 그 자전거를 가져왔습니다.)

→ NOTE

위의 마지막 문장처럼 지시와 소유관계를 동시에 표현할 때 ɗìn Type 을 사용한다.

3. 지시부사

- nan 여기
- can 저기, 거기

- ìnā Audù? (아우두는 어디에 있습니까?)
- yanā̀ nan. (여기에 있습니다.)
  <note: 지금 눈에 보이지는 않지만 여기 어딘가에 있다는 뜻>
- Kànde tanā̀ can à gidā. (칸데는 저기 집에 있습니다.)

→ 새로 나온 단어

- **fartanyā̀** nf. (pl. farḕtanī, fartanyōyī) (삼각형의 날을 가진 작은) 괭이
- **fi** vt. 1. ~을 초과하다, ~보다 낫다, ~을 능가하다
  2. 비교급, 최상급 구문을 만드는 데 쓰임
- **karyḕ** v4intr. 1. 딱 부러지다 2. 무효가 되다, 취소되다
- **kḕkē**= **kḕkè** nm. (pl. kēkunā̀) 1. 자전거 2. 기계
- **makarkatā** nf. (사람을 망가뜨리는) 탈선 장소
- **sābō** n. & adj. (f. sābuwā, pl. sàbàbbī) 새로운
- **shḕkarā̀** nf. (pl. shḕkàrū) 1. 년 2. 나이
- **wàccē** nf. wànnē 의 여성형
- **wànnē** inter. pro. (f. wàccē, pl. wàɗànnē) 어느 것, 어느 쪽

→ DIALOGUR

Amīnā̀ : Ìnā zâ ki, Kànde?
Kànde : Zâ ni kàntī ìn sàyi sābon zanḕ.
Amīnā̀ : Don mḕ?
Kànde : Dṑmin ìn sâ, ìn tàfi rawā dà shī jībi.
Amīnā̀ : Dà kyâu. Kâi, zanènkì na yànzu bâ kyâu.
Kànde : Gàskiyarkì. Yā tsūfa sṑsai.
Amīnā̀ : Mài gidankù yā bā kì kuɗìn?
Kànde : Bābù! Nā sayar dà gyàɗā nḕ.

Amìnā : Tồ bâ lâifī.

Amìnā : 칸데씨 어디 가십니까?
Kànde : 새 자네를 사려고 가게에 갑니다.
Amìnā : 왜요?
Kànde : 제가 입으려고요, 모레 그걸 입고 춤추러 가려고요.
Amìnā : 네. 저런, 지금 입고 있는 당신의 자네는 좋지 않습니다.
Kànde : 당신 말이 맞아요. 그것은 너무 오래 되었습니다.
Amìnā : 당신의 남편이 당신에게 그 돈을 주었습니까?
Kànde : 천만에요! 제가 땅콩을 팔았습니다.
Amìnā : 그래요, 잘 되었군요.

→ STRUCTURE

- Nā ji yunwā̀ ƙwarai. Dṑmin hakà zân ci àbinci yànzu.
  나는 배가 너무 고픕니다. 그래서 나는 지금 밥을 먹을 것입니다.
- Bà zā mù ci àbinci nân ba.
  우리는 여기서 밥을 먹지 않을 것입니다.
- Mḕ zā kì yi? Zân kōmā̀ gàrī an jimā̀.
  당신은 무엇을 할 것입니까? 나는 잠시 후 도시로 돌아갈 것입니다.
- Zā kà gayā̀ minì lā̀bārìn tàfiyàrkà?
  저한테 당신의 여행 이야기를 해 주실 것입니까?
- Zâ ku kā̀suwā yâu? Ā'à, zâ mu gidan àbōkīnā.
  당신들은 오늘 시장에 갑니까? 아니요, 우리는 제 친구 집에 갈 것입니다.

→ KEY PHRASES

- 우리는 내일 시장에 춤추러 갈 것입니다.
  Zā mù tàfi rawā à kā̀suwā gṑbe.
- 당신은 학교에 가지 않을 것입니다.
  Bà zā kà tàfi makarantā ba.
- 그들은 당신에게 돈을 달라고 부탁할 것입니다.
  Zā sù tàmbàyē kà kà bā sù kuɗī.
- 어디 가세요? 산책하러 갑니다.
  Ìnā zâ ka? Zâ ni yawṑ.
- 내일 벨로 선생이 카노에 갈 것입니다. 그는 그의 아버지의 말을 가져올 것입니다.
  Gṑbe Mālàm Bellò zâi tàfi Kanò. Zâi kāwō dōkìn ùbansà.

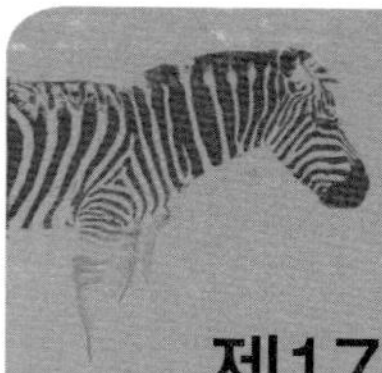

제17강

가상법 1

가상법은 아직 이루어지지 않은 행위, 사건과 관련된 발화자의 기분, 심적 상태, 의도 따위를 나타내는 표시로서 동사의 앞에 오는 가상양상대명사에 의해 실현된다. 가상 양상 대명사는 저성조의 단모음을 특징으로 한다.

		단수	복수
1인칭	성구분 없음	ìn	mù
2인칭	남성	kà	kù
	여성	kì	
3인칭	남성	yà	sù
	여성	tà	
	비인칭	à	

1. 명령

- kà tàfi makarantā. (학교에 가시오.)
- kà yi ƙṑƙarī kà gamā̀. (노력해서 끝내시오.)
- kà sayō minì rī̀gā à kā̀suwā. (날 위해 시장에서 가운을 사가지고 오시오.)

→ NOTE

여러 명에게 명령을 할 때는 가상법을 통한 방법만이 가능하다.

- yârā, kù tàfi kā̀suwā kù sàyi dōyā̀. (아이들아, 시장에 가서 얌을 사라.)
- kù zō nân. (당신들 이리로 오시오.)

2. 의무, 당연

- ìn tàfi kā̀suwā? (제가 시장에 가야합니까?)
- yà yi hanzarī. (그는 서둘러야 한다.)

→ NOTE

의무를 강조하기 위해 sai 가 가상양상대명사 앞에 선택적으로 올 수 있다.

- sai kà sayō gawàyī. (우리는 목탄을 사와야 한다.)
- sai kà ragḕ minì kuɗintà. (당신은 나한테 그 값을 깍아주어야 한다.)
- sai kà yi ta tàfiyā̀. (당신은 계속해서 가야 한다.)
- sai yà zō nân. (그는 여기에 와야 한다.)

3. 목적

- nā tàfi ìn gan shì. (나는 그를 보러 갔다.)
- nā zō ìn gaishē kà. (나는 너에게 인사하러 왔다.)
- zā sù jē sù hàrbi nāmā̀. (그들은 들짐승을 사냥하러 갈 것이다.)
- yā jē gidā yà kāwō ruwā. (그는 물을 가지러 집에 갔다.)
- yā zō yà tàimàkē mù. (그는 우리를 도와주러 왔다.)
- kù zō kù yi aikìnkù. (너희들의 일을 하러 와라.)
- bà zā kà yi ƙṑƙarī kà gamā̀ zuwā̀ ƙarfḕ biyu ba?
  (두 시까지 끝낼 수 있도록 노력하지 않을 것입니까?)

→ NOTE

목적을 나타낼 경우 don 또는 dṑmin 이 가상양상대명사 앞에 와서 그 뜻을 분명히 한다.

- nā àiki ɗānā gōnā don yà kṑrē sù.
  (나는 나의 아들이 그것들을 　아버리도록 농장에 보냈다.)
- kà bā nì kuɗī don ìn sayō àbinci. (음식을 사 올 수 있도록 돈을 주십시요.)
- yā kāwō mōtàrsà don ìn yi masà gyārā.
  (그는 내가 그를 위해 수리할 수 있도록 그의 자동차를 가져왔다.)
- yā kāwō shì dṑmin ìn ganī. (그는 내가 볼 수 있도록 그것을 가져왔다.)

4. 희망: 희망이나 바램을 나타내는 표현 다음에서 그것의 구체적인 내용을 표시한다.

- Audù yanā̀ sô yà ci àbinci. (아우두는 음식을 먹고 싶어한다.)
- mun sō mù zìyàrcē sù. (우리는 당신을 방문하고 싶어했다.)
- inā̀ sô kà yi minì wani ɗan gyārā.
  (나는 네가 나를 위해 어떤 작은 수리를 해 주기를 원한다.)
- kanā̀ sô ìn līƙē ta? (당신은 제가 그것을 때워주길 원합니까?)
- kanā̀ sô ìn bā kà bàyānī̀? (당신은 제가 설명해주길 원합니까?)
- kunā̀ sô kù kwāna à bārikī̀? (당신들은 휴게소에서 밤을 보내고 싶습니까?)
- munā̀ sô mù wucḕ har Yā̀shi. (우리는 야쉬까지 계속 가기를 원합니다.)
- munā̀ fātā kà dāwō lāfiyā̀. (우리는 당신이 무사히 돌아오길 바랍니다.)

→ NOTE

아래의 두 문장 중에서 첫번째 문장은 단음절 동사 sō 의 동명사 sô 에 연결사 -n 이 없지만 두번째 문장은 동명사 sô 가 연결사를 취하고 있다.

- inā̀ sô ìn tàfi yànzu. (저는 지금 떠나기를 원합니다.)
- inā̀ sôn ìn tàfi yànzu. (저는 지금 떠나기를 원합니다.)

일반적으로 동명사 sô 다음에 연결사가 오면 행위의 주체가 행위에 대한 권한을 가지며 권한의 일부로서 그것을 하기를 바란다는 것을 암시한다. 반대로 연결사가 없을 경우 행위의 주체는 행위에 대한 권한이 없으며 상대방에게 행위에 대한 허락을 구하고 있음을 암시한다.

5. 청유

- ìn tàfi asìbitì. (제가 병원에 갈께요.)
- tô, mù jē. (자, 우리 가자.)
- mù shìga zaurḕ. (우리 자우레에 들어갑시다.)

→ NOTE

청유의 경우 bàri 가 가상양상대명사 앞에 와서 그것을 분명히 한다.

- bàri ìn kāwō makà kujḕrā. (제가 당신을 위해 의자를 가져올께요.)
- vbàri mù bi hanyàr. (우리 그 길을 따라가자.)

가상법 대신 미래양상을 사용해 청유를 나타낼 수도 한다.

- tô, zā mù jē. (자, 우리 가자.)
- zā mù shìga zaurḕ. (우리 자우레에 들어갑시다.)

6. 기원: 주로 신에게 기원할 때 사용된다.

- Allȁh yà bā kà lāfiyȁ. (신이여 그에게 건강을 주소서.)
- Allȁh yà kai mù.
  (신이여 우리를 (다음에 만날 그 날까지 무사히) 데려가 주소서.)
- rânkà yà dad̃ḕ. (당신의 생명이 오래 지속되기를!)

→ NOTE

위의 마지막 문장은 윗사람, 연장자, 상급자, 손님 등에게 말을 걸 때나 낯선 사람에게 무엇을 부탁할 때 사용되는 정형화된 표현이다.

- rânkà yà dad̃ḕ mālàm, mḕ zā kà sàyā? (선생님, 무엇을 사시겠습니까?)

7. 허락

- ìn shìga kō? (들어가도 됩니까?)
- ìn fita kō? (나가도 됩니까?)

8. 사역

- sù tàfi kȁsuwā. (그들이 시장에 가게 해라)
- yà tàfi kȁsuwā. (그가 시장에 가게 해라.)

9. 가상법의 부정

가상법의 부정은 가상양상대명사 앞에 kadà (= kâr) 를 붙여서 만든다.

- kadà kà zō. (오지 마시오.)

- kâr kà yi hakà. (그렇게 하지 마시오.)
- kadà yārṑ yà tàfi. (그 소년이 가게 하지 하시오.)

→ 새로 나온 단어

- **asìbitì** nf. (pl. asibitōcī) 병원
- **bārikì** nf. 1. 막사, 병영 2. 휴게소, 숙박소
- **bàyānī̀** nm. (pl. bàyā̀nai) 설명
- **ɗā** nm. (f. 'yā, pl. 'yā'yā) (사람을 뜻할 경우 복수형의 속격은 'yan 이고 열매를 뜻할 경우 복수형의 속격은 'yā'yan 이다) 1. 아들 (f. 딸) 2. 'ɗan + 명사'의 형태로 사용됨 ɗan tēbùr 좌판상인 ɗan bṑrī 보리 무당 ɗan jàm'iyyā̀ 정당원 3. 열매 ɗan itā̀cē
- **fātā** nm. or nf. 바램, 희망
- **gaishē** v5 gai dà '인사하다' 의 이형으로서 직접목적대명사 앞에서 쓰일 수 있음
- **gawàyī** nm. 숯, 목탄
- **hanzarī** nm. 1. 서두름, 급함 2. 변명, 핑계
- **hàrbā** (i/ē) v2 (vn. harbī̀) 1. (사람이나 짐승을) 쏘다 2. (침, 가시를 가진 동식물이) 쏘다, 찌르다 3. (동물이) 걷어차다 4. (사람에게) 전염시키다
- **lī̀ƙē** v4tr. (빵꾸가 난 것을) 때우다
- **ragḕ** v4tr. & intr. 1. (양·액수·정도 따위를) 줄이다, 축소하다, 감소시키다 2. 남다, 남아 있다
- **râi** nm. (pl. rāyukā̀, gen. rân) 1. 목숨, 생명 2. 정신, 영혼 3. 구조, 희망 4. 번영, 번창 5. (물건 따위의) 상태가 좋음
- **sayō** v6tr. 사오다
- **wucḕ** v4tr. & intr. 1. 초과하다, 넘어서다 2. (시간, 요일, 날짜) 지나가다 3. 죽다
- **zaurḕ** nm. (pl. zaurukā̀) 자우레 (손님이 왔을 때 거실로 맞아들이기 전에 잠시 거처하게 하는 문 옆의 방)

→ DIALOGUE

Mammàn : Barkà dà aikī̀, Dōgo.
Dōgo : Yâuwā, barkà dà zuwā̀.
Mammàn : Ìnā wunī̀?
Dōgo : Lāfiyā̀, bâ kōmē.
Mammàn : Mādàllā.
Dōgo : Zâ ka gàrī nḕ?
Mammàn : Ā'ā̀, zâ ni yāwṑ kawài.
Dōgo : Tṑ bâ lâifī. Bàri mù zaunā̀ mù yi tādī̀.
Mammàn : Tṑ dà kyâu. Gā̀ inuwā̀ mài kyâu à nân.
Dōgo : Kâi, àkwai rānā yâu!
Mammàn : Gàskiyarkà, lōkàcinsà nē.
Dōgo : Hakà nē.
Mammàn : Nā ji zā kà jē Kanò gṑbe.
Dōgo : Hakà nē. Zân tàfi cikin mōtā̀ dà sāfē.
Mammàn : Tô, mḕ zā kà yi à wurîn?
Dōgo : Zân sayar dà dāwā̀tā à kā̀suwā.
Mammàn : Tṑ dà kyâu. Zā kà dadḕ à Kanò?
Dōgo : Ī, zân nḕmi aikī̀ à wurîn.
Mammàn : Tṑ bâ lâifī. Sai yàushè zā kà dāwō?
Dōgo : Sai watā̀ mài zuwā̀.
Mammàn : Tṑ dà kyâu. Zân tàfi yànzu.
Dōgo : Tṑ bâ lâifī. Sai nā dāwō dàgà Kanò.
Mammàn : Yâuwā, kà dāwō lāfiyā̀.
Dōgo : Ā̀min.

Mammàn : 일이 잘 되십니까? 도고씨.
Dōgo : 네, 어서오세요.
Mammàn : 오늘 어떻게 지내고 계십니까?
Dōgo : 잘 지내고 있습니다, 별일 없습니다.
Mammàn : 좋습니다.
Dōgo : 도시에 가세요?
Mammàn : 아닙니다, 그냥 산책하러 갑니다.
Dōgo : 그렇군요. 우리 앉아서 잡담이나 합시다.

Mammàn : 그럽시다. 여기 좋은 그늘이 있습니다.
Dōgo : 이런, 오늘 진짜 덥군요.
Mammàn : 맞습니다, 더울 때죠.
Dōgo : 그래요.
Mammàn : 내일 카노에 간다고 들었습니다.
Dōgo : 그렇습니다. 아침에 자동차로 떠날 것입니다.
Mammàn : 네, 그 곳에서 무엇을 할 것입니까?
Dōgo : 시장에서 기니콘을 팔 것입니다.
Mammàn : 네 좋습니다. 당신은 카노에 오래 머물 것입니까?
Dōgo : 네, 저는 그 곳에서 일자리를 찾아볼 것입니다.
Mammàn : 네 좋습니다. 언제 돌아오십니까?
Dōgo : 다음 달까지는 돌아옵니다.
Mammàn : 좋습니다. 전 지금 가야 합니다.
Dōgo : 네 좋습니다. 카노에서 돌아오면 뵙겠습니다.
Mammàn : 좋습니다, 무사히 돌아오시길 빌겠습니다.
Dōgo : 아멘.

→ STRUCTURE

- Yā fāɗì cikin ruwā.
  그는 물에 빠졌습니다.
- Bāyan wà̄sân zā mù jē wurin sarkī.
  놀이가 끝난 후 우리는 추장한테 갈 것입니다.
- Ìdan yā dāwō, sai ìn tàfi.
  그가 돌아오면 나는 갈 것입니다.
- Yā yi aikìnsà kàmar yārò̄.
  그는 소년처럼 그의 일을 했다.
- Kà̄fin ìn tàfi, zâi zō.
  내가 가기 전에 그가 올 것입니다.
- Bà̄ƙō yā sâ tà̄kàlminsà ƙàrƙashin kujè̄rātā.
  그 손님은 그의 신발을 나의 의자 밑에 두었습니다.

→ KEY PHRASES

- 나는 유수푸와 그의 아버지를 그들의 집에서 보았습니다.
  Nā ga Yūsufù dà ùbansà à gidansù.
- 그러나 나 둘 중의 하나가 내일 아침 학교에 올 것입니다.
  Kō nī kō ita zâi zō makarantā gồbe dà sāfe.
- 나는 염소를 탁자 아래에서 찾았는데 그것을 보지 못했습니다.
  Nā nề̀mi àkuyầ ƙàrƙashin tēbùr àmmā bàn gan tà ba.
- 내가 다음 달에 돌아오면 그것을 살 것입니다.
  Ìdan nā dāwō watầ mài zuwầ sai ìn sàyē shì.
- 당신이 저를 위해서 일을 하면 당신은 저한테서 돈을 얻을 것입니다.
  Ìdan kā yi minì aikì̀ zā kà sầmi kuɗ̀ì dàgà gàrē nì. (= Ìdan kā yi minì aikì̀ zā kà sầmi kuɗ̀ì dàgà wurīnā.)

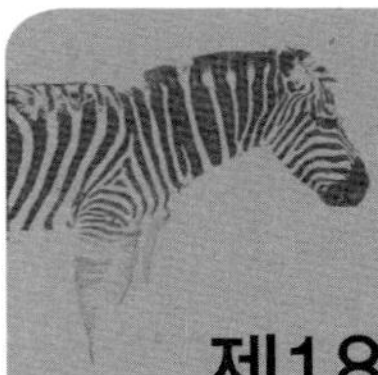

제18강 가상법 2

특정한 접속사나 특정한 단어 다음에 반드시 가상법을 사용하는 경우가 있으며, 대등절이 시간적 순서에 따라 나열될 때 가상법을 사용해도 되는 경우가 있다.

1. 종속절을 이끄는 kȁfin (= kȁfin, kȁmìn), har 등과 같은 접속사 다음에 가상법이 온다.

① kȁfin + subjunctive ~ 하기 전에 (과거/미래)

- kȁfin ìn tāshì sun(=sukà) rigā sun zō.
  (내가 떠나기 전에 그들은 벌써 와 있었다.)
  <note : 동사 rigā 의 특이한 쓰임새를 숙지해 둘 것. sun rigā sun zō. '그들은 벌써 와 있었다.', bà sù rigā sun zō ba. '그들은 아직 오지 않았다.'>

- sun yi kusan kwānā ukù sunȁ ta dafȁ wannàn kùrmucī kȁfin sù ci nasaràr dafȁ shi luɓus dȍmin cî.
  (그들은 이 코브라를 계속 요리하면서 거의 삼 일을 보내고 난 다음에야 그것을 먹기 좋게 부드럽게 만드는 데 성공했다. 직역: 그들은 먹기 위해 그것을 부드럽게 요리하는 데 성공하기 전에 이 코브라를 계속 요리하면서 거의 삼 일을 보냈다.)
  <note : yi kusan + 동명사 '거의 ~하다', ci nasaràr + 동명사 '~하는데 성공하다', dȍmin + 동명사 '~하는 것을 위해'>

- zā mù hūtȁ kàɗan kȁfin mù ci àbinci. (밥 먹기 전에 좀 쉬자.)
- nâ kai ƙarfȅ ukù kȁfin ìn gamȁ. (세 시는 돼야 끝마칠 수 있을 것이다.)
- kȁfin kà kai Kàtsinà, kâ ga gȍnàkkī dà yawȁ.
  (카찌나에 도착하기 전에 많은 농장들을 보게 될 것이다.)

→ NOTE

bāyan + completive ~ 한 후에 (과거/미래)

- bāyan kun tàfi akà nèmē kù = bāyân dà kukà tàfi akà nèmē kù.
  (너희들이 떠난 후에 사람들이 너희들을 찾았다.)
- bāyan sun gamā̀ zā sù iyà tàfiyā̀ = bāyân dà sukà gamā̀ zā sù iyà tàfiyā̀.
  (그들은 일을 끝마친 후에 떠날 수 있을 것이다.)

② har + subjunctive ~ 할 때까지 (미래)

- bàri mù dākàtā nân har sù isō. (그들이 도착할 때까지 여기서 기다리자.)

→ NOTE

har + rel. completive ~ 할 때까지 (과거)

- mun dākàtā har sukà isō. (우리는 그들이 도착할 때까지 기다렸다.)

2. 가상법이 반드시 사용되어야 하는 고착된 구조에는 아래와 같은 것들이 있다.

① yā fi kyâu + subjunctive ~ 하는 것이 더 좋다
② gwàmmà (=gāra) + subjunctive ~ 하는 것이 더 좋다
③ ya kyàutu + subjunctive ~ 하는 것이 마땅하다
④ yā kàmātà + subjunctive ~ 해야 한다
⑤ dōlè (=tīlàs) (nē) + subjunctive ~ 해야 한다 <강한 의무>

- yā fi kyâu à dākàtā kàɗan. (조금 기다리는 것이 더 좋다.)
- gwàmmà mù tàfi dà wuri. (우리는 일찍 가는 것이 더 좋다.)
- gwàmmà mù tāshì. (자리를 뜨는 것이 더 좋다.)
- gāra kà yi hakà. (그렇게 하는 것이 더 좋다.)
- yā kyàutu kà gyārà halinkà. (당신의 성격을 고치는 것이 마땅하다.)
- yā kyàutu mù tàfi yànzu. (우리가 지금 가는 것이 마땅하다.)
- yā kàmātà mù yī shì dà kânmù. (우리는 우리 스스로 그것을 해야 한다.)
- yā kàmātà kà bā nì duk kuɗin aurên.
  (너는 나한테 모든 결혼 비용을 제공해야 한다.)
- yā kàmātà yârā sù kōr̀i dabbōbī. (아이들이 동물들을 쫓아야 한다.)
- dōlè (nē) kà zō gōbe. (당신은 내일 와야 한다.)

3. 영어의 경우 to- 부정사형이 쓰이는 다음과 같은 환경에서 사용된다. 이것은 반드시 기억해 두어야 한다.

- sarkī yā ùmàrcē mù (dà) mù kashḕ ka.
  (왕은 우리한테 당신을 죽이라고 명령했다.)
  cf. The king ordered us to kill you.

- an cê masù sù zō. (그들은 오라는 말을 들었다.)
  cf. They were told to come.

- sarkī yā cê mù zō dà kai. (추장은 우리에게 당신과 함께 오라고 말했다.)
  cf. The king told us to take you before him.

- yā yàrda yà yi shì. (그는 그것을 하기로 동의했다.)
  cf. He agreed to do it.

- inā̀ jirànsà yà dāwō. (나는 그가 돌아오기를 기다리고 있다.)
  cf. I am waiting for him to return.

- yā sā̀mi wannàn ùmùrnī sai yà zō. (그는 오라는 이 명령을 받았다.)
  cf. He received this order to come.

- inā̀ nēman wuƙā kà yankà àkuyàr dà shī.
  (나는 당신이 염소를 잡을 칼을 찾고 있다.)
  cf. I am seeking a knife for you to slaughter the goat with it. (부정사의 형용사적 용법)

- Gwamnatìn Nā̀jēriyā̀ tanā̀ dà īkṑ tà tsarè mùtûm har sai illā mā shā Allāhù.
  (나이지리아 정부는 사람을 무한정 감금할 권한을 갖고 있다.)
  cf. Nigerian Government has the power to detain a person indefinitely. (부정사의 형용사적 용법)

4. 여러 대등절의 사건이 차례로 발생할 때 첫째만 기본양상으로 처리하고 그 다음부터는 가상법을 사용한다.

① 기본시제가 현재일 때

- kullum, Audù yanā̀ tàfiyā̀ kā̀suwā, yà jē masallācī, yà dāwō gidā dà màgàribā̀.
  (아우두는 매일 시장에 간 다음, 사원에 가고, 해질녘에 집에 돌아온다.)

② 기본시제가 미래일 때

- Audù zâi tàfi kā̀suwā, yà jē masallācī, yà dāwō gidā dà màgàribā̀.
  (아우두는 시장에 간 다음, 사원에 가고, 해질녘에 집에 돌아올 것이다.)
- zân wucḕ Yā̀shi ìn bi arḕwa. (나는 야쉬를 지나서 북쪽으로 갈 것이다.)
- Gṑbe Mālàm Ùsmân dà Mìnistā̀ na Ilmī̀ zā sù tàfi Sakkwato, sù būɗḕ makarantar 'yam mātā, sù zìyàrci asìbitī̀, sù dāwō Gùsau, sù bā dà laccā̀ dà yâmmā. (내일 우스만 선생과 교육부 장관이 소코토에 가서 여학교를 열고, 병원을 방문하고, 구사우에 돌아와서, 오후에 연설을 할 것이다.)

③ 기본시제가 습관을 나타낼 때

- Audù yakàn tàfi kā̀suwā, yà jē masallācī, yà dāwō gidā dà màgàribā̀.
  (아우두는 항상 시장에 간 다음, 사원에 가고, 해질녘에 집에 돌아온다.)

> → NOTE
>
> 그러나 다음과 같은 예외적 상황이 있다는 것을 반드시 기억해야 한다.

i. 기본시제가 완료일 때는 가상법이 사용되지 않고 관계완료양상대명사가 사용된다.

- Audù yā tàfi kā̀suwā, ya jē masallācī, ya dāwō gidā dà màgàribā̀.
  (아우두는 시장에 간 다음, 사원에 갔고, 해질녘에 집에 돌아왔다.)

ii. 만약 사건들이 시간적 순서에 따라 발생하지 않는다면 가상법을 쓸 수 없다. 이 때는 기본양상을 사용해야 한다.

- Audù yanā̀ tàfiyā̀ kā̀suwā, yanā̀ zuwā̀ masallācī, yanā̀ dāwôwā gidā dà màgàribā̀.
  (아우두는 시장에 가고, 사원에 가고, 해질녘에 집에 돌아온다.)

여기서는 아우두가 사원에 가는 사건이 먼저 발생할 수도 있고, 아우두가 해질녘에 집에 돌아오는 사건이 먼저 발생할 수도 있으며, 사건들 사이에 다른 사건이 개입할 수도 있다.

> → NOTE
>
> 이 번에는 다음의 두 문장을 분석해보자.

- Audù yanā̀ tàfiyā̀ kā̀suwā dṑmin (=sabṑdà) yà gaidà sarkin fāwā̀.
  (아우두는 고깃간의 우두머리에게 인사하러 시장에 간다.)
- Audù yanā̀ tàfiyā̀ kā̀suwā yà gaidà sarkin fāwā̀.
  (아우두는 고깃간의 우두머리에게 인사하러 시장에 간다. / 아우두는 시장에 간 다음 고깃간의 우두머리에게 인사한다.)

첫번째 문장은 전치사 dṑmin 때문에 yà 가 목적의 가상법임을 알 수 있다. 두번째 문장은 두가지 해석이 가능하다. 첫째와 마찬가지로 목적으로 해석할 수도 있고, 연속적으로 발생하는 사건으로 해석할 수도 있다.

→ 새로 나온 단어

- **Allāhù** 다음과 같이 쓰임 har sai illā mā shā Allāhù 무한정
- **arḕwa** nf. & adv. 북쪽, 북쪽으로
- **aurē** nm. (pl. àure-àure) 결혼
- **bā dà** 5단동사 bayar dà 의 이형
- **bayar dà** v5 주다
- **būdḕ** v4tr. 열다
- **dōlè** (가상법과 함께 쓰여) ~해야 한다
- **dṑmin** = don conj. & prep. 왜냐하면, ~때문에, ~하기 위하여, ~을 위하여
- **fāwā̀** nf. (pāwā̀ 로 발음되는 경우가 더 많음) 1. (가축 따위의) 도살 2. 도살업
- **gai dà** 5단동사 gayar dà 의 이형
- **gāra** (가상법과 함께 쓰여) ~ 하는 것이 더 좋다
- **gayar dà** v5 인사하다
- **gwàmmà** (가상법과 함께 쓰여) ~ 하는 것이 더 좋다
- **gwamnatì** nf. (pl. gwamnatōcī) 정부
- **halī** nm. (pl. hālā̀yē) 성격, 기질, 태도
- **īkṑ** nm. 권력, 권위, 지배
- **ilmī̀, ilìmī** nm. 1. (특히 이슬람 신학과 관련된) 지식 2. 교육 3. ~ 학
- **isō** v6 (화자가 있는 쪽으로) 도착하다
- **jirā** vt. 기다리다
- **kùrmucī** nm. 코브라의 일종
- **kwānā** nm. (pl. kwā̀nàkī) 1. 밤을 보내기 2. (24 시간의) 하루
- **kyàutu** v7 (가상법과 함께 쓰여) ~하는 것이 마땅하다, ~해야 한다
- **laccā̀** nf. (pl. laccōcī) 강의

- **luɓus** id. (고기, 솜) 부드러움을 나타내는 말
- **màgàribā̀** nf. 1. 하루의 네번째 기도 2. 해질녘
- **masallā̀cī** nm. (pl. màsàllā̀tai) (회교) 사원
- **ministà** nm. (pl. ministōcī) 장관
- **nasarā̀** nf. (pl. nasarōrī) 승리, 성공 ci nasaràr + 동명사 '~ 하는 데 성공하다'
- **rigā** vt. 1. (긍정문에서) 이미, 벌써 ~하다 2. (부정문에서) 아직 ~하지 않다
- **sabṑdà** conj. & prep. ~ 때문에
- **tīlàs** (가상법과 함께 쓰여) ~해야 한다
- **tsarè̄** v4tr. 1. 보호하다, 지키다 2. 감금하다, 구속하다 3. 막다, 방해하다
- **ùmùrnī** nm. 명령, 지시
- **wuri** adv. (dà 와 함께 쓰여) 일찍, 제 시간에
- **yankā̀** v1tr. (vn. yankā) 1. ~을 째다 2. (동물을) 목을 따서 도살하다

→ DIALOGUE

Jā̀tau : Inā̀ sô ìn yi mà̀ganā̀ dà mài gidā.
Gàjēre : Mài gidā bā yā̀ nân yâu.
Jā̀tau : Tô, yàushè zâi dāwō nè̄?
Gàjēre : Ai, bàn sanī̀ ba. Yā tàfi Ì̀kko.
Jā̀tau : Yā tàfi cikin jirgin samā̀ nē?
Gàjēre : Ā'ā̀, cikin jirgin ƙasā.
Jā̀tau : Kwānā nawà zâi yi à wurîn?
Gàjēre : Ai bà zâi fi sātī gùdā ba.
Jā̀tau : Tô, zâi sàyi kāyā cân nē?
Gàjēre : Wàtàƙīlā̀. Àmmā yā tàfi dṑmin ɗan'uwansà yā mutù.
Jā̀tau : Tô, kō zâi dāwō sātī mài zuwā̀?
Gàjēre : Hakà nē.
Jā̀tau : Ì̀dan yā dāwō kà gayā̀ masà inā̀ bùkātàr tàimakonsà.
Gàjēre : Tô, zân shâidā masà.
Jā̀tau : Dà kyâu. Sai an jimā̀.
Gàjēre : Tô, mun jimā̀ dà yawā̀.

Jā̀tau : 집 주인과 말하고 싶습니다.
Gàjēre : 집 주인이 오늘 여기에 없습니다.

Jā̀tau : 좋습니다, 그가 언제 돌아옵니까?
Gàjēre : 아, 모르겠습니다. 그는 라고스에 갔습니다.
Jā̀tau : 그는 비행기로 갔습니까?
Gàjēre : 아니요, 기차로 갔습니다.
Jā̀tau : 그 곳에서 그는 몇 일을 머물 것입니까?
Gàjēre : 아, 그것은 일주일을 넘지 않을 것입니다.
Jā̀tau : 좋습니다, 그는 거기서 물건들을 살 것입니까?
Gàjēre : 아마 그럴지도 모르죠. 그러나 그는 그의 형제가 죽었기 때문에 갔습니다.
Jā̀tau : 네, 그가 다음 주에는 돌아오겠죠?
Gàjēre : 그렇습니다.
Jā̀tau : 그가 돌아오면 내가 그의 도움이 필요하다고 그에게 말해 주세요.
Gàjēre : 네, 그에게 알리겠습니다.
Jā̀tau : 좋습니다. 나중에 뵙지요.
Gàjēre : 네. 나중에 뵙겠습니다.

→ STRUCTURE

- Bâ ni dà kāyan nōmā.
  나는 농기구가 없습니다.
- Ùbansà yanā̀ zuwā̀ yànzu.
  그의 아버지가 지금 오고 있습니다.
- Mātātā tanā̀ aikī̀ dà kyâu à gōnā.
  나의 아내가 농장에서 일을 잘 하고 있습니다.
- Sarkī yanā̀ sô yà zō yà yi màganā̀ dà mū gṑbe.
  추장이 내일 우리와 말하기 위해 오길 원합니다.
- Uwargidā tanā̀ dà àbincinmù cikin ɗākìntà.
  아내가 우리의 음식을 그녀의 방 안에 가지고 있습니다.
- Mutā̀nen gàrîn bā sū̀ rawā.
  그 도시의 사람들은 춤을 추지 않습니다.

→ KEY PHRASES

- 그들은 함께 이야기하고 있다.
  Sunā̀ màganā̀ tā̀re.
- 그가 지금 라고스에 있는 것이 가능하다.
  Yā yìwu yanā̀ Ìkko yànzu.
- 그는 그의 집 앞에 큰 나무를 갖고 있다.
  Yanā̀ dà bàbban itā̀cē gàban gidansà.
- 그는 집에 세 명의 형제자매가 있다.
  Yanā̀ dà 'yan'uwā (gùdā) ukù à gidā.
- 나는 그것이 없습니다. 제발 화내지 마세요.
  Bâ ni dà shī. Don Allā̀ kadà kà yi fushī.
- 그가 여기 있으면 나는 기차로 가지 않을 것이다.
  Ìdan yanā̀ nân bà zân tàfi cikin jirgin ƙasā ba.

제19강

4단동사

4단동사는 기본동사(1~3단동사)에서 파생된 동사로서 기본동사의 의미에 부가적 의미가 첨가된다. 4단동사에는 타동사와 자동사가 있다. 4단 동사의 형태적 특징은 다음과 같다.

마지막 모음이 장모음 -ē 로 끝난다.
1단동사와 마찬가지로 high-low (-high) 의 성조를 갖는다.

1. 4단동사의 의미

① 분리, 박탈의 의미

- zubḕ v4intr. 흘러나가다, 새어나가다 cf. zubā̀ v1tr. 쏟아넣다, 부어넣다; zubar dà v5 쏟아버리다, 부어버리다
- zāɓḕ v4tr. 골라서 한쪽에 두다, 모두 고르다 cf. zā̀ɓā v2 고르다

② 전체성, 완전성의 의미[10]

- sayḕ v4tr. 몽땅 사다, 다 사버리다 cf. sàyā v2 사다; sayar dà v5 팔다
- ƙōnḕ v4tr. 다 태워버리다 cf. ƙōnā̀ v1tr. 태우다
- kammàlē v4tr. 다 끝내다 cf. kammàlā v1tr. 끝내다
- cikḕ v4tr. 가득 채우다 cf. cikā̀ v1tr. 1. 채우다 2. 완수하다; cìka v3 가득차다

---

[10] Parsons, F.W. 1954. 'The Mutable Verb' in Hausa', In *Proceedings of the 23rd International Congress of Orientalists*, ed. By Denis Sinor, pp. 381-382. London: The Royal Asiatic Society.
이 논문에 등장하는 파슨즈의 용어 'effective-completive'는 지금까지 사용되고 있는 어떠한 용어보다도 정확하다고 할 수 있다. 4단동사의 전체성, 완전성과 관련된 연구논문들에 대한 개괄적 평가는 Jaggar(1992)를 참조할 것.

③ 자동사적 의미

- fashè̄ v4intr. 부러지다, 깨지다 cf. fasà̄ v1tr. 부러뜨리다, 깨뜨리다
- karyè̄ v4intr. (두 동강으로) 딱 부러지다 cf. karyà̄ v1tr. 딱 부러뜨리다

④ 일부 4단동사는 중립적인 의미로 사용된다. 이 부류의 동사들 중에는 기본 동사의 흔적을 찾을 수 없는 경우가 많다.[11]

- kashè̄ v4tr. 죽이다
- ragè̄ v4tr. & intr. 줄이다, 감소시키다, 남다
- wucè̄ v4tr. & intr. 정도를 지나치다, 초과하다, 지나가다
- rantsè̄ v4intr. 맹세하다
- rufè̄ v4tr. & intr. 닫다, 감추다, 덮다, 닫히다 cf. rufà̄ v1tr. 덮다

2. 목적어의 有無와 4단동사의 쓰임

① 목적어가 없으면 기본형이 사용된다.

- kà mīƙè̄ har kà kai kà̄suwā. (시장에 이를 때까지 곧장 가십시요.)
- mutà̄nē nawà akà kashè̄? (얼마나 많은 사람들이 죽었습니까?)
- yā kasàncē bâ ni dà kuɗī yànzu. (공교롭게도 나는 지금 돈이 없다.)
- 'yan ƙungìyar IRA sunà̄ sôn sōjōjin Bìrtāniyà sù jâ̄nyē dàgà lardìn Ireland ta Arè̄wa.
  (아일랜드 해방군 조직의 단원들은 영국 병사들이 북아일랜드지방으로부터 철수하기를 원한다.)
- ìnā aikìn dà kikà kammàlē? (당신이 끝내버린 일은 어디에 있습니까?)

---

[11] **Parsons, F.W.** 1960. 'The verbal system in Hausa', *Afrika und Übersee* 44: 1-36.
Parsons, F.W. 1981. *Writing on Hausa Grammar: The Collected Papers of F.W. Parsons*, ed. By Graham Furniss, pp. 153ff.: 504-506, Ann Arbor: University Microfilms International, Books on Demand.
Furniss, Graham. 1981. 'Hausa disyllabic form: comments on base forms and extensions', *Studies in African Linguistics* 12(2): 97-129.
Furniss, Graham. 1983. 'The 4th grade of the verb in Hausa', In *Studies in Chadic and Afroasiatic Linguistics*, ed. By Ekkehard Wolff and Hilke Meyer-Bahlburg, pp. 287-300. Hamburg: Helmut Buske.
Jaggar, Philip J. 1992. 'R.C. Abraham's early insights into Hausa pre-datival verb forms', In *African Languages and Cultures, Supplement 1, Papers in Honour of R.C. Abraham (1890-1963)*, ed. By Philip J. Jaggar, pp. 51-66. London: School of Oriental and African Studies.
Jaggar, Philip J and **Muhammed M. Munkaila.** 1992. 'Evidence against the proposal that the Hausa pre-datival final –r verb = 'Grade 5' final –r/-s verb (and an alternative analysis)'. *Proceedings of the Studia Chadica et Hamito-Semitica Symposium (Sprache und Oralität in Afrika)*, ed. By Dymitr Ibriszimow and Rudolf Leger. Frankfurt: University of Frankfurt.

② 직접목적대명사가 오면 기본형이 사용된다.

- tā cikḕ shi. (그녀는 그것을 가득 채웠다.)
- bàri mù ƙētàrē shi. (우리 그것을 가로지르자.)

③ 간접 목적어가 오면 기본형이 사용된다.

- an yankḕ manà wutā. (전기가 끊어졌다.)
- zōbèn yā sullùɓē masà. (반지가 그에게서 빠져나갔다.)
- kâi àmmā wàccan yārinyā̀ tā ɗâukē mîn idṑ.
  (아! 그 소녀는 정말로 내 눈을 부시게 했지.)

④ 명사가 목적어로 오면 2음절 동사는 High-Low, 3음절 동사는 High-Low-Low (또는 Falling-Low) 가 되며 마지막 모음이 단모음화 된다.

- yā rufè ƙōfā̀. (그는 문을 닫았다.)
- an ɗagè tā̀kunkùmin sìyāsā̀ à Nā̀jēriyā̀.
  (나이지리아에서 정치 활동 금지령이 해제되었다.)
- gāra mù kammàlè wannàn aikī̀. (우리는 이 일을 끝마치는 게 좋다.)
- ƙīlà Bìrtāniyà zā tà jânyè sōjōjintà dàgà lardìn Ireland ta Arḕwa.
  (아마도 영국은 북아일랜드 지방에서 군대를 철수시킬지도 모른다.)[12]

→ NOTE

어떤 사람들은 명사 목적어 앞에서도 의미를 강조하기 위해 마지막 모음을 길게 발음하는 경우가 있다. 이 때 마지막 모음은 고성조가 된다.[13]

- yā rufḕ ƙōfā̀, gāra mù kammàlē wannàn aikī̀.
  (그가 문을 닫았다, 우리는 이 일을 끝마치는게 좋다.)

---

12 Falling-High 의 성조를 갖는 많은 4단동사들은 단음절 동사 –nyē 의 형태를 취한다: eg. jânyē v4tr. & intr. 철수시키다, 빼내다, 철수하다 < jā vtr. 당기다

13 **Parsons, F.W.** 1971/72. 'Suppletion and neutralization in the verbal system of Hausa', *Afrika und Übersee* 55: 53-54.
Newman, Paul. 1973. 'Grade, vowel-tone classes and extensions in the Hausa verbal system', *Studies in African Linguistics* 4(3): 308-309.
Newman, Paul and **Philip J. Jaggar**. 1989. 'Low tone raising in Hausa: a critical assessment', *Studies in African Linguistics* 20 (3): 237ff.

→ 새로 나온 단어

- **ajìyē** v4tr. 1. (안전한 장소에) 치우다 2. 저장하다, 저축하다 3. 내려놓다
- **ɓarkḕ** v4intr. 1. (전쟁, 소요, 유행병 따위가) 발생하다
  2. 터지다, 째지다 3. (사람, 물) ~을 돌파해 지나가다
- **burgḕ** v4tr. (말이나 행실로 사람을) 감동시키다, 감명을 주다
- **būshḕ** v4 vt. & vi. 1. 불어서 끄다 2. (곡물, 겨) 까부르다, 키질하다
  3. 마르다 4. 고갈되다 5. būshḕ dà dā̀riyā 웃음을 터뜨리다
- **cìka** v3 1. 가득 차다 2. 완료되다 3. 이루어지다, 성취되다
- **cikḕ** v4tr. & intr. 1. 가득 채우다
  2. 고갈되다, (사물이 주어) 다 써버리다
- **cînyē** v4tr. 1. 먹어 없애다, 다 먹어버리다
  2. (전쟁, 경쟁) 패배시키다, 쳐부수다, 이기다
- **ɗagḕ** v4tr. & intr. 1. 들어올리다 2. (금지령, 제재 따위를) 해제하다
  3. 오그라들다, 줄어들다
- **ɗâukē** v4tr. & intr. 1. 치우다 2. (간접목적어와 함께 쓰여) 다 가지고 가버리다, 다 훔쳐가다 3. 젖을 떼다, 이유시키다 4. 바싹 마르다
- **ɗâukē** v4tr. & intr. 1. 치우다 2. (간접목적어와 함께 쓰여) 다 가지고 가버리다, 다 훔쳐가다 kâi àmmā wàccan yārinyā̀ tā ɗâukē mîn idṑ (아! 그 소녀는 정말로 내 눈을 부시게 했지)
- **fakḕ** v4intr. 1. 피난하다, 대피하다
  2. (dà 와 함께 쓰여) 어떤 것을 핑계로 삼다, 구실로 삼다
- **fasā̀** v1tr. (vn. fashī̀) 1. 부서뜨리다, 깨뜨리다 2. 산산이 부수다, 박살내다 3. 흩어지게 하다 4. (폭탄, 폭약) 폭발시키다, 터뜨리다
- **fashḕ** v4intr. 1. 부서지다, 깨지다 2. 흩어지다, 해산하다
  3. (폭탄, 폭약) 터지다, 폭발하다
- **fayḕ** v4tr. 1. ~의 특징이 있다
  2. (간접목적어와 함께 쓰여 상태나 정도가) ~에게 너무 ~하다
- **gānḕ** v4tr. 1. 이해하다 2. (잃어버린 것을) 찾다, (새로운 것을) 발견하다
- **gōdḕ** v4tr. & intr. ~에 감사하다
- **gujḕ** v4intr. (간접목적어와 함께 쓰여) ~로부터 달아나다
- **jânyē** v4tr. 1. 끌어서 딴 데로 치우다 2. 철회하다, 철수하다
- **kammàlā** v1tr. 완성하다, 끝마치다
- **kammàlē** v4tr. 다 끝마치다
- **karyā̀** v1tr. 1. (나무나 뼈를) 딱 부러뜨리다 2. (천이나 종이를) 접다
  3. (약속, 금식) 어기다

- **karyḕ** v4intr. 1. 딱 부러지다 2. 무효가 되다, 취소되다
- **kasàncē** v4intr. 1. 되다 2. 이다 3. 공교롭게도 ~하다, 우연히 ~하다
- **ƙauràcē** v4tr. (간접목적어와 함께 쓰여) 1. 발걸음을 끊다
  2. 보이콧하다, 배척하다
- **ƙētàrē** v4tr. 1. (강, 길, 국경) 건너다, 넘다 2. (법 따위를) 위반하다
- **kēwàyē** v4tr. 에워싸다, 둘러싸다, 포위하다
- **ƙōnā̀** v1tr & intr. 1. 태우다 2. 타다
- **ƙōnḕ** v4tr. & intr. 1. 다 태우다 2. 다 타다 3. (우물, 강) 마르다
- **kuɓùcē** v1intr. 1. 탈출하다, 달아나다
  2. (간접목적어와 함께 쓰여) ~로부터 달아나다, 빠지다
- **ƙungìyā** nf. (pl. ƙungiyōyī) 협회, 단체, 조합 'yan ƙungìyā 단원, 회원
- **ƙyālḕ** v4tr. 1. (의식적으로) 무시하다, 못본척 하다
  2. 묵인하다, 허락하다
- **lardī̀** nm. 1. 지역, 지구 2. 주
- **makàncē** v4intr. 눈이 멀다, 장님이 되다
- **mīƙḕ** v4intr. 1. 곧장 가다 2. 뻗어 있다 3. 기지개를 켜다
  4. yā mīƙḕ tsàye (그는 일어났다)
- **narkḕ** v4tr. & intr. 녹이다, 용해하다, 녹다, 용해되다
- **rāmḕ** v4intr. 야위다
- **rantsḕ** v4intr. 맹세하다
- **riƙḕ** v4tr. (vn. riƙṑ) 1. 잡다, 쥐다 2. (습관, 생각) 고수하다, 집착하다
- **ruɓḕ** v4intr. 다
- **rufā̀** v1tr. 덮다
- **rūshḕ** v4tr. & intr. 1. 파괴하다, 무너뜨리다, 붕괴시키다 2. 전멸시키다
  3. 무너지다, 붕괴하다
- **sākḕ** v1tr. 1. 바꾸다 2. 반복하다, 다시하다
- **sayḕ** v4tr. 모두 사다
- **shânyē** v4tr. 다 마셔 버리다
- **shigḕ** v4intr. 1. (시간이, 사람이) 지나가다 2. 통과해 지나가다
- **sìyāsā̀** nf. 1. 정치
- **sōjà** nm. (pl. sōjōjī) 군인, 군대
- **sullùɓē** v4intr. 1. (반지 따위가) 벗겨지다 2. 달아나다
- **tā̀kunkùmī** nm. 1. (선박의 입출항, 무기 판매 등에 대한) 금지 명령
  2. 제재, 봉쇄 3. (동물에게 물리는) 재갈
- **wankḕ** v4tr. (vn. wankī̀) (몸, 얼굴, 그릇, 옷) 씻다, 빨다
- **warkḕ** v4intr. 치료되다, 낫다, 회복하다
- **yankḕ** v4tr.& intr. 1. 줄어들다, 부족하다
  2. (간접목적어와 함께 쓰여 전기 따위를) 끊다
- **zāɓḕ** v4tr. 모두 선택하다, 모두 고르다

- **zubà̄** v1tr. 1. (~에) 쏟다, 붓다, 따르다 2. (여러 개를) 넣다, 삽입하다, 주입하다 3. ~을 많이 하다
- **zubar** dà = zub dà v5 (액체를) 쏟아버리다
- **zubè̄** v4intr. 1. 완전히 새어나가다, 흘러나가다 2. (벽이) 무너지다, 붕괴하다 3. 야위어지다

→ DIALOGUE

Mālàmī : Cikin aikìn makarantā mḕ ya fī makà wùyā?
Ɗālìbī : Ai lìssāfī̀ kawài yanà̄ bā nì wàhalà̄.
Mālàmī : Àshē? Tūrancī fà?
Ɗālìbī : Tô, Tūrancī yanà̄ dà wùyā sṑsai, àmmā lìssāfī̀ yā fī shì.
Mālàmī : Kàrà̄tū bā yà̄ dà wùyā?
Ɗālìbī : Ī. Yanà̄ dà sauƙī. Kàrà̄tū yanà̄ dà dāɗī kumā.
Mālàmī : Tṑ dà kyâu. Kanà̄ kàrà̄tū dà yawà̄ nē?
Ɗālìbī : Ī mànà! Kōwànè lōkàcī.
Mālàmī : Àmmā bà kà iyà lìssāfī̀ ba?
Ɗālìbī : Ā'à̄, nā iyà̄ mànà. Àmmā yanà̄ dà wùyā.
Mālàmī : Tṑ bâ lâifī. Sai kà ci gàba dà ƙṑƙarinkà.

Mālàmī : 학교 공부 중에서 무엇이 당신한테 가장 어렵습니까?
Ɗālìbī : 글쎄요, 산수만 저를 골치 아프게 합니다.
Mālàmī : 정말이요? 영어는 어떻습니까?
Ɗālìbī : 음, 영어는 아주 어렵지만 산수가 그것보다 더 어렵습니다.
Mālàmī : 책읽기는 어렵지 않습니까?
Ɗālìbī : 네. 그것은 쉽습니다. 게다가 책읽기는 즐겁습니다.
Mālàmī : 좋습니다. 당신은 많이 읽습니까?
Ɗālìbī : 네 그렇고 말고요! 항상.
Mālàmī : 그러나 산수는 못하나요?
Ɗālìbī : 아니요, 물론 할 수 있지만, 어렵습니다.
Mālàmī : 좋습니다. 당신은 계속 노력해야 합니다.

→ STRUCTURE

- Tanā̀ shân ruwā.
  그녀는 물을 마시고 있습니다.
- Yanā̀ būɗè ƙōfā̀? Ī, yanā̀ būɗḕwā.
  그는 문을 열고 있습니까? 네, 그는 열고 있습니다.
- Sunā̀ sayar dà mōtōcī? Ī, sunā̀ sayârwā.
  그들은 자동차를 팝니까? 네, 그들은 팝니다.
- Àkwā̀tìn nân yanā̀ dà nauyī.
  이 상자는 무겁습니다.
- Aikìn nân bâ shi dà wùyā.
  이 일은 어렵지 않습니다.

→ KEY PHRASES

- 문이 열려 있습니다. 그것을 닫으세요.
  Kōfā̀ tanā̀ bù̄ɗe. Rùfē shì.
- 그녀는 호리병박을 가져오고 있습니다.
  Tanā̀ kāwō ƙwaryā.
- 그는 음식을 사고 있습니까? 네, 그는 사고 있습니다.
  Yanā̀ sàyen àbinci? Ī, yanā̀ sàyē.
- 그녀가 불을 붙이지 않았습니까? 네, 붙였습니다.
  Bà tà hūrà wutā ba? Ā'ā̀, tā hūrā̀.
- 그는 그의 머리에 무거운 짐을 이고 서 있습니다.
  Yanā̀ tsàye dà kāyā mài nauyī à kânsà.

제20강

접속사

àmmā 그러나 ; dà ~와 ; bāyan = bāyân dà ~ 한 후에 ; kā̀fin = kā̀fin = kā̀mìn ~ 하기 전에 ; sabṑdà ~ 하기 때문에, ~ 하기 위해 ; dṑmin = don ~ 하기 때문에, ~ 하기 위해 ; màimakon ~ 하는 것 대신에 ; bàllē = bàllē hàr (부정문 다음에서) ~ 하는 것은 고사하고, ~ 하기는 커녕, ~ 하는 것은 말할 나위도 없고 ; kàmar 마치 ~처럼

1. àmmā '그러나'

- nā tàfi Kanò àmmā bàn dadḕ cân ba.
  (나는 카노에 갔지만 그 곳에 오래 머무르지는 않았다.)
- yā yi aikī̀ àmmā bài sā̀mi kuɗī ba. (그는 일했지만 돈을 받지는 못했다.)

2. dà '~와'

- nā ga yārṑ dà ùbansà. (나는 소년과 그의 아버지를 보았다.)
- sarkī dà mutā̀nensà sun tàfi. (추장과 그의 사람들이 떠났다.)
- dà nī dà shī zā mù yi. (나하고 그 사람하고 할 것이다.)

3. bāyan = bāyân dà '~ 한 후에'

종속절	bāyan + Completive	~ 한 후에
	bāyân dà + rel. Completive	
주절	Completive	~ 했다
	Future	~ 할 것이다

NOTE: bāyân dà 가 문두에 오면 주절은 관계 양상을 취한다. 그러나 bāyan 이 문두에 오면 주절은 어떤 것을 취해도 무방하다.

- bāyan sun tàfi, mukà (=mun) kwântā.
  (그들이 떠난 후 우리는 침대에 누웠다.)
- bāyân dà kukà tàfi, akà nḕmē kù.
  (너희들이 떠난 후 그들이 너희들을 찾았다.)
- bāyân dà ya tàfi bàn gan shì ba. (그가 떠난 후에 나는 그를 보지 못했다.)
- yârân sun yi barcī bāyân dà sukà dāwō dàgà makarantā.
  (그 아이들은 학교에서 돌아온 후에 잤다.)
- Audù zâi tāshì bāyan mun ci àbinci.
  (아우두는 우리가 음식을 먹은 후에 떠날 것이다.)
  = bāyan mun ci àbinci, sai Audù yà tāshì.
- bāyan sun gamā̀ (= bāyân dà sukà gamā̀) zā sù iyà tàfiyā̀.
  (그들은 일을 끝마친 후에 떠날 수 있을 것이다.)
- sun yi barcī bāyân dà sukà dāwō dàgà makarantā, nī kùwa nā yi kàrā̀tū (bāyan) sânnan/lōkàcîn nan.
  (그들은 학교에서 돌아온 후 잤지만, 나는 공부했다.)
  (They slept after they returned from school, but I studied then/after that time.)

4. kā̀fin = kā̀fîn = kàmìn '~ 하기 전에'

종속절	kā̀fin + Subjunctive	~ 하기 전에
주절	Completive	~ 했다
	Future	~ 할 것이다

NOTE: 종속절이 앞에 오건 뒤에 오건 주절의 양상에는 변함이 없다.

- Audù yā ci àbinci kā̀fin yà fita. (아우두는 나가기 전에 음식을 먹었다.)
- Audù zâi ci àbinci kā̀fin yà fita. (아우두는 나가기 전에 음식을 먹을 것이다.)

- kā̀fin yà gan shì yā gudù. (그는 그를 보기 전에 달아났다.)
- kā̀fin ìn tāshì sun rigā sun zō. (내가 떠나기 전에 그들은 이미 와 있었다.)
- kà zō kā̀fin ìn tāshì. (내가 떠나기 전에 와라.)
- zā mù hūtā kàɗan kā̀fin mù ci àbinci. (밥 먹기 전에 좀 쉬자.)
- nâ kai ƙarfḕ ukù kā̀fin ìn gamā̀. (세 시는 돼야 끝마칠 수 있을 것이다.)
- kā̀fin kà kai Kàtsinà, kâ ga gōnàkkī dà yawā̀.
  (카찌나에 도착하기 전에 많은 농장들을 보게 될 것이다.)

→ NOTE

k̀āfin 은 아래의 예문에서처럼 전치사로 쓰이기도 한다.

- k̀āfin gòbe zân zō. (나는 내일까지는 올 것이다.)
- zā mù kai gàrîn k̀āfin darē.
  (우리는 밤이 되기 전에 그 도시에 도달할 것이다.)
- mun ci àbinci k̀āfin zuwànsù. (우리는 그들이 도착하기 전에 밥을 먹었다.)
- zā sù shārè gidân k̀āfin lōkàcîn dà zā mù zō.
  (그들은 우리가 도착할 시간 전에 그 집을 쓸어놓을 것이다.)

5. sabòdà '~ 하기 때문에, ~ 하기 위해'

sab̀ādà +	Completive Continuative Future Habitual	~ 하기 때문에
	Subjunctive	~ 하기 위해

① ~ 하기 때문에

- nā yi fushī sabòdà kā màkarà. (나는 네가 늦어서 화가 났다.)
- sun ci jarràbâwā sabòdà sun yi ƙòƙarī.
  (그들은 열심히 공부했기 때문에 시험에 붙었다.)
- zā sù ci jarràbâwā sabòdà sun yi ƙòƙarī.
  (그들은 열심히 공부했기 때문에 시험에 붙을 것이다.)
- zā sù ci jarràbâwā sabòdà sunā̀ (yîn) ƙòƙarī.
  (그들은 열심히 공부하고 있기 때문에 시험에 붙을 것이다.)
- zā sù ci jarràbâwā sabòdà zā sù yi ƙòƙarī.
  (그들은 열심히 공부할 것이기 때문에 시험에 붙을 것이다.)
- zā sù ci jarràbâwā sabòdà sukàn yi ƙòƙarī.
  (그들은 항상 열심히 공부하기 때문에 시험에 붙을 것이다.)

② ~ 하기 위해

- sun yi kàrā̀tū sòsai sabòdà sù ci jarràbâwā.
  (그들은 시험에 붙기 위해 열심히 공부했다.)
- zā sù yi kàrā̀tū sòsai sabòdà sù ci jarràbâwā.
  (그들은 시험에 붙기 위해 열심히 공부할 것이다.)

> → NOTE
>
> sabṑdà 는 아래의 예문에서처럼 전치사로 쓰이기도 한다.

- sabṑdà hakà mukà zō. (우리가 온 것은 그것 때문이다.)
- bā̀ don sabṑdà hakà mukà zō ba. (그것 때문에 우리가 온 것은 아니다.)

6. dṑmin = don '~ 하기 때문에, ~ 하기 위해'

<table>
<tr><td rowspan="2">dṑmin (don) +</td><td>Completive
Continuative
Future
Habitual</td><td>~ 하기 때문에</td></tr>
<tr><td>Subjunctive</td><td>~ 하기 위해</td></tr>
</table>

① ~ 하기 때문에

- Audù zâi tāshì dṑmin yârân sun dāwō.
  (아우두는 아이들이 돌아왔기 때문에 떠날 것이다.)
- dṑmin yârân sun dāwō, sai Audù yà tāshì.
  (아이들이 돌아왔기 때문에 아우두는 떠나야 한다.)
- bàn amìncē dà shī ba dṑmin kùwa nā san hālinsà.
  (나는 그의 성격을 알기 때문에 그를 신임하지 않는다.)
- sun ci jarràbâwā dṑmin sun yi ƙṑƙarī.
  (그들은 열심히 공부했기 때문에 시험에 붙었다.)
- zā sù ci jarràbâwā dṑmin sun yi ƙṑƙarī.
  (그들은 열심히 공부했기 때문에 시험에 붙을 것이다.)
- zā sù ci jarràbâwā dṑmin sunā̀ (yîn) ƙṑƙarī.
  (그들은 열심히 공부하고 있기 때문에 시험에 붙을 것이다.)
- zā sù ci jarràbâwā dṑmin zā sù yi ƙṑƙarī.
  (그들은 열심히 공부할 것이기 때문에 시험에 붙을 것이다.)
- zā sù ci jarràbâwā dṑmin sukàn yi ƙṑƙarī.
  (그들은 항상 열심히 공부하기 때문에 시험에 붙을 것이다.)

② ~ 하기 위해 (이 용법으로 쓰일 때 dṑmin 은 생략 가능하다.)

- Audù yā yi ƙṑƙarī (dṑmin) yà ci jarràbâwā.
  (아우두는 시험에 붙기 위해 열심히 노력했다.)

- Audù zâi yi ƙōƙarī (dōmin) yà ci jarràbâwā.
  (아우두는 시험에 붙기 위해 열심히 노력할 것이다.)

→ NOTE

dōmin 은 아래의 예문에서처럼 전치사로 쓰이기도 한다.

- kà yi shì don Allàh. (제발 그 것을 하세요. 직역: 신을 위해 그것을 하세요.)
- sunā kàrātū dōmin cîn jarràbâwā. (그들은 시험에 붙기 위해 공부한다.)
  cf. sunā kàrātū dōmin sù ci jarràbâwā.
- don hakà zâi tàfi. (그 것 때문에 그는 갈 것이다.)
- bā don mā arzìkinsù ba kaɗai. (그들의 부 때문만은 아니었다.)
- dom mē bà kà jē ba? (무엇 때문에 너는 가지 않았냐?)

7. màimakon '~ 하는 것 대신에'

màimakon + subjunctive

- Audù yā ci wàinā màimakon yà shā kùnū.
  (아우두는 쿠누를 먹는 대신에 와이나를 먹었다.)
- Audù zâi ci wàinā màimakon yà shā kùnū.
  (아우두는 쿠누를 먹는 대신에 와이나를 먹을 것이다.)

→ NOTE

màimakon 은 아래의 예문에서처럼 전치사로 쓰이기도 한다.

- yā bā nì kuɗī màimakon rīgâr dà na nēmā.
  (그는 내가 찾던 가운 대신에 돈을 주었다.)
- sunā bâutā wà Rānā màimakon Allàh. (그들은 알라 대신에 태양을 숭배한다.)
- yā yi barcī màimakon zuwā makarantā.
  (그는 학교 가는 것 대신에 잠을 잤다.)
  cf. yā yi barcī màimakon yà jē makarantā.

8. bàllē = bàllē hàr '(부정문 다음에서) ~는 고사하고, ~는 커녕, ~는 말할 나위도 없고'

부정문	‖	bàllē = bàllē har + subjunctive

- kāfintà bài zō ba bàllē (har) yà gyārà kujȅrâr.
  (그 목수는 의자를 고치는 것은 고사하고 오지도 않았다.)
- kāfintà bà zâi zō ba bàllē (har) yà gyārà kujȅrâr.
  (그 목수는 의자를 고치는 것은 고사하고 오지도 않을 것이다.)
- bâ su dà ƙarfī sù tarȅ su bàllē (har) sù kȍrē sù.
  (그들을 아내기는 커녕 그들에게 저항할 힘도 없다.)

→ NOTE

bàllē 는 명사 앞에서 전치사로 쓰일 수 있지만 동명사 앞에는 올 수 없다.

· 부정문 다음에서 : ~ 는 고사하고, ~ 는 커녕
· 긍정문 다음에서 : ~ 는 말할 나위도 없고

- bàn iyà hawan kȅkè ba bàllē bȁbur.
  (오토바이는 고사하고 나는 자전거도 타지 못한다.)
- nī mā nā iyȁ bàllē kai. (너는 말할 나위도 없고 나도 할 수 있다.)
- kāfintà bà zâi zō ba bàllē gyāran kujȅrâr.
  (그 목수는 의자를 고치는 것은 고사하고 오지도 않을 것이다.) (X)

→ NOTE

참고로 bàllē 와 마찬가지로 har 도 동명사 앞에는 올 수 없다.

zâi yi gudù har yà gàji. (그는 지칠 때까지 달릴 것이다.) (O)
zâi yi gudù har gàjiyàrsà. (그는 지칠 때까지 달릴 것이다.) (X)

9. kàmar '마치 ~처럼'

- nā yi kàmar zân wucȅ. (마는 마치 지나갈 것처럼 했다.)

→ 새로 나온 단어

- **Allà̄** = **Allàh** 신
- **amìncē** v4tr. (간접목적어 또는 전치사 dà 와 함께 쓰여) 1. 신뢰하다, 믿다 2. ~에 대하여 합의하다, 의견을 같이하다 3. 받아들이다, 비준하다, 승인하다 4. (부정문으로 쓰여) 감히 ~할 용기가 나지 않다
- **arzìkī** nm. (pl. arzukà̄) 부, 재산, 풍부
- **bà̄bur** nm. (pl. bāburà̄) 오토바이
- **bàllē** 1. conj. (부정문 다음에서) ~는 고사하고, ~는 커녕 2. prep. (부정문 다음에서) ~는 고사하고, ~는 커녕; (긍정문 다음에서) ~는 말할 나위도 없고
- **bâutā** v1tr. (간접목적어와 함께 쓰여) 1. 숭배하다 2. 충실하게 섬기다, ~에 봉사하다, ~을 위해서 열심히 일하다
- **darē** nm. (pl. darà̄rē) 밤
- **don** = dò̄min
- **fushī** nm. 화, 노여움 yi fushī 화내다
- **gudù** v3 1. 달리다, 뛰다 2. 달아나다
- **hawā** nm. 1. (건물의) 층 hawā na ɗaya (1층) 2. 동사 hau '타다'의 동명사형
- **jarràbâwā** nf. 시험, 테스트 ci jarràbâwā 시험에 붙다
- **kàɗan** adv. (수, 량, 정도) 조금
- **kāfintà** nm. (pl. kāfintōcī) 목수
- **kàmar** prep. & conj. (kàmar 는 영어의 like, as 에 해당하는 단어로서 그 쓰임새가 다양한 편이지만 모두 "~같은" 이라는 기본 의미에서 출발한다.) ~ 만큼, ~ 같은, ~ 처럼, ~ 로서, 약, 대략, ~ 한대로, ~ 하다시피, ~ 듯이, 마치 ~ 인 것처럼
- **kàrà̄tū** nm. (pl. kàrànce-kàrànce) 1. 독서, 공부 yi kàrà̄tū 공부하다 2. 학문, 교육
- **kùnū** nm. (타마린드 또는 후추 따위로 맛을 낸) 기니콘이나 수수로 만든 묽은 죽
- **màimakon** prep. ~대신에
- **màkarà** v3 늦다, 늦어지다
- **sā'àn nan** conj. 1. 그 다음에, 그리고 나서 2. 그 때 3. 게다가, 더욱이, 또한
- **sânnan** sā'àn nan 의 축약형
- **shārḕ** v4tr. (vnf. shà̄rā) 청소하다, 쓸다

- **tàfiyà̄** nf. (pl. tàfiye-tàfiye) 1. 여행 2. 동사 tàfi 의 동명사형
- **wàinā** nf. 쌀, 수수, 기니콘 반죽을 튀겨서 만든 작은 케이크

→ READING

Kūrā dà Kàdangarè̄ dà Kàrē

Zāmànin dâ àkwai wata kūrā. Rân nan ta ji yunwà̄ ƙwarai. Sai ta tāshì, ta fita. Tanà̄ nēman àbinci sai gà̄ ƙàdangarè̄, yanà̄ sātàr wākē. Dà ta ga ƙàdangarè̄ ta kāmà̄ shi. Zā tà cī shì sai ta ga kàrē.

Sai ta cè̄, 'Bàri ìn kai ƙàdangarè̄ gidā kà̄min ìn dāwō ìn kāmà kàrē.' Sai ta tàfi gidantà dà ƙàdangarè̄. Dà ta dāwō bà tà ga kàrē ba. Lōkàcîn dà takè̄ tàfiyà̄ dà ƙàdangarè̄ kàrē yā gudù zuwà̄ dājì̄.

Dà kūrā ta kōmà̄ gidā bà tà ga ƙàdangarè̄ ba. Lōkàcîn dà takè̄ nēman kàrē ƙàdangarè̄ yā bar rāmìn kūrā yā shìga dājì̄. Kūrā ta yi mà̄mākì̄, ta cè̄, 'Àshē, kōmē ka nè̄mā à dūniyà̄, in bà̄ ràbonkà ba nè̄, bà zā kà sāmù̄ ba!'

옛날에 어떤 하이에나가 있었습니다. 어느날 그녀는 매우 배가 고팠습니다. 그래서 그녀는 일어나 나갔습니다. 그녀는 음식을 찾고 있었는데 그 때 도마뱀이 나타났고 그는 콩을 훔치고 있었습니다. 그녀는 도마뱀을 보자 그것을 잡았습니다. 그녀는 그것을 막 먹으려고 했는데 그 때 개를 보았습니다.

그 때 그녀는 말했습니다, '개를 잡으러 돌아오기 전에 도마뱀을 집에 데려다 놓자.' 그리고 나서 그녀는 도마뱀을 가지고 그녀의 집으로 갔습니다. 그녀가 돌아왔을 때 그녀는 개를 볼 수 없었습니다. 그녀가 도마뱀을 가지고 가고 있을 때 개가 숲으로 달아났던 것입니다.

하이에나가 집으로 돌아왔을 때 그녀는 도마뱀도 볼 수 없었습니다. 그녀가 개를 찾고 있을 때 도마뱀은 하이에나의 굴을 떠나 숲으로 들어갔습니다. 하이에나는 놀랐습니다, 그녀는 말했습니다, '아, 네가 이 세상에서 무엇을 찾든, 너의 몫이 아니면, 너는 얻지 못할 것이다!'

→ STRUCTURE

- Mutā̀nên dà sukḕ zuwā̀ zā sù daɗḕ nân.
  오고 있는 사람들은 여기에 오래 머물 것이다.
- Wandà ya zō yâu yā tāshì dà wuri.
  오늘 온 사람은 일찍 떠났다.
- Bâ wandà sukḕ tsṑrō.
  그들이 두려워하는 사람은 없다.
- Mḕ akà yi à Kanò shēkaranjiyà?
  어제 카노에서 무슨 일이 벌어졌습니까?
- Bàn ga waɗā̀ndà kakḕ sô à wurîn ba.
  나는 그 곳에서 당신이 좋아하는 사람들을 보지 못했다.

→ READING

- Mutā̀nên dà sukḕ zuwā̀ zā sù daɗḕ nân.
  오고 있는 사람들은 여기에 오래 머물 것이다.
- Wandà ya zō yâu yā tāshì dà wuri.
  오늘 온 사람은 일찍 떠났다.
- Bâ wandà sukḕ tsṑrō.
  그들이 두려워하는 사람은 없다.
- Mḕ akà yi à Kanò shēkaranjiyà?
  어제 카노에서 무슨 일이 벌어졌습니까?
- Bàn ga waɗā̀ndà kakḕ sô à wurîn ba.
  나는 그 곳에서 당신이 좋아하는 사람들을 보지 못했다.

→ KEY PHRASES

- 우리가 본 것은 선생님이다.
  Tīcā̀ nē mukà ganī.
- 저 여자는 여기서 일한다.
  Waccàn màcè tanā̀ aikī̀ nân.
- 당신은 언제 왔습니까?
  Yàushè kikà zō?
- 자동차로 갈 아이들이 있다.
  Gā̀ yârā waɗā̀ndà zā sù tàfi cikin mōtā̀.
- 우리가 어제 그들을 본 곳에서 우리는 그들을 만날 것이다.
  Zā mù sā̀mē sù à wurîn dà mukà gan sù jiyà.

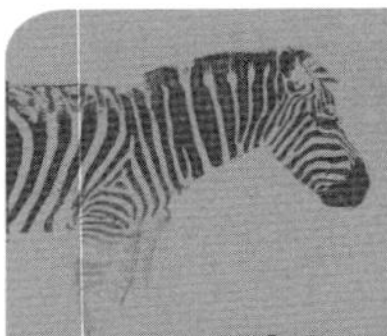

제21강

형용사적 표현

하우사어에는 순수한 의미의 형용사가 많지 않다. 형용사의 부족은 추상 명사를 사용하는 다양한 대안적 방법을 낳았다. 형용사적 표현에는 서술 형용사적 표현과 한정 형용사적 표현이 있다.

1. 서술 형용사적 표현

① '진행양상대명사 + dà + 추상명사'

- àgōgo yanā̀ dà tsā̀dā. (그 시계는 비싸다.)
- bishiyā̀ tanā̀ dà girmā. (그 나무는 크다.)
- Audù dà Mammàn sunā̀ dà ƙarfī. (아우두와 맘만은 힘이 세다.)
- Hàlīmà tanā̀ dà ƙibā̀. (할리마는 뚱뚱하다.)
- inā̀ dà wā̀yō. (나는 똑똑하다.)

② 'yi + 추상명사'

- gōnarkà tā yi àlbarkā̀. (당신의 농장은 잘 되었다.)
- yārinyā̀ tā yi kyâu. (그 소녀는 아름답다.)
- mutā̀nē sun yi yawā̀. (사람들이 많다.)
- nāmā̀ yā yi wārī. (그 음식은 고약한 냄새가 난다.)
- kâr kì barī̀ àbinci yà yi sanyī. (그 음식을 차게 하지 마시오.)

→ NOTE

'yi + 추상명사'는 '너무 ~ 하다'라는 뜻을 갖는 경우가 있다. 이 때의 간접목적어는 '~ 에게 너무'라는 의미로 해석한다. 'yi + 추상명사'의 구문에는 항상 완료양상이 사용된다.

- aikī̀ yā yi minì yawā̀. (그 일은 나에게 너무 많다.)
- lḕmō yā yi tsāmī. (그 오렌지는 너무 시다.)
- rī̀gar nàn tā yi tsā̀dā à Nairā̀ gōmà. (10 나이라면 이 가운은 너무 비싸다.)

③ àkawi (= dà) + 추상명사 + gà + 사람

- àkwai ƙarfī gà Mūɗī. (무디는 힘이 세다. 직역: 무디한테는 힘이 있다.)
- àkwai ƙarfī gàrē shì. (그는 힘이 세다.)
- dà kyâu gà Kànde. (칸데는 아름답다.)
- dà kyâu gàrē tà. (그녀는 아름답다.)

→ NOTE

'àkwai (=dà) +추상명사+gàrē+대명사' 구문에서는 àkwai, dà 가 생략될 수 있다. 그러나 'àkwai (= dà) +추상명사+gà+명사' 구문에서는 생략될 수 없다.

- ƙarfī gàrē shì. (그는 힘이 세다.)
- kyâu gàrē tà. (그녀는 아름답다.)

2. 한정 형용사적 표현

한정 형용사적 표현은 명사의 성질을 기술하는 것이 아니라 명사의 뒤에서 명사를 꾸며주는 것을 말한다. 가장 일반적인 방법은 수식되는 명사와 수식하는 추상명사 사이에 mài (pl. mā̀su)(neg.sg. maràs, neg.pl. maràsā) 를 삽입하는 것이다.

- wuƙā mài kyâu. (좋은 칼. 직역: 좋음을 소유하고 있는 칼.)
- wuƙā̀ƙē mā̀su kyâu. (좋은 칼들.)

- kwàndō mài tsā̀dā. (비싼 바구니.)
- kwandunā̀ mā̀su tsā̀dā. (비싼 바구니들.)

- dabbā̀ mài àmfā̀nī. (쓸모있는 동물.)
- dabbōbī mā̀su àmfā̀nī. (쓸모있는 동물들.)

- yā bā mù àbinci mài dāɗī. (그는 우리에게 맛있는 음식을 주었다.)
- yanā̀ dà kuɗī mài yawā̀. (그는 돈이 많다.)
- yā yi minì aikī̀ mài kyâu. (그는 나를 위해서 좋은 일을 했다.)
- àkwai dawākī mā̀su girmā à wurîn. (그 곳에는 아주 큰 말들이 있다.)

- wuƙā maràs kyâu. (좋지 않은 칼. 직역: 좋음을 소유하고 있지 않은 칼.)

- kwàndō maràs tsȁdā. (비싸지 않은 바구니.)
- wani yārȍ maràs hankàlī yā zō. (어떤 지각없는 소년이 왔다.)
- dabbōbī maràsā àmfȁnī. (쓸모없는 동물들.)
- an bā mù abūbuwȁ maràsā àmfȁnī.
  (그들은 우리에게 쓸모없는 것들을 주었다.)

→ 새로 나온 단어

- **àlbarkȁ** 1. nf. 축복, 번창, 은총 2. excl. (물건을 흥정할 때 파는 사람이 값이 안 맞아서 하는 말) 안됩니다
- **àmfȁnī** nm. 1. 쓸모있음, 유익함 2. 이득 3. 장점 4. 생산물 àmfȁnin gōnā 농산물
- **barȉ** vt. (목적어를 취하면 bar 가 된다) 1. (업무 따위를) 그만두다 2. 남겨두고 가다 3. ~하게 하다, ~을 허락하다 4. ~한 채로 놔 두다
- **dādī** nm. 1. 즐거움, 유쾌함 2. 맛있음
- **hankàlī** nm. (pl. hankulȁ) 1. 분별력, 사고력 2. 주의, 주목 3. 조심
- **kwàndō** nm. (pl. kwandunȁ) 바구니, 광주리
- **lȅmō** nm. (pl. lēmunȁ) 1. 오렌지 2. 청량음료
- **nairȁ** nf. (pl. nairōrī) (나이지리아의 화폐 단위) 나이라
- **sanyī** nm. 1. 차가움, 냉기 2. 추위
- **tsāmī** nm. 1. 심, 신 맛, 신 냄새 2. (고된 일 또는 얻어 맞아서) 몸이 욱씬 욱씬 쑤심 3. 팔다리가 쑤시는 느낌
- **wārī** nm. 악취

→ DIALOGUE

Sulè : Uwargidā tā gayȁ minì bâ ka dà lāfiyȁ.
Būbà : Hakà nē.
Sulè : Mȅ ya dȁmē kà?
Būbà : Cīwòn kâi nē.
Sulè : Kâi, sànnu! Kā shā māgànī nȅ?
Būbà : Ī, Likità yā yi minì àllūrȁ.

Sulè : Tồ dà kyâu. Àkwai zàzzàɓī kumā?
Būbà : Àkwai dâ, àmmā yànzu yā yi sauƙī.
Sulè : Mādàllā. Yàushè ya kāmà ka?
Būbà : Ai, jiyà nē, lōkàcîn dà nakè nōmā.
Sulè : Tô, inā̀ fātā Allā̀ zâi bā dà sauƙī.
Būbà : Ā̀min.

Sulè : 당신이 몸이 불편하다고 (내) 아내가 나한테 말했습니다.
Būbà : 그렇습니다.
Sulè : 어디가 불편하세요?
Būbà : 두통입니다.
Sulè : 저런, 안됐습니다! 약은 먹었습니까?
Būbà : 네, 의사한테서 주사를 맞았습니다.
Sulè : 좋습니다. 열도 있습니까?
Būbà : 전에는 있었는데 지금은 차도가 있습니다.
Sulè : 좋습니다. 언제 걸렸는데요?
Būbà : 저, 어제요, 밭에서 일하고 있을 때.
Sulè : 네, 신의 은총으로 차도가 있기를 바라겠습니다.
Būbà : 아멘.

→ STRUCTURE

- Ìnā kuɗîn dà na bā kà jiyà?
  내가 어제 당신한테 준 돈이 어디 있습니까?
- Wàcè mōtā̀ zā kà tàfi à cikī?
  당신은 어떤 자동차로 갈 것입니까?
- Nā ga wani irìn wā̀sân dà bàn ganī ba dâ.
  나는 전에 본 적이 없는 어떤 종류의 게임을 보았다.
- Kōyàushè zâi zō bā nā̀ sô ìn gan shì.
  그가 올 때마다 나는 그를 보고 싶지 않다.
- Yâu bà zân sàyi kōmē à kā̀suwā ba.
  오늘 나는 시장에서 아무것도 사지 않을 것이다.

→ KEY PHRASES

- 당신은 그를 아십니까? 그는 말라리아에 걸렸습니다.
  Kā san shì nē? Yanā̀ dà zàzzàɓī.
- 당신은 우리 자동차를 가지고 어디를 갔었습니까.
  Ìnā ka tàfi dà mōtàrmù?
- 당신은 그 가게에서 어떤 종류의 가운을 가져왔습니까?
  Wàcè irìn rī̀gā nḕ ka kāwō dàgà kàntī?
- 이 도시에서 나는 도처에 많은 일이 있습니다.
  Inā̀ dà aikī̀ dà yawā̀ kō'ìnā cikin gàrin nàn.
- 거기거 나는 어제 도시에 온 추장을 보았습니다.
  Cân nā ga sarkîn dà ya zō gàrī jiyà.

제22강

yi 복합동사

yi 복합동사는 동사 yi 와 (동)명사로 이루어진다. 명사는 동작이나 행위를 나타내는 것이 대부분 이지만 날씨를 나타내는 명사나 추상명사가 사용될 수도 있다.

1. yi 복합동사의 예

- yi kirā̀ (= kirā) 부르다, 소환하다, 촉구하다
- yi aikī̀ 일하다
- yi yājìn aikī̀ 파업하다
- yi àmfā̀nī dà 이용하다, 사용하다
- yi fāmā dà 고투하다, 싸우다
- yi zāfī 덥다, 뜨겁다
- yi sū̀rūtū̀ 재잘거리다, 수다떨다
- yi dā̀riyā 웃다
- yi àlkawàrī 약속하다 <진행양상대명사와 사용되는 경우는 드물다.>
- yi barcī 자다
- yi bātsa 외설스러운, 고상하지 못한 이야기를 하다
- yi cìnikī 장사하다
- yi fushī (dà) 화내다, ~ 에 화내다
- yi gàntàlī 목적없이 배회하다
- yi hīra 재잘거리다, 수다떨다
- yi ƙaryā 거짓말하다
- yi ƙṑƙarī 노력하다, 시도하다
- yi màganā̀ (dà) 말하다, ~ 와 말하다
- yi mā̀mākī̀ 놀라다
- yi mùrmùshī 미소짓다

- yi ruwā 비오다
- yi tsā̀dā 비싸다
- yi tsàmmānī̀ 생각하다
- yi tùnā̀nī 숙고하다, 곰곰히 생각하다
- yi wā̀sā 놀다, 장난치다
- yi yāƙī̀ (dà) 전쟁하다, ~ 와 전쟁하다
- yi yawā̀ (너무) 많다 <진행양상대명사와 사용되는 경우는 드물다.>
- yi yāwṑ 산책하다, 거닐다

2. yi 복합동사의 사용 예문

- Hàɗaɗɗiyar Kungìyar 'Yan Kōdagon Kasā ta yi kiràn à yi yājìn aikī̀.
  (국가 노동 조합은 파업을 촉구했다.)
- nā yi àmfā̀nī dà dāmâr. (나는 그 기회를 이용했다.)
- yâu gàrī yā yi zāfī. (오늘은 날씨가 덥다.)
  = yâu anā̀ zāfī.
- tā yi aikī̀ dà mutā̀nên. (그녀는 그 사람들과 일했다.)

3. 'yi' 의 생략

진행양상대명사, 조동사 다음에서 yi 는 생략되는 것이 보통이다.

- yârā sunā̀ sū̀rūtū̀. (아이들이 재잘거리고 있다.)
- cf. yârā sun yi sū̀rūtū̀. (아이들이 재잘거렸다.)
- dà sukà ji hakà sai sukà fārà dā̀riyā.
  (이것을 들었을 때 그들은 웃기 시작했다.)
  cf. dà sukà ji hakà sai zā sù yi dā̀riyā.
  (이것을 들었을 때 그들은 막 웃으려고 했다.)

→ NOTE

동사 yi 가 생략되지 않을 때에는 '동명사 + 연결사' 형태인 yîn 이 된다.

- tanā̀ barcī. = tanā̀ yîn barcī. (그녀는 자고 있다.)
- sunā̀ tàfiyā̀. = sunā̀ yîn tàfiyā̀. (그들은 여행하고 있다.)

→ NOTE

yi 가 있는 것과 없는 것 사이에 차이를 두는 경우도 있다. 습관적, 반복적 행위를 묘사할 때 동사 yi 를 사용하는 사람들이 있다.[14]

- tanā̀ barcī. (그녀는 자고 있다.)
- tanā̀ yîn barcī. (그녀는 자곤 한다.)

- sunā̀ tàfiyā̀. (그들은 여행하고 있다.)
- sunā̀ yîn tàfiyā̀. (그들은 여행하곤 한다.)

→ 새로 나온 단어

- **àlkawàrī** nm. (pl. alkawurā̀) 1. 약속 yi àlkawàrī = ɗàuki àlkawàrī 약속을 하다 2. 신뢰성, 믿을만함
- **bātsa** nf. 외설스러운 말 yi bātsa 외설스러운, 고상하지 못한 이야기를 하다
- **cìnikī** nm. 무역, 장사 yi cìnikī 장사하다
- **dāmā** nf. 1. 기회 dà dāmā 많은 2. 필적하는 사람 (것), 대등한 사람 (것)
- **dā̀riyā** nf. 웃음 yi dā̀riyā 웃다
- **fāmā** nf. 1. 싸움, 애씀, 고군분투 2. (역경이나 병 따위로 인한) 고생 yi fāmā dà 고투하다, 싸우다
- **gàntàli** nm. 목적없는 배회 yi gàntàlī 목적없이 배회하다
- **hīra** nf. 잡담, 대화 yi hīra 재잘거리다, 수다떨다
- **ƙaryā** nf. (pl. ƙaràirai, ƙàryàce-ƙàryàce) 거짓말, 거짓 yi ƙaryā = shā ƙaryā = yankà ƙaryā 거짓말 하다
- **kirā̀** nm. 부름, 소환 yi kirā̀ 부르다, 소환하다
- **kirā** vt. (vnm. kirā̀) 1. 부르다, 소환하다 2. 초대하다
- **ƙōdagō** nm. = ƙwādagō
- **ƙwādagō** nm. 임금노동 ƙungìyar ƙwādagō = ƙungìyar ma'àikàtā 노동조합 Hàɗaɗɗiyar Kungìyar 'Yan Kwādagon Kasā 전국 노동조합원 연대 조직
- **mā̀mākī̀** nm. 놀람 yi mā̀mākī̀ dà ~에 놀라다

[14] 동명사 다음에서 yi 의 생략 여부와 의미상의 차이에 대해서는 다음을 참조할 것.
Jaggar, Philip J. 1977. 'The nature and function of auxiliary verbs in Hausa'. In *Papers in Chadic Linguistics*, ed. By Paul Newman and Roxana Ma Newman, pp. 57-87. Leiden: Afrika-Studiecentrum.

- **mùrmùshī** nm. 미소, 스마일 yi mùrmùshī 미소짓다
- **tùnànī** nm. 1. 생각 yi tùnànī 숙고하다, 곰곰히 생각하다 2. 염려, 걱정
- **yājì̄** nm. 1. 톡 쏘는 맛을 지닌 후추, 생강 같은 향신료, 양념 따위를 총칭하는 말 2. (후추, 생강 따위의) 매움 3. yājìn aikì̄ 파업 yi yājìn aikì̄ 파업하다
- **yāƙì̄** nm. (pl. yā̀ƙe-yā̀ƙe) 전쟁 yi yāƙì̄ dà ~와 전쟁하다
- **yāwṑ** nm. (pl. yā̀wàce-yā̀wàce) 산책, 거닐음 yi yāwṑ 산책하다, 거닐다

→ DIALOGUE

Sùlèmānù : Mḕ akḕ yî à gàrîn?
Ishāƙù : Ai sunā̀ wā̀sā - wā̀san ran kā̀suwā.
Sùlèmānù : Tṑ dà kyâu. Wànè irìn wā̀sā sukḕ yî?
Ishāƙù : Kōwànè irì̄. Bâ irìn dà bà zā sù yi ba.
Sùlèmānù : Mutā̀nē dà yawā̀ sunā̀ wurîn nē?
Ishāƙù : Sṑsai! Àkwai mazā dà mātā, yârā dà tsṑfàffī.
Sùlèmānù : Zā sù yàrda ìn je ìn ganī?
Ishāƙù : Ai zā sù yàrda mànà! Bàri mù jē tā̀re.
Sùlèmānù : Tṑ dà kyâu. Zā kà yi rawā nḕ?
Ishāƙù : Kâi! Nī, bā nā̀ rawā yànzu. Nā tsūfa ƙwarai!
Sùlèmānù : Tṑ bâ lâifī.
Ishāƙù : Kai fà? Zā kà gwadà wā̀sân?
Sùlèmānù : Ā'à. Nī, bàn iyà irìn nākù rawân ba.
Ishāƙù : Tô, bàri mù tsayā̀ mù dūbā̀ kawai.
Sùlèmānù : Tṑ dà kyâu.

Sùlèmānù : 시내에서 무슨 일이 벌어지고 있나요?
Ishāƙù : 아 그 사람들 춤추고 있습니다 – 장날의 춤.
Sùlèmānù : 네 좋습니다. 어떤 종류의 춤을 추는데요?
Ishāƙù : 모든 종류요. 그들이 못하는 종류는 없습니다.
Sùlèmānù : 많은 사람들이 그 곳에 있습니까?
Ishāƙù : 엄청납니다! 남자와 여자들, 아이들과 노인들이 있습니다.

Sùlèmānù : 내가 가서 보는 것을 그들이 허락할까요?
Ishāƙù : 물론 그들이 허락하죠! 우리 함께 갑시다.
Sùlèmānù : 좋습니다. 당신은 춤출 건가요?
Ishāƙù : 저런! 나는, 난 지금은 춤을 안 춥니다. 난 너무 늙었어요!
Sùlèmānù : 좋습니다.
Ishāƙù : 당신은요? 그런 춤을 한 번 춰 볼라고요?
Sùlèmānù : 아니요. 전, 당신들의 그런 종류의 춤은 못합니다.
Ishāƙù : 네, 우리 그냥 서서 봅시다.
Sùlèmānù : 네 좋습니다.

→ STRUCTURE

- Mōtōcī sun kashè mutā̀nē dà yawā̀ bā̀ra.
  자동차들이 작년에 많은 사람들을 죽였습니다.
- Anā̀ sô likitōcī sù yi aikìnsù dà kyâu.
  사람들은 의사들이 그들의 일을 잘하길 원합니다.
- Mazā sun fi mātā ƙarfī.
  남자들이 여자들보다 힘이 셉니다.
- Ìnā gidā̀jên dà mukà bar kāyanmù à cikī jiyà?
  우리가 어제 짐을 남겨둔 집들이 어디에 있습니까?
- Yā àikē nì wurin mânyan mutā̀nen gàrī dṑmin sunā̀ sô ìn yi musù màganā̀.
  그는 나를 도시의 유력인사들에게 보냈다, 왜냐하면 내가 그들에게 말하는 것을 그들이 원했기 때문이다.

→ KEY PHRASES

- 아프리카의 국가들에는 많은 학교들이 있습니다.
  Àkwai màkàràntū dà yawā̀ à ƙasā̀shen Afirkà.
- 하우사인들은 그들의 집에 많은 의자가 있습니다.
  Hàusā̀wā sunā̀ dà kùjḕrū dà yawā̀ cikin gidā̀jensù.
- 어떤 책들은 그 안에 우화가 있습니다.
  Waɗansu lìttàttā̀fai sunā̀ dà tātsūniyōyī à cikī.
- 어떤 나라들에는 자동차들이 많이 없습니다.
  Bābù mōtōcī dà yawā̀ à waɗansu ƙasā̀shē.
- 어제 여기 있던 거지들은 오늘은 여기 없습니다.
  Marṑƙā waɗàndà sukḕ nan jiyà bā sā̀ nan yâu.

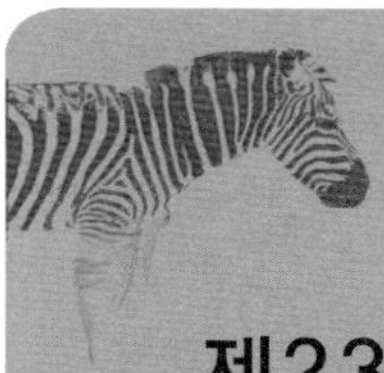

제23강

전치사

순수한 전치사로 à, bisà, dàgà, sàbṑdà, don, tun, har, sai, gà/gàrē, dà 등이 있으며, 명사가 형태 변화를 거쳐 전치사가 되는 경우도 있다. sàbṑdà, don, tun, har, sai, gà/gàrē, dà 는 쓰임새가 다양하므로 여기서 언급하지 않고 적절한 단원에서 독립적으로 다룬다.

1. à

① (장소를 나타내는 명사 앞에서) ~에, ~에서

- mun sàyē shì à Kanò. (우리는 그것을 카노에서 샀다.)
- nā sàmē shì à kā̀suwā. (나는 그를 시장에서 발견했다.)
- gā̀ ni à ɗākī̀. (나 여기 방에 있다.)
- an yi wata zàngà-zangà (à) arḕwa. (북쪽에서 시위가 있었다.)

② 명사의 앞에 위치하여 방법을 나타내는 부사를 만든다.

- inā̀ sô kà yi aikī̀ à hankàlī. (나는 당신이 주의깊게 일 하기를 바랍니다.) <hankàlī nm. 주의; à hankàlī 주의깊게>
- à fīlī (솔직하게, 털어놓고) <fīlī nm. 개활지>

③ 다른 전치사적 표현 앞에 선택적으로 올 수 있다.

- sunā̀ (à) gàban gidā. (그들은 집 앞에 있다.)
- yanā̀ (à) bāyan sābon ginī̀. (그는 새 건물 뒤에 있다.)
- nā sâ shi à kân kujḕrā. (나는 그것을 의자 위에 두었다.) <note: 전치사 kân 앞에서 à 는 좀처럼 생략되지 않는다.>

④ 위치나 시간을 나타내는 부사적 표현 앞에 선택적으로 올 수 있다.

- yanā̀ (à) gàba. (그는 앞에 있다.)
- gā̀ shi cân (à) bāya. (그는 저기 뒤에 있다.)
- mun ji mōtsī̀ (à) bisà. (우리는 어떤 것이 위에서 움직이는 것을 들었다.)
- yā fāɗì (à) ƙasà. (그는 아래로 떨어졌다.)
- yā shìga (à) ciki. (그는 안으로 들어갔다.)
- zâ ni (à) wàje. (나는 밖으로 나갈 것이다.)
- gā̀ shi nân (à) gḕfe. (그는 여기 옆에 있다.)
- gā̀ shi nân (à) kusa. (그것은 여기 가까이에 있다.)
- zā sù zō (à) wani lōkàcī. (그들은 언제 올 것이다.)
- à shḕkaràr alìf dà ɗàrī tarà dà tàlā̀tin dà tarà nē akà fārà Yāƙìn Dūniyā̀ na Biyu. (제 2차 세계 대전은 1939 년에 시작되었다.)
- sun isō (à) yànzun nàn. (그들은 지금 방금 도착했다.)

⑤ 동사에서 파생되는 상태사 앞에 선택적으로 올 수 있다.

- mun shìga ɗākī̀ indà sukḕ (à) kwànce. (우리는 그들이 누워 있는 방으로 들어갔다.)
- bàri ìn gayā̀ makà wani àbù (à) àsìrce. (은밀히 말씀드릴 것이 있습니다.) (à) gùje kùwa! (지금 당장! 즉시!)

2. bisà = bisà kân

① ~의 위에 (eng. on) <note: 이 뜻으로는 bisà 보다 (à) kân 이 많이 쓰인다.>

- nā sâ shi bisà tēbùr = nā sâ shi bisà kân tēbùr. (나는 그것을 테이블 위에 놓았다.)
- yā fāɗì dàgà bisà dōkī̀ = yā fāɗì dàgà bisà kân dōkī̀. (그는 말 위에서 떨어졌다.)

② ~에 대하여

- bisà zàncen nàn (이 일에 대하여)

③ ~에 따라

- yā yi wannàn bisà àl'ādā̀ tasà. = yā yi wannàn bisà gà yaddà ya sābā̀. (그는 그의 습관에 따라 이것을 했다.)

3. dàgà ~로 부터, ~에서, ~한테서 (eng. from)

- nā dāwō dàgà Kadunā̀. (나는 카두나에서 돌아왔다.)
- yā sāmū̀ dàgà gidā. (그는 집에서 얻었다.)
- yā sāmū̀ dàgà gàrē nì. (그는 나한테서 얻었다.)
- yā zō dàgà wurin sarkī. (그는 추장한테서 왔다.)
- yā fitō dàgà bāyan ɗākī̀. (그는 방 뒤에서 나왔다.)

4. bandà

① ~ 을 빼고, ~을 제외하고, ~ 는 그렇다치고 (aside from)

- bandà kai wā̀ ya zō ? (당신을 빼고 누가 왔습니까?)
- bandà nī bâ wandà zâi yàrda. (나를 빼고는 동의할 사람이 없습니다.)

② ~ 없이 (without)

- kì bā nì furā bandà nōnṑ. (푸라를 우유를 넣지 말고 주세요.)
- cîn àbinci bandà gishirī bâ dāɗī. (소금 없이 음식을 먹는 것은 맛이 없다.)

5. zuwā̀ (< zō vi. 오다 vn. zuwā̀)

① (시간) ~까지

- dàgà sāfiyā zuwā̀ darē (아침부터 밤까지)
- zuwā̀ watàn Yūnì zā mù ƙārḕ. (6월까지 끝낼 것이다.)
- zuwā̀ watā̀ biyu zā sù iyā̀. (두 달이면 할 수 있을 것이다.)
- har yà zuwā̀ yànzu = har zuwā̀ yànzu = har yànzu (지금까지)
- har zuwā̀ yànzu gà wannàn rānā ta yâu (오늘날까지 줄곳)

② (장소) ~까지

- yā tàfi dàgà Kanò zuwā̀ Sakkwatō. (그는 카노에서 소코토까지 갔다.)
- kṑgin nàn yā bī zuwā̀ Kanò. (이 강은 카노까지 흘러간다.)
- sun tarbō Sarkinsù zuwā̀ birninsù.
  (그들은 그들의 수도까지 그들의 왕을 영접하러 갔다.)
- anā̀ faɗînsà à Sakkwatō zuwā̀ Kabì.
  (사람들은 소코토에서 카비에 이르기까지 그것을 말하고 있다.)

- har yà zuwā̀ Kanò = har zuwā̀ Kanò = har Kanò
  (카노에 이르기까지, 카노까지)

→ NOTE

사람 앞에서 zuwā̀ 는 gà (gàrē), wurin, wajen 등과 함께 쓰여 '~가 있는 곳까지', '~에게'라는 뜻을 표현한다. 이 때 zuwā̀ 는 일반적으로 생략된다.

- yā tàfi (zuwā̀) gà Audù. (그는 아우두에게 갔다.)
  = yā tàfi (zuwā̀) wurin Audù.
  = yā tàfi (zuwā̀) wajen Audù.
- yā tàfi (zuwā̀) gàrē shì. (그는 그에게 갔다.)
  = yā tàfi (zuwā̀) wurinsà.
  = yā tàfi (zuwā̀) wajensà.

③ (대상) ~까지

- nā sābā̀ dà askìn Sarākunā̀ zuwā̀ àttā̀jìrai.
  (나는 왕들의 이발에서 부자들의 이발에 이르기까지 익숙하다.)

6. gàban (< gàbā nm. (신체나 사물의) 앞 부분)

① ~앞에

- yā gudù gàban mōtā̀. (그는 자동차 앞으로 뛰었다.)
- sunā̀ gàban ɗākī̀. (그들은 방 앞에 있다.)
- yanā̀ gàbansù. (그는 그들의 앞에 있다.)
- yā shìga gàban mutā̀nē. (그는 사람들의 통솔/지휘를 맡았다.)
- yā fāɗì gàban sarkī. (그는 추장 앞에 엎드렸다.)

② ~의 면전에서

- à gàbanmù sukà yi. (그들은 우리의 면전에서 그것을 했다.)

③ ~의 건너 편에

- yanā̀ gàban kṑgī. (그는 강 건너 편에 있다.)
- yanā̀ gàban dūtsḕ. (그는 저 산 건너 편에 있다.)

④ ~의 범위를 넘어서

- yā fi gàban lìssāfī̀. (그것은 헤아릴 수 없다.)
- yā fi gàban mā̀mākī̀. (그것은 놀라움 그 이상이다.)

⑤ ~이후로

- bà à san àbîn dà ya fā̀ru à gàban ràn nan ba.
  (그 날 이후로 무슨 일이 일어났는지 아무도 모른다.)

7. bāyan (< bāyā nm. (신체나 사물의) 뒷 부분, 등, 뒤)

① ~의 뒤에

- tanā̀ bāyan masallācī. (그녀는 사원 뒤에 있다.)
- sunā̀ bāyansà. (그들은 그의 뒤에 있다.)

② ~의 편에

- à zūcìyā sunā̀ bāyanmù. (심정적으로 그들은 우리 편이다.)
- sun shìga yākī̀ bāyanmù. (그들은 우리 편에서 전쟁에 참여했다.)
- munā̀ bāyansà à kân yà yī.
  (우리는 그가 그것을 해야 한다는 그의 견해를 지지한다.)

③ ~후에

- bāyan hakà (그 후)
- bāyan wannàn (이 다음에, 이 것을 한 후)
- bāyan wannàn lōkàcī ya bar mù. (그 시간 이후로 그는 우리한테서 떠났다.)

8. gḕfen (< gēfḕ nm. 옆) ~의 옆에

- àkwai asìbitì gḕfen masallācī. (사원 옆에 병원이 있다.)

9. tsàkānin (< tsàkānī nm. 사이) ~사이에

- Kura tanā̀ tsàkānin Kanò dà Zariya. (쿠라는 카노와 자리아 사이에 있다.)
- yā zaunā̀ tsàkāninsù. (그는 그들 사이에서 산다.)

- tsàkānin A dà B mîl 70. (A 와 B 사이는 70 마일이다.)

10. kân (< kâi nm. 머리)

① ~의 위에 (eng. on)

- yā zaunā̀ kân kāyā. (그는 짐 위에 앉았다.)
- tā ajìyē shi kân kujḕrā. (그는 그것을 의자 위에 두었다.)
- yā fāɗì dàgà kân dōkī̀. (그는 말 위에서 떨어졌다.)

② ~에 대해서, ~에 관하여

- yā yi shāwarā̀ dà sū à kân zaman 'yan'uwansù.
  (그는 동족들의 상태에 대해서 그들과 상의했다.)
- mun yi shāwarā̀ à kân wannàn. (우리는 이 일에 관하여 결정했다.)
- bâ waddà a kḕ sô sai ita à kân kirkī̀.
  (친절에 관한한 사람들이 그녀 이외에 좋아하는 사람은 없다.)

③ ~때문에

- bā̀ à kân sônsà takḕ zuwā̀ ba.
  (그가 원하기 때문에 그녀가 오는 것은 아니다.)
- an shā fāmā à kânsà. (그것 때문에 사람들이 고생했다.)
- à kân mḕ ya zā̀gē kà? (무엇 때문에 그가 당신에게 욕을 했습니까?)

11. ƙàrƙashin (< ƙàrƙashī nm. 아래쪽) ~의 아래에

- nā sâ shi ƙàrƙashin tēbùr. (나는 그것을 탁자 아래에 두었다.)
- munā̀ ƙàrƙashin tā̀kàlminsù.
  (우리는 그들의 지배 하에 있다. 직역: 우리는 그들의 발 아래 있다.)

12. cikin (< cikī̀ nm. 위)

① ~안에 (장소)

- yanā̀ cikin ɗākī̀. (그는 집 안에 있다.)
- yā shìga cikin ɗākī̀. (그는 집 안으로 들어갔다.)
- mḕnē nḕ cikin mōtā̀? (자동차 안에는 무엇이 있습니까?)

- su wā̀nē nḕ cikin mōtā̀? (자동차 안에는 누가(pl.) 있습니까?)

② ~에서, ~로부터

- yā ɗā̀uki àlƙalàmī à cikin àkwā̀tì. (그는 상자 안에서 펜을 꺼냈다.)
- anā̀ sāmùn wutā cikin kànkarā. (부싯돌에서 불을 얻는다.)
- anā̀ ɗībàn mâi à cikin gyàɗā. (땅콩에서 기름이 추출된다.)
- mun sōkè sūnansà cikin sarākunā̀.
  (우리는 추장의 명단에서 그의 이름을 지웠다.)

③ ~안에 (시간)

- zâi tāshì cikin kwānā biyu. (그는 이틀 안에 떠날 것이다.)

④ ~사이에, ~중에, ~속에

- mun gan shì cikin mutā̀nē. (우리는 사람들 사이에서 그를 보았다.)
- tsēgùmī yanā̀ dàgà cikin àbîn dà ya tā dà husūmā̀. (험담은 불화를 초래하는 것들 중의 하나이다.)
- kadà kōwā cikinsù yà yi jā̀yayyā̀. (그들 중의 어떤 사람도 말다툼하게 하지 마시오.)
- ɗaya dàgà cikinsù = ɗaya à cikinsù (그들 중의 하나)
- wani dàgà cikinsù = wani à cikinsù (그들 중의 어떤 사람)
- dàgà cikinsù àkwai Audù = à cikinsù àkwai Audù
  (그들 중에 아우두가 있다.)
- yanā̀ cikin rùbū̀tū. (그는 지금 쓰고 있는 중이다.)
- yanā̀ cikin aikìn Bàtūrḕ. (그는 백인의 일을 봐준다.)

13. wàjen (< wajē nm. **장소, 방향**) ~**의 밖에**

- gidansà à wàjen kā̀suwā ya kḕ. (그의 집은 시장 밖에 있다.)

14. wajen (< wajē nm. **장소, 방향**)

① ~을 향하여

- yā yi wajen Kanò. (그는 카노를 향하여 갔다.)
- à wajen kā̀suwā ya kḕ. (그것은 시장을 향하고 있다.)

- yā tàfi wajen itā̀cē. (그는 저 나무 근처로 갔다.)

② ~에게, ~한테

- yā jē wajen Daudà. (그는 다우다에게 갔다.)
- yanā̀ wajen Audù. (그것은 아우두한테 있다.)

③ ~의 편에

- yanā̀ wajen Balà, bā̀ wajēnā ba. (그는 발라의 편이지 나의 편이 아니다.)

④ 약, 대략

- yā sā̀mi wajen bakwài. (그는 약 일곱 개를 얻었다.)
- wajen ƙarfḕ biyu (약 두 시에)
- wajen sā'àrmù biyu nân tsàye.
  (우리는 약 두 시간 동안 여기서 기다려 왔다.)

⑤ ~하는 동안

- wajen gudù kuɗīnā sun fāɗì.
  (달리고 있는 동안 돈이 주머니에서 떨어졌다.)

⑥ ~로부터

- mun ji wajen mutā̀nen gàrī. (우리는 도시 사람들한테서 들었다.)

⑦ ~하는데, ~하는데 있어서, ~할 때

- kà yi àmfā̀nī dà kātākō mài kyâu wajen yîn ƙyāmā̀ren ƙōfōfin dà tāgōgī.
  (출입구의 문이나 창문을 만드는데 좋은 목재를 이용하시오.)
- yanā̀ dà gwànintā̀ wajen aikìn sàssaƙā̀ = shī gwànī nḕ wajen aikìn sàssaƙā̀.
  (그는 목수일에 능숙하다.)
- yanā̀ mai dà himmā̀ wajen kàrā̀tunsà. (그는 그의 공부에 최선을 다한다.)

15. wurin (< wurī nm. 장소, 지역)

① ~에게, ~한테

- yā jē wurin Daudà. (그는 다우다에게 갔었다.)

- yanā̀ wurin Audù. (그것은 아우두한테 있다.)
- àkwai kuɗī à wurinkà? (너한테 돈 있냐?)

② ~중에

- sunā̀ wurin aikī̀. (그들은 작업 중에 있다.)

16. tsakar = tsakàr = tsakiyàr = tsakà dà (< tsakà nm. = tsakiyā̀ nf. 한 가운데, 중심) ~의 한 가운데에, 한창 ~하고 있는 중의, ~의 절정에

- yā tàfi à tsakar darē. (그는 한 밤중에 떠났다.)
- inā̀ tsakar aikī̀ yā shigō. (한창 일을 하고 있는 중에 그가 들어왔다.)
- yanā̀ tsakar ƙùrū̀ciyarsà mōtā̀ tā tā̀kē shì. (그는 젊음의 절정에 있을 때 교통 사고로 죽었다.)

17. gàme dà (gàme sta. < gamā̀ v1tr. 결합하다) ~에 대해서, ~에 관하여

- zàncên dà mukà yi gàme dà tàfiyā̀tā yā tàbbatà. (나의 여행에 대해서 우리가 했던 이야기가 확인되었다.)

18. dàngàne (= danganḕ) dà (dàngàne sta. < dàngana v3intr. ~에 의존하다) ~에 대해서, ~에 관하여

- Gwamnatì tā kafà dṑkā dàngàne dà shân ƙwā̀yā. (정부는 마약 복용과 관련된 법을 제정했다.)

19. tā̀re dà (tā̀re sta. < tārā̀ v1tr. 모으다) ~와 함께

- sun zō tā̀re dà 'yan makarantā. (그들은 학생들과 함께 왔다.)

20. samà dà (< samà adv. 위에, 위로) ~의 위에 (eng. above)

- gā̀ shi cân samà dà shī. (그 것은 저기 그 위에 있다.)
- inā̀ samà dà shī = samà dà shī na kḕ. (나는 그보다 상급자이다.)

21. kusa dà (< kusa adv. 가까이) ~가까이에

- yanā̀ kusa dà tashā̀. (그는 정거장 가가이에 있다.)

cf. gā̀ shi nân kusa. (그 것은 여기 가까이에 있다.)

22. dà nīsā dà (< dà nīsā adv. 멀리) ~로부터 멀리

- in kā tàfi dà nīsā dà Kanò (당신이 카노로부터 멀리 가면)

23. (à hannun) dāma dà (< dāma nf. 오른쪽) ~의 오른쪽에
(à hannun) hagu dà = hagun dà (< hagu/ hagun nm. 왼쪽) ~의 왼쪽에

- yā tàfi dāma dà ginī̀. (그는 건물 오른쪽으로 갔다.)
- hanyā̀ dāma dà ginī̀ (건물 오른쪽의 길)

- (à) dāma dà shī ya kḕ. (그것은 그 오른쪽에 있다.)
  = (à) dāma gàrē shì ya kḕ.
  = à hannun dāma dà shī ya kḕ.
  = à hannum dāma gàrē shì ya kḕ.
  = à hannun dāma tasà ya kḕ.

24. tsakà dà (< tsakà nm. = tsakiyā̀ nf. 한 가운데, 중심)
~의 절정에, ~의 극치에

- sunā̀ tsakà dà ƙìdimā̀. (그들은 당황의 절정에 있었다.)
- yanā̀ tsakà dà sharàfinsà. (그는 권력의 절정에 있었다.)
- tanā̀ tsakà dà shirī̀. (그들은 준비의 절정에 있었다.)

25. 어떤 지역 내의 방위를 가리키는 경우

- gabashin (< gabàs nf. 동쪽) ~의 동쪽에
- yammacin = yâmmar (< yâmma nf. 서쪽) ~의 서쪽에
- kudancin = kudùn (< kudù nm. 남쪽) ~의 남쪽에
- arēwacin = arḕwar (< arḕwa nf. 북쪽) ~의 북쪽에

- yā tàfi arēwacin Kanò. (그는 북부 카노로 갔다.)

26. 어떤 지역에 대한 방위를 가리키는 경우

- (dàgà / wajen) gabàs dà / gà (< gabàs nf. 동쪽) ~의 동쪽에
- (dàgà / wajen) yâmma dà / gà (< yâmma nf. 서쪽) ~의 서쪽에
- (dàgà / wajen) kudù dà / gà (< kudù nm. 남쪽) ~의 남쪽에
- (dàgà / wajen) arèwa dà / gà (< arèwa nf. 북쪽) ~의 북쪽에

- yanà arèwa dà Kanò. = yanà arèwa gà Kanò.
  (그것은 카노의 북쪽에 있다.)
- yā hàngā arèwa dà shī. = yā hàngā arèwa gàrē shì.
  (그는 그의 북쪽을 보았다.)
- karòn dà akà yi wajen arèwa dà Masàr. (이집트 북쪽 국가들에서의 충돌)

27. 복합 방위를 가리키는 경우

- kudù masò (= tasò) gabàs dà / gà ~의 남동쪽에
- arèwa masò (= tasò) yâmma dà / gà ~의 북서쪽에

→ 새로 나온 단어

- **à** prep. 1. (장소) ~에 2. (시간) ~에 3. 상태사나 부사 앞에 올 수 있음
- **àkwàtì** nm. (pl. akwātunà) 상자
- **àl'ādà** nf. (pl. àl'àdū) 관습, 전통
- **alìf** nf. (특히 날짜를 말할 때) 천
- **arēwacin** prep. ~의 북쪽에
- **askì** nm. 면도 mài askì 이발사
- **bandà** prep. 1. ~ 을 빼고, ~을 제외하고, ~ 는 그렇다치고 2. ~ 없이
- **bāya** adv. 뒤에, 뒤로
- **bāyā** nm. 등
- **bāyan** prep. 1. ~후에 2. ~뒤에
- **bi** vt. 1. 따라가다 2. 따르다 3. ~로 가다 yā bi zuwà Kanò (그는 카노로 갔다) 4. 복종하다 5. (bi 의 목적어가 주어에게) 빚이 있다 yā bi Audù bāshì (아우두는 그에게 빚이 있다) 6. (종종 ta 와 함께 쓰여) ~을 경유해서 가다, 통과하다 nā bī ta kàsuwā (나는 시장을 경유해서 갔다)
- **birnī** nm. (pl. biràně) 성곽이 있는 도시 bàbban birnī 수도

- **bisà** prep. 1. ~위에 2. ~에 관하여, ~에 대하여 3. 분수에서 사용됨 biyu bisà bìyar (2/5)
- **can** 1. adv. (눈에 보이지 않는 경우에 사용) 저기, 저쪽에 2. dem. (앞서 한 번 언급된 것을 가리키는 말로서 화자가 발화 문맥상 시간적 거리를 느낄 때 사용하는 말. 시간적 거리를 느끼지 않을 때는 nan 을 사용. 영어의 정관사 the 에 해당하는 표현) 그
- **cân** 1. adv. (멀지만 눈에 보이는 경우에 사용) 저기, 저쪽에
  2. dem. (멀지만 눈에 보이는 경우에 사용. 선행하는 명사가 고성조로 끝나면 càn 이 됨) 저
- **ciki** adv. 안에, 내부에
- **cikī̀** nm. (pl. cikkūnā̀) 1. 위, 2. 임신
- **cikin** prep. ~안에, ~사이에서
- **dāma** nf. 오른쪽 dà dāma dà ~의 오른쪽에
- **ɗan'uwā** nm. (f. 'yar'uwā, pl. 'yan'uwā) 1. (같은 어머니에게서 난) 형제, 자매 2. 친척, 친구, 동지, 동포 3. 한 쌍의 다른 쪽
- **danganè dà** prep. ~에 관한, ~에 관하여
- **dṑkā** nf. (pl. dōkōkī) 법, 칙령
- **dūniyā̀** nf. 세상
- **fā̀ɗi** vi. (vnf. fāɗùwā) 1. (높은 데서) 떨어지다 2. (값이) 떨어지다 3. 낙담하다
- **fā̀ɗi** vi. (vnf. fāɗùwā) 떨어지다
- **fā̀ru** v7 일어나다, 발생하다
- **fīlī** nm. (pl. fīlā̀yē) 1. 개활지, 들판 2. (건물을 짓기 위한) 터 3. 기회 4. adv. (à 와 함께 쓰여) à fīlī = fīlī dà fīlī 솔직히, 공공연히, 드러내놓고
- **fitō** v6 나오다
- **furā** nf. 1. 밀가루로 만든 볼 2. 이러한 볼을 시큼한 우유에 섞은 묽은 죽
- **gàba** adv. 앞에, 전방에
- **gàbā** nm. 사람이나 동물의 신체의 앞부분
- **gàban** prep. ~의 앞에
- **gabàs** nf. & adv. 1. 동쪽 2. 동쪽에, 동쪽으로
- **gabashin** prep. ~의 동쪽에
- **gàme dà** prep. ~에 대하여
- **gḕfe** adv. 옆에
- **gēfḕ** nm. (pl. gyâffā̀) 쪽, (강 따위의) 가, 측면
- **gḕfen** prep. 1. ~의 옆에 2. 직전에, 바로 전에

- **ginī̀** nm. (pl. gìne-gìne) 1. 건물 2. 동사 ginà̄ 의 동명사형
- **gishirī** nm. 소금
- **gwànintā̀** nf. 능숙함, 솜씨
- **hagu, hagun** adv. 1. 왼쪽 hagu dà ~의 왼쪽에 2. 기대에 반함, 기대에 어긋남
- **himmā̀** nf. (pl. himmōmī) 1. 노력, 전력, 분발 2. 인내, 참을성 3. 결심, 결단
- **husūmā̀** nf. (pl. husūmōmī) 불화
- **indà** rel. adv. ~한 곳
- **jā̀yayyā̀** nf. 말다툼
- **ƙànƙarā** nf. 부싯돌
- **ƙàrƙashī** nm. 아래
- **ƙàrƙashin** prep. ~의 아래에
- **karṑ** nm. 부딪침, 충돌
- **ƙasà** = ƙas adv. 1. 땅에 2. 아래로, 아래에 3. (직위, 신분이) 아래에
- **kātākō** nm. 목재, 널판지 mài kātākō 목수
- **ƙìdimā̀** nf. 당황
- **kirkī̀** nm. 1. 친절 2. 우수, 탁월
- **kṑgī** nm. (pl. kōgunā̀) 강
- **kudancin** prep. ~의 남쪽에
- **kudù** nm. & adv. 남쪽, 남쪽으로
- **ƙwā̀yā** nf. (pl. ƙwāyōyī) 1. 알곡, 낟알 2. 알약, 태블릿, 약 miyā̀gun ƙwāyōyī 마약 ƙwāyōyin cū̀tā 바이러스, 박테리아, 세균 shân ƙwā̀yā 마약 복용
- **ƙyāmā̀rē** nf. 문
- **lìssāfī̀** nm. 산수, 셈, 목록
- **masṑ** 동서남북 사이의 방위를 나타내는데 사용. arḕwa masṑ gabàs 북동쪽, kudù gabàs yâmma 남서쪽
- **mayar dà** = mài dà v5 1. 돌려주다, 돌려놓다, (사람을 ~로) 돌려보내다 2. ~로 바꾸다, ~로 개조하다 3. (노력 따위를) 쏟다, 기울이다 mayar dà himmā̀ 최선을 다하다 mayar dà hankàlī ~에 열심히 종사하다, 전념하다
- **mōtsī̀** nm. 움직임, 운동, 활동
- **nīsā** nm. 거리, 먼 dà nīsā dà ~로부터 멀리
- **nōnṑ** nm. 1. (유방에서 나오는, 또는 시큼한) 젖 2. (여성의) 유방 kân nōnṑ 젖꼭지

- **sābā̀** v1tr. 1. ~하는데 익숙하다 2. 잘 알고 있다, 친하다
- **samà** nm. & adv. 1. 하늘 2. 꼭대기 3. 위로, 위에 4. (dà 와 함께 쓰여) ~의 위에
- **sàssaƙā̀** nf. 목수일 (=aikìn sàssaƙā̀)
- **sharàfì** nm. 인기, 유행 tābā̀ tanā̀ sharàfì yànzu (담배가 요새 유행이다)
- **shāwarā̀** nf. (pl. shāwàrwarī) 1. 충고 2. 견해 3. 결심 4. 결정 5. 곰곰이 생각하기, 숙고
- **sōkḕ** v4 (vn. sūkā̀) 1. 찌르다, 쑤시다, 꿰뚫다 2. 취소하다, 삭제하다, 부정하다 3. (동물을) 도살하다
- **tàbbatà** v3 (사람이) 1. 확신하다, 자신하다, 자신있게 알다 2. (예약, 약속 따위가) 확인되다, 컨펌되다
- **tā̀kàlmī** nm. (pl. tākalmā̀) 신발, 샌들
- **tarbō** v6intr. 영접하러 오다
- **tā̀re** adv. (dà 와 함께 쓰여) ~와 함께
- **tashā̀** nf. (pl. tashōshī) (기차, 자동차, 배, 비행기 따위의) 정거장, 항구, 비행장 tashàr jirgin ruwā 항구 tashàr kā̀rùwai 갈봇집 tashàr hàrsāshī̀ 탄약고
- **tāyar dà** v5 (직접목적어 앞에서 tā dà) 1. 올리다, (머리를) 들어올리다, (목소리를) 끌어올리다 2. 부추기다, 선동하다 3. (문제를) 일으키다 4. (문제를) 제기하다 5. 깨우다
- **tsakà** adv. 한가운데에, 한창 ~하는 중에 tsakà dà ~의 절정에, ~의 극치에
- **tsakā̀** nf. ① 한가운데, 중심 ② 전성기
- **tsàkānī** nm. 1. (두 지점) 사이 2. (서로간의) 관계
- **tsàkānin** prep. 사이에
- **tsakàr** prep. ~의 한가운데에, ~의 중심에, ~의 전성기에 tsakàr rānā = tsakiyàr rānā 한낮 inā̀ tsakàr (= tsakiyàr) aikī̀ yā shigō (나는 한창 일하고 있었는데 그가 들어왔다) tsakàr gidā 여성들이 일도하고 쉬기도 하는 집안의 한 가운데
- **tsakiyā̀** nf. (gen. tsakiyàr, tsakar, tsakàr) ① 한가운데, 중심 ② 전성기 yanā̀ tsakiyàr ƙùrū̀ciyarsà mōtā̀ tā tā̀kē shì (그는 젊음의 전성기에 있었는데 교통사고로 죽었다)
- **tsakiyàr** prep. ~의 한가운데에, ~의 중심에, ~의 전성기에
- **tsēgùmī** nm. 남의 소문, 남의 이야기, 뒤에서 하는 험담
- **wàje** adv. 밖에, 밖으로
- **wajē** nm. (pl. wajḕjē) 쪽, 방향, 근처, 장소

- **wajen** prep. 1. (장소를 가리키는 말 앞에서) ~로, ~을 향하여 2. (관리, 보관, 돌봄, 보살핌, 보호) ~한테 3. 약, 대략 4. ~하는데, ~하는데 있어서, ~할 때
- **wurin** prep. 1. ~한테, ~에 2. ~중에 sunā̀ wurin aikī̀ (그들은 작업 중에 있다)
- **wutā** nf. 1. (전기의 또는 모든 종류의) 불 2. 전기
- **yammacin** prep. ~의 서쪽에
- **Yūnì** nm. 6월
- **zàncē** nm. (pl. zantukā̀) 1. 대화, 말 2. 주제, 문제
- **zàncē** nm. (pl. zantukā̀) 1. 대화, 말 2. 주제, 문제 3. 구혼
- **zàngà-zangà** nf. 시위, 데모 yi zàngà-zangà 시위하다, 데모하다
- **zūcìyā** nf. (pl. zukā̀tā, zūciyōyī) 1. 심장 2. 마음

→ READING

Kōwā Yanā̀ Dà Wandà Ya Fī Shì Karfī

Wata rānā wani ƙàramin tsuntsū ya kāmà tsūtsā̀. Zâi cī tà, sai tsūtsā̀ ta yi kūkā, ta cḕ, 'sā̀kē nì mànà!' Tsuntsûn ya cḕ, 'Ā'ā̀, ai zân cī kì, don nā fī kì ƙarfī.' Sai ya ɗā̀uki ƙàramar tsūtsā̀, ya cī tà.

Dà ya gamà cîntà sai wani shāhṑ ya gan shì. Sai shāhòn ya kāmà ƙàramin tsuntsū. Zâi cī shì, sai tsuntsûn ya yi kūkā, ya cḕ, 'Kà yi minì hàƙurī, kà sàkē nì!' Shāhòn ya ƙi, ya cḕ, 'Ai kai nḕ àbincīnā yâu, don nā fī kì girmā.' Sai shāhòn ya ci tsuntsûn dà ya ci ƙàramar tsūtsā̀.

Kā̀fin shāhòn yà gamà cîn tsuntsûn sai gā̀ wata mīkìyā ta fāɗì à kânsà. Sai shāhòn ya fārà kūkā, àmmā mīkìyâr bà tà sàkē shì ba dṑmin tā fī shì ƙarfī.

An jimā̀ kàɗan mīkìyâr ta tāshì samā̀. Bà tà daɗḕ ba sai ta ji kibiyā̀ à jìkintà. Àshē wani mahàrbī yā gan tà, ya kashḕ ta. Mīkìyâr tā gàmu dà wandà ya fī sù dukà ƙarfī kḕ nan.

모든 사람은 자기보다 더 힘센 사람을 갖고 있다.

어느날 어떤 작은 새가 벌레를 잡았습니다. 그는 그것을 막 먹으려고 했습니다.

그 때 벌레가 울었습니다, 그것이 말했습니다, '나를 제발 놓아주세요!' 그 새가 말했습니다, '안돼, 내가 너를 먹을 거야, 왜냐하면 내가 너보다 힘이 세니까.' 그리고 그는 작은 벌레를 집어서 그것을 먹었습니다.

그가 그것을 먹는 것을 끝냈을 때 어떤 매가 그를 보았습니다. 그 매는 작은 새를 잡았습니다. 그는 그것을 막 먹으려고 했습니다, 그 때 그 새가 울었습니다, 그가 말했습니다, '절 위해서 제발 참아주세요, 저를 놓아주세요!' 그 매는 거절했습니다, 그가 말했습니다, '너는 오늘 내 밥이야, 왜냐하면 내가 너보다 더 크기 때문이다.' 그리고 나서 그 매는 작은 벌레를 먹은 그 새를 먹었습니다.

그 매가 그 새를 먹는 것을 끝내기도 전에 어떤 암독수리가 나타나서 그의 머리를 덮쳤습니다. 그러자 매는 울기 시작했습니다, 그러나 그 암독수리는 그를 놓아주지 않았습니다, 왜냐하면 그가 그보다 힘이 더 셌기 때문입니다.

잠시후 그 암독수리는 공중으로 날아올랐습니다. 얼마 지나지 않아 그는 그의 몸에 어떤 화살을 느꼈습니다. 저런 어떤 사냥꾼이 그를 봤던 것입니다, 그는 그것을 죽였습니다. 그 암독수리는 가장 힘이 센 자를 만났던 것입니다.

→ STRUCTURE

- Waɗansu mânyan jirā̀gen samā̀ sun sàuka à Kanṑ.
  어떤 큰 비행기들이 카노에 내렸다.
- Mā̀su nēman àbinci sun sā̀mi kàɗan.
  음식을 찾던 사람들이 조금 얻었다.
- Wannàn ƙàramin littāfī̀ yā fi wancàn bàbba dāɗin kàrā̀tū.
  이 작은 책이 저 큰 것보다 읽는데 더 재미있다.
- Kanānàn yârā sunā̀ wā̀sā à gidan tsōhō.
  작은 아이들이 어떤 노인의 집에서 놀이를 하고 있다.
- Yā sâ bàbbar rī̀gā àmmā bài yi rawā ba.
  그는 큰 가운을 입었지만 춤을 추지는 않았다.

→ KEY PHRASES

- 카노는 라고스만큼 크지 않다.
  Kanò bà tà kai Ìkko girmā ba.
- 그의 가운은 불그스름하다.
  Rī̀garsà ja-ja cḕ.
- 그의 말은 나의 것만큼 빠르다.
  Dōkìnsà yā kai nā̀wā gudū̀.
- 많은 키작은 사람들이 이 오두막에 앉아 있다.
  Gàjḕrū dà yawā̀ sunā̀ zàune à ɗākī̀.
- 그 하얀 것이 까만 것보다 더 예쁘다.
  Farā̀rē sun fi baƙā̀ƙē kyâu.

제24강

수

수는 독립된 명사로 쓰이거나 명사를 꾸며준다. 수가 명사를 꾸밀 때는 명사 다음에 위치한다.

- gidā gōmà. (집 열 채.)
- littāfī̀ bakwài. (책 일곱 권)
- yārṑ tarà. (아홉 명의 소년.)
- yārinyā̀ biyu. (두 명의 소녀)

위에서 볼 수 있듯이 수가 명사를 꾸밀 때 명사의 단수형을 사용하는 것이 일반적이다. 복수형을 안 쓰는 이유는 수 자체가 복수의 의미를 전달하고 있기 때문이다. 그러나 다음과 같이 복수형이 선호되는 경우도 있다.

- mutā̀nē takwàs. (여덟 명의 사람들.)
- yârā ukù. (세 명의 아이들.)

1. 하우사어의 수 체계

1	ɗaya	6	shidà
2	biyu	7	bakwài
3	ukù	8	takwàs
4	huɗu	9	tarà
5	bìyar	10	gōmà

10	gōmà	800	ɗàrī takwàs
20	àshìrin	900	ɗàrī tarà
30	tàlā̀tin	1,000 / 천	dubū = zambàr
40	àrbà'in	10,000 / 만	dubū gōmà
50	hàmsin	100,000 / 십만	dubū ɗàrī
60	sìttin	1,000,000 / 백만	mìlyân
70	sàbà'in	10,000,000 / 천만	mìlyân gōmà
80	tàmā̀nin	100,000,000 / 억	mìlyân ɗàrī
90	càsà'in	1,000,000,000 / 십억	mìlyân dubū
100	ɗàrī		
200	mḕtan = ɗàrī biyu		
300	ɗàrī ukù		
400	ɗàrī huɗu = àrbàminyà		
500	ɗàrī bìyar = hàmsàminyà		
600	ɗàrī shidà		
700	ɗàrī bakwài		

2. 수의 표현

- 11. (gōmà) shâ ɗaya <note: gōmà dà ɗaya 라고 하지 않음>
- 12. (gōmà) shâ biyu
- 13. (gōmà) shâ ukù
- 18. (gōmà) shâ takwàs = àshìrin biyu bābù. <note: àshìrin biyu bābù 는 2 빠진 20 이라는 뜻>
- 19. (gōmà) shâ tarà = àshìrin ɗaya bābù.
- 20. àshìrin
- 21. àshìrin dà ɗaya <note: 21부터는 shâ 를 쓰지 않고 dà 를 씀>
- 22. àshìrin dà biyu
- 75. sàbà'in dà bìyar
- 89. tàmā̀nin dà tarà = càsà'in ɗaya bābù

- 100. ɗàrī
- 107. ɗàrī ɗaya dà bakwài

- 153. ɗàrī ɗaya dà hàmsin dà ukù.

- 1,000. dubū
- 1,002. dubū ɗaya dà biyu
- 1,321. dubū ɗaya dà ɗàrī ukù dà àshìrin dà ɗaya
- 2,000 dubū biyu
- 3,000 dubū ukù
- 3,491 dubū ukù dà ɗàrī huɗu dà càsà'in dà ɗaya
- 9,000 zambàr tarà
- 9,725 zambàr tarà dà ɗàrī bakwài dà àshìrin dà bìyar
- 10,000 zambàr gōmà
- 20,000 zambàr àshìrin
- 25,183 zambàr àshìrin dà bìyar dà ɗàrī ɗaya dà tàmā̀nin dà ukù
- 100,000 zambàr ɗàrī
- 200,000 zambàr ɗàrī biyu
- 300,000 zambàr ɗarī ukù
- 400,000 zambàr ɗàrī huɗu
- 500,000 zambàr ɗàrī bìyar
- 600,000 zambàr ɗàrī shidà
- 609,570 zambàr ɗàrī shidà dà tarà dà ɗàrī bìyar dà sàbà'in
- 700,000 zambàr ɗàrī bakwài
- 800,000 zambàr ɗàrī takwàs
- 900,000 zambàr ɗàrī tarà

- 1,000,000 mìlyân = zambàr dubū
- 1,005,918 mìlyân ɗaya dà dubū bìyar dà ɗàrī tarà dà gōmà shâ takwàs

→ NOTE

0 은 하우사어로 sifirī 라고 한다.

3. 다음의 단어들도 수 개념이 있는 말로서 명사를 수식한다. nawà 는 단수 명사 다음에 쓰인다.

- nawà '몇, 얼마' (how many ... ?, how much ... ?)
- dukà / duk '모든'

- gōrṑ nawà ka sàyā? (당신은 콜라너트를 몇 개 샀습니까?)
  = kā sàyi gōrṑ nawà?
- kwàndō nawà? (바구니가 몇 개입니까?)
- mùtûm nawà? (사람들이 몇 명입니까?)
- sū nawà? (그들은 몇 명입니까?)
- kū nawà? (당신들은 몇 명입니까?)
- kuɗī nawà? (얼마입니까?)
- sàu nawà? (몇 번?) (How many times?)

- mōtā̀ dukà (모든 차들)
- mutā̀nē dukà (모든 사람들)
- yârā dukà (모든 아이들)

4. 수가 명사 앞에 오기도 하는데 이 때는 연결사가 수에 부착되거나 ɗîn 이 다음과 같이 사용된다.

- dukàn mutā̀nē = duk mutā̀nē (모든 사람들)
- dukànsù = sū dukà (그들 모두)
- ɗayansù (그들 중의 하나)
- biyunsù = biyu ɗînsù (그들 중의 둘)
- bìyar ɗînsù (그들 중의 다섯)
- sū biyu (그들 둘)
- sū huɗu (그들 넷)

→ NOTE

dukà (= duk) 'all' 와 kōwànè (f. kōwàcè, pl. kōwàɗànnè) 'every' 는 비슷한 뜻이지만 전자는 집합성을 후자는 개별성을 강조한다.

- dukàn mātā = mātā dukà (all wives)
- kōwàcè mā̀tā (every wife)

5. '단위'를 뜻하는 gùdā 는 특별한 의미없이 수와 함께 쓰일 수 있다. gùdā 가 혼자 쓰이면 '하나'를 의미한다.

- yârā gùdā biyu (두 명의 아이들)
- mutā̀nē gùdā huɗu (네 명의 사람들)
- mōtā̀ gùdā (차 한 대)

- lȅmō gùdā nawà? (오렌지가 몇 개입니까?)

6. 서수는 기수 앞에 na/ta 를 써주면 된다.

- na/ta farkō 첫번째의
- na/ta biyu 두번째의
- na/ta gōmà 열번째의
- na/ta nawà? 몇번째의?

- kàrē na biyu. (두번째 개)
- rȉgā ta takwàs. (여덟번째 가운)
- littāfȉ na nawà? (몇번째 책입니까?)

→ NOTE

'첫번째'라고 할 때 ɗaya 대신에 farkō (= fārȉ) 가 쓰인다. 그러나 번호가 매겨진 시리즈의 '첫번째' 또는 '제1의'라는 뜻일 경우에는 ɗaya 가 사용된다.

- littāfȉ na ɗaya (제1권)

7. 화폐의 단위

나이지리아의 공식 화폐 단위는 Naira 이다. 1 나이라는 100 Kobo 이다. 하우사어 표기는 다음과 같다.

- Naira Nairȁ
- 10 Kobo Sulȅ
- 5 Kobo Sīsȉ
- Kobo Kwabȍ

→ 새로 나온 단어

- **ɗaya** n. & adj. 1. 하나 2. 같음
- **biyu** n. & adj. 둘
- **ukù** n. & adj. 셋
- **huɗu** n. & adj. 넷
- **bìyar** n. & adj. 다섯
- **shidà** n. & adj. 여섯
- **bakwài** n. & adj. 일곱
- **takwàs** n. & adj. 여덟
- **tarà** n. & adj. 9, 구
- **gōmà** n. & adj. 10, 십
- **àshìrin** n. & adj. 이 십
- **tàlā̀tin** n. & adj. 삼 십
- **àrbà'in** n. & adj. 사 십
- **hàmsin** n. & adj. 오 십
- **sìttin** n. & adj. 육 십
- **sàbà'in** n. & adj. 칠 십
- **tàmā̀nin** n. & adj. 팔 십
- **càsà'in** n. & adj. 구 십
- **ɗàrī** n. & adj. (pl. ɗarūruwā̀) 백
- **dubū** n. & adj. (pl. dùbbai) 1. 천 2. 수천의, 많은
- **zambàr** nm. 천
- **miliyàn** (= mìlyân) n & adj. (pl. miliyōyī) 백만
- **farkō** nm. 처음, 시작 na farkō 첫째의, (여러 가지를 열거할 때) 첫째로
- **gùdā** nm. (pl. gùdā̀jī) 1. 일, 하나 tā bā dà kwabṑ gùdā (그녀는 1 코보를 주었다) 2. (한) 개 (unit of one) gùdā nawà? (몇 개?) gùdā àshìrin (20 개)
- **kàrē** nm. (f. kàryā, pl. karnukā̀) 개
- **sàu** nm. 1. 번 nā gan shì sàu biyu (나는 그를 두 번 보았다) sàu nawà kakḕ yîn wankā à mākṑ? (당신은 일주일에 몇 번 목욕을 합니까?) 2. 곱 biyu sàu ukù shidà nē (2 곱하기 3 은 6 이다)

→ DIALOGUE

Lawàl : Kâi, dầmunā tā yi sồsai!
Hasàn : Gàskiyarkà. Nā jē kồgī dà sāfē. Bàn iyầ ìn hayề ba.
Lawàl : Tô, yā cìka nề?
Hasàn : Yā cìka fal. Har ƙarfin gudùnsà yā bā nì tsồrō.
Lawàl : Lallē àbin tsồrō nề. Yanầ gudũ dà saurī ainùn.
Hasàn : Sồsai. Har wani sā'ī̀ zâi tàfi dà mùtûm.
Lawàl : Hakà nē. Ìdan wani yā fādì à cikī sai yà mutù.
Hasàn : Sồsai. Irìn wannàn kồgī mūgùn àbù nē.
Lawàl : Tô, yầyầ zā mù yi?
Hasàn : Ai, sai mù bi wata hanyầ dàban.
Lawàl : Àmmā wata hanyầ zā tà yi nīsā. Kō bầ hakà ba?
Hasàn : Hakà nē. Àmmā bâ wata dàbārầ.
Lawàl : Gàskiyarkà. Ai dōlè nē mù bi dōguwar hanyầ kề nan.
Hasàn : Tô, mù tàfi.

Lawàl : 이런, 우기가 정말 심하군.
Hasàn : 맞습니다. 아침에 강에 갔었는데 건널 수 없었습니다.
Lawàl : 네, (강이) 가득 찼나요?
Hasàn : (강이) 완전히 가득 찼습니다. 물살의 세기가 두려움을 느끼게 할 정도였습니다.
Lawàl : 진짜 무섭습니다. 정말 빨리 흐르는군요.
Hasàn : 정말 그렇습니다. 어떨 때는 사람도 휩쓸려 갈 정도입니다.
Lawàl : 그렇습니다. 만약 어떤 사람이 그 안에 빠지면 죽을 겁니다.
Hasàn : 그렇고 말고요. 이런 종류의 강의 사악한 것입니다.
Lawàl : 네, 우리 어떻게 하죠?
Hasàn : 다른 길을 택해야만 합니다.
Lawàl : 그렇지만 다른 길은 멀텐데요. 안그렇습니까?
Hasàn : 그렇죠. 하지만 다른 방안이 없어요.
Lawàl : 당신 말이 맞습니다. 먼길을 택하는 수밖에 없습니다.
Hasàn : 좋습니다, 갑시다.

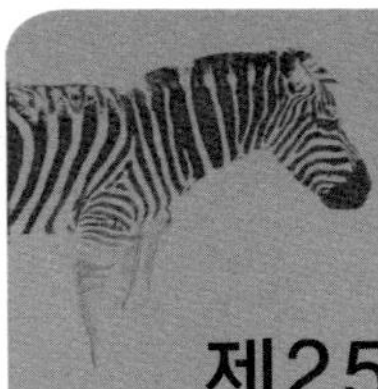

제25강

5단동사[15]

5단 동사는 고성조를 취하며 자음 -r 로 끝난다. 목적어가 있을 때 동사 다음에 전치사 dà 가 온다. 5단 동사는 타동사이며 상당수가 사역동사이다.

- ciyar 먹이다, 먹이를 주다
- fitar 꺼내다, 제거하다, 없애다
- kwantar 눕히다

- yā ciyar. (그는 먹였다.)
- yā ciyar dà àkuyà̄. (그는 염소를 먹였다.)
- sun fitar dà kāyā. (그들은 물건을 꺼냈다.)
- wasu mutā̀nên dà akà̄ kwantar dà sū à asìbitì sun ràsu. (병원에 눕혀진 어떤 사람들이 죽었다.)

화자에 따라서는 r 보다 역사적으로 앞서는 s 를 선호하기도 한다. r 이건 s 이건 다음에 오는 자음에 동화되어 발음되는 경향이 강하다.

- ciyar/s dà → ciyad dà
- sayar/s masà → sayam masà

---

15 **Gouffé, Claude**. 1962. 'Observations sur le degré causatif dans un parler haoussa du Niger', *Journal of African Languages* 1(2): 182-200.
Parsons, F.W. 1962. 'Further observations on the 'causative' grade of the verb in Hausa', *Journal of African Languages* 1(3): 253-272.
Parsons, F.W. 1981. *Writing on Hausa Grammar: The Collected Papers of F.W. Parsons*, ed. By Graham Furniss, pp. 153ff.: 238-241, Ann Arbor: University Microfilms International, Books on Demand.
Bargari, D.M. 1977. 'Reanalyzing the Hausa causative morpheme', In *Papers in Chadic Linguistics*, ed. By Paul Newman and Roxana Ma Newman, pp. 1-11. Leiden: Afrika-Studiecentrum.
Newman, Paul. 1983. 'The efferential (alias 'causative') in Hausa', In *Studies in Chadic and Afroasiatic Linguistics*, ed. By Ekkehard Wolff and Hilke Meyer-Bahlburg, pp. 397-418.

1.5 단 동사의 의미적 특성

① 자동사에서 파생된 타동사

- fitar (dà) 꺼내다, 제거하다, 없애다 < fita v3 나가다 cf. fitō v6intr. 나오다
- kwantar (dà) 눕히다 < kwântā v1intr. 눕다
- gajiyar (dà) 지치게 하다, 피곤하게 하다, 지루하게 하다 < gàji v3. 지치다
- kōmar (dà) 제자리에 돌려놓다, 돌려주다 < kōmā̀ v1intr. 돌아가다
- shigar (dà) 들여놓다 < shìga v3 들어가다 cf. shigō v6intr. 들어오다
- wahalar (dà) 곤경에 처하게 하다 < wàhalà v3 곤경에 처하다
- tabbatar (dà) 확인하다 < tàbbatà v3 확실하다, 확인되다
- saukar (dà) 내려놓다 < sàuka v3 내려가다
- tafiyar (dà) 죽 밀다, 죽 움직이다, 실행하다, 운영하다 < tàfi vintr. 떠나다
- tāyar (dà) 올리다, 쳐들다

② 주어로부터의 원심적 행위를 뜻하는 타동사

- aurar (dà) 결혼시키다, 출가시키다 < àurā v2 ~와 결혼하다
- jēfar (dà) ~을 던져버리다 < jḕfā v2 ~에게 던지다
- sāmar (dà) 공급하다 < sāmū̀ v2 얻다

- yā aurar dà 'yarsà. (그는 그의 딸을 출가시켰다.)
- yāròn yā jēfar dà dūtsḕ. (그 소년은 돌을 던져버렸다.) cf. jḕfā v2 ~에게 던지다 manṑmī yā jḕfē shì dà dūtsḕ '농부는 그에게 돌을 던졌다'; jēfā̀ v1tr. ~을 던지다 yā jēfà dūtsḕ '그는 돌을 던졌다'.
- gwamnatìn Nā̀jēriyā̀ tanā̀ sô tà sāmar dà rūwan shā à ƙauyukā̀. (나이지리아 정부는 촌락에 식수를 공급하길 원한다.)

- zubar (dà) 부어버리다, 따라버리다, 쏟아버리다 < zubā̀ v1tr. 붓다, 따르다
- karantar (dà) 가르치다, 교육하다 < karàntā v1tr. 읽다, 공부하다
- zaunar (dà) 1. 앉히다, 2. 정착시키다 < zaunā̀ v1intr. 앉다, 정착하다
- kōyar (dà) (사람을, 과목을) 가르치다 < kṑyā v2 배우다
- fahimtar (dà) (사람을) 가르치다, 이해시키다 < fàhimtā̀ v2 이해하다
- sayar (dà) 팔다 < sàyā v2 사다 cf. sayō v6tr. 사오다
- sanar (dà) 알리다, 통지하다 < sanī̀ vtr. 알다
- ciyar (dà) 먹이다, 먹이를 주다 < ci vtr. 먹다
- shāyar (dà) (사람, 동물, 식물) 물을 주다 < shā vtr. 마시다
- bāyar (dà) 주어버리다, 주다 < bā vtr. 주다

2. 5단 동사의 활용

① 목적어가 없을 때 기본형이 사용된다.

- yā sayar. (그는 팔았다.)
- tābā̀ cē ya sayar. (그가 판 것은 담배였다.)
- sū nḕ na sanar. (내가 알려준 사람들은 그들이었다.)
- mōtàr dà sukà sayar. (그들이 판 자동차.)

② 목적어가 있을 때 동사 다음에 전치사 **dà** 가 온다.

- sun sayar dà mōtā̀. (그들은 자동차를 팔았다.)
- yanā̀ sayar dà tābā̀. (그는 담배를 팔고 있다.)
- nā sanar dà mutā̀nē. (나는 사람들에게 알렸다.)
- yā shayar dà dabbōbī. (그는 동물들에게 물을 주었다.)

→ NOTE

일부 화자는 목적어가 있을 때 전치사를 **dà** 를 사용하지 않는다. 목적어가 대명사이면 대명사의 성조는 고성조가 된다.

- nā sayar mōtā̀. (나는 자동차를 팔았다.)
- nā sayar ta. (나는 그것을 팔았다.)

③ 목적어가 대명사이면 독립대명사가 쓰인다.

- sun sayar dà ita. (그들은 그것을 팔았다.)
- nā sanar dà sū. (나는 그들에게 알려주었다.)
- yā shayar dà sū. (그는 그들에게 물을 주었다.)

④ 간접 목적어가 있을 때 직접 목적어 앞의 **dà** 는 생략이 가능하다.

- sun sayar masà (dà) mōtā̀. (그들은 그에게 자동차를 팔았다.)

3. 5단 동사의 단축형

① 어간의 마지막 자음이 y, w, t, l, r, b, m 으로 끝나는 동사는 –ar 가 탈락된 축약된 형태를 갖는다.[16] 축약된 형태는 목적어가 있을 때 사용된다.

- sayar dà →sai dà 팔다
- gayar dà →gai dà 인사하다
- fitar dà→fid dà 꺼내다, 제거하다, 벗다

- nā sai dà mōtā̀tā. (나는 나의 자동차를 팔았다.)
- nā gai dà ita. (나는 그녀에게 인사했다.)
- yā fid dà rìgā. (그는 가운을 벗었다.)

- zubar dà →zub dà 부어버리다
- shāyar dà →shā dà 물을 주다
- ciyar dà →cī dà 먹이다
- tāyar dà →tā dà 올리다, 쳐들다
- tsayar dà →tsai dà 세우다, 멈추다
- mayar dà→mai dà 제자리에 돌려놓다
- wayar dà→wai dà 계몽하다, 교화하다, 가르치다
- kawar dà→kau dà 치워두다, 다른 곳에 두다
- ɓatar dà →ɓad dà 잃다, 길 잃게 하다, 나쁜 길로 이끌다, 돈 따위를 쓰다

→ NOTE

서부 방언에서는 축약된 형태의 5단 동사에서 전치사 dà 가 동사의 일부로 취급되어 마치 1단 동사처럼 행세하는 경우도 있다.

- nā gaidà yārinyàr. (나는 그 소녀에게 인사했다.)
- nā gaidā̀ ta. (나는 그녀에게 인사했다.)
- nā maidà littāfìn. (나는 그 책을 제자리에 돌려놓았다.)
- nā maidā̀ shi. (나는 그것을 제자리에 돌려놓았다.)

② 5단 동사가 대명사를 취할 때 –ar 가 탈락된 어간에 접미사 -shē 가 부착될 수 있다. 이 때 전치사 dà 는 없어진다.

- sayar dà sai dà →saishē
- gayar dà gai dà → gaishē

[16] Parsons, F.W. 1971/72. ‘Suppletion and neutralization in the verbal system of Hausa’, *Afrika und Übersee* 55: 55.

- zubar dà zub dà → zubshē
- shāyar dà shā dà → shāshē
- ciyar dà cī dà → cīshē
- tāyar dà tā dà → tāshē
- fitar dà fid dà → fisshē
- tsayar dà tsai dà → tsaishē
- mayar dà mai dà → maishē
- wayar dà wai dà → waishē
- kawar dà kau dà → kaushē
- ɓatar dà ɓad dà → ɓasshē

- zân zubshē shì. (나는 그것을 부어버릴 것이다.)
- Allàh yā cīshē kà. (당신은 운이 좋다. 직역: 신이 당신을 먹였다.)
- nā gaishē shì. (나는 그에게 인사했다.)
- nā sanasshē shì. (나는 그에게 알려주었다.)
- nā fisshē tà. (나는 그것을 벗었다.)

→ NOTE

-shē 형태의 동사를 간접 목적어 앞에서 사용하는 사람들도 있다.

- kà gaishē minì dà shī. (날 위해서 그한테 인사좀 해주시오.)[17]

→ 새로 나온 단어

- **aurar dà** v5 결혼시키다, 출가시키다
- **ɓatar dà** 1. (돈을) 쓰다 2. ~을 처분하다, 팔아버리다 3. ~을 잃다 4. (사람을) 타락시키다, 탈선하게 만들다
- **bayar dà** v5 주다, 줘버리다
- **ciyar dà** v5 (사람이나 동물을) 먹이다
- **fahimtar dà** = **fahintar dà** v5 가르치다, 이해시키다

---

[17] **Jaggar, Philip J** and **Muhammed M. Munkaila**. 1992. 'Evidence against the proposal that the Hausa pre-datival final –r verb = 'Grade 5' final –r/-s verb (and an alternative analysis)'. *Proceedings of the Studia Chadica et Hamito-Semitica Symposium (Sprache und Oralität in Afrika)*, ed. By Dymitr Ibriszimow and Rudolf Leger. Frankfurt: University of Frankfurt.

- **fitar dà** 1. (물건을) 꺼내다, (사람을) 데리고 나가다 2. 해고하다, 해임하다, (자리에서) 쫓아내다 3. 내보이다, 전시하다
- **gajiyar dà** v5 지치게 하다, 피곤하게 하다
- **jēfar dà** v5 ~을 던져버리다
- **karantar dà** v5 가르치다, 교육시키다
- **kawar dà** 다른 곳으로 치우다
- **kōmar dà** v5 제자리에 돌려놓다, 돌려주다
- **kōyar** dà v5 (사람을, 과목을) 가르치다
- **kwantar** dà v5 눕히다
- **ràsu** v7 죽다
- **sāmar dà** v5 공급하다
- **sanar dà** v5 ~에게 알리다, 통지하다
- **saukar dà** v5 1. (위에서 아래로, 위에 있는 것을 아래로) 내리다, 내려놓다 2. 숙박시키다, 묵게 하다
- **sayar dà** v5 팔다
- **shayar dà** v5 (사람이나 동물한테) 물을 주다
- **shigar dà** v5 들여놓다
- **tabbatar dà** v5 1. 확인하다 2. 비준(재가)하다
- **tafiyar dà** v5 (진행형은 yanà̀ tàfiyà̀ dà = yanà̀ tafī dà) 1. (~을 어디로) 가져가다 2. (바퀴가 달린 것을) 밀다 3. (사람을, 장님을) 인도하다, 손을 잡아 이끌다 4. (차를, 당나귀를) 몰다 5. 운영하다, 경영하다, 관리하다
- **tsayar dà** 1. (움직이는 것을) 세우다, 멈추다, 정지시키다 2. (건물을, 막대기를) 세우다 3. (법 따위를) 만들다, 제정하다
- **wāyar dà** v5 계몽하다
- **zaunar dà** v5 1. 앉히다 2. 정착시키다

→ READING

Audù dà Àlī

Audù dà Àlī sunā̀ cikin tàfiyā̀. Zâ su kā̀suwā dà kāyā. Sai gā̀ wani àbù à bā̀kin hanyā̀. Àlī ya ɗaukā̀, ya dūbā̀. Àshē jàkar kuɗī cḕ. Sai Audù ya cê, 'Kâi, yâu mun yi sā'ā̀.' Àlī ya cê, 'A'a! Mū mukà yi sā'ā̀ nē? Kō dai nī, na yi sā'ā̀?' Audù ya cê, 'Tṑ shī kḕ nan, Allā̀ yà bā mù lāfiyā̀.'

Sukà cigàba dà tàfiyàrsù har sukà shìga wani baƙin dājī̀. Sai waɗansu mafàsā sukà fāɗā̀ musù. Audù dà Àlī sukà zūrā̀ dà gudū̀. Su mafàsā sukà bī sù. An jimā̀ sai Àlī ya gàji sabṑdà nauyin kāyansà. Ya cê, 'Wâyyô. Yâu mun yi hàsārā̀.' Audù ya cê, 'A'a! Mū mukà yi hàsārā̀ nē? Kō dai kai, ka yi hàsārā̀?'

아우두와 알리

아우두와 알리는 여행을 하고 있는 중이었다. 그들은 짐을 가지고 시장에 가고 있었다. 그 때 길가에 어떤 것이 있었다. 알리는 (그것을) 집어들어서 보았다. 이런, 돈가방이었다. 그 때 아우두가 말했다, '야, 오늘 우리는 운이 좋았다.' 그러자 알리가 말했다, '뭐라고! 우리 우리가 운이 좋다고? 아니면 나, 내가 운이 좋은게 아니야?' 아우두가 말했다, '그래 됐다, 신이여 우리에게 평안을 주소서.'

그들은 어떤 숲에 도착할 때까지 여행을 계속했다. 그 때 어떤 노상 강도들이 그들을 습격했다. 아우두와 알리는 잽싸게 뛰기 시작했다. 노상강도들은 그들을 따라왔다. 잠시후 알리는 그의 짐의 무게 때문에 지쳤다. 그가 말했다, '아이고. 오늘 우리는 불행하구나.' 그러자 아우두가 말했다, '뭐라고! 우리 우리가 불행하다고? 아니면 너, 네가 불행한거 아니니?'

제26강

6단동사

6단 동사는 모든 음절이 고성조이며 -ō 로 끝난다. 6단 동사의 동작이나 행위는 특정한 목적지를 향한다. 보통 화자를 향하지만 반드시 그런 것은 아니다. 6단 동사에는 자동사와 타동사가 있다.

1. 6단 동사의 예

- aikō v6tr. 보내오다 < aikā̀ v1tr. 보내다
- ɗaukō v6tr. 가져오다 < ɗaukā̀ v2 집다, 들다
- fitō v6intr. 나오다 < fìta v3 나가다
- zō v6intr. 오다 < jē vintr. 가다
- kāwō v6tr. 가져오다 < kai vintr. 이르다, 도착하다
- kirāwō v6tr. 불러오다, 호출하다, 소환하다 < kirā vt. 부르다
- kōmō v6intr. 돌아오다 < kōmā̀ v1intr. 돌아가다
- nēmō v6tr. 찾아오다 < nḕmā v2 찾다
- dāwō v6intr. 돌아오다 < Ø
- ganō v6tr. 봐오다 < ganī vt. 보다
- sāmō v6tr. 사오다 < sāmū̀ v2 사다
- saukō v6intr. (여기에) 도착하다, 내려오다
  < sàuka v3 (거기에) 도착하다, 내리다
- tafō v6intr. 도착하다, 오다 < tàfi v3 가다
- tāsō v6intr. 떠나오다, 일어나다, 발생하다 < tāshì v3 떠나다
- shigō v6intr. 들어오다 < shìga v3 들어가다
- yiwō v6intr. 해오다 < yi vt. 하다
- jāwō v6tr. 끌어오다 < jā vt. 끌다
- rubūtō v6tr. 써 보내다 < rubū̀tā v1tr. 쓰다

2. 6단 동사의 활용

① 6단 동사의 쓰임은 간단하다. 기본형 이외의 형태는 존재하지 않는다.

- yā kāwō. (그는 가져왔다.)
- yā kāwō shì. (그는 그것을 가져왔다.)
- yā kāwō àbinci. (그는 음식을 가져왔다.)
- yā kāwō minì àbinci. (그는 나에게 음식을 가져왔다.)
- yā kāwō wà mālàmī àbinci. (그는 선생님에게 음식을 가져왔다.)

- ɓàrāwṑ yā lallaɓō. (도둑이 몰래 들어왔다.)
- rìkicîn yā tāsō nḕ. (그 문제가 발생했다.)
- sun kōmō ƙauyènsù. (그들은 그들의 마을로 돌아왔다.)
- nā ganō shì dàgà nīsā. (나는 멀리서부터 그를 보아왔다.)
- maƙḕrī yā sayō gawàyī. (대장장이가 목탄을 사왔다.)
- sai à kirāwō 'yan sàndā. (경찰이 호출되어야 한다.)

② 다음의 예문은 행위의 귀착 지점이 화자가 아닌 다른 대상이다. 즉, 중심의 이동이 발생한 경우이다.

- in nā kōmā̀ gidā zân bugō makà wayā̀.
  (내가 집에 도착하면 너한테 전화를 할 것이다.)
- Ù̀smân Mùhammèd kḕ karantō mukù lā̀bārī̀.
  (우스만 무함메드가 너한테 책을 읽어주고 있다.)
- zân lēƙō ōfìshinkà an jimā̀. (나는 잠시 후에 너의 오피스에 들를 것이다.)

→ 새로 나온 단어

- **aikō** v6tr. 보내오다
- **bugō wayā̀** < bugà wayā̀ 전화를 걸다
- **ɗaukō** v6tr. 가져오다
- **gānō** v6tr. 1. 발견하다 2. 봐오다
- **jāwō** v6tr. 1. 당기다, 끌다 2. 가져오다
  3. (주의) 끌어 당기다, 유인하다 4. 일으키다, 초래하다
- **karantō** v6tr. 읽어주다
- **kirāwō** v6tr. 소집하다, 소환하다

- **lallaɓō** v6intr. 몰래 들어오다
- **lēƙō** v6intr. 잠시 들르다, 잠시 방문하다
- **nēmō** v6tr. 찾아오다
- **ōfìs** nm. (pl. ōfisōshī) 사무실
- **rubūtō** v6tr. 써보내다
- **sāmō** v6tr. 사오다
- **saukō** v6intr. (여기에) 도착하다, 내려오다
- **tafō** v6intr. 도착하다, 오다
- **tāsō** v6intr. 1. (사람이) 일어나다 2. (사건이) 발생하다
- **yiwō** v6tr. 해오다

→ STRUCTURE

- Allā̀ yà sâ mù yi sā'à̄ cikin cìnikinmù. In bā̀ hakà ba dōlè nē mù ci bāshī̀.
  신이여 우리의 사업에서 우리가 운수대통하게 해주소서. 그렇지 않으면 우리는 빚을 져야 합니다.
- Bàri ìn daɗà ƙṑƙarīnā cikin aikìn nân. Af, bà kà gàji ba? Bà zā kà barī̀ ba tùkùna?
  이 일에 노력을 더 하겠습니다. 어, 피곤하지 않으세요? 아직 그만두지 않을 겁니까?
- Bàn taɓà ganin irìn wannàn rawâr ba. Bàri ìn gwadā̀ yîntà. A'a! Kâi, bà zā kà iyā̀ ba!
  나는 이런 종류의 춤을 본적이 없다. 내가 한 번 해볼께. 뭐라고! 야, 넌 할 수 없어.
- Nā yi màganā̀ dà shī mākòn dà ya wucḕ àmmā bài ƙārà zuwā̀ sātin nàn ba.
  나는 지난 주에 그와 이야기를 했는데 그는 이번 주에 다시 오지 않았다.
- Dâ akàn hau dōkī̀ àmmā yànzu an fi sôn mōtā̀. Allā̀? Allā̀ kùwā.
  예전에는 사람들이 말을 탔는데 요새는 자동차를 더 좋아한다. 사실이야? 사실이고 말고.

→ KEY PHRASES

- 나는 추장의 집을 방문했는데 그는 이미 떠나버렸었다.
  Nā zìyàrci gidan sarkī àmmā yā rigā yā tàfi.

- 젠장! 저 사람은 지독한 거짓말쟁이다. 그래서 나는 그를 좋아하지 않는다.
  Kâi, wancàn mùtûm yā cikà ƙaryā. Sabṑdà wannàn bā nầ sônsà.

- 우기에는 비가 많이 온다. 그렇다.
  Anầ ruwā dà yawầ dà dầmunā. Hakà nē.

- 그는 나이지리아에 오래 있지 않았지만 하우사어를 유창하게 한다.
  Bài daɗḕ à Nījēriyầ ba àmmā yā iyà Hausā kàmar jầkin Kanò.

- 나는 새 자동차를 사기 위해 대출받기를 원한다.
  Inầ sô ìn ci bāshī̀ dṑmin ìn sàyi sābuwar mōtầ.

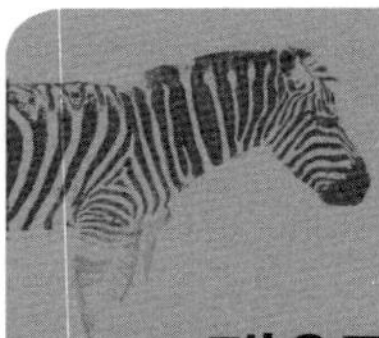

제27강

소유대명사

소유대명사에는 명사와 분리될 수 없는 비분리 소유대명사와 분리될 수 있는 분리 소유대명사가 있다.

1. 비분리 소유대명사

소유되는 명사 다음에 인칭을 나타내는 저성조의 직접목적대명사가 붙는다. 1인칭 단수를 제외한 모든 경우에 명사와 직접목적대명사 사이에 연결사사 들어간다.

	yārȍ nm. 소년	gōnā nf. 농장
1인칭 단수	yārȍnā 나의 소년	gōnātā 나의 농장
2인칭 단수 (남성)	yārònkà 너의 소년	gōnarkà 너의 농장
2인칭 단수 (여성)	yārònkì 너의 소년	gōnarkì 너의 농장
3인칭 단수 (남성)	yārònsà 그의 소년	gōnarsà 그의 농장
3인칭 단수 (여성)	yāròntà 그녀의 소년	gōnartà 그녀의 농장
1인칭 복수	yārònmù 우리들의 소년	gōnarmù 우리들의 농장
2인칭 복수	yārònku 너희들의 소년	gōnarkù 너희들의 농장
3인칭 복수	yārònsù 그들의 소년	gōnarsù 그들의 농장

→ NOTE

i. 1인칭 단수에서 명사의 마지막 모음이 단모음이면 장모음화 된다.

- àbincīnā 나의 음식 <àbinci nm. 음식>
- àkwā̀tīnā 나의 상자 <àkwā̀tì nm. 상자>
- shū̀gàbānā 나의 보스 <shū̀gàba nm. 지도자>

ii. 하우사인들은 '나의 집', '나의 도시'라고 하지 않고 '우리 집', '우리 도시'라고 말한다. 한 집안의 가장이나 공동체의 수장처럼 높은 지위에 있는 사람만이 '나의 집', '나의 도시'라는 표현을 쓴다.

- gidānā 나의 집 ; gidanmù 우리 집
- gàrīnā 나의 도시 ; gàrinmù 우리 도시

iii. 연결사 -n- 다음에 m 이 오면 자음동화에 의해 n 이 m 으로 소리난다. 자음 동화는 이 경우에만 국한되지 않고 모든 자음에 적용된다.

- yāròonmù 우리들의 소년 → yāròmmù.
- gōnarkà 너의 농장 → gōnakkà
- gōnarsà 그의 농장 → gōnassà

특히 소코토, 카찌나에서 사용되는 서부 방언에서 자음동화가 전형적으로 발생한다. 자음 동화는 철자법에는 반영되지 않는다.

iv. 자음으로 끝나는 차용어에는 dîn + 직접목적대명사 붙는다. 1인칭은 dînā 가 된다.

- karàs dînkì (당신의 홍당무)
- tēbùr dînā (나의 탁자)

2. 분리 소유대명사

분리 소유대명사는 명사에 직접 붙지 않는다. 1인칭 단수를 제외한 모든 경우에 있어서 영어의 of 에 해당하는 na/ta 와 저성조의 직접목적대명사가 결합된 형태가 사용된다.

	남성형	여성형
1인칭 단수	nà̄wa	tà̄wa
2인칭 단수 (남성)	nākà	tākà
2인칭 단수 (여성)	nākì	tākì
3인칭 단수 (남성)	nāsà	tāsà
3인칭 단수 (여성)	nātà	tātà
1인칭 복수	nāmù	tāmù
2인칭 복수	nākù	tākù
3인칭 복수	nāsù	tāsù

① 소유물과 소유자 사이에 다른 단어가 끼어들 때 사용된다.

- bā nà̄ sôn tābàr nân tākà. (나는 당신의 이 담배를 좋아하지 않습니다.)
- wàndon nàn nà̄wa yā ɓācì. (나의 이 바지는 망가졌습니다.)

② 영어의 yours, his, hers, mine 등에 해당하는 '~의 것' 이라는 의미를 전달할 때에도 분리 소유대명사를 쓴다.

- nāsà nē. (그의 것이다.)
- kyânwā tākà cē. (고양이는 너(m.)의 것이다.)
- kyânwā tākì cē. (고양이는 너(f.)의 것이다.)
- wannàn gidā nāsù nē. (이 집은 그들의 것이다.)
- shānum Bētì sun tsinkḕ, àmmā nà̄wa sunà̄ nân.
  (베티의 소 떼가 풀어졌지만 나의 것은 여기에 있다.)
- nā fi sôn tākà ta dâ. (나는 이전의 당신 것이 더 좋다.)

③ 일부 화자들은 비분리 소유대명사를 사용하여 명사 바로 다음에서 명사를 수식하는 경우가 있는데 여성형에 국한되는 경향이 있다. 이것은 발음상 불편한 조합인 -rs, -rt 를 피하기 위한 것처럼 보인다. 이 때 tā 의 장모음이 단모음으로 바뀐다.

- gōnarsà 그의 농장 → gōnā tasà
- mōtàrtà 그녀의 자동차 → mōtà̄ tatà
- uwarkà 당신의 어머니 → uwā takà

→ 새로 나온 단어

- **shū̀gàba** nm. (pl. shū̀gàbànnī) 대통령, 지도자, 장, 의장
- **karàs** nm. 당근
- **kyânwā** nf. (pl. kyanwōyī) 고양이
- **dâ** adv. 1. 이전에, 옛날에 2. 바로 지금, 방금

→ STRUCTURE

- Dà dā̀munā wannàn kṑgī yā cìka fal dà ruwā.
  우기에는 이 강이 물로 완전히 가득찬다.
- Dukànmù mukà tāshì gàba ɗaya, mukà fitar dà shī wàje.
  우리 모두 동시에 일어나서 그를 밖으로 던졌다.
- Dà na gan shì sai bâ lā̀bārī̀ ya hau dōkī̀, ya gudù.
  내가 그를 보았을 때 그는 갑자기 말을 타고 달아났다.
- Dâ dâ àkwai wani tsōhō wandà ya shiryà gōnarsà à bā̀kin wannàn hanyā̀.
  오래 전에 이 길가에서 농장을 가꾸었던 어떤 노인이 있었다.
- Tīlàs nē sù sā̀mi aikī̀ dà wuri. Zā kà bā sù.
  그들은 당장 일거리를 얻어야 한다. 네가 그들에게 줄거냐.

→ STRUCTURE

- 내가 본 그 타이어는 완전 신품이었다.
  Tāyà̄ waddà na ganī sābuwā ful cè̄.
- 빨리 뛰어가서 물을 가져와라.
  Gùdu maza-maza kà kāwō ruwā.
- 그녀는 오늘 확실히 음식을 준비할 것이다.
  Zā tà shiryà àbinci yâu yâu.
- 나는 우선 집에 가기를 원한다.
  Inà̄ sô ìn tàfi gidānā tùkùn.
- 잠시후 우리는 집으로 돌아갈 것이다.
  An jimà̄ kàɗan zā mù kōmà̄ gidà̄jenmù.

제28강

속격연결사

속격 연결사는 소유물과 소유자를 연결하는 형태소로서 영어의 of, 우리말의 '... 의'에 해당한다.

1. 소유물이 남성 명사일 때는 na 여성 명사일 때는 ta 가 쓰인다.

- gidā na sarkī. (추장의 집)
- kàrē na Daudà. (다우다의 개)
- àbinci na kyânwā. (고양이의 밥)
- sānìyā ta Audù. (아우두의 암소)
- rīgā ta Garbà. (가르바의 리가)

2. na 와 ta 는 각각 -n 과 -r 로 축약되어 소유되는 명사에 접미사로 붙을 수 있다. 축약된 형태가 보다 자주 사용되는 경향이 있다

- gidan sarkī. (추장의 집)
- kàren Daudà. (다우다의 개)
- àbincin kyânwā. (고양이의 밥)
- sānìyar Audù. (아우두의 암소)
- rīgar Garbà. (가르바의 리가)

3. 그러나 다음의 경우에는 축약되지 않은 형태사 사용된다.

① '~의 것' 을 의미할 때

- na Audù nē. (아우두의 것이다.)
- ta Bellò cē. (벨로의 것이다.)
- na Kànde yā yi kyâu. (칸데의 것은 좋다.)

- bà sù kāwō na Daudà ba. (그들은 다우다의 것을 가져오지 않았다.)
- wannàn mōtā̀ ta Shēhù cē. (이 자동차는 쉐후의 것이다.)

② 중복을 피하기 위해 소유되는 명사가 생략될 때

- shānun Bētì sun tsinkḕ, àmmā na Dembà sunā̀ nân.
  (베티의 소들이 풀어졌지만 뎀바의 소들은 여기 있다.)
- ìnā gidan Bellò dà na Audù?
  (벨로의 집과 아우두의 집은 어디에 있습니까?)
- an kāwō r̃igar Garbà dà ta Daudà?
  (가르바의 가운과 다우다의 가운을 가져왔다.)

③ 소유되는 명사와 소유자 사이에 다른 단어가 끼어들 때

- dōkìn nân na Bellò. (벨로의 이 말)
- mōtàr cân ta Garbà. (가르바의 저 차)
- gidanmù na gàrī. (도시의 우리집)
- kḕkē biyu na Garbà. (가르바의 두 대의 자전거)
- ràncen kuɗin aikī̀nā na sātī huɗu. (나의 4주치 월급의 가불)
- tàimakō irìn na tsàkānin mài gidā dà yārònsà.
  (주인과 일꾼 사이의 그런 종류의 도움)

④ 서수를 만들 때

- makarantā ta huɗu cḕ. (네 번째 학교 입니다.)
- na biyu nḕ. (두 번째 것입니다.)

4. 복수형 다음에는 연결사 -n / na 가 온다.

- mātan Audù. (아우두의 아내들)
- mutā̀nen Sarkin Kanṑ. (카노 왕의 백성들)

5. 이중모음으로 끝나는 명사는 연결사가 붙을 때 마지막 모음이 탈락된다.

- mân shānū. (버터) <note: mâi + -n → mân>
- kân sarkī (도장. 직역: 왕의 머리) <note: kâi + -n → kân>
- kyânsà. (그것의 아름다움) <note: kyâu + -n + sà → kyânsà>

6. 자음으로 끝나는 단어는 자음과 연결사 사이에 매개 모음 i 가 삽입된다.

- mālàmin makarantā. (학교 선생님) <mālàm nm. 선생님>
- mùtumìn sarkī. (추장의 백성들) <mùtûm nm. 사람>

→ 새로 나온 단어

- **irī̀** nm. 1. 씨 2. (동식물의) 자손, 혈통 3. 종류, 유형
- **irìn** prep. ~와 같은
- **kân sarkī** 도장
- **mài gidā** 집주인
- **mâi** nm. (gen. mân) 1. 기름, 지방 mân shānū 버터 2. 휘발유 (= mân fētùr)
- **ràncē** nm. 빌림 (같은 양이나 가치로 되돌려 주어야 하는 경우) yi ràncē 빌리다
- **sānìyā** nf. (pl. shānū) 암소
- **sātī** nm. 1. 주 2. 토요일
- **tàimakō** nm. 도움, 원조
- **tsinkè̄** v4tr. & intr. 1. (과일을) 따다 2. (밧줄, 실, 전선 따위를) 끊다 3. 끊어지다 4. (묶인 동물이) 달아나다

→ READING

Jēmāgḕ Bā Yā̀ Biyàn Hàrājī̀

Wata rānā sarkin dabbōbī ya kirā wàkīlìnsà, ya cê masà, 'kà kēwàyē cikin ƙasātā kà jē gidā̀jen dabbōbī dukà kà kàrɓi kuɗìn ƙasā à hannun kōwànnensù.' Wàkīlī̀ ya cḕ, 'Rânkà yà daɗḕ, nâ yi nan dà nan.'

Sai wàkīlī̀ ya kēwàyē cikin ƙasâr, ya kàrɓi hàrājī̀ à kōwànè gidā. Àmmā dà ya isō gidan jēmāgḕ, jēmāgḕ ya ƙi biyàn kuɗìn. 'Ai, nī bā̀ dabbā̀ ba cḕ,' ìn ji jēmāgḕ. 'Kō cikin talakāwan sarkin dabbōbī àkwai mài fìkā̀fìkai kàmar nī? Àkwai wandà ya iyà tāshī̀ samà kàmar nī? Ai, bā nā̀ biyàn hàrājī̀ gà sarkin dabbōbī!'

Shī kḕ nan. Wàkīlìn sarkin dabbōbī ya bar shì, ya kōmā̀ fādā̀, ya shâidā wà sarkinsù. Sarkī dai, ya yi tùnā̀nī, ya cḕ, 'Lallē, gàskiyarsà. Jēmāgḕ bā̀ irìnmù ba nḕ, à ƙyālḕ shi.'

Kàshḕgàrī sarkin tsuntsā̀yē ya kirā nāsà wàkīlī̀, ya àikē shì yà kàrɓi kuɗìn ƙasā à hannun kōwànè tsuntsū. Dà wàkīlìn ya isō gidan jēmāgḕ, ya tàmbàyē shì kuɗìn ƙasā, sai jēmāgḕ ya yi masà ɗā̀riyā, yanā̀ cêwā, 'Nī, bā nā biyànsà hàrājī̀.' Wai, 'Kō kā taɓà ganin tsuntsū mài haƙṑrā?' 'Kō wandà yakàn hàifi 'yā'yansà dà râi, yà bā sù mā̀mā? Kâi! Nī bā̀ talàkàn sarkin tsuntsā̀yē ba nḕ!'

Dà wàkīlìn ya kōmā̀ fādā̀ ya shâidā wà sarkin tsuntsā̀yē, sai sukà yàrda cêwā jēmāgḕ bā̀ tsuntsū ba nḕ. Sabṑdà hakà jēmāgḕ yanā̀ tsakàr-tsàkānī, bā yā̀ cikin dabbōbī, bā yā̀, kùwā, cikin tsuntsā̀yē.

박쥐는 세금을 내지 않는다

어느날 동물들의 왕이 그의 대리인을 불러서 그에게 말했습니다, '나라 안을 한 바퀴 둘러보고 모든 동물들의 집에 가서 그들 모두한테 세금을 받아라.' 대리인은 말했습니다, '만수무강 하옵소서, 지금 당장 하겠나이다.'

그래서 대리인은 나라 안을 둘러보았고 모든 집에서 세금을 받았습니다. 그런데 그가 박쥐의 집에 도착했을 때 박쥐는 돈을 내는 것을 거절했습니다. '아, 저는 동물이 아닙니다,' 박쥐가 말했습니다. '동물들의 왕의 백성들 중에 나처럼 날개가 있는 것이 있습니까? 나처럼 하늘로 날 수 있는 것이 있습니까? 아, 저는 동물들의 왕한테 세금을 내지 않습니다!'

일은 그렇게 되었던 것입니다. 왕의 대리인은 그를 남겨두고 궁궐로 돌아가 그들의 왕한테 사실을 알렸습니다. 왕은 생각한다음 말했습니다, '그래, 그의 말이 맞아. 박쥐는 우리와 같은 부류가 아니야, 그는 무시해라.'

그 다음날 새들의 왕이 그의 대리인을 불렀습니다. 그는 그를 보내서 모든 새들에게서 세금을 받도록 했습니다. 대리인이 박쥐의 집에 도착해서 세금에 대해 묻자 박쥐는 그를 비웃으며 말했습니다, '나, 나는 그에게 세금을 안 냅니다.' '당신은 이를 가진 새를 본적이 있습니까?' '또는 살아있는 새끼들을 낳고 젖을 먹이는 것을 (본적이 있습니까)? 이러지 맙시다! 난 말이요 난 새들의 왕의 백성이 아닙니다!'

대리인이 궁궐로 돌아가 새들의 왕한테 말했을 때 그들은 박쥐가 새가 아니라는데 동의했습니다. 이렇게 해서 박쥐는 이도저도 아닌 것이 되었습니다, 그는 동물 속에 속하지도 않고 새에 속하지도 않습니다.

제29강

시간 관련 표현

1. 시

'시'를 뜻하는 하우사 단어는 ƙarfè 이다. ƙarfè 는 '쇠', '금속'으로서 이 단어가 '시'를 뜻하게 된 것은 학교나 철도역에서 쇠로 된 종이 시간을 알리는데 사용되었기 때문이다.

- ƙarfè ɗaya (한 시)
- ƙarfè gōmà (열 시)

i. 30 분은 rabī̀, 15 분은 kwatà̄, '분'은 영어에서 온 mintì̄ 가 사용된다.

- ƙarfè ukù dà rabī̀ (3시 반)
- ƙarfè huɗu dà kwatà̄ (4시 15분)
- ƙarfè bìyar dà mintī̀ takwàs (5시 8분)

ii. 하우사어도 우리말처럼 '몇 시 몇 분 전' 이라는 표현이 가능하다. '~가 없다' 라는 의미의 bâ 가 사용된다.

- ƙarfè ukù bâ kwatà̄ (15분전 3시)
- ƙarfè huɗu bâ mintī̀ bìyar (5분전 4시)

iii. '몇 시 몇 분에' 라고 말할 때 '~에' 에 해당하는 하우사 전치사는 dà 이다.

- munā̀ makarantā dà ƙarfè takwàs. (우리는 8시에 학교에 있습니다.)
- mutā̀nē sun zō dà ƙarfè tarà dà rabī̀. (사람들이 9시 반에 왔습니다.)

2. 아침, 점심, 저녁, 밤, 새벽

dà àsùbâ	동틀녘에, 새벽에	dà yâmma	오후에, 저녁에
dà sāfe	아침에	dà màgàribā̀	해질녘에
dà sassāfe	아침 일찍	dà dare	밤에
dà rāna	낮에	dà tsakar darē = dà darē tsakà, dà dàddare	한밤중에, 밤늦게
dà tsakar rānā = dà rānā tsakà	한낮에		

3. 오늘, 어제, 내일

yâu	오늘	jībi	모레
gṑbe	내일	gātà	글피
jiyà	어제	città	그글피
shēkaran jiyà	그저께	kā̀shḕgàrī = wā̀shḕgàrī	그 다음날

위의 단어들은 '주', '달' 을 뜻하는 mākṑ, watā̀ 와 결합되어 다음과 같이 사용된다.

- mākòn jiyà　지난 주
- watàn gṑbe 다음 달
- watàn jībi　다 다음 달

4. 요일

Lahàdì	일요일	Àlhàmîs	목요일
Lìtìnîn	월요일	Jumma'ā̀	금요일
Tàlātā̀	화요일	Àsabàr = Sātī	토요일
Lā̀ràbā	수요일		

요일 앞에는 ran '~ 의 날' 이 온다.

- nā zō ran Lā̀ràbā. (나는 수요일에 왔습니다.)
- kà zō ran Lahàdì. (일요일에 오세요.)

5. 달

Jànairù	1월	Yūlì	7월
Faburairù	2월	Àgustầ	8월
Mārìs	3월	Sàtumbầ	9월
Àfirīlù	4월	Òktōbầ	10월
Māyù	5월	Nùwambầ	11월
Yūnì	6월	Dìsambầ	12월

6. 계절

하우사족은 북으로는 사하라 사막 남쪽의 사바나 기후지대, 남으로는 열대우림이 시작되는 나이저강과 베누에강 이북에 거주한다. 특히 사하라 사막과 인접해 있는 관계로 사막 기후의 영향을 받는다. 크게 네 개의 계절이 있다.

lōkàcin hùntūrū̀ = dà hùntūrū̀ = lōkàcin ɗārī = dà ɗārī	한랭기 (11월 ~ 2월)[18]
lōkàcin bazarā = dà bazarā / lōkàcin rānī = dà rānī	혹서기 / 건기 (2월 ~ 6월)[19]
lōkàcin dầminā = dà dầminā	우기 (6월 ~ 9/10월)[20]
lōkàcin kầkā = dà kầkā	추수기 (9월 ~ 10월)[21]

7. 올해, 작년, 내년

bana	올해	bầra	작년
bàɗi	내년	bầra wàccan	재작년
bàɗi wàccan	후년		

'2 주 후', '다섯 달 전', '3 년 전' 등과 같은 표현은 관계대명사 구문으로 처리한다.

- mākồ biyu dà zā sù zō. = bāyan mākồ biyu. (이 주 후에)
- watầ bìyar dà sukà wucḕ. (다섯 달 전에)
- shḕkarầ ukù dà sukà wucḕ. (삼 년 전에)

---

[18] 한랭기에는 동쪽에서 찬 바람(하르마탄)이 불어온다. 눈이 오거나 기온이 섭씨 0도 이하로 떨어지는 경우도 있다. 지역에 따라서는 아침 일찍 차에 히터를 켜야 하는 경우도 있다.

[19] 매우 덥고 건조한 기간이다. rānī 는 일년 중에 나타나는 건조한 시기를 아무 때나 지칭할 수 있는 일반적인 말이다.

[20] 거의 매일 비가 온다. 그러나 우리 나라의 장마처럼 하루 종일 비가 오는 것은 아니며 한 두 시간, 짧으면 몇 십 분 정도 소나기처럼 쏟아진 후 그친다.

[21] 우기가 지난 후 농작물을 거두어들이는 시기이다.

→ 새로 나온 단어

- **Àfrīlù** nm. 4월
- **Àgustā̀** nm. 8월
- **Àlhàmîs** nf. 목요일
- **Àsabàr** nf. 토요일
- **àsùbâ** nf. 새벽, 동틀녘
- **bàɗi** nf. & adv. 내년 bàɗi wàccan 내후년
- **bana** nf. & adv. 올해
- **bā̀ra** nf. & adv. 작년 bā̀ra wàccan
- **bazarā** nf. 우기가 시작되기 직전의 혹서기 (2월 ~ 6월, 건조기)
- **città** nf. & adv. 그글피, 4 일후
- **dā̀minā** nf. 우기
- **dare** adv. (dà 와 함께 쓰여) 밤에
- **ɗārī** nm. 1. 하르마탄 계절에 불어오는 바람으로 인한 추위 2. 병으로 인한 오한, 추위 3. 한랭기
- **ɗaya** n. & adj. 1. 하나 2. 같음
- **Dìsambā̀** nm. 12월
- **Fàbrairù** nm. 2월
- **gātà** nf. & adv. 글피
- **hùntūrū̀** nm. 한랭기 (11월 ~ 2월, 하르마탄이 동쪽에서 불어옴)
- **Jànairù** nm. 1월
- **jībi** nf. & adv. 모레
- **Jumma'ā̀** nf. 금요일
- **kā̀kā** nf. 수확기
- **kā̀shḕgàrī** n. & adv. 그 다음날 (= wā̀shḕgàrī)
- **kwatā̀** nf. 4분의 1, 15분
- **Lahàdì** nf. 일요일
- **Lā̀ràbā** nf. 수요일
- **Lī̀tìnîn** nf. 월요일
- **mākṑ** nm. (pl. mākṑ-mākṑ) 주 (week)
- **Mā̀rìs** nm. 3월
- **Māyū̀** nm. 5월
- **mintī̀** nm. (pl. mintōcī) (시간) 분
- **Nùwambā̀** nm. 11월
- **Òktōbā̀** nm. 10월

- **rabī̀** nm. 반
- **rāna** adv. (dà 와 함께 쓰여) 낮에
- **rānī** nm. 우기가 시작되기 전의 건기 (2월 ~ 6월, 혹서기)
- **sassāfe** adv. (dà 와 함께 쓰여) 아침 일찍
- **Sàtumbā̀** nm. 9월
- **shēkaranjiyà** nf. & adv. 그저께
- **Tàlātā̀** nf. 화요일
- **Yūlì** nm. 7월
- **Yūnì** nm. 6월

→ STRUCTURE

- Dâ mā zâ ni gidansà ìn gaishē shì, sai na ji lā̀bārī̀, na cê, yā fi kyâu ìn gayā̀ masà.
  난 처음부터 그의 집에 인사하러 갈 작정이었는데 그 때 그 소식을 들었고 내가 그에게 말해주는 것이 좋을 거라고 생각했다.
- Kā̀mìn yà fārà zuwā̀ nā dadḕ inā̀ aikī̀ à nân.
  그가 오기 전 나는 여기서 오랫동안 일했었다.
- Dà na sā̀mē shì, nan dà nan sai ya zūrā̀ dà gudū̀.
  내가 그와 마주쳤을 때 그는 즉시 줄행랑을 쳤다.
- Àbincinmù yā ƙārḕ nē? Ā'ā̀, dà saurā kàɗan. Kanā̀ sô ìn dafā̀ wani?
  우리 음식이 다 떨어졌습니까? 아니요, 조금 남았습니다. 제가 어떤 걸 요리하기 원하세요?
- Mìnistàn Màkàràntū zâi yi laccā̀ à Gùsau? Ī, bàri mù shiryā̀, mù jē.
  교육부 장관이 구사우에서 강연할 건가요? 네, 우리 준비해서 갑시다.

→ KEY PHRASES

- 어떤 노상강도들이 내가 그들에게 그 도시의 소식을 말해주기를 원했다.
  Waɗansu mafàsā sunā̀ sô ìn gayā̀ masù lā̀bārìn gàrī.

- 나는 그가 일하고 있는데 만났다. 그는 기계공이었다. 그는 오랫동안 동차들을 수리해왔다.
  Nā sā̀mē shì yanā̀ aikī̀. Shī màkānīkī̀ nē. Yā daɗḕ yanā̀ gyāran mōtōcī.

- 원래 그는 내가 올 때까지 여기서 기다리기로 했지만 난 지금 그가 무엇을 할 것인지 모른다.
  Dâ mā yā yàrda yà dākàtā nân har ìn zō, àmmā yànzu bàn san àbîn dà zâi yi ba.

- 그 추장은 그의 집에 다시는 오지 말라고 말했다. 그의 사무실에서 그를 만나는 것이 더 좋다.
  Sarkī yā cê, kadà kà sākè zuwā̀ gidansà. Yā fi kyâu kà sā̀mē shì à ōfìshinsà.

- 그는 하우사어를 할 수 있지만 그것은 그에게 매우 어려운 일이다.
  Yā iyà Hausā àmmā tanā̀ masà wùyā ainù.

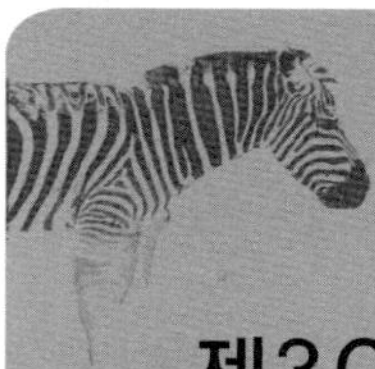

제30강

조건문 (1)

1. 조건문의 양상

조건문은 현재 사실이나 과거 사실에 대한 반대 가정을 뜻하는 가정문과는 달리 단순한 조건을 나타낸다. 조건문의 종속절은 in 또는 idan 으로 시작하며 완료양상을 취한다. 논리상 종속절의 행위나 동작이 끝난 다음에 주절의 행위나 동작이 발생하기 때문이다.

- in yā zō, zân bā shì kuɗī. (그가 오면 나는 그에게 돈을 줄 것이다.)
- in sun hūtā̀ kàɗan, zā sù kāmà aikī̀ kuma.
  (조금 쉬고 나면 그들은 다시 일을 시작할 것이다.)
- ìdan nā shìga jāmi'ā̀ bàɗī, zân ɗâuki Hausa.
  (내년에 대학에 들어가면 나는 하우사어를 택할 것이다.)
- ìdan mài sàna'ā̀ yā yàrda, zâi ajìyè lìttàttā̀fan lissāfī̀. (사업주가 동의하면 그는 장부를 보관할 것이다.)

2. 화자가 사건의 발생 가능성이 낮다고 생각할 때에는 아래의 예문처럼 조건절에 관계완료양상을 사용할 수도 있다.

- in sukà zō, zân bā sù kuɗī. (그들이 오면 나는 그들에게 돈을 줄 것이다.)
- mutā̀nēnā kùwā zā sù ƙā̀ru ƙwarai ìdan sukà sā̀mi wannàn tàimakō.
  (나의 백성들이 이 도움을 받으면 큰 이득을 볼 것이다.)

3. 주절의 양상은 일반적으로 미래이지만 가상법을 취할 수도 있다. 아래의 예문들은 의미상 큰 차이를 보이지 않는다.

- in yā tàfi, zân gayā̀ makà. (그가 떠나면 나는 너에게 말할 것이다.)
- in yā tàfi, nâ gayā̀ makà. (그가 떠나면 나는 너에게 말할 것이다.)

- in yā tàfi, sai ìn gayā̀ makà . (그가 떠나면 나는 너에게 말할 것이다.)
- in yā tàfi, ìn gayā̀ makà. (그가 떠나면 나는 너에게 말할 것이다.)

→ 새로 나온 단어

- **in** conj. ~하면 (= ìdan)
- **jāmi'ā̀** nf. (pl. jāmi'ō'ī) 대학
- **sànā'ā̀** nf. (pl. sanā'ō'ī) 1. 장사 mài sànā'ā̀ 사업주 2. 직업 3. 습관, 버릇
- **lìttàttā̀fan lissāfī̀** 장부
- **ƙā̀ru** v7 1. 증가되다, 늘어나다 2. 이득을 보다

→ DIALOGUE

Talle : Daudà!
Daudà : Nà'am.
Talle : Ìnā zâ ka?
Daudà : Zâ ni gidā. Yànzu nḕ na tāsō dàgà aikī̀.
Talle : Tṑ bâ lâifī. À ìnā nḕ kakḕ aikī̀?
Daudà : Ai, nī àkā̀wū nḕ à kàntī.
Talle : Àshē? Câ nakḕ kanā̀ makarantā.
Daudà : Ā'à. Bā̀ra nḕ na fìta firāmàrḕ. Bàn sā̀mi shìgar sakandàrḕ ba.
Talle : Bà kà ci jarràbâwā ba nḕ?
Daudà : Ī, tā yi minì wùyā ainùn. Àmmā bâ kōmē, tun dà na sā̀mi aikī̀.
Talle : Tṑ dà kyâu. Wànè irìn aikī̀ nē kakḕ yî?
Daudà : Ai, inā̀ dà ayyukā̀ irī̀-irī̀ : wani sā'ī̀ nakàn shisshìryà kāyā, wani sā'ī̀ nakàn sayad dà kāyā, wani sā'ī̀ mā, bàbban àkā̀wū yanā̀ bā nì aikìn takàrdā ìn yi.
Talle : Tô, Yawancin kāyankù dàgà ƙasā̀shen Tūrai nḕ akḕ kāwō sù?
Daudà : Ī. Àmmā yànzu an fārà yîn waɗansu abūbuwā̀ nan ƙasā - kàmar su tākalmā̀, dà yādī̀, dà simintī̀, dà àbin shâ na kwalabā.
Talle : Mādàllā. Gàskiyā nḕ sai dà tàfàsasshen ruwā akḕ yîn àbin shâ na kwalabā?
Daudà : Sṑsai. Bā̀ kàmar irìn tāmù giyàr ba!

Talle : Àbincin gwangwan fà̄ – dukànsà dàfaffē nè̄?

Daudà : Hakà nē. Wai, sā'àn dà akè̄ shirìnsà anà̄ daddàfâwā.

Talle : Tabđì. Àbin mà̄māki nē yaddà ya yìwu à dafà àbinci dà yawà̄ à rufè̄ shi cikin gwangwan à ajìyē shi har shè̄karà̄ bìyar.

Daudà : Gàskiyarkà. Ai, hakà nē dūniyà̄ yànzu – cìke takè̄ dà abūbuwà̄ mà̄su ban mà̄māki.

Talle : Lallē, hakà nē.

Talle : 다우다씨!

Daudà : 네.

Talle : 어디 가십니까?

Daudà : 집에 가고 있습니다. 지금에서야 일에서 벗어났습니다.

Talle : 좋습니다. 일하는 곳이 어디 입니까?

Daudà : 가게 점원입니다.

Talle : 그래요? 나는 당신이 학교에 다닌다고 생각했습니다.

Daudà : 아닙니다. 작년에 초등학교를 나왔습니다. 저는 중등학교에 들어가지 않았습니다.

Talle : 당신은 시험에 붙지 못했습니까?

Daudà : 네, 그것은 나한테 아주 어려웠습니다. 그렇지만 직장을 얻어서 괜찮습니다.

Talle : 좋습니다. 당신이 하는 것은 어떤 종류의 일입니까?

Daudà : 어, 저는 다양한 일들을 합니다 : 어떤 때는 계속 물건들을 준비하고, 어떤 때는 물건들을 팔고, 또 어떤 때는 선임 점원이 나한테 내가 할 서류 작성 일거리를 줍니다.

Talle : 네, 당신들의 대부분의 물건들 그것들을 유럽에서 가져옵니까?

Daudà : 네, 그러나 요새는 어떤 것들을 이 나라에서 만들기 시작했습니다 – 신발 따위, 천, 시멘트, 병에 든 음료 같은 것들입니다.

Talle : 좋습니다. 병에 든 음료를 끓인 물로만 만든다는 것이 사실입니까?

Daudà : 물론입니다. 우리의 맥주 같지 않습니다!

Talle : 캔 음식은요? – 그것 모두 익혀진 것들입니까?

Daudà : 그렇습니다. 그것을 준비할 때 익힌다고 합니다.

Talle : 그렇군요. 어떻게 많은 음식을 익혀서 깡통 안에 넣고 5년까지 보관하는 것이 가능한지 놀라운 일입니다.

Daudà : 당신의 말이 맞습니다. 요새 세상이 그렇습니다 – 세상이 놀라운 것들로 가득차 있습니다.

Talle : 정말, 그렇습니다.

제31강

예 / 아니오

질문이나 진술에 대한 대답, 반응으로서 예, 아니오를 나타내는 하우사 표현은 다양하다.

1. 긍정을 나타내는 표현

ī	예
(àbîn) gàskiyā nḕ	그렇습니다 (직역: 진실입니다)
gàskiyarkà	그렇습니다 (직역: 당신의 진실입니다)
hakà nē	그렇습니다

- kā tàfi jiyà? (어제 갔었습니까?)
- ī. (네)

- kâi, rānā tā yi zāfī yâu! (어휴, 오늘 무척 덥습니다.)
- gàskiyarkà. (그렇습니다. 직역: 당신의 말이 진실입니다)

- àkwai yârā dà yawā̀ à nân. (여기 많은 아이들이 있습니다.)
- hakà nē. (그렇습니다.)

2. 부정을 나타내는 표현

ā'à	아니오
bābù	아니오 (강조)
kō kàɗan	조금도
fàufau	결코, 철저히

- kā kāwō àbinci? (당신은 음식을 가져왔습니까?)

- ā'ā̀. (아니오.)
- kai àbōkinsà nē? (당신은 그의 친구입니까?)
- bābù. (아니오.) <강한 부정>

- kanā̀ sô kà tàfi? (당신은 가기를 원하십니까?)
- ā'ā̀, bā nā̀ sô kō kàɗan. (아니오, 조금도 원하지 않습니다.)

- fàufau bà zân yàrda ba. (나는 결코 동의하지 않을 것이다.)
- fàufau yā ƙi zuwā̀ gurīnā. (그는 내게 오는 것을 철저히 거절했다.)

3. 하우사어의 부정 질문에 대한 대답은 우리 말과 동일하다.

- bài zō ba? (그가 오지 않았습니까?)
- ī. (예.) <오지 않았다는 의미>
- ā'ā̀. (아니오.) <왔다는 의미>

- Kànde bà tà dāwō ba? (칸데가 돌아오지 않았습니까?)
- ī, bà tà dāwō ba. (예, 그녀는 돌아오지 않았습니다.)
- ā'ā̀, tā dāwō. (아니오, 그녀는 돌아왔습니다.)

→ 새로 나온 단어

- **ā'ā̀** excl. 아니요
- **fàufau** adv. 1. (부정적인 의미와 함께 사용되어) 단호히, 결단코
  2. 완전히
- **ī** excl. 예

→ STRUCTURE

- Ai, nā mântā ìn kāwō àbinci dàfaffē. Nā kāwō shì ɗanyē.
  참, 나는 음식을 익혀서 가져오는 것을 까먹었다. 나는 그것을 날것으로 가져왔다.

- Gwàmmà kà dākàtā nân tùkùn. Kā̀fin kà sākè dāwôwā lōkàcin àbinci yā yi.
  지금은 여기서 기라리는 것이 더 좋습니다. 당신이 다시 돌아오기 전에

식사 시간이 될 것입니다.

- Mun tàntàmbayā̀ kō'ìnā cikin gàrī àmmā bà mù sā̀mi lā̀bārìnsà ba.
  우리는 읍내의 모든 곳에서 계속 물어보았지만 그의 소식을 얻지 못했다.
- Kâi! Wani àbin mā̀mākī̀ yā fā̀ru jiyà - ƙārar jirgin samā̀ tā bā nì tsṑrō har saurā kàɗan ìn gudù!
  어휴! 어떤 놀라운 일이 어제 일어났다 – 비행기의 소음이 무서워서 나는 하마터면 달아날뻔 했다.
- Zâ ni kàntī ìn sàyi àbincin gwangwan dà giyā̀ ta kwalabā dà sauran abūbuwàn dà nakḕ bùkātā̀.
  나는 캔 음식이랑 병맥주랑 내가 필요한 나머지 물건들을 사러 가게에 가고 있다.

→ KEY PHRASES

- 구아바가 각각 얼마 입니까? 각각 1코보 입니다, 깍을 수 없습니다.
  Nawà nawà nē gwēbā̀? Kwabṑ kwabṑ nē. Bâ ragī̀.
- 나는 당신이 내일 올 거라고 생각했는데 당신은 어제 왔습니다.
  Câ nakḕ zā kà zō gṑbe àmmā kā zō jiyà.
- 오늘날 세상에는 많은 놀라운 것들이 있습니다.
  Àkwai abūbuwā̀ mā̀su bā dà mā̀mākī̀ dà yawā̀ à dūniyā̀ yâu.
- 병에 걸리지 않으려면 익은 음식과 끓인 물을 먹는 것이 좋습니다.
  Yā fi kyâu à ci dàfaffen àbinci dà tàfàsasshen ruwā kadà à ji cīwṑ.
- 나는 그 시험을 치지 않으면 붙을 수 없을 것이다.
  Ìdan bàn yi jarràbâwā ba bà zân cī tà ba.

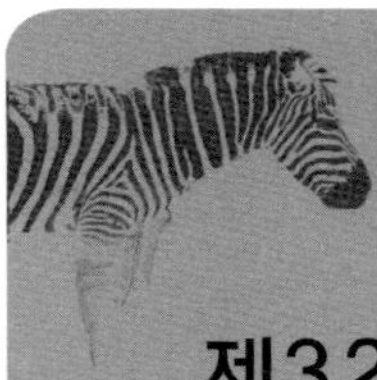

제32강

불한정 인칭 대명사

완료양상, 진행양상, 미래양상은 각각 불한정 인칭 대명사 anā̀ (akḕ), an (akà), zā à 를 갖는다. 불한정 인칭 대명사는 영어의 one 에 해당하는 말로서 우리말에는 이에 정확히 부합되는 표현이 없기 때문에 문맥에 따라 다음과 같은 방법들 중의 하나를 선택한다.

i. 누가
ii. (일반적으로) 사람들
iii. 수동태로 옮김
iv. 주어를 생략하고 옮김

- an tàfi jiyà. (어제 누가 떠났다.)
- anā̀ nân. (누가 있다.)
- in anā̀ dà rī̀gā, anā̀ sâ ta. (사람들은 가운이 있으면 그 것을 입는다.)
- an kirā shì. (그는 소환되었다.)
- anā̀ kirànsà Audù. (그는 아우두라고 불린다.)
- an ɗinkà rī̀gā à Kàtsinà. (그 가운은 카찌나에서 만들어졌다.)
- an kashè fitilā̀. (램프가 꺼졌다.)
- anā̀ sayar dà tābā̀ à kàntī. (상점에서 담배를 판다.)
- an kāwō àbinci. (음식을 가져왔다.)

→ 새로 나온 단어

- **ɗinkā̀** v1tr. (vn. ɗinkī̀) 바느질해서 옷 따위를 만들다
- **fitilā̀** nf. (pl. fitìlū) 램프
- **kàntī** nm. (pl. kantunā̀) 상점, 가게

→ DIALOGUE

Hārūnà : Sànnu maɗìnkī!
Gàmbo : Af Hārūnà! Barkà dà yâmmā.
Hārūnà : Barkà kàdai. Ìnā aikì̄ yâu?
Gàmbo : Aikì̄, ai bā yà̄ ƙārè̄wā.
Hārūnà : Mādàllā. Hakà akè̄ sô.
Gàmbo : Gàskiyarkà. Kanà̄ yāwò̄ à kà̄suwā nè̄?
Hārūnà : Ā'à̄. Dâ mā inà̄ nēman bukkàrkà.
Gàmbo : Tô. Rân nan na kau dà kāyānā zuwà̄ nân.
Hārūnà : Dà kyâu. Dâ kanà̄ cikin bukkà̄ ta cìyāwà̄ àmmā wannàn ta kwānò̄ cē.
Gàmbo : Hakà nē. Nā yi sā'à̄ kè̄ nan.
Hārūnà : Mādàllā. Zā kà iyà kà ɗinkà̄ minì waɗansu tufāfì̄ nē?
Gàmbo : Ai sàna'à̄tā cè̄. Wànè irì̄ nē kakè̄ sô?
Hārūnà : Inà̄ bùkātàr gàjēren wàndō gùdā biyu dà bàbbar rì̄gā kumā.
Gàmbo : Tò̄ bâ lâifī. Kā zō dà yādì̄ nē?
Hārūnà : Ī. Gà̄ kà̄kī na yîn wandunà̄ dà farin yādì̄ na yîn rì̄gā. Nawà nē kuɗin ɗinkì̄?
Gàmbo : Dukà zâi kai sulè̄ àrbà'in dà bìyar - wàtò̄, nairà̄ huɗu dà sulè̄ bìyar kè̄ nan.

Hārūnà : Kâi, yā yi yawà̄. In bà kà yàrda dà nairà̄ huɗu ba, sai ìn nè̄mi wani.
Gàmbo : Tò̄ nā yàrda. Àjìyè yādìn cân.
Hārūnà : Sai yàushè zân zō ìn kàrɓā?
Gàmbo : Sai gò̄be ai. Bà zân iyà gamà ɗinkìnsù dukà yâu ba.
Hārūnà : Tô, sai gò̄be kè̄ nan.
Gàmbo : Yâuwā, sai gò̄be.

Hārūnà : 안녕하세요, 재단사님!
Gàmbo : 어, 하루나씨! 좋은 오후입니다.
Hārūnà : 네 좋습니다. 오늘 일이 어떠세요?
Gàmbo : 일이 끝나는 법이 없군요.
Hārūnà : 좋습니다. 사람들이 원하는게 그런거 아니겠습니까?

Gàmbo : 당신 말이 맞습니다. 시장에서 산책하시는 겁니까?
Hārūnà : 아니요. 원래부터 당신의 매점을 찾고 있었습니다.
Gàmbo : 그래요. 일전에 내 물건들을 여기로 옮겼습니다.
Hārūnà : 좋습니다. 전에는 멍석으로 된 매장 속에 있었는데 이건 양철판으로 된 매장이군요.
Gàmbo : 그렇습니다. 전 운이 좋았습니다.
Hārūnà : 좋습니다. 저한테 옷을 좀 만들어 주실 수 있습니까?
Gàmbo : 네, 제 일인 걸요. 원하는 게 어떤 종류세요?
Hārūnà : 짧은 바지 두 개와 큰 가운도 필요합니다.
Gàmbo : 좋습니다. 천은 가지고 왔습니까?
Hārūnà : 네, 여기 바지를 만들 카키색 천과 가운을 만들 흰색 천이 있습니다. 바느질 값이 얼마죠?
Gàmbo : 전부 45 실링이 될 겁니다 – 그러니까, 4 나이라 5 실링입니다.
Hārūnà : 저런, 너무 많습니다. 4 나이라에 동의 안하면 다른 사람을 찾아보겠습니다.
Gàmbo : 좋아요, 동의하겠어요. 천을 저기에 놔두세요.
Hārūnà : 받으러 언제까지 오면 됩니까?
Gàmbo : 내일까지 오시면 됩니다. 오늘 그것들 모두를 만드는 것을 끝낼 수 없습니다
Hārūnà : 좋습니다. 내일 뵙겠습니다.
Gàmbo : 네, 내일 뵙겠습니다.

제33강

재귀대명사

재귀 대명사는 kâi '머리' 에 소유대명사를 붙여서 만든다. 재귀대명사의 용법은 다음과 같다.

1. 동사, 동명사, 전치사의 목적어로 쓰인다.

- tanā̀ sôn kântà. (그녀는 자신을 사랑한다.)
- bài san cīwòn kânsà ba. (그는 자신을 의식하지 못한다.)
- sunā̀ jîn kânsù. (그들은 자신감을 느낀다.)
- Audù yā yi fushī dà kânsà. (아우두는 자신에게 화가 났다.)

2. 문두에서 '독립인칭대명사 + dà + kâi ...' 형태로 쓰인다.

- nī dà kâinā bā nā̀ sôntà. (나 자신이 그녀를 좋아하지 않는다.)
- shī dà kânsà ya san àbîn yî. (그 자신이 할 일을 알고 있다.)

3. '혼자서'

- sun tàfi dà kânsù. (그들은 혼자서 떠났다.)
- jā̀rīrī̀ bài iyà zaunā̀wā dà kânsà ba tùkùna.
  (그 아기는 아직 혼자서 앉지 못한다.)
- sun yi aikī̀ dà kânsù. (그들은 혼자서 그 일을 했다.)
- sū dà kânsù sukà yi aikī̀. (그들은 혼자서 그 일을 했다.) <강조>

4. 기타

- yī ta kânkà. (조심하시오. 직역: 당신의 머리를 경유해서 하시오.)

→ 새로 나온 단어

- **cīwȍ** nm. (pl. cìwàce-cìwàce) 1. 병, 질병 2. (몸의) 아픔, 통증 3. 용기를 잃게 하는 것, 낙담시키는 것
- **jȁrīrì̀** nm. (jȁrīrīyā, pl. jȁrīrai) 유아, 아기

→ STRUCTURE

- Yā kàmātà ìn yankà wannàn yādȉ. Dàuki àlmakàshī kà tàimàkē nì.
  내가 이 천을 잘라야 한다. 가위를 들고 나좀 도와줘라.
- Shī bȁ mùtumìn kirkȉ ba nȅ. Yanȁ sô yà hanà àbōkīnā aikȉ.
  그는 친절한 사람이 아니다. 그는 내 친구가 일자리를 얻는 것을 방해하고자 한다.
- Dà ya shìga bukkàrsà sai ya zaunȁ, ya fārà ɗinkȉ.
  그가 그의 매점에 들어갔을 때 그는 앉아서 바느질을 시작했다.
- Zân jirā shì. Wȁtō, zân dākàtā nân sai yā dāwō.
  나는 그를 기다릴 것이다. 다시말해, 그가 돌아올 때까지 나는 여기서 기다릴 것이다.
- Àkwai àlāmȁ zā kà shā wàhalȁ nân ìdan bà kà kawad dà kāyankà dà wuri ba.
  네 물건들을 당장 다른 곳으로 치우지 않으면 여기서 곤란하게 될 낌새가 있다.

→ KEY PHRASES

- 저한테 좋은 가운을 만들어 주세요. 내일 춤추러 갑니다.
  Kà ɗinkā̀ minì kyàkkyāwar rīgā̀. Zâ ni rawā gōbe.
- 나는 다른 매점으로 내 재봉틀을 옮기는 것을 네가 도와주었으면 한다.
  Inā̀ sô kà tàimàkē nì ìn kau dà kḕken ɗinkīnā zuwā̀ wata bukkā̀.
- 나, 나는 여기서 그를 기다릴 것이다 – 아마도 그는 잠시 후에 올 것같다.
  Nī, kàm, zân jirā shì nân - wàtàkīlà zâi zō an jimā̀.
- 나는 그에게 네 시계를 보여주지 않았다. 그는 그것을 네 손목 위에서 보았다고 한다.
  Bàn nūnā̀ masà àgōgonkà ba. Wai, yā gan shì à hannunkà.
- 그는 아직 먹지 않았다. 왜냐고? 네가 도착할 때까지 그가 음식을 먹는 것을 내가 막았기 때문이다.
  Bài ci ba tùkùna. Don mḕ? Dōmin nā hanā̀ masà àbinci har kà dāwō.

제34강

mài

mài (pl. mầsu) 다음에는 명사나 동명사가 온다. 뜻은 mài 다음에 오는 것을 소유하고 있는 사람, 혹은 mài 다음에 오는 것을 행하는 사람이다. mài 는 명사 뒤에서 명사를 꾸며주는 형용사적 역할을 하기도 한다. 부정은 maràs (pl. maràsā) 이다.

1. 소유자

- mài gōnā 농장 주인, 농부
- mài gidā 집주인
- mài mātā huɗu 네 명의 아내를 갖고 있는 사람
- mài arzìkī 부자
- mài ƙātòn kâi dà tsīnin hancì 큰 머리와 뾰족한 코를 가지고 있는 사람
- maràs kuɗī 돈이 없는 사람 (sg.)
- maràsā hankàlī 사려, 분별이 없는 사람들 (pl.)

- mài gidā bài dāwō ba tùkùn. (집 주인이 아직 돌아오지 않았다.)
- ìnā mài mōtầ? (자동차 주인이 어디에 있습니까?)
- mầsu dawākī sun dāwō. (말 주인들이 돌아왔다.)
- bā à sôn maràs kyâu. (아무도 형편없는 것을 원하지 않는다.)

2. 관계대명사 구문의 대체

선행사가 사람인 관계대명사 구문을 mài 를 이용하여 하나의 구로 바꿀 수 있다.

- mài sayârwā 상인
- mài yi minì kīwồ 나를 위해 동물들을 돌보는 사람, 나의 목동
- nā ga mài sayad dà ƙwai. (나는 계란을 파는 사람을 보았다.)

3. 한정 형용사적 표현

- wuƙā mài kyâu (좋은 칼)
- wuƙàƙē mā̀su kyâu (좋은 칼들)

→ 새로 나온 단어

- **hancī̀** nm. (pl. hantunā̀) 1. 코 2. 뇌물
- **kīwṑ** nm. 1. 목초지에서 가축을 돌보기 2. 가축이 목초를 먹기, 새 따위가 먹이를 먹기 kīwòn lāfiyā̀ 위생
- **ƙwai** nm. (pl. ƙwayā̀yē, gen. ƙwan) 1. 계란 2. 전구
- **mài** (pl. mā̀su) 1. ~의 소유자 2. ~하는 사람
- **maràs** (pl. maràsā) ~이 없는 것, ~이 없는 사람, ~이 없는
- **tsī̀nī** nm. (pl. tsīninnukā̀) 날카로운 끝, 뾰족한 끝

→ READING

Dilā Sarkin Dàbārā̀

Wata rānā wani hànkākā̀ yanā̀ yāwṑ. Yanā̀ nēman àbîn dà zâi ci. Sai ya ga wani guntun nāmā̀ à ƙasā̀ kusa dà wani dūtsḕ. Ya sàuka, ya sâ bā̀kī ya ɗaukā̀. Ya tāshì samà dà nāmàn à bā̀kinsà ya sàuka bisà wani itā̀cē.

Àshē dilā yanā̀ kallonsà - yā ga duk àbîn dà hànkākā̀ ya yi. Dilā, kumā, yanā̀ jîn yunwā̀. Yanā̀ sô yà sā̀mi nāmàn. Sai ya yi dàbāràr dà zâi sāmū̀. Sai dilā ya tàfi gìndin itā̀cē, ya gai dà hànkākā̀. Ya cḕ masà, 'Kâi, rân nan na ji kanā̀ rērà wāƙā̀. Muryàrkà, kùwā, dà dāɗī takḕ ainùn. Sai yàushè zân sākè jîn wāƙā̀ irìn tākà kumā?

Hànkākā̀, dai, ya kasà kûnnē. Àbîn dà dilā ya fàɗā ya yi masà dāɗī. Dà ya ji hakà sai ya mântā dà àbîn dà kḕ cikin bā̀kinsà. Ya būɗḕ bā̀kinsà. Zâi rērà wāƙā̀ kḕ nan. Shī kḕ nan! Sai nāmàn ya fāɗō. Dilā ya ɗaukā̀, ya cḕ, 'Mādàllā'. Ya tàfi dà shī. Kùrùnƙus!

자칼, 책략의 왕

어느날 어떤 독수리가 산책을 하고 있었습니다. 그는 먹을 것을 찾고 있었습니다. 그 때 그는 어떤 바위 근처의 땅에 고기 조각이 있는 것을 보았습니다. 그는 내려와서 부리를 대고 집었습니다. 그는 고기를 입에 물고 하늘로 날아올라 어떤 나무 위에 내려앉았습니다.

저런, 자칼이 그를 지켜보고 있었습니다 – 그는 독수리가 한 모든 것을 보았습니다. 자칼도 배가 고팠습니다. 그는 그 고기를 갖고 싶었습니다. 그는 (그것을) 얻을 계획을 세웠습니다. 그리고 나서 나무 밑둥으로 가 독수리에게 인사했습니다. 그는 그에게 말했습니다, '야, 일전에 나는 당신이 노래하는 것을 들었습니다, 당신의 목소리는 정말 즐거웠습니다. 당신의 그런 노래를 언제 (까지 기다려야) 다시 들을 수 있습니까?'

독수리는 귀를 기울였습니다. 자칼이 말한 것은 그를 즐겁게 했습니다. 그것을 들었을 때 그는 그의 입 안에 있는 것을 까먹었습니다. 그는 그의 입을 벌렸습니다. 그는 막 노래를 부르려 했습니다. 그렇게 되었던 것입니다! 그 고기는 떨어졌습니다. 자칼은 (그것을) 주웠고, 말했습니다, '고맙습니다'. 그는 그것을 가지고 떠났습니다. 이것이 이야기의 끝입니다!

제35강

7단동사

7단동사는 단모음 -u 로 끝나는 자동사이다. 마지막 음절을 제외한 모든 음절이 저성조이다. 7단동사는 대부분 기본 타동사에서 파생된다. 7단동사는 아래의 하나 이상의 의미 조합을 갖는다.

i. 자동사이다
ii. 수동의 의미를 갖는다
iii. 완전히 이루어진 행위를 뜻한다
iv. 가능의 의미를 갖는다 (특히 부정진행양상대명사와 함께 사용될 때)

1. 7단동사의 예

- àiku v7 보내지다 < aikā̀ dà v1soc. 보내다
- aùku v7 일어나다, 발생하다 < aukā̀ v1tr. &. intr. 공격하다, 무너지다
- bìyu v7 (길 따위가) 사람들이 많이 다니다 < bi vtr. 따라가다
- bùgu v7 흠씬 두들겨맞다, 만취하다 < bugā̀ v1tr. 때리다, 치다
- cìwu v7 먹을 수 있다 < ci vt. 먹다
- dàfu v7 요리되다 < dafā̀ v1tr. (음식을) 만들다, 요리하다
- dā̀mu v7 걱정하다 < dā̀mā v2 괴롭히다
- fā̀ru v7 일어나다 < fārā̀ v1tr. 시작하다
- gàmu v7 (사람들이) 만나다 < gamā̀ v1tr. 결합하다, 끝내다
- gìnu v7 잘 지어지다 < ginā̀ v1tr. 짓다
- gṑgu v7 경험이 풍부하다 < gōgā̀ v1tr. 문지르다
- gyā̀ru v7 (완전히) 수리되다 < gyārā̀ v1tr. 수리하다
- jìtu v7 (사람들이) 사이좋게 해나가다 < jitā̀ v1tr. 입다, 쓰다
- kàfu v7 설립되다 < kafā̀ v1tr. 설립하다

- kàràntu v7 읽혀지다 < karàntā v1tr. 읽다
- ƙā̀ru v7 증가되다 < ƙārā̀ v1tr. 늘리다, 증대하다
- màtsu v7 압력을 받다, 강요되다 < matsā̀ v1tr. 죄다, 짜다
- nàɗu v7 감기다, 지명되다 < naɗā̀ v1tr. 감다, 두르다, 지명하다
- ràbu v7 깨지다, 갈라서다 < rabā̀ v1tr. 나누다, 분리하다
- sā̀du v7 (사람들이) 만나다 < sādā̀ v1tr. 소개시키다
- sā̀mu v7 손에 넣을 수 있는, 입수할 수 있는 < sā̀mā = sāmū̀ v2 얻다
- shìmfìɗu v7 (돗자리, 담요) 잘 펴지다 < shimfìɗā v1tr. 펴다, 펼치다
- sṑyu v7 완전히 튀겨지다 < sōyā̀ v1tr. 튀기다
- tā̀ru v7 (사람들이) 모이다 < tārā̀ v1tr. 모으다
- wùlā̀kàntu v7. 완전히 창피를 당하다 < wulākàntā v1tr. 창피를 주다
- yànku v7 도살되다, 죽다 < yankā̀ v1tr. 도살하다, 죽이다
- yìwu v7 가능하다 < yi 하다, 만들다
- zàunu v7 (도시, 성채) 잘 자리잡다 < zaunā̀ v1intr. 앉다, 정착하다

2. 7단동사의 활용 예문

- likitōcī sun tā̀ru. (의사들이 모였다.)
- sun sā̀du dà jūnā bā̀ra. (그들은 작년에 서로 만났다.)
- nā ràbu dà ita. (나는 그녀와 갈라섰다.)
- àbinci yā dàfu. (음식이 완전히 요리되었다.)
- yā wùkā̀kàntu. (그는 완전히 창피를 당했다.)
- gyàɗā tā sā̀mu sṑsai. (땅콩을 많이 구할 수 있다.)
- mutā̀nēnā zā sù ƙā̀ru ƙwarai. (나의 백성들이 큰 이득을 볼 것이다.)
- hanyàr nân tanā̀ bìyuwā. = hanyàr nân tā bìyu. (이 길은 다닐 수 있다.)
- likitōcī sunā̀ tā̀ruwā. (의사들이 모이고 있다.)

→ NOTE

부정진행양상 다음의 7단동사는 수동태의 '~할 수 없다'는 뜻을 전달한다.

- àbincîn bā yā̀ cìwuwā. (그 음식은 먹을 수 없다.)
- wannàn mōtā̀ bā tā̀ gyā̀ruwā. (이 차는 수리될 수 없다.)
- bā yā̀ yìwuwā. = bài yìwu ba. (그것은 불가능하다.)

→ NOTE

일부 화자들은 수동문의 행위자를 유도하는 영어의 by 와 같은 기능을 위하여 gà 를 사용한다.

- kuɗī sun àiku gà Audù. (돈이 아우두에 의해 보내졌다.)
- zākī yā yànku gà mafàràutā. (사자가 사냥군에 의해서 도살되었다.)

→ 새로 나온 단어

- **àiku** v7 보내지다
- **bìyu** v7 (길 따위가) 사람들이 많이 다니다
- **bugā̀** v1tr. (vn. bugū̀) 1. (숙어적 용법으로 사람이 아닌 물건을) 때리다, 치다 bugà bindigā̀ 대포를 쏘다, 총을 쏘다 bugà wutā 발사하다 bugà yāƙī 전쟁을 걸다 bugà gàngar yāƙī 전쟁을 선포하다 bugà iskā̀ 타이어에 바람을 넣다 bugà littāfī̀ 책을 출판하다 (cf. 작가나 시인이 책을 출판하는 것은 wallàfā̀ v1tr. 라고 한다) bugà jàrīdā̀ 신문을 출판하다 bugà nā̀kiyā̀ 화약을 폭발시키다 bugà wayā̀ 전화를 걸다, 전보를 보내다, 소식을 퍼뜨리다 2. (숙어적 용법으로 사람에게) 지우다, 과하다, 부과하다
- **bùgu** v7 1. 흠씬 두들겨맞다 2. (술에) 취해 있다
- **cìwu** v7 먹을 수 있다
- **ɗā̀mā** v2 (vn. ɗāmū̀) ~을 성가시게 하다, 귀찮게 하다, 괴롭히다
- **ɗā̀mu** v7 걱정하다
- **gamā̀** v1tr. 1. 결합하다 2. 끝내다
- **gàmu** v7 (사람들이) 만나다
- **ginā̀** v1tr. (vn. ginī̀) 1. (건물을) 짓다, 세우다 2. 구멍, 구덩이를 파다
- **gìnu** v7 잘 지어지다
- **gōgā̀** v1tr. (간접목적어와 함께 쓰여) 문지르다
- **gṑgu** v7 경험이 풍부하다
- **gyā̀ru** v7 (완전히) 수리되다
- **jitā̀** v1tr. 입다, 쓰다
- **jìtu** v7. 사이좋게 지내다
- **jūnā** nm. 서로, 상호
- **kafā̀** v1tr. 1. 세우다, 설치하다 2. 설립하다 3. (법률 따위를) 제정하다, 선포하다
- **kàfu** v7 설립되다
- **ƙārā̀** v1tr. 늘리다, 증대하다
- **ƙā̀ru** v7 1. 증가되다, 늘어나다 2. 이득을 보다
- **ƙwarai** nf. 매우

- **likità** nm. or nf. (pl. likitōcī) 의사
- **mafàràucī** nm. (pl. mafàràutā) 사냥꾼
- **matsā̀** v1tr. 죄다, 짜다
- **màtsu** v7 압력을 받다, 강요되다
- **nad'ā̀** v1tr. 1. 감다, 두르다 2. 지명하다
- **nàd'u** v7 1. 감기다 2. 지명되다
- **ràbu** v7 1. 나뉘어지다 2. 갈라서다, 분리되다
- **sādā̀** v1tr. 소개시키다
- **sā̀du** v7 (사람들이) 만나다
- **sā̀mu** v7 손에 넣을 수 있다, 얻을 수 있다, 입수할 수 있다
- **shimfid'ā̀** v1tr. 1. 펴다, 펼치다 2. 확립하다, 시작하다, 펼치다
- **shìmfid'u** v7 (돗자리, 담요) 잘 펴지다
- **sōyā̀** v1tr. (vnf. sūyā̀) 1. 튀기다 2. (뜨거운 모래 속에서 땅콩 따위를) 굽다
- **sṑyu** v7 완전히 튀겨지다
- **tārā̀** v1tr. 모으다
- **tā̀ru** v7 (사람들이) 모이다
- **wulākàntā** v1tr. 창피를 주다
- **wùlā̀kàntu** v7. 완전히 창피를 당하다
- **yànku** v7 도살되다, 죽다
- **yìwu** v7 가능하다
- **zàunu** v7 (도시, 성채) 잘 자리잡다

→ STRUCTURE

- Macī̀jī yā sā̀ri ma'àikī àmmā likità yā bā shì māgànī har yā warkḕ.
  뱀이 그 사자(전령)를 물었자만 의사가 그에게 약을 줘서 그는 나았다.
- Shī bā̀ bàhaushḕ ba nḕ, Bàfilācḕ nē. Àmmā duk dà hakà yā iyà Kanancī.
  그는 하우사인이 아니다, 그는 풀라니다. 그러나 그럼에도 불구하고 그는 카노 하우사 방언을 할 수 있다.
- Zāriyā̀ kudù masṑ yâmma takḕ dà Kanò. Kàtsinà, arḕwā masṑ yâmma takḕ dà ita.
  자리아는 카노의 남서쪽에 있다. 카찌나는 카노의 북서쪽에 있다.

- Dâ zā mù yi aikìnmù tā̀re àmmā shī yā màkarà. Sabṑdà hakà nā rasà àbîn dà zân sayar à kā̀suwā.
  우리는 함께 일을 할 작정이었지만 그가 늦게 왔다. 그래서 나는 시장에 팔 물건들이 없었다.
- Mūsā gwànī nḕ. Bâ wandà ya iyà irìn wannàn aikī̀ sai shī kaɗai. Yā kàmātà mù nḕmē shì màimakon Audù.
  무사는 전문가다. 그를 제외하면 이런 종류의 일을 할 수 있는 사람이 없다. 우리는 아우두 대신에 그를 찾아야 한다.

→ STRUCTURE

- 그는 건망증이 심한 사람입니다. 그에게 당신을 위해 어떤것도 하라고 하지 마세요.
  Shī màntau nḕ. Kadà kà gayā̀ masà yà yi makà wani àbù.
- 잠시후 모든 일꾼들이 떠났습니다. 나는 무엇을 해야 할지 몰랐습니다.
  Jìm kàɗan ma'àikàtā dukà sukà tàfi. Bàn san àbîn dà zân yi ba.
- 열쇠를 이리 가져오세요. 제가 문을 열께요.
  Kā̀wō mabūɗī nân. Bàri ìn būɗḕ ƙōfā̀.
- 나는 그 악사들이 귀를 기울이기 시작할 때까지 조금 기다렸다.
  Nā dākàtā kàɗan har makàɗā sukà fārà kasà kûnnē.
- 나는 그의 아내가 노래를 부르면 추장이 놀랄 거라고 생각했다.
  Inā̀ tsàmmānī̀ ìdan mā̀tarsà tā rērà wāƙā̀ sarkī zâi yi mā̀mākī̀.

제36강

'주다' 동사

'주다' 동사의 쓰임새는 특별하다. 수령자와 물건의 표시 여부에 따라 동사 및 대명사의 적절한 형태를 사용해야 한다.

① 수령자는 동사 바로 다음에 온다. 수령자가 대명사이면 직접목적대명사 형태를 취한다.

- yā bā nì littāfì̄. (그는 나에게 책을 주었다.)

② 문맥상 수령자만 표시되고 물건은 생략될 수 있다.

- yā bā nì. (그는 나에게 주었다.)

③ 물건만 표시되면 동사 다음에 전치사 dà 가 요구된다.

- yā bā dà littāfì̄. (그는 책을 주었다.)

④ 수령자가 대명사가 아니면 동사의 형태가 bâ 로 변한다.

- nā bâ ɗan tēbùr sulḕ biyu. (나는 좌판상인에게 2 실링을 주었다.)

→ 새로 나온 단어

- ɗan tēbùr 좌판상인

→ DIALOGUE

Bàtūrè̄: Àbinci yā yi?
Àlī : Yā yi.
Bàtūrè̄: Tò̄ dà kyâu.
Àlī : Kanā̀ sô ìn kāwō shì?
Bàtūrè̄: Ī, àmmā bàri ìn wankè hannū tùkùna.
Àlī : Tô, zân dākàtā kàɗan.
Bàtūrè̄: Kâi, nā ji yunwā̀ yâu.
Àlī : Tò̄ bâ lâifī, nā shiryà àbinci dà yawā̀.
Bàtūrè̄: Dà kyâu, mè̄ ka shiryā̀?
Àlī : Nāmàn sānìyā dà wākē dà dànkalī̀.
Bàtūrè̄: Mādàllā, kā̀wō sù.
Àlī : Tô, inā̀ zuwā̀.
Bàtūrè̄: Zā mù yi bā̀ƙī gò̄be.
Àlī : Tô, zân jē kā̀suwā dà sāfē.
Bàtūrè̄: Dà kyâu, à sàyi ìsasshen nāmā̀.
Àlī : Tò̄, wànè irī̀ nē kakè̄ sô?
Bàtūrè̄: Na kā̀zā yanā̀ dà àràhā yànzu?
Àlī : Ai dāma-dāma yànzu.
Bàtūrè̄: Tô, zā kà yi burōdī̀ kumā?
Àlī : Ā'ā̀, nā yī shì yâu.
Bàtūrè̄: Dà kyâu. Kâi, nā ƙò̄shi!
Bàtūrè̄: Mādàllā, bàri ìn kāwō kò̄fī.
Àlī : Tò̄ dà kyâu.

Bàtūrè̄: 음식이 다 되었습니까?
Àlī : 다 되었습니다.
Bàtūrè̄: 좋습니다.
Àlī : 제가 그것을 가져오길 원하십니까?
Bàtūrè̄: 네, 그런데 손을 먼저 씻을 께요.
Àlī : 그러세요, 좀 기다리겠습니다.
Bàtūrè̄: 이런, 오늘은 배가 고프군요.
Àlī : 괜찮아요, 음식을 많이 준비했습니다.
Bàtūrè̄: 좋군요, 뭘 준비했는데요?

Àlī : 암소 고기랑 콩이랑 고구마입니다.
Bàtūrè̄: 근사합니다, 그걸 가져오시죠.
Àlī : 네, 갑니다.
Bàtūrè̄: 우리는 내일 손님을 치릅니다.
Àlī : 네, 제가 아침에 시장에 가겠습니다.
Bàtūrè̄: 좋아요, 고기를 충분히 사시죠.
Àlī : 알겠습니다, 어떤 종류를 원하시는데요?
Bàtūrè̄: 닭고기가 요즘 싼편입니까?
Àlī : 요새는 전보다 좀 낫습니다.
Bàtūrè̄: 그렇군요, 빵도 만들 건가요?
Àlī : 아니요, 오늘 만들었습니다.
Bàtūrè̄: 잘 했습니다. 이런 배가 부릅니다.
Àlī : 좋아요, 커피를 가져오겠습니다.
Bàtūrè̄: 그렇게 하세요.

제37강

의문 형용사와 의문 대명사

의문 형용사, 의문 대명사, 의문사 다음에 완료양상이나 진행양상이 필요할 경우 관계완료양상, 관계진행양상이 사용된다.

1. 의문 형용사 : '어떤' / '어느'

의문 형용사는 명사를 수식하며 의문사와 형용사의 성질을 동시에 갖는다. 범위가 정해진 것들로부터의 선택, 한정된 것들로부터의 선택(which ...)이나 불특정한 것으로부터의 선택(what ...)을 유도한다.

wànè +	남성 명사
wàcè +	여성 명사
wàɗànnè +	복수 명사

- wàɗànnè mutā̀nē sukà zō? (어떤 사람들이 왔습니까?)
- wànè manṑmī yakḕ aikī̀ à gōnarsà?
  (어떤 농부가 그의 밭에서 일하고 있습니까?)
- wàɗànnè yârā sukḕ barcī? (어떤 아이들이 자고 있습니까?)

- wàcè hanyā̀ sukà bi? (어떤 길로 그들은 갔습니까?)
- wàcè hanyā̀ zân bi? (어떤 길로 가야 합니까?)
- wànè aikī̀ zâi yi? (어떤 일을 그는 할 것입니까?)

- à wàcè ƙasā sukḕ yî makà aikī̀?
  (어떤 지역에서 그들은 당신을 위해 일합니까?)

> **→ NOTE**
>
> 의문 형용사가 irī̀ '종류'와 함께 쓰이는 경우가 있는데 이 때 의문 형용사의 성과 수는 irī̀ 와 일치하는 것이 아니라 irī̀ 가 수식하는 명사와 일치한다.

- wàcè irìn fitilā̀ ka sàyā? (당신은 어떤 종류의 램프를 샀습니까?)
- wànè irìn aikī̀ zā mù yi? (우리는 어떤 종류의 일을 할 것입니까?)
- wàcè irìn dāwā̀ zā kà shūkā̀?
  (어떤 종류의 기니콘을 당신은 심을 것입니까?)
- wànè irìn mùtûm nē? (도대체 어떤 종류의 사람입니까?)
- wàɗânnè irìn mutā̀nē nḕ waɗânnân?
  (이 사람들은 어떤 종류의 사람들입니까?)
- wàɗânnè irìn mōtōcī sukḕ kai gyàɗarkà?
  (어떤 종류의 자동차들이 당신의 땅콩을 가져갑니까?)
- wànè irìn sufùrī kakḕ àmfā̀nī dà shī?
  (어떤 종류의 운송 수단을 당신은 이용합니까?)
- wàcè irìn mōtā̀ kakḕ dà ita?
  (어떤 종류의 자동차를 당신은 갖고 있습니까?)
- wànè irī̀ kakḕ sô? (어떤 종류를 당신은 원하십니까?)

2. 의문 대명사

범위가 정해진 것들로부터의 선택, 한정된 것들로부터의 선택을 유도한다. 의문 형용사와는 달리 대명사로서 독립적으로 쓰인다.

어떤 것 / 어떤 사람	남성	wànnē
	여성	wàccē
	복수	wàɗânnē

- wàccē ta dafâ wannàn nāmā̀? (어떤 사람이 이 고기를 요리했습니까?)
- wàccē ta fi kā̀suwā? (어떤 것이 더 잘 팔립니까?)
- wàɗânnē sukà fi tsā̀dā? (어떤 것들이 더 비쌉니까?)

- wànnē Àlhajì ya kāwō? (어떤 것을 알하지가 가져왔습니까?)
- wànnē akà kāwō? (어떤 것을 가져왔습니까?)
- wàɗânnē kikà fi sô? (어떤 것들을 더 좋아하십니까?)

→ 새로 나온 단어

- **Àlhajī̀** nm. (f. àlhajìyā, pl. àlhàzai) ① 메카 성지 순례를 다녀온 남자를 부르는 말 ② 혹은 그런 남자의 이름 앞에 붙이는 경칭
- **sufūrī** nm. 수송, 운송
- **wànè** inter. dem. (f. wàcè, pl. wàɗannè) 어느, 어떤, 어느 쪽의

→ READING

Màkāhṑ Mài Fìtilā̀

Wani sauràyī yanā̀ yāwṑ dà dàddarē sai ya hàngi wani mùtûm dà fìtilā̀ à hannunsà. Dà sukà gàmu ya ga - àshē, màkāhṑ nē!

Sai ya cḕ, 'Kai, màkāhṑ, kanā̀ hàukā nḕ? Mḕ ya kai kà yāwṑ dà fìtilā̀? Darē dà rānā bā̀ duk ɗaya sukḕ gàrē kà ba?

Màkāhṑ ya cê, 'Ai, duk ɗaya nḕ mànà! Har, in dà darē nḕ nâ fī kà ganī. Fìtilàn nan, nā riƙḕ ta bā̀ don kâinā ba nḕ, àmmā don irìnkù nē - mā̀su idṑ àmmā maràsā hankàlī - don kù gan nì dà dàddarē, kadà kù tūrḕ ni!'

램프를 든 장님

어떤 젊은이가 한밤중에 산책을 하다가 램프를 손에 들고 있는 어떤 사람을 멀리서 보았습니다. 그들이 만났을 때 그는 봤습니다 – 어, 장님이었습니다.

그가 말했습니다, '이런, 장님아저씨, 당신 미쳤습니까? 뭣 때문에 램프를 가지고 산책을 합니까? 밤이건 낮이건 당신한테는 매한가지 아닙니까?

장님이 말했습니다, '음, 물론 매한가지 입니다! 밤이 되면 내가 당신보다 더 잘 볼걸요. 나는 나를 위해서가 아니라, 당신들 같은 사람들을 위해서 – 눈은 있지만 분별력이 없는 사람들 – 당신들이 한밤중에 나를 볼 수 있도록, 당신들이 나를 쳐서 쓰러뜨리지 못하도록 하기 위해 그것을 쥐고 있는 것입니다!

제38강

의문사

의문사는 문두에 오는 것이 일반적이다. 의문사로 시작하는 문장 내에서는 관계양상이 사용된다.

의문사	뜻
mḕ	무엇이 / 무엇을
mḕnē nḕ (f. mḕcē cḕ)	~ 은 무엇입니까?
wà̄ (pl. su wà̄)	누가 / 누구를 / 누구에게
wà̄nē nḕ (f. wà̄cē cḕ, pl. su wà̄nē nḕ)	~ 은 누구입니까?
ìnā	어디에
yàushè / yàushē	언제
yà̄yà̄	어떻게
ƙà̄ƙà̄	어떻게
nawà	얼마나

1. mḕ : 무엇이 / 무엇을

- mḕ ya ɓācì? (무엇이 망가졌습니까?)
- mḕ ya fà̄ru? (무슨 일입니까? 직역: 무엇이 일어났습니까?)
- mḕ ya sâ kakḕ tàmbàye-tàmbàyē hakà?
  (무엇이 당신으로 하여금 이렇게 계속 질문하게 만드는 것입니까?)
- mḕ ya yi? (그가 무엇을 했습니까?)
- mḕ sukà sàyā? (그들은 무엇을 샀습니까?)
- mḕ kikà ganī? (당신은 무엇을 보았습니까?)

- mễ kakễ sô? (당신은 무엇을 원하십니까?)
- yā yi mễ? (그가 무엇을 했다고요?)
- don mễ? (무엇 때문에? / 왜?)

2. mềnē nề / mècē cề : ~ 은 무엇입니까?

- mềnē nề wannàn. (이것은 무엇입니까?)
- wannàn kujềrā cề. (이것은 의자입니다.)

- mềnē nề? (그것은 무엇입니까?)
- takàrdā cề. (그것은 종이입니다.)

→ NOTE

지시하는 대상이 여성 명사일 때 mềnē nề 대신에 mècē cề 가 사용될 수 있지만 모든 경우에 (남성, 여성, 복수) mềnē nề 가 널리 사용된다. 그러나 답변에서는 계사의 형태를 선행하는 명사의 성과 일치시켜야 한다.

3. wầ (pl. su wầ) : 누가 / 누구를 / 누구에게

- wầ ya kāwō littāfì? (누가 책을 가져왔습니까?)
- su wầ sukà zō? (누가 왔습니까?) = su wầnē nề sukà zō? <복수>
- wầ yakề tàimakonkà? (누가 당신을 도와주고 있습니까?)
- wầ kề zuwầ? (누가 오고 있습니까?)
- wầ kukà kashề? (당신들은 누구를 죽였습니까?)
- wầ ka tàmbayầ? (당신은 누구에게 물어보았습니까?)

4. wầnē nề (f. wầcē cề, pl. su wầnē nề) : ~ 은 누구입니까?

- wầnē nề? ((그는) 누구입니까?)
- shī Audù nē. (그는 아우두입니다.)

- wầcē cề? ((그녀는) 누구입니까?)
- ita Hàlīmà cē. ((그녀는) 할리마입니다.)

- wầnē nề wannàn? (이 사람은 누구입니까?)
- wannàn Audù nē. (이 사람은 아우두입니다.)

- wầcē cề wannàn? (이 사람은 누구입니까?)
- wannàn Hàlīmà cē. (이 사람은 할리마입니다.)

→ NOTE

독립대명사와 함께 쓰일 때 2인칭 및 3인칭 복수에서 독립대명사의 형태가 달라진다.

- kai wȁnē nȅ? (당신은 누구입니까?) <남자>
- kē wȁcē cȅ? (당신은 누구입니까?) <여자>
- shī wȁnē nȅ? (그는 누구입니까?)
- ita wȁcē cȅ? (그녀는 누구입니까?)
- kū su wȁnē nȅ? (당신들은 누구입니까?)
- su wȁnē nȅ? (그들은 누구입니까?)

5. ìnā : 어디에

- ìnā ya tàfi? (그는 어디에 갔습니까?)
  = yā tàfi ìnā nȅ. <note: 여기서 의문사 ìnā 가 목적어의 정위치에 왔기 때문에 관계양상이 사용되지 않았다.>
- ìnā yakȅ? (그는 어디에 있습니까?)
- ìnā mutȁnenmù? (우리 사람들이 어디에 있습니까?)
- ìnā nȅ kakȅ ajìyè gyàɗarkà? (당신의 땅콩을 저장하는 곳이 어딥니까?)

→ NOTE

ìnā 가 인사 표현에서 사용되면 '어떻게'라는 뜻이 된다.

- ìnā gàjiyȁ? (피곤한 것은 좀 어떠세요.)
- bâ gàjiyȁ. (피곤하지 않습니다.)

- ìnā aikȉ? (일은 어떠세요?)
- aikȉ dà gȍdiyā. (잘 됩니다.)

- cf. ìnā na sanī? (제가 어떻게 압니까? How should I know?)

6. yàushē / yàushè : 언제

- yàushē ya zō? (그가 언제 왔습니까?)
- yàushē kakȅ fārà cìnikī? (당신은 언제 장사를 시작합니까?)
- sai yàushē zā sù dāwō? (언제까지 그들은 돌아옵니까?)

7. yā̀yā̀ : 어떻게

- yā̀yā̀ mukḕ? (어떻게 지내십니까? 직역: 우리는 어떻습니까?)
- yā̀yā̀ dōyā̀ dai bana? (올해 얌은 어떻습니까?)
- yā̀yā̀ zā à yi dà shī? (그것을 어떻게 해야 합니까?)

8. ƙā̀ƙā̀ : 어떻게

- ƙā̀ƙā̀ sukà sanī̀? (그들이 어떻게 알고 있습니까?)
- ƙā̀ƙā̀ zā kà yi? (당신은 어떻게 할 것입니까? / 당신은 무엇을 할 것입니까?)

→ NOTE

ƙā̀ƙā̀ 는 자리아를 비롯한 일부 지방에서 공손하지 못한 표현으로 간주된다. 잘 모르겠으면 yā̀yā̀ 를 사용하는 것이 좋다.

9. nawà : 얼마나

- nawà kakḕ biyànsà. (그에게 얼마나 지불하고 있습니까?)
- nawà nawà kakḕ biyàn yâranka?
  (당신의 일꾼들에게 각각 얼마씩 지불하고 있습니까?)
- nawà nē kuɗinsà? = kuɗinsà nawà nē? (그것은 얼마입니까?)
- nawà nawà nē kashìn tàttā̀sai? = kashìn tàttā̀sai nawà nawà nē?
  (후추 더미가 각각 얼마 입니까?)
- nawà nawà nē ƙwai? = ƙwai nawà nawà nē? (계란이 각각 얼마입니까?)
- cf, huɗu sulḕ. (1 실링에 4 개입니다.)

→ NOTE

위에서처럼 nawà 가 연거푸 두 번 쓰이면 '각각 얼마입니까'라는 뜻이다. 대답할 때 각각의 값이 같다면 값을 연거푸 두 번 써준다.

- ƙwai kwabṑ kwabṑ nē. (계란이 각각 1 코보씩 입니다.)
- ƙwai kwabṑ biyu biyu. (계란이 각각 2 코보씩 입니다.)

→ NOTE

nawà 는 명사 뒤에서 명사를 수식하는 의문 형용사로 사용되기도 한다.

- mùtûm nawà sukà mutù? (몇 사람이 죽었습니까?)
- gōrò̄ nawà ka sàyā? (당신은 콜라너트를 몇 개 샀습니까?)
  = kā sàyi gōrò̄ nawà?

→ 새로 나온 단어

- **biyā** vt. (vnm. biyà̄) 지불하다, (값을) 치르다, (돈을) 갚다
- **ƙàƙà̄** inter. adv. 어떻게?
- **kashì̄** nm. 1. 쌓아 올린 것, 더미 2. 장, 절 3. 부분, 몫 4. 상인이 흥정하기 위해서 부른 값 5. 퍼센트
- **kwabò̄** nm. (pl. kwàbbai, kwabbunà̄) (나이지리아의 화폐 단위) 코보(kobo)
- **ƙwai** nm. (pl. ƙwayà̄yē, gen. ƙwan) 1. 계란 2. 전구
- **mè̄ inter**. pro. (pl. su mè̄) 무엇?
- **mè̄nē nè̄** inter. pro. (f. mè̄cē cè̄, pl. su mè̄nē nè̄) ~은 무엇입니까?
- **tàttà̄sai** nm. 크고 순한 고추
- **wà̄** inter. pro. (pl. su wà̄) 누가, 누구를, 누구에게
- **yàushè** = yàushē inter. adv. 언제?
- **yà̄yà̄** inter. adv. 어떻게

→ DIALOGUE

Àliyù : Bàri mù zaunà̄ mù shā tì̄.
Hasàn : Tô, bâ lâifī.
Àliyù : Gà̄ sukàr dà madarā nân.
Hasàn : Tò̄ ɗè̄bō minì sukàr kàɗan kawài.
Àliyù : Àshē, bā kà̄ sônsà dà zāƙī?
Hasàn : Ī, bâ dādī hakà.
Àliyù : Ai bàn yàrda ba.

Hasàn : Kanằ sôn sukàr dà yawằ?
Àliyù : Sồsai.
Hasàn : Tồ bâ lâifī.
Àliyù : Gằ bìskitī̀ kumā.
Hasàn : Tô, nā gōdề.

Àliyù : 우리 앉아서 차 마시죠.
Hasàn : 네, 좋습니다.
Àliyù : 여기 설탕이랑 우유 있습니다.
Hasàn : 설탕은 조금만 넣어주세요.
Àliyù : 어, 달게 드시지 않으세요?
Hasàn : 네, 그렇게 맛을 못 느끼겠습니다.
Àliyù : 전 안 그런데요.
Hasàn : 설탕을 아주 좋아하세요?
Àliyù : 무척이요.
Hasàn : 아, 그러세요.
Àliyù : 여기 비스켓도 있습니다.
Hasàn : 네, 고맙습니다.

제39강

비교급과 최상급

비교급 (차등비교, 동등비교), 최상급, 기타 비교 표현에 완료양상과 동사 fi 가 사용된다.

1. 차등비교

① 성질의 비교

차등비교하는 대상을 동사 fi 의 주어와 목적어로 하고 목적어 바로 다음에 성질을 나타내는 추상명사를 둔다.

- yārȍ yā fi ùbansà wȁyō. (그 소년은 그의 아버지보다 더 영리하다.)
- Audù yā fi Daudà ƙarfī. (아우두는 다우다보다 더 힘이 세다.)
- Bellò yā fi Mūsā girmā. (벨로는 무사보다 더 크다.)
- tuwon shìnkāfā yā fi tuwon masàrā dāɗī.
  (쌀투워가 옥수수투워보다 더 맛있다.)
- wannàn yā fi wancàn tsȁdā. (이 것이 저 것보다 더 비싸다.)
- rȉgā tā fi wàndō tsȁdā. (가운이 바지보다 더 비싸다.)

→ NOTE

성질의 비교에서 추상명사 앞에 전치사 gà 가 선택적으로 올 수 있다.

- Kànde tā fi Aishà gà ƙibȁ. (칸데가 아이샤보다 더 살쪘다.)
- yā fi nì gà gudȕ. (그는 나보다 더 빨리 달린다.)

→ NOTE

추상명사가 문두에 오면 반드시 전치사 gà 를 사용해야 한다.

- gà gudū̀ ya fi nì. (그는 나보다 더 빨리 달린다.)

② 행위의 비교

'~하는 것보다 ~하는 것이 더 좋다', '~하는 것보다 ~하는 것이 더 낫다' 등과 같은 행위의 차등비교에는 dà 와 가상법을 사용한다.

- sun fi sô sù zaunā̀ à gidansù dà sù zō gidanmù.
  (그들은 우리집에 오는 것보다 그들의 집에 있는 것을 더 좋아한다.)
- dà ìn dāwō hannū banzā, nā sayō shìnkāfā.
  (빈 손으로 돌아오는 것보다는 낫다고 생각해서 쌀을 사왔다. 직역: 빈 손으로 돌아오기보다는 쌀을 사왔다.)

2. 동등비교

영어의 as ... as (not so ... as) 에 해당하는 동등비교에는 완료양상과 동사 kai 가 사용된다.

- Audù yā kai ùbansà tsawō. (아우두는 그의 아버지만큼 키가 크다.)
- wutā tā kai rānā zāfī. (불은 태양만큼 뜨겁다.)
- Bellò bài kai Mūsā girmā ba. (벨로는 무사만큼 크지 않다.)
- talàkā̀ bài kai sarkī arzìkī ba. (농부는 추장만큼 부자가 아니다.)

3. 최상급

최상급을 만드는 데는 동사 fi 와 함께 dukà '모든', saurā '나머지' 를 다음과 같은 방법으로 사용한다.

- 'yarsà tā fi dukà kyâu. (그의 딸은 가장 예쁘다.)
- jirgin samā̀ yā fi dukà gudū̀. (비행기는 가장 빠르다.)
- aikìn lēbùrā̀ yā fi dukà wùyā. (날품팔이 일은 가장 힘들다.)
- Sulè yā fi sù dukà ƙarfī. (술레는 그들 중에서 가장 힘이 세다.)
- wannàn rēdiyṑ yā fi saurā tsā̀dā. (이 라디오는 가장 비싸다)
- Kànde tā fi sauran 'yam mātā kyâu. (칸데는 소녀들 중에서 가장 예쁘다.)

4. 기타 비교 표현 방법

- Mài Zōbḕ tā fi Mài Bāsùkùr. (Mài Zōbḕ 가 Mài Bāsùkùr 보다 더 낫다.)

- tàfiyā̀ tā fi zamā. (가만히 있는 것보다는 돌아다니는 것이 더 낫다.)
- nā fi sôn tākà ta dâ. (나는 당신의 이전의 것을 더 좋아한다.)
- kuɗintà sun fi hakà. (그 값은 그 것보다는 더 나간다.)

- an fi sai dà Màì Bāsùkùr à ƙauyukā̀.
  (시골마을에서는 Màì Bāsùkùr 가 더 잘 팔린다.)
- mā̀su aikìn ōfis sun fi sàyen Falâis. (회사원들은 Falâis 를 더 많이 산다.)

- àbîn dà ya fi, sai mù hūtā̀. (더 나은 것은 쉬는 것이다.)
- dàbāràr dà ta fi, sai sù tā̀ru. (더 나은 계획은 그들이 모이는 것이다.)
- bâ àbîn dà ya fi sai mù kōmā̀ gàrinmù.
  (집으로 돌아가는 것보다 더 나은 것은 없다.)
- bâ àbîn dà ya fi faràntā manà zūcìyā sai dà mukà gan sù.
  (그들을 보는 것보다 우리를 더 즐겁게 하는 것은 없었다.)

→ 새로 나온 단어

- **'yā** nf. (pl. 'yā'yā) 1. 딸 (= 'yā màcè) 2. 자유인으로 태어난 여자
- **dàbārā̀** nf. (pl. dàbā̀rū, dàbàrce-dàbàrce) 1. 계획 2. 책략이 풍부함 3. 책략, 획책, 속임수, 음모
- **faràntā** v1tr. 1. 기쁘게 하다 yā faràntā minì zūcìyā (그는 내 마음을 기쁘게 했다) 2. 희게 하다
- **jirgī** nm. (pl. jirā̀gē) (자동차를 제외한) 탈 것, 배 jirgin ƙasā 기차 jirgin ruwā 배 jirgin samà 비행기 jirgin danƙarō 로드 롤러 (도로를 다지는 기계) jirgin ruwan yāƙī̀ 전투함 jirgin samà na ruwā 수상비행기 jirgin samà ɗan fashī̀ (pl. jirā̀gen samà 'yan fashī̀) 습격기, 공격기 jirgin samà ɗan bôm 폭격기 jirgin samà ɗan fadā̀ = jirgin samàn yāƙī̀ 전투기 jirgin samà mài sàukar àngùlu 헬리콥터
- **lēbùrà** nm. (pl. lēburōrī) 노동자
- **masàrā** nf. 옥수수
- **rēdiyṑ** nf. (pl. rēdiyōyī) 라디오 gidan rēdiyṑ 라디오 방송국 gidan rēdiyṑ na Bībīsî (BBC 라디오 방송국) cf. ma'aikatar sādârwā ta Kanò 카노 방송국
- **talàkà** nm. or nf. (pl. talakāwā) 평민, 서민
- **tsawō** nm. 1. 높이 2. 길이

- **tuwō** nm. 투워 (쌀이나 옥수수 등의 곡식을 삶아서 반죽한 다음 큰 덩어리로 만들어 놓은 것으로서 주식으로 사용됨. 한 사람 또는 여러 명이 앉아서 손으로 뜯어 먹음)

→ READING

Dilā dà Zalɓḕ

Wata rānā dilā yanā̀ cîn kā̀zā, sai wani ƙàshī mài tsī̀nī ya kākàrē masà à màƙōgwàrō. Ya bi nân, ya bi cân, yanā̀ nēman wandà zâi cirḕ masà ƙàshîn. Ya cê duk wandà ya cirḕ masà, zâi bā shì lādā.

Tô, sai zalɓḕ ya zō, ya cḕ shī zâi yi. Dilā ya būɗḕ bā̀kī, zalɓḕ ya sâ kânsà, ya cirō ƙàshîn. Dilā ya jūyā̀, zâi yi tàfiyàrsà, sai zalɓḕ ya cê, 'Ìnā lādānā?' Dilā ya amsā̀, ya cḕ, 'Ai, lādankà kḕ nan : kā sâ kânkà cikin bā̀kin dilā, kā fita lāfiyā̀!'

자칼과 왜가리

어느날 자칼이 암탉을 먹고 있었는데 날카로운 가시가 목구멍에 걸렸습니다. 그는 가시를 뽑아줄 사람을 찾아 이리 뛰고 저리 뛰었습니다. 그는 뽑아주는 사람이 누구든 그에게 보답을 하겠다고 말했습니다.

자, 그 때 왜가리가 와서 그가 하겠다고 말했습니다. 자칼은 입을 벌렸고 왜가리가 머리를 들이밀어 그 가시를 뽑아냈습니다. 자칼이 몸을 돌려 막 떠나려고 했습니다, 그 때 왜가리가 말했습니다, '내 보상이 어디 있나요?' 자칼이 대답차 말했습니다, '어, 네 보상은 말이야 : 너는 자칼의 입에 대가리를 들이밀었는데, 무사히 빠져나갔구나!'

제40강

간접 의문사

'저것이 무엇입니까?' 대신 '나는 저것이 무엇인지 모릅니다' 라는 간접 표현을 사용할 수 있다. 비슷한 방법으로 '그가 어디에 갔습니까?' 대신 '당신은 그가 간 곳을 아십니까?' 라고 말할 수 있다. 이것을 간접 의문문이라고 한다. 간접 의문사에는 다음과 같은 것들이 있다.

wandà	~ 하는 사람
àbîn dà	~ 하는 것
indà	~ 하는 곳
yaddà	~ 하는 방법
lōkàcîn dà	~ 하는 때

1. wandà : ~ 하는 사람

- bàn san wandà ya zō ba. (나는 온 사람을 모릅니다.)
- cf. wā̀ ya zō? (누가 왔습니까?)
- bàn san wandà kakḕ sô? (나는 당신이 좋아하는 사람을 모릅니다.)
  cf. wā̀ kakḕ sô? (당신은 누구를 좋아합니까?)

2. àbîn dà : ~ 하는 것

- kà gayā̀ minì àbîn dà ya fàru. (일어난 것을 저한테 말해주세요.)
- cf. mḕ ya fàru? (무엇이 일어났습니까?)
- zân bā kà àbîn dà kakḕ sô.
  (나는 당신한테 당신이 원하는 것을 주겠습니다.)
  cf. mḕ kakḕ sô? (당신은 무엇을 원합니까?)

3. indà : ~ 하는 곳

- mù jē indà akḕ shân giyầ. (우리 맥주 마시는 곳으로 갑시다.)
  cf. ìnā akḕ shân giyầ? (맥주를 어디서 마십니까?)
- àkwai indà na iyà ɓōyḕwā? (제가 숨을 수 있는 곳이 있습니까?)
  cf. ìnā na iyà ɓōyḕwā? (제가 어디에 숨을 수 있습니까?)

4. yaddà : ~ 하는 방법

- inầ sô ìn ji yaddà akḕ yîn wànnan.
  (나는 이것을 어떻게 하는지 듣고 싶습니다.)
  cf. yầyầ akḕ yîn wànnan? (이것을 어떻게 합니까?)

5. lōkàcîn dà : ~ 하는 때

- bàn san lōkàcîn dà sukà zō ba. (나는 그들이 온 때를 모릅니다.)
  cf. yàushē sukà zō? (그들이 언제 왔습니까?)

→ NOTE

간접 의문사는 순수한 의미의 평서문에도 자주 쓰인다. 이 경우 선행사와 관계 대명사로 이루어진 보통의 관계 구문으로 이해할 수 있다.

- àbîn dà ya bā nì yanầ dà kyâu. (그가 나에게 준 것은 좋다.)
- duk waɗàndà sukà zō sun mutù. (온 모든 사람들이 죽었다.)

→ 새로 나온 단어

- **àbîn dà** ~하는 것
- **ɓōyḕ** v4tr. & intr. (vn. ɓōyō) 1. ~을 숨기다, 감추다 2. 숨다
- **giyầ** nf. 기어, 톱니바퀴 장치
- **giyầ** nf. 술

→ DIALOGUE

Īsā : Sànnu Garbà, ìnā zuwà̄?
Garbà : Ai, zâ ni kà̄suwā.
Īsā : Tô, bàri mù jē tà̄re
Garbà : Mādàllā, mè̄ zā kà yi à kà̄suwā?
Īsā : Zâ ni ìn gai dà ɗan'uwānā.
Garbà : Tò̄ dà kyâu. Dàgà gàrī yakè̄?
Īsā : Ā'à̄, dàgà ƙauyè̄ nē, àmmā yanà̄ zawà̄ kà̄suwā kullum.
Garbà : Dà kyâu.
Īsā : Sàyē zā kà yi?
Garbà : Wàtàkīlà. Zân nè̄mi ƙōtàr fartanyà̄?
Īsā : Tākà tā tsūfa nè̄?
Garbà : Ī, tanà̄ sô tà karyè̄.
Īsā : Lallē, yā kàmātà à sà̄mi sābuwâr.

Īsā : 가르바씨 안녕하세요, 어디 가세요?
Garbà : 네, 시장에 갑니다.
Īsā : 그래요, 우리 같이 갑시다.
Garbà : 좋습니다, 시장에선 뭘 하실 건데요?
Īsā : 형제한테 인사하러 갑니다.
Garbà : 좋습니다. 그가 읍내에 있습니까?
Īsā : 아니요, 교외에 삽니다, 그런데 항상 시장에 옵니다.
Garbà : 그렇군요.
Īsā : 그런데 뭘 사려고 하시나 봐요?
Garbà : 아마도. 곡갱이의 손잡이를 찾아보려고 합니다.
Īsā : 당신의 것이 오래 되었습니까?
Garbà : 네, 부러지려고 해서요.
Īsā : 아 그래요, 새것을 얻어야겠군요.

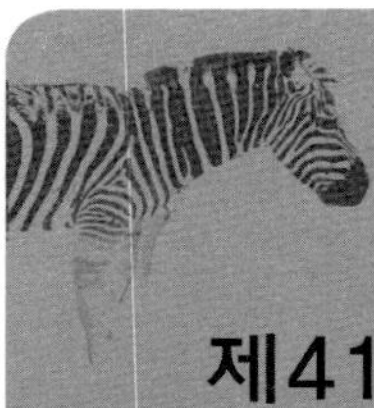

제41강

동명사

동명사는 명사처럼 쓰일 수 있다.

- tàfiyà̄ tā fi zamā. (속담: 여행하는 것이 가만히 있는 것보다 낫다.)
  cf. tàfi vi. (vn. tàfiyà̄) 가다, zama vi. (vn. zamā) 이다, 되다
- sôn kuɗī yā yi yawà̄ kō'ìnā. (돈에 대한 사랑은 어디에서나 지나치다.)
  cf. sō vt. (vn. sô) 사랑하다, 좋아하다, 원하다
- màrāyà̄ bā yà̄ shakkàr mutuwàr uwar wani.
  (속담: 고아는 다른 이의 어머니의 죽음을 의심하지 않는다.)
  cf. mutù vi. (vn. mutuwà̄) 죽다

이 밖에도 동명사는 다음과 같은 구조에서 사용된다.

진행 양상 대명사 + 동명사	▪ sunà̄ kōmà̄wā kà̄suwā. (그들은 시장으로 돌아가고 있다.) NOTE: 진행 양상 대명사 sunà̄ 다음에 1단 동사 kōmà̄ 의 동명사 kōmà̄wā 가 사용되었다.
조동사 + 동명사	▪ kā iyà gamà̄ shi? (당신은 그것을 끝낼 수 있습니까?) NOTE: 조동사인 1단 동사 iyà̄ '~을 할 수 있다' 다음에 나온 gamà̄ 는 1단 동사 gamà̄ 의 동명사이다.

1. 1단 동사의 동명사

① 동명사가 목적어를 취하면 동사의 형태와 동일하다.

- sunà̄ kāmà̄ shi. (그는 그 것을 잡고 있다.)
  cf. sun kāmà̄ shi. (그는 그 것을 잡았다.)

- yārṑ yanā̀ hanà awākī sù shìga.
  (소년은 염소가 들어가는 것을 방해하고 있다.)
  cf. yārṑ yā hanà awākī sù shìga. (소년은 염소가 들어가는 것을 방해했다.)
- yanā̀ rarràbà gōròn. (그는 그 콜라너트를 분배하고 있다.)
  cf. yā rarràbà gōròn. (그는 그 콜라너트를 분배했다.)
- tanā̀ dafā̀ minì shìnkāfā. (그녀는 나를 위해서 밥을 짓고 있다.)
  cf. tā dafā̀ minì shìnkāfā. (그녀는 나를 위해서 밥을 지었다.)
- zā kà sākè kāmà kīfī? (너는 고기를 다시 잡을 것이냐?)

② 동명사가 목적어를 취하지 않으면 동사의 기본형에 -wā 가 부착된 형태가 된다. –wā 로 끝나는 동명사는 여성명사로 간주된다.

- tanā̀ nūnā̀wā. (그녀는 보여주고 있다.)
- sunā̀ kōmā̀wā kā̀suwā. (그들은 시장으로 돌아가고 있다.)
- sunā̀ kāmā̀wā. (그들은 잡고 있다.)
- sunā̀ jarràbâwā. (그들은 시험보고 있다.)
- ɓàrāwṑ yanā̀ tsallàkâwā. (도둑이 뛰어넘고 있다.)
- gā̀ gōròn dà a kḕ rarràbâwā. (분배되고 있는 콜라너트가 여기 있다.)
- shìnkāfā cḕ ta kḕ dafā̀wā. (그녀가 짓고 있는 것은 밥이다.)
- sun fārà kōmā̀wā. (그들은 돌아가기 시작했다.)

→ NOTE

1단 동사, 4단동사, 5단동사, 6단동사에 -wā 를 붙일 때 동사가 고성조로 끝나면 하강성조로 바꾼다. 그러나 7단동사는 하강성조로 바꾸지 않는다.

- rarràbā v1tr. 분배하다 → rarràbâwā
- ƙētàrē v4tr. (길, 강, 국경을) 건너다 → ƙētàrêwā
- sayar v5tr. 팔다 → sayârwā
- ɓullō v6intr. (갑자기) 나타나다 → ɓullôwā
- àuku v7intr. 일어나다, 발생하다 → àukuwā

③ 1단 동사의 이차 동명사

어떤 동사는 지금까지 배운 일차 동명사와 함께 이차 동명사를 갖는다. 두 형태가 모두 가능하지만 표준어에서는 후자가 선호된다. 일차 동명사와 이차 동명사 사이에 의미상 미묘한 차이가 관찰되기도 한다.

- dakā̀ (vnm. dakā̀) 찧다, 빻다
- dūbā̀ (vnm. dūbā) 보다, 자세히 살피다
- gyārā̀ (vnm. gyārā) 고치다, 수리하다
- haƙā̀ (vnm. haƙā̀) (구멍, 우물을) 파다
- ƙērā̀ (vnm. ƙīrā̀) (쇠를 녹여 두드려서) 단조하다
- niƙā̀ (vnm. niƙā̀) (곡식, 밀을) 갈다
- sārā̀ (vnm. sārā) (문이나 창문을 만들려고) 구멍을 내다, (~을) 내다

- aunā̀ (vn. awṑ) (무게를)재다
- ɗinkā̀ (vn. ɗinkī̀) 깁다, 꿰매다
- gasā̀ (vn. gashī̀) (고기를 불 위에서) 굽다
- ginā̀ (vn. ginī̀) (건물을) 짓다
- hūɗā̀ (vn. hū̀ɗā) (둔덕, 이랑을) 만들다
- kāmā̀ (vn. kāmū̀) (물건, 도둑을) 잡다
- karàntā (vn. kàrā̀tū) 읽다, 공부하다
- ƙidā̀yā (vn. ƙìdāyā) 세다, 계산하다
- rarràfā v1intr. (vn. ràrràfē) (도마뱀, 아기) 기다
- rubū̀tā (vn. rùbū̀tū) 쓰다, 공부하다
- shiryā̀ (vn. shirī̀) 준비하다
- shūkā̀ (vn. shūkā̀) 씨뿌리다, 심다
- sōsā̀ (vn. sūsā̀) (가려운 곳을) 긁다
- sōyā̀ (vn. sūyā̀) 튀기다
- tōnā̀ (vn. tṑnō) 파내다, 파헤치다
- tūƙā̀ (vn. tūƙī̀) (배, 자전거, 차 따위를) 몰다, 운전하다

  * mutù vintr. (vnf. mutuwā̀) 죽다

i. 이차 동명사의 목적어가 명사이면 동명사에 연결사가 붙는다.

- anā̀ ƙìdāyar jàma'àr Nā̀jēriyā̀ yànzu. (나이지리아의 인구를 계산하고 있다.) = anā̀ ƙidā̀yà jàma'àr Nā̀jēriyā̀ yànzu.
- wannàn tēlà yanā̀ ɗinkìn rīgunā̀ irī̀-irī̀. (이 재단사는 여러 가지 가운을 만든다.) = wannàn tēlà yanā̀ ɗinkà rīgunā̀ irī̀-irī̀.
- ma'àikàtā suna awòn gyàɗā dà sìkēlī̀. (일군들은 저울로 땅콩의 무게를 잰다.) = ma'àikàtā suna aunà gyàɗā dà sìkēlī̀.
- anā̀ kāmùn ɓàrā̀yī dà yawā̀ à kwā̀nàkin nàn. (요즈음 도둑들이 많이 잡힌다.) = anā̀ kāmà ɓàrā̀yī dà yawā̀ à kwā̀nàkin nàn.

- à arēwacin Nā̀jēriyā̀ maƙḕrā sunā̀ ƙīràn kāyan gōnā har yànzu.
  (북나이지리아에서는 지금도 대장장이들이 농기구를 만든다.)
  = à arēwacin Nā̀jēriyā̀ maƙḕrā sunā̀ ƙērà kāyan gōnā har yànzu.
- maƙḕrī yā sōmà gyāran fartanyā̀. (대장장이는 괭이를 고치기 시작했다.) = maƙḕrī yā sōmà gyārà fartanyā̀.
- yàushē nḕ sukà fārà ginìn wannàn masallācī? (그들은 언제 이 사원을 짓기 시작했습니까?) = yàushē nḕ sukà fārà ginà wannàn masallācī?
- tanā̀ dakàn hatsī. (그녀는 곡식을 빻고 있다.) = tanā̀ dakà hatsī.
- tanā̀ niƙàn gā̀rī. (그녀는 밀가루를 갈고 있다.) = tanā̀ niƙà gā̀rī.
- yanā̀ shūkàr wākē. (그는 콩을 뿌리고 있다.) = yanā̀ shūkà wākē.

ii. 이차 동명사의 목적어가 대명사이면 동명사에 소유대명사가 형태가 붙는다.

- anā̀ kāmùnsà. = anā̀ kāmā̀ shi. (그는 잡히고 있다.)
- yanā̀ shirìnsà. = yanā̀ shiryā̀ shi. (그는 그것을 준비하고 있다.)
- sunā̀ gyārantà. = sunā̀ gyārā̀ ta. (그는 그것을 고치고 있다.)
- tanā̀ shūkarsù. = tanā̀ shūkā̀ su. (그녀는 그것들을 심고 있다.)

iii. 동작이나 행위가 발화 순간에 발생할 때에는 일차 동명사가 사용된다.

- mḕ yakḕ yî? (그는 무엇을 하고 있습니까?)
- yanā̀ kāmà kīfī. (그는 고기를 잡고 있습니다.)
- mḕ kakḕ karàntâwā? (당신은 무엇을 공부하고 있습니까?)
- inā̀ karàntà Hausa. (나는 하우사어를 공부하고 있습니다.)
- yanā̀ kāmà kīfī yànzu? (그는 지금 고기를 잡고 있습니까?)
- ī, yanā̀ kāmā̀wā. (네, 잡고 있습니다.)

iv. 일반적인 사실을 말할 때에는 이차 동명사가 사용된다.

- mḕnē nḕ aikìnsà? (그 사람의 직업은 무엇입니까?)
- yanā̀ kāmùn kīfī. (그는 고기를 잡습니다 <생계를 위하여 직업으로서>)
- yanā̀ kāmùn kīfī? (그는 고기를 잡습니까? <생계를 위하여 직업으로서>)
- ī, yanā̀ kāmū̀. (네, 잡습니다.)
- mḕ kakḕ kàrā̀tū à jāmi'ā̀. (당신은 대학에서 무엇을 공부합니까?)
- inā̀ kàrā̀tun Hausa. (나는 하우사어를 공부합니다.)

2. 2단 동사의 동명사

동명사의 형태가 동사의 형태와 다른 경우가 많기 때문에 암기하는 수밖에 없다.

① 동명사의 목적어가 명사이면 동명사에 연결사가 붙는다.

- munā̀ harbìn nāmā̀. (우리는 짐승들을 사냥하고 있다.) cf. hàrbā (vn. harbī̀)
- inā̀ nēman sābon aikī̀. (나는 새로운 일을 찾고 있다.) cf. nḕmā (vnm. nēmā)
- anā̀ sāmùn gōrò mài kyâu à wannàn kā̀suwā. (이 시장에서는 좋은 콜라너트를 구할 수 있다.) cf. sāmū̀ (vn. sāmū̀)
- sunā̀ kàrɓar àlbâshinsù kōwànè watā̀. (그들은 매달 월급을 받는다.) cf. kàrɓā (vn. kàrɓā)
- yârā sunā̀ kṑrar awākī. (아이들이 염소를 쫓아내고 있다.) cf. kṑrā (vn. kṑrā)
- sunā̀ gōyon bāyan Daudà. (그들은 다우다를 지지한다.) cf. gṑyā (vn. gōyō)
- yanā̀ bugùn yārṑ dà sàndā. (그들은 막대기로 소년을 때리고 있다.) cf. bùgā (vn. bugū̀)
- sun riƙà jīfàn 'yan sàndā dà duwā̀tsū. (그들은 경찰한테 돌을 계속 던졌다.) cf. jḕfā (vn. jīfā̀)
- sabṑdà yāƙìn sai sukà fārà tānàdin kāyan àbinci. (전쟁 때문에 그들은 식량을 미리 준비하기 시작했다.) cf. tā̀nadā̀ (vn. tānàdī)

② 동명사의 목적어가 대명사이면 소유대명사 형태가 동명사에 붙는다.

- gā̀ yârā sunā̀ zāgìntà. (그녀에게 욕하고 있는 아이들이 있다.) cf. zā̀gā (vn. zāgī̀)
- yârā sunā̀ kṑrarsù. (아이들이 그 것들을 쫓아내고 있다.) cf. kṑrā (vn. kṑrā)
- inā̀ hàngensù ta tāgā̀. (나는 창문을 통해 그들을 멀리서 보고 있다.) cf. hàngā (vn. hàngē)
- sun sākè tàmbayā̀tā kō zân iyà zuwā̀. (그들은 내가 올 수 있는지 다시 물었다.) cf. tàmbayā̀ (vn. tàmbayā̀)

→ NOTE

동명사가 목적어를 취할 때 일부 화자들은 동명사가 아닌 동사를 선호하는 경우도 있다.

- yanā̀ tàmbàyē shì. (그는 그에게 묻고 있다.)
  cf. yanā̀ tàmbayàrsà.

- anā̀ bùgi yārṑ. (그 소년은 맞고 있다.)
  cf. anā̀ bugùn yārṑ.

③ 목적어가 생략되면 동명사형을 그대로 쓴다.

- yanā̀ kàrɓā. (그는 (정기적으로 그 것을) 받고 있다.)
- yanā̀ sāmū̀. (그는 (그 것을) 얻고 있다.)
- yanā̀ tàmbayā̀. (그는 묻고 있다.)
- shirìn dà mukḕ <u>sàurārō</u> yanā̀ dà kyâu. (우리가 듣고 있는 그 계획은 좋다.)
  cf. sàurārā̀ (vn. sàurārō)

3. 3단 동사의 동명사

3단 동사의 동명사는 동사의 마지막 모음을 장모음으로 만든다.

- shìga (vn. shìgā) 들어가다
- fita (vn. fitā) 나가다
- yàrda (vn. yàrdā) 동의하다

- sunā̀ <u>fitā</u> dàgà cikin ɗākī̀. (그들은 방 안에서 나가고 있다.)
- yā kusa <u>ìsā</u> Kanò. (그는 카노에 거의 도착했다.) cf. ìsa (vn. ìsā)
- ruwā yanā̀ <u>tàfasā̀</u>. (물이 끓고 있다.) cf. tàfasà (vn. tàfasā̀)

4. 4단 동사의 동명사

4단 동사의 동명사는 1단 동사의 동명사와 만드는 방법이 동일하다.

- mutā̀nên dà sukà zō dàgà Kanò sunā̀ <u>sayḕwā</u>. (카노에서 온 사람들이 몽땅 사고 있다.)
- aikī̀ yā kusa <u>ƙārḕwā</u>. (그 일은 거의 끝났습니다.)
  cf. ƙārḕ v4tr. & intr. 1. 끝내다, 완수하다 2. (일 따위가) 끝나다 3. (먹을 것, 돈, 밧데리 따위가) 다 떨어지다
- yârā sunā̀ <u>daɗḕwā</u> à kā̀suwā. (아이들이 시장에서 오래 지체하고 있다.)
  cf. daɗḕ v4intr. 오래 머무르다, 지체하다
- wannàn yā fi <u>dācḕwā</u> dà kai. (이것이 너한테 더 잘 어울린다.)
  cf. dācḕ v4intr. 1. 적절하다, 타당하다 2. ~에 어울리다
- yanā̀ <u>kwāshè</u> kāyā. (그는 물건들을 싹 치우고 있다.)
  cf. kwāshḕ v4tr. 1. (음식을) 푸다, 뜨다 2. (물건을) 싹 치우다, (도둑이 물건을) 싹쓸어가다

- maƙērī yanā̀ līƙè sàlansā̀. (대장장이가 소음기를 때우고 있다.)
  cf. līƙḕ v4tr. (빵꾸 난 곳을) 때우다
- yanā̀ kēwàyè gidansà dà zānā. (그는 자나로 집을 둘러싸고 있다.)
  cf. kēwàyē v4tr. 둘러싸다, 포위하다 ← kēwàyā v1intr. (장소를) 돌다
- tanā̀ ɗaurḕ su. (그녀는 그것들을 묶고 있다.)
  cf. ɗaurḕ v4tr. 1. (물건을) 묶다 2. 투옥하다, 감금하다 ← ɗaurā̀ v1tr. ~에 ~을 묶다
- yanā̀ kwāshḕ wà mài gidā sū. (그는 집주인을 위해 그것들을 싹 치우고 있다.)

5. 5단 동사의 동명사

동명사 다음에 목적어가 없으면 동명사는 -wā 형태가 되고, 동명사 다음에 목적어가 있으면 동사의 형태와 동일하다.

- sayar v5tr. 팔다

- mōtàr dà sukḕ sayârwā. (그들이 팔고 있는 자동차.)
- sunā̀ sayar dà mōtā̀. (그들은 자동차를 팔고 있다.)
- sunā̀ sayar dà ita. (그들은 그것을 팔고 있다.)
- sunā̀ sayar wà Audù (dà) mōtā̀. (그들은 아우두에게 자동차를 팔고 있다.)

6. 6단 동사의 동명사

5단 동사의 동명사와 마찬가지로 동명사 다음에 목적어가 없으면 동명사는 -wā 형태가 되고, 동명사 다음에 목적어가 있으면 동사의 형태와 동일하다.

- ɗaukō v6tr. 가져오다
- kōmō v6intr. 돌아오다

- yanā̀ ɗaukôwā. (그는 가져오고 있다.)
- yanā̀ ɗaukō kuɗī. (그는 돈을 가져오고 있다.)
- yanā̀ ɗaukō shì. (그는 그것을 가져오고 있다.)
- yanā̀ ɗaukō wà Audù kuɗī. (그는 아우두에게 돈을 가져오고 있다.)
- yanā̀ ɗaukō masà kuɗī. (그는 그에게 돈을 가져오고 있다.)
- sunā̀ kōmôwā ƙauyènsù. (그들은 그들의 마을로 돌아오고 있다.)

7. 7단 동사의 동명사

7단 동사는 고성조의 단모음 -u 로 끝나지만 동명사를 만들 때 그것을 하강성조로 바꾸지 않고 그대로 둔다.

- àuku v7 일어나다, 발생하다
- tā̀ru v7 모이다, 만나다
- gyā̀ru v7 수리되다

- àbîn dà kḕ àukuwā bā̀ daidai ba nḕ. (일어나고 있는 일은 공정하지 않다.)
- likitōcī sunā̀ tā̀ruwā. (의사들이 모이고 있다.)
- wannàn mōtā̀ bā tā̀ gyā̀ruwā. (이 차는 수리될 수 없다.)

8. 단음절 동사의 동명사

① 단음절 동사가 고성조 -i, -ā, -ō 로 끝나면 동명사를 만들 때 고성조를 하강성조로 바꾸어 준다. 동명사가 목적어를 취하면 동명사에 연결사가 붙는다. 단음절 동사의 동명사는 남성으로 취급한다.

- yi vt. (vn. yî) 하다, 만들다
- jā vt. (vn. jâ) 당기다
- sō vt. (vn. sô) 좋아하다
- bi vt. (vn. bî) 따라가다
- ci vt. (vn. cî) 먹다
- ji vt. (vn. jî) 듣다, 느끼다, 이해하다
- shā vt. (vn. shâ) 마시다, 겪다

- yanā̀ yî. (그는 하고 있다.)
- mḕ kakḕ yî? (당신은 무엇을 하고 있습니까?)
- dāmar yîn aikī̀ (일할 기회)
- yanā̀ yînsà. (그는 그것을 하고 있다.)
- rā̀gō yakḕ jâ (그는 양을 잡아당기고 있다.)
- nā gan sù sunā̀ jân kūrā. (나는 그들이 손수레를 끌고 있는 것을 보았다.)
- inā̀ sôn kuɗī. (나는 돈을 원한다.)
- inā̀ sôntà. (나는 그녀를 사랑한다.)
- sunā̀ sô sù nūnà rashìn gōyon bāyansù gà wannàn. (그들은 이 문제에 대해 그들을 지지하지 않는다는 것을 보여주고 싶어한다.)
- yanā̀ bînā. (그는 나를 따라오고 있다.)

- bā yā̀ cîn nāmā̀. (그는 고기를 먹지 않는다.)
- munā̀ jîn zāfī. (덥다.)

② 아래의 단음절 동사들은 동명사 다음에 목적어가 없으면 –wā 형태를 취한다. 목적어가 있으면 동사와 형태와 동일하다. 연결사는 필요없다.

- cê vt. (vn. cêwā) 말하다
- kâi vt. (vn. kâiwā) 가져가다, 데려가다
- sâ vt. (vn. sâwā) 두다, 놓다, 입다, 쓰다

- yanā̀ sâwā à tēbùr. (그는 탁자 위에 놓고 있다.)
- yanā̀ sâ shi à tēbùr. (그는 그것을 탁자 위에 놓고 있다.)

9. 목적어를 취할 때 마지막 모음이나 음절을 탈락시키는 특수한 부류의 동사들이 있다. 이것들의 동명사는 동사와 형태가 같다. 목적어가 있으면 동명사에 연결사가 붙는다.

- barī̀ vt. 남겨놓다, 허락하다, ~하게 하다, 그만두다
- sanī̀ vt. 알다
- ganī vt. 보다

- inā̀ ganin gidansà. (나는 그의 집을 보고 있다.)
- kin iyà ganinsù? (당신은 그들을 볼 수 있습니까?)
- à sanī̀nā dai = yaddà na sanī̀. (내가 알기로 = 내가 아는한.)

10. -ā 로 끝나는 고성조의 2음절 동사들이 있다. 이것들의 동명사는 마지막 음절을 저성조로 만든다. 목적어가 있으면 연결사가 요구된다.

- biyā vt. (vn. biyā̀) ~을/~에게 지불하다
- jirā vt. (vn. jirā̀)~을 기다리다
- kirā vt. (vn. kirā̀) ~을 부르다, 소환하다, 초대하다
- rigā vt. (vn. rigā̀) (긍정문에서) 이미, 벌써 ~하다; (부정문에서) 아직 ~하지 않다

- yanā̀ biyàn 'yan aikìnsà kōwànè sātī.
  (그는 그의 일꾼들에게 매주 지급한다.)
- anā̀ kirànsà Audù.
  (사람들은 그를 아우두라고 부른다 = 그는 아우두라고 불린다.)

11. 기타 동명사

아래의 동사들의 동명사는 규칙으로 설명할 수 없다.

- zō vi. (vnm. zuwā̀) 오다
- gàji vi. (vn. gàjiyā̀) 피곤하다
- tàfi vi. (vn. tàfiyā̀) 가다, 떠나다
- fāɗì vi. (vn. fāɗūwā) 떨어지다, 내려가다, 실패하다
- haifù vi. (vn. haifùwā) 출산하다
- mutù vi. (vn. mutuwā̀) 죽다
- gōdḕ vt. & vi. (vn. gṑdiyā) 감사하다
- wunì vt. (vn. wunī̀) (한나절, 하루를) 보내다
- tāshì vi. (vn. tāshī̀) 1. 일어서다 2. (잠에서) 깨다, 일어나다 3. 날아가다 4. 떠나다 5. (여행길에) 오르다, 출발하다 6. (값, 물건 따위가) 오르다

→ 새로 나온 단어

- **àlbâshī** nm. 봉급, 임금
- **aunā̀** v1tr. (vn. awṑ) 무게를 달다
- **ɓullō** v6 intr. & tr. 1. 갑자기 나타나다, 예기치 않게 나타나다 2. (의견, 학설 따위를) 느닷없이 내놓다, 갑자기 꺼내다, 제출하다
- **dācḕ** v4intr. 어울리다, 맞다, 적절하다, 적당하다
- **dakā̀** v1tr. (vnm. dakā̀) (곡식을) 1. 찧다, 빻다 2. (사람이나 물건을) 때리다, 치다
- **ɗaurḕ** v4tr. (vn. ɗaurī̀) 1. (물건, 동물을) 묶다 2. 감금하다, 구속하다
- **dūbā̀** (vn. dūbā) v1tr. 1. 보다(look at) 2. 조사하다 3. 찾다 4. ~에 주의하다(pay attention to) 5. 방문하다 6. (아픈 사람을) 병문안 가다
- **gàji** v3 (vn. gàjiyā̀) 1. 지치다, 피로하다 2. 낡다, 닳아 해지다
- **gā̀rī** nm. 1. 밀가루 2. 분말, 가루
- **gasā̀** v1tr. (vn. gashī̀) (불 위에서 직접) 굽다
- **haƙā̀** v1tr. (vnm. haƙā̀) (구멍, 우물) 파다
- **hatsī** nm. 수수, 기장, 조 따위의 곡식을 칭하는 일반적인 말 <note: 밀이나 쌀을 가리키지 않음>
- **hūɗā̀** v1tr. (vnf. hū̀ɗā) (밭의) 이랑을 만들다, 둔덕을 쌓다
- **jā** vt. 당기다, 끌다

- **jàma'ā̀** nf. (pl. jama'ō'ī) 1. 국민 2. 사회, 공동체, 공동체 주민
- **ƙauyḕ** nm. (pl. ƙauyukā̀) 시골, 촌락
- **ƙērā̀** v1tr. (vnf. ƙīrā̀) 1. (쇠를 망치로 두드려서 물건을) 만들다, 단조하다 2. (배, 집 따위를) 만들다, 제조하다 3. 꾸며내다, 날조하다
- **kēwàyā** v1intr. (장소를) 돌다, 일주하다
- **ƙidā̀yā** v1tr. (vnf. ƙìdāyā) 세다, 계산하다
- **kīfī** nm. (pl. kīfā̀yē) 물고기, 생선
- **kō'ìnā** adv. 1. (긍정문에서) 어디에나, (부정문에서) 어디에도 2. 어디를 ~해도, 어디서 ~해도
- **kūrā** nf. 손수레
- **ma'àikàcī** nm. (f. ma'aikacìyā, pl. ma'àikàtā) 노동자, 일꾼, 인력
- **niƙā̀** v1tr. (vnm. niƙā̀) 갈다, 가루로 만들다
- **nunā̀** v1tr. (vn. nūnī̀) 보여주다, 나타내다, 표방하다
- **rā̀gō** nm. (pl. rāgunā̀) 숫양
- **rarràfā** v1intr. (도마뱀, 아기가) 기다
- **riƙā̀** v1tr. 계속해서 ~하다
- **sā̀lansā̀** nf. (pl. sā̀lànsū) (자동차의) 소음기, 머플러
- **sārā̀** v1tr. (vnm. sārā) 1. (구멍, 통로, 입구, 문 따위를) 내다 2. (간접목적어와 함께 쓰여) 경례하다, 인사하다 3. 몫으로 나누다
- **sìkēlī̀** nm. (pl. sikēlōlī) 저울
- **sōmā̀** v1tr. 시작하다
- **sōsā̀** v1tr. (vnf. sūsā̀) (가려운 곳을) 긁다
- **tēlà** nm. (pl. tēlōlī) 1. 재단사 2. 재봉틀
- **tōnā̀** v1tr. 파내다, 파헤치다, 발굴하다
- **tsallàkā** v1tr. 가로지르다, (강, 바다, 다리) 건너다, (문턱, 경계선, 담) 넘다
- **wākē** nm. 콩
- **zāgī̀** nm. (pl. zā̀ge-zā̀ge) 1. 욕, 모욕 2. 동사 zā̀gā 의 동명사형
- **zānā** nf. (pl. zā̀nàkū) 담을 치거나 지붕을 덮는데 사용되는 풀로 된 직사각형의 돗자리

→ READING

Kwā̀ɗī Biyu

Waɗansu kwā̀ɗī gùdā biyu sukà fāɗā̀ cikin ƙwaryar madarā, sukà kāsà fitā. Sunā̀ ta iyṑ, sunā̀ ta iyṑ, bâ dāmā. Anā̀ nan, sai ɗayansù ya gàji, ya cê, 'Yâu kwānānā ya ƙārḕ.' Ya bar ƙṑƙarī, ya nutsḕ, ya mutù.

Ɗayân, mā, ya yi ta yî. Mṑtsinsà kumā, ya sâ mâi yà tā̀ru, ya yi cūrī̀. Sā'àn nan ya hau bisà cūrìn mân, ya yi tsallē, ya fita.

Allā̀ ya cê, 'Tā̀shi ìn tàimàkē kà.'

개구리 두 마리

개구리 두 마리가 우유가 들어있는 호리병박에 빠졌습니다, 그들은 나올 수 없었습니다. 그들은 계속 헤엄치고 계속 헤엄쳤지만 불가능했습니다. 잠시 후 그들 중 한 마리가 지쳐서 말했습니다, '오늘 내가 여기서 끝나는구나.' 그는 노력하는 것을 그만두고 가라앉아 죽었습니다.

다른 하나는 계속 했습니다. 그의 움직임은 버터가 모이게끔 만들었고, 공 모양의 경단을 만들었습니다. 그리고 나서 그는 버터 경단 위에 올라가 점프를 해서 나왔습니다.

신이 말했습니다, '내가 너를 도울 수 있도록 일어나거라.'

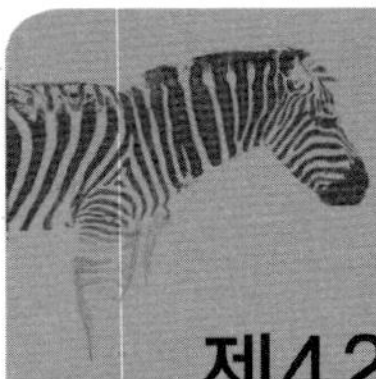

제42강

ɗan sàndā

'아들', '딸', '아이들' 을 의미하는 ɗā , 'yā, 'yā'yā 는 명사와 함께 쓰여 복합 명사를 만들 수 있다. 복수형 'yā'yā 는 'yā 로 축약된다. 세 개의 중요한 용법이 있다.

1. 장소나 직업을 상징하는 명사와 함께 쓰여 직업인을 나타낸다.

- ɗan kā̀suwā (f. 'yar kā̀suwā, pl. 'yan kā̀suwā) 시장 상인
- ɗan sàndā (pl. 'yan sàndā) 경찰
- ɗan tēbùr (pl. 'yan tēbùr) 좌판 상인

2. 장소를 나타내는 말과 함께 쓰여 그 지방 사람 을 뜻한다.

- ɗan Kanò (f. 'yar Kanò, pl. 'yan Kanò) 카노 사람, 카노 토박이

3. 축소형

명사 앞에 위치하여 명사의 축소형을 만든다. 성과 수의 일치에 주의해야 한다.

- ɗan yārṑ 작은 소년
- ɗan kuɗī 약간의 돈
- 'yar kā̀suwā 작은 시장
- 'yan kwalā̀bē 작은 병들

→ DIALOGUE

(다우다가 운전기사와 차비를 흥정하다.)

Daudà : Dirēbā̀ , inā̀ sô ìn tàfi Kanò.
Dirēbā̀ : Tô, Kā̀wō sulḕ bakwài.
Daudà : Habà! Dâ mā kuɗinsà sulḕ shidà nē.
Dirēbā̀ : Bā̀ cikin kyàkkyāwar mōtā̀ kàmar wannàn ba.
Daudà : Ṑhō. Zân nḕmi wani dirēbā̀.
Dirēbā̀ : Zā kà biyā shidà dà sīsī̀ nē?
Daudà : Bābù! In bā̀ shidà ba, zâ ni nēman wani.
Dirēbā̀ : Tô, kā̀wō kuɗī. Shìga dà saurī, zân bugā̀ yànzu.

Daudà : 기사양반, 카노에 가고 싶습니다.
Dirēbā̀ : 좋습니다, 70 코보 내세요.
Daudà : 말도 안됩니다. 원래부터 그 값은 60 코보인데요.
Dirēbā̀ : 이렇게 좋은 차로 가는 건 아니지요.
Daudà : 그래서요? 다른 운전사를 찾아보겠습니다.
Dirēbā̀ : 그러면 65코보를 내겠습니까?
Daudà : 못 내겠습니다. 60코보가 아니면 다른 사람을 찾으러 가겠습니다.
Dirēbā̀ : 좋습니다, 돈 가져오세요. 빨리 들어가세요, 곧 출발하겠습니다.

(다우다가 길 위에서 차장과 잡담하다.)

Daudà : Kâi, wannàn mōtā̀ tā iyà gudū̀!
Kàren Mōtā̀ : Sṑsai! Wannàn dirēbā̀ tsōfon hannū nḕ.
Daudà : Yā daɗḕ yanā̀ aikìn dirēbā̀ nē?
Kàren Mōtā̀ : Hakà nē - wajen shḕkarā̀ àshìrin.
Daudà : Kâi! Wannàn mōtā̀ tāsà cē?
Kàren Mōtā̀ : Ī mànà! Yanā̀ dà mōtā̀ ukù.
Daudà : Àshē? Àmmā yā arzùtā!
Kàren Mōtā̀ : Gàskiyarkà. Ai, yā yi hajī̀ bā̀ra.
Daudà : Tabdì! Dà mōtàrsà?
Kàren Mōtā̀ : Ā'ā̀, dà jirgin samà.
Daudà : Àshē?
Kàren Mōtā̀ : Ī, anā̀ cê dà shī, 'Àlhajī̀ Jirgin Samà.'

Daudà	: 야, 이 차 정말 잘 달립니다.
Kàren Mōtā̀	: 진짜 그렇습니다. 이 운전사는 경험이 풍부한 사람입니다.
Daudà	: 그는 운전사일을 오래 해 왔습니까?
Kàren Mōtā̀	: 그렇습니다 – 약 20년 해왔습니다.
Daudà	: 엄청나네요! 이 자동차는 그의 것입니까?
Kàren Mōtā̀	: 네 그렇고 말고요! 그는 자동차가 세 대입니다.
Daudà	: 정말이요? 부자이군요!
Kàren Mōtā̀	: 그렇습니다. 그는 작년에 메카 성지순례를 다녀왔습니다.
Daudà	: 그렇군요! 그의 자동차로요?
Kàren Mōtā̀	: 아닙니다, 비행기로요.
Daudà	: 그래요?
Kàren Mōtā̀	: 네, 사람들이 그를 '알하지 지르긴 사마'라고 말합니다.

제43강

조동사[22]

조동사는 동명사, 동작명사, 추상명사, 가상법과 함께 쓰여 행위나 동작의 주체가 그것을 어떻게 수행하는 가를 보조적으로 설명한다.

<table>
<tr><td rowspan="4">계속 ... 하다</td><td>riƙā̀ v1tr.</td></tr>
<tr><td>dingā̀ v1tr.</td></tr>
<tr><td>ci gàba dà vsoc.</td></tr>
<tr><td>yi ta</td></tr>
<tr><td rowspan="2">그만두다, 중단하다</td><td>dainā̀ v1tr.</td></tr>
<tr><td>barī̀ vtr.</td></tr>
<tr><td rowspan="3">시작하다</td><td>fārā̀ v1tr.</td></tr>
<tr><td>sōmā̀ v1tr.</td></tr>
<tr><td>shìga v3intr.</td></tr>
<tr><td rowspan="2">다시 ~ 하다</td><td>sākḕ v4tr.</td></tr>
<tr><td>ƙārā̀ v1tr.</td></tr>
<tr><td>더 ~ 해 지다</td><td>ƙārā̀ v1tr.</td></tr>
<tr><td rowspan="2">끝내다</td><td>gamā̀ v1tr.</td></tr>
<tr><td>ƙārḕ v4tr.</td></tr>
<tr><td>거절하다</td><td>ƙi vt.</td></tr>
<tr><td>어떤 특징이 있다</td><td>cikā̀ v1tr.</td></tr>
<tr><td>해 본 적이 있다</td><td>taɓā̀ v1tr.</td></tr>
</table>

[22] **Jaggar, Philip J.** 1977. 'The nature and function of auxiliary verbs in Hausa.' In *Papers in Chadic Linguistics*, ed. by Newman, Paul and Roxana Ma Newman, pp. 57-87. Leiden: Afrika-Studiecentrum.
Parsons, F.W. 1981. *Writing on Hausa Grammar: The Collected Papers of F. W. Parsons*, ed. By Graham Furniss, pp. 317-321, Ann Arbor: University Microfilms International, Books on Demand.

노력하다	nèmā v2
성공하다	sāmù v2
종종 ~ 하다, 많이 ~ 하다	shā vt.
할 수 있다	iyà v1tr.

1. 계속 ... 하다 : riƙà v1tr. / dingà v1tr. / ci gàba dà vsoc. / yi ta

- sun riƙà kòyon Hausa à jāmi'à. (그들은 대학에서 계속 하우사어를 배웠다.)
- zân riƙà cirèwā à hankàlī. (나는 서서히 계속 공제할 것이다.)
- shānū sun riƙà shìgā gōnātā. (가축들이 계속 나의 농장에 들어갔다.)
- yā dingà ƙòƙarī. (그는 계속 노력했다.)
- yā dingà kàràtū. (그는 계속 독서했다.)
- yā dingà tàfiyà. (그는 계속 여행했다.)
- mun ci gàba dà aikì. (우리는 계속 일했다.)
- sun yi ta lālàtà hālinsà. (그들은 그것의 상태를 계속 망쳐놓았다.)

cf. sunà ta lālàtà hālinsà. (그들은 그것의 상태를 계속 망쳐놓고 있다.)

2. 그만두다 / 중단하다 : dainà v1tr. / barì vtr.

- mun dainà àmfànī dà shī. (우리는 그것의 사용을 그만두었다.)
- nā bar tàfiyà sai gòbe. (나는 내일까지 여행을 중단했다.)

3. 시작하다 : fārà v1tr. / sōmà v1tr. / shìga v3intr.

- sōjìn 'Vietnam' zā sù fārà jânyêwā dàgà 'Cambodia'. (베트남 병사들은 캄보디아에서 철수하기 시작했다.)
- yā fārà sāmùn sauƙī. (그들은 회복되기 시작했다.)
- bà kà fārà girbì ba? (당신은 추수를 시작하지 않았습니까?)
- sun sōmà cîn àbinci. (그들은 음식을 먹기 시작했다.)
- 'yan sàndân sun shìga būɗè wutā sukà kashè màsu zàngà-zangà. (경찰은 발포하기 시작했고 데모하는 사람들을 죽였다.)

4. 다시 ~ 하다 : sākè v4tr. / ƙārà v1tr.

- ministōcin Kungìyar Kasàshē màsu Arzìkin Mâi (OPEC) zā sù sākè gānàwā yâu. (석유 산유국 기구 장관들은 오늘 비밀 회담을 다시 할 것이다.)

- zā kà sākè zuwà̄ Kadūna? (당신은 카두나에 다시 올 것입니까?)
- maƙḕrī yā sākè liƙḕwā. (대장장이는 다시 때웠다.)
- bàn ƙārà ganintà ba sai dà akà shḕkarà ukù. (나는 3 년 동안 그녀를 다시 보지 못했다.)
- yā ƙārà cêwā ~ (그는 ~ 를 다시 말했다.)

5. 더 ~ 해 지다 : ƙārà̄ v1tr.

- sun ƙārà ƙàrfafà̄. (그들은 더 강해졌다.)
- yā ƙārà fùsātà̄. (그는 더 화났다.)
- sun ƙārà girmā. (그들은 더 자랐다.)
- yāƙì̄ yā ƙārà tsananī. (전쟁이 더 격렬해졌다.)
- munà̄ ƙārà ƙibà̄. (우리는 더 뚱뚱해지고 있다.)

6. 끝내다 : gamà̄ v1tr. / ƙārḕ v4tr.

- yàushē zā kà gamà cîn àbinci? (언제 먹는 것을 끝낼 것입니까?)
- yàushē zā kà ƙārè rùbū̀tun wàsīkà̄. (언제 편지 쓰는 것을 끝낼 것입니까?)
- nā ƙārè aikì̄nā tun dà wuri. (나는 일찍 일을 끝냈습니다.)

7. 거절하다 : ƙi vt.

- Gwamnatìn Bìrtāniyà̄ tā ƙi hanà 'yan wà̄san kurkìt sù jē Afìrkà ta Kudù. (영국 정부는 크리켓 선수들의 남아공 행을 방해하는 것을 거절했다.)
- yā ƙi yà fìta. (그는 밖으로 나가는 것을 거절했다.)

8. 어떤 특징이 있다 : cikà̄ v1tr.

- yā cikà hàukā. (그는 자신의 감정을 통제하지 못한다.)
- yā cikà fushī. (그는 화를 잘 낸다.)
- yā cikà muryà̄. (그는 목소리가 크다.)
- yā cikà ƙaryā. (그는 상습적으로 거짓말을 한다.)
- yā cikà kyâu. (그는 좋은 사람이다. / 그것은 좋다.)
- tā cikà kyâu. (그녀는 좋은 사람이다. / 그녀는 아름답다.)

9. 해 본 적이 있다 : taɓà v1tr.

- kā taɓà zuwà̄ Kàtsinà? (카찌나에 가 본 적이 있습니까?)
- bàn taɓà zuwà̄ Afìrkà ba. (나는 아프리카에 가 본 적이 없다.)

10. 노력하다 : nèmā v2

- yā nèmi shiryà su.dà 'yan sàndā. (그는 그들을 경찰과 화해시키려고 노력했다.)
- yanà̄ nēmā yà jāwō sù cikin yāƙì̄. (그는 그들을 전쟁에 개입시키려고 노력하고 있다.)

11. 성공하다 : sāmù̄ v2

- yā sà̄mi hanà mù sākè yîn hakà. (그는 우리가 그것을 다시 하는 것을 방해하는데 성공했다.)

12. 종종 ~ 하다 / 많이 ~ 하다 : shā vt.

- nā shā jî. (나는 종종 들었다.)
- yā shā zuwà̄. (그는 종종 왔다.)
- nasaràr dà sukà shā cî. (그들이 종종 했던 승리.)
- mun shā gayà̄ mukù. (우리는 종종 너희들에게 말했다.)
- mun shā kallō. (우리는 많이 보았다.)
- yā shā gàrī. (그는 그 도시에서 많이 살았다.)

13. 할 수 있다 : iyà̄ v1tr.

- mun iyà̄. = munà̄ iyà̄wā. (우리는 할 수 있다.)
- yā iyà tūƙì̄. (그는 운전을 할 수 있다.)
- yā iyà aikìn nân. = yā iyà yà yi aikìn nân. (그는 이 일을 할 수 있다.)
- àbîn dà mukà iyà̄ . = àbîn dà mukè̄ iyà̄wā. (우리가 할 수 있는 것.)
- bàn iyà ɗaukàr bùhun gyàɗā̀ ba. (나는 땅콩 자루를 들 수 없다.)
- bà zân iyà tàfiyà̄ gṑbe ba. (나는 내일 떠날 수 없다.)

→ 새로 나온 단어

- **Afirkà** nf. 아프리카
- **bùhū** nm. (pl. buhunhunà̄) 자루, 부대
- **ci gàba dà** 계속 ~하다
- **cirè̄** v4tr. & intr. 1. (가시 따위를) 뽑아내다, 빼내다 2. (돈을) 공제하다, 빼다 3. 제거하다 4. (옷, 신발 따위를) 벗다 5. (사람을) 해고하다 6 남녀가 눈이 맞아 달아나다 7. (단추, 자루, 신발굽 등이) 떨어지다
- **dainà̄** v1tr. & intr. 1. ~하는 것을 그만두다 2. (시계 따위가) 멈추다
- **dingà̄** v1tr. 계속 ~하다
- **fusā̀tā** v1tr. 화나게 하다
- **fùsātà** v3 화나다
- **girbè̄** v4tr. (girbì̄) 수확하다, 거둬들이다
- **girbì̄** nm. 추수, 수확
- **hàukā** nm. 1. 광기, 미침 cīwòn hàukā = cīwòn kàrē 광견병 ② (강, 호수의 물살이) 거침
- **ƙarfàfā** v1tr. 더 강하게 하다
- **ƙàrfafà̄** v3 1. 더 강해지다 2. 더 격려되다, 더 고무되다
- **ƙi** vt. 거절하다, 거부하다
- **Kungìyar Kasā̀shē mā̀su Arzìkin Mâi** 석유 산유국 기구 (OPEC)
- **kurkìt** nm. 크리켓
- **lālā̀tā** v1tr. 1. (물건을) 망가뜨리다, 못쓰게 만들다 2. ~을 망신시키다, 명예를 더럽히다 3. (사람을) 미혹시키다, 타락시키다
- **muryà̄** nf. (pl. muryōyī) 1. 목소리 ɗākìn ɗaukàr muryà̄ 시청각실 (=ɗākìn sàurā̀rō) 2. 멜로디, 리듬
- **sauƙī** nm. 1. 쉬움 mài sauƙī 쉬운 2. 값쌈 3. (고통, 병) 경감, 차도 sā̀mi sauƙī 차도를 보이다
- **shānū** pl. (집합적) 소, 축우
- **shè̄karà** v3 해를 보내다 yā shè̄karà ukù (그는 3년을 보냈다)
- **sōjì** nm. (= sōjà) 병사, 군인, 군대
- **taɓà̄** v1tr. 1. 만지다, 느끼다 2. ~의 맛을 보다 3. ~의 이해에 관계되다, ~에게 영향을 주다 4. ~을 조금하다 5. ~한 적이 있다
- **tsananī** nm. 1. 심함, 끔찍함 2. 엄격함, 엄함
- **tūƙà̄** v1tr. & intr. (vn. tūƙì̄) ① (걸죽한 액체를) 젓다, 휘젓다 ② (배, 자전거, 자동차 따위를) 몰다 ③ 배에 심한 통증을 느끼다

- **tūƙì** nm. (배, 자전거, 자동차 따위의) 운전
- **wàsīƙā̀** nf. (pl. wàsīƙū) 편지 wàsīƙā̀ ta jirgin samà 항공우편

→ DIALOGUE (전 단원에 이어서 ...)

(휴식차 잠시 차가 멈춘 사이에 다우다가
다른 승객인 발라와 이야기를 나누다.)

Daudà : Bàri mù sàuka mù hūtā̀.
Bàlā : Tô, zâ ni dājì̄ ìn yi fitsārī tùkùna.
Daudà : Tô, zân nḕmi ràkē.
Bàlā : Dà kyâu, à sayō minì na tarō.

Daudà : 우리 내려서 좀 쉽시다.
Bàlā : 네, 먼저 소변좀 보러 숲에 가겠습니다.
Daudà : 그러시죠, 전 사탕수수를 찾아보겠습니다.
Bàlā : 좋습니다, 전 2.5 코보짜리로 사다 주세요.

(다시 출발하기에 앞서 운전기사와 차장이 대화를 나누다.)

Dirēbā̀ : Tô, à kirāwō fasanjōjī.
Kàren Mōtā̀ : Tô, sunā̀ nan.
Dirēbā̀ : Dukànsù?
Kàren Mōtā̀ : Sai ɗaya. Kai! Zō mànà!
Dirēbā̀ : Yā̀yā̀ yànzu?
Kàren Mōtā̀ : Shī kḕ nan. Bùgà mâi!

Dirēbā̀ : 자, 승객들을 불러와요.
Kàren Mōtā̀ : 네, 여기들 있습니다.
Dirēbā̀ : 모두 있습니까?
Kàren Mōtā̀ : 한 사람 빼고요. 당신, 어서 와요!
Dirēbā̀ : 지금은 어때요?
Kàren Mōtā̀ : 다 됐습니다. 출발하세요!

제44강

일반적 무능력과 일시적 무능력

'할 수 있다' iyà 의 부정과 관련해서 일반적 무능력과 일시적 무능력을 구분할 필요가 있다. 우선 다음의 긍정문은 상황에 따라 일반적 또는 일시적 능력을 의미한다.

- yā iyà tàfiyầ. (그는 걸을 수 있다.)

일반적 능력을 의미할 때: 아이가 걸음마를 배워서 걸을 수 있다는 뜻.

일시적 능력을 의미할 때: 바닥의 미끄러움 또는 다른 장애 요인이 없어서 걷는데 문제가 없다는 뜻.

여기서 일반적 능력의 부정인 일반적 무능력은 완료양상을 취하고, 일시적 능력의 부정인 일시적 무능력은 진행양상을 취한다.

일반적 무능력 <완료양상>	bài iyà tàfiyầ ba. (그는 걸을 수 없다.) <예: 걸음마를 배우지 못해서>
일시적 무능력 <진행양상>	bā yầ iyà tàfiyầ.. (그는 걸을 수 없다.) <예: 바닥이 미끄러워서>

다음의 예문에서도 일반적 무능력과 일시적 무능력을 관찰할 수 있다.

- nā iyà sû. (나는 고기잡이를 할 수 있다.)
- bàn iyà sû ba. (나는 고기잡이를 할 수 없다.) <배우지 못해서>
- bā nầ iyà sû. (나는 고기잡이를 할 수 없다.) <강이 너무 깊어서>

→ 새로 나온 단어

- **fatsa** nf. 1. 낚싯바늘 2. 낚시 yi fatsa 낚시하다
- **sû** nm. (그물로 하는) 고기잡이 (= kāmùn kīfī) yi sû 고기를 잡다 mầsu sûn kīfī 고기잡이꾼 <note: 낚시로 잡는 것은 fatsa nf., yi fatsa>

→ DIALOGUE

(여행 중에 다우다와 발라가 다시 대화를 나누다.)

Daudà : Kâi, hanyàn nân tā ɓācì.
Bàlā : Lallē. Àkwai gàngarā̀ dà yawā̀.
Daudà : Ī, dà santsī kumā.
Bàlā : Hakà nē, ruwan samà nē ya ɓātā̀ ta.
Daudà : Har, wai, wani kōgī yā cìka yā kwāshè gadā̀.
Bàlā : Ī, àmmā an gyârtā.
Daudà : A'a, mōtā̀ tā tsayā̀!

Daudà : 이런, 이 길은 망가졌군.
Bàlā : 정말이네요. 많이 울퉁부퉁합니다.
Daudà : 네, 미끄럽기도 합니다.
Bàlā : 그렇군요, 비가 망가뜨렸습니다.
Daudà : 강이 불어서 다리를 쓸어갔다는 말이 돌기까지 합니다.
Bàlā : 네, 그런데 고쳤답니다.
Daudà : 어, 차가 섰습니다.

(차가 미끄러운 언덕 위에서 더 이상 올라가지 못하자 운전기사와 차장이 승객들에게 도움을 청하다.)

Dirēbā̀ : Kàren mōtā̀! Sâ wejī̀!
Kàren Mōtā̀ : Tô, nā sâ.
Dirēbā̀ : Kōwā yà sàuka yà tūrā̀.
Kàren Mōtā̀ : Sàuka! Sàuka!
Dirēbā̀ : Tô, tū̀ra!
Kàren Mōtā̀ : Tô, bùga! Shī kḕ nan, tā fita. Kù hau! Kù hau! Tô, bùga!

Dirēbā̀ : 차장! 웨지를 끼워요!
Kàren Mōtā̀ : 네, 끼웠습니다.
Dirēbā̀ : 모두 내려서 밀게 하세요.
Kàren Mōtā̀ : 내리세요! 내리세요!
Dirēbā̀ : 자, 미세요!
Kàren Mōtā̀ : 자, 출발하세요! 됐습니다, 빠져나왔어요. 타세요들! 타세요들! 자, 출발하세요.

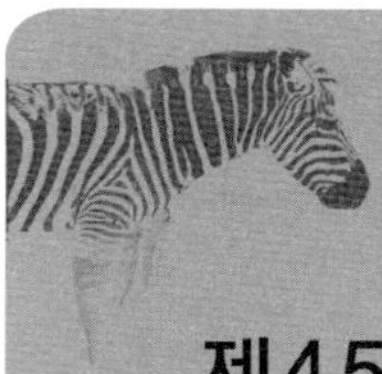

제45강

관계양상

관계양상은 완료양상과 진행양상에만 존재한다. 관계양상은 다음의 경우에 사용된다.

① 관계 대명사절 안에서
② ko- 로 시작하는 양보절 안에서
③ 의문사로 시작하는 절 안에서
④ 강조를 위한 전방 도치가 발생한 문장 안에서

1. 관계양상 대명사

관계완료양상 대명사

		단수	복수
1인칭		àbîn dà na yi (내가 한 것)	àbîn dà mukà yi (우리가 한 것)
2인칭	남성	àbîn dà ka yi (네가 한 것)	àbîn dà kukà yi (너희가 한 것)
	여성	àbîn dà kikà yi (네가 한 것)	
3인칭	남성	àbîn dà ya yi (그가 한 것)	àbîn dà sukà yi (그들이 한 것)
	여성	àbîn dà ta yi (그녀가 한 것)	
	비인칭	àbîn dà akà yi (사람들이 한 것)	

관계진행양상 대명사

		단수	복수
1인칭		àbîn dà nakè yî (내가 하고 있는 것)	àbîn dà mukè yî (우리가 하고 있는 것)
2인칭	남성	àbîn dà kakè yî (네가 하고 있는 것)	àbîn dà kukè yî (너희가 하고 있는 것)
	여성	àbîn dà kikè yî (네가 하고 있는 것)	

<table>
<tr><td rowspan="3">3인칭</td><td>남성</td><td>àbîn dà yakè̄ yî (그가 하고 있는 것)</td><td rowspan="3">àbîn dà sukè̄ yî
(그들이 하고 있는 것)</td></tr>
<tr><td>여성</td><td>àbîn dà takè̄ yî (그녀가 하고 있는 것)</td></tr>
<tr><td>비인칭</td><td>àbîn dà akè̄ yî (사람들이 하고 있는 것)</td></tr>
</table>

관계양상의 부정은 따로 존재하지 않는다. 완료양상과 진행양상의 부정을 그대로 쓰면 된다.

- àbîn dà bà sù yi ba. (그들이 하지 않은 것.)
- àbîn dà ba sà̄ yî. (그들이 하지 않고 있는 것)

2. 관계양상이 사용되는 경우

① 관계대명사 절 안에서

- ɓarnâr dà shānū sukà yi . (소떼들이 저지른 피해.)
- àlƙālîn dà ya ji ƙārā . (불평을 들은 재판관.)
- mōtàr dà kukà sàyā tā yi tsà̄dā. (당신들이 산 자동차는 비싸다.)
- àbîn dà ta fàɗā gàskiyā nè̄. (그녀가 말한 것은 사실이다.)
- nā ga wuƙâr dà ta fāɗì à bà̄kin hanyà̄ . (나는 길 가에 떨어진 칼을 보았다.)
- mùtumìn dà yakè̄ zuwà̄ yà gan mù zā sù dāwō Kanò gò̄be.
  (우리를 보러 오는 사람들은 내일 카노로 돌아갈 것이다.)
- wurà̄rên dà 'yan aikì̄nā kè̄ yî minì aikì̄ .
  (나의 일꾼들이 나를 위해서 일하는 곳들.)
- shānûn dà mukè̄ dà sū . (우리가 가지고 있는 소떼들.)
- nā zō don ìn ji yâddà kakè̄ tafiyar dà cìnikin gyàɗarkà .
  (나는 네가 땅콩 장사를 어떻게 수행하는지 들어보려고 왔다.)
- yârân dà sukà isō jiyà . (어제 도착한 아이들.)
- yârân dà sukè̄ isôwā gò̄be . (내일 도착하는 아이들.)

② ko- 로 시작하는 양보절 안에서

- kōwā ya yàrda dà hakà wāwā nè̄. (누가 거기에 동의를 하든, 그는 바보다.)
- kōwā mukà gàyyatà̄ , zâi zō. (우리가 누구를 초대하든지, 그는 올 것이다.)
- kōwā mukè̄ sô yà zō , zâi zō. (우리가 누가 오기를 원하든지, 그는 올 것이다.)
- kōmē mukà sāmù̄ , ràbonmù nē.
  (우리가 무엇을 얻건, 그것은 우리의 행운이다.)
- kōmē sukè̄ yî makà , kadà kà dà̄mu.
  (그들이 너한테 무엇을 하고 있건, 걱정하지 마라.)

→ NOTE

kōwā, kōmē 가 명사로 사용되면 '모든 사람', '모든 것' 을 뜻한다. kōwā, kōmē 가 명사로 사용되면 관계대명사의 선행사가 될 수 있다.

- kōwā dà mukà gàyyatā̀ yā zō. (우리가 초대한 모든 사람들이 왔다.)
- kōmē dà kikè sô inā̀ bā kì. (네가 원하는 모든 것을 나는 너한테 준다.)

③ 의문사로 시작하는 절 안에서

- mḕ kakḕ sô? (당신은 무엇을 원합니까?)
- mḕ sukà yi? (그들은 무엇을 했습니까?)
- mḕ kakḕ ajìyêwā à sìtonkà? (당신은 창고에 무엇을 보관하고 있습니까?)
- mḕ ya tsōràtā ka? (무엇이 당신을 무섭게 했습니까?)
- yàushē sarkī ya dāwō? (추장이 언제 돌아왔습니까?)
- yàushē akḕ būɗè fulōtī̀? (곡물 수매시장은 언제 열립니까?)
- wā̀ ya sanī̀? (누가 알고 있습니까?)
- wā̀ ya tsōràtā ka? (누가 당신을 무섭게 했습니까?)
- wā̀ takḕ kāwō gyàɗā? (누가 땅콩을 가져오고 있습니까?)
- wā̀ yakḕ cikin ɗākī̀? (누가 방 안에 있습니까?)
- ìnā akà ɗinkā̀ ta? (누가 그것을 바느질 했습니까?)
- ìnā kakḕ kai gyàɗā? (당신은 땅콩을 어디로 가져가고 있습니까?)
- ìnā kakḕ? (당신은 어디에 있습니까?)
- nawà nawà yakḕ biyànsù? (그는 그들에게 각각 얼마씩 지불하고 있습니까?)

④ 강조를 위한 전방 도치가 발생한 문장 안에서

- 중립 : yârā sun ci wākē. (아이들이 콩을 먹었다.)
- 강조 : yârā nḕ sukà ci wākē. (콩을 먹은 것은 아이들이다.)
- 강조 : wākē nḕ yârā sukà ci. (아이들이 먹은 것은 콩이다.)

- 중립 : yârā sunā̀ cîn wākē. (아이들이 콩을 먹고 있다.)
- 강조 : yârā nḕ sukḕ cîn wākē. (콩을 먹고 있는 것은 아이들이다.)
- 강조 : wākē nḕ yârā sukḕ cî. (아이들이 먹고 있는 것은 콩이다.)

i. 시간, 장소, 방법을 나타내는 부사나 전치사구가 문장의 앞에 올 때 관계양상이 사용된다.

- jiyà mukà tàfi. (어제 우리는 떠났다.)

- ran Tàlātā̀ yârā sukà jē. (화요일에 그 아이들은 갔다.)
- à can akà yi tà. (거기서 그것이 만들어졌다.)
- à gidā mukḕ aikī̀. (집에서 우리는 일한다.)
- à gidā mukḕ. (우리가 있는 곳은 집이다.)
- duk à ƙasar Bicì dà Dawāki sukḕ yî minì aikī̀.
  (비치와 다와키 전 지역에서 그들은 나를 위해 일한다.)
- cikin mōtā̀ sukà zō. (자동차로 그들은 왔다.)
- lāfiyā̀ sukḕ. (그들은 잘 있다.)
- hakà akḕ aunà gyàɗā. (이런 식으로 사람들은 땅콩의 무게를 잰다.)

→ **NOTE**

시간을 나타내는 부사는 강조되지 않는 경우에도 문장의 앞에 올 수 있는데 이 때는 보통의 양상 대명사가 사용된다. 그러나 강조할 때에는 관계양상 대명사를 사용한다.

- yâu mōtōcī dà yawā̀ sunā̀ wucḕwā. (오늘은 많은 차들이 지나간다.)
- yâu mōtōcī dà yawā̀ sukḕ wucḕwā.
  (오늘은 많은 차들이 지나간다.) <강조>

ii. 주어가 한 칸 앞으로 나가 강조되면 관계양상이 사용된다. 이 때 계사가 선택적으로 올 수 있다.

- 'yan aikī̀nā nḕ sukḕ gyāran mōtā̀. (자동차를 고치는 것은 나의 일꾼들이다.)
  cf. 'yan aikī̀nā sunā̀ gyāran mōtā̀. (나의 일꾼들이 자동차를 고친다.)
- nī nḕ nakḕ jāwō hankàlin mā̀su gyàɗā.
  (땅콩 주인들의 주의를 끄는 것은 나다.)
  cf. inā̀ jāwō hankàlin mā̀su gyàɗā. (나는 땅콩 주인들의 주의를 끈다.)

iii. 직접목적어가 문장 앞으로 나가면 관계양상이 사용된다.

- sarkī nḕ mukà bi. (우리가 따라간 것은 추장이다.)
- aikī̀ nē sukḕ yî. (그들이 하는 것은 일이다.)
- sàlansā̀ cē yakḕ līƙḕwā. (그들이 때우고 있는 것은 소음기이다.)
- mū nḕ sukḕ àikā (= aikī̀).
  (그들이 보내는 것은 우리다.) <àikā v2 vn. aikī̀>
  cf. sunā̀ aikìnmù. (그들은 우리를 보낸다.)
- barcī yakḕ. (그는 자고 있다.)

iv. 간접목적어의 경우 간접목적어 표시사 wà는 함께 나가지 않고 제자리에 남는다. 간접목적어가 대명사이면 독립대명사 형태로 나가며 간접목적어 표시사 wà 가 원래 대명사가 있던 자리에 온다.

- mālàmai nḕ na gayā̀ wà lā̀bārī̀. (내가 그 소식을 말한 것은 선생님들이다.)
  cf. nā gayā̀ wà mā̀làmai lā̀bārī̀. (나는 선생님들한테 그 소식을 말했다.)

- Shēhù nē nakḕ kāwō wà kāyan gōnā.
  (내가 농작물을 가져다 주는 사람은 쉐후이다.)
  cf. inā̀ kāwō wà Shēhù kāyan gōnā. (나는 쉐후에게 농작물을 가져다 준다.)

- sū nḕ na gayā̀ wà. (내가 말해 준 것은 그들이다.)
  cf. nā gayā̀ musù. (나는 그들한테 말했다.)

- kū nḕ nakḕ kāwō wà kāyan gōnā.
  (내가 농작물을 가져다 주는 사람은 너희들이다.)
  cf. inā̀ kāwō mukù kāyan gōnā. (나는 너희들에게 농작물을 가져다 준다.)

- wā̀ zā kà sayā̀ wà àgōgon nàn?
  (당신은 누구를 위해 이 시계를 살 것입니까?)

3. 관계양상이 사용되는 그 밖의 경우

과거의 사건을 시간적 순서에 따라 기술할 때 첫번째 사건에 뒤이어 발생하는 것들은 관계완료양상으로 처리한다.

- dà sukà dāwō, muhùtī ya faɗā̀ wà Àlƙālī …
  (그들이 돌아오자 그 평가인이 재판관에게 … 라고 말했다.)
- nā biyō sāwûn sukà kùwa zō har gidan Bētì.
  (나는 발자국을 따라 갔는데 그것은 베티의 집까지 나 있었습니다.)
- zōbḕ yā fāɗì, sai na gan shì, na ɗaukā̀.
  (반지가 땅에 떨어졌는데 내가 그것을 보았고 집었다.)

- Dabbōbin dājī̀ sun tā̀ru sunā̀ shāwaràr yaddà zā sù fùskànci Ɗan Adàm. Dilā ya cê yanā̀ dà dàbārā̀. Kūrā ma ta cê tanā̀ dà wata. Zākī̀ ya ùmàrci dilā dà kūrā sù fàɗi dàbā̀runsù. Dilā dà kūrā sukà fàɗi dàbā̀run nāsù sauran dabbōbī sukà ji ...
  (숲 속의 동물들이 만나서 인간에게 대처하는 방법을 의논했습니다. 자칼이 계책을 갖고 있다고 말했습니다. 하이에나도 어떤 계책이 있다고 말했습니다. 사자는 자칼과 하이에나에게 그들의 계책을 말하라고 명령했습니다. 자칼과 하이에나는 그들의 계책을 말했고 나머지 동물들은 들었습니다 ...)

- Zāmànin dâ àkwai wata kūrā. Rân nan ta ji yunwà̄ ƙwarai. Sai ta tāshì, ta fìta. Tanà̄ nēman àbinci sai gà̄ ƙàdangarè̄, yanà̄ sātàr wākē.
(옛날에 어떤 하이에나가 있었습니다. 어느날 하이에나는 허기를 심하게 느꼈습니다. 그래서 하이에나는 일어나 나갔습니다. 하이에나가 먹을 거리를 찾고 있는데 그 때 도마뱀이 나타났고 도마뱀은 콩을 훔치고 있었습니다.)

→ 새로 나온 단어

- **Adàm** = Adàn 아담 ɗan Adàm nm. ('yar Adàm nf., 'yan Adàm pl.) 사람, 인간
- **àlƙālī** nm. (pl. àlƙàlai) (전통 이슬람 법정의) 재판관 àlƙālin wà̄sā (경기의) 주심, 심판 cf. 현대적 의미의 재판관, 판사는 mài shàri'à̄, mahùkùncī, jōjì 라고 함
- **bà̄kī** nm. (pl. bākunà̄) 1. 입 bà̄kī dà bà̄kī 얼굴을 맞대고, 서로 마주보고 bà̄kī dà hancì̄ 매우 가까이 2. (병 따위의) 주둥이 3. 출입구 4. 말 sâ bà̄kī 참견하다, 간섭하다 yi bà̄kī 저주하다, 악담하다 yi bà̄kī biyu 약속을 어기다, 한 입으로 두 말하다 bà̄kī ɗaya 만장일치로, 다 함께, 모두 동시에, 갑자기 5. ~의 가장자리 bà̄kin hanyà̄ 길가 bà̄kin kò̄gī 강가, 강둑 bà̄kin kà̄suwā 시장 변두리 6. (다음과 같은 뜻으로) 한계 nā yi bà̄kin ƙò̄ƙarīnā (나는 내 노력의 한계를 다했다, 나는 내가 할 수 있는 모든 것을 다했다)
- **ɓàrnā** nf. 1. 손해 yi ɓàrnā 손해를 끼치다 2. 낭비 cikà ɓàrnā 낭비가 심하다
- **biyō** v6tr. & intr. ~을 뒤따라 나오다, ~다음에 오다, ~뒤에 일어나다, ~의 결과로서 일어나다
- **dilā** nm. (pl. dilōlī) 자칼
- **fulōtì** nm. 환금작물의 거래가 이루어지는 곳
- **fùskantà̄** (ci/cē) v2 1. ~에 면하다, ~을 향하다 2. ~라는 견해를 갖다, ~라는 생각을 갖다 3. ~에 직면하다
- **gàyyatà̄** v2 (vn. gàyyatà̄) 초대하다
- **ƙàdangarè̄** nm. (f. ƙàɗangarùwā, pl. ƙàɗàngàrū) 도마뱀
- **ƙārā** nf. (ƙāràrrakī) 1. 고소 yi ƙārar ~ = yi wà ~ ƙārā ~을 고소하다 2. 소송 wātsar dà ƙārā 소송을 기각하다 3. (법 따위에) 호소, 간청 4. 울부짖음, 소리침 5. 시끄러운 소리, 소음, 소란 ƙārar bindigà̄ 총소리
- **kōwā** pro.m. 1. 모든 사람 2. (부정문에서) 아무도 3. 누가 ~하더라도, ~하는 누구나

- **kūkā** nf. (pl. kȍke-kȍke) 1. 울음 2. 불평 kai kūkan w. ~에 대해서 불평하다
- **muhùtī** nm. (pl. mùhùtai) (전통 법정에서 피고나 원고의 재산이나 과세를 평가하여 재판관을 보좌하는) 평가인
- **ràbō** nm. 1. 분할 2. 몫 3. 헤어짐 ràbonmù dà ganinkà an daɗȅ (당신을 뵌지가 오래 되었습니다) 4. 행운
- **sāwū** = sau nm. (pl. sāwȁyē, gen. san) 1. 발 2. 발자국
- **sìtô** nm. 창고, 저장소, 광
- **tsȍratȃ** (ci/cē) v2 (어떤 것을) 무서워하다, 두려워하다
- **tsōràtā** v1tr. (사람을) 무서워하게 만들다, 두려워하게 만들다
- **tsȍratà** v3 (사람이) 무서워하다, 두려워하다
- **tsȍrō** nm. (pl. tsȍràcē-tsȍràcē) 무서움, 두려움, 걱정
- **yunwȁ** nf. 배고픔, 허기
- **zāmànī** nm. 시대 na zāmànī 현대의 Hausa ta zāmànī = Hausar yâu (현대 하우사어) ɗan zāmànī 현대인 adàbin zāmànī 현대문학 à zāmànin nàn 오늘날 à zāmànin dâ 옛날에 Allàh yà jā zāmàninkà (오래 사십시오)

→ DIALOGUE

Sà'īdȕ : Kâi, ruwā yā fārà zuwȁ sȍsai!
Nūhù : Gàskiyarkà, zân fārà shūkȁ gȍbe.
Sà'īdȕ : Àshē, bà kà sōmȁ ba tùkùn?
Nūhù : Ī, nā yi ɗan lattȉ bana.
Sà'īdȕ : Ìnā dàlīlȉ?
Nūhù : Ai uwātā tā ràsu sātin nàn.
Sà'īdȕ : Kâi, sànnu! Mātankà fà? Sun màkarà kumā?
Nūhù : Ā'ȁ, sun sōmȁ tun dà wuri.
Sà'īdȕ : Dà kyâu, bà zā kù ji yunwȁ ba.
Nūhù : Hakà nē.

Sà'īdȕ : 비가 엄청 오기 시작하는 군요!
Nūhù : 맞습니다, 전 내일 씨뿌리는 것을 시작할까 합니다.
Sà'īdȕ : 그래요? 아직 시작하지 않았습니까?

Nūhù : 네, 올해는 조금 늦었습니다.
Sà'īdû : 이유가 뭔데요?
Nūhù : 어머니가 이번 주에 돌아가셨습니다.
Sà'īdû : 저런, 안됐습니다! 당신 아내들은요? 그들도 늦었습니까?
Nūhù : 아닙니다, 그들은 일찍 시작했습니다.
Sà'īdû : 잘 되었군요, 굶지는 않겠습니다.
Nūhù : 그렇습니다.

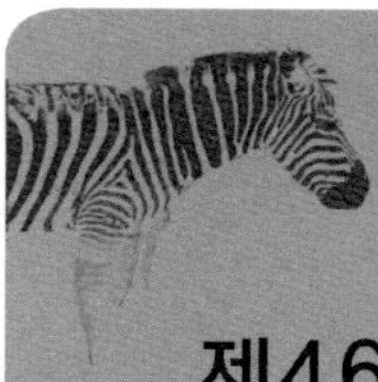

제46강

조동사 rigā '이미 ~했다'

조동사 rigā 는 다른 조동사와는 달리 동명사를 취하지 않고 절을 취한다. rigā 의 양상이 긍정완료양상이거나 부정완료양상이면 rigā 가 취하는 절의 양상은 긍정완료양상이 되고, rigā 의 양상이 관계완료양상이면 rigā 가 취하는 절의 양상도 관계완료양상이 된다. rigā 의 양상이 미래양상이거나 가상법이면 rigā 가 취하는 절은 가상법이 된다.

<table>
<tr><th colspan="2">rigā 의 양상</th><th>rigā 가 취하는 절의 양상</th></tr>
<tr><td rowspan="2">완료양상</td><td>긍정</td><td rowspan="2">긍정완료양상</td></tr>
<tr><td>부정</td></tr>
<tr><td colspan="2">관계완료양상</td><td>관계완료양상</td></tr>
<tr><td colspan="2">미래양상</td><td rowspan="2">가상법</td></tr>
<tr><td colspan="2">가상법</td></tr>
</table>

- an rigā an sanad dà nī zā kà zō. (네가 올 거라는 것을 이미 통보받았었다.)
- bà sù rigā sun zō ba. (그들은 아직 오지 않았다.)
  = bà sù rigā bà sù zō ba. <일부 방언에서 가능>
- mè̀ sukà rigā sukà yi? (그들은 이미 무엇을 했습니까?)
  = mè̀ sukà rigā sun yi? <일부 방언에서 가능>
- zân rigā ìn zō. (나는 이미 와 있을 것이다.)

→ READING

Mūgùn Àlƙālī

Akà kai wani ƙārā wurin àlƙālī, akà yi shàrī'à. Àlƙālī ya ga wandà akà yi ƙārarsà bâ shi dà gàskiyā, ya cê masà, 'Kanā̀ dà màganā̀?' Mùtumìn ya cê bā yā̀ dà màganā̀ àmmā à ɓòye yā kwatàntà ukù dà hannunsà. Dà àlƙālī ya ga mùtumìn yā kwatàntā dà hannunsà hakà ya yi tsàmmānī̀ zâi bā shì awākī ukù nē. Sai ya yankè shàrī'ā̀, sukà tāshì.

Dà mùtumìn ya kōmā̀ gidā, ya aikō wà àlƙālī dà kàbēwā̀ gùdā ukù. Dà ganin hakà àlƙālîn ya kirāwō mùtûm, ya cê masà, 'Kai, dai, munāfùkī nè̀, kā cū̀cē nì! Allā̀ wadankà! Tā̀shi, tàfi!' Dà mùtumìn ya fita wàje, ya cê, 'M̂, wànzāmī̀ bā yā̀ sôn jàrfā.'

사악한 재판관

재판관한테 고소를 한 사건이 있어서 재판이 있었습니다. 재판관은 고소를 한 사람이 진실하지 않다는 것을 알고 그에게 말했습니다, '할 말이 있습니까?' 그 사람은 할 말이 없다고 하면서 몰래 손으로 셋을 가리켰습니다. 재판관은 그가 손으로 그렇게 가리키는 것을 보자 그가 자기에게 염소 세 마리를 줄거라고 생각했습니다. 그래서 판결을 내렸고 그들은 떠났습니다.

그 사람은 집에 돌아오자 재판관한테 호박 세 개를 보냈습니다. 재판관은 그것을 보자마자 그 사람을 소환해서 그에게 말했습니다, '당신말이야, 위선자야, 당신 날 속였어! 신의 저주를 받기를! 일어나! 가!' 그 사람은 밖으로 나가서 말했습니다, '음, (문신을 해주는) 이발사가 (정작 자신은) 문신을 좋아하지 않는군.'

제47강

문장 전체를 감싸는 부정 ba … ba

1. 문장 전체를 감싸는 부정 bā̀ ..... ba는 다음과 같은 의미를 갖는다. 이 것은 계사의 부정 bā̀ .... ba 와는 다른 것이다.

- it's not the case that ... (실은 ~인 것은 아니다.)
- isn't it true that ... (~이지 않습니까?)

- bā̀ yanā̀ zuwā̀ ba. (실은 그가 오고 있는 것은 아니다.)
- bā̀ nā bā shì kuɗī ba. (실은 내가 그에게 돈을 준 것은 아니다.)
- bā̀ nā cê kì sayō masàrā ba?
  (내가 너한테 옥수수를 사오라고 말하지 않았냐?)

2. 전방 도치가 발생한 문장의 부정은 bā̀ ..... ba에 의해서만 가능하다.

- cf. kin sayō àgōgo. (너는 시계를 사왔다.)
- cf. bà kì sayō àgōgo ba. (너는 시계를 사오지 않았다.)

- àgōgo kikà sayō. (네가 사온 것은 시계다.)
- bā̀ àgōgo kikà sayō ba. (네가 사온 것은 시계가 아니다.)

- kullum akḕ kwānā à gadō. (항상 사람들은 침대에서 밤을 보낸다.)
- bā̀ kullum akḕ kwānā à gadō ba.
  (사람들이 항상 침대에서 밤을 보내는 것은 아니다.) <속담: '사람들이 언제나 잘 나가는 것은 아니다' 라는 의미, 즉, '때에 따라서는 땅 위에서 잘 때도 있다' 는 의미를 전달하고 있다.>

→ 새로 나온 단어

- **masàrā** nf. 옥수수

→ DIALOGUE

Bàtūrȅ : Nī, bàn taɓà aikȉ dà irìn tākù fartanyȁ ba.
Hārūnà : Àshē? Bābù irìntà à ƙasarkù?
Bàtūrȅ : Ī, irìn tāmù tanȁ dà dōguwar ƙōtȁ nē.
Hārūnà : Hakà nē. Don mȅ bà à kāwō sù nân ba?
Bàtūrȅ : Ai, an kāwō, àmmā bâ su dà àmfȁnī.
Hārūnà : Àshē?
Bàtūrȅ : Ī. Dōguwar ƙōtàrsù ta kàn karyȅ dà saurī.
Hārūnà : Sabȍdà taurin ƙasā kȅ nan?
Bàtūrȅ : Hakà nē.
Hārūnà : Ai, wàtàkīlà à ƙasarmù irìn tāmù tā fi kyâu.
Bàtūrȅ : Sȍsai.
Hārūnà : Àmmā aikȉ dà irìn tāmù dà wùyā.
Bàtūrȅ : Gàskiyā nȅ – sai à sùnkùye.
Hārūnà : Hakà nē - har wani sā'ȉ mùtûm zâi ji cīwòn bāyā.
Bàtūrȅ : Kâi, mutȁnenkù sunȁ shân wàhalȁ!
Hārūnà : Ai dōlè nē. In bābù nōmā, bābù àbinci.
Bàtūrȅ : Gàskiyarkà - kō à ƙasarmù hakà yakȅ.

Bàtūrȅ : 난, 나는 당신들의 이런 종류의 괭이로 일해 본 적이 없습니다.
Hārūnà : 그래요? 당신들의 나라에는 그런 종류가 없습니까?
Bàtūrȅ : 네, 우리 것은 긴 손잡이가 있습니다.
Hārūnà : 그렇군요. 그것들을 왜 여기에 가져오지 않았습니까?
Bàtūrȅ : 아, 가져왔지요, 그런데 쓸모가 없습니다.
Hārūnà : 그래요?
Bàtūrȅ : 네. 그것들의 긴 손잡이가 빨리 부러집니다.
Hārūnà : 딱딱한 땅 때문에 그렇습니까?

Bàtūrḕ : 그렇습니다.
Hārūnà : 아, 아마도 우리 땅에선 우리 것이 더 좋을지 모르겠습니다.
Bàtūrḕ : 그렇고 말고요.
Hārūnà : 그런데 우리 것을 가지고 일하는 것은 힘이 듭니다.
Bàtūrḕ : 사실입니다 – 몸을 꾸부리고 있어야 합니다.
Hārūnà : 그렇습니다 – 어떤 때는 요통을 느끼기까지 합니다.
Bàtūrḕ : 저런, 당신네 사람들은 고생이 많군요.
Hārūnà : 그럴 수밖에 없지요. 농사를 짓지 않으면, 밥이 없으니까요.
Bàtūrḕ : 당신 말이 맞습니다 – 우리 나라에서조차도 그건 그렇습니다

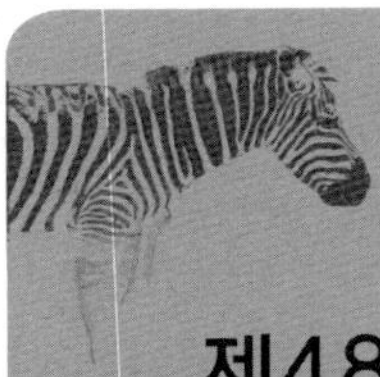

제48강

초점화[23]

문장의 일부가 앞으로 나가면 청자의 주의를 끌게 된다. 명사, 명사가 있는 전치사구, 동명사구, 명사에서 파생된 접속사가 이끄는 절과 같이 명사적 성질이 있는 것은 전방으로 나갈 수 있다. 초점화가 달성된 문장에서는 관계양상이 사용된다.

1. 주어의 초점화와 목적어의 초점화

① 주어의 초점화

ex1) 'yan aikī̀nā sunā̀ jāwō hankàlin mā̀su gyàɗā sù zō rùmfātā.
(나의 일꾼들이 땅콩 주인들이 나의 창고로 오도록 그들의 주의를 끈다.)

위의 문장은 중립적이다. 여기서 주어를 한 칸 앞으로 내보내면 초점화가 달성되어 아래의 문장이 된다. 이 때 진행양상이 관계진행양상으로 바뀐다.

- 'yan aikī̀nā nḕ sukḕ jāwō hankàlin mā̀su gyàɗā sù zō rùmfātā.
(땅콩 주인들이 나의 창고로 오도록 그들의 주의를 끄는 것은 나의 일꾼들이다.)

→ NOTE

nḕ 와 sukḕ 의 su 는 생략될 수 있다. 다음의 문장들도 가능하다.

[23] **McConvell, Patrick.** 1973. 'Cleft sentences in Hausa? A syntactic study of focus.' *PhD thesis, SOAS, University of London.*
Jaggar, Philip J. 1978. ' 'And what about … ?' – Topicalization in Hausa.' *Studies in African Linguistics* 9 (1): 69-81.
Parsons, F.W. 1981. *Writing on Hausa Grammar: The Collected Papers of F.W. Parsons,* ed. By Graham Furniss, pp. 547-555; 504-506, Ann Arbor: University Microfilms International, Books on Demand.
Tuller, Laurice. 1988. 'Resumptive strategies in Hausa.' In *Studies in Hausa Language and Linguistics (In Honour of F.W. Parsons),* ed. By Furniss, Graham and Philip J. Jaggar, pp. 132-148. London: Kegan Paul International in assiciation with the International African Institute.

▪'yan aikȉnā nȅ kȅ jāwō hankàlin mȁsu gyàɗȁ sù zō rùmfātā.
▪'yan aikȉnā kȅ jāwō hankàlin mȁsu gyàɗȁ sù zō rùmfātā.

ex2) zâi tàfi. (그는 갈 것이다.)
▪ shī nȅ zâi tàfi. (갈 사람은 그다.)

② 목적어의 초점화

ex) mài gōnā yanȁ shūkàn dāwȁ. (농부가 기니콘을 심고 있다.)
▪ dāwȁ cē mài gōnā yakȅ shūkȁ. (농부가 심고 있는 것은 기니콘이다.)

2. 명사적 성질을 갖는 모든 요소들이 초점화의 대상이 될 수 있다.

ex) yârā sun kāmà kīfī à kȍgī jiyà. (아이들이 어제 강에서 물고기를 잡았다.)

▪ yârā nȅ sukà kāmà kīfī à kȍgī jiyà.
(어제 강에서 물고기를 잡은 것은 아이들이다.)
▪ kīfī nȅ yârā sukà kāmà à kȍgī jiyà.
(어제 강에서 아이들이 잡은 것은 물고기다.)
▪ jiyà nē yârā sukà kāmà kīfī à kȍgī.
(아이들이 강에서 물고기를 잡은 것은 어제다.)
▪ à kȍgī nȅ yârā sukà kāmà kīfī jiyà.
(아이들이 어제 물고기를 잡은 것은 강이다.)
▪ kāmùn kīfī nȅ yârā sukà yi à kȍgī jiyà.
(아이들이 어제 강에서 한 것은 물고기를 잡는 것이다.)

마지막 문장은 동사구를 강조한 것이다. 동사구를 강조한 다른 예를 더 들면 다음과 같다.

▪ mālàm yā bùgē nì jiyà. (선생님이 어제 나를 때렸다.)
▪ bugȕnā nȅ mālàm ya yi jiyà. (선생님이 어제 한 것은 나를 때린 것이다.)

3. 아래의 예문에서는 접속사가 이끄는 절이 초점화 되었다.

ex1) sun ci àbinci kȁfin sù fìta. = kȁfin sù fìta sun ci àbinci.
(그들은 나가기 전에 밥을 먹었다.)
▪ kȁfin sù fìta nȅ sukà ci àbinci.
(그들이 밥을 먹은 것은 나가기 전이었다.)

ex2) sunā̀ kàrā̀tū dà dare dṑmin sù ci jarràbâwā.
(그들은 시험에 붙기 위해서 밤늦게 공부한다.)

- dṑmin sù ci jarràbâwā nḕ sukḕ kàrā̀tū dà dare.
(그들이 밤늦게 공부하는 것은 시험에 붙기 위해서다.)

ex3) yā kai kì zû màimakon yà kai kì sìnemā̀.
(그는 너를 극장에 데려가는 것 대신에 동물원에 데려갔다.)

- màimakon yà kai kì sìnemā̀ nē ya kai kì zû.
(그가 너를 동물원에 데려간 것은 극장에 데려가는 것을 대신한 것이다.)

4. 초점화의 다른 예문들

ex1) hukūmōmin Lā̀bēriyà sun yankḕ wà tsōhon Ministàn Tsàrō hukuncìn kisā̀.
(라이베리아 당국은 전임 국방 장관에게 사형 언도를 내렸다.)

- hukūmōmin Lā̀bēriyà nē sukà yankḕ wà tsōhon Ministàn Tsàrō hukuncìn kisā̀.
(전임 국방 장관에게 사형 언도를 내린 것은 라이베리아 당국이다.)
- tsōhon Ministàn Tsàrō nḕ hukūmōmin Lā̀bēriyà sukà yankḕ wà hukuncìn kisā̀.
(라이베리아 당국이 사형 언도를 내린 것은 전임 국방 장관이다.)
- hukuncìn kisā̀ nē hukūmōmin Lā̀bēriyà sukà yankḕ wà tsōhon Ministàn Tsàrō.
(라이베리아 당국이 전임 국방 장관에게 내린 것은 사형 언도이다.)

ex 2) ɗā̀lìban jāmi'àr sun ƙauràcē wà azūzuwànsù bā̀ra.
(대학생들은 그들의 수업을 작년에 보이코트했다.)

- ɗā̀lìban jāmi'àr nē sukà ƙauràcē wà azūzuwànsù bā̀ra.
(작년에 수업을 보이코트한 것은 대학생들이다.)
- azūzuwànsù nē ɗā̀lìban jāmi'àr sukà ƙauràcē wà bā̀ra.
(대학생들이 작년에 보이코트한 것은 그들의 수업이다.)
- bā̀ra nḕ ɗā̀lìban jāmi'àr sukà ƙauràcē wà azūzuwànsù.
(대학생들이 그들의 수업을 보이코트한 것은 작년이다.)

ex 3) ƙungìyar ANC zā tà tattàunā dà gwamnatìn Afìrkà ta Kudù.
(ANC 는 남아프리카 정부와 대화를 할 것이다.)

- ƙungìyar ANC cē zā tà tattàunā dà gwamnatìn Afìrkà ta Kudù.
(남아프리카 정부와 대화를 하려고 하는 것은 ANC 이다.)
- gwamnatìn Afìrkà ta Kudù cē ƙungìyar ANC zā tà tattàunā dà ita.
(ANC 가 대화를 하려고 하는 것은 남아프리카 정부이다.)

→ NOTE

위의 마지막 예문처럼 전치사 **dà** 의 목적어가 전방으로 도치될 때 남아있는 **dà** 다음에는 도치된 목적어를 지시하는 독립대명사가 온다. 그러나 '**dà** + 목적어'가 함께 전방으로 이동할 수도 있다. 뜻은 똑같다.

- dà gwamnatìn Afìrkà ta Kudù cē ƙungìyar ANC zā tà tattàunā.
  (ANC 가 대화를 하려고 하는 것은 남아프리카 정부이다.)

→ 새로 나온 단어

- **hùkūmà̄** nf. (pl. hukūmōmī) 1. (기관이나 단체의) 이사회, 위원회, 관리부 2. 기구, 조직 3. (복수 형태로) 당국 hukūmōmin Là̄bēriyà 라이베리아 당국
- **hukuncì̄** nm. (pl. hùkùnce-hùkùnce) 판결, 선고 yankè̄ (= yi) wà … hukuncì̄ ~에게 판결하다, 선고하다 hukuncìn kisà̄ 사형선고
- **rùmfā** nf. (pl. rumfunà̄) 헛간, 광
- **tattàunā** v1tr. 의논하다, 토론하다
- **tsàrō** nm. 방위, 방어, 보호 tsàron ƙasā 국가방위 tsàron kâi = kārè kâi 자기방어 tsàron gidā (스포츠에서) 수비, 방어 Ministàn Tsàrō 국방부 장관
- **zû** nm. (= gidan zû) 동물원

→ READING

Kwà̄ɗī dà Shānū

Waɗansu kwà̄ɗī sunà̄ kīwò̄ à fàdamà̄, sai sukà hàngi bìjìmai gùdā biyu sunà̄ faɗà̄. Sai ɗayansù ya cê, 'Kâi! Fadà̄ ɗìn nan fa, dà ban tsò̄rō! Mū, waɗàndà bā mù̄ dà ƙarfī, yà̄yà̄ zā mù yi dà kâmmù?'
Wàncan, kumā, ya cê, 'Kâi, ìnā ruwansù dà mū? Sunà̄ yî tsàkāninsù kawài, don duk wandà ya fi ƙarfī tsàkāninsù yà gājè mātan shānûn dà kè̄ cikin garkèn nân. Ai, bā sà̄ kùlā dà irìnmù ƙanānà̄.'

Na farkō, mā, ya amsā̀ cêwā, 'Hakà nē. Nā sanī̀, kōmē nāsù dàban yakḕ dà nāmù. Àl'ā̀dun zamansù bā̀ ɗaya sukḕ dà nāmù ba. Àmmā fa, duk dà hakà, kō dà sukḕ dà nīsa yànzu, wandà ya kāsā̀ cikinsù zâi shēƙā̀ dà gudù, bà zâi kùlā dà kōmē ba sai kânsà. Wàtàkīlà zâi zō yà tattàkē mu cikin gudū̀. Lallē, faɗā̀nsù yā shā̀fē mù!'

Àshē gàskiyā nḕ akà cê, 'Ìdan mânya-mânyā sunā̀ faɗā̀ kō talakāwā sukàn shā wàhalā̀.'

개구리와 황소

어떤 개구리들이 늪지에서 풀을 뜯어먹고 있었습니다, 그 때 그들은 두마리의 큰 황소가 싸우고 있는 것을 멀리서 보았습니다. 그 때 그들 중의 하나가 말했습니다, '이런! 이 싸움은 말이야, 두려움을 주는구나! 우리는, 힘이 없는 자들인데, 우리 스스로 어떻게 해야 하나?'

다른 하나도 말했습니다, '야, 그들이 우리하고 무슨 상관이 있는데? 누구든지 그들 사이에서 힘이 더 센 자가 무리 중의 암소들을 물려받기 위해서 그들 사이에서만 하는 짓거리야. 그들은 우리처럼 작은 것들한테는 신경쓰지 않아.'

그러자 첫번째도 대답했습니다, '그래. 알겠다, 그들의 일은 무엇이건간에 우리의 일과는 다르구나. 그들의 생활 관습이 우리하고 같은 건 아니지. 그런데 말이야, 설사 그렇다손 치더라도, 지금은 그들이 멀리 있지만, 그들 중에 힘에서 밀린 자가 줄행랑칠거고, 그는 자신 이외에는 아무것에도 신경쓰지 않을 거야. 그가 달리는 도중에 우리를 짓밟을지도 몰라. 이런, 그들의 싸움이 우리하고 상관이 있네!'

아, 사실입니다, '고래 싸움에 새우등 터진다' 라는 말이 있습니다. (직역: 실력자들이 싸우면 백성들조차 고생한다.)

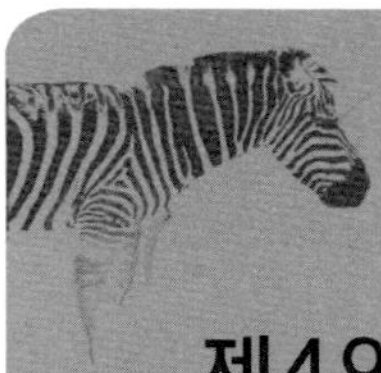

제49강

습관을 나타내는 양상

습관을 나타내는 양상은 습관적으로 반복되는 동작이나 행위를 표시하는데 사용한다. 카노에서는 자주 사용되지만 일부 방언에는 없는 경우도 있다. 습관을 나타내는 양상은 언제나 진행양상에 의해 대체될 수 있다.

		단수	복수
1인칭		na kàn	mu kàn
2인칭	남성	ka kàn	ku kàn
	여성	ki kàn	
3인칭	남성	ya kàn	su kàn
	여성	ta kàn	
	비인칭	a kàn	

- dâ su kàn zō kōwànè mākȍ. (일전에 그들은 항상 매주 왔다.)
- ta kàn zìyàrci Kanò lōtò-lōtȍ. (그녀는 가끔 카노를 방문했다.)
- yȁyȁ a kàn yi hidimar Kàramar Sallȁ à Bàrno?
  (보르노에서는 항상 작은 축제를 어떻게 경축합니까?)[24]
- mu kàn tàfi masallācin Īdì. (우리는 Id el Fitr 사원에 항상 갑니다.)
- hakà mu kàn yi Sallȁ à Kàtsinà.
  (우리는 카찌나에서 축제를 항상 그렇게 지냅니다.)

→ NOTE

습관을 나타내는 양상의 부정은 미래 양상의 부정과 같이 bà ... ba 를 통해서 표현한다. 그러나 사용되는 경우가 드물며 진행 양상의 부정이 이를 대체하는 것이 보통이다.

[24] Kȁramar Sallȁ : 금식월인 이슬람의 아홉번째 달인 라마단(Ràmàlân)의 다음 달인 샤왈(Shàwwâl)의 첫째날 갖는 무슬림 축제. 아랍어로 Id-el Fitr 라고 함. cf. Bàbbar Sallȁ = Id-el Kabir.

- bà na kàn zō ba. (나는 오지 않는다.)
  = bā nà̄ zuwà̄.
- bà su kàn ci àbincinmù ba. (그들은 우리의 음식을 먹지 않는다.)
  = bā sà̄ cîn àbincinmù.

→ 새로 나온 단어

- **lōtò̄** nm. 시간 lōtò̄-lōtò̄ 때때로, 이따금
- **hidimā** nf. (pl. hidimōmī) 섬김, 봉사 yi hidimā 섬기다, 봉사하다

→ DIALOGUE

Yà̄ƙubù̄ : Dà yàrdar Allà̄ hatsinmù zâi yi kyâu bana.
Bàtūrè̄ : Gàskiyarkà, ya tsìra sò̄sai.
Yà̄ƙubù̄ : Har jân yā fārà nù̄nā yànzu.
Bàtūrè̄ : Zā à yi girbìnsà à watàn Sàtumbà kō?
Yà̄ƙubù̄ : Ā'à̄, sai ruwā yā ɗâukē tùkùn.
Bàtūrè̄ : Tô, sai Òktōbà kè̄ nan.
Yà̄ƙubù̄ : Hakà nē. Anà̄ girbìnsà sā'ì̄ ɗaya dà gērō.
Bàtūrè̄ : Tô, farar dāwà̄ fà?
Yà̄ƙubù̄ : Ai farâr, sai Nùwambà.
Bàtūrè̄ : Àmmā ita cè̄ mài kyânsù kō?
Yà̄ƙubù̄ : Sò̄sai! Farâr tā fi dukà dāɗī.
Bàtūrè̄ : Rà̄wayà̄ fà – an fi sôntà dà jā?
Yà̄ƙubù̄ : Ī, àmmā bà tà kai farâr ba.
Bàtūrè̄ : Yàushè akàn gìrbē tà?
Yà̄ƙubù̄ : Wajen farkon Nùwambà nē.
Bàtūrè̄ : Kâi, kunà̄ shân aikì̄ dà kà̄kā.
Yà̄ƙubù̄ : Gàskiyā nè̄. Àmmā munà̄ sāmùn hūtū kàɗan dà rānī.
Bàtūrè̄ : Bābù aikì̄ dà rānī?
Yà̄ƙubù̄ : Ā'à̄, àkwai dà yawà̄, àmmā sai na gidā.
Bàtūrè̄ : Tô, bâ lâifī.

Yàƙubù : 신의 은총으로 우리의 곡식이 올해 잘 될 것입니다.
Bàtūrè : 당신 말이 맞습니다. 싹이 많이 나왔습니다.
Yàƙubù : 빨간 기니콘은 지금 익기 시작했습니다.
Bàtūrè : 9월에 그것을 수확하죠, 그렇죠?
Yàƙubù : 아닙니다, 비가 먼저 그칠 때까지 (기다려야 합니다.)
Bàtūrè : 네, 10월까지군요.
Yàƙubù : 그렇습니다. 그것을 기장하고 한꺼번에 수확합니다.
Bàtūrè : 네, 하얀 기니콘은요?
Yàƙubù : 하얀 것은, 11월까지 (기다려야 합니다.)
Bàtūrè : 그런데 그게 그것들 중에서 좋은 것이죠, 그렇죠?
Yàƙubù : 그렇고 말고요! 하얀 것이 가장 맛있습니다.
Bàtūrè : 노란 것은요 – 빨간것보다 그것을 더 좋아하지 않나요?
Yàƙubù : 네, 그런데 하얀 것만큼 좋아하지는 않습니다.
Bàtūrè : 언제 그것을 수확합니까?
Yàƙubù : 11월초 경입니다.
Bàtūrè : 저런, 당신들은 추수기에 일을 많이 하는군요.
Yàƙubù : 사실입니다. 그러나 건기에는 조금 휴식을 취합니다.
Bàtūrè : 건기에는 일이 없습니까?
Yàƙubù : 아니요, 많이 있지만 오로지 집안일뿐입니다.
Bàtūrè : 네, 그렇군요.

제50강 감각적 자질의 추상명사와 파생형용사 및 파생동사

감각적 자질의 추상명사는 감각기관을 통해 지각할 수 있는 대상의 성질을 나타낸다. 이러한 것들은 보통 두 음절로 이루어져 있다. 첫번째 음절은 중음절이고 마지막 음절은 장모음 ī 로 끝난다.

단어	뜻	단어	뜻
danshī	축축함	dāɗī	맛있음, 즐거움, 재미있음
ɗācī	쓴맛	fāɗī	넓음, 너비, 폭
kaifī	날카로움, 예리함	kaushī	거침
ƙarfī	힘, 세기	ƙuncī	좁음, 협소, 성질 고약함
ƙwārī	단단함	nauyī	무거움
santsī	미끄러움, 매끄러움	sanyī	차가움
saurī	빠름, 빠르기, 서두름	sauƙī	쉬움, 쌈, 차도
taurī	딱딱함	taushī	부드러움
tsaurī	딱딱함, 엄격함, 팽팽함	wārī	썩은 냄새, 고약한 냄새
zāfī	더움, 더위, 뜨거움, 열	zāƙī	단맛, 달콤함
zurfī	깊음, 깊이		

1. 감각적 자질의 추상명사는 다음과 같이 사용된다.

하우사어에는 형용사가 많지 않다. 추상명사는 다양한 방법으로 형용사의 기능을 수행한다.

① 진행양상대명사 + dà + 추상명사

- wannàn zumā̀ yanā̀ dà zāƙī. (이 꿀은 달다.)
- yārònkì bâ shi dà nauyī. (당신의 아이는 무겁지 않다.)

② yi + 추상명사

- nāmā̀ yā yi wārī. (그 음식은 고약한 냄새가 난다.)
- kâr kì barī̀ àbinci yà yi sanyī. (그 음식을 차게 하지 마시오.)

③ àkwai (neg. bābù = bâ) + 추상명사

- wannàn māgànī àkwai ɗācī (gàrē shì). (이 약은 쓰다.)
- ruwan kṑgin nàn bâ dāɗī. (이 우물의 물은 맛이 없다.)

④ mài + 추상명사

- Audù mùtûm nē mài zāfī. (아우두는 원기 왕성한 사람이다.)
- wannàn àbinci mài zāfī nḕ. (이 음식은 뜨겁다.)
- dōkìnkà mài saurī nḕ. (당신의 말은 빠르다.)

→ NOTE

'mài+ 추상명사' 는 명사를 직접 수식할 수 있다. 이 때 명사와 'mài + 추상명사' 사이에 휴지가 삽입되지 않는다.

- ruwā mài zāfī (더운 물)
- yārinyā̀ mài kyâu (아름다운 소녀)
- yārṑ mài ƙarfī (힘센 소년)

⑤ 조동사 + 추상명사

- kâi, wannàn ɗākī̀ yā cikà zāfī. bâ ka dà fankā̀?
  (어휴, 이 방은 정말로 덥습니다. 선풍기 없습니까?)

2. 파생형용사와 파생동사

감각적 자질의 추상명사에서 형용사나 동사가 파생된다. 파생된 형용사나 동사는 보다 강화된 의미를 띤다.

① 파생형용사

단수 (m./f.)	복수	추상명사
zùzzurfā	zurfā̀fā	zurfī 깊음, 깊이
tsàttsaurā	tsaurā̀rā	tsaurī 딱딱함, 어려움, 엄격함
dàddāɗā	dāɗā̀ɗā	dāɗī 맛있음, 재미있음

▪ mài tsaurāran màtākan tsàrō (매우 엄격한 보호 조치를 취하고 있는)
▪ wannàn ƙōsai dàddāɗā nè. (이 꼬사이는 매우 맛있다.)
▪ wannàn màganā dàddāɗā cè. (이 이야기는 매우 재미있다.)
▪ waɗànnân sàmārī ƙarfàfā nè. (이 젊은이들은 매우 힘이 세다.) < ƙarfī nm. 힘

② 파생동사

감각적 자질의 추상명사에서 1단동사, 3단동사가 파생된다. 파생된 동사는 세 음절을 갖는다. 1단동사는 타동사이고 3단동사는 자동사이다. 우리 말로 옮길 때 '더' 라는 말을 앞에 붙여주면 자연스럽다.

i. 1단동사의 예

동사	뜻	추상명사
ƙarfàfā	강하게 하다, 튼튼하게 하다	ƙarfī 힘, 세기
tsauràrā	조이다, 팽팽하게 하다	tsaurī 조임, 팽팽함
sanyàyā	차게 하다, 시원하게 하다	sanyī 차가움
zāfàfā	덥히다, 데우다	zāfī 더움, 더위, 뜨거움, 열
fāɗàɗā	넓히다	fāɗī 넓음, 너비
sauƙàƙā	쉽게 하다	sauƙī 쉬움
ƙuncàcā	괴롭히다, 못살게 굴다	ƙuncī 성질 고약함
kaifàfā	날카롭게 하다	kaifī 날카로움
zurfàfā	깊게 하다	zurfī 깊음, 깊이
tausàsā	부드럽게 하다	taushī 부드러움

ii. 3단동사의 예

동사	뜻	추상명사
ƙàrfafà	강해지다, 튼튼해지다	ƙarfī 힘, 세기
tsàurarà	조여지다, 팽팽해지다	tsaurī 조임, 팽팽함
sànyayà	차지다, 시원해지다	sanyī 차가움
zā̀fafà	덥혀지다, 데워지다	zāfī 더움, 더위, 뜨거움, 열
fā̀ɗaɗà	넓혀지다	fāɗī 넓음, 너비
sàuƙaƙà	쉬워지다	sauƙī 쉬움
ƙùncacà	좁아지다, 협소해지다	ƙuncī 좁음, 협소
kàifafà	날카로와지다	kaifī 날카로움
zùrfafà	깊어지다	zurfī 깊음, 깊이

- yā ƙarfàfā minì zūcìyā. (그는 나를 더 격려했다.)
- zūcìyātā tā ƙàrfafà. (나는 더 격려되었다.)
- yā tsauràrà igiyàr. (그는 밧줄을 더 팽팽하게 했다.)
- igiyā̀ tā tsàurarà. (그 밧줄은 더 팽팽해졌다.)

→ 새로 나온 단어

- **ɗācī** nm. 쓴맛, 씀
- **danshī** nm. 축축함, 습기
- **fāɗàɗā** v1tr. 넓히다
- **fā̀ɗaɗà** v3. 넓어지다
- **fāɗī** nm. 넓음, 넓이, 폭, 면적
- **fankā̀** nf. (pl. fankōkī) 선풍기
- **igiyā̀** nf. (pl. igiyōyī) 1. 밧줄, 새끼
  2. (군대, 경찰) 지위나 계급을 나타내는 줄무늬
- **kaifàfā** v1tr. 날카롭게 하다
- **kàifafà** v3 날카로워지다
- **kaifī** nm. 1. 날카로움, 예리함 2. (칼 따위의) 날
- **kaushī** nm. 거침, 거칠거칠함
- **ƙōsai** nm. 콩가루를 튀겨서 만든 과자
- **ƙuncàcā** v1tr. 괴롭히다, 못살게 굴다
- **ƙùncacà** v3. 좁아지다, 협소해지다
- **ƙuncī** nm. 1. 좁음, 협소 2. 성질이 고약함
- **ƙwārī** nm. (구조물 따위의) 단단함
- **matākī** nm. (pl. màtā̀kai) 1. 계단 2. (발전, 진행의) 단계 3. 조치
- **nauyī** nm. 1. 무거움, 무게 maràs nauyī 가벼운 2. 책임, 짐
- **santsī** nm. 미끄러움, 매끄러움
- **sanyàyā** v1tr. 차게 하다, 시원하게 하다
- **sànyayà** v3 차지다, 시원해지다
- **sauƙàƙā** v1tr. 쉽게 하다
- **sàuƙaƙà** v3 쉬워지다
- **sauràyī** nm. (pl. sàmā̀rī) 청년, 젊은이
- **taurī** nm. 딱딱함 taurin kâi 완고함, 고집
- **tausā̀sā** v1tr. 부드럽게 하다
- **tsauràrā** v1tr. 조이다, 팽팽하게 하다

- **tsàurarà** v3 조여지다, 팽팽해지다
- **tsaurī** nm. 딱딱함, 엄격함, 팽팽함
- **zāfàfā** v1tr. 1. 덥히다, 데우다 2. (간접목적어를 취해서) 화나게 하다
- **zàfafà** v3 1. 덥혀지다, 데워지다 2. (논쟁 따위가) 격해지다
- **zāƙī** nm. 1. 단맛, 달콤함 2. 즐거움, 유쾌함
- **zumà** nm. 1. 꿀 2. 벌 (= ƙudan zumà)
- **zurfàfā** v1tr. 깊게 하다
- **zùrfafà** v3 깊어지다
- **zurfī** nm. 깊음 zurfin cikì 과묵함, 속이 깊음

→ READING

Farkē dà Birai

An yi wani farkē, àttājìrī. Wata rānā ya ɗàuki hūlunàn dàrā gùdā gōmà zâi kai kàsuwā. Yanà kân hanyà sai ya rātsè gìndin wani itàcē don yà hūtà. Dà ya ji barcī yanà nēman kāmà shi, sai ya sâ duk hūlunàn à bisà kânsà - ɗaya bisà ɗaya - māgànin ɓàràyī kè nan. Shī kè nan, barcī ya kwāshè shi har dà minshārī.

Cân sai waɗansu birai sukà biyō ta wurîn dà farkên nan kè barcī, sukà gan shì. Tô, kun san halin birai dà sôn wàsā. Sai birì gùdā ya laɓàɓā, ya zārè hùlâr dà kè bisà, ya sâ à kânsà. Sauran birai, kumā, dà ɗai-ɗai sukà yi hakà. Sukà bar farkē dà tsōhuwar hùlarsà kawài. Sukà hayè kân itàcē, sukà zaunà, sunà kallonsà.

Farkē ya farkà bài ga hūlunànsà ba. Ya ɗagà kâi samà, sai ya yi arbà dà ɓàràyinsà à kân itàcē! Haushī ya kāmà shi. Ya cirè hùlâr dà kè kânsà, ya wurgar! Nan dà nan birai, kumā, sukà kwàikwàyē shì, sukà yi ta wurgō tāsù ƙasà. M̀hm̀! Mādàllā! Farkē ya tsincè kāyansà, ya tàfi yanà farin cikì.

떠돌이 행상과 원숭이들

어떤 떠돌이 행상이 있었습니다, 그는 부유한 행상이었습니다. 어느날 그는 열 개의 터키모를 챙겨서 시장에 가져갈 생각이었습니다. 그는 노상에서 잠시 휴식을 취하려고 길을 벗어나 어떤 나무 밑으로 갔습니다. 졸려움을 느끼자 그는 그것을 청하고자 했습니다, 그는 모자들을 그의 머리 위에 모두 썼습니다 – 하나씩 하나씩 포개

서 – 그것은 도둑을 예방하는 것이었습니다. 일은 그렇게 되었습니다, 그는 코까지 골면서 잠에 곯아떨어졌습니다.

얼마 후 어떤 원숭이들이 이 떠돌이 행상이 자고 있는 곳으로 왔습니다, 그들은 그를 보았습니다. 자, 여러분들은 장난을 좋아하는 원숭이들의 성격을 알고 있습니다. 그 때 원숭이 한 마리가 몰래 다가가서 위에 있는 모자를 잡아채서 그의 머리에 썼습니다. 나머지 원숭이들도 하나씩 하나씩 그렇게 했습니다. 그들은 떠돌이 행상에게 그의 낡은 모자만 남겨놓았습니다. 그리고 나서 그들은 나무 위로 올라가, 앉았고, 그를 쳐다보았습니다.

떠돌이 행상은 잠에서 깨어나 그의 모자들을 볼 수 없었습니다. 그는 머리를 위로 들어올렸고, 그 때 나무 위에 있는 그의 도둑들과 마주쳤습니다. 그는 화가 치밀었습니다. 그는 머리에 있는 모자를 벗어서 집어던졌습니다! 원숭이들도 곧 그를 흉내냈습니다, 그들은 그들의 모자를 계속 아래로 집어던졌습니다. 음! 마달라! 떠돌이 행상은 그의 물건들을 주웠습니다, 그는 기뻐하면서 떠났습니다.

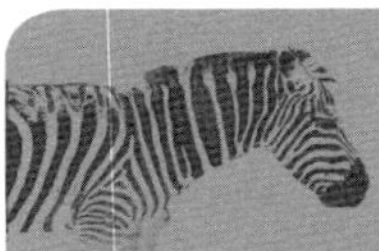

제51강

중복 복수형[25]

중복 복수형은 동작의 복수 발생이나 연속 발생을 말할 때 쓰인다. 동사, 명사에서 파생되며 만드는 방법은 상태사와 비슷하다. 즉, 마지막 음절을 제외한 모든 음절을 저성조로 하고 마지막 음절은 고성조의 단모음 -e 로 한다. 단음절 동사는 ye 를 붙인 후 첫 음절을 저성조로 한다. 이렇게 만든 것을 단순히 중복시키면 중복 복수형이 된다.

동사, 명사	중복 복수형
aikàtā v1tr. 하다, 수행하다	àikàce-àikàce 일
bugū̀ nm. 때리기	bùge-bùge
gyārā̀ v1tr. 수리하다, 고치다	gyā̀re-gyā̀re
gudù vintr. 달아나다, 도망치다	gùje-gùje 경주
nōmā nm. 농사	nṑme-nṑme
sàyā v2tr. 사다	sàye-sàye
shàwartā̀ v2. ~와 상의하다, ~에게 조언하다	shàwàrce-shàwàrce 조언, 충고
tāɗī̀ nm. 잡담, 대화	tā̀ɗe-tā̀ɗe
tōyā̀ v1tr. (반죽된 것을) 튀기다	tṑye-tṑye 튀겨진 반죽 (꼬사이, 와이나)
wāƙā̀ nf. 노래	wā̀ƙe-wā̀ƙe
rìkicī nm. 엉킴, 얽힘, 음모, 술책	rìkìce-rìkìce
tàfiyā̀ nm. 여행	tàfìye-tàfìye
tàmbayā̀ v2 묻다	tàmbàye-tàmbàye
fashī̀ nm. 고속도로 강도	fàshe-fàshe

[25] Newman, Paul. 1980. 'The classification of Chadic within Afroasiatic', p. 13. Leiden: Universitaire Pers.
Newman, Paul. 1990. *Nominal and Verbal Plurality in Chadic.* (Publications in African Languages and Linguistics 12). Dordrecht:Foris.

ci vtr. 먹다	cìye-cìye
sātā̀ nf. 도둑질	sā̀ce-sā̀ce
shā vt. 마시다	shā̀ye-shā̀ye
lā̀sā v2 핥다	lā̀she-lā̀she 파티에서 제공되는 스낵
tànɗā v2 핥다	tànɗe-tànɗe
bambancī̀ nm. 차이	bàmbànce-bàmbànce
rawā nf. 춤	ràye-ràye

- kâi, mun yi cìye-cìye dà shā̀ye-shā̀ye jiyà.
  (아!, 우리는 어제 정말 많이 먹고 많이 마셨다.)
- kâ, mun yi lā̀she-lā̀she dà tànɗe-tànɗe à bìkîn.
  (아! 우리는 그 파티에서 정말 먹고 또 먹었다.)
- yawàn fàshe-fàshe dà sā̀ce-sā̀cên dà akḕ yî.
  (행해지는 고속도로 강도와 절도의 수)

→ NOTE

중복 복수형은 명사이므로 주어나 목적어로 사용될 수 있다.

- ràye-ràye sun yi kyâu sṑsai. (그 춤들은 정말로 좋았다.)
- àkwai bàmbànce-bàmbànce dà yawā̀ tsā̀kāninsù.
  (그들 사이에는 많은 차이점이 있다.)

→ 새로 나온 단어

- **bambancī̀** nm. 차이 yi bambancī̀ 다르다) nūnà bambancī̀ gà w. ~를 차별하다 bambancìn kàbīlā̀ 부족주의 bambancìn launī̀ 인종주의
- **fashī̀** nm. (pl. fàshe-fàshe) 고속도로 강도(행위) ɗan fashī̀ 고속도로 강도(사람)
- **lā̀sā** (shi/shē) v2 핥다
- **lā̀she-lā̀she** nm. 파티 등에서 제공되는 스낵
- **nōmā** nm. 농사
- **rìkicī** nm. 1. 위기, 중대국면 2. 갈등 3. 혼란 4. (실 또는 은유적으로 일 따위가) 엉킴, 얽힘 yi rìkicī 엉키다, 얽히다 5. 음모, 술책
- **sātā̀** nf. (pl. sā̀ce-sā̀ce) 도둑질, 절도 kāyan sātā̀ 장물
- **shā̀wartā̀** (ci/cē) v2 1. ~의 의견을 듣다, ~의 충고를 구하다 2. 충고하다, 조언하다

- **tāɗì** nm. 대화, 잡담
- **tōyà** v1tr. (vnf. tūyà) 1. 반죽된 것을 튀기다 2. (기름, 버터) 데우다, 가열하다 3. (냄비에) 불을 때다
- **tòye-tòye** nm. (꼬사이, 와이나 등과 같은) 반죽을 튀겨서 만든 케익
- **wāƙà** nf. (pl. wāƙōƙī, wàƙe-wàƙe) 노래, 시

→ DIALOGUE

Scene 1

Gàmbo : Sulè!
Sulè : Nà'am.
Gàmbo : Zō kà kai wannàn wàsīƙà fâs ōfis.
Sulè : Rânkà yà daɗè!
Gàmbo : Gà sulè biyu. Kà sayō kân sarkī na āhù-āhù kà sâ biyu à kân wàsīƙàr.
Sulè : Tò shī kè nan?
Gàmbo : Shī kè nan.

Gàmbo : 술래!
Sulè : 네.
Gàmbo : 와서 이 편지를 우체국에 좀 가져가라.
Sulè : 잘 알겠습니다.
Gàmbo : 여기 20코보가 있다. 각각 1.5코보짜리 우표를 사와서 편지 위에 두 개를 붙여라.
Sulè : 네 그게 전부인가요?
Gàmbo : 그게 다다.

Scene 2

Gàmbo : Yūsufù, kàwō littāfin ràsît.
Yūsufù : Tô, ngō.
Gàmbo : Tô, yànzu kà jē kàntin lìttàttàfai, kà sayō sābon irìnsà.

Yūsufù : Tô, nawà nē kuɗinsà?
Gàmbo : Yanā̀ tsàkānin sulḕ ukù dà sulḕ huɗu. Gā̀ sulḕ huɗu.
Yūsufù : Tô, shī kḕ nan?
Gàmbo : Shī kḕ nan.

Gàmbo : 유수프, 회계 장부좀 가져와라.
Yūsufù : 네, 여기 있습니다.
Gàmbo : 음, 지금 서점에 가서 그런 것으로 새걸 사와라.
Yūsufù : 네, 값이 얼마인데요?
Gàmbo : 30코보와 40코보 사이 일거야. 여기 40코보가 있다.
Yūsufù : 네, 그게 전부인가요?
Gàmbo : 그게 다다.

Scene 3

Sulè : Nā dāwō. Gā̀ kân sarkī.
Gàmbo : Tô. Yànzu kà kai wannàn takàrdā zuwā̀ bàbban àkā̀wū à Jànhôl sūnansà Àlī.
Sulè : Tô.
Gàmbo : In kā kai tà cân sai kà biyō ta kàntin lìttàttā̀fai kà sayō minì kwalbar jar tàwadā̀. Gā̀ sulḕ.
Sulè : Tô.
Gàmbo : In kā ga Yūsufù cân kà cê masà yà dāwō dà wuri. Inā̀ bùkātàrsà.
Sulè : Tò̀ nâ yi.
Gàmbo : Shī kḕ nan.

Sulè : 저 돌아왔습니다. 여기 우표가 있습니다.
Gàmbo : 그래. 이 서류를 잔홀에 있는 알리라는 매니저한테 가져가라.
Sulè : 네.
Gàmbo : 그걸 거기에 가져간 다음 서점에 가서 빨간 잉크병을 나한테 사다줘라. 여기 10코보가 있다.
Sulè : 네.
Gàmbo : 거기서 유수푸를 보면 빨리 돌아오라고 말해라. 그가 필요하다.
Sulè : 네 그렇게 하겠습니다.
Gàmbo : 그게 다다.

제52강

-ancī 접미사

접미사 -ancī 는 명사나 부사의 어간에 첨가되어 언어나 방언의 이름, 특정한 개념과 연관된 인간의 행위나 행위의 특성을 뜻하는 파생명사를 만든다. 파생명사는 모든 음절이 고성조를 취한다.

1. 언어나 방언의 이름

Japanancī nm. 일본어 (Jàpân nf. 일본어)
Tūrancī nm. 영어 (Tūrai nf. 유럽)
Kanancī nm. 카노어 (Kanò nf. 카노)

→ NOTE

하우사어는 예외적으로 그냥 Hausa 라고 한다.

yā iyà Hausa kàmar jā̀kin Kanò. (그는 하우사어를 유창하게 한다. 직역: 그는 하우사어를 카노의 당나귀처럼 한다.)
bā yā̀ jîn Hausa dà yawā̀. (그는 하우사어를 잘 못한다.)

2. 인간의 행위나 행위의 특성

ex) birnancī nm. 세상 물정에 닳고 닳은 교활한 행실 (birmī nm. 도시)
yā nūnà birnancī. (그는 교활한 행실을 보여주었다.)
irìn wannàn ɗā̀bī'ā̀ birnancī nḕ. (이런 종류의 행실은 교활한 행실이다.)

ex) gangancī nm. 무모함, 경솔, 부주의
((dà) gàngan adv. 고의로, 농담으로)

gangancī nề ya kāwō wannàn hadàrī. (이 사고를 초래한 것은 무모함이다.)
sun fayè gangancī. (그들은 너무 무모하다.)
dirēbàn wannàn mōtầ yanầ gangancī.
(이 자동차의 운전기사는 너무 무모하다.)

ex) fir'aunancī nm. 포악함, 잔인함 (Fìr'aunà nm. 파라오)
sōjōjin 'Burma' sun aiwatar dà fir'aunancī à ƙasâr.
(버어마의 군인들은 그 나라에서 포악한 제도를 운영했다.)

→ 새로 나온 단어

- **aiwatar** dà v5 1. 실행하다, 이행하다 2. 운영하다
- **birnancī** nm. 세상 물정에 닳고 닳은 교활한 행실
- **ɗàbī'ầ** nf. (pl. ɗàbī̀'ū) 행실, 습관, 버릇, 성격
- **dirēbà** nm. (pl. dirēbōbī) 운전사
- **Fìr'aunà** nm. (이집트의) 파라오
- **fir'aunancī** nm. 포악함, 잔인함
- **gangancī** nm. 무모함, 경솔, 부주의
- **hadàrī** nm. (pl. hadàrurrukầ) 1. 위험 2. 재난, 사고
- **Japanancī** nm. 일본어 à cikin Japanancī 일본어로
- **Kanancī** nm. 카노어
- **nunầ** v1tr. (vn. nūnī̀) 보여주다, 나타내다, 표방하다
- **Tūrancī** nm. 영어

→ READING

Lầbārìn 'Fela Kuti' 1

À gaskiyā ìdan kā ga Fela Kuti yanầ tī̀ƙar rawarsà à gàban jàma'ầ, dà ƙyar zā kà yàrda dà cêwā shề̀kàrunsà hàmsin nề dà haihùwā. Shī dai mùtûm nē dà ya dadề an san shì à kân sànā'àrsà, kō dà yakè kuma yā fùskànci wasu wahalōlī dà dāmā. Fela dai bàyarabề nē gàba dà bāya, wandà akà hàifā à gàrin Àbêkùta à shề̀karàr alìf dà ɗàrī tarà dà tàlầtin dà takwàs, tồ àmmā dà ya kai matsayin sauràyī, sai ya kōmầ Ìkko indà ya zama àkầwu à wani ōfìshin gwamnatì.

펠라 쿠티의 이야기 1

정말이지 펠라 쿠티가 대중들 앞에서 춤추는 것을 보면 당신은 그의 나이가 50 이라는 데에 힘겹게 동의할 것이다. 그는 많은 어려움에도 불구하고 그의 직업으로 인해 오랫동안 알려져 왔던 사람이다. 펠라는 순수 요루바인으로서, 1938년 아베오쿠타에서 태어났으며, 청년의 신분이 되자 라고스로 돌아가서 거기서 정부 관청의 사무원이 되었다.

- **tìƙā** (i/ē) v2 (vnf. tìƙā) (사람을) 흠씬 두들겨 패다, 때리다, 치다 tìƙar rawarsà 춤추기 cf. tīƙà v1tr. (간접목적어와 함께 쓰여) 때려눕히다
- **rawā** nf. (pl. ràye-ràye) 춤
- **ƙyar** adv. (dà 와 함께 쓰임) dà ƙyar 간신히, 겨우, 힘겹게 dà ƙyar na ɗaukō shì (간신히 그것을 날랐다)
- **kyar** adv. = ƙyar
- **daɗè** v4intr. 오래 있다, 오래 되다 yā tàfi ya daɗè (그는 가서 오래 있었다) kakàn daɗè à wurin wankā kùwā? (너는 목욕탕에서 항상 오래 있냐?) nā daɗè inā aikì à nân (나는 여기서 오랫동안 일하면서 있었다) tagùwar nàn tā daɗè à wurīnā (나의 이 셔츠는 오래 되었다) mun daɗè munā àbōtā (우리는 오래된 친구다) gānuwar nàn tā daɗè fiye dà shèkarā ɗarī biyu (이 성벽은 200 년 이상 오래 되었다) tun dà daɗèwā 얼마 전에, 얼마 전부터
- **sànā'à** nf. (pl. sanā'ō'ī) ① 장사 ② 직업 sànā'àrsà ginì (그의 직업은 집짓는 것이다) ③ 습관, 버릇 sànā'àr yāròn nân kūkā (이 아이의 버릇은 우는 것이다)

sanar dà v5 ~에게 알리다

fùskantà (ci/cē) v2 ① ~에 면하다, ~을 향하다 yā fùskànci gabàs (그것은 동쪽을 향하고 있다) ② ~라는 견해를 갖다, ~라는 생각을 갖다 nā fùskànci zàncên duk rashìn gàskiyā (나는 그 일이 전부 거짓말이라는 생각을 갖고 있다) ③ ~에 직면하다

- **hàifā** (i/ē) v2 ~을 낳다 tā hàifi 'yā'yā ukù (그녀는 세 명의 아이를 낳았다) saurī yā hàifi nàwā (속담: 서두름은 더딤을 낳는다)
- **sauràyī** nm. (pl. sàmàrī) 젊은 남자, 청년
- **àkàwu** nm. (pl. akāwunà, àkàwu-àkàwu) (관청, 회사 따위의) 사무원

제53강 지역이나 종족의 개별 구성원을 부르는 말

지역이나 종족의 개별 구성원을 부르는 말은 그 지역이나 종족을 뜻하는 말에서 파생된다. 일례로 하우사족을 뜻하는 Hausā 에서 '하우사 남자', '하우사 여자', '하우사인들' 이라는 다음의 말이 파생된다.

종족명	남성단수	여성단수	복수형
Hausā	Bàhausḕ	Bàhaushìyā	Hàusā̀wā

여기에 적용되는 규칙을 설명하는 것이 어려운 것은 아니지만 불규칙적인 예들이 존재하며, 모든 지역이나 종족을 나타내는 말이 이러한 어휘들을 파생시킬 수 있는 것은 아니므로, 학습자의 입장에서 볼 때 최선의 방법은 이것들을 보통의 단어처럼 암기하는 것이다.

1. 지역이나 종족의 개별 구성원을 부르는 말을 만드는 규칙

i. 단수는 접두사 Bà- 를, 복수는 접미사 -āwā 를 붙인다.
ii. -ā 로 끝나면 남성단수는 -ā 가 -ḕ 로, 여성단수는 -ìyā 로 바뀐다.
iii. 자음으로 끝나면 남성단수는 접미사 -ī 가, 여성단수는 -ā 가 첨가된다.
iv. 단수는 접두사와 접미사를 제외하면 어간의 형태가 그대로 유지된다. 복수는 고성조를 취하지만 어떤 것은 어간의 모든 음절과 더불어 접미사 -āwā 의 첫번째 -ā 가 저성조를 취하기도 한다.
v. 접미사가 첨가될 때 구개음화 규칙이 적용된다.

2. 예

지역/종족 명	남성 단수형	여성 단수형	복수형
Tūrai 유럽	Bàtūrḕ 유럽 남자	Bàtūrìyā 유럽 여자	Tū̀rā̀wā 유럽인들
Hausā 하우사족	Bàhaushḕ	Bàhaushìyā	Hàusā̀wā
Kanṑ 카노	Bàkanṑ, Bàkanḕ	Bàkanìyā	Kanāwā
Masàr 이집트	Bàmasàrī	Bàmasàrā	Masarāwā
(Yāràbā) 요루바	Bàyarabḕ	Bàyarabìyā	Yarabāwā
(Fila) 플라니	Bàfillācḕ	Bàfillātā̀	Filā̀nī

* Yāràbā, Fila 는 단독으로 사용될 수 없음.

→ 새로 나온 단어

- **Bàfillācḕ** nm. (f. Bàfillātā̀, pl. Filā̀nī) 풀라니 사람
- **Bàkanṑ** (= Bàkanḕ) nm. (f. Bàkanìyā, pl. Kanāwā) 카노사람
- **Bàmasàrī** nm. (f. Bàmasàrā, pl. Masarāwā) 이집트인
- **Bàtūrḕ** nm. (f. bàtūrìyā, pl. tū̀rā̀wā) 유럽인

→ DIALOGUE

Sùlḕmānù : Ìnā zâ ka àbōkī?
Būbà : Ai, zâ ni asìbitī̀ ìn shā māgànī.
Sùlḕmānù : Àshē? Bā kā̀ dà lāfiyā̀ nē?
Būbà : Ī, bàn yi barcī ba yâu kō kàɗan.
Sùlḕmānù : Zàzzàɓī nḕ?
Būbà : Ī, dà cīwòn kâi.
Sùlḕmānù : Kâi, bâ kyâu!
Būbà : Hakà nē. Dâ yanā̀ zuwā̀ lōtò-lotṑ kawài àmmā yànzu nā yi kwānā ukù bàn ràbu dà shī ba.
Sùlḕmānù : Likità zâi bā kà àllūrā̀ nē?
Būbà : Wàtàkīlà. Hakà nakḕ sô.
Sùlḕmānù : Allā̀ yà sawwàƙē!

Būbà : Ầmin.

Sùlèmānù : 어디가니 친구야?
Būbà : 어 약을 좀 먹으려고 병원에 가.
Sùlèmānù : 그래? 어디가 안 좋니?
Būbà : 응, 어제 밤 한 잠도 못잤어.
Sùlèmānù : 열병이야?
Būbà : 그래, 두통도 있어.
Sùlèmānù : 저런, 안되었구나!
Būbà : 그렇지 뭐. 전엔 가끔씩 왔는데 요새는 (두통이) 떨어지지 않은 지가 3 일이 되었어.
Sùlèmānù : 의사한테 주사를 맞으려고?
Būbà : 글쎄. 그렇게 하고 싶어.
Sùlèmānù : 병이 낫기를 빌게!
Būbà : 아멘.

제54강

사칙연산과 분수

	사용되는 어휘
덧셈	dà
뺄셈	bābù, dàgà, à ɗēbḕ ... dàgà cikin, à fitad dà ... dàgà cikin
곱셈	sàu
나눗셈	shìga ... sau

1. 덧셈

- ukù dà ukù shidà nē. (3 더하기 3 은 6 이다.)
- shâ biyu dà àshìrin ɗaya bābù nawà nē? (12 더하기 19 는 얼마입니까?)

2. 뺄셈

- gōmà, huɗu bābù nawà nē? (10 빼기 4 는 얼마입니까?)
- biyu dàgà shidà nawà nē? (6 빼기 2 는 얼마입니까?)
- à ɗēbè bìyar dàgà cikin tàlā̀tin dà huɗu, nawà nē? = à fitad dà bìyar dàgà cikin tàlā̀tin dà huɗu, nawà nē? (34 빼기 5 는 얼마입니까?)

3. 곱셈

- ukù sàu ukù nawà nē? (6 곱하기 6 은 얼마입니까?)
- shâ bìyar sàu huɗu sìttin nḕ. (15 곱하기 4 는 60 입니다.)

4. 나눗셈

- shidà zâi shìga àshìrin dà huɗu sàu nawà? (24 나누기 6 은 얼마입니까?)

- sàu nawà gōmà zâi shìga mȅtan? (200 나누기 10 은 얼마입니까?)

5. 분수

- 1/2 rabȉ
- 1/4 kwatȁ, rubù'ī
- 1/3 sulùsī = ɗaya bisà ukù = ɗaya dàgà cikin ukù
- 3/8 ukù bisà takwàs = ukù dàgà cikin takwàs
- 1/10 ushìrī = ɗaya bisà gōmà = ɗaya dàgà cikin gōmà

6. 백분율

- 10% gōmà bisà ɗàrī

→ 새로 나온 단어

- **rubù'ī** nm. 사분의 일 (1/4)
- **sulùsī** nm. 삼분의 일 (1/3)
- **ushìrī** nm. 1/10, 십분의 일

→ READING

Lȁbārìn 'Fela Kuti' 2

À lōkàcîn dà yakȅ yîn wannàn aikȉ nē ya dingà ƙȍƙarin zamā makàɗī, yanȁ wȁƙe-wȁƙensà à kùlâb-kùlâb na birnin Ìkko. Kō à lōkàcîn Fela yā iyà kaɗà 'piano' dà būsà 'saxophone', dàgà bìsānī kuma ya zama shȗgàban makàɗā dà mawȁƙansà. Tȍ àmmā irìn mabūsâr nan mài kàmā dà àlgaitȁ dà akȅ kirȁ 'saxophone', ita cȅ kōwā ya fi dangàntà kàɗe-kàɗen Fela dà ita. Bȁra wàccan nȅ shī dà kânsà ya bayyànà yaddà ya fārà àmfȁnī dà ita, indà ya cȅ: 'Dâ mā àkwai irìn wannàn àlgaitȁ à ƙàrƙashin gadōnā, wàccè ɗaya dàgà cikin makàɗānā kȅ būsȁwā. Rân nan sai na ɗàukē tà na sâ à bȁkī na fārà būsȁwā. Àbin mȁmākȉ sai na ji mā nā fi iyà àmfȁnī dà ita fiye dà bàdȗjalā . Tȍ dàgà wannàn lōkàcī nȅ na fārà kȍyon yaddà akȅ àmfȁnī dà saxophone.'

펠라 쿠티의 이야기 2

그가 이 일을 하고 있을 때 그는 라고스의 클럽들에서 노래를 부르면서 악사가 되려는 노력을 계속했다. 이 때에도 펠라는 피아노를 치며 섹스폰을 불 수 있었고, 또 나중에는 악사들과 가수들의 우두머리가 되었다. 알가이타와 비슷한 섹스폰이라 불리는 이 관악기, 모든 사람들은 펠라의 연주와 그것을 더 연관시킨다. 재작년에 그는 그 스스로 그걸 어떻게 해서 사용하기 시작했는지 설명했다, 여기서 그가 말했다: '예전에 내 침대 밑에 이런 종류의 알가이타가 있었는데, 내 악사들 중의 하나가 그것을 불고 있었다. 그 날 나는 그것을 집어들고 입에 대고 불기 시작했다. 놀라운 일은 내가 나팔보다 그것을 더 잘 사용할 수 있다고 느꼈다는 것이다. 이 때부터 나는 섹스폰을 사용하는 방법을 배우기 시작했다.

- **makàɗī** nm. (f. makaɗìyā, pl. makàɗā) 북 연주자, 드러머, 악사, 음악가
- **wāƙā̀** nf. (pl. wāƙōƙī, wā̀ƙe-wā̀ƙe) 노래, 시
- **mawā̀ƙī** nm. (f. mawāƙìyā, pl. mawā̀ƙā) 가수, 시인
- **kaɗā̀** v1tr. ① (북을) 치다, (악기를) 연주하다 <note: 모든 종류의 악기의 연주를 '치다'라는 말로 표현하는 경향이 있음> yā kaɗà gàngā (그는 북을 쳤다) sun kaɗà gàngar yāƙī sabṑ dà mū (그들은 우리한테 전쟁을 선포했다) ② (실을) 잣다, 실로 만들다 kaɗà audùgā 목화로 실을 잣다 ③ 젓다, 휘젓다 tā kaɗà nōnṑ (그녀는 우유를 저었다) tā kaɗà ƙwai (그녀는 계란을 저었다) ④ (꼬리, 머리, 손을) 흔들다 yā kaɗà kâi (그는 머리를 흔들었다) <note: 이 문장만으로는 동의를 해서 흔들었는지 반대해서 흔들었는지 나타나 있지 않다> kàrē yā kaɗà wutsiyā̀ (개가 꼬리를 흔들었다)
- **būsā̀** v1tr. & intr. ① (입으로) 불다 ② (바람이) 불다 ③ nf. (pl. bū̀she-bū̀she) (입으로) 불기, 관악기로 연주되는 음악, 한가한 대화
- **mabū̀shī** nm. (pl. mabū̀sā) 호른 연주자(부는 사람)
- **mabūsā** nf. 관악기
- **àlgaitā̀** nf. (pl. àlgàitū) 입으로 부는 구멍이 두 개인 높은 음의 악기
- **dangàntā** v1tr. ~와 관련시키다, 연관시키다 bài kàmātà à dangàntà wàlî dà aikìn àsshā (성자를 악행과 관련시켜서는 안된다)
- **kiɗī̀** nm. (pl. kàɗe-kàɗe = kìɗe-kìɗe) ① (북을) 치기, (현악기) 뜯기, 켜기, (일반적인 악기의) 연주 mun ji kìɗe-kìɗe dàgà nēsà = mun ji amon gangunā̀ dàgà nēsà (우리는 멀리서 북소리를 들었다) ② 음악, 악기
- **kiɗā̀** nf. = kiɗī̀

- **bȁra** nf. & adv. 작년 bȁra wàccan 재작년
- **rānā** nf. (pl. rȁnàikū, gen. rānar = ran) ① 태양 rānā tā yī (태양이 높이 떠 올랐다) ② 더위 yâu àkwai rānā = yâu anȁ rānā (오늘은 덥다) ③ 날 bàn san rānâr (= rân) dà zā sù zō ba (나는 그들이 오는 날을 모른다) wata rānā (어느 날) rānar kȁsuwā (장날) ran (= rānar) Lahàdì (일요일날) rân nan 그 날, 어느날 ràn nan 그 날
- **bàdȕjalā** nf. 나팔, 트럼펫

제55강

HAR

HAR 가 어떠한 의미로 쓰이건 간에 그 이면에는 '시간이나 장소의 주어진 어느 지점까지 죽' 또는 '(다른 모든 것들을 포함해서) ~ 까지' 라는 뜻이 내재해 있다.

1. HAR + 절

① ~ 할 때까지 (과거) **har + Completive / rel. Completive**

- yā ajìyè gyàɗā har mōtōcī sun zō
  (그는 자동차들이 올 때까지 땅콩을 저장해 두었다)
- sun yi aikī̀ har sun gàji (그들은 지칠 때까지 일했다)
- yârân sun yi barcī har mukà dāwō dàgà kā̀suwā
  (아이들은 우리가 시장에서 돌아올 때까지 잤다)
- yârân bà sù yi barcī ba har mukà dāwō dàgà kā̀suwā
  (아이들은 우리가 시장에서 돌아올 때까지 자지 않았다)
- har sun ìsa kā̀suwā, bà sù gan mù ba
  (시장에 도착할 때까지 그들은 우리를 보지 못했다)
- har hàntsī yā yi, bàn jē ba (아홉시 무렵까지 나는 가지 못했다)

→ NOTE

문맥이 허락하면 주절의 생략도 가능하다.

- har yā yi shḕkarā̀ biyu yanā̀ sàrautā̀; sai akà tūɓḕ shi
  (그가 다스리면서 2년이 지날 때까지 그랬다; 그리고 그는 폐위되었다)
- har giwā tā zō (코끼리가 올 때까지 그랬다)

② ~ 할 때까지 (미래) **har + Subjunctive**

- Audù zâi yi gudù har yà gàji (그는 지칠 때까지 달릴 것이다)

- kà yi ta tàfiyā̀ har kà jē Fùntuwà
  (푼투와에 도착할 때까지 계속해서 가시오)
- zân iyà tsayā̀wā har kà gamā̀ (나는 네가 끝낼 때까지 기다릴 수 있다)
- zân yi tàfiyā̀ har ìn ìsa kā̀suwā (나는 시장에 도착할 때가지 계속 갈 것이다)
- zâi yi barcī har mù dāwō (그는 우리가 돌아올 때까지 잘 것이다)
- bà zâi yi barcī ba har mù dāwō (그는 우리가 돌아올 때까지 자지 않을 것이다)

→ NOTE

har + subjunctive 대신 시간 관계대명사 구문인 har lōkàcîn dà + rel. Completive 를 사용할 수 있다.

- zâi yi barcī har lōkàcîn dà mukà dāwō (그는 우리가 돌아올 때까지 잘 것이다)
- bà zâi yi barcī ba har lōkàcîn dà mukà dāwō
  (그는 우리가 돌아올 때까지 자지 않을 것이다)

→ NOTE

문맥이 허락하면 주절의 생략도 가능하다.

- har ìn ci àbinci (내가 밥을 다 먹을 때까지 (기다려라))
- har ìn nūnā̀ makà (내가 너한테 보여줄 때까지 (기다려라))
- in mun sakḕ à nân, har Bàtūrḕ yâ (= yà) zō
  (우리가 여기서 빈둥거리면 그 백인이 올 때까지 (빈둥거릴 것이다))

③ ~ 할 때까지는 (미래) **har + Subjunctive / rel. Completive**

- har kù (= kukà) ìsa Kanò, kwâ sā̀mē shì (네가 카노에 도착할 때까지는 그것을 얻을 것이다)

④ (다른 모든 것들을 포함해서) ~ 까지도 하다 **har + Completive / rel. Completive**

- mun sàuka har mun yi wankā (우리는 도착해서 목욕까지지도 했다)
- inā̀ nēman aurē har mā nā kai tōshī̀
  (결혼을 하고자 하는데 난 선물을 주기까지도 했다)
- har yā kai gà cêwā ... (He went as far as to say that ...)

⑤ 너무 ~ 해서 ~ 하다, ~ 할 정도로 ~ 하다
har + Continuative / Completive / Future (1) / Future (2) / Habitual

- sunā̀ ta sai dà gṑnàkinsù har sunā̀ rasà wurin nōmā
  (그들은 농장을 너무 계속 팔아치워서 경작할 장소가 없다)

- azùrfā tanā̀ dà dāmā har anā̀ lìkkāfā̀ dà itā (은이 너무 많아서 사람들은 그것으로 등자를 한다)
- yā yi ràunī har yā mutù (그는 부상을 너무 심하게 당해서 죽었다)
- cīwṑ yā ci ƙarfinsà har yā kashḕ shi
  (그 병이 그의 힘을 소진시켜서 그를 죽였다)
- yā girmàmā su har sun ɗāukakà
  (그가 그들을 너무 존경해서 그들은 지위가 높아졌다)
- yanā̀ dà àmfā̀nī har saurā kàɗan ya shāfḕ wàhalā̀ tāsà
  (그것은 너무 쓸모가 있어서 그것을 취하는데 드는 어려움을 거의 하찮게 만든다)
- sun gàmu bisà gà hālin zamansù har â iyà cê musù irī̀ ɗaya nḕ
  (그들은 한 부류라고 말할 수 있을 정도로 그들의 문화에 있어 유사하다)

→ NOTE

이 용법과 관련해 har 를 생략해도 되는 경우가 많이 있다. 즉, 두 개의 절을 단순히 병치시켜도 비슷한 의미를 띤다. 이것은 등위절들을 특별한 접속사 없이 나열할 수 있는 하우사어의 통사적 특징에 기인한다.

- sunā̀ ta sai dà gṑnàkinsù har sunā̀ rasà wurin nōmā
  (그들은 농장을 너무 계속 팔아치워서 경작할 장소가 없다)
  = sunā̀ ta sai dà gṑnàkinsù, sunā̀ rasà wurin nōmā
- yā yi ràunī har yā mutù (그는 부상을 너무 심하게 당해서 죽었다)
  = yā yi ràunī, yā mutù

⑥ ~ 에도 불구하고 **har + Completive**

- har yā tsūfa, àmmā sai yà fitō shân iskā̀ (그는 늙었지만 바람을 쐬러 나온다/나왔다)

2. HAR + 구

① ~ 까지 (미래나 과거의 어느 시점) **har + 시간 관련 표현**

- nâ kai har ƙarfḕ ukù (세 시 까지는 가야할 것 같다)
- tun jiyà akḕ yîn ruwā har yâu dà sāfe (어제부터 오늘 아침까지 비가 오고 있다)
- har yànzu iyā̀yen yārinyā̀ bà sù yankà sàdākìn ba
  (소녀의 부모는 지금까지 신부값을 정하지 않았다)

- har yànzu nā iyà ganinsà (나는 아직도 그를 볼 수 있다)
  <과거의 어느 시점부터 지금까지 죽>
  cf. kō yànzu nā iyà ganinsà (나는 아직도 그를 볼 수 있다)
  <시야에서 사라졌을 거라고 기대하겠지만>

→ NOTE

부정의 범위와 관련된 다음의 차이를 숙지할 필요가 있다.

- Bellò bài yi aikì̄ ba har ƙarfè̄ biyu (벨로는 두 시까지 일을 하지 않았다)
  <벨로는 두 시까지 잤거나 놀았거나 혹은 그 밖의 다른 행위를 했다는 의미>
- Bellò bài yi aikì̄ har ƙarfè̄ biyu ba (벨로는 두 시까지 일한 것이 아니다)
  <벨로는 두 시 전에 일을 중단했다는 의미>

→ NOTE

순간 동사는 긍정문에는 올 수 없지만 부정문에는 올 수 있다.

- Bellò yā isō har ƙarfè̄ biyu (벨로는 두 시까지 도착했다) (X)
- Bellò bài isō ba har ƙarfè̄ biyu (벨로는 두 시까지도 도착하지 못했다) (O)
- Bellò yā zō har sun dāwō (벨로는 그들이 돌아올 때까지 왔다) (X)
- Bellò bài zō ba har sun dāwō
  (벨로는 그들이 도착할 때까지도 오지 못했다) (O)

② ~ 까지 (동안) **har + 기간 관련 표현**

- har shè̄karā̀ biyu (2 년까지)
- har kwānā àrbà'in (40 일까지)
- àbîn dà ya ìsa kōyârwā har shè̄karā̀ ukù (3 년까지 가르치는데 충분한 것)

→ NOTE

'for 동안' 에 해당하는 하우사 표현은 기간을 나타내는 말 앞에 아무 것도 안 써주는 것이 일반적이다.

- tā̀rôn yā kai Ø awā̀ biyu (그 모임은 두 시간 동안 계속되었다)
- Ø kwānā ukù bàn ga mālàmī ba (나는 삼 일 동안 선생님을 보지 못했다)
- vsun zaunā̀ Ø watā̀ ukù (그들은 세 달 동안 머물렀다)

③ ~ 까지 (장소) **har + 장소 관련 표현**

- har iyȁkar ganinmù (우리가 볼 수 있는 데까지)
- sā̀wun shānûn sun kùwa zō har gidan Bētì
  (소떼의 발자국이 베티의 집까지 나 있었다)
- dàgà nân har Kanò (여기서부터 카노까지)
- an yi hanyȁ dàgà Kanò har Daurȁ (카노에서 다우라까지 길이 죽 났다)
- àbîn yā kai mù har gà sarkī (그 일은 우리를 추장한테까지 데려갔다)

④ (다른 모든 것들을 포함해서) ~ 까지도 **har + 명사구**

- har Bellò yanȁ sôn rōgȍ (벨로까지도 카사바를 좋아한다)
- kōwā yanȁ sôn rōgȍ, har Bellò (모두 카사바를 좋아한다, 벨로까지도)
- kōwā bā yȁ sôn rōgȍ, har Bellò
  (아무도 카사바를 좋아하지 않는다, 벨로까지도)
- bâ wandà yakȅ sôn rōgȍ, har Bellò
  (카사바를 좋아하는 사람은 아무도 없다, 벨로까지도)
- zân bā kà har wannàn (나는 너에게 이 것까지도 줄 것이다.)
- nā gayȁ wà kōwā har sarkī (나는 모든 사람들에게 말했다, 추장에게까지)
- yā làllȁshē tà dà màganȁ, har mā dà kyàutā
  (그는 말로 그녀를 꼬셨다, 선물로도)

→ NOTE

har 와 kō 는 '~까지', '~조차' 로 옮길 수 있지만 둘 사이에는 미묘한 차이가 존재한다. 전자는 '다른 모든 것들을 포함해서 ~까지' 라는 뜻이지만 후자에는 '다른 것들은 말할 나위도 없고', '다른 것들은 차치하고' 라는 뜻이 함축되어 있다.

⑤ (비슷한 유형의 또 다른 대상) 까지도 포함해서 **har / har dà + 명사구**

- kȁwō wannàn har dà wancàn (그것을 가져와라, 저것까지도 포함해서)
- yā ɗȁuki kāyā dukà har dà mȁsu nauyī
  (그는 모든 짐을 들었다, 무거운 것들까지도 포함해서)
- gànīmàr har dà jirȁgē ɗàrī (전리품, 100 척의 배까지도 포함해서)
- Audù yā zō har dà ɗan'uwansà (아우두가 왔다, 그의 형제까지도 포함해서)

⑥ ~ 에도 불구하고 **har + 명사구**

- har tsūfan nàn nākà (당신의 그 노령에도 불구하고)
- har tàimakôn dà akà yi masà bài ci ba (그가 받은 도움에도 불구하고 그는 통과 못했다)

⑦ 기타

- yâranka̖ har nawa̖ nē ? (일꾼들이 몇 명까지 있습니까?)

→ DIALOGUE

Lawàl : Uwargidankà tā yi cikī̀ nē?
Dōgo : Hakà nē. Tanā̀ dà na watā̀ bìyar.
Lawàl : Mādàllā. Na farkō nḕ?
Dōgo : Ā'ā̀, ta yi wani bā̀ra àmmā yā zubḕ.
Lawàl : Tô, àmmā lāfiyā̀ takḕ yànzu?
Dōgo : Ai dāma-dāma. In Allā̀ yā yàrda zā tà haifù lāfiyā̀.
Lawàl : Tô Allā̀ yà sâ.
Dōgo : Ā̀min.

Lawàl : 당신의 아내가 임신했습니까?
Dōgo : 그렇습니다. 5 개월 되었습니다.
Lawàl : 축하합니다. 초산인가요?
Dōgo : 아닙니다. 작년에 임신을 했는데 유산되었습니다.
Lawàl : 그렇군요, 지금은 건강합니까?
Dōgo : 네 전보단 낫습니다. 신께서 보살펴 주시면 무사히 출산하겠지요.
Lawàl : 네 신이 그렇게 하시길 빌겠습니다.
Dōgo : 아멘.

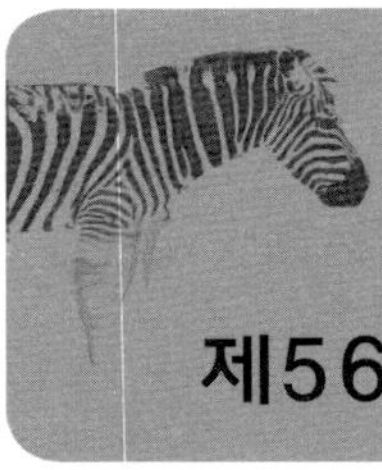

제56강

형용사

추상명사를 사용해 형용사적 표현을 만드는 경우가 많지만 형용사가 전혀 없는 것은 아니다. 형용사는 남성형, 여성형, 복수형을 갖는다. 다음은 자주 사용되는 형용사들이다.

남성형	여성형	복수형	뜻
baƙī	baƙā	baƙā̀ƙē	까만
farī	farā	farā̀rē	하얀
jā	jā	jājā̀yē	빨간
kōrḕ	kōrìyā	kwârrā	녹색의
shūɗī̀	shūɗìyā	shûɗɗā	청색의
rā̀wayā̀	rā̀wayā̀	rā̀wàyū	노란
sābō	sābuwā	sā̀bàbbī	새로운
tsōhō	tsōhuwā	tsṑfâffī	늙은, 낡은, 오래된
bàbba	bàbba	mânyā	큰, 중요한
ƙàramī	ƙàramā	ƙanānā̀	작은
ƙànƙanḕ	ƙànƙanùwā	ƙanānā̀	작은
dōgō	dōguwā	dōgā̀yē	키큰
gàjērē	gàjērìyā	gàjḕrū	짧은
ƙātṑ	ƙātùwā	ƙàttī	거대한
mūgū̀	mūgùwā / mugunyā̀	mûggā	사악한

1. 형용사의 한정적 용법

형용사는 명사의 앞 또는 뒤에서 명사를 수식한다. 이 때 형용사는 명사의 성과 수에 일치해야 한다. 동사에서 파생되는 과거분사도 형용사의 범주에 속한다.

① 형용사가 명사의 앞에 올 때 형용사의 남성형과 복수형에는 연결사 -n 이 붙고 여성형에는 -r 이 붙는다.

- gà̄ wani dōgon Bàtūrè̄. (어떤 키 큰 유럽인이 있다.)
- yà̄yà̄ sābon ìngarmàn nan? (그 새로운 종마는 어떻습니까?)
- tā shìga ɗàuke dà baƙar àlkyabbà̄. (그녀는 까만 외투를 들고 들어갔다.)
- mânyan mōtōcī sun zō dàgà Jàs. (트럭들이 조스에서 왔다.)
- àkwai fàsàssun kwalà̄bē à kân katangā. (벽 위에 깨진 병들이 있다.)
- nā sàyi bàbban gidā. (나는 큰 집을 샀다.)
- yā bi dōguwar hanyà̄. (그는 긴 길을 따라갔다.)

② 형용사가 명사의 뒤에 올 때는 연결사가 필요없다. ƙàƙanè̄ 를 제외하면 형용사를 명사의 뒤에 놓은 이 방법은 잘 사용되지 않는 경향이 있다.

- yārò̄ ƙànƙanè̄ yā zō. (작은 소년이 왔다.)
- gidā bàbba (큰 집)
- ìngarmà sābō yanà̄ dà àlà̄mun gudù̄.
  (그 새로운 종마는 경주마가 될 징조를 보인다.)
- kà̄wō àlkyabbà̄ baƙā. (까만 외투를 가져와라.)
- kâr à bâ yârā ƙanānà̄ tābà̄. (어린 아이들에게는 담배를 주어서는 안된다.)

2. 형용사의 서술적 용법

형용사는 명사에 병치되어 명사의 보어로 쓰일 수 있다. 이 때에도 형용사는 명사의 성과 수에 일치해야 한다.

- ìngarmàn nân sābō nè̄. (이 종마는 새거다.)
- àlkyabbà̄tā baƙā cè̄. (내 외투는 까맣다.)
- tākalmà̄ tsò̄fàffì nè̄. (그 신발들은 낡았다.)

3. 형용사의 명사적 용법

형용사는 단독으로 쓰여 명사의 기능을 할 수 있다. 이것을 형용사적 명사라고 부르는데 형용사적 명사는 해당 성질을 지닌 사람이나 물건을 가리킨다.

- tsōhō yā sâ àlkyabbà̄. (그 노인이 외투를 입었다.)
- tsōhuwā tā dāwō. (그 노파가 돌아왔다.)
- bàbba yā tàfi gidā. (그 어른이 집에 갔다.)
- mânyā bā sà̄ hawā jà̄kī. (지체가 높은 사람들은 당나귀를 타지 않는다.)

- mânyā sun zō gàrinmù. (중요한 분들이 우리 마을에 왔다.)
- kā̀wō baƙâr. (그 까만 것을 가져오시오.)
- yā bùgi jân. (그는 빨간 것을 때렸다.)
- sābuwā cḕ à nân gàrîn. (그 것은 이 도시에서는 새로운 것이다.)

4. 색깔을 나타내는 형용사의 중첩

색깔을 나타내는 형용사를 중첩시키면 약화된 성질의 형용사가 만들어진다. 이 때 마지막 모음은 단모음화 된다.

- wàndonsà shūɗì-shūɗì nē. (그의 바지는 푸르스름하다.)
- hannūnā yā kōmā̀ baƙi-baƙi. (나의 손은 거무스름하게 변했다.)
- fātàrsà tā zama rā̀wayà-rā̀wayà. (그의 피부는 노르스름하다.)

→ NOTE

색깔을 나타내는 형용사와 의태어

색깔을 나타내는 형용사는 그 의미를 강화시키는 의태어를 갖고 있다.

- jā̀ wur, jā̀ jir, jā̀ zur 새빨간 <이 때 형용사 jā 가 저성조로 변한다.>
- baƙī ƙirin, baƙī sidiƙ, baƙī sil 순흑의
- farī fat, farī kal 순백의
- kōrḕ shar 선녹색의 (bright green)

→ READING

Lā̀bārìn 'Fela Kuti' 3

Bāyan wani ɗan lōkàcī, sai Fela ya ga cêwā bābù àbîn dà zâi fi dācḕwā dà shī kàmar yà jē wata ƙasar wàje, yà ƙārō ilìmin kiɗī̀ dà wāƙā̀. Don hakà nē à shḕkaràr alìf dà ɗàrī tarà dà hàmsin dà takwàs ya zō nân Landàn, indà ya shìga Kwalējìn Kàɗe-Kàɗe dà Wā̀ƙe-Wā̀ƙe ta 'Trinity'. Bāyan shḕkàrū huɗu nḕ ya kōmā̀ Nā̀jēriyā̀ indà ya yi ta gwajī̀, kuma yanā̀ àmfā̀nī dà salon kàɗe-kàɗe dà wā̀ƙe-wā̀ƙe irī̀-irī̀. Tṑ àmmā sai bāyan yā yi wàtànnī gōmà à Amìrkà nē, à shḕkaràr alìf dà ɗàrī tarà dà sìttin dà tarà, ya sauyà sūnan āyàrin makàɗansà ya kōmā̀ 'Africa 70', sànnan ya fārà yîn fàyā̀fàyai irī̀-irī̀ waɗā̀ndà sukà sâ shi cikin sahun makàɗan zāmànī na dūniyā̀ bā̀kī ɗaya.

펠라 쿠티의 이야기 3

얼마 후 펠라는 음악과 노래에 관한 지식을 넓혀오기 위해 외국에 가는 것만큼 그에게 더 적당한 것은 없다는 것을 알게 되었다. 1958년 여기 런던에 온 것은 그것 때문이었으며, 런던에서는 트리니티 음악 학교에 들어갔다. 4년 후 그는 나이지리아에 돌아가 실험을 계속 했으며, 다양한 연주 및 노래 기법을 사용했다. 미국에서 10개월을 지낸 후, 1969년 그는 악단의 이름을 바꿔서 '아프리카 70'이 되었다. 그리고는 여러 종류의 레코드를 만들기 시작했는데 이것들은 갑자기 그를 세계적인 현대 음악가 반열에 올려놓았다.

- **lōkàcī** nm. (pl. lṑkàtai) 시간, 때, 시기 lōkàcin tāshì yā yi (일어날 시간이 되었다) ƙarfḕ nawà nē yànzu Ā̀dō? àkwai lōkàcin wankā kùwa? (지금 몇 시입니까, 아도씨? 목욕할 시간이 있습니까?) lōkàcîn da ~한 때, 언제 ~했는지 àmmā tun lōkàcîn dà na fārà wā̀san mōtsà jìkī kōmē yā yi kyâu (운동 경기를 시작하고나서부터는 모든 게 좋아졌다) bàn san lōkàcîn dà ya isō ba (나는 그가 언제 도착했는지 모른다) à lōkàcī gùdā 동시에 mun shìga gidân à lōkàcī gùdā (우리는 동시에 그 집에 들어갔다) wani lōkàcī 때때로, 이따금
- **ilmī̀, ilìmī** nm. ① (특히 이슬람 신학과 관련된) 지식 ② ~ 학 ilmìn kī̀miyyā̀ 과학 ilmìn likità 의학 ilmìn māgànin gargājiyā 전통 의학
- **kwalējì** nf. 대학, 칼리지 Kwalējìn Kàɗe-Kàɗe dà Wā̀ƙe-Wā̀ƙe ta 'Trinity' 트리니티 음악 학교
- **gwajī̀** nm. (pl. gwàje-gwàje) ① 실험, 시험, 시도 gōnar gwajī̀ (실험 농장) yi wà gwajī̀ ~에게 실험하다 ② 연습 ③ 실물 전시 gwajìn kāyàyyakin àmfā̀nin gōnā (농업 전시회)
- **salō** nm. 스타일, 양식, 풍 salon tàfiyàrsà àbin dā̀riyā (그의 것는 스타일은 웃긴다)
- **kōmā̀** v1intr. ① 돌아가다 ② ~로 되다
- **āyàrī** nm. (pl. āyarōrī) ① 사막의 대상, 캐러반 ② 단, 집단 āyàrin makàɗā 악단
- **faifai** nm. (pl. fàyā̀fàyai) ① 용기를 덮는데 사용되는 원형의 작은 매트 ② 축음기 레코드 ③ 디스크
- **sahū** nm. (pl. sahū-sahū) ① (사람들의) 열, 줄 ƙasā̀shen sahun gàba 전선 제국(前線諸國)(특히 남아공이나 이스라엘에 접한 여러 나라) ② 노선, 방침 ③ 반열, 대열, 그룹, 범주
- **dūniyā̀** nf. 세상 dūniyā̀ tā yi dāɗī (세상이 즐겁다) ɗan dūniyā̀ 방탕아 shā dūniyā̀ 세상을 많이 여행하다 shìga dūniyā̀ 세상을 경험하러 집을 떠나다 na dūniyā̀ 세계적인

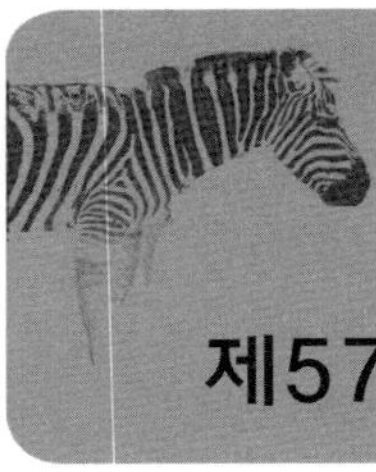

제57강 duk wândà … , duk àbîn dà ...

duk 다음에 wândà, àbîn dà 등의 관계대명사가 오거나, 명사 + 관계대명사가 오면 영어의 whoever, whatever 의 뜻이 된다. duk 이 관계절 안에 오는 경우도 있다.

- duk wandà ya zō nân, kà gayā̀ masà nā fita
  (누가 여기에 오건 그에게 내가 떠났다고 말해라)
  = kōwā ya zō nân, kà gayā̀ masà nā fita
- duk wandà kikà gayā̀ wà lā̀bārī̀, zân ji
  (네가 누구에게 그 얘기를 하건 나는 다 듣게 될 것이다)
  = kōwā kikà gayā̀ wà lā̀bārī̀, zân ji
- wandà duk zā à bā ràncên, sai yā iyà kiyā̀yè lìttàttā̀fan lissāfī̀
  (융자를 받는 사람이 누구건 장부를 관리할 수 있어야 한다)
- duk àbîn dà ka ganī, kà bā nì lā̀bārìn
  (당신이 보는 것이 무엇이건 그 소식을 나한테 전해주시오)
  = kōmē ka ganī, kà bā nì lā̀bārìn
- duk indà mukà jē, sai mukà gan shì
  (우리가 어디에 가든 우리는 그를 보았다)
  = kō'ìnā mukà jē, sai mukà gan shì
- duk hanyàr dà mukà bī, sai mukà gàji
  (우리가 어떤 길로 갔건 우리는 지쳤다)
  = hanyàr dà mukà bī dukà, sai mukà gàji

→ DIALOGUE

Àbūbakàr : Kâi, likità, cikī̀nā yanā̀ dāmū̀nā ƙwarai!
Likità : Kâi, sànnu! Yàushè nē ya sōmā̀?
Àbūbakàr : Ai yā daɗḕ – kàmar sātī biyu.
Likità : Tô. Kwàntā à tēbùr nân mù dūbā̀.
Àbūbakàr : Tô.
Likità : Kanā̀ zāwṑ nē?
Àbūbakàr : Ā'ā̀. Ai cikī̀ yā ɗaurḕ.
Likità : Tô. In nā taɓà nân, dà zāfī nḕ?
Àbūbakàr : Ā'ā̀, bài fi na sauran cikī̀ ba.
Likità : Tô, kā iyà tāshī̀ yànzu. Kà jē kà cikà wannàn kwalbā dà fitsārī, kà cikà wannàn dà bāyan gidā, kà bar sù nân, kà dāwō gṑbe.
Àbūbakàr : Tô.
Likità : Shī kḕ nan, sai gṑbe wàrhakà.
Àbūbakàr : Yâuwā, sai gṑbe.

Àbūbakàr : 어휴, 의사선생님, 배가 너무 괴롭습니다!
Likità : 저런, 안스럽군요! 그게 언제 시작했습니까?
Àbūbakàr : 오래 되었습니다 – 약 2주 되었습니다.
Likità : 네. 좀 들여다 보게 이 탁자 위에 누우시죠.
Àbūbakàr : 네.
Likità : 설사하세요?
Àbūbakàr : 아니요. 변비가 있습니다.
Likità : 알겠습니다. 여길 만지면 아프세요?
Àbūbakàr : 아니요, 배쪽 통증보다는 심하지 않습니다.
Likità : 네, 이제 일어나도 됩니다. 가서 이 병을 소변으로 채우고, 이건 대변으로 채워서 그것들을 여기 두고 내일 돌아오세요.
Àbūbakàr : 알겠습니다.
Likità : 되었습니다, 내일 이맘때 뵙지요.
Àbūbakàr : 고맙습니다, 내일 뵙겠습니다.

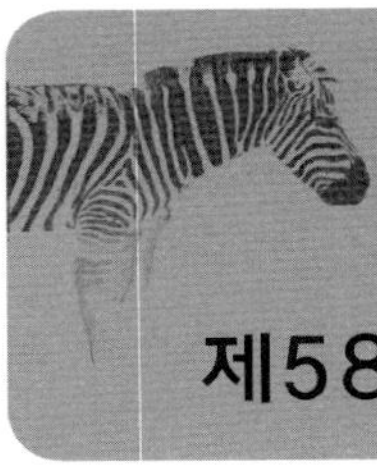

제58강

gà / gàrē

많은 경우 우리말의 '~한테' 로 옮길 수 있다. gà 다음엔 명사가 오고, gàrē 다음엔 직접 목적 대명사가 온다.

① ~ 에, ~ 에게, ~ 한테

- yā yi kirā̀ gà gwamnatì dà tà bā dà tàimakō
  (그는 도와달라고 정부에 호소했다)
- sun kāwō ruwā gà mā̀làmai (그들은 선생님들에게 물을 가져왔다)
- àbîn dà ya fā̀ru gàrē shì bā̀ daidai ba nḕ (그에게 일어난 것은 공정하지 않다)
- Mūsā ƙanḕ nē gà sarkī (무사는 추장한테 남동생이다)
- hankàlinsà yanā̀ gà bùdurwarsà (그의 마음은 그의 여자 친구한테 있다)
- mun ga mìsālìnsà gà Audù (우리는 그 예를 아우두한테서 발견했다)
- wannàn dṑkā bā tā̀ bìyuwā gà Jāmùs
  (이 법은 독일인한테는 적용되지 않는다)
- ƙasā tā zama kàɗan gàrē shì (그 땅은 그 사람한테는 너무 작다)
- wani àbin tsṑrō nḕ gà ƙasâr ((그것은) 그 나라한테는 어떤 두려운 일이다)
- shī kàmar bàbbar inuwā̀ yakḕ à gàrē mù
  (그는 우리한테는 큰 그늘과도 같았다)
- yā yi kirā̀ gà mutā̀nē dà sù ƙārà ƙṑƙarinsù
  (그는 사람들한테 더 노력하라고 호소했다)

② ~ 의 소유 하에

- 'yā'yā nawà gàrē kì? (당신한테 자식이 몇이나 있습니까?)
- kōmē gàrē nì zân sayar (나한테 있는 것은 어떤 것이든지 다 팔 것이다)
- Audù ai girman kâi gàrē shì = Audù yanā̀ dà girman kâi (아우두는 건방지다)
- wannàn yārinyā̀, àkwai kyâu gàrē tà (이 소녀는 아름답다)
- kuɗī gàrē sù (그들은 돈이 있다 / 그것들은 비싸다)

③ ~ 의 보호 하에, ~ 의 관리 하에

- yârā sunà̄ gà mà̄mātā (아이들은 나의 어머니한테 있다)
- mò̄târ tanà̄ gà Audù (그 자동차는 아우두한테 있다)
- munà̄ gà sarkī (우리는 추장의 보호 하에 있다)
- munà̄ gà Allàh (우리는 신의 보호 하에 있다)
- jè̄ ka gà sarkī (추장한테 가라.)
- nā tàfi gàrē kù (나는 너희들한테 갔었다.)
- nā kai sù gàrē shì (나는 그들을 그 사람한테 데리고 갔다)

④ ~ 한테서, ~로부터

- nā nè̄mi aikì̄ gà hēlùmà (나는 그 십장한테서 일거리를 찾았다)
- nā sàyi mōtàr gà wani màkānikè̄ (나는 어떤 기계공한테서 그 자동차를 샀다)
- nā kàrɓi sulè (dàgà) gàrē tà (나는 그 여자한테서 1 실링을 받았다)
- bài sà̄mi wani àbù (dàgà) gàrē nì ba (그는 나한테서 어떤 것도 얻지 못했다)
- yā sàyā gà màrāyà̄ (그는 (그것을) 그 고아한테서 샀다)
- yā kwancè lāyū gà kântà (그는 머리에서 부적을 떼었다)

→ NOTE

이 용법에는 '... 로부터 ... 가 나오다' 라는 의미가 기저에 깔려있다. 첫번째 예문에서는 일거리가 십장한테서 나온 것이고, 두번째 예문에서는 자동차가 기계공한테서 나온 것이다. 또한 '나온 것' 을 '취한다' 라는 뜻이 있다.

⑤ ~ 는, ~ 라면, ~ 에 관한한

- gà gudù yā fi nì bà̄ gà tsallē ba
  (달리기는 그가 나보다 낫지만 높이뛰기는 아니다)
- gà arzìkī yā fi nì (부는 그가 나보다 낫다)
- yā kàmātà gà sarkī yà yi hakà, in yā yi, bâ kōmē gàrē shì
  (추장이라면 그렇게 해야 한다, 그렇게 하면 그한테는 아무런 잘못도 없다)

⑥ ~ 의 의견에 의하면

- gà àbōkīnā dai, bài kàmātà mazà̄jē sù àuri yârā mātā ba
  (내 친구의 의견에 의하면 남자들은 어린 소녀와 결혼해서는 안된다)
- gà Audù bài kàmātà à yi hakà ba
  (아우두의 의견에 의하면 그렇게 해서는 안된다)

⑦ (장소) ~ 에

- yā shāfà fentì̄ gà bangō (그는 벽에 페인트를 칠했다)
- yā kafà ƙūsā̀ gà bangō (그는 못을 벽에 박아넣었다)
- yā sâ mangwamàrè gà kânsà (그는 머리에 베레모를 썼다)
- sunā̀ ɗauke dà kāyā gà kāwunànsù (그들은 머리에 짐을 이고 있다)
- yā sōkà tsì̄rē gà tukùbā (그는 찌레를 화덕에 찔러넣었다)
- yanā̀ rìƙe dà māshì̄ gà hannunsà (그는 손에 창을 쥐고 있다)
- yā kai gà Kanò = yā kai Kanò (그는 카노에 도착했다)

→ NOTE

여기서 gà 는 모두 à 로 대체할 수 있다.

⑧ ~ 에 거슬러, ~ 에 대항하여, ~ 에 반대하여

- lâifī gà mahàifī (아버지에 대한 죄)
- Allàh yanā̀ tàimakonsà gà maƙìyā (신은 그를 도와 적에게 대항하도록 했다)
- bā à zārè takṑbī gà àl'ummā̀ ((통치자는) 백성을 향해 칼을 뽑지 않는다)

⑨ ~당

- sunā̀ sāmùn kàmashòn sulḕ gōmà gà kōwànè bùhū
  (그들은 한 자루당 10 실링의 수수료를 받는다)

⑩ 달의 날짜를 언급할 때

- zā mù tàfi Nā̀jēriyā̀ ran gōmà gà watàn gṑbe
  (우리는 다음 달 10일에 나이지리아에 갈 것이다)
- dàgà ran ukù gà (watàn) Fàbrairù zuwā̀ ran àshìrin gàrē shì
  (2월 3일부터 그 달 20 일까지)

⑪ 간접 목적어가 관계절과 같은 복잡한 구문일 때 wà / mà 대신 gà 가 간접 목적어를 유도한다. 이 때 직접 목적어가 간접 목적어 앞에 온다.

- nā nūnà hōtunā̀ gà ɗā̀lìbân dà sukà shigō cikin ajì̄
  (나는 교실에 들어온 학생들에게 사진들을 보여주었다)
  cf. nā nūnā̀ wà ɗā̀lìbân hōtunā̀ (나는 학생들에게 사진들을 보여주었다)
- an yankè hukuncì̄ gà sōjōjîn dà sukà yi yùnƙurin jūyìn mulkì̄
  (쿠데타를 기도한 군인들에게 판결이 내려졌다)

cf. an yankḕ wà sōjōjîn hukuncī̀ (그 군인들에게 판결이 내려졌다)

- mun kai zìyārā̀ gà mutā̀nên dà mukà hàɗu dà sū tun bā̀ra
  (우리는 작년에 만난 사람들을 방문했다)
  cf. mun kai masà zìyārā̀ (그들은 그를 방문했다)
- sōjōjin Ìrāƙì sun kai harī̀ gà Kùrɗā̀wân dà kḕ zàune à arēwacin ƙasâr
  (이라크 병사들은 그 나라의 북쪽에 살고 있는 쿠르드족을 공격했다)
  cf. an kai musù harī̀ (그들은 공격을 받았다)
- nā kōyar dà Hausa gà wasu Tū̀rā̀wā dà sukà zaunā̀ à Kanò
  (나는 카노에 살던 어떤 백인들에게 하우사어를 가르쳤다)
  cf. nā kōyar wà Audù dà Hausa (나는 아우두에게 하우사어를 가르쳤다)

→ NOTE

간접 목적어가 짧은 경우에도 gà / gàrē 를 사용할 수 있다.

- yā kai bā̀rā gàrē sù (그는 그들을 겨누었다)
  = yā kai musù bā̀rā
- yā kai bā̀rā gà mutā̀nên (그는 그 사람들을 겨누었다)
  = yā kai wà mutā̀nên bā̀rā

⑫ 수동의 의미를 지닌 문장에서 gà 는 행위의 주체를 표시한다.

- Masàr bā tā̀ cìwuwā gà Jāmùs (이집트는 독일인들에 의해 정복될 수 없다)
- bindigàn nân bā tā̀ hàrbuwā gà mùtûm ɗaya
  (이 대포는 한 사람에 의해 발사될 수 없다)

⑬ 기타

- yanā̀ bāya gàrē sù = yanā̀ bāyansù (그것은 그들의 뒤에 있다)
- yanā̀ gàba gàrē sù = yanā̀ gàbansù (그것은 그들의 앞에 있다)
- yanā̀ kusa gà Kanò = yanā̀ kusa dà Kanò (그는 카노 가까이에 있다)
- sunā̀ gabàs gàrē shì = sunā̀ gabàs dà shī (그것들은 그것의 동쪽에 있다)
- yā hàngā gabàs gàrē shì = yā hàngā gabàs dà shī
  (그는 그의 동쪽을 바라보았다)
- kà dūbā̀ dāma gà ƙōfàr = kà dūbā̀ dāma dà ƙōfàr (문의 오른쪽을 보시오)
- bāya gà hakà an cê hukūmōmin sōjìn ƙasâr sun sàki wasu sōjōjī
  (이에 더하여 / 이 와는 별도로 그 나라의 군사 정권이 일부 군인들을 석방했다는 보도가 있다)

- bìsā̀ gà àl'ā̀dunmù anā̀ yî wà mātā aurē tun sunā̀ ƙanānā̀
  (우리의 풍습에 따르면 사람들은 여자들을 어릴 때 결혼시킨다)
- zuwā̀ gà Mālàm Bàlā (발라 선생님에게) <편지 서두에 쓰이는 상투어구>
- zuwā̀ gà ƙàrshen wannàn shḕkaràr dà mukḕ ciki (올해 말 경에)
- adàdin màce-màce dà lahànī gà mātā (여성의 사상자 수)

→ READING

Lā̀bārìn 'Fela Kuti' 4

À wannàn lōkàcī nḕ kuma mâitar Fela à sha'ànin sìyāsā̀ ta fārà fitôwā fīlī. Ya kafā̀ wani gidan tā̀ruwar àl'ummā̀ à ùnguwar 'Surulere' dà kḕ bāyan birnin Ìkko, wandà ya laƙàbā wà sūnā 'The Shrine'. Hakànan yā yi àmfā̀nī dà wā̀ƙe-wā̀ƙensà wajen tōnà àsīrin irìn matsalōlîn dà ƙasarsà Nā̀jēriyā̀ kḕ fùskantā̀, har yā baƙàntà rân mahùkùntan ƙasâr jìm kàɗan bāyan Yāƙìn Bāsāsā̀. À shḕkaràr alìf dà ɗàrī tarà dà sàbà'in dà bakwài nē àbîn ya kai magaryar tiƙḕwā, lōkàcîn dà sōjōjin gwamnatìn Janàr 'Obasanjo' sukà yi fàrmakī̀ kân gidan Fela dà kḕ Ìkko. Akà ɗàuki mahaifìyarsà mài shḕkàrū fiye dà sàbà'in à dūniyā̀ à lōkàcîn, akà jēfā̀ ta ta tāgā̀, kuma ta ràsu bāyan ɗan lōkàcī ƙànƙanḕ sabṑdà raunukàn dà ta ji.

펠라 쿠티의 이야기 4

이 때 정치 문제에 대한 펠라의 집착은 드러내놓고 나오기 시작했다. 그는 라고스시의 뒤에 있는 '수룰레레' 지역에 공동부락을 설립했는데 그는 이것에 '전당'이라는 별명을 붙였다. 이런 식으로 그는 그의 나라 나이지리아가 직면한 문제들의 비밀을 파헤치는데 있어 그의 노래들을 이용해서 내전 직후의 그 나라 당국의 심기를 불편하게 했다. 1977년 오바산조 장군 정부의 군인들이 라고스에 있는 펠라의 집을 갑자기 공격했을 때 상황은 돌이킬 수 없는 지점에 이르렀다. 그들은 당시 일흔 살을 넘은 그의 모친을 집어들어 창문을 통해 던졌고, 그녀는 당한 부상 때문에 얼마 지나지 않아서 죽었다.

- **mâitā** nf. ① 마법, 주술 ② (비유적으로) 중독, 탐닉, 집착
- **sha'ànī** nm. (pl. sha'anōnī) ① 일, 용무 inā̀ dà sha'ànī dà yawā̀ tùkùna

(나는 아직 할 일이 많다) sha'ànin aurē 결혼 축제 준비 ② 거래, 장사 sunà̄ sha'ànī dà abūbuwà̄ kàmar su cìtta (그들은 후추 같은 것들을 거래한다) bā mà̄ sha'ànin kōmē dà shī (우리는 그와 아무런 거래도 하지 않는다) nā yi sha'ànī dà sū (나는 그와 거래를 했다)

- **fīlī** nm. (pl. fīlà̄yē) ① 개활지, 들판 fīlin wà̄sā 운동장 fīlin jirgin samà 비행장 ② (건물을 짓기 위한) 터 ③ 기회 bà̄ ni fīlin yîn màganà̄ (말할 기회를 주시오) zâi sà̄mi fīlī yà zō (그는 올 기회를 얻을 것이다) sun sà̄mi fīlin sukùwā (그들은 마음껏 활약할 기회를 얻었다) an ƙārà būɗè̄ fīlī gàrēsù (그들은 더 큰 기회를 얻었다) ④ adv. à fīlī = fīlī dà fīlī 솔직히, 공공연히, 드러내놓고 yā fitō à fīlī (그는 솔직하게 나왔다) yā tāshì tsàye, fīlī dà fīlī (그는 솔직하게 털어놓았다) à fīlī yakè̄ 그것은 분명하다
- **tà̄ru** v7 모이다, 회합하다 gidan tà̄ruwar àl'ummà̄ 공동생활체, 공동부락
- **laƙàbā** v1tr. (간접목적어와 함께 쓰여) 별명을 붙이다 nā jē shân iskà̄ à wannàn sànannen bà̄kin tè̄ku dà akà laƙàbā wà sūnā 'Waitan' (나는 '와이탄'이라는 별명이 붙은 이 유명한 해변에 바람을 쐬러 갔다)
- **laƙàbī** nm. 별명, 별칭 sūnansà Īdī laƙàbinsà sakatarè̄ (그의 이름은 이디이지만 별명은 '비서'이다) Mài Kanò laƙàbin mài sūnan Abdullāhì nē (메이 카노는 압둘라히라는 이름을 가진 사람들의 별칭이다)
- **hakà** adv. 이렇게 kàmar hakà = hakà nan 이런 식으로 sabò̄ dà hakà 따라서 duk dà hakà 그럼에도 불구하고 hakà-hakà 그럭저럭
- **baƙàntā** v1tr. 슬프게 하다, 심기를 불편하게 하다 baƙàntà rân w. ~를 슬프게 하다, ~의 심기를 불편하게 하다
- **tōnà̄** v1tr. ① 파내다, 파헤치다, 발굴하다 ② tōnà àsīrī 비밀을 파헤치다
- **mahùkùncī** nm. (f. mahukuncìyā, pl. mahùkùntā) ① 행정관 ② 판사 ③ (복수) 당국
- **jìm** (다음과 같이 쓰임) jìm kàɗan 잠시 후에, 바로 뒤에 jìm kàɗan bāyan … ~직후에
- **magaryā** nf. (pl. magà̄rē) 대추나무 magaryar tiƙè̄wā 돌아올 수 없는 지점, 돌이킬 수 없는 지점
- **tiƙè̄** v4intr. 기진맥진 해서 ~을 하지 못하다
- **janàr** nm. 장군
- **ràsu** v7 죽다
- **bāyan ɗan lōkàcī ƙànƙanè̄** 얼마 지나지 않아서

제59강 때

1. 주절의 사건이 종속절의 사건보다 나중에 발생할 때

종속절 : dà = lōkàcîn dà = sā'àd dà = sā'àn dà = sâddà = sândà
= yā̀yîn dà + rel. Completive
주 절 : sai + rel. Completive
의 미 : ~ 할 때 (~ 하자, ~ 하자마자, ~ 한 직후에, ~ 하고 나서) ~ 했다

- dà mukà ji lā̀bārìn, sai mukà zō maza-maza
  (우리는 그 소식을 들었을 때 서둘러 왔다)
- dà mukà gàbā̀cē sù, sai sukà gudù
  (우리가 그들에게 접근하자 그들은 달아났다)
- dà ƙū̀rā ta lafā̀, sai 'yan sàndân sukà gānō gāwàwwakin mutā̀nē bakwài
  (먼지가 가라앉자 그 경찰들은 여섯 구의 시체를 발견했다)
- dà gàrī ya wāyḕ, sai sukà tāshì (동이 트자 그들은 떠났다)
- dà ya ji hakà, bài cê uffàn ba (그는 이것을 듣자 한 마디도 하지 않았다)
- lōkàcîn dà sukà isō, sai sukà gayā̀ manà lā̀bārī̀
  (그들은 도착하자마자 우리에게 소식을 말해주었다)
- dà sukà zō, sai mukà ci àbinci (그들이 도착하자마자 우리는 밥을 먹었다)
- lōkàcîn dà ɗā̀lìban 'BUK' sukà fàhìmci cêwā 'yan sàndā sun yi musù ƙōfàr ragō, sai sukà yi fushī
  (바예로 대학의 학생들은 경찰이 포위했다는 것을 알고나서 분노했다)
- dà sukà hūtā̀ kàɗan, sai sukà kāmà aikī̀ kuma
  (그들은 조금 쉬고나서 다시 일을 시작했다)
- sândà mukà jē Kanò, sai mukà gan shì
  (우리는 카노에 간 직후에 그들을 보았다)

→ NOTE

위에서 sai 는 생략할 수 없다. 그러나 주절이 두 개 이상이면 마지막 절 앞에서만 sai 를 선택적으로 사용할 수 있다.

- dà sukà zō, mukà zaunā̀, mukà ci àbinci, (sai) mukà ...
  (그들이 왔을 때 우리는 앉았고, 밥을 먹고, (그리고 나서) ...)

→ NOTE

앞서 제시된 모든 예문에서 dà- 종속절은 다음과 같이 명사구로 대체할 수 있다

- dà zuwànsù, sai mukà ci àbinci (그들이 도착하자마자 우리는 밥을 먹었다)
  cf. dà zuwànsù, zā mù ci àbinci (그들이 도착하자마자 우리는 밥을 먹을 것이다)

2. 주절과 종속절의 사건에 동시에 발생할 때, 또는 주절과 종속절의 시간적 전후 관계가 특별히 부각되지 않을 때

종속절 : dà = lōkàcîn dà = sā'àd dà = sā'àn dà = sâddà = sândà
= yā̀yîn dà + rel. Completive / rel. Continuative
주 절 : Continuative / Completive
의 미 : ~ 할 때 ~ 하고 있었다 / ~ 할 때 ~ 했다

- dà ya shigō ɗākī̀, munā̀ cîn àbinci
  (그가 방에 들어왔을 때 우리는 밥을 먹고 있었다)
- sā'àd dà cū̀tar AIDS ta shigō Nā̀jēriyā̀ fiye dà shḕkarā̀ ukù dà sukà wucḕ, inā̀ zàune à Kanò
  (3년 훨씬 전에 에이즈가 나이지리아에 들어왔을 때 나는 카노에 살고 있었다)
- yā̀yîn dà mukà isō, anā̀ ruwā (우리가 도착했을 때 비가 오고 있었다)
- sândà mukà sàyā, yanā̀ àràhā (우리가 그것을 샀을 때 그것은 값이 쌌다)
- sā'àd dà nakḕ Nā̀jēriyā̀, anā̀ Yāƙìn Bāsāsā̀
  (내가 나이지리아에 있을 때 내전 중이었다)
- lōkàcîn dà Nā̀jēriyā̀ kḕ cìke dà arzìkin mân fētùr, inā̀ zàune à Kanò̀
  (나이지리아가 석유로 인한 부로 가득 차 있을 때 나는 카노에 살고 있었다)
- lōkàcîn dà akḕ tàfiyā̀ dà shī, yā kā dà bā̀kī ya cḕ shī kàm yanā̀ ƙàunar ƙasar Jàpân
  (사람들이 그를 데려갈 때 그는 침묵을 깨고 일본을 사랑한다고 말했다)

→ NOTE

주절의 일부가 주절 내에서 전방으로 도치되면 주절의 양상은 관계 양상을 취한다.

- lōkàcîn dà 'Margaret Thatcher' ta kai zìyārā̀ zuwā̀ Ìkko shḕkàrū biyu dà sukà wucḕ, à bōkitì nē akà riƙà ɗēbō matà ruwan zāfī (2 년 전 마가렛 대처가 라고스를 방문했을 때, 그녀에게 뜨거운 물을 계속 길어다 준 것은 양동이였다)

← lōkàcîn dà 'Margaret Thatcher' ta kai zìyārā̀ zuwā̀ Ìkko shḕkàrū biyu dà sukà wucḕ, an riƙà ɗēbō matà ruwan zāfī à bōkitì (2 년 전 마가렛 대처가 라고스를 방문했을 때, 그녀에게 뜨거운 물을 양동이로 계속 길어다 주었다)

- sândà akà būɗḕ gidan wayā̀, sū nḕ sukà fārà shìgā (우체국이 열렸을 때 들어가기 시작한 사람들은 그들이었다)

← sândà akà būɗḕ gidan wayā̀, sun fārà shìgā (우체국이 열렸을 때 그들은 들어가기 시작했다)

→ NOTE

앞에 있는 종속절 전체가 다시 한 칸 앞으로 전방도치 될 수 있다. 이 경우 주절은 관계양상을 취한다.

- à lōkàcîn dà Fela Kuti yakḕ yîn wannàn aikī̀ nē ya dingà ƙṑƙarin zamā makàɗī (Fela Kuti 가 악사가 되려는 노력을 계속했던 것은 그가 이 일을 하고 있을 때였다)

← lōkàcîn dà Fela Kuti yakḕ yîn wannàn aikī̀ yā dingà ƙṑƙarin zamā makàɗī (Fela Kuti 가 이 일을 하고 있을 때 그는 악사가 되려는 노력을 계속했다)

→ NOTE

다음의 예문에서는 때를 나타내는 종속절이 뒤에 온다. 해석하는 방법을 눈여겨 보도록 하자.

- yārònyanā̀ kàrā̀tū lōkàcîn dà uwarsà takḕ girkī̀
(그 소년은 공부를 하고 있었는데, 그 때 그의 어머니는 음식을 만들고 있었다)

- Chief Gani Fawehinmi yā fitō à kānun lā̀bā̀rai à yā̀yîn dà ya kārè wani lēbùrà dà akà yi zàrgin cêwā wani jāmì'in gwamnatì yā yi wà mā̀tarsà fyā̀ɗē
(추장 Gani Fawehinmi 가 헤드라인 뉴스에 나왔는데, 그 때 그는 어떤 정부 관리가 자신의 아내를 강간했다고 고발한 어떤 노동자를 변호했다)

→ NOTE

다음의 예문 역시 때를 나타내는 종속절이 뒤에 오는데 주절에서 밑줄친 부분의 전방도치가 발생해 관계 양상이 쓰였다.

- à ƙallà mātā ukù zuwā̀ huɗu nḕ kḕ mutuwā̀ yā̀yîn dà sukḕ ƙṑƙarin haihùwā (마침내 죽어가고 있던 것은 서 너 명의 여자들이었는데 그 때 그들은 출산을 시도하고 있었다)

← àƙallà <u>mātā ukù zuwā̀ huɗu</u> sunā̀ mutuwā̀ yā̀yîn dà sukḕ ƙṑƙarin haihùwā (최소한 서 너 명의 여자들이 죽어가고 있었는데 그 때 그들은 출산을 시도하고 있었다)

→ NOTE

lōkàcī 는 보통의 명사들처럼 쓰일 수 있다.

- lōkàcîn yā yi daidai (그 때가 적절하다)
- lōkàcîn dà ya zā̀ɓā daidai ne (그가 선택한 때는 적절하다)
- nā san lōkàcîn dà ya isō (나는 그가 도착한 때를 알고 있다)
- àkwai wani lōkàcī na zuwā̀ wandà munāfùkī ba yā̀ yîn sarkī (위선자가 왕이 될 수 없는 때가 있을 것이다)

3. 종속절의 사건이 과거에 막 일어나려고 했던 경우

종속절 : dà = lōkàcîn dà = sā'àd dà = sā'àn dà = sâddà = sândà
= yā̀yîn dà + Future
주 절 : sai + rel. Completive
의 미 : 막 ~ 하려고 할 때 ~ 했다

- dà zā mù tāshì, sai akà fārà ruwā (우리가 막 떠나려고 할 때 비가 오기 시작했다)
- daidai lōkàcîn dà ɓàrāwòn zâi shìga gidā, sai mài gidā ya dāwō (도둑이 집에 막 들어오려고 할 때 집 주인이 돌아왔다)

→ DIALOGUE

Ìmâm : Kâi, gìzā̀gìzai sun yi yawā̀.
Sambò : Ai, dā̀munā tā kusa.
Ìmâm : Gàskiyarkà, watàn Afrìl nē.
Sambò : Inā̀ bḕgē dā̀munā zā tà yi kyâu bana.
Ìmâm : Nī mā hakà. Bā̀ra ruwā bài yi sṑsai ba.
Sambò : Har hatsin wasu yā ƙōnḕ.
Ìmâm : Hakà nē. Sabṑdà wannàn waɗansu sunā̀ jîn yunwā̀ yànzu.
Sambò : Waɗansu mā sun ci bāshī̀ dṑmin hātsinsù yā kāsā̀.
Ìmâm : Gàskiyarkà. Àmmā in Allā̀ yā yàrda àbîn zâi gyā̀ru bana.
Sambò : Allā̀ yà sâ.

Ìmâm : 저런, 구름이 너무 많습니다.
Sambò : 음, 우기가 다가왔습니다.
Ìmâm : 당신의 말이 맞습니다, 4월 입니다.
Sambò : 올해는 우기가 좋기를 바랍니다.
Ìmâm : 저도 그렇습니다. 작년에는 비가 많지 않았습니다.
Sambò : 어떤 사람들의 곡식은 타버리기까지 했습니다.
Ìmâm : 그렇습니다. 그래서 어떤 사람들은 지금 굶주리고 있습j니다.
Sambò : 어떤 사람들은 곡식이 부족해서 빚을 지고 있습니다.
Ìmâm : 당신의 말이 맞습니다. 그러나 신께서 허락하시면 사정이 나아질 것입니다.
Sambò : 신이 그렇게 해주시길 빕니다.

제60강

kō- 양보사

kō- 는 의문사 앞에 접두사로 붙어 독립된 어휘들을 파생시킨다. 이렇게 만들어진 것들은 공통적으로 다양한 의미의 양보절을 이끈다.

1. kōwā

① (긍정문, 의문문에서) 누구나, 모든 사람

- kōwā yā sanī̀ (누구나 그것을 안다)
- kōwā yā tàfi tun tùni (모두 오래 전에 집에 갔습니다)
- kōwā yā gan shì? (모두 그를 보았습니까?)
- kōwā yanā̀ sāmùn àlbâshin Nairā̀ bìyar
  (모든 사람들이 5 나이라의 봉급을 받는다)
- kōwā nā̀ iyà màganā̀ dà Hausa in yā yi ƙṑƙarī
  (누구나 노력하면 하우사어를 할 수 있다)

- kā ga kōwā à cân? (당신은 그 곳에서 모든 사람을 보았습니까?)
- kà bâ kōwā ràbonsà (모든 사람에게 각자의 몫을 주어라)
- inā̀ sô kà sanar dà kōwā (나는 당신이 모든 사람에게 알리기를 원합니다)
- tā iyà Hausa fiye dà kōwā cikin ajī̀
  (그는 학급의 어느 누구보다 하우사어를 잘 한다)

② (부정문에서) 아무도

- bàn yi màganā̀ dà kōwā ba (나는 아무하고도 말하지 않았다)
  = bâ wandà na yi màganā̀ dà shī
- bà mù ga kōwā ba (우리는 아무도 보지 못했다)
  = bâ wandà mukà ganī

- bài amìncē wà kōwā ba (그는 아무도 믿지 않는다)
  = bâ wandà ya amìncē wà
- kadà kà gayà̄ wà kōwā (아무에게도 말하지 마라)
- kadà kà bâ kōwā sai shī (그를 제외한 아무에게도 주지 마라.)
- kadà kōwā cikinsù yà yi jà̄yayyà̄ (그들 중의 아무도 논쟁해서는 안된다.)

> → NOTE
>
> kōwā 는 부정문의 주어로 문두에 올 수 없다. 이 경우에는 다음과 같은 bâ wandà ... '... 한 사람이 없다' 표현을 사용한다.

- wani yā zō? (누가 왔습니까?)
  = àkwai wandà ya zō? (온 사람이 있습니까?)

- bâ wandà ya zō (온 사람이 없습니다)
  * kōwā bài zō ba (아무도 오지 않았습니다)
- bâ wandà ya san daidai àbîn dà ya àuku (아무도 일어난 것을 정확히 모른다)
- bâ wandà kè̄ sôn aurensà (아무도 그와 결혼하는 것을 좋아하지 않는다)

③ 누가 ~ 하건, 누구를 ~ 하건

- kōwā ya ga ɓàrāwòn, yà kāmà̄ shi (누가 그 도둑을 보건 그를 잡아야 한다)
- kōwā ya rēnà gàjērē bài tākà kùnāmà̄ ba
  (속담: 누가 작은 것을 경멸하건 그는 아직 전갈을 밟아보지 못했다)
- kōwā kè̄ sô, â bā shì (누가 그것을 원하건 그것을 받을 것이다)
- kōwā ya yàrda dà hakà wāwā nè̄ (누가 그것에 동의하건 그는 바보다)
- kōwā ya zō nân, kà gayà̄ masà nā fìta
  (누가 여기에 오건 그에게 내가 떠났다고 말해라)

- kōwā kikà gayà̄ wà là̄bārì̄, zân ji
  (네가 누구에게 그 얘기를 하건 나는 다 듣게 될 것이다)

> → NOTE
>
> '누가 ~ 하건', '누구를 ~ 하건' 은 duk wandà ... 로 바꾸어 쓸 수 있다.

- kōwā ya zō nân, kà gayà̄ masà nā fìta (누가 여기에 오건 그에게 내가 떠났다고 말해라) = duk wandà ya zō nân, kà gayà̄ masà nā fìta
- kōwā kikà gayà̄ wà là̄bārì̄, zân ji (네가 누구에게 그 얘기를 하건 나는 다 듣게 될 것이다) = duk wandà kikà gayà̄ wà là̄bārì̄, zân ji

2. kōwànnē (f. kōwàccē, pl. kōwàɗànnē)

① (긍정문, 의문문에서) 누구나, 모든 사람, 모든 것

- yā kàmātà kōwànnē yà bā dà gudùmmawarsà
  (모든 사람은 각자의 도움을 제공해야 한다)
- kōwàccē ta kàn yi hailà̄ (모든 여성은 생리를 한다)
- kōwàɗànnē sù yi hakà (모두 이것을 하게 하시오)

→ NOTE

'kōwànnē + 연결사 + 복수소유대명사' 는 '각각의' 라는 의미를 갖는다.

- kōwànnenmù yā sā̀mi àbîn dà yakè̄ sô
  (우리들 각각은 자신이 원하는 것을 얻었다)
- nā bâ kōwànnensù Nairà̄ ukù (나는 그들 각각에게 3 나이라를 주었다)
- kōwàccenkù tanà̄ iyà tàfiyà̄ (당신들은 각자 갈 수 있다)
- kōwàɗànnensù sun shā tābà̄ (그들 모두는 각각 담배를 피웠다)

② (부정문에서) 아무도, 아무것도

- bàn hàɗu dà kōwànnensù ba (나는 그들 중에서 아무도 만나지 못했다)
- bā nà̄ sôn kōwànnē dàgà cikinsù (나는 그것들 중에서 아무것도 좋아하지 않는다)

③ 누가 ~ 하건, 누구를 ~ 하건, 무엇이 ~ 하건, 무엇을 ~ 하건

- kōwànnē yakè̄ sô yà bar tà̄rôn, sai yà barì̄
  (누가 그 모임을 떠나고 싶어하건, 그 사람은 떠나야 합니다)
- kōwàccē ta bā nì amsà̄ daidai, zân bā tà gōrò
  (누가 나에게 정확한 답을 주건, 나는 그녀에게 보답할 것이다)
- kōwàccē ta yi cikì̄, tâ haifù
  (누가 임신을 하건, 그 사람은 아이를 낳을 것입니다)
- kōwànnē kakè̄ sô, zân yàrda (당신이 누구를 원하건, 저는 괜찮습니다)

- kōwànnē ya bā mù, sai mun yi murnà̄
  (그가 우리에게 무엇을 주건 우리는 기쁘다)
  = duk àbîn dà ya bā mù, sai mun yi murnà̄
- kōwànnē ya bā kà, sai kà kàrɓā
  (그가 당신한테 무엇을 주건, 당신은 받아야 한다)

3. kōwā̀nē nḕ (f. kōwā̀cē cḕ, pl. kōwàɗânnē nḕ)

그가 누구이건, ~ 하는 사람이 누구이건

- in an bâ wani sàrautā̀, <u>kōwā̀nē nḕ</u> kù kashḕ shi
  (어떤 사람이 왕위를 수여받으면, 그가 누구이건 그를 죽여라)
- kōwā̀nē nḕ (= kōwā̀yê) ya ga ɓàrāwòn, yà kāmā̀ shi
  (도둑을 보는 사람이 누구이건 도둑을 잡아야 한다)
  = kōwā ya ga ɓàrāwòn, yà kāmà shi
  = duk wandà ya ga ɓàrāwòn, yà kāmà shi
- kōwā̀nē nḕ ya zō, kà cê masà bā nā̀ nân
  (온 사람이 누구이건, 내가 여기 없다고 그에게 말해라)
- kōwā̀nē nḕ ya yi hakà, ɗan banzā nḕ
  (이것을 하는 사람이 누구이건 그는 바보다)

→ NOTE

지칭하는 대상이 여성 단수일 경우에는 kōwā 보다는 긴 형태인 kōwā̀cē cḕ 가 선호된다.

- kōwā̀cē cḕ ta tàmbayā̀, kà bā tà amsā̀
  (질문한 사람이 누구이건, 그녀에게 답변을 해라)
- kōwā̀cē cḕ ta dafà wannàn àbinci, tā yi ƙṑƙarī sṑsai
  (이 음식을 요리한 사람이 누구이건 그녀는 열심히 노력했다)

4. kōwànè (f. kōwàcè, pl. kōwàɗânnè)

① (긍정문, 의문문에서) 모든 / 매

- kōwànè yārṑ yā zō dà fensìr (모든 소년들이 연필을 가지고 왔다)
- kōwànè damī̀ Nairā̀ biyu dà sulḕ biyu nḕ
  (각각의 다발들이 2 나이라 2 실링이다)
- àkwai kā̀suwā à kōwànè gàrī (모든 도시에 시장이 있다)
- nā ga kusan kōwàcè irìn rī̀gā à kàntī
  (나는 그 가게에서 거의 모든 종류의 가운을 보았다)
- anā̀ sâ gyàɗā màì yawā̀ à kōwàcè mōtā̀ (모든 트럭에 많은 땅콩이 실린다)
- kōwànè watā̀ (매달)
- kowàcè rānā (매일)
- kōwànè ɗayanmù (우리들 각각) <남성>

- kōwàcè ɗayarmù (우리들 각각) <여성>
- kōwàɗànnè ƙasā̀shē (모든 나라들)
- bā̀ kōwàcè rānā nakàn zō makarantā ba (나는 매일 학교에 가는 것은 아니다)

② (부정문에서) 어떤 ~ 도

- bâ ni dà kōwànè aikī̀ yànzu (나는 지금 어떤 일거리도 없다)
- bā à yàrdā kōwànè yārṑ yà fìta dà dare
  (어떤 아이도 밤에 나가는 것이 허락되지 않는다)
- bàn yàrda dà kōwànè shirìn dà kakḕ zā̀ɓē ba
  (나는 네가 선택하는 어떤 계획에도 찬성하지 않는다)
- bàn ga kōwànè irìn kḕkè ba (나는 어떤 종류의 자전거도 보지 못했다)

③ 어떤 ~ 가 ~ 해도, 어떤 ~ 을 ~ 해도

- kōwàcè irìn kūrā ta zō (어떤 종류의 하이에나가 왔어도)
- kōwànè zōbḕ kikḕ sô, zân sayā̀ mikì
  (당신이 어떤 반지를 좋아해도 나는 당신한테 사줄 것이다)
  = duk zōbèn dà kikḕ sô, sân sayā̀ mikì
- kōwàcè hanyā̀ mukà bi, sai mun gàji
  (어떤 길을 따라가도 우리는 지친다 / 어떤 길을 따라갔어도 우리는 지쳤다)

5. kōmē

① (긍정문, 의문문에서) 모든 것

- kōmē yā yi daidai (모든 것이 잘 되었다)
- kā sàyi kōmē? (모든 것을 샀습니까?)
- an gyārà kōmē (모든 것이 수리되었다)
- yā gayā̀ minì kōmē dà kōmē (그는 나에게 모든 것을 말했다)
- yanā̀ sôn kuɗī fiye dà kōmē (그는 무엇보다도 돈을 좋아한다)

→ NOTE

kōwā, kōmē 가 명사로 사용될 때 관계대명사의 선행사가 될 수 있다.

- kōwā dà mukà gàyyatā̀ yā zō (우리가 초대한 모든 사람들이 왔다)
- kōmē dà kikḕ sô inā̀ bā kì (네가 원하는 모든 것을 나는 너한테 준다)

② (부정문에서) 아무 것도, 어떤 것도

- bàn kāwō kōmē ba (나는 아무것도 가져오지 않았다)
  = bâ àbîn dà na kāwō
- bà̃ zân yi kōmē ba (나는 아무것도 하지 않을 것이다)
  = bâ àbîn dà zân yi
- bà kà ji kōmē ba dàgà gàrē shì? (그 사람한테서 아무것도 듣지 못했습니까?)
  = bâ àbîn dà ka ji dàgà gàrē shì?
- kadà kà bā sù kōmē (그들에게 아무것도 주지마라)
- kâr kì mântā dà kōmē (아무것도 까먹지 마라)

→ NOTE

kōmē 는 부정문의 주어로서 문두에 올 수 없다. 이 경우에는 다음과 같은 bâ àbîn dà ... '... 한 것이 없다' 표현을 사용한다.

- wani àbù yā fà̃ru? (어떤 일이 일어났습니까?)
  = àkwai àbîn dà ya fà̃ru? (일어난 것이 있습니까?)
- bâ àbîn dà ya fà̃ru (아무것도 일어나지 않았습니다)
  * kōmē bài fà̃ru ba (아무것도 일어나지 않았습니다)
- bâ àbîn dà ya sà̃mē shì (그 사람한테는 잘못한게 아무것도 없습니다)

→ NOTE

다음은 알아두면 유용한 표현들이다.

- wandà ya yi hakà, bâ kōmē gàrē shì
  (그렇게 하는 사람, 그 사람한테는 아무 잘못도 없다)
- sun yi bà̃ don kōmē ba nè̃, sai sù yàudàrē mù
  (그들은 아무 목적도 없이 그렇게 한 것이 아니다, 우리를 속이기 위해서 한 것이다)
- wà̃ zâi bā nì kōmē? (누가 나한테 어떤 것을 주겠어?)
  <note: 아무 것도 안 준다는 뜻>
- kō sun yi, kō bà sù yi ba, wannàn bài sâ kōmē ba
  (그들이 하건 안하건 그것은 중요하지 않다)
- dabbōbī bà sù ìshē mù kōmē na bùkātàrmù ba
  (그 소들은 우리가 필요한 어떤 것도 충족시키지 못한다)
- dabbōbī bà sù ìshē mù <u>kōmē dà kōmē</u> na bùkātàrmù ba
  (그 소들은 우리가 필요한 모든 것을 충족시키지 못한다)
  <note: 상당 부분은 충족시키지만>

③ 무엇이 ~ 하건, 무엇을 ~ 하건

- kōmē ya fāru na gàme dà ƙasâr, ...
  (그 나라와 관련된 어떤 일이 일어나건, ...)
  = duk àbîn dà ya fāru na gàme dà ƙasâr, ...
- kōmē ya sâ bài zō ba, Allàh kaɗai ya sanī
  (어떤 이유로 그가 오지 않았건 신만이 알고 있다)
- kōmē ya sâ kikà yi hakà, bàn yàrda ba
  (어떤 이유로 네가 그것을 했건 나는 동의하지 않는다)
- kōmē sukà fàɗā, ƙaryā cḕ (그들이 무엇을 말하건 그것은 거짓말이다)
  = duk àbîn dà sukà fàɗā, ƙaryā cḕ
- kōmē ka sāmū, ràbonkà nē (네가 무엇을 얻건, 그것은 너의 운이다)
- kōmē zâi yi, kadà kà amìncē dà shī (그가 무엇을 하건 그를 믿지 마라)

④ 아무리 많이 ~ 해도

- kōmē wùyā tāsà, sai nā yi (그것이 아무리 어려워도 나는 그것을 할 수 있다)
- kōmē ta daɗḕ, hakà zā à yi (결국은 그것을 할 것이다.
  직역: 그것이 아무리 많이 지체되어도 그것을 할 것이다)

6. kōmḕnē nḕ (f. kōmḕcē cḕ)

그것이 무엇이건, ~ 가 무엇이건

- in kā ga wani àbù à hanyā̀, kōmḕnē nḕ kar kà taɓā̀ shi (길 위에서 어떤 것을 보면, 그것이 무엇이건, 그것을 만지지 마라)
- zân sàyā kōmḕnē nḕ màganàrkà
  (당신의 말이 무엇이건 나는 (그것을) 살 것이다)
- kōmḕnē nḕ ya bā kà, kà ajìyē shi à tēbùr
  (그가 너한테 주는 것이 무엇이건, 그것을 탁자 위에 놓아라)
- kōmḕnē nē yakḕ yî, bâ shi dà kyâu
  (그가 하는 것이 무엇이건, 그것은 좋지 않다)

7. kō'ìnā

① (긍정문, 의문문에서) 어디에서나

- sìyāsā̀ tā shìga kō'ìnā yànzu (정치는 오늘날 어디에나 개입한다)
- anā̀ ganinsù kō'ìnā à kā̀suwā (그들은 시장 어디에서나 볼 수 있다)

- anā̀ sāmùn irìn wannàn cū̀tā kō'ìnā (이런 종류의 질병은 어디에서나 발견된다)
- sôn kuɗī yā yi yawā̀ kō'ìnā (돈에 대한 사랑은 어디에서나 지나치다)
- bā̀ kō'ìnā akḕ sāmùn irìn wannàn rī̀gā ba (어디에서나 이런 종류의 가운이 발견되는 것은 아니다)

② (부정문에서) 어디에서도

- bàn gan shì kō'ìnā ba (나는 그를 어디에서도 볼 수 없었다)
  = bâ indà na gan shì
- bā ā̀ sāmùn irìn wannàn cū̀tā kō'ìnā yànzu
  (오늘날 이런 종류의 질병은 어디에서도 발견되지 않는다)
  = bâ indà akḕ sāmùn irìn wannàn cū̀tā kō'ìnā yànzu
- bā ā̀ ganinsà kō'ìnā (그것은 어디에서도 볼 수 없다)
- bàn tàfi kō'ìnā ba (나는 아무데도 가지 않았다)
  = bâ indà na tàfi

③ 어디를 ~ 해도

- kō'ìnā kukḕ tàfiyā̀, zā kù hàɗu dà mutā̀nē mā̀su fàra'ā̀
  (어디를 가도 우호적인 사람들을 만날 것이다)
  = duk indà kukḕ tàfiyā̀, zā kù hàɗu dà mutā̀nē mā̀su fàra'ā̀
- kō'ìnā ka dūbā̀ à kā̀suwā, zā kà ga kāyā irī̀-irī̀
  (시장에서는 어디를 둘러보아도 다양한 물건들을 보게 될 것이다)
  = duk indà ka dūbā̀ à kā̀suwā, zā kà ga kāyā irī̀-irī̀
- kō'ìnā zâ mu, sai mù tàfi dà yârā (어디를 가도 아이들을 데리고 가야 한다)
  = duk indà zâ mu, sai mù tàfi dà yârā
- kō'ìnā ka tàfi à arēwacin Nā̀jēriyā̀, zā kà ga màsàllā̀tai dà yawā̀
  (북부 나이지리아에서는 어디를 가도 많은 사원들을 보게 될 것이다)
  = duk indà ka tàfi à arēwacin Nā̀jēriyā̀, zā kà ga màsàllā̀tai dà yawā̀
- kō'ìnā ka tàfi, cū̀tā zā tà sā̀mē kà (어디를 가도 병에 걸릴 것이다)
  = duk indà ka tàfi cū̀tā zā tà sā̀mē kà
- kō'ìnā mukà dūbā̀, bā mā̀ ganin kōmē sai ruwā
  (어디를 쳐다봐도 물 이외에는 아무것도 볼 수 없었다/없다)
- kō'ìnā mukà jē, sai mun gan shì
  (우리는 어디를 가도 그를 볼 수 있었다/있다)

8. kōyàushè

① (긍정문, 의문문에서) 항상, 언제나

- sunà̄ nân kōyàushè (그들은 항상 여기에 있다)
- sunà̄ zuwà̄ masallācī kōyàushè (그들은 항상 사원에 간다)
- munà̄ gidā kōyàushè, bā mà̄ zuwà̄ kō'ìnā
  (우리는 항상 집에 있다, 우리는 아무데도 가지 않는다)
- anà̄ sāmùn dāwà̄ kōyàushè (기니콘은 항상 얻을 수 있다)
- hakà akè̄ yî kōyàushè (그것은 항상 그런 식으로 한다)
- ɓàrà̄yī sunà̄ tàfe dà wuƙā kōyàushè (도둑들은 항상 칼을 가지고 다닌다)

② (부정문에서) 항상, 언제나

- bā nà̄ ganinsà kōyàushè (나는 항상 그를 보지 못한다)
  = bâ lōkàcîn dà nakè̄ ganinsà
- bàn gan shì kōyàushè ba (나는 항상 그를 보지 못했다)
- bâ shi dà àmfà̄nī kōyàushè (그것은 항상 이득이 없다)

③ ~ 할 때마다 언제나

- kōyàushè ka ga dāmā, sai kà zō (기회가 있을 때마다 언제든지 오시오)
  = duk lōkàcîn dà ka ga dāmā sai kà zō
- kōyàushè mukè̄ Kanò, sai mù zìyàrcē shì
  (우리는 카노에 있을 때마다 그를 방문한다)
- kōyàushè mukè̄ barcī, mukàn yi mafarkī
  (우리는 자고 있을 때마다 언제나 꿈을 꾼다)
  = duk lōkàcîn dà mukè̄ barcī, mukàn yi mafarkī
- kōyàushè na zō, bā nà̄ ganinsà
  (나는 올 때마다 언제나 그를 보지 못했다/못한다)
- kōyàushè na zō, sai nā gan shì (나는 올 때마다 언제나 그를 보았다/본다)
- kōyàushè ka zō nân, zā kà sà̄mi gōrò
  (당신은 여기 올 때마다 언제나 콜라너트를 얻을 것이다)

→ NOTE

위의 예문 kōyàushè na zō, <u>sai nā gan shì</u> (나는 올 때마다 그를 보았다/ 본다) 에서 밑줄친 부분은 sai 다음에 완료 양상이 쓰였지만 일반적 사실을 나타낸다. 물론 그것은 과거 시점의 일반적 사실일 수도 있고, 현재 시점의 일반적 사실일 수도 있다. 그렇기 때문에 이 부분을 진행 양상의 일반적 사실 용법으로 대체할 수 있다 - kōyàushè na zō, inā̀ ganinsà (나는 올 때마다 그를 보았다/본다). 그렇다면 또 다른 예문 kōyàushè ka zō nân, zā kà sā̀mi gōrò (당신은 여기 올 때마다 콜라너트를 얻을 것이다) 에서는 왜 미래 양상이 사용되었을까? 여기서 밑줄친 부분은 일반적 사실을 언급하지 않는다. 다시 말해 지금까지 (또는 과거 시점을 기준으로 해도) 어떤 상황이 반복적으로 발생한 적은 없다. 단지 그것은 앞으로 발생할 사건을 표시하고 있을 따름이다.

9. kōyā̀yā̀ = kō ta yā̀yā̀ = kōƙā̀ƙā̀

① (긍정문, 의문문에서) 어떻게 해서든지

- anā̀ sāmùn kuɗī kōyā̀yā̀ (인간은 어떻게 해서든지 돈을 번다)
- 'yan kā̀suwā sunā̀ cîn rībā̀ kōyā̀yā̀ (상인은 어떻게 해서든지 이득을 본다.)
- à yi shì kōƙā̀ƙā̀ (그것을 어떻게 해서든지 해라)

② (부정문에서) 어떻게 해도

- bà zā kà iyà yînsà kōyā̀yā̀ ba
  (너는 어떻게 해도 그것을 할 수 없을 것이다)
- bā̀ zā kà gan shì ba kō ta yā̀yā̀ (너는 어떻게 해도 그를 보지 못할 것이다.)
- bā̀ zā kà iyà shāwō kânsà ba kō ta yā̀yā̀
  (너는 어떻게 해도 그를 납득시킬 수 없을 것이다)

③ 어떤 식으로 ~ 하더라도

- kōyā̀yā̀ ya sāmū̀, sai yà hàƙurà (그는 어떤 식으로 얻더라도 참아야 한다)
- kōyā̀yā̀ sukà yi, sai sun yi dà kyâu
  (그들이 어떤 식으로 했더라도 잘 한 것이다)
- kōyā̀yā̀ ka taɓà makunnin fìtilàr nân, sai tā kāmā̀
  (그 전기 스위치를 어떻게 만지더라도 작동할 것이다)
- kōyā̀yā̀ sukà yi aikìn, bàn dā̀mu ba
  (그들이 어떤 식으로 그 일을 하더라도 나는 신경쓰지 않는다)
- kōyā̀yā̀ ya yi ƙṑƙarī, bà zâi gamā̀ ba
  (그는 어떤 식으로 노력해도 끝마치지 못할 것이다)
- kōyā̀yā̀ zā à gyārā̀ shi, bā̀ zâi yi aikī̀ ba
  (그것을 어떤 식으로 고치더라도 작동하지 않을 것이다)
- kōyā̀yā̀ akà sāmū̀, zân sàyā (그것이 어떻게 입수되었건 나는 그것을 살 것이다)

- kōyā̀yā̀ ka bā nì, yâ ìshē nì
  (당신이 저한테 어떤 식으로 주더라도 충분할 것입니다)

10. kōnawà

① 아무리 비싸도, 아무리 많아도

- kà sàyā kōnawà kuɗinsà (그 값이 아무리 비싸도 사라)
- kōnawà nē fàrāshìn mōtàr, zân sàyā
  (그 자동차의 값이 아무리 비싸도 나는 살 것이다)
- zā sù iyà tsarè ƙasarsù dàgà sōjà kōnawà waɗàndà mukà iyà kāwôwā
  (우리가 데려올 수 있는 사람들이 아무리 많아도 그들은 병사들로부터 그들의 나라를 보호할 수 있을 것이다)

② 아무리 많이 ~해도

- kōnawà sukà bā nì, zân kàrɓā (그들이 나한테 아무리 많이 줘도 난 받을 것이다)
- kâr kà sayar, kōnawà nē sukà tayā̀ (그들이 아무리 많이 제시해도 팔지 마시오)
- kōnawà sukà cê ìn bā kà, sai ìn bā kà (그들이 나한테 당신에게 아무리 많이 주라고 말해도 나는 줄 것이다)
- mutā̀nensà, bài kulā̀ dà kōnawà sukà mutù ba (그의 백성들, 그들이 아무리 많이 죽어도 그는 신경쓰지 않았다)

→ READING

Lā̀bārìn 'Fela Kuti' 5

Tṑ àmmā kō kàɗan wannàn bài karyà zūcìyar Fela ba. Yā ci gàba dà sūkàr làmīrìn gwamnatìn à cikin kàɗe-kàɗe dà wā̀ƙe-wā̀ƙên dà yakḕ yî. Dà gwamnatìn farar-hū̀lā ta kàrɓi mulkī̀ à shḕkaràr alìf dà ɗàrī tarà dà sàbà'in dà tarà, sai Fela ya kafà jàm'iyyàrsà ta kânsà, waddà ya kirā 'The Movement of the People', wā̀tṑ Jàm'iyyàr Jàma'ā̀. Ya rērà wata wāƙā̀ gàme dà manufōfin jàm'iyyàr tāsà, waddà à cikintà ya cḕ kàmātā̀ ya yi dukkàn jàma'àr Nā̀jēriyā̀ tà yi hūtū na watā̀ gùdā, don kōwā yà sā̀mi sùkūnìn tùnā̀nin hanyàr dà zā à ɓullō wà matsalōlîn dà ƙasâr kḕ fùskantā̀.

펠라 쿠티의 이야기 5

그러나 이것은 펠라의 마음을 조금도 꺾지 못했다. 그는 그가 하는 연주와 노래 속에서 정부의 견해를 계속 비판했다. 1979년 민간인 정부가 정권을 장악하자 펠라는 그 자신의 정당을 설립했는데, 그는 그것을 '민중 운동', 즉 민중의 정당이라고 불렀다. 그는 그의 정당의 정책에 관한 어떤 노래를 불렀는데, 그 속에서 그는 모든 사람들이 이 나라가 직면한 문제들에 대응할 방법을 생각해 낼 기회를 얻을 수 있도록 나이지리아의 모든 민중들이 한 달의 휴식을 취해야 한다고 말했다.

- **kō kàɗan** (부정문에서) 조금도, 전혀
- **zūcìyā** nf. (pl. zukā̀tā, zūciyōyī) ① 심장 ② 마음 saurin zūcìyā 조급함 ɓācìn zūcìyā 애태움 kashḕ wà zūcìyā (= yankè wà w. ƙàunā) 낙담시키다, 용기를 잃게 하다 karyà zūcìyā 의지를 꺾다
- **làmīrī̀** nm. 의견, 견해 cf. làmīrī̀ nm. (문법) 대명사
- **rērā̀** v1tr. (항상 다음과 같이 사용됨) rērà wāƙā̀ 노래하다
- **ɓullō** v6 intr. & tr. ① 갑자기 나타나다 rānā tā ɓullō dà wuri (태양이 갑자기 나타났다) ɓullō wà ~에 대응하다 ɓullôwā 갑작스러운 출현 ② (의견, 학설 따위를) 느닷없이 내놓다 yā ɓullō masà dà wata dàbārā̀ (그는 그에게 새로운 계획을 느닷없이 내놓았다)
- **sùkūnī̀** nm. 틈, 짬 bà mù sā̀mi sùkūnī̀ ba (우리는 틈을 내지 못했다)
- **jàm'iyyā̀** nf. (pl. jam'iyyōyī) 정당, 단체
- **jàma'ā̀** nf. (pl. jama'ō'ī) ① 대중 ② 사회 na zaman jàma'ā̀ 사회의 ilìmin rā̀yuwar jàma'ā̀ 사회과학 jîn dāɗin jàma'ā̀ 사회복지 à idòn jàma'ā̀ 공공연히

제61강

명사절을 유도하는 dà

dà 는 관계절과 부사절 이외에도 명사절을 유도할 수 있다.

1. 용법 1

주　절 : yi + 추상명사
종속절 : dà + rel. Completive / rel. Continuative / Future / Habitual

- nā yi mā̀mākī̀ dà kukà zō dà wuri (나는 당신들이 일찍 도착해서 놀랐다)
- nā yi murnā̀ dà kukà sā̀mi dāmar zuwā̀ (나는 당신들이 올 기회를 얻어서 기쁘다)
- nā yi murnā̀ dà kukḕ sāmùn dāmar zuwā̀ (나는 당신들이 올 기회가 있어서 기쁘다)
- nā yi murnā̀ dà zā kù sā̀mi dāmar zuwā̀
  (나는 당신들이 올 기회를 얻을 수 있어서 기쁘다)
- nā yi murnā̀ dà kukàn sā̀mi dāmar zuwā̀
  (나는 당신들이 항상 올 기회가 있어서 기쁘다)

→ NOTE

여기서 dà 는 생략될 수 없다. 따라서 다음의 문장은 비문이다.

- nā yi mā̀mākī̀ Ø kukà zō dà wuri (나는 당신들이 일찍 도착해서 놀랐다) (X)

2. 용법 2

주　절 : 경고하다 / 갈망하다 / 명령하다 / ~ 하는 것이 낫다
종속절 : dà + Subjunctive

- yā gàrgàɗē sù dà sù dainà zā̀luntàr talakāwā
  (그는 그들에게 백성을 억압하는 것을 그만두라고 경고했다)
- yā ɗṑkantà dà yà tàfi gidā (그는 집에 가기를 갈망한다)
- nā ɗṑkantà dà tà zō (나는 그녀가 오기를 갈망한다)
- nā ùmàrcē shì dà yà yi shirū (나는 그에게 조용히 하라고 명령했다)
- yā fi kyâu mù tsayā̀ dà mù tàfi (가는 것보다는 있는 것이 더 낫다)
- gwàmmà/gāra mù zaunā̀ dà mù tàfi (가는 것보다는 있는 것이 더 낫다)
- dà ìn dāwō hannū banzā, gāra ìn sàyi wani àbù
  (빈 손으로 돌아오는 것보다는 뭔가를 사는 것이 더 낫다)

→ NOTE

여기서 dà 는 생략될 수 있다. 따라서 다음의 문장은 맞는 문장이다.

- yā gàrgàɗē sù Ø sù dainà zāluncī̀ (그는 억압을 그만두라고 경고했다)
- yā ɗṑkantà Ø yà tàfi gidā (그는 집에 가기를 갈망한다)

→ NOTE

용법 1, 2 에 예시된 명사절을 명사구로 바꿀 수 있다.

- nā yi murnā̀ dà dōkìn (나는 그 말 때문에 기쁘다)
- yā gàrgàɗē sù dà sallā̀ (그는 그들에게 기도하라고 경고했다)
- gwàmmà Audù dà Garbà (가르바보다는 아우두가 낫다)
- nā yi mā̀mākī̀ dà zuwànkù (나는 당신이 도착해서 놀랐다)
  = nā yi mā̀mākī̀ dà kukà zō
- yā gàrgàɗē sù dà dainà zā̀luntàr talakāwā
  (그는 그들에게 백성들을 억압하는 것을 그만두라고 경고했다)
- nā ɗṑkantà dà zuwàntà (나는 그녀가 오기를 갈망한다)
- dà tàfiyàrmù, gāra mù zaunā̀ (가는 것보다는 있는 것이 더 낫다)

→ DIALOGUE

Bàtūrè̄ : À ƙasarmù ruwā yanā̀ zuwā̀ kōwànè lōkàcī.
Àdàmu : Àshē? Bā̀ hakà yakḕ à wurinmù ba.
Bàtūrè̄ : Yā̀yā̀?

Àdàmu : Sai dà dàmunā nè̃ mukè̃ sāmùn ruwā.
Bàtūrè̃ : Bābù ruwā dà rānī?
Àdàmu : Kō kàɗan.
Bàtūrè̃ : Dà bazarā fà?
Àdàmu : Ai wani sā'ì̃ àkwai ruwā kàɗan dà bazarā.
Bàtūrè̃ : Tô, àmmā bâ yawà̃ kō?
Àdàmu : Wani lōkàcī zâi zō dà ɗan yawà̃.
Bàtūrè̃ : Àshē?
Àdàmu : Ī, àmmā an jimà̃ sai yà ɗàukē.
Bàtūrè̃ : Tô, ìdan an shūkà̃ dà bazarā zâi yi nè̃?
Àdàmu : Wàtàkīlà, àmmā yawancin lōkàcī bā yà̃ yî.
Bàtūrè̃ : Mài shūkà̃ zâi shā wàhalà̃ kō?
Àdàmu : Hakà nē. Àbinsà sai yà lālàcē.
Bàtūrè̃ : Kâi, wannàn bâ kyâu!
Àdàmu : Gàskiyarkà, àmmā lâifin kânsà nē.

Bàtūrè̃ : 우리나라에서는 항상 비가 옵니다.
Àdàmu : 그래요? 우리나라에서는 그런 건 아닙니다.
Bàtūrè̃ : 어떻습니까?
Àdàmu : 비가 오는 건 우기뿐 입니다.
Bàtūrè̃ : 건기에는 비가 없습니까?
Àdàmu : 조금도 오지 않습니다.
Bàtūrè̃ : 혹서기에는요?
Àdàmu : 음, 어떤 때는 혹서기에 비가 조금 옵니다.
Bàtūrè̃ : 그런데 많지는 않죠?
Àdàmu : 어떤 때는 좀 많이 올 겁니다.
Bàtūrè̃ : 그래요?
Àdàmu : 네, 그런데 곧 그칠 겁니다.
Bàtūrè̃ : 그렇군요, 혹서기에 씨를 뿌리면 될까요?
Àdàmu : 글쎄요, 그런데 대개는 안됩니다.
Bàtūrè̃ : 씨를 뿌리는 사람이 고생하겠네요, 그렇죠?
Àdàmu : 그렇습니다. 그의 작물들이 망가질 겁니다.
Bàtūrè̃ : 저런, 이건 좋지 않군요!
Àdàmu : 당신 말이 맞습니다, 그렇지만 자신의 잘못이죠.

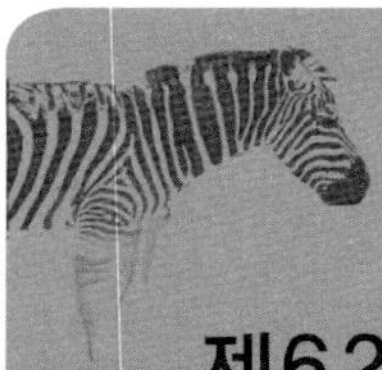

제62강

~ 하자마자

종속절이 과거의 사건이나 행위를 나타내는 경우, 미래의 사건이나 행위를 나타내는 경우, 습관적인 사건이나 행위를 나타내는 경우, 이렇게 세 가지 경우가 존재한다.

1. 과거의 사건이나 행위를 나타내는 경우

~ 하자마자	~ 했다
kō dà + rel. Completive	
Completive + kḕnan	
Verbal Noun + kḕ dà wùyā	sai + rel. Completive
dà + Verbal Noun	
dàgà + Verbal Noun	

① kō dà + rel. Completive / sai + rel. Completive

- kō dà sukà dāwō, sai sukà tarar tā rigā tā mutù
  (그들은 돌아오자마자 그녀가 이미 죽은 것을 발견했다)
- kō dà gàrī ya wāyḕ, sai mukà fārà tàfiyà̄
  (날이 밝자마자 우리는 여행을 떠났다)
- kō dà mukà fàhìmci bà̄ zâi yìwu ba, sai mukà dànganà
  (그것이 불가능하다는 것을 깨닫자마자 우리는 그 사실을 받아들였다)

② Completive + kḕnan / sai + rel. Completive

- tā zō kḕnan, sai akà fārà ruwā (그녀가 도착하자마자 비가 오기 시작했다)
- mun zō bà̄kin kṑgī kḕnan, sai sukà gan mù
  (우리가 강둑에 이르자마자 그들이 우리를 보았다)

③ Verbal Noun + kḕ dà wùyā / sai + rel. Completive

- shìgarsù kḕ dà wùyā, sai sukà zaunà̄ (그들은 들어오자마자 자리에 앉았다)
- dāwôwarsà kḕ dà wùyā, sai mukà hàɗu dà shī (그가 돌아오자마자 우리는 그를 만났다)
- būɗḕ bà̄kinmù kḕ dà wùyā, sai sukà kwàɓē mù (우리가 입을 열기가 무섭게 그들은 우리를 묵살했다)

→ NOTE

'Verbal Noun + kḕ dà wùyā / sai + rel. Completive' 는 영어의 'hardly ... before ~하기가 무섭게 ~하다' 에 해당하는 표현이다.

④ dà + Verbal Noun / sai + rel. Completive

- dà jîn hakà, sai na ji tsṑrō sṑsai (그것을 듣자마자 나는 매우 두려움을 느꼈다)
- dà jînsà, sai ya yi fushī (그것을 듣자마자 그는 화를 냈다)
- dà ganin fîm ɗîn, sai mukà būshḕ dà dà̄riyā (그 영화를 보자마자 우리는 웃음을 터뜨렸다)
- dà ìsā kà̄suwā, sai sukà tàfi rùmfar mà̄su sayar dà rīgunà̄ (시장에 도착하자마자 그들은 가운을 파는 매점으로 갔다)
- dà zuwànsà gidā, sai ya shìga mōtà̄ ya sākè fìtā (그는 집에 오자마자 차를 타고 다시 나갔다)

⑤ dàgà + Verbal Noun / sai + rel. Completive

- dàgà shìgarsà, sai ya sà̄mē tà (그는 들어가자마자 그녀를 발견했다)
- dàgà gamà jarràbâwā, sai ya tāshì (시험을 끝내자마자 그는 일어나 나갔다)

2. 미래의 사건이나 행위를 나타내는 경우

~ 하자마자	~ 할 것이다
dà + Completive	Future
dà zārar / dà zārar cêwā / dà cêwā + Completive	
dà + Verbal Noun	

① dà + Completive / Future

- dà yā zō, zân tàfi (그가 오자마자 나는 갈 것이다)
- dà kin zō gồbe, nâ gayầ mikì lầbārìn
  (네가 내일 오자마자 나는 너한테 그 소식을 말해줄 것이다)

② dà zārar / dà zārar cêwā / dà cêwā + Completive / Future

- dà zārar yârā sun dāwō, zā sù kwântā (아이들은 돌아오자마자 누울 것이다)
- dà zārar cêwā mun gamà aikìnmù, kūkù zâi dafầ manà àbinci
  (우리가 일을 끝내자마자 요리사는 우리를 위해 음식을 만들 것이다)

③ dà + Verbal Noun / Future

- dà ganinkà, zā sù kashề ka (널 보자마자 그들은 널 죽일 것이다)
- dà kàrɓar kuɗī, zâi sàyi mōtầ (돈을 수령하자마자 그는 자동차를 살 것이다)

3. 습관적인 사건이나 행위를 나타내는 경우

~ 하자마자	~ 한다
dà + Completive	sai + Subjunctive
dà zārar / dà zārar cêwā / dà cêwā + Completive	
dà + Verbal Noun	

① dà + Completive / sai + Subjunctive

- dà yā gàmu dà ita, sai yà yi murnầ (그는 그녀를 만나자마자 항상 기뻐한다)
- dà mun dāwō gidā, sai sù shiryầ manà àbinci
  (우리가 집에 돌아오자마자 그들은 항상 우리를 위해 음식을 준비한다)
- dà kun gan sù, kù kāmầ su (그들을 보자마자 잡아라)

② dà zārar / dà zārar cêwā / dà cêwā + Completive / sai + Subjunctive

- dà zārar cêwā an bā shì àlbâshī, sai yà fita yà kashề
  (그는 월급을 받자마자 항상 밖에 나가 돈을 탕진한다)
- dà cêwā yā shā wùyā, sai yà fashề dà kūkā
  (그는 어려움을 당하자마자 항상 울음을 터뜨린다)

③ dà + Verbal Noun / sai + Subjunctive

- dà zuwànsà can, sai yà bugō mîn wayā̀
  (그는 가자마자 항상 나한테 전화한다)
- dà zuwànkà can, sai kà bugō mîn wayā̀
  (거기 가자마자 나한테 전화해야 한다)

→ READING

Lā̀bārìn 'Fela Kuti' 6

Sai kwatsàm à shḕkaràr alìf dà ɗàrī tarà dà tàmā̀nin dà huɗu akà kāmà Fela, akà gurfā̀nar dà shī gàban shàri'ā̀, indà akà yankḕ masà hukuncìn ɗaurìn shḕkàrū bìyar à kûrkukū̀ kân lâifin fitā dà kuɗā̀ɗen ƙasā̀shen wàje dàgà cikin ƙasâr - wā̀tṑ aikìn sùmōgā̀. Àmmā bāyan shḕkarā̀ biyu kawài sai akà sàki gōgân nākù, wā̀tṑ bāyan an sā̀mi sauyìn gwamnatì à Nā̀jēriyā̀. Wani àbù kuma dà ya sâ sauran dūniyā̀ tà shìga nūnà shà'awā̀ gàme dà Fela, shī nḕ gàme dà mātansà na aurē sū àshìrin dà bakwài, waɗā̀ndà ya àuri dukkànsù à shḕkaràr alìf dà ɗàrī tarà dà sàbà'in dà takwàs.

펠라 쿠티의 이야기 6

펠라는 1984년 갑자기 체포되어 재판에 회부되었고, 그 나라에서 외화를 가지고 나갔다는 죄, 다시말해 밀반출 죄로 5년의 징역형을 선고받았다. 그러나 2년 후 다시말해 나이지리아에서 정부의 교체가 이루어진 후 당신들의 영웅은 석방되었다. 나머지 세상 사람들이 펠라에 대한 관심을 보이기 시작하게 만든 것은 27 명이나 되는 그의 아내들에 관한 것인데, 그는 1978년에 그들 모두와 결혼했다.

- **kwatsàm** id. 갑자기
- **sùmōgā̀** nf. 밀수입, 밀반출 ɗan sùmōgā̀ 밀수입자, 밀반출자
- **gōgā** nm. (pl. gōgā̀yē) ① 영웅 ② 인기있는 사람
- **gṑgaggē** n. & adj. (f. gṑgaggiyā, pl. gṑgàggū) 경험 많은, 숙련된
- **kuɗā̀ɗen ƙasā̀shen wàje** 외화
- **sakī̀** v2 (sàki/sàkē) (vn. sakī̀) ① 석방하다, 풀어주다 sàki jìkī 마음을 느긋하게 먹다 ② 이혼하다 yā sàki mā̀tarsà (그는 아내와 이혼했다) ③ (무기를) 발사하다

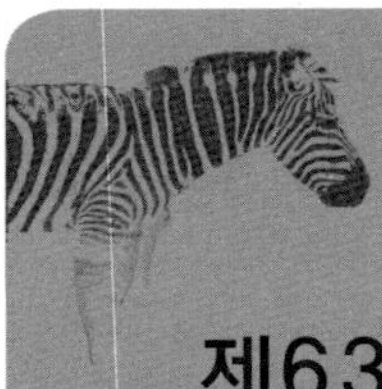

제63강

상태사

상태사는 동사에서 파생되며 행위나 동작이 끝나고 난 결과 생기는 어떤 상태를 나타낸다. 상태사는 고성조의 단모음 -e 로 끝나며, 마지막 음절을 제외한 모든 음절이 저성조이다. 상태사의 용법에는 동사적 용법, 분사적 용법, 부사적 용법, 명사적 용법이 있다.

1. 동사적 용법

가장 많이 관찰되는 경우로서 상태사가 진행양상 다음에 쓰여 행위나 동작이 끝난 결과로서의 어떤 상태를 나타낸다.

① 자동사적 상태사

- zàune sta. intr. 앉아 있다 < zaunā̀ v1intr. 앉다
- bū̀ɗe sta. intr. 열려 있다 < būɗḕ v4tr. 열다
- rùfe sta. intr. 닫혀 있다 < rufḕ v4tr. 닫다
- màce sta. intr. 죽어 있다 < macḕ v4intr. 죽다
- rùbū̀ce sta. intr. 쓰여 있다 < rubū̀tā v1tr. 쓰다
- rū̀she sta. intr. 무너져 있다 < rūshḕ v4tr & intr. 파괴하다, 무너뜨리다
- kwànce sta. intr. 누워 있다 < kwântā v1intr. 드러눕다
- tàfe sta. intr. 다니다 < tàfi vintr. 가다, 떠나다
- cìke sta. intr. 가득차 있다 < cikā̀ v1tr. 채우다
- dàfe sta. intr. 요리되어 있다 < dafā̀ v1tr. 요리하다
- tsàye sta. intr. 서 있다, 맘춰 있다 < tsayā̀ v1intr. 서다, 멈추다
- ɓā̀ce sta. intr. 망가져 있다 < ɓācì vintr. 망가지다
- tsùgùne sta. intr. 쭈구리고 앉아 있다 < tsugùnā v1intr. 쭈구리고 앉다
- ɗàure sta. intr. 묶여 있다 < ɗaurā̀ v1tr. ~을 ~에 묶다; ɗaurḕ v4tr. ~을 묶다

- yā zaunā̀? (그는 앉았습니까?)
- ī, yanā̀ zàune (네 그는 앉아 있습니다) cf. à zàune ya kḕ <강조용법>
- kàntī yanā̀ bū̀ɗe? (가게가 열려 있습니까?)
- ɓàrā̀yī sunā̀ tàfe dà wuƙā (도둑은 칼을 가지고 다닌다)
- yanā̀ ɗàure (그는 묶여있다 / 그는 수감되어 있다)

② 타동사적 상태사

타동사적 상태사는 사회도구격 전치사 dà 를 수반하여 목적어를 취한다.

- sàne dà sta. tr. ~을 알고 있다 < sanī̀ vtr. 알다
- rìƙe dà sta. tr. ~을 잡고 있다 < riƙḕ v4tr. ~을 잡다
- ƙùnshe dà sta. tr. ~을 싸고 있다 < ƙùnsā v2 ~을 싸다
- sànye dà sta. tr. ~을 입고 있다 < sânyā v1tr. ~을 입다

- yanā̀ sàne dà sūnānā (그는 나의 이름을 알고 있다)
- nā ga wani mài rìƙe dà jàkar kuɗī
  (나는 돈가방을 잡고 있는 어떤 사람을 보았다)
- gā̀ shi, yanā̀ tsallàkà katangā rìƙe dà kāyanmù
  (저기 있다, 그가 우리 물건들을 갖고 담을 뛰어넘고 있다)
- kāyansà sunā̀ ƙùnshe dà miyā̀gun ƙwāyōyī
  (그의 수하물은 마약을 포함하고 있었다)
- sunā̀ sànye dà kāyan sarkī (그들은 유니폼을 입고 있었다)

③ 자동사적, 타동사적 성질을 함께 갖는 상태사

자동사적 상태사	타동사적 상태사	파생시키는 동사
tsàre 수감되어 있다	tsàre dà ~을 수감하고 있다	tsarḕ v4tr. 수감하다
màƙàle 부착되어 있다	màƙàle dà ~을 부착하고 있다	maƙàlā v1tr. 부착하다, 달다
ɗàuke 들려 있다	ɗàuke dà ~을 들고 있다	ɗaukā̀ 들다, 나르다
bū̀ɗe 열려 있다	bū̀ɗe dà ~을 열고 있다	būɗḕ v4tr. 열다

- sunā̀ tsàre (그들은 수감되어 있다)
- mutā̀nên dà akḕ tsàre dà sū (수감되어 있는 사람들)
- sarkàr makullī nā̀ màƙàle à wàndonsà (열쇠줄이 그의 바지에 부착되어 있다)
- yanā̀ màƙàle dà sarkàr makullī à wàndonsà
  (그는 그의 바지에 열쇠줄을 부착하고 있다)
- bùhun gyàɗā yanā̀ ɗàuke (땅콩 자루가 들려 있다)

- yanā̀ ɗàuke dà bùhun gyàɗā (그는 땅콩 자루를 들고 있다)
- idònsà yanā̀ bū̀ɗe (그의 눈은 열려 있다)
- yanā̀ bū̀ɗe dà bā̀kī (그는 입을 열고 있다)

2. 분사적 용법

주어나 목적어의 역할을 하는 명사의 상태에 관하여 부연 설명을 한다.

- nā gan shì à rùbū̀ce (나는 그것을 서면으로 보았다)
- nā ga jirgī à tsàye (나는 기차가 멈춰 있는 것을 보았다)
- nā ga mùtûm à zàune (나는 어떤 사람이 앉아 있는 것을 보았다)
- à rū̀she na iskḕ shi (나는 그가 곤드레 만드레 되어 나자빠져 있는 것을 보았다)
- sun sā̀mē shì à kwànce màtacce (그들은 그가 죽어서 누워 있는 것을 발견했다)
- gā̀ shi cân à zàune (그는 저기 앉아 있다)
- gā̀ jirā̀gē à cìke dà sōjà (군인들로 가득 차 있는 배가 있다)
- gā̀ shi nân tàfe (그가 저기 오고 있다)
- in ɓàrāwṑ yā ga tāgā̀ à bū̀ɗe, zâi shigō
  (도둑이 창문이 열려있는 것을 보면 들어올 것이다)

3. 부사적 용법

부사적 용법으로 쓰이는 상태사는 동사를 수식한다.

- à gùje 급히, 서둘러 < gudù vintr. 달아나다
- à ɓṑye 몰래, 숨겨져 있다 < ɓōyḕ v4tr. 숨기다, 감추다, 비밀로 하다
- à àsìrce 은밀히, 비밀히 < asìrtā v1tr. 비밀로 하다
- à hàusànce 1. 솔직하게, 분명하게 2. 하우사어로
- à kàikàice 빙 둘러서 < kaikàitā v1tr. & intr. 경사지게 하다, 경사지다

- yā zō à gùje (그는 서둘러 왔다)
- kà fadā̀ minì à hàusànce (솔직하게/분명하게 말하시오)
- likitōcī sun tā̀ru à ɓṑye (의사들이 몰래 만났다)

4. 명사적 용법

상태사는 동명사의 역할을 할 수 있으며 따라서 문장의 주어나 목적어로 쓰일 수 있다. 동명사로서의 상태사는 행위나 동작이 아닌 상태를 표시한다.

- zàune tā kōmō tsùgùne (일이 심각해졌다)
  (직역: 앉아 있는 것이 쭈구리고 있는 것으로 변했다)

5. 상태사와 전치사 à 의 선택적 사용

상태사가 진행양상대명사나 mài 다음에 사용되는 경우를 제외하면 전치사 à 가 상태사 앞에 선택적으로 올 수 있다.

- (à) màce yakḕ lōkàcîn dà na zō (내가 왔을 때 그는 죽어 있었다)
- gā̀ ta cân (à) ɗàure (그는 저기 묶여 있다.)

전치사 à 는 격식을 차리지 않는 구어체의 말에서 종종 생략된다. 그러나 특별히 비중을 두어 말하고자 할 때는 생략되지 않는 경향이 있으며, 일부 화자들은 이런 이유로 인하여 진행양상대명사 다음에도 전치사 à 를 사용한다.

- kā san mùtumìn dà yakḕ à zàune cân?
  (당신은 저쪽에 앉아 있는 사람을 아십니까?)
- 'yan sàndā sun ganō miyā̀gun ƙwāyōyī waddà sukḕ à nànnàɗe cikin rōbā̀
  (경찰이 콘돔 속에 둘둘 말려 있는 마약을 찾아냈다)
- (note: nànnàɗe < nannàɗē v4tr. (동사 naɗḕ 의 intensive form)
  < naɗḕ v4tr. (담요 따위를) 둘둘 말다, 둘둘 감다)

→ KEY PHRASES

- Wannàn shī nḕ irìn ƙyallên dà nakḕ sô kà sayō minì dàgà Ìkko.
  (이것이 네가 라고스에서 나한테 사다주길 원하는 천이다.)
- Kàmar yaddà na rigā nā faɗī̀ cikin jàwābī̀nā dâ zân kiyā̀yè àlkawàrīnā.
  (내가 전에 말했다시피 나는 약속을 지킬 것이다.)
- Anā̀ àmfā̀nī dà nāmàn dabbōbī kàmar àbinci.
  (동물의 고기는 음식으로 사용된다.)
- Yawancin àbṑkansà sun aikā̀ masà dà gaisuwar sallā̀.
  (그의 대부분의 친구들이 그에게 축제의 인사를 보냈다.)
- Shī yā zaunā̀ à gàba nī kùwa nā zaunā̀ à bayan mōtàr.
  (그는 앞에 앉았고 나는 자동차의 뒤에 앉았다.)

- Sai kù ajìyè dukàn fàrantī̀ ƙàrƙashin tēbùr.
  (접시를 모두 탁자 아래에 보관해라.)
- Yanā̀ dà wata irìn shaidā̀ à gṑshinsà.
  (그는 이마에 어떤 표시가 있다.)
- Kyânwā tanā̀ lā̀sar madarā à kân ʼyar tāsā̀.
  (고양이가 받침 접시 위의 우유를 핥고 있다.)
- Kà tsōmà taguwā cikin ruwan zāfī.
  (셔츠를 뜨거운 물에 담궈라.)
- Nā yi wani mūgùn cīwòn màƙōgwàrō mākòn dà ya wucḕ.
  (나는 지난 주에 목이 심하게 아팠다.)
- Yā shânyè dukàn ruwân dà kḕ cikin kwalabâr.
  (그는 병 안에 있는 물을 다 마셨다.)
- Bìsā̀ gà àbîn dà ya faɗā̀ minì inā̀ sâ bḕgē zā sù isō yâu.
  (그가 나한테 말한 바에 따라 나는 그들이 오늘 도착하기를 바라고 있다.)
- Wani tsōfon lā̀bārī̀ yā cê Bagauda shī yā kafà Kanò.
  (어떤 옛 이야기에 의하면 바가우다가 카노를 세웠다고 한다.)
- Jḕ ka kà tattārō iyākacin lēburōrîn dà zā kà iyā̀ sabṑdà aikìn nân.
  (이 일을 위해서 네가 할 수 있는한 모든 일꾼들을 모아와라.)
- Gīwā tanā̀ àmfā̀nī dà dōgon hannuntà sabṑdà abūbuwā̀ dà yawā̀. Tanā̀ ɗaukàr àbinci dà ruwā tà kai bā̀kintà, kuma tanā̀ ɗaukàn abūbuwā̀ mā̀su nauyī.
  (코끼리는 많은 것들을 위해 긴 코를 사용한다. 입으로 가져가기 위해 음식과 물을 나르고, 무거운 것들을 나르기도 한다.)
- Dukànsù biyu sun isō cikin lōkàcī ɗaya. (그들은 둘다 동시에 도착했다.)

제64강

SAI

HAR 와 SAI 는 둘 다 '까지' 라는 뜻으로 옮길 수 있지만 둘 사이에는 미묘한 차이가 존재한다. HAR 는 어떤 시점까지 이루어진 행위를 강조하며 따라서 그것이 끝난 후에 발생한 현상에 대해서 구체적인 암시를 하지 않는다. 이에 반해 SAI 는 어떤 사건이 끝난 후의 상황에 초점을 맞춘다. 이러한 차이는 다음의 문장들 속에 잘 드러나 있다.

- 1A bà sù gan mù ba sai sun kai kā̀suwā
  = bà sù gan mù ba sai dà sukà kai kā̀suwā
- 1B bà sù gan mù ba har sukà kai kā̀suwā

- 2A sai gṑbe
- 2B har gṑbe

1A 와 1B 는 둘 다 '그들은 시장에 도착할 때까지 우리를 보지 못했다' 라고 옮길 수 있다. 1A 에는 '그들이 시장에 도착하기 전에는 우리를 보지 못했지만 시장에 도착하고 난 다음에는 보았다'. 즉 '시장에 도착하고 나서야 우리를 보았다' 라는 뜻이 함축되어 있다. 그러나 1B 는 '시장에 도착할 때까지 우리를 보지 못했다' 는 사실만을 전달하고 있으며 시장에 도착한 후의 상황, 다시 말해 '우리를 보았는지 아닌지' 는 다루지 않는다. 2A 와 2B 는 헤어질 때 사용하는 전형적인 인사 표현으로서 모두 '내일까지' 라는 의미를 갖지만 전자는 '내일 다시 만나자' 라는 뜻으로 사용되는 반면, 후자는 '우리를 내일까지 끌고 갈 일련의 사건들이 있음' 을 암시한다.

1. SAI + 절

① ~ 할 때 까지 ~ 하다

주 절 : Durative Verbs
종속절 : sai + Completive / sai dà + rel. Completive

- nā dākàtā matà sai tā zō (나는 그녀가 올 때까지 그녀를 기다렸다)
- sun tsarè gàrinsù sai dà sukà ga bâ dāmā
  (더 이상의 기회가 없다는 것을 알게 될 때까지 그들은 그들의 도시를 지켰다)
- sunà̄ tàfiyà̄ sai dà sukà kai Kanò
  (그들은 카노에 도착할 때까지 여행을 계속했다)
- àjìyē shi sai mun bùkà̄cē shì (필요할 때까지 그것을 따로 치워두어라)
- sànnu-sànnu sai kā ga bâ sauran tsṑfàffin kuɗī
  (이것은 옛날 돈이 더 이상 존재하지 않을 때까지 점차적으로 유통될 것이다)

→ NOTE

주절이 생략되는 경우도 있다. 생략된 주절은 부정의 뜻을 갖는 것이 보통이다.

- sai yā gamà sallà̄ tùkùna (('그를 부를까요?'에 대한 대답으로서) 우선 그가 기도를 마칠 때까지는 (부르지 마라))

② (주절이 부정문) ~ 할 때까지 ~ 하지 않다 (= ~ 하지 않는한 ~ 하지 않다 = ~ 하고 나서야 ~ 하다)

주 절 (Neg.) : Point-Action Verbs / Durative Verbs
종속절 : sai + Completive

- bà zâi yi ba sai kā biyā shì tùkùna
  (네가 그에게 먼저 지불할 때까지 그는 그것을 하지 않을 것이다 = 네가 그에게 먼저 지불하지 않는한 그는 그것을 하지 않을 것이다 = 네가 그에게 지불하고 나서야 그는 그것을 할 것이다)
- bà zân bā shì ba sai yā zō dà kânsà
  (나는 그가 직접 올 때까지 그에게 그것을 주지 않을 것이다)
- Audù bà zâi tāshì ba sai yârân sun dāwō
  (아우두는 그 아이들이 돌아올 때까지 떠나지 않을 것이다)
- bà zân iyà hawan wannàn ginì̄ ba sai an sakà tsānì̄
  (나는 사다리가 놓일 때까지 이 건물에 오를 수 없을 것이다)
- bà zân jē ba sai nā gamà̄ tùkùna (나는 끝마칠 때까지 가지 않을 것이다)
  <note: sai 와 tùkùna 는 이런 식으로 함께 쓰일 수 있다>
- bà zā mù tàimàkē sù ba sai in sun bar kashè jūnansù
  (그들이 서로 죽이는 것을 그만둘 때까지 우리는 그들을 돕지 않을 것이다)
  <note: 여기서 볼 수 있듯이 sai 다음에 in 이 삽입될 수 있다>

- bà zā kà ɗagā̀ dàgà nân ba sai kā biyā
  (돈을 낼 때까지 당신은 여기를 떠날 수 없다)
- bà zâi yi aikī̀ ba sai in sun tāshì
  (그들이 떠날 때까지 그는 일을 하지 않을 것이다)
- bā nā̀ fāràcìnikī sai an būɗè fulōtì
  (나는 장마당이 열릴 때까지 장사를 시작하지 않는다)
- Bellò bài yi aikī̀ ba sai nā dāwō
  (벨로는 내가 돌아올 때까지 일을 하지 않았다)

③ (주절이 부정문) ~ 한 후에도 ~ 하지 않다

주 절 (Neg.) : Point-Action Verbs / Durative Verbs
종속절 : sai dà + rel. Completive

- yârân bà sù yi barcī ba sai dà mukà dāwō dàgà kā̀suwā
  (아이들은 우리가 시장에서 돌아온 후에도 자지 않았다)
- cf. yârân bà sù yi barcī ba sai mun dāwō dàgà kā̀suwā
  (아이들은 우리가 시장에서 돌아올 때까지 자지 않았다 = 아이들은 우리가 시장에서 돌아오고 나서야 잤다)
- cf. yârân bà sù yi barcī ba har mukà dāwō dàgà kā̀suwā
  (아이들은 우리가 시장에서 돌아올 때까지 자지 않았다)
  <note: 돌아온 이후의 상황에 대해서는 암시하는 바가 없음>

④ (종속절이 앞에 옴) ~ 하고 나서야 ~ 했다 (과거)

종속절 : sai dà + rel. Completive
주 절 : rel. Completive

- sai dà mukà ci mîl gōmà, sân nan mukà tunà bà mù sàyi fētùr ba
  (우리는 10 마일을 가고 나서야 우리가 기름을 사지 않았다는 것을 알았다)
- sai dà ya ga yā ci mîl tarà, sân nan ya jūyō gidā
  (9 마일을 갔다는 것을 안 다음에야 그는 집으로 방향을 돌렸다)
- sai dà sukà tāshì tùkùna, mukā̀ hūtā̀
  (그들이 떠나고 나서야 우리는 휴식을 취했다)

→ NOTE

위에서 볼 수 있듯이 주절 앞에 sân nan 이 오거나, 종속절 후미에 tùkùna 가 오는 경우가 많다.

⑤ (종속절이 앞에 옴) ~ 하고 나서야 ~ 할 것이다 (미래)

종속절 : sai + Completive
주 절 : Subjunctive / Future

- sai kā zō, kānà mù tàfi (당신이 오고 나서야 우리는 떠날 것이다)
- sai yā gayā̀ musù, kānà yà tàfi (그들에게 말하고 나서야 그는 떠날 것이다)
- sai mun isō, kānà sù yi barcī (우리가 도착하고 나서야 그들은 잘 것이다)
- sai sun tāshì, zâi yi aikì̀ (그들이 떠나고 나서야 그는 일을 할 것이다)
  = sai in sun tāshì, zâi yi aikì̀
  <note: 주절이 긍정일 때 in 을 삽입하는 것이 삽입하지 않는 것보다 자연스럽다>

→ NOTE

다음의 예문에서 볼 수 있듯이 sai 다음의 주절이 생략될 수도 있다.

- in zā sù fita, sai sun tàmbàyē shì izìnī
  (그들이 나가려고 한다면 그에게 허락여부를 물어보고 나서야 (나갈 것이다))

⑥ ~ 해야 한다

sai + Subjunctive

- sai mù tāshì yànzu (우리는 지금 떠나야 한다)
- sai yà dākàtā kàɗan (그는 조금 기다려야 한다)
- in akà yi sātā̀, sai à kirāwō 'yan sàndā
  (도둑질이 발생하면 경찰을 불러야 한다)
- dṑmin yârân sun dāwō, sai Audù yà tāshì
  (아이들이 돌아왔기 때문에 아우두는 떠나야 한다)

→ NOTE

sai 다음에 2인칭 대명사가 오면 부드러운 명령의 의미를 전달한다.

- sai kà faɗā̀ masà (그에게 말해라)
- sai kà yi ta tàfiyā̀ har kà jē Fùntuwà (푼투와에 도착할 때까지 계속 가시오)
- sai kà mai dà tābàr nân (그 담배를 도로 갖다 놓으시오)

⑦ (과거의 사건을 언급할 때) 그 때 ~했다

sai + rel. Completive

- kwabṑ yā fāɗì, sai na gan shì, na ɗaukā̀
  (1코보가 떨어졌다, 그 때 나는 그것을 보았고 그것을 주웠다)
- yā yi zū̀ƙā ukù, sai tābā̀ ta ƙārḕ
  (그가 세 모금을 빨았고 그 때 담배는 끝이 났다)
- zân sā̀ri itā̀cē, sai mài shī ya zō
  (나는 나무를 베려고 했는데 그 때 그 주인이 왔다)
- mazansù sun sàkē sù, dàgà nan sai sukà yi ta yāwṑ
  (그들의 남편은 그들과 이혼했고 그 때부터 그들은 계속해서 떠돌아 다녔다)
- yanā̀ shìgā, sai ya gan tà (그는 들어오고 있었는데 그 때 그들을 보았다)
- darē nā̀ yî, sai sukà tāshì (밤이 되고 있었고 그 때 그들은 자리에서 일어났다)
- dà mukà ji lā̀bārìn, sai mukà zō maza-maza
  (우리가 그 소식을 들었을 때 우리는 서둘러 왔다)
- sai Mammàn ya cê, 'kâi! kù tsayā̀!'
  (그 때 맘만이 말했다, '어! 너희들 멈춰!')

⑧ (미래의 시점에 주절의 사건이 종속절의 사건에 연이어 발생할 때) 그 때 ~할 것이다

sai + Subjunctive

- in sun zō, sai ìn tàfi kā̀suwā (그들이 오면 그 때 나는 시장에 갈 것이다)
- in yā zō, sai ìn tàmbayā̀ (그가 오면 그 때 나는 물어볼 것이다)
  cf. in yā zō, sai nā tàmbayā̀ (그가 오면 그 때 나는 반드시 물어볼 것이다)
- in nā ga sànā'àr, sai à bâ mài ràncē gwàrgwadō
  (내가 그 사업을 보고 나면 그 때 차용인은 적당한 대여금을 받게 될 것이다)

- in kā fàɗī wata màganā̀, gàrī nā̀ wāyḕwā, sai kà ga ’yan sàndā sun zō
  (네가 좀더 말을 하면 동이 트고 그 때 너는 경찰이 도착한 것을 보게 될 것이다)
- dàgà Bicì sai ìn kai gyàɗā̀ kusa dà tashàr jirgin ƙasà
  (나는 땅콩을 비치에서 기차역 근처로 가져간다)

⑨ (주절이 부정문) 단지 ~ 만 하다

i. 일반적 사실 / 습관

sai + subjunctive

- bâ wandà ya iyà jinyàr mā̀su cīwṑ, sai à bar gidansù bàrkàtài
  (환자들을 돌볼 사람들이 없다/없었다, 그래서 단지 집을 엉망진창으로 만들기만 했다)
- bà sù taɓà cîn nasarā̀ ba sai à kṑrē sù
  (그들은 한번도 이긴 적이 없다, 단지 항상 패하기만 했다)

ii. 과거

sai + Completive

- bà sù sàki bôm ba, sai sun sàki jàrīdā̀
  (그들은 폭탄을 떨어뜨리지 않았다, 단지 신문을 떨어뜨리기만 했다)
- bā̀ wannàn ya bā mù haushī ba, sai dai dà sukà yi kuskurḕ
  (우리를 화나게 한 것은 이것이 아니다, 그것은 단지 그가 실수만 했기 때문이다)
  <note: 여기서 ‘dà’ 는 ‘because’ 의 뜻이다>
- bā̀ don sunā̀ tsàmmānī̀ zā à yi yāƙī̀ ba, sai dai don sun ganī ...
  (전쟁이 일어날 거라고 생각했기 때문이 아니라, 단지 그들이 ... 을 보았기 때문이다)

⑩ 두 개 이상의 대등절에서 각각 가상법과 함께 쓰여 일반적 사실이나 습관을 나타낸다. 이 때 sai 는 모두 생략이 가능하다.

(sai) + Subjunctive, (sai) + Subjunctive

- wani sā'ì sai yà zō nân, wani sā'ì sai mù jē gidansà
  (어떤 때는 그가 여기에 오고, 어떤 때는 우리가 그의 집에 간다)
- in an kāwō àbinci, à ci, sân nan à shā
  (음식을 가져오면 사람들은 먹고 또 마신다)

→ NOTE

여기서 두번째 절은 진행양상으로 대체될 수 있다.

- wani sā'ì sai yà zō nân, wani sā'ì munà zuwà gidansà
  (어떤 때는 그가 여기에 오고, 어떤 때는 우리가 그의 집에 간다)

⑪ 기타 용법

sai + Subjunctive / rel. Completive

- duk lōkàcîn dà na jē fādàr Sarkī, sai yà sâ baƙar àlkyabbà
  (내가 왕의 궁궐에 갈 때마다 그는 항상 까만 외투를 입었다)
- kàmìn yà zō, sai ìn gamà (그가 오기 전에 나는 끝마칠 것이다)
- kàmìn mù jē Kanò, sai akà tàfi
  (우리가 카노에 도착하기 전에 그들은 떠났다)
- tun bài zō ba, sai na gamà aikì (그들이 오기 전에 나는 일을 끝마쳤다)
- tun dà mukà bàlagà, sai mukà sōmà aikì (우리는 사춘기부터 일하기 시작했다)
- indà mukà jē, sai mukà gan sù (우리가 간 곳에서 우리는 그들을 보았다)
- bāyân dà sukà gìrbi hatsī (= bāyan sun gìrbi hatsī), sai sukà hūtà
  (옥수수를 베어들인 후에 그들은 휴식을 취했다)
- àbîn dà sukà bā nì, sai na ƙi (그들이 준 것을 나는 거절했다)
- duk dà wannàn, sai sukà yi ta cêwā ...
  (이것에도 불구하고 그들은 계속해서 ... 라고 말한다)
- yaddà sukà yi, sai sukà gamà dà saurī
  (그들이 한 방법은 신속히 끝내는 것이었다)
- nan dà nan (=bâ làbārì) sai sukà hàrɓē nì dà ƙafà
  (그들은 나를 불시에 걷어찼다)
- dà an tàmbàyē nì, sai ìn yàrda (질문을 받았다면 나는 동의했을텐데)
- dà jînsà, sai ya yi fushī (그것을 듣자마자 그는 화를 냈다)
- yanà shìgā, sai ya gan tà (그는 들어서자마자 그녀를 보았다)

- būɗè bā̀kinmù kḕ dà wùyā, sai sukà kwàɓē mù ← (전방도치) munā̀ būɗè bā̀kinmù dà wùyā, sai sukà kwàɓē mù (입을 열기가 무섭게 그들은 우리를 윽박질렀다)
- sun shìga kḕ nan, sai sukà gan mù (그들은 들어가자마자 우리를 보았다)
- bâ àbîn dà ya fi sai mù kōmā̀ gàrinmù (집으로 돌아가는 것보다 더 나은 것은 없다)
- bâ àbîn dà ya fi faràntā manà zūcìyā sai dà mukà gan sù (그들을 보는 것보다 우리를 더 즐겁게 하는 것은 없었다)
  cf. àbîn dà ya fi, sai mù hūtā̀ (더 나은 것은 쉬는 것이다)
  cf. dàbāràr dà ta fi, sai sù tā̀ru (더 나은 계획은 그들이 모이는 것이다)
- kun san mà'ànar wannàn, bā̀ sai mun faɗā̀ mukù ba (우리가 너희들한테 말하지 않아도 너희들은 이것의 의미를 알고 있다/있었다)
- bā̀ zāgī̀ yakḕ mā ba, har kūkā sai dà ya yi (욕설에 성이 안차서 그는 소리까지 질러댔다)
- yâmmar fā̀rì sai gidan ùbantà (초저녁에 그녀는 그녀의 아버지의 집에 갔다)
  <note: 여기서 sai 다음에 주어와 동사가 생략되어 있다. 화자와 청자가 문맥상 알고 있을 때에는 sai 다음에 이렇게 생략이 가능하다>
- sai nā dṑkē ta (그래, 나는 그녀를 때릴 거야)
  <note: '뭘해도 좋은데 그녀를 때리지만 마라!' 에 대한 대답으로서>

> → NOTE
>
> 아래의 bā̀ sai ... ba? 는 질문의 성격이 없는 수사학적 표현이다.

- rân nan bā̀ sai akà ji ba? (그리고 나서 그 날 그들은 그것을 들었다)
- sukà bi maƙìyanmù, bā̀ sai sukà yā̀ƙē mù ba?
  (그들은 우리의 적한테 갔다, 그리고 나서 그들은 우리에게 전쟁을 걸었다)

2. SAI + 구

① ~ 만 빼고, ~ 이외에는, ~을 제외하고

sai + 명사구

- kōwā yā ci rōgṑ, sai Bellò (모두 카사바를 먹었다, 벨로만 빼고)
- kōwā bài ci rōgṑ ba, sai Bellò (아무도 카사바를 먹지 않았다, 벨로만 빼고)

- mun ga kōwā, sai Audù (우리는 모두 보았다, 아우두만 빼고)
- Tàrābùlùs duk hàmādā̀ cē sai ta wajen tḕku
  (트리폴리는 모두 사막이다, 바다쪽만 빼고)
- bâ ni dà kōmē, sai jā̀kin nàn (나는 아무것도 없다, 이 당나귀만 빼고)
- bà mù ci kōmē ba, sai shìnkāfā̀ kàɗan
  (우리는 아무것도 먹지 못했다, 약간의 밥 이외에는)
- bâ wandà ya iyà wannàn, sai Garbà
  (이것을 할 수 있는 사람은 아무도 없다, 가르바만 빼고)
- bâ mài yînsà sai kai (그것을 할 사람은 아무도 없다, 너만 빼고)

→ NOTE

이 경우 화자는 예외가 되는 대상에 초점을 맞추지 않는다. 위의 첫번째 예문 kōwā yā ci rōgṑ, sai Bellò 에서 화자는 '모두 카사바를 먹었다' 라는 사실을 중시하고 있다.

② ~ 만, ~ 뿐

sai + 명사구

- sai Bellò nē yakḕ sôn rōgṑ (카사바를 좋아하는 사람은 벨로뿐이다.)
- sai Bellò nē bā yā̀ sôn rōgṑ (카사바를 좋아하지 않는 사람은 벨로뿐이다)
- sai ƙṑƙarin yîn màkā̀mai sukḕ yî
  (그들이 하는 것은 무기를 만들려고 노력하는 것뿐이다)
- àɓîn dà zâi sâ kà taɓà àjiyàn nân, sai fa kàmar don biyàn kāyan jànā'izā̀
  (이 저금을 인출할 수 있게 하는 것은 예를 들면 장례 용품 따위의 지불을 위한 것뿐이다)
- sai nī dà uwargidā dà yârā mukḕ gidā (나와 아내와 아이들만 집에 있습니다)
- sai yâu na taɓà ganinsà (오늘에서야 나는 그를 보았다)

→ NOTE

여기서 화자는 예외가 되는 사항을 중시한다. 따라서 sai 는 전방으로 도치되는 경우가 많다. 다음의 예문은 ① 과 ② 의 차이를 분명히 전달한다.

Q : kōwā yā jēfā̀ makà ƙùri'ā̀ ? (모두 당신에게 표를 던졌습니까?)
A : ī, <u>kōwā yā jēfā̀ minì</u>, sai Bellò (네, <u>모두 나에게 표를 던졌습니다</u>, 벨로만 빼고)
A : <u>sai Bellò</u> nē bài jēfā̀ minì ba (나에게 표를 던지지 않은 사람은 <u>벨로뿐입니다</u>)

③ (준동사로서 부정 구문 뒤에서 사용됨. 부정 구문이 문맥상 생략되는 경우도 있음) ~ 만 있다

부정구문 + { sai + 명사구 }

- in mun ga bâ kân Sarkin Ingìlà, sai kân Sarkin Jàbū, bā mà̄ kàrɓā
  ((그 돈에) 영국 왕의 초상은 없고, 이제보데 왕의 초상만 있으면, 우리는 그것을 받지 않는다)
- Kanāwā bā sà̄ ƙaryā sai dadì̄
  (카노 사람들은 거짓말을 하지 않는다, 허풍만 있다)
- dàgà bà̄kin gàrī sai dājì̄
  (도시의 변두리 너머에는 (다른 건 없고) 숲만 있습니다)
- sai àbîn dà ka cê
  ((다른 말은 없고) 당신의 말만 있습니다. 의역: 명령하는 사람은 당신이고 복종하는 사람은 접니다)
- kuɗī nè̄ kàmar waɗànnân, sai dai kân sābon Sarkī gàrē shì
  (그것은 이것과 같은 돈이다, (다른 차이점은 없고) 거기엔 새로운 왕의 초상만 있다)
- fansar bāwà̄ sai dà kuɗī
  (노예의 속량, (다른 방법은 없고) 돈을 갖고하는 것만 있다)

④ ~ 까지

Durative Verbs + { sai + 시간 관련 표현 }

- Audù yā yi barcī sai ƙarfè̄ ukù (아우두는 2시까지 잤다)
- zā sù yi aikì̄ sai màgàribà̄ (그들은 해질녘까지 일할 것이다)

→ NOTE

주절의 지속 동사의 행위는 sai 절이 명시하는 특정한 시점에 종결된다. 논리상 긍정문에서는 주절에 지속동사 이외의 다른 동사는 사용될 수 없다.

- (X) Bellò yā isō sai ƙarfè̄ ukù (벨로는 세시까지 도착했다)
  <note: isō 는 순간 동사이다>

- (O) Bellò bài isō ba sai ƙarfè ukù
  (벨로는 세 시까지 도착하지 않았다 = 벨로는 세 시가 되어서야 도착했다)

⑤ (부정문에서) ~ 까지 ~ 하지 않다 = 가 되어서야 ~ 하다

Point-Action Verbs / Durative Verbs + { sai + 시간 관련 표현 }

- bà zân zō ba sai gồbe
  (나는 내일까지 오지 않을 것이다 = 나는 내일이 되어야 올 것이다)
- bàn dāwō ba sai ƙarfè ukù
  (나는 세 시까지 돌아오지 않았다 = 나는 세 시가 되어서야 돌아왔다)
- yârân bà sù yi barcī ba sai ƙarfè ukù
  (그 아이들은 세 시까지 자지 않았다 = 그 아이들은 세 시가 되어서야 잤다)

⑥ 마치 ~ 처럼

sai kà cê + 명사구 or sai kà cê + 절

- ƙarfī gàrē shì sai kà cê zākì (그는 마치 사자처럼 힘이 세다)
- yanà sànye dà kāyā sai kà cê shī sarkī nè
  (그는 마치 자기가 추장인 것처럼 옷을 입었다)

⑦ 그렇지만, 그러나

sai dai Ø

- sai dai bā yà iyà yî (그렇지만 그는 (그 일을) 감당할 수 없다)
- sai dai dà wani àbù mài bā mù màmākì
  (그렇지만 우리를 놀라게 하는 어떤 것이 있다)

→ KEY PHRASES

- Bàn sā̀mē shì cikin gidân ba. (나는 그 집에서 그를 발견하지 못했다.)
- À kōwànè lōkàcī yanā̀ mùrmùshī. (그는 항상 미소짓는다.)
- Mūgùn mùtumìn yā bùgi yārṑ dà sàndā.
  (그 나쁜 사람이 그 소년을 막대기로 때렸다.)
- Saurī mài yawā̀ hadàrī nḕ gà mā̀su tūƙà mōtā̀.
  (높은 속도는 운전사들에게 위험하다.)
- Bàri dai mù jirā ƙàrshen bincìkên. (그 조사의 결말을 기다리자.)
- Ràunîn bā̀ mài tsananī nḕ ba. (그 부상은 그다지 심하지 않다.)
- An yi haɗàrin mōtā̀ à mîl na 14 kân hanyàr mōtā̀ dàgà Kàdūna zuwā̀ Zāriyà.
  (카두나에서 자리아로 가는 도로상 14 마일 지점에서 자동차 사고가 있었다.)
- Yànzu yanā̀ sai dà tikitì à tashàr mōtā̀.
  (그는 요새 정거장에서 표를 팔고 있다.)
- Yā tàfi Ìkko cikin mākòn dà ya wucḕ. (그는 지난 주에 라고스에 갔다.)
- Wā̀ kḕ sôn ƙārī̀ gà àlbâshinsà? (누가 급여 인상을 원하냐?)
- Ajī̀ na ukù na shìga cikin jirgîn. (나는 기차의 3등석으로 여행했다.)
- Nā yi murnā̀ dà ka zō. = Nā ji dāɗì dà ka zo. (네가 와서 기쁘다.)
- Ùngo, zō kà ɗaukā̀. (여기 있다, 와서 가져가라.)
- Àshē gā̀ ka nân bā kā̀ yîn kōmē. (넌 여기서 아무 것도 안 하고 있구나.)
- Sū yârân biyu sun bàmbantà dà jūnā wajen launìn fātàr jìkinsù.
  (두 소년은 피부 색에서 서로 다르다.)
- Bambancī̀ wajen nauyī wayā̀ huɗu nḕ kawài.
  (무게 차이는 4파운드에 불과하다.)

제65강

조건문 (2)

조건문은 과거사실에 대한 반대 가정이나 실현 가능성이 없는 것을 가정하는 가정법과는 달리 발생할 가능성이 있는 것을 표현한다. 조건절은 접속사 in = ìdan 에 의해 유도된다.

<table>
<tr><td rowspan="3">조건절</td><td>Completive</td><td>사건의 발생 가능성이 큼</td><td rowspan="2">논리상 한 사건이 종식되어야 다른 사건이 일어날 수 있는 경우</td></tr>
<tr><td>rel. Completive</td><td>단순 가능</td></tr>
<tr><td colspan="3">Continuative / Future (1)
NOTE: Habitual / Subjunctive / Future (2) 는 조건절에 올 수 없다.</td></tr>
<tr><td>주 절</td><td colspan="3">Future / sai + Subjunctive / Habitual</td></tr>
</table>

1. 논리상 한 사건이 종식되어야 다른 사건이 일어날 수 있는 경우에는 조건절에 완료 양상이 쓰인다.

① 화자가 조건절의 사건의 발생 가능성을 높게 볼 때에는 조건절에 완료 양상이 쓰인다.

- in yā mutù, ɗansà Audù zâi gā̀ji dūkìyarsà
  (그가 죽으면 그의 아들 아우두가 그의 재산을 상속받을 것이다)
- in kā sākè yîn hakà, zân yi fushī sṑsai
  (다시 한 번 그 짓을 하면 나는 매우 화가 날 것이다)
- in Allàh yā sō, zā kì ci jarràbâwā
  (신이 허락한다면 당신은 시험에 붙을 것이다)
- in an fārà (yîn) ruwā, zā mù shìga ɗakà
  (비가 오기 시작하면, 우리는 방 안에 들어갈 것이다)
- in an zàrgē shì dà ya yi wà tattalin arzìkin ƙasā maƙarƙashìyā
  (그가 국가 경제에 사보타지를 한 혐의로 고소당하면)

- ìdan nā gan shì zân gayā̀ masà (나는 그를 보면 그에게 말할 것이다)
- ìdan bà sù zō dà wuri ba, bā̀ zā sù sā̀mi àbinci ba
  (그들은 일찍 오지 않으면 음식을 얻지 못할 것이다)
- zā kì fasā̀ shi ìdan bà kì hankàlī ba
  (주의하지 않으면 너는 그것을 깨뜨릴 것이다)
- in darē yā yi, bài kàmātà kì fìta ba (밤이 되면 나가서는 안 된다)
- in kin zō gṑbe, sai ìn mayar mikì dà littāfìnkì
  (네가 내일 오면 나는 너에게 책을 돌려줄 것이다)
- in kā hau itā̀cen nàn, sai kā fāɗì (그 나무에 오르면 너는 분명히 떨어진다)
  <note: 여기서 sai 다음의 완료 양상 kā 는 확실성, 불가피성을 나타낸다>
- in kā ga Audù, kà cê inā̀ gaishē shì
  (아우두를 보면 내가 인사한다고 전해주시오)
- in an haɗā̀ ukù dà biyu, bìyar kḕ nan (3과 2를 더하면 5가 된다)

→ NOTE

사건의 발생 가능성이 높은 조건문은 when 구문으로 대체할 수 있다. 다음의 두 문장은 거의 똑같은 의미를 갖는다.

- in yârân sun zō, zân bā sù kwabṑ kwabṑ
  (아이들이 오면, 나는 그들에게 각각 1 코보씩 줄 것이다)
- lōkàcîn dà yârân sukà zō, zân bā sù kwabṑ kwabṑ
  (아이들이 올 때, 나는 그들에게 각각 1 코보씩 줄 것이다)

② 화자가 사건의 단순한 가능성만을 언급할 때는 조건절 안에 관계 완료 양상이 쓰인다.

- in akà fārà (yîn) ruwā, zā mù shìga ɗakà
  (비가 오기 시작하면, 우리는 방 안에 들어갈 것이다)
- ìn ka jirā nì, zân zō an jimā̀ (나를 기다리면 나는 잠시 후에 올 것이다)
- ìn kukà zō gidānā, zân shiryā̀ mukù àbinci mài dāɗī
  (너희가 우리집에 오면 나는 너희를 위해 맛있는 음식을 준비할 것이다)
- ìdan mukà gan shì, zā mù gayā̀ masà (우리가 그를 보면 그에게 말할 것이다)
- ìdan akà ɗūrā̀ wà wani mài jinyā̀ jinin wani mài ɗàuke dà ƙwāyōyin cū̀tar AIDS
  (어떤 환자에게 에이즈 병균을 갖고 있는 어떤 사람의 피가 주입되면)
- Allàh nē kawài ya san yawàn waɗàndà zā sù mutù ìdan tafkìn Nyos ya sākè yîn wani aman gâs ɗìn (호수 Nyos 가 다시 독가스를 발산하면 죽을 사람들의 수를 아는 것은 알라밖에 없다)

→ NOTE

조건절 내의 완료 양상은 사건의 발생에 대한 심리적 확신을 갖는 것이기 때문에 아래의 두 예문 중에서 첫번째 것은 非文이 될 수밖에 없다. 이에 반해 조건절 안에 관계 완료 양상이 사용된 것은 非文이 아니다.

* in yârân sun zō, zân bā sù kwabȍ kwabȍ, àmmā bàn sanȉ ba kō zā sù zō, kō bà zā sù zō ba
  (아이들이 오면 나는 그들에게 각각 1코보씩 줄 것이다. 그러나 나는 그들이 올지 오지 않을지 모른다)

▪ in yârân sukà zō, zân bā sù kwabȍ kwabȍ, àmmā bàn sanȉ ba kō zā sù zō, kō bà zā sù zō ba (아이들이 오면 나는 그들에게 각각 1코보씩 줄 것이다. 그러나 나는 그들이 올지 오지 않을지 모른다)

2. 조건절에 올 수 있는 것은 완료 양상 이외에도 진행 양상과 미래 양상(1) 이 있다. 습관을 나타내는 양상이나 가상법, 미래 양상(2) 는 조건절에 올 수 없다. 아래의 예문에서는 조건절에 완료 양상이 나타나지 않는다.

▪ in anȁ zāfī, bȁ zā mù yi tàfiyȁ ba
  (날이 더우면 우리는 여행을 가지 않을 것이다)
▪ in anȁ ruwā, bà zā mù tàfi ba (비가 오면 우리는 가지 않을 것이다)
  cf. in an yi ruwā, bà zā mù tàfi ba ((내일 아침에 일어났을 때 간밤에) 비가 왔으면 (땅이 축축할테니까) 우리는 가지 않을 것이다)
▪ ìdan sunȁ zuwȁ, sai mù hūtȁ
  (그들이 오고 있으면 우리는 휴식을 취할 수 있다)
  cf. ìdan zā sù zō, sai mù hūtȁ (그들이 온다면 우리는 휴식을 취할 수 있다)
▪ ìdan kanȁ sôn kà bugà wayȁ zuwȁ Bùrkīnà Fāsò dàgà Vancouver
  (당신이 뱅쿠버에서 부르키나 파소에 전화를 걸고 싶다면)
▪ ìdan anȁ yî wà mutȁnē dàbam dàbam àllūrȁ dà àllūrȁ gùdā
  (다른 사람들이 같은 바늘로 주사를 맞으면)
▪ ìdan yanȁ dà tsȁdā dà yawȁ, kadà kà sàyā (그것이 너무 비싸면 사지마라)
▪ ìdan kanȁ dà kuɗī, sai kà bā sù sadakȁ (돈이 있으면 그들에게 적선해야 한다)

▪ in zā kà tàfi, zân bā kà sȁƙō (네가 갈거라면 내가 전하는 말을 줄 것이다)
▪ ìdan zā kà zō gȍbe, kâr kà mântā dà kāwō mîn littāfìn
  (네가 내일 올거라면 나한테 그 책을 가져오는 것을 잊지마라)
▪ in zā kà kàrɓā, tȍ kà kàrɓā (그것을 받으려면 받아라)

- ìdan zā kà tàfi Afìrkà, yā kàmātà kà shā māgànin zàzzàɓin cīzòn saurō
  (아프리카에 갈거라면 너는 말라리아약을 먹어야 한다)
- ìdan gidan rēdiyòn BBC zâi gabātar dà shìrye-shìryensà gà ƙasā̀shen Afìrkà
  (BBC 라디오 방송국이 아프리카의 나라들에 프로그램을 방송할 거라면)

→ NOTE

다음의 예문에서 볼 수 있는 것처럼 조건절에 동사 이외의 다른 표현이 올 수도 있다.

- in bā̀ hakà ba (그렇지 않다면)
- zân zō bìkī, in dà dāmā (나는 기회가 있으면 파티에 올 것이다)
- zân yi ƙṑƙarī ìn kammàlà aikìn in dà hālī
  (나는 사정이 허락하면 그 일을 끝내려고 노력할 것이다)
- in àkwai shìnkāfā à kā̀suwā yâu sai kà sayō; in kuma bābù, shī kḕ nan
  (오늘 시장에 쌀이 있으면 사가지고 와라; 없어도 좋다)

→ NOTE

조건절이 완료 양상을 취하지 않을 때 tṑ 가 주절 앞에 오면 주절은 단순한 가능성을 나타낸다.

- in zā kà tàfi, tṑ zân bā kà sā̀ƙō
  (네가 갈거라면, 나는 너에게 전갈을 줄 것이다) <주절: 단순 가능>
- in zā kà tàfi, zân bā kà sā̀ƙō
  (네가 갈거라면, 나는 너에게 전갈을 줄 것이다)
  <주절: 사건의 발생 가능성이 큼>

3. 주절은 미래 양상을 취하는 것이 보통이지만 기본적으로 주절이 취할 수 있는 것에는 제한이 없다.

① 과거의 습관적, 규칙적 사건을 나타낼 때

종속절 : ìdan + Completive / rel. Completive
주 절 : Habitual / sai + Subjunctive

- ìdan sun (= sukà) isō, sukàn gayā̀ manà lā̀bārī̀
  (그들은 도착하면 우리에게 항상 소식을 전해주었다)
  = ìdan sun (= sukà) isō, sai sù gayā̀ manà lā̀bārī̀

- in yā (= ya) zō gidānā, nakàn shiryā̀ masà lìyāfā̀
  (그가 우리 집에 오면 나는 항상 그의 접대를 준비했다)
- kullum in yā (= ya) jē gōnā, sai yà yi barcī
  (그는 농장에 가면 항상 잠을 잤다)

② 일반적 사실이나 습관을 나타낼 때

종속절 : ìdan + Completive
주 절 : Habitual / sai + Subjunctive

- ìdan nā tàfi Kanò, nakàn hàɗu dà àbṑkai dà dāmā
  (카노에 가면 나는 항상 많은 친구들을 만난다)
- ìdan mun gamà cîn àbinci, sai mù fita yāwṑ
  (우리는 식사 후에 항상 산책하러 나간다)
- in sun kirā nì, sai ìn zō (그가 나를 부르면 나는 항상 간다)
- ìdan sun gan mù, sai sù gudù (우리를 보면 그들은 항상 달아난다)
- ìdan mun mātsà gyàɗā, sai mân yà fitō (땅콩을 짜면 항상 기름이 나온다)
- ìdan sun isō, sai sù gayā̀ manà lā̀bārī̀
  (그들은 도착하면 우리에게 항상 소식을 전해준다)

→ KEY PHRASES

- Wannàn dṑkā cḕ ta wurī ɗaya kawài. (이 것은 지방법이다.)
  - Fā̀tī tanā̀ aikìn wankè kwalā̀bē à ɗākìn bā dà magànī.
  (파티는 보건소에서 병 씻는 일을 한다.)
- Rṑƙōnā dà na yi makà gùdā ɗaya nḕ tak shī nḕ kà gāfàrtā masà.
  (내가 너한테 하는 유일한 부탁은 그를 용서해 달라는 것이다.)
- Wannàn màtsalā̀ ta mā̀su māgànī cḕ sù dūbā̀.
  (이 문제는 의사들이 봐야 할 문제다.)
- Yanā̀ bùkātàr kùlā na mā̀su māgànī. (그는 의사들의 보살핌이 필요하다.)
- Kà shiryā̀ kânkà sabṑdà tàfiyarmù gṑbe. (내일 여행을 떠날 준비를 해라.)
- À shìrye nakḕ ìn kàrɓē shì. (나는 그를 받아들일 준비가 되어 있다.)

- Likità yā tàmbàyi à bā shì fâm biyu dà sulè̄ biyu lādan aikìnsà.
  (그 의사는 일에 대한 보수로 2파운드 2실링을 요구했다.)
- Kuɗin makarantā yā yi wà ùban yārò̀n yawà̄.
  (수업료가 소년의 아버지에게는 너무 비싸다.)
- Àbin mà̄mākì̄ nē sā'àd dà dōkìn Àlhajì̄ Gàmbo ya ci sukùwā.
  (알하지 감보의 말이 그 경주를 이긴 것은 놀라운 일이다.)
- Kā iyà jînā sò̄sai sò̄sai? (내 말이 잘 들리세요?)
- Jè̄ ka kà yi tùnà̄nin màtsalàr à hankàli. (가서 그 문제를 신중히 생각해 봐라)
- Nā ji īhùn nēman gudùnmawā dàgà kò̄gī.
  (나는 강에서 도움을 요청하는 고함소리를 들었다.)
- Mùtûm na fārì à cikin tsērē shī yā ci nasarà̄.
  (경주에서 첫번째 사람이 이기는 것이다.)
- Bà à sani ba kō Ministà zâi isō yâu kō sai gò̄be.
  (장관이 오늘 도착할지 내일 도착할지 아무도 모른다.)
- Kā yi kàmar kā gàji bāyan dōguwar tàfiyàr.
  (그 긴 여행 후에 너는 피곤해 보인다.)
- Zā kà ìsa Kanò dà ƙarfè̄ takwàs na yâmma.
  (너는 오후 8시에 카노에 도착할 것이다.)
- Ìnā zā kà jē dàgà nân? (여기서 어디로 갈 것입니까?)
- Ìnā zā kà nùfā dàgà nân? (여기서 어디로 향할 것입니까?)
- Kā iyà biyà̄? (지불할 수 있습니까?)
- Nauyin àljīhunkà yā kai? (당신 지갑의 무게가 충분합니까?)
- Mōtàr mùtûm bìyar kaɗai zā tà iyà ɗaukà̄.
  (그 자동차는 다섯 명만 태울 수 있습니다.)
- Jirgîn yanà̄ jân tàragù̄ bìyar na gōrò.
  (그 가차는 더섯 개의 콜라너트 화차를 끌고 있다.)
- Jirgîn à cìke yakè̄ dà fāsinjà. (그 기차는 승객들로 가득 차 있다.)
- Mùtûm yā iyà tāshì̄ kàmar tsuntsū? (인간이 새처럼 날 수 있습니까?)

- Bābù, àmmā yā iyà tāshì̄ à jirgin samà.
  (아니요, 그러나 비행기로 날 수 있습니다.)
- Àkwai kwanà̄ dà yawà̄ mà̄su hadàrī à kân hanyàr.
  (그 길에는 위험한 코너가 많이 있습니다.)
- An ginà wata sābuwar gadà̄ bisà Kò̄gin Kàdūna kusa dà tashàr Makera.
  (마께라 역 근처의 카두나 강 위에 새 다리가 놓였다.)
- Bà zā mù ƙētàrè kò̄gîn ba in bâ jirgī.
  (배가 없으면 그 강을 건널 수 없을 것이다.)
- Kà tàfi sò̄sai kadà kà kàrkatà kō dāma kō hagu.
  (곧장 가라, 오른 쪽이나 왼쪽으로 돌지 마라.)
- Bābù wani hadàrī ìdan kā yi à hankàlī. (조심해서 하면 위험하지 않다.)
- Kadà kà yi wâutā. (어리석은 짓 하지마라.)
- Kadà kà zama wāwā. (바보처럼 굴지 마라.)

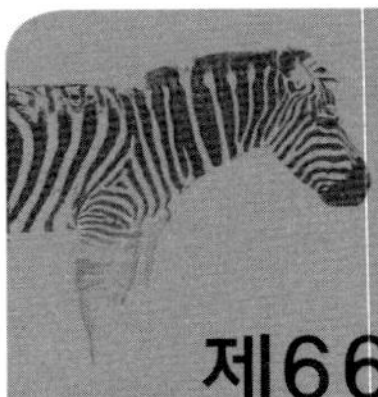

제66강

부사

부사는 동사, 형용사, 다른 부사를 수식하며 문장 전체를 수식할 수도 있다. 하우사어의 부사는 명사의 위치에 올 수도 있는데 이것 때문에 부사를 부사적 명사로 부르기도 한다.

- sànnu bā tà̄ hanà zuwà̄ (천천히 간다고 해서 가지 못하는 법은 없다. 직역: 천천히가 오는 것을 방해하지는 않는다)
- tīlàs nē à yi shì (그것을 해야 한다. 직역: 반드시이다, 그것을 해야 한다)

부사는 다음과 같은 특징을 갖는다.

i. 복수형이 없다
ii. 주어나 목적어로 잘 사용되지 않는다. 그러나 위의 첫 번째 예문에서처럼 주어로 사용되면 여성형 일치를 따른다
iii. 장모음으로 끝나는 경우가 드물다
iv. 많은 부사적 명사가 명사에서 파생된다
v. mài, mà̄su 와 함께 쓰일 수 없다
vi. 연결사 -n/-r 을 취할 수 없으며, 대신 dà 와 함께 쓰이는 경우가 많다

1. 시간 관련 부사

① kwānā nm. (pl. kwà̄nàkī) 와 관련된 것들

- kwānā dà kwà̄nàkī 오랫 동안
  kwānā dà kwà̄nàkī bàn gan shì ba (오랫동안 나는 그를 보지 못했다)
  nā yi kwānā dà kwà̄nàkī, inà̄ nēmansù (나는 오랫동안 그들을 찾았다)
- kwānā biyu 몇 일 동안
- kwānan nàn 현재

- kwānā-kwānan nàn 아주 최근에
- kwānân nan 그 당시에
- kwānā-kwānân nan 그 당시에 죽
- kwā̀nàkī = kwā̀nàkin (kwānan) bāya 최근에, 얼마 전에
  kwā̀nàkī nā gàmu dà shī à kā̀suwā (최근에 나는 그를 시장에서 만났다)

② yànzu adv. 지금

- yànzun nàn 지금 막, 방금
  sun isō (à) yànzun nàn (그들은 지금 막 도착했다)
- har yà zuwā̀ yànzu = har zuwā̀ yànzu = har yànzu 지금까지
- har zuwā̀ yànzu gà wannàn rānā ta yâu 오늘날까지 계속

③ 기타 시간 관련 부사

- ɗā̀zu 지금 막, 방금
- dâ 전에
- dà rāna 낮에 (< rānā nf. 태양, 날)
- à tsakàr rānā 한 낮에
- dà dare 밤에 (< darē nm. 밤)
- à tsakàr darē 한 밤중에
- dà sāfe 오전에, 아침에 (< sāfiyā nf. 아침)
- yâu dà sāfe 오늘 아침에
- jiyà dà sāfe 어제 아침에
- dà yâmma 오후에 (1:30 pm ~ 8:00 pm) (< yâmmā nf. 오후)
- dà màràice 늦은 오후에 (< màràicē nm. 늦은 오후)
- dà ƙarfḕ ukù 세 시에
- kullum 항상
  yanā̀ zuwā̀ wurinmù kullum (그는 항상 우리한테 온다)
- tùkùn = tùkùna ① (부정문에서) 아직 ② 우선, 먼저
  bài dāwō ba tùkùn (그는 아직 돌아오지 않았다)
  bàri ìn shiryà kāyānā tùkùna (짐을 먼저 준비할께요)

2. 장소, 방향 관련 부사

① 가까이, 멀리

- kusa 가까이

dà ya zō kusa mukà gan shì (그가 가까이 왔을 때 우리는 그를 보았다)
gā̀ shi nân kusa (그것은 여기 가까이 있다)
yanā̀ kusa dà tashā̀ (그것은 정거장에서 가깝다)

- nēsà 멀리
  yanā̀ nēsà dà Kanò (그것은 카노에서 멀다)
- nīsa 멀리 (< nīsā nm. 거리)

② 위, 아래

- bisà 위에/로
- samà 위에/로 (< samà nm. 하늘, 꼭대기)
  tsuntsū yā tāshì samà (새가 위로 날아올랐다)
  yanā̀ samà dà shī (그것은 그 위에 있다 / 그는 나보다 위다)
- ƙasà = ƙas 아래에/로, 땅에 (< ƙasā nf. 땅, 국가)
  yā fāɗì ƙasà (그는 땅에 떨어졌다)

③ 앞, 뒤, 옆

- gàba 앞에, 앞으로 (< gàbā nm. 신체의 앞 부분)
- bāya 뒤에, 뒤로 (< bāyā nm. 등)
  bāyan hakà 그 후
  bāyan wannàn 이 다음에, 이 것을 한 후
- gḕfe 옆에, 옆으로 (< gēfḕ nm. 옆)

④ 사이, 한 가운데

- tsàkāni 사이에, 사이로 (< tsàkānī nm. 사이)
  dà kṑgī biyu tsàkāni (사이에 강 두 개가 있다)
  dà hanyā̀ tsàkāni (사이에 길이 있다.)
  cf. wannàn yāƙī̀ na tsàkāninmù dà sū (그들과 우리 사이의 이 전쟁)
  cf. wannàn gā̀bar tsàkāninsù (그들 사이의 이 적대 관계)
  cf. nīsan tsàkānin A dà B (A 와 B 사이의 거리)
- tsakà 한 가운데에, 한 가운데로 (< tsakà nf. 한 가운데, 중심)
  rānā tā yi tsakà (한 낮 이다)
  darē yā yi tsakà (한 밤중 이다)

⑤ 안, 밖

- ciki 안에, 안으로 (< cikī̀ nm. 위)

gà̄ ta cân à ciki (그녀는 저기 안에 있다)

- wàje 밖에, 밖으로 (< wajē nm. 장소, 방향)
  sun fita wàje (그들은 밖으로 나갔다.)

⑥ 오른쪽, 왼쪽

- dāma 오른쪽에, 오른쪽으로 (< dāma nf. 오른쪽)
  mun bi hanyàr dāma (우리는 오른쪽 길을 따라갔다)
- hagu = hagun 왼쪽에, 왼쪽으로 (<hagu = hagun nm. 왼쪽)
  hanyà̄ ta hagu = hanyàr hagu = hanyàr wajen hagu = hanyà̄ à hannun hagu (왼쪽 길)

⑦ 동, 서, 남, 북

- gabàs 동쪽에, 동쪽으로 (< gabàs nf. 동쪽)
- yâmma 서쪽에, 서쪽으로 (< yâmma nf. 서쪽)
- kudù 남쪽에, 남쪽으로 (< kudù nm. 남쪽)
- arḕwa 북쪽에, 북쪽으로 (< arḕwa nf. 북쪽)
  yanà̄ arḕwa (그 것은 북쪽에 있다)
  yā yi (= tàfi) arḕwa (그는 북쪽으로 갔다)
  yā tàfi arḕwa dà Kanò (그는 카노의 북쪽으로 갔다)
  ƙauyḕ na arḕwa (북쪽 마을)

3. 방법을 나타내는 부사

- daidai 정확하게, 바르게
  lìssāfinsà bà̄ daidai ba nḕ (그의 계산은 정확하지 않다)
- dàbam (dà 와 함께 쓰여) 다르게, 뚜렷하게
  aikī̀nā dàbam dà nāsà (내 일은 그의 일과 다르다)
  yā fita dàbam dà saurā (그는 다른 사람들과는 뚜렷하게 두드러진다)
  wà̄rē shi dàbam. (그것을 치워두어라)
  nā kāwō wani àbù dàbam (나는 어떤 다른 것을 가져왔다)
  <note: 이렇게 dàbam 이 명사 뒤에서 형용사처럼 쓰이기도 한다>
  yā dasà itātuwà̄ irī̀ dàbam dàbam (그는 다양한 종류의 나무를 심었다)
- hakà 그렇게
- kàɗan 조금
- dōlè 반드시, 의무적으로
  dōlè mù jē mù gaishē shì (우리는 그에게 인사하러 가야 한다)

yā zama dōlè nē (그것은 없어서는 안 될 것이 되었다)

- tīlàs 반드시, 의무적으로
  zâi yàrda nḕ? ai, tīlàs nē (그가 동의할까? 왜, 그렇게 해야만 할 거야)
  tīlàs kà zō kà yi wannàn aikī̀ (너는 이 일을 하러 와야만 한다)
- kawài ~만, 단지
- banzā 헛되이, 쓸데없이
  bā yā̀ sô yà yi aikī̀ à banzā (그는 헛되이 일하기를 원치 않는다)
- ƙwarai 아주, 매우
- lallē 확실히, 분명히
  lallē zâi zō (그는 확실히 올 것이다)
- sànnu 천천히
- sṑsai 바르게, 완전하게, 정말로
- wàtàkīlà / watakīlà / kīlà 아마도
  wàtàkīlà zâi zō gṑbe (아마도 그는 내일 올 것이다)
- ainù / ainùn 아주, 매우
  yanā̀ gudū̀ dà saurī ainù (그는 아주 빨리 달린다)

4. 기타 방법으로 만들어지는 부사적 표현

- à hankàlī 조심해서, 주의 깊게
  sai kà riƙḕ shi à hankàlī (그것을 조심해서 잡아야 한다)
- an jimā̀ 잠시 후에
  zâi zō an jimā̀ (그는 잠시 후에 올 것이다)
- bâ lā̀bārī̀ 경고없이
  bâ lā̀bārī̀ ya kāmā̀ shi (경고없이 그는 그를 잡았다)
- bâ shakkā̀ 틀림없이, 의심할 여지없이
  bâ shakkā̀ zā kà san shì (틀림없이 너는 그를 알 것이다)
- dà dā̀munā 우기에
  anā̀ ruwā dà yawā̀ dà dā̀munā (우기에는 비가 많이 온다)
- dà rānī 건기에
  dà rānī bà à ruwā (건기에는 비가 오지 않는다)
- dà kyar 어렵게, 가까스로
  dà kyar na fid dà shī (가까스로 나는 그것을 꺼냈다)
- dà ƙarfī 세게, 크게, 힘껏
  yā yi kūkā dà ƙarfī (그는 크게 울었다)
- dà fārì 우선, 무엇보다도 먼저
  dà fārī̀ zā mù nḕmi tashā̀ (우리는 우선 정거장을 찾을 것이다)

- dà saurī 빨리
  yā iyà gudū̀ dà saurī (그는 빨리 달릴 수 있다)
- dà wuri 일찍, 바로, 곧
  nā zō nân dà wuri (나는 여기 일찍 왔다)
- gàba ɗaya 한꺼번에, 동시에, 함께
  sun tāshì gàba ɗaya (그들은 한꺼번에 떠났다)
- har yànzu 지금까지
  bài zō ba har yànzu (그들은 지금까지 오지 않았다)
- nan dà nan 즉시
  nan dà nan sukà gudù (그들은 즉시 달아났다)
- tun dà daɗḕwā 오랫동안
  yanā̀ nan tun dà daɗḕwā (그는 오랫동안 여기에 있어왔다)
- tun dà wuri 일찍, 바로, 곧
  yā zō tun dà wuri (그는 일찍 왔다)
- tun dâ 오래 전부터
  anā̀ yînsà hakà tun dâ (오래 전부터 그렇게 해 왔다)

→ KEY PHRASES

- Mutā̀nen ƙauyḕ sunā̀ sôn ɗākìn bā dà magànī à ƙauyènsù.
  (마을 사람들은 그들의 마을에 시약소(施藥所)를 원한다.)
- Gōnā wurī nḕ indà kakḕ shū̀ke-shū̀ke. (농장은 네가 씨를 뿌리는 곳이다.)
- Nakàn sō hawan dōkī̀ dà yâmma. (나는 오후에 말 타는 것을 좋아한다.)
- Àjiyàr zūcìyā yakàn nūnà kō mùtûm yanā̀ ɓācìn râi kō kùwa bâ shi dà lāfiyā̀.
  (한숨은 사람이 기분이 상했거나 몸 상태가 안 좋은 것을 보여주는 것이다.)
- Bàn gaskàtà àbîn dà ya fadī̀ ba. (나는 그가 한 말을 믿지 않는다.)
- 'Yan Adàm sunā̀ dà ƙwaƙwalwā fiye dà na sauran dabbōbī.
  (인간은 다른 동물의 뇌보다 큰 뇌를 갖고 있다.)
- Kadà kà sàuka in jirgîn yanā̀ cikin tàfiyā̀.
  (기차가 가고 있는 중에는 내리지 마라.)
- Yā yi tsallē dàgà dōkī̀ yā fadā̀ cikin wani rāmī̀.

(그는 말에서 뛰어내려 구덩이에 떨어졌다.)

- Kà yankè igiyàr kà bar shì yà tàfi.
  (로프를 자르고 그를 가게 내버려둬라.)
- Inā̀ jîn zāfī à ƙìrjīnā. (나는 가슴에 통증을 느낀다.)
- Numfāshinsà yanā̀ mūgùn wārī. = Yanā̀ dà wārin bā̀kī.
  (그의 입에서 나쁜 냄새가 난다.)
- Yanā̀ numfāshī mài nauyī. (그는 숨을 무겁게 쉰다.)
- Yanā̀ dà nīshī̀. (그는 호흡곤란 증세를 갖고 있다.)
- Dà isôwarsà sai ya shìga aikī̀ dà himmā̀ à gōnâr.
  (그는 돌아오자마자 농장에서 열심히 일하기 시작했다.)
- Gṑrân yanā̀ dà nōnṑ à cikinsà. = Àkwai nōnṑ cikin gṑrân.
  (호리병박 안에 시큼한 우유가 들어있다.)
- Yā būɗè bā̀kinsà dà fāɗī. (그는 입을 크게 벌렸다.)

제67강

부정의 범위

완료양상의 부정은 두 개의 ba 를 통해서 이루어진다. 저성조 bà 와 고성조 ba 가 그것이다. 다음의 두 예문을 살펴보자.

A : Audù bài ci wàinā à kā̀suwā ba jiyà
(아우두는 어제 시장에서 와이나를 먹지 않았다)

B : Audù bài ci wàinā à kā̀suwā jiyà ba
(아우두는 어제 시장에서 와이나를 먹지 않았다)

위의 문장과 관련하여 다음의 해석이 가능하다.

1. 두 개의 ba 사이에 있는 어떤 것도 부정의 대상이 될 수 있다.

A : Audù bài [ci wàinā à kā̀suwā] ba jiyà

i. 아우두는 와이나를 먹은 것이 아니라 샀을 수도 있고
ii. 와이나가 아니라 바나나를 먹었을 수도 있고
iii. 시장이 아니라 집에서 먹었을 수도 있고
iv. 아니면 전혀 다른 행동, 즉 학교에서 망고를 팔았을 수도 있다

B : Audù bài [ci wàinā à kā̀suwā jiyà] ba

i. 아우두는 와이나를 먹은 것이 아니라 샀을 수도 있고
ii. 와이나가 아니라 바나나를 먹었을 수도 있고
iii. 시장이 아니라 집에서 먹었을 수도 있고
iv. 아니면 전혀 다른 행동, 즉 학교에서 망고를 팔았을 수도 있고
v. 와이나를 먹은 것이 어제가 아닌 1 주일 전의 사건일 수도 있다

2. 두번째 ba 바로 앞에 있는 것이 부정의 대상이 될 수 있다. 이 때 부정의 대상 앞에 휴지가 삽입된다.

A : Audù bài ci wàinā, **à kā̀suwā** ba, jiyà (àmmā yā ci à gidā)
아우두는 어제 **시장에서** 와이나를 먹지 않았다 (그는 집에서 먹었다)

B : Audù bài ci wàinā à kā̀suwā, **jiyà** ba (àmmā yā ci shēkaran jiyà)
아우두는 **어제** 시장에서 와이나를 먹지 않았다 (그는 그저께 먹었다)

→ KEY PHRASES

- Kadà kà yi tsṑron kàrên dṑmin bà zâi cījē kà ba.
(그 개는 너를 물지 않으니까 무서워하지 마라.)
- An cê Bagobiri mùtûm nē mài kuɗī (= mài wàdātā̀).
(바고비리는 부자라고 한다.)
- Dūkìyarsà tā fi wajen shānū dà tsābàr kuɗī.
(그의 재산은 현금보다는 가축이 많다.)
- Jirgin ƙasân zâi wucḕ dà ƙarfḕ gōmà shâ biyu.
- Kànde tā sàyi wani ƙyallen tufā̀ mài kyâu. (칸데는 좋은 옷감을 샀다.)
- À kōwànè lōkàcī kà bi ta ƙōfàr gàba. (항상 앞 문으로 다녀라.)
- Kà zaunā̀ dàgà gàban mōtàr. (차 앞에 앉아라.)
- An san wurîn sabṑdà bàbban dūtsèn dà akà sâ à ƙasà.
(그 곳은 땅에 놓여진 큰 돌 때문에 사람들이 알고 있다.)
- Sai kà kasàncē à fàrke sā'àd dà jirgin ƙasân kḕ isôwā.
(기차가 도착할 때 너는 깨어 있어야 한다.)
- Cīwṑ yā sā̀mē shì farat ɗaya. (그는 갑자기 병에 걸렸다.)
- Yā jā burkìn mōtàr daidai lōkàcī. (그는 제 때에 브레이크를 당겼다.)
- In dā̀ bài jā burkī̀ ba dā̀ yā ji masà cīwṑ.
(그가 브레이크를 당기지 않았더라면 그는 그 사람을 다치게 했을 것이다.)
- Kà karyà itā̀cên biyu. (그 나무를 두 개로 부러뜨려라.)

- Kà tūƙà mōtàr gwàrgwadon saurîn dà zā kà iyà̄.
  (네가 할 수 있는한 최대한 빠르게 차를 몰아라.)
- Zân iyà tàimakonkà in kanà̄ sô. (나는 네가 원하면 너를 도와줄 수 있다.)
- Kauyèn mîl huɗu nè̄ kawài dàgà birnī.
  (그 마을은 도시에서 4 마일 밖에 안된다.)

제68강

과거분사

과거분사는 형용사의 기능을 하며 동사에서 파생된다. 동사 '음식을 만들다' 를 예로 들어 과거분사를 만드는 방법을 설명하면 다음과 같다.

1. 과거분사를 만드는 방법

ex) dafà v1tr. (음식을) 만들다

i. 동사의 마지막 모음을 -aCC- 로 바꾼다. 여기서 C 는 동사의 마지막 자음이다.
ii. 남성일 경우 접미사 -ē 를, 여성일 경우 접미사 -iyā 를, 복수형일 경우 접미사 -ū 를 붙인다.
iii. 끝으로 단수형은 어간에만 저성조를 부여하고 복수형은 마지막 음절을 제외한 모든 음절에 저성조를 부여한다.

- 남성 : dàfaffē 요리된
- 여성 : dàfaffiyā 요리된
- 복수 : dàfàffū 요리된

→ NOTE

마지막 모음을 -aCC- 로 바꾸고 접미사를 붙이는 과정에서 자음 /t/, /s/, /z/, /d/ 는 모음 /i/ 와 /e/ 앞에서 구개음화 과정을 겪는다.
t → c ; s → sh ; z, d → j (ex. tabbàtā v1tr. 확인하다)

- 남성 : tàbbàtaccē 확실한
- 여성 : tàbbàtacciyā 확실한
- 복수 : tàbbàtàttū 확실한

2. 자주 사용되는 과거분사

동사	과거분사			
	남성	여성	복수	뜻
ɓatà v3 분실되다	ɓàtaccē	ɓàtacciyā	ɓàtàttū	분실된
dafà̄ v1tr. 요리하다	dàfaffē	dàfaffiyā	dàfàffū	요리된
tabbàtā v1tr. 확신하다	tàbbàtaccē	tàbbàtacciyā	tàbbàtàttū	확실한
rubū̀tā v1tr. 쓰다	rùbū̀taccē	rùbū̀tacciyā	rùbū̀tàttū	쓰여진
kwararràɓē v4intr. 다 낡다	kwàràrràɓaɓɓē	kwàràrràɓaɓɓiyā	kwàràrràɓàɓɓū	다 낡은, 고물이 다 된
cìka v3 가득차다	cìkakkē	cìkakkiyā	cìkàkkū	가득찬, 완전한
haɗà̄ v1tr. 결합하다, 잇다	hàɗaɗɗē	hàɗaɗɗiyā	hàɗàɗɗū	결합된
fasà̄ v1tr. 부서지다, 깨지다	fàsasshē	fàsasshiyā	fàsàssū	부서진, 깨진
ƙwarḕ v4intr. 숙련되다	ƙwàrarrē	ƙwàrarriyā	ƙwàràrrū	숙련된
bazà̄ v1tr. 펴다	bàzajjē	bàzajjiyā	bàzàzzū	펴진
ɗinkà̄ v1tr. 꿰매다	ɗìnkakkē	ɗìnkakkiyā	ɗìnkàkkū	꿰매진
gasà̄ v1tr. 굽다	gàsasshē	gàsasshiyā	gàsàssū	구워진
niƙà̄ v1tr. 갈다	nìƙaƙƙē	nìƙaƙƙiyā	nìƙàƙƙū	갈아진
sā̀rā v2. (장작을) 패다, (나무를) 자르다	sā̀rarrē	sā̀rarriyā	sā̀ràrrū	베어진
shàharà v3 유명하다	shàhàrarrē	shàhàrarriyā	shàhàràrrun	유명한
ìsā v2 충분하다	ìsasshē	ìsasshiyā	ìsàssū	충분한
sōyà̄ v1tr. 튀기다	sṑyayyē	sṑyayyiyā	sṑyàyyū	튀겨진

taɓā̀ v1tr. 만지다	tàɓaɓɓē	tàɓaɓɓiyā	tàɓàɓɓū	미친, 만져진
tafàsā v1tr. 삶다	tàfàsasshē	tàfàsasshiyā	tàfàsàssū	삶아진
sā̀tā v2 훔치다	sā̀taccē	sā̀tacciyā	sā̀tàttū	훔쳐진
lālā̀tā v1tr. 망가뜨리다	lā̀lā̀taccē	lā̀lā̀tacciyā	lā̀lā̀tàttū	망가진, 부패한
tsērḕ v4intr. 탈출하다	tsḕrarrē	tsḕrarriyā	tsḕràrrū	탈출한
būshḕ v4intr. 마르다	bū̀sasshē	bū̀sasshiyā	bū̀sàssū	마른
sanī̀ vtr. 알다	sànannē	sànanniyā	sànànnū	유명한

3. 과거분사의 용법

① 과거분사는 명사 앞에서 형용사로 쓰인다. 명사의 성에 따라 과거분사의 성이 결정된다. 과거분사에는 연결사 -n/-r 이 붙는다.

- fàsasshiyar kwalabā. (깨진 병)
- fàsàssun kwalā̀bē (깨진 병들)
- sā̀rarren dājī̀ (개간된 숲. 직역: 베어진 숲)
- bā̀ rùbū̀taccen harshḕ ba nḕ. (쓰여진 말이 아니다.)
- yā sàyi wata kwàràrràɓaɓɓiyar mōtā̀. (그는 고물이 다 된 자동차를 샀다.)
- cìkakken bàyānī̀. (완전한 설명)
- Hàɗaɗɗiyar Kungìyar 'Yan Kōdagon Kasā. (국가노동조합)

② 과거분사는 명사 뒤에서 서술 형용사가 된다.

- wannàn kwalabā fàsasshiyā cḕ. (이 병은 깨졌다.)

③ 하우사어의 형용사들이 그렇듯이 과거분사도 명사로 사용될 수 있다.

- sū ƙwàràrrū nḕ. (그들은 숙련가들이다.)
- kù tattā̀rà kwalā̀bē, kù sâ fàsàssū cikin àkwā̀tìn nân.
  (병들을 모아라, 그리고 깨진 것들을 이 상자에 담아라.)
- fā̀rarrē, ƙā̀rarrē. (속담: 시작된 것은 끝난 것이다.)

→ KEY PHRASES

- Maƙwàbtân sun yàrda cêwā shī maƙwàbcī nḕ na kirkī̀.
  (이웃 사람들은 그가 친절한 이웃이라는데 동의한다.)
- Ìdan bà kà gānḕ ba, kà cê bà kà gānḕ ba.
  (이해를 못하면 이해를 못한다고 말해라.)
- Wannàn littāfìnā nḕ na kâinā. (이것은 내 소유의 책이다.)
- Gà wā̀ ka bā dà wàsīƙàr? (그 편지를 누구한테 전달했냐?)
- Kà bā nì lìssāfin yaddà ka ɓatar dà kuɗìn.
  (그 돈을 네가 어떻게 썼는지 그 목록을 나한테 줘라.)
- Yā zaunā̀ daurà dà (= dab dà) nī à sìlimā̀.
  (그는 영화관에서 내 옆에 앉았다.)
- Àbîn dà ya aikàtā bā̀ bìsā̀ gà shàrī'ā̀ ba nḕ.
  (그가 한 짓은 법에 따르지 않은 것이다.)
- Zā mù yi tàfiyā̀ ta jirgin ƙasā yâu. (우리는 오늘 기차로 갈 것이다.)
- Kāyân yā yi masà nauyī. (그 짐은 그에게 너무 무겁다.)
- Kā iyà shìgā mōtàr in kā biyā kuɗìn shìgā.
  (요금을 내면 자동차에 들어갈 수 있다.)
- Kùnûn yā cikà kaurī. (쿠누죽이 너무 걸쭉하다.)
- À cân wurîn itātuwā̀ sun cikà kusā kusā har sun sâ wurîn yā yi duhū̀.
  (그 곳은 나무들이 너무 빽빽해서 그 곳을 어둡게 만든다.)
- Ìdan akà kāmà ɗan fashī̀, sai à rātàyē shi. (강도는 잡히면 목매달아야 한다.)
- Àkwai mafāsā dà yawā̀ à cikin kurmìn cân.
  = Mafāsā sun yi yawā̀ à cikin kurmìn cân. (저 숲 속엔 강도들이 많다.)
- An yi tufāfī̀ dṑmin à sâ su à jìkī nḕ. (몸에 입기 위해서 옷을 만든다.)
- Yātsànsà yanā̀ zubar jinī sabōdà yankan askā.
  (그는 면도칼에 베어 손에서 피가 난다.)
- Mālàm Yā̀ƙubù yā yi ilmìn Lārabcī dà zurfī.
  (야꾸부 선생은 아랍어에 박식하다.)

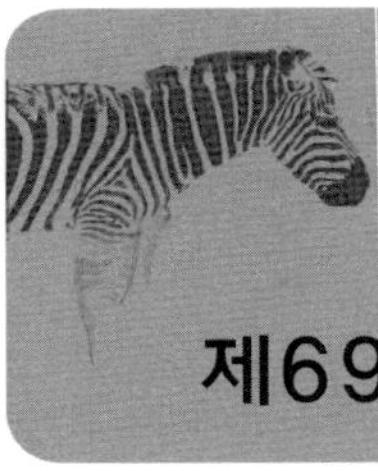

제69강

강조사

dai, fa, kàm, kumā, kùwā, mā 등을 하나의 범주로 묶어 편의상 강조사라 부르지만 각각의 의미의 폭이 넓어 획일적으로 정의하는 것은 불가능하다. 강조사는 대화에 자연스러움을 부여하기 위하여 사용되지만 그 상황적 의미는 매우 복잡하다. 하우사어를 외국어로 배우는 사람들에게 있어 강조사는 쉽게 극복하기 어려운 문법 범주에 속한다.

① dai

말의 퉁명스러움을 제거하여 부드럽게 하면서도 강조하는 느낌을 준다.

- nī dai bā nà̄ sô (저는 좋아하지 않습니다만)
- nī dai bâ ni dà lāfiyà̄ (저 말이죠, 오늘 몸 상태가 안 좋습니다)
- nā dai ci tumù̄ (나는 햇 수수를 좀 맛보았습니다)
- àmmā dai bà kà kyâutā masà ba
  (당신은 그에게 좀 친절하지 못했던 것 같습니다)
- kadà dai kà mântā (잊지 마세요)
- yà̄yà̄ dōyà̄ dai bana (올해 얌 농사가 어떻습니까?)

→ NOTE

인칭 양상 대명사는 동사와 분리되지 않고 동사의 바로 앞에 위치하는 것이 일반적이지만 여기에는 하나의 예외가 있다. 위의 예문들에서 알 수 있듯이 강조사는 인칭 양상 대명사와 동사 사이에 올 수 있다.

- nā dai ci tumù̄ (나는 햇 수수를 좀 맛보았습니다)

② fa

단호함이나 결단을 표출하기 위해서 사용된다.

- nā fa biyā kà! (나는 당신에게 지불했습니다!)
- nī fa zân tàfi (나는 말이야 갈거야)
- sū nề fa (확실히 그들입니다)

③ kàm

- 강조를 위해서 사용된다.

- bana kàm gōnàrkà tā yi àlbarkằ
(올해는 말입니다, 당신의 농장이 잘 되었습니다)
- wannàn yārồ kàm bā yằ jî (이 애는 말이야 말을 듣지 않아)
- nī zân tàfi kàm (나는 말이야 갈거야)

④ kumā

'~ 도 역시', '~ 또한' 이라는 의미와 더불어 강조하는 느낌도 있다.

- nī kumā zân tàfi (나도 갈거야)
- in kā gamà wannàn sai kumā kà yi wancàn
(이것을 끝마치면 저것도 해야 합니.)
- nā sầri dājìn cân kumā nā shūkà dāwằ
(나는 저 숲의 나무들을 베었고 그리고 나서 기니콘도 심었다)

⑤ kùwā

말에 자신감을 부여하며 단언하는 느낌을 준다.

- shī nề kùwā (그 사람이야)
- Musa kùwā yā zō (무사가 온 것이 확실하다)
- ita cề ta yi shì kùwā (사실 그것을 한 사람은 그녀이다)

⑥ mā

('~ 조차' 라는 의미를 함축한) ~ 도 역시

- zân tàfi mā (나도 갈거야)
- yànzu mā anằ yî (그것은 지금도 행해지고 있다)
- dâ mā nā san hakà zā à yi (나는 일찍부터 그렇게 될 줄 알았다)

→ KEY PHRASES

- Yanā̀ tàfiyā̀ bā̀ tāre dà hūlā à kânsà ba. (그는 머리에 모자도 쓰지 않고 다닌다.)
- Ìdan kā yi jìkirin amsā̀wā yā yìwu à ɗàukē kà kân maƙàryàcī.
  (만일 네가 대답을 지체하면 너를 거짓말쟁이라고 생각할 가능성이 있다.)
- Bâ ni dà wani tantamar kō shakkàr cêwā shī yāròn kirkī̀ nē.
  (나는 그가 친절한 소년이라는 것을 의심하지 않는다.)
- Gaggāfā shī yā fi kōwànè tsuntsū mài cîn nāmā̀ girmā dà ƙarfī.
  (독수리는 고기를 먹는 새들 중에서 가장 크고 힘이 세다.)
- Yanā̀ can dà nīsā sā'àn dà na fāra ganinsà.
  (그는 내가 처음 보기 시작했을 때 멀리 있었다.)
- Jirgin samàn yanā̀ tāshī̀ à cân samà dà nīsa.
  (그 비행기는 저기 멀리 높이서 날고 있었다.)
- Saurō sunā̀ sôn kusùrwar dà ta fi duhū̀ cikin ɗākī̀ dṑmin sù ɓūya.
  (모기는 숨기 위해 방안의 가장 어두운 곳을 좋아한다.)
- Kadà kà yi wà dabbàn lahànī. (그 동물을 해치지 마라.)
- Shī mùtûm nē mài sôn zaman lāfiyā̀. (그는 평화를 사랑하는 사람이다.)
- Bâ wandà zâi iyà yîn irìn wannàn sai mùtumìn cân.
  (저 사람 말고는 이 일을 할 수 있는 사람이 없다.)
- Wutā zā tà halàkà duk dauɗàr cikin lōkàcī kàɗan.
  (불은 짧은 시간 안에 모든 더러움을 파괴할 것이다.)
- Audùgâr tā yi kyâu bana. (올해 목화가 잘 되었다.)
- Ìdan bà kà ci nasarā̀ dà farkō ba, sā̀ke ƙṑƙarī.
  (처음에 성공을 못하면 다시 노력해라.)
- Bàn taɓà ganin mùtûm mài mùgùntā kàmar sarkinmù ba.
  (나는 우리 추장처럼 사악한 사람은 본적이 없다.)
- Dṑmin yanā̀ sô yà yi mulkī̀ yaddà ya ga dāmā, jàma'ā̀ sukà tā dà gā̀bā dà mulkìnsa.
  (그는 자신이 원하는대로 다스리고 싶어했기 때문에 사람들이 그의 통치에 반감을 드러냈다.)

- Bàn taɓà ganinsà ba tun dà na zō nân. (나는 여기 온 이래로 그를 본 적이 없다.)
- tun dà yakè bà zā kà kṑyi kà yi bìyayyā̀ ba, dōlè sai kà tàfi.
  (너는 복종하는 것을 배우지 않으니까 떠나야 한다.)
- Yanā̀ zàune à wata ùnguwā indà bâ hàrgitsī sai zaman lāfiyā̀ à gàrī.
  (그는 시끄럽지 않은 도시의 평화로운 구역에서 산다.)
- Sai dàgā bāya nḕ akà yàrda ìn yi màganā̀ dà shī.
  (내가 그에게 말하는 것을 허락받은 것은 나중이다.)
- Àbîn dà ya aikàtā cikin wannàn màtsalā̀ bā̀ daidai ba nḕ.
  (이 문제에 관한 그의 행동은 좋지 못하다.)
- Rân saraunìyā yà daɗḕ. (여왕 폐하 만수무강 하옵소서.)
- Ràunîn dà ya ji bā̀ mài tsananī ba nḕ. (그가 입은 부상은 심하지 않다.)
- Mahàrbī yā tàfi fàrautàr bàrēwā. (사냥꾼은 사슴을 사냥하러 갔다.)
- Manṑmā sun wàdātà dṑmin àmfā̀nin gōnarsù yā yi kyâu bana.
  (농부들은 올해 농작물이 잘 되어 부유해졌다.)
- Yanā̀ kōyā̀ wà yâransà sai sun gānḕ sarai.
  (그는 아이들이 완전히 이해할 때까지 가르친다.)
- Mḕ kakḕ kōyā̀ wà yârân yànzu? (지금 아이들한테 무엇을 가르치고 있냐?)
- Anā̀ sônsà mùsammàn sabṑdà halinsà nagàrī.
  (사람들은 그의 좋은 성격 때문에 그를 특별히 좋아한다.)
- Maƙwàbcī yā fi ɗan'uwân dà kḕ nēsà. (멀리 있는 형제보다 이웃이 낫다.)

제70강

TUN

TUN은 접속사나 전치사로 사용된다. 접속사로 쓰일 때는 절이 따라오며 전치사로 쓰일 때에는 명사나 부사가 따라온다. 의미의 이면에는 '시간이나 장소의 주어진 어느 점으로부터 죽' 이라는 뜻이 내재해 있다.

1. TUN + 절

① ~ 한 이래 / ~ 한 다음(후)부터

tun (lōkàcîn) dà + rel Completive

→ NOTE

tun dà 절이 앞에 오면 주절에는 관계 양상이 쓰인다.

- tun (lōkàcîn) dà sukà bar gidā bà sù dāwō ba har yànzu
  (그들은 집을 떠난 이래로 지금까지 돌아오지 않았다)
- tun dà akà būɗè mashāyā kusa dà mū, bàn kō rintsà ba
  (그들이 우리 곁에 바를 오픈한 이래 나는 낮잠 한 번 자지 못했다)
- tun dà Allàh ya yī nì bàn taɓà jîn lābārì irìn wannàn ba
  (내 평생(신이 날 만든이래) 나는 이런 종류의 이야기는 들어본 적이 없다)
- tun dà sukà fārà aikì, bà mù gan sù ba
  (그들이 그 일을 시작하고 난 다음부터 우리는 그들을 보지 못했다)
- tun dà ɗārī ya wucè, sai sukà yi ta ƙērà bindigōgī
  (겨울이 지난 다음부터 그들은 무기를 계속 만들었다)
- tun dà mukà bàlagà, sai mukà sōmà aikì
  (우리는 사춘기부터 일하기 시작했다)

- tun dà akà fāra yāƙìn nân, Jāmùs sukà aikā̀ dà wàkīlìnsù
  (이 전쟁이 발발하고 난 다음부터 독일인들은 사절단을 파견했다)
- tun dà ya ci sàrautā̀, kukà riƙà yankan mutā̀nē
  (그가 왕좌에 오른 이래로 당신들은 계속 사람들을 학살했다)
- sunā̀ barcī tun dà sukà dāwō dàgà makarantā, nī kùwa inā̀ kàrā̀tū tun sânnan
  (그들은 학교에서 돌아온 후부터 지금까지 자고 있지만, 나는 공부하고 있다)

→ NOTE

위의 모든 예문에서 문맥상 특별한 상황이 아닌한 '~한 이래 지금까지 ~해 왔다' 라는 의미임.

② ~ 이니까 / ~ 때문에[26]

<격식을 차리지 않는 상황에서 쓰임, 심각한 이유는 아님>

tun dà (yakè) = dà yakè + Completive / Continuative / Future / Habitual

→ NOTE

tun dà 절이 앞에 오면 주절에는 관계 양상이 쓰인다.

- sun ci jarràbâwā tun dà sun yi ƙōƙarī
  (그들은 열심히 노력했으니까 시험에 붙었다)
- zā sù ci jarràbâwā tun dà sun yi ƙōƙarī
  (그들은 열심히 노력했으니까 시험에 붙을 것이다)
- zā sù ci jarràbâwā tun dà sunā̀ (yîn) ƙōƙarī
  (그들은 열심히 노력하고 있으니까 시험에 붙을 것이다)
- zā sù ci jarràbâwā tun dà zā sù yi ƙōƙarī
  (그들은 열심히 노력할 거니까 시험에 붙을 것이다)
- zā sù ci jarràbâwā tun dà sukàn yi ƙōƙarī
  (그들은 항상 열심히 노력하니까 시험에 붙을 것이다)
- tun dà yakè kanā̀ nân, sai mù tàfi (당신이 마침 여기 있으니 갑시다)

→ NOTE

NOTE: 그러나 다른 문법서나 사전에서 tun dà 절에 관계 양상이 등장하는 경우를 볼 수 있다.[27]

[26] **Bargari, Dauda Muhammad.** 1987. Hausa Subordinate Adverbial Clauses, Syntax and Semantics, p. 89. Moroco.

- tun dà akà kirā sù, sai sukà zō dà saurī
  (그들은 소환되었기 때문에 빨리 왔다)
- tun dà akà yi wannàn, mukà ji dāɗī
  (그들이 이것을 했기 때문에 우리는 기뻤다)
- tun dà na gayā̀ makà kà bar sātā̀, dōlè kà barī̀
  (내가 당신에게 도둑질을 그만두라고 얘기했으니까 그만두어야 한다)
- tun dà bài zō ba, bàn gan shì ba (그가 오지 않아서 나는 그를 보지 못했다)
- tun dà yakè bâ ni dà lōkàcī yànzu, sai kà dāwō gṑbe
  (오늘은 시간이 없으니까 내일 돌아오시오)
- tun dà yakè bà kà rigā kā gayā̀ masà ba, sai kà fāsā̀
  (당신이 아직 그에게 얘기하지 않았으니까 연기해야만 합니다)
- Audù yā tāshì tun dà yârân sukà dāwō
  (아이들이 돌아왔기 때문에 아우두는 떠났다)
- Audù zâi tāshì tun dà yârân sukà dāwō
  (아이들이 돌아왔기 때문에 아우두는 떠날 것이다)

③ ~ 하기 전에 (과거 / 미래)
<의미를 강조하기 위해 tun 이 kā̀fin 과 함께 쓰이기도 한다.>

tun + negative Completive
tun kā̀fin + Subjunctive

→ NOTE

tun 절이 앞에 오면 주절에는 관계 양상이 쓰인다.

- mun gamā̀ aikī̀ tun bài zō ba (우리는 그들이 오기 전에 일을 끝마쳤다)
  = tun bài zō ba, (sai) mukà gamā̀ aikī̀
- yārṑ yā ci ƙōsai dà yawā̀ tun bà sù hanā̀ shi ba
  (소년은 그들이 제지하기 전에 (이미) 많은 꼬사이를 먹었다)
- tanā̀ tā̀re dà nī tun bà à yi yāƙī̀ ba
  (그녀는 전쟁이 일어나기 전에 나와 함께 있었다)
- kù tāshì tun bà sù gan kù ba = kù tāshì tun kā̀fin sù gan kù
  (그들이 당신들을 보기 전에 떠나시오)

[27] Abraham, R.C. 1962. Dictionary of the Hausa Language, p. 900. London: University of London Press.

④ ~ 할 적에 / ~ 하는 동안에

tun + Continuative

→ NOTE

tun 절이 앞에 오면 주절에는 관계 양상이 쓰인다.

- tun yanā̀ ƙàramī iyā̀yensà sukà mutù (그의 부모는 그가 어려을 적에 죽었다)
- tun tanā̀ ƙàramā akà yi matà aurē (그녀는 어렸을 적에 결혼했다)
- kà kashè wutā tun tanā̀ ƙàramā!
  (불씨가 작을 때 꺼라! 속담: 미연에 방지하라!>
- kà gayā̀ (= faɗā̀) musù tun sunā̀ nân
  (그들이 여기 있는 동안에 그들에게 말하시오)
- tun dà wurī, sai kù zō (때맞춰 와야 한다. 직역: 자리가 있을 때 와야 한다)
  <note: tun dà … '… 가 있을 때'; tun dà wurī '때맞춰', '미리'>
- tun sunā̀ ƙanānā̀ sukà iyà bāsukùr
  (아직 어렸지만 그들은 자전거를 탈 수 있었다)
- tun yanā̀ ɗan shḕkarā̀ gōmà yanā̀ kīwòn garkḕ
  (그는 아직 열살이었지만 가축 떼를 돌보았다)

2. TUN + 구

① ~ 부터 / ~ 이후로

tun + 부사 / 전치사 / 명사구
tun dà + 부사 / 명사구

→ NOTE

tun / tun dà 가 앞에 오면 주절에는 관계 양상이 쓰인다.

- munā̀ aikī̀ tun sāfe (우리는 아침부터 일해왔다)
- tun can dâ mā, dàttī̀jan banzā nḕ
  (이미 그 당시부터 그들은 쓸모없는 지도자들 이었다)
- in bā̀ tun yànzu sun haɗā̀ ba, (그들이 지금부터 합치는 것이 아니라면,)

cf in bài isō ba tun yànzu, bā yā̀ zuwā̀ kḕ nan
(지금쯤 그가 도착하지 않았다면 그는 오지 않는다)
cf yā ƙullà àbṑtā dà sū tun yànzu (그는 그들과 곧 친해졌다)

- tun (dàgà) ràn nan bàn sākè shân tābā̀ ba
(나는 그 날 이후로 담배를 다시 피우지 않았다)
- tun (dàgà) watàn gṑbe zā à ƙārà kuɗinkù
(당신의 급료는 다음 달 부터 인상될 것이다)
- tun dàgà shḕkaràn nan akà yi shāwarā̀ (그 해부터 회의가 열렸다)
- tun dàgà ƙàrshen yāƙī̀ (그 전쟁이 끝난 다음부터)
- tun cikin watan Yūlì sukà zō (그들은 이미 6월부터 있었다)
- mun shā ruwā tun à gidā (우리는 집에 돌아온 후 물을 마셨다)

- tun sân nan sukà shìga yāƙī̀ (그 때부터 그들은 전쟁에 돌입했다)
- tun rân nan sukà tā̀ru (그 날부터 그들은 모였다)
- bàn gan shì ba tun sātī ukù dà sukà wucḕ
(나는 3주 전부터 그를 보지 못했다)

- tun dà sāfe ya fìta (아침부터 그는 출타 중이다)
- munā̀ nân tun dà sāfe (우리는 아침부터 여기에 죽 있었다)
- yanā̀ nân tun dà daɗḕwā (그는 오래 전부터 여기 죽 있었다)
- sun zō nân tun dà daɗḕwā (그는 오래 전에 여기 왔다)

→ NOTE

다음의 예문에서는 tun dàgà 가 시간적 개념이 아닌 공간적 개념과 함께 쓰이고 있다.

- tun dàgà mài àlbâshin fâm biyu har samà
(한 달에 2 파운드 이상의 월급을 받는 사람부터)
- an ragḕ masà mùtûm 200 tun dàgà wandà akà kāmā̀ har zuwā̀ wandà akà kashḕ
(그는 포로가 된 사람부터 죽은 사람까지 200 명의 손실을 입었다)
- tun dàgà Makà sai dà sukà kai Màdīnà (그들은 메카에서 메디나로 갔다)
- tun dàgà nēsà (멀리서 / 멀리서부터)
- yā rārakō sù tun dàgà Masàr (그는 그들을 이집트에서부터 추적해왔다)
- mun zō tun dàgà Kanṑ (우리는 카노에서 곧장 왔다)

② ~ 전에

tun + 시간 관계 표현

> **→ NOTE**
>
> tun 이 앞에 오면 뒷 절에는 관계 양상이 쓰인다.

- yā kōmā̀ Nā̀jēriyā̀ tun kwā̀nàkī bìyar (dà sukà wucḕ)
  (그는 닷새 전에 나이지리아로 돌아갔다)
- yā dāwō tun kwānā biyu (그는 이틀 전에 돌아왔다)
- tun yàushē kikà sā̀mi dìgìrî ? (당신은 얼마 전에 학위를 받았습니까?)
- tun yàushē ràbūwarkà dà Kanò? (당신은 얼마 전에 카노를 떠났습니까?)
- yā tàfi tun tùni (그는 오래 전에 떠났다)

③ ~ 중에

tun + 명사 / 명사구

> **→ NOTE**
>
> tun 이 앞에 오면 뒷 절에는 관계 양상이 쓰인다.

- nā bā shì littāfin tun wàccan laccā̀ (나는 그 강의 중에 그에게 그 책을 주었다)
- nā ɗàuki hṑtonsà tun wancàn tā̀rôn (나는 그 모임 중에 그의 사진을 찍었다)
- tun yāƙìn nan nḕ ya ci sàrautā̀
  (그가 왕위를 계승한 것은 이 전쟁 중이었다)
- tun wani wā̀sā akà ɗàuki hṑtôn (그 사진은 어떤 스포츠 게임 중에 찍었다)

3. tun bā̀ mā … ba = tun bā̀ … ba : 특히

- kōwā yanā̀ sôn àlēwā̀, tun bā̀ mā yârā ba
  (누구나 사탕을 좋아한다, 특히 아이들은)
- bā nā̀ sôn kōwā yà dā̀mē nì, tun bā̀ mā inā̀ aikī̀ ba
  (나는 누구도 나를 귀찮게 하는 것을 원치 않는다, 특히 내가 일하고 있을 때에는)
- yā kàmātà kà shā māgànin zàzzàɓin cīzòn saurō tun bā̀ mā ìdan zā kà tàfi Afirkà ba
  (당신은 말라리아 약을 먹어야 한다, 특히 당신이 아프리카에 가려고 한다면)
- inā̀ nēman mutā̀nē tun bā̀ mā̀su hankàlī ba
  (나는 사람들을 찾고 있다, 특히 지적인 사람들을)

→ KEY PHRASES

- Inā̀ tsàmmānī̀ munā̀ iyà kàrɓar amsōshinsà cêwā gàskiyā nḕ.
  (나는 우리가 그의 대답을 사실로 받아들일 수 있다고 생각한다.)
- Kà sāmō minì kyāwā̀wan mutā̀nē mā̀su halī.
  (성격이 좋은 사람을 얻어 주세요.)
- Shī saurà̀yī nḕ mài kyàkkyāwan halī. (그는 성격이 좋은 젊은이다.)
- Sabṑdà kā ƙi kà yi masà bìyayyā̀ zā à yi makà hakuncī̀.
  (그에게 복종하는 것을 네가 거절했기 때문에 너는 처벌받을 것이다.)
- Barā̀ ɗaya kaɗai zân iyà ajìyêwā à gidānā.
  (나는 집에 하인을 한 명만 둘 수 있다.)
- Yàrīmà wani kyàkkyāwan saurà̀yī nḕ. (왕자는 잘 생긴 젊은이다.)
- Inā̀ sô ìn zama mālàmī. (나는 선생님이 되고 싶다.)
- Yā bā marṑƙîn waɗansu 'yan kwàbbai.
  (그는 그 거지에게 몇 푼을 주었다.)
- An cê sōjànmù jā̀rùmai nḕ. (우리의 병사들은 용감하다고 한다.)
- Kà yi ƙarfin halī kadà kà ji tsṑrō. (용감해라, 그리고 두려워하지 마라.)
- Shī mùtûm nē wandà yakḕ faɗā̀ dà ƙarfī dṑmin yà yi nasarā̀.
  (그는 승리하기 위해서 열심히 싸우는 사람이다.)
- Mài faɗā̀ dōlè yà zama jārùmī. (투사는 용감해야 한다.)
- Dā̀kàtā, zân gan kà an jimā̀. (기다려라, 잠시 후에 널 볼 것이다.)
- Yā shigō à hankàlī bā̀ dà yîn mōtsī̀ mài ƙarfī ba.
  (그는 움직이는 소리를 크게 내지 않고 조심스럽게 들어왔다.)
- Ì̀dan kā yàrda kà amsā̀ tàmbayàr nân dà gàskiyā?
  (이 질문에 진실되게 답해 주시겠습니까?)
- Nā fi sôn wannàn kujḕrâr dà waccàn. (나는 저 의자보다 이 의자가 더 좋다.)

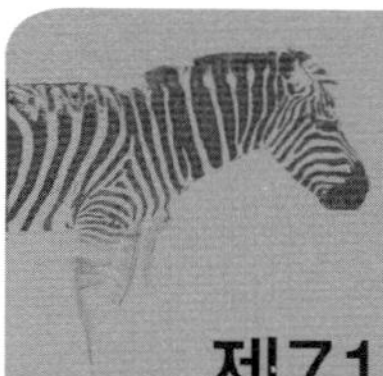

제71강

약화형 형용사와 약화형 명사

약화형 형용사와 명사는 원래의 형용사와 명사의 의미가 약화된 형태를 일컫는다. 약화형은 강화형 부사의 경우와 마찬가지로 단어를 중첩하여 써준다. 이 때 원 단어의 마지막 모음은 단모음화 된다.

1. 약화형 형용사

약화형 형용사는 주로 색깔을 나타내는 형용사에서 발견된다. 약화형 형용사는 명사의 뒤에만 올 수 있다.

원 형용사		약화형 형용사	
baƙī (f. baƙā, pl. baƙā̀ƙē)	까만	baƙi-baƙi	거무스름한
jā (pl. jājā̀yē)	빨간	jā-ja-jā-ja	불그스레한

- gā̀ kā̀zā baƙa-baƙa (여기 거무스름한 암탉이 있다)

2. 약화형 명사

약화형 명사는 주로 감각적 자질을 나타내는 추상명사에서 발견된다.

원 형용사		약화형 명사	
sanyī	차가움	sanyi-sanyi	약간 차가움
girmā	큼	girma-girma	약간 큼
saurī	빠름	sauri-sauri	약간 빠름
zāfī	뜨거움	zāfi-zāfi	약간 뜨거움

- ruwā yā yi zāfi-zāfi (그 물은 약간 뜨겁다)

→ KEY PHRASES

- Kà cê mà àkā̀wu yà sākè bugà kofe gùdā na wàsīƙàr.
  (사원한테 편지를 한 부 더 만들라고 말해라.)
- Inā̀ zaman arzìkī dà maƙwàbcīnā. (나는 내 이웃들과 행복하게 살고 있다.)
- Gaisuwā gà dukàn mutā̀nen gidā. (모든 집안 사람한테 인사 전해주세요.)
- Ùmarù shī nḕ bàbba dàgà cikin 'yā'yānā huɗu.
  (우마루는 나의 네 자식 중에서 가장 맏이 이다.)
- Màude cḕ ƙàramā à cikin ajìn. (마우데는 학급에서 가장 나이가 어리다.)
- Gidân dà sarkī yakḕ zàune anā̀ cê dà shī fādà.
  (사르키가 사는 집을 궁궐이라고 부른다.)
- Màjàlisā̀ tā̀rō nḕ na yîn waɗansu shìrye-shìrye.
  (의회는 어떤 계획들을 입안하는 모임이다.)
- Mālàm Mustàfā yanā̀ ɗaya dàgà cikin mashā̀wàrtan màjàlisàr gàrîn.
  (무스타파 선생은 시의회의 의원이다.)
- Don mḕ kekḕ dāmùnsà dà yawā̀ hakà?
  (그를 왜 그렇게 걱정하게 만들었냐?)
- Kàrên yanā̀ dāmùn kyânwâr dà yawā̀.
  (그 개는 그 고양이를 아주 귀찮게 한다.)
- Kadà kà dā̀mē nì yànzu dṑmin inā̀ cikin aikī̀ mài yawā̀.
  (지금 아주 바쁘니까 귀찮게 하지 마라.)
- An cê sàmā̀rī wāwā̀yē nḕ. (젊은이들은 어리석다는 말이 있다.)
- Àmmā bā̀ dukàn sàmā̀rī nḕ wāwā̀yē ba.
  (그러나 모든 젊은이들이 바보는 아니다.)
- Nā fadā̀ masà yà kwāshè kāyā dà ɗai-ɗai dà ɗai-ɗai.
  (나는 그에게 그 짐들을 하나씩 하나씩 치우라고 말했다.)
- Bà à yardā̀ makà kà yi waɗansu tambayōyī à nân ba.
  (너는 여기서 질문하는 것이 허락되지 않는다.)
- Don mḕ bà kà amsà tambayōyīnā ba? (너는 왜 내 질문에 대답하지 않냐?)

제72강

관계 대명사

관계 구문은 명사(선행사)를 수식한다. 관계 구문은 dà 또는 wandà 로 시작한다. 두 형태 사이에 특별한 의미상의 차이는 없다.

1. dà

① 관계 대명사 dà 앞에는 선행사가 온다. 선행사에는 연결사 -n/-r 이 붙는다. 이에 관한 규칙은 다음과 같다.

성조 변화	선행사가 고성조로 끝나면 하강 성조로 바꾼다
	선행사가 저성조로 끝나면 그대로 둔다
연결사의 선택	선행사가 남성 명사이면 선행사에 -n 이 붙는다
	선행사가 여성 명사이면 선행사에 -r 이 붙는다
양상	관계 구문 안에서는 관계 양상이 사용된다

- ɓarnâr dà shānū sukà yi (소들이 끼친 피해)
- àlƙālîn dà ya ji ƙārā (불평을 들은 재판관)
- gidân dà sarkī ya ginȁ (추장이 세운 집)
- wuƙâr dà ta fāɗì à bȁkin hanyȁ (길가에 떨어진 칼)
- mùtumìn dà yakȅ zuwȁ yà gan mù (우리를 보러 오는 사람)
- yāròn dà Audù ya aikȁ (아우두가 보낸 소년)
- Bàfillācèn dà yakȅ kīwòn shānū (소들을 돌보고 있는 플라니 남자)
- sā'àr dà mài yi minì kīwȍ kȅ barcī (나의 목동이 자고 있을 때)
- wurîn dà sukà tàfi (그들이 간 곳)
- àbîn dà ya bā nì (그가 나한테 준 것.)
- lōkàcîn dà mukà tàfi Kanò (우리가 카노에 갔을 때.)

→ NOTE

관계절 내의 동사/전치사와 선행사의 관계에 따른 다음과 같은 구문상의 특징을 숙지해 둘 필요가 있다.

- gā̀ yāròn dà yakḕ sôn Kànde (여기 칸데를 좋아하는 소년이 있다)
- gā̀ yāròn dà Kànde takḕ sô (여기 칸데가 좋아하는 소년이 있다)
  = gā̀ yāròn dà Kànde takḕ sônsà (여기 칸데가 좋아하는 소년이 있다)
- yârôn dà Audù yakḕ bugū̀ (아우두가 때리고 있는 아이들)
  = yârôn dà Audù yakḕ bugùnsà

- yāròn dà sukà sayā̀ wà rī̀gā (그들이 셔츠를 사 준 아이)
  = yāròn dà sukà sayā̀ masà rī̀gā
  cf. sun sayā̀ wà yāròn rī̀gā (그들은 그 아이를 위해서 셔츠를 샀다)

- kujḕrâr dà sukà zaunā̀ à kâi (그들이 위에 앉은 의자)
  = kujḕrâr dà sukà zaunā̀ à kântà
  cf. sun zaunā̀ à kân kujḕrā (그들은 의자 위에 앉았다)

② '것, 물건' 을 뜻하는 àbù 가 선행사가 될 경우 àbîn 으로 변한다.

- àbîn dà ya fàɗā gàskiyā nḕ (그가 말한 것은 사실이다)
- kā ji àbîn dà Ùmarù ya yi ƙārarkà?
  (우마루가 너에 대해 불평한 것을 들었니?)
- àbîn dà ya bā nì (그가 나에게 준 것)

③ '진행양상대명사 + dà' 가 관계절 안에 올 때 dà 는 혼자 쓰일 수 없으며 반드시 선행사를 언급하는 독립 인칭 대명사를 수반한다.

- shānûn dà nakḕ dà sū (내가 가지고 있는 소들)
  cf. inā̀ dà shānū (나는 소들을 가지고 있다)
- dāwàr dà yakḕ dà ita (그가 가지고 있는 기니콘)
  cf. yanā̀ dà dāwā̀ (그는 기니콘을 가지고 있다)

2. wandà

① 선행사의 성과 수에 따라 관계 대명사의 형태가 변한다. 선행사의 변화는 없다. 추상명사는 wandà 의 선행사가 될 수 없다.

wandà	선행사가 남성일 때
waddà / waccè	선행사가 여성일 때
waɗàndà	선행사가 복수일 때

- àlƙālī wandà ya ji ƙārā (불평하는 소리를 들은 재판관)
- àkwai wani yārồ à Bùrundì wandà ya girma à tsàkānin dabbōbin dājì̄ (들짐승들 사이에서 자란 어떤 아이가 부룬디에 있다)
- gidā wandà sarkī ya ginā̀ (추장이 세운 집)
- inā̀ nēman māgànī wandà zâi warkar dà ƙābātā (나는 나의 종기를 치료할 약을 찾고 있다)
- àkwai wani lōkàcī na zuwā̀ wandà munāfùkī bā yā̀ yîn sarkī (위선자가 왕이 될 수 없는 때가 있을 것이다)
- dōkī̀ wandà nakḕ hawā (내가 타는 말)
- wuƙā waddà ta fāɗì à bā̀kin hanyā̀ (길 가에 떨어진 칼)
- mutā̀nē waɗàndà bà mù sanī̀ ba (우리가 모르는 사람들)
- Filā̀nī waɗàndà sukḕ kīwòn shānū (소들을 돌보고 있는 플라니 사람들)

② wandà 형은 선행사 없이 쓰일 수 있다. 이 때의 의미는 영어의 'the one who ...', 'the one which ...' 에 해당한다.

- wandà ya yi ƙaryā yā biyā tā̀rar Nairā̀ gōmà (거짓말을 한 사람은 10 나이라의 벌금을 냈다)
- wandà ta sāmū̀ (그녀가 얻은 것)
- waddà kikḕ sô (당신이 원하는 것)
- waɗàndà mukà ganī (우리가 본 것들)

3. 관계절 내의 동사와 선행사의 관계

영어에서는 선행사의 성격에 따라 그리고 관계절 내의 동사와 선행사의 관계에 따라 적당한 형태의 관계 대명사가 사용된다. 이러한 제약은 하우사어의 관계 대명사에 적용되지 않는다.

i. 선행사가 관계절 내의 동사의 주어인 경우

- mùtumìn dà ya yi ƙaryā (거짓말을 한 사람)

ii. 선행사가 관계절 내의 동사의 목적어인 경우

- kuɗîn dà ta sāmū̀ (그녀가 얻은 돈)

iii. 선행사가 관계절 내의 전치사의 목적어인 경우

- mōtàr dà sukḕ dà ita (그들이 갖고 있는 자동차)

iv. 선행사가 관계절 내의 동사의 주어와 소유격 관계에 있는 경우

- nā ga yār̀on dà uwarsà takḕ sônā
  (직역: 나는 그의 어머니가 나를 사랑하는 그 소년을 보았다)
  cf. I saw a boy whose mother loved me

v. 선행사가 관계절 내의 동사의 목적어와 소유격 관계에 있는 경우

- nā ga yārò̀n dà nakḕ sôn uwarsà
  (직역: 내가 그의 어머니를 사랑하는 그 소년을 보았다)
  cf. I saw a boy whose mother I loved

→ KEY PHRASES

- Hàkīkā̀ kā san zân zō kàmar yaddà na faɗā̀ makà.
  (물론 너는 내가 너한테 말한 것처럼 내가 온다는 것을 알고 있다.)
- Kō kanā̀ sô kō bā kā̀ sô dōlè kà tàfi.
  (네가 원하건 원치 않건 너는 가야 한다.)
- Nā rubū̀tà kwānan watàn dà zâi isō cikin dairinā.
  (나는 그가 도착할 날짜를 내 다이어리에 적었다.)
- Dū̀bà-gàrī yā zō yà dūbà gidānā yâu.
  (위생 검열관이 오늘 내 방을 보러 왔다.)
- Manajàn kàntîn yā tàfi Gùsau ran Tàlātā̀.
  (그 가게의 매니저는 화요일에 구사우로 떠났다.)
- Shḕkarā̀ gōmà dà sukà wucḕ wurin nàn dājī̀ nē.
  (이 곳은 10년 전엔 숲이었다.)
- Kà gwadā̀ shi dṑmin kà ganī kō yā iyà yîn aikìn.
  (그가 그 일을 할 수 있는지 알아보기 위해 그를 테스트해 봐라.)
- Àkwai mùtûm huɗu mā̀su nēman aikìn.
  (그 일을 지원하는 사람이 네 명 있다.)

- Kō kâ zō kà tàimàkē mù sâ kân ɗākìn?
  (와서 지붕 올리는 것좀 도와주겠니?)
- Shī nḕ matàimàkīnā na ōfìs. (그는 내 사무실 조수다.)
- Yā sā̀mu koyârwā tāsà à kwalējìn Gwamnatì.
  (그는 정부 칼리지에서 트레이닝을 받았다.)
- Kà sâ duk akwātunàn nân cikin ɗākìn ajìyè kāyā sā'àn nan kà kullḕ.
  (이 모든 상자들을 창고에 넣고나서 잠궈라.)
- Àbin mā̀mākī̀ nē à gàrē nì dà na gan tà à nân.
  (그녀를 여기서 보는 것은 나한테 놀라운 일이다.)
- Kōwā zâi iyà kṑyō ìdan yā ƙudùrtà yîn hakà.
  (누구나 배우기로 결정했으면 배울 수 있다.)
- Ilmī̀ yā fi azùrfā kō zīnārī̀. (지식은 은이나 금보다 낫다.)

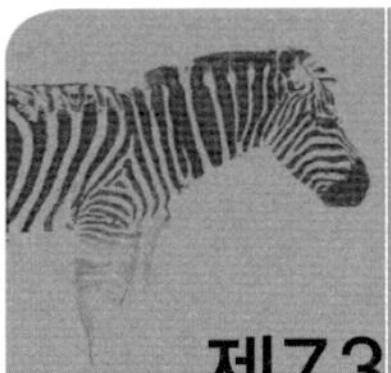

제73강

ɗan + 명사

[ɗan (f. 'yar, pl. yan) + 명사]는 특정한 직업, 활동, 장소와 관련된 사람을 가리킨다.

ɗan + 명사	관련된 명사
ɗan sàndā nm. (f. 'yar sàndā, pl. 'yan sàndā) 경찰	sàndā nm. (pl. sandunà̄) 막대기
ɗan dò̄kā 지방경찰	dò̄kā nf. (pl. dōkōkī) 법, 규정
ɗan kà̄suwā 상인, 사업가	kà̄suwā nf. (pl. kāsuwōyī) 시장
ɗan Nà̄jēriyà̄ 나이지리아인	
ɗan Kanò̄ 카노 사람	
ɗan Kudù 남쪽 사람	
ɗan Filà̄nī 플라니 사람	
ɗan tēbùr 좌판 상인, 소상인	tēbùr nm. (pl. tēburōrī, tēburà̄) 탁자
ɗan kallō 구경꾼	kallō nm. 주시(watching, looking at)
ɗan fashì̄ 고속도로 강도	fashì̄ nm. 고속도로 강도 행위
ɗan gudùn hijirā 피난민, 난민	gudùn hijirā 강제 이주
ɗan bindigà̄ dāɗì 총잡이	bindigà̄ dāɗì 총 재미
ɗan gurguzū 사회주의자	gurguzū nm. 같은 성향의 집단
ɗan sùmōgà̄ 밀수입자	sùmōgà̄ nf. 밀수

- shè̄karàrsà shidà à ɗan sàndā (그는 경찰로 6 년 동안 일했다)
- ɓàrāwòn yā ɗaukar wà ɗan kà̄suwā kāyansà (도둑은 상인에게서 그의 물건을 가져갔다)
- nā san wani ɗan Kanò̄ (나는 어떤 카노 사람을 안다)

→ KEY PHRASES

- Aikìn fassarā̀ dàgà wani harshḕ zuwā̀ wani aikī̀ nē mài wùyā.
  (한 언어에서 다른 언어로 번역하는 일은 어려운 일이다.)
- Nī nḕ mài littāfìn nan. (내가 그 책의 소유자이다.)
- Zāriyā̀ nē gàrin haifùwātā. (자리아는 내가 태어난 도시이다.)
- Kà yàrda kà yi gadin gidan nàn 'yan kwā̀nàkī kàɗan?
  (이 집을 몇 일간 봐주시겠습니까?)
- Nā gan shì yanā̀ kai dà kōmôwā.
  (나는 그가 이리저리 왔다갔다 하는 것을 보았다.)
- Nā kirā shì dà ƙarfī sàu ukù kā̀fin yà ji nì.
  (내가 그를 큰 소리로 세 번 부르고 나서야 그가 내 목소리를 들었다.)
- Mun yi awā̀ huɗu munā̀ hīra (= tāɗī̀, gānā̀wā).
  (우리는 대화를 하면서 네 시간을 보냈다.)
- Bàn iyà gānḕ shi ba dṑmin yā rufè fuskā̀ tāsà dà àdīkṑ.
  (그가 얼굴을 머릿수건으로 덮어서 나는 그를 알아보지 못했다.)
- Mài wāƙàr yanā̀ dà muryā̀ mài dāɗī. (그 가수는 좋은 목소리를 가졌다.)
- Nā ji īhū̀ dàgà ɗākìn. (나는 그 방에서 나는 고함소리를 들었다.)
- Mukàn yi hannū wajen gaisuwā ìdan mukà gā̀mu dà àbṑkanmù.
  (우리는 친구를 만나면 인사로 악수를 한다.)
- Kadà kà sākè wucḕwā ta hanyàr nân. (이 길을 다시는 지나가지 마라.)
- Gaisuwā sabṑdà nasaràn dà ka sāmū̀ wajen jarràbâwā.
  (시험에 성공한 것을 축하한다.)
- Mālàm Harūnā̀ shī nḕ ùban tagwā̀yen 'yan mātân.
  (하루나 선생은 그 여자애들의 아버지이다.)

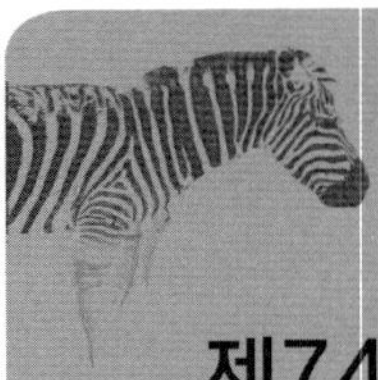

제74강 강화형 명사와 강화형 부사

1. 강화형 명사

강화형 명사는 동사나 동명사를 중첩시켜 만든다. 성조는 Low-High 또는 Low-Low-High 를 취한다. 중첩된 단어의 앞은 -e 로 끝나고 뒤는 -ē 로 끝난다. 강화형 명사는 반복적인 행위, 계속되는 행위를 나타낸다.

- wāƙā̀ 노래, 시 → wā̀ƙe-wā̀ƙē 계속해서 노래하기
- būsā̀ 불다 → bū̀she-bū̀shē 계속해서 불기
- tàmbayā̀ 묻다 → tàmbàye-tàmbàyē 계속해서 묻기

- munā̀ wā̀ƙe-wā̀ƙē à makarantar nàsā̀riyyā̀
  (기독교 학교에서 노래를 많이 부른다)
- wannàn ɗimbin jàma'àr dà kàɗe-kàɗē dà bū̀she-bū̀shē shī nḕ hàlāmàr zuwàn Sarkī
  (계속 북 치고 나팔 부는 이 많은 군중들은 추장이 오고 있다는 신호이다)
- mḕ ya sâ kakḕ tàmbàye-tàmbàyē hakà?
  (왜 당신은 그렇게 계속 질문을 해댑니까?)

2. 강화형 부사

강화형 부사는 원 부사의 의미가 강화된 형태다. 원 부사를 단순 반복시켜 만든다.

- ɗâ 전에 — ɗâ ɗâ 아주 오래 전에
- kàɗan 조금 — kàɗan kàɗan 아주 조금
- kullum 항상 — kullum kullum 꼭, 틀림없이
- maza 빨리 — maza maza 아주 빨리
- sànnu 천천히, 주의깊게 — sànnu sànnu 아주 천천히, 아주 주의깊게

- kusa 가까이 kusa kusa 아주 가까이
- yànzu 지금 yànzu yànzu 지금 당장, 즉시, 방금
- yâu 오늘 yâu yâu 오늘 확실히, 바로 오늘
- ƙasà 아래로 ƙasà ƙasà 점점 아래로
- samà 위로 samà samà 높이 높이

- ɗâ ɗâ akà ginà wannàn bangō (이 벽은 아주 오래 전에 지어졌다)
- bàn gayầ mikì kì dāwō maza maza ba?
  (아주 빨리 돌아오라고 말하지 않았냐?)
- anầ yayyafī kàɗan kàɗan (아주 조금씩 이슬비가 오고 있다)
- yànzu yànzu sukà dāwō (그들은 방금 돌아왔다)
- zâi yi shì yànzu yànzu (그는 지금 당장 그것을 할 것이다.)
- kùnkurū yanầ tàfiyầ sànnu sànuu (거북이가 아주 천천히 가고 있다)
- mun yi kusa kusa (= kurkusa) dà shī (우리는 그에게 아주 가까이 다가갔다)
- zâi yi shì yâu yâu (그는 오늘 확실히 그것을 할 것이다)
- jirgin samầ yā yi ƙasà ƙasà (비행기가 점점 아래로 내려갔다)
- yā yi samà samà. (그것은 높이 높이 올라갔다)

→ KEY PHRASES

- Ìdan kanầ sôn kwangilar sai kà bā dà jìnginàr jàkā bìyar.
  (당신이 계약을 원한다면 5 백 파운드의 보증금을 내야 합니다.)
- Watakīlà kā tunầ mun yi màganầ à kân màtsalàr sau dà yawầ à ōfìshinkà.
  (아마도 당신은 우리가 당신 사무실에서 그 문제에 대해 여러 번 이야기 한 것을 기억하고 있을 것이다.)
- Bā nầ cikin gaggāwā kō kàɗan. (나는 조금도 서두르지 않는다.)
- Kà bā dà gaisuwātā gà dukàn jàma'ầ à gidā.
  (집에 있는 모든 분들한테 제 인사를 전해주세요.)
- Yā sâ warƙàr fâm ɗaya cikin wàsīƙầ.
  (그는 편지 속에 1파운드짜리 지폐를 동봉했다.)
- Kù yi fosun tàkàrdunkù cikin lōkàcī. (너희들의 편지들을 제때에 보내라.)
- Mềnē nề aikìn gidan wayầ? (우체국에서 하는 일이 뭡니까?)

- Gidan wayā̀ shirī̀ nē na gwamnatì indà zā kà iyà sāmùn kân sarkī dà fastal oda, kuma kà aikā̀ dà fasur zuwā̀ gà àbṑkankà dà sukḕ zàune à waɗansu garūruwā̀.
  (우체국은 우표를 사고, 편지를 부치고, 다른 도시에 사는 친구한테 소포를 보낼 수 있는 정부 기구이다.)

- Inā̀ zubà idṑ gà isôwā tāsà dà murnā̀.
  (나는 그의 도착을 기쁜 마음으로 학수고대하고 있다.)

- Kà sanad dà shī yà yi shirī̀ kā̀fin ƙarfḕ biyu.
  (두 시 전에 준비하라고 그에게 알려줘라.)

- Mālàm Àbdùlmālìk mùtûm nē wandà yakḕ cìke dà aikī̀ kōwànè lōkàcī.
  (압둘말리크 선생은 언제나 일로 꽉 차 있는 사람이다.)

- Tàfiyā̀ zuwā̀ Gwàmbè bā tā̀ daɗḕwā ba cḕ.
  (곰베까지 가는 것은 그리 오래 걸리지 않는다.)

- Àkwai lōkàcī dà yawā̀ kā̀fin jirgin ƙasân yà isō.
  (기차가 도착할 때까지 시간이 많이 있다.)

제75강

의문문과 부가 의문문

1. 의문문

① 의문문은 평서문의 어순과 동일하며 끝에서 두번째 음절은 평상시보다 높이고 마지막 음절은 평상시보다 낮춰서 발음한다.

- yā tàfi kā̀suwā? (그가 시장에 갔습니까?)
- kā bā shì rī̀gā? (당신이 그에게 가운을 주었습니까?)
- wannàn littāfī̀ nē? (이것이 책입니까?)
- Audù yā kāwō nḕ? (아우두가 가져왔습니까?)
- kin sàyi fensìr? (당신은 연필을 샀습니까?)

② 의문사나 kō, shin/shîn 등을 사용하여 의문문을 만들 수 있다. 이 때는 문장의 끝을 평서문처럼 발음한다.

- ìnā gidankà? (당신의 집이 어디에 있습니까?)
- mē ya fā̀ru? (무엇이 일어났습니까?)
- kanā̀ dà hikimā̀ kō? (당신은 현명하죠? 그렇죠?)
- gàskiyā nḕ, kō? (사실이죠?, 그렇죠?)
- shin kā san shì? (그 사람을 알긴 압니까?)
- shîn dà aikī̀ à wurinkà? (일거리가 있긴 있는거야?)

→ NOTE

kō? 는 kō bā̀ hakà ba? '그래요 안 그래요?' 의 줄임말이다. 물론 kō? 대신 kō bā̀ hakà ba? 를 사용해도 된다. shin/shîn 은 의심스러운 질문을 할 때 쓰이는 경향이 있다. 한 예를 더 들면,

- shin (kō) kā san an ƙārā̀ manà àlbâshī watàn nân?
(이번 달에 월급이 올라갔다는데 혹시 아세요?)

2. 부가 의문문

영어의 부가 의문문은 인칭, 시제, 긍정, 부정에 따라 형태가 다르지만 하우사어는 모든 경우에 kō? 를 사용한다. kō? 는 kō bā̀ hakà ba? 의 줄임말이다.

- bà sù dāwō dàgà Kanò ba, kō? (그들은 카노에서 돌아오지 않았지요? 그렇죠?)
- duk shūkàrkà tā būshḕ, kō? (당신의 모든 작물들이 타버렸지요? 그렇죠?)
- sunā̀ sāmùn kàmashṑ, kō? (그들은 수수료를 받고 있지요? 그렇죠?)

→ KEY PHRASES

- Mḕnē nḕ àdìrēshìnkà? (당신의 주소가 어떻게 됩니까?)
- Kà aikā̀ dà wàsīƙàr nân zuwā̀ gà Mālàm Yūsufù.
  (이 편지를 유수푸 선생에게 보내시오.)
- Yā yi wà Màjàlisā̀ jàwābī̀ dà jimā̀wā kàɗan bāyan yā isō.
  (그는 도착한 즉시 의회에서 연설했다.)[28]
- Kà jā lāyī̀ mài fāɗī incī̀ biyu dàgà hannun hagu na takàrdâr.
  (그 종이의 왼쪽에 2 인치의 여백을 두어라.)
- Àlƙālī yā cê yā bā shì rātar kwānā ukù cikin lōkàcîn dà zâi biyā bāshìn.
  (재판관은 그에게 빚을 갚을 3 일간의 여유를 준다고 말했다.)
- Zân maishē shì àbîn kōyī̀ gà waɗansu.
  (나는 그를 다른 사람들이 본받아야 할 예로 만들 것이다.)
- Zân nūnā̀ mukù kàmar bisà gà mìsālī̀ yaddà zā à yi shì.
  (나는 너희들한테 그것을 어떻게 하는지 하나의 예로서 보여줄 것이다.)
- Bàbban àbin kōyī̀ dà ya nūnā̀ shī nḕ yaddà zā à tàimàki waɗansu.
  (그가 보여준 가장 좋은 예는 다른 사람들을 어떻게 돕는가 였다.)
- Bà zân iyà zamā dàgà ƙasà ba kai kùwa kà hau samà kà yi ànnàshùwarkà kai kaɗai.
  (나는 아래에 있지 못할 거야, 너도 위에 올라가 너 혼자서 즐겨라.)

---

[28] dà jimā̀wā kàɗan 즉시, 곧

- Zā mù sàuka Kanò dà shâ biyu na tsakàr rānā.
  (우리는 12시 정오에 카노에 도착할 것이다.)
- Àlhērìnsà yā fi gàban yàbō.
  (그의 친절함은 이루 다 칭찬할 수 없을 정도이다.)
- Kà yi jîn ƙai gà dukàn abūbuwā̀ mā̀su râi.
  (생명이 있는 모든 것에 자비를 베풀어라.)[29]
- An rubū̀tà àdìrēshī̀nā à bāyan ambùlàn.
  (편지 봉투 뒤에 나의 주소가 쓰여져 있다.)

[29] ji ƙai 자비를 베풀다, 가엾이 여기다 yā ji ƙainā (그는 나를 가엾이 여겼다) Allàh yà ji ƙansà (신이여 그에게 자비를 베푸소서) bā yà jîn ƙan ùbansà (그는 그의 아버지를 가엾게 여기지 않았다)

제76강

미래 양상 (보충)

1. 사건들이 순서적으로 발생할 때 첫번째 사건만 미래 양상으로 하고 나머지는 가상법으로 처리한다.

- Gṑbe Mālàm Audù zâi tàfi 'Yōlà, yà būɗḕ makarantā, yà dāwō, yà ci àbinci, yà hūtā̀
  (내일 아우두 선생은 욜라에 가서 학교를 개교할 것이고 돌아와서 밥을 먹고 휴식할 것이다)
- Gṑbe Mālàm Ùsmân dà Mìnistā̀ na Ilmī̀ zā sù tàfi Sakkwato, sù būɗḕ makarantar 'yam mātā, sù zìyàrci asìbitì, sù dāwō Gùsau, sù bā dà laccā̀ dà yâmmā
  (내일 우스만 선생과 교육부 장관은 소코토에 가서 여학교를 개교하고 병원을 방문하고 구사우로 돌아와서 오후에 강연을 할 것이다)

2. zâ + 인칭 대명사 :~ 에 가는 중이다 /~ 에 갈 것이다

- zâ ni cân (나는 거기에 가는 중이다 / 나는 거기에 갈 것이다)
- zâ su cân (그들은 거기에 가는 중이다 / 그들은 거기에 갈 것이다)

		단수	복수
1인칭		zâ ni cân	zâ mu cân
2인칭	남성	zâ ka cân	zâ ku cân.
	여성	zâ ki cân	
3인칭	남성	zâ shi cân	zâ su cân
	여성	zâ ta cân.	
	비인칭	zâ a cân.	

- ìnā zâ ka? (어디 가니?)
- zâ ni gidā (집에 가는 중이다)
- yāròn nan zâ shi Kanò (그 소년은 카노에 가는 중이다)
- zâ mu aikī̀ (우리는 일하러 가는 중이다)
- zâ su kàntī (그들은 가게에 가는 중이다)
- zâ su rawā (그들은 춤추러 가는 중이다)

→ NOTE

'zâ + 인칭 대명사' 의 부정은 bà ..... ba 를 사용한다.

- bà zâ ni kā̀suwā ba (나는 시장에 가고 있는 것이 아니다)
- bà zâ ku kàntī ba? (너희들은 가게에 가고 있는 것이 아니냐?)

→ WRITING LETTERS

Masṑyīnā Mālàm Rābi'ù,

Nā isō Kàdūna lāfiyā̀ cikin bâs ta Mālàm Tahiru. Nā gōdḕ makà dà yawā̀ sabṑdà àlhērìnkà lōkàcîn dà na yi gàjērùwar zìyartàr Zāriyà. Inā̀ bḕgē sā'àn dà ka sā̀mu dāmā yà yìwu kà yi minì gàjērùwar zìyārā̀ zuwā̀ Kàdūna.

Inā̀ sô kà fadā̀ wà mā̀tātā Rābi cêwā ɗan'uwantà Mālàm Sāni wandà kḕ aikī̀ à Kamfànin U.A.C. yanā̀ cīwṑ, à yànzu yanā̀ kwànce à asìbitì. Kadà tà yi fàrgàbā dṑmin yā kusa warkḕwā.

Mḕ ka cê gàme dà ƙudurī̀nā ìn tàfi Ingìlà bàdī? Inā̀ sô ìn tàfi can dṑmin ìn shiryà cìnikī dà wani bàbban Kamfànī. Inā̀ tsàmmānī̀ zân iyà ajìyè fâm dubū jìnginā̀ dṑmin sù riƙà aikō minì dà kayan cìnikī. Kā tunā̀ mun yi màganā̀ à kân zàncên jiyà dà dare. Kà yi hàƙurī kà bā nì shāwaràrkà.

Mā̀tātā ta biyu tanā̀ gai dà mātankà dà yârā.

Nī nḕ àbōkinkà
Inuwà Na-Bā̀kin Kṑgī

친애하는 라비우 선생님께,

저는 타히루 선생님의 버스로 카두나에 무사히 도착했습니다. 제가 자리아를 잠시 방문했을 때 보여주신 친절함에 감사드립니다. 시간이 나실 때 잠시 카두나로 저를 방문해 주시는 것이 가능하기를 바랍니다.

제 아내 라비에게 U.A.C. 회사에서 일하는 그녀의 오빠 사니 선생이 아파서 지금 병원에 누워있다고 말씀해 주시기 바랍니다. 그런데 병에서 거의 회복이 되었으니 걱정하지 않도록 해 주십시요.

내년에 제가 영국에 가는 결정에 대해서 어떻게 생각하십니까? 어떤 큰 회사와 사업을 준비하려고 거기에 가고 싶습니다. 저는 그들이 저한테 사업 물품을 계속 보내오도록 천 파운드를 착수금으로 맡길 수 있을 거라고 생각합니다. 어제 밤에 우리가 그 일에 대해서 이야기 한 것을 기억하실 겁니다. 저한테 당신의 조언을 주십시요.

제 두번째 아내가 당신의 아내들과 아이들에게 안부 전합니다.

당신의 친구
이누와 나-바킨 코기

제77강

동사 ganī, sanī̀, barī̀

동사 ganī '보다', sanī̀ '알다', barī̀ '남겨두다' 는 목적어가 있을 때 마지막 모음이나 음절을 탈락시킨다는 공통점을 갖고 있다.

	ganī	sanī̀	barī̀
목적어가 없을 때	ganī	sanī̀	barī̀
직접목적대명사가 올 때	gan	san	bar
명사가 목적어로 올 때	ga	san	bar

- nā ganī (나는 보았습니다)
- kā ga awākīnā? (당신은 나의 염소들을 보았습니까?)
- ī, nā gan sù (네, 나는 그것들을 보았습니다)
- kà ganḕ minì kḕkēnā (내 자전거좀 봐주세요)
  <note: 동사 ganī 가 간접목적어를 취하면 ganḕ 로 바뀐다>

- nā sanī̀ (알고 있습니다)
- kā san Ìbrāhìm? (당신은 이브라힘을 압니까?)
- ī, nā san shì (네, 나는 그를 압니다)

- yā bar gidā (그는 집을 떠났습니다)
- yā bar manà aikī̀ (그는 우리에게 일거리를 남겨두고 갔습니다)
- nā bar mōtā̀tā cân (나는 나의 자동차를 저기에 남겨두었습니다)

→ NOTE

목적어가 특정한 대상일 때는 반드시 직접목적대명사가 사용되어야 한다. 그러나 목적어가 추상적인 사실이거나 사건일 때는 대명사를 사용해서는 안된다.

- kā san Ī̀brāhìm? (당신은 이브라힘을 압니까?)
- ī, nā san shì (네, 그를 압니다)
- kin ga mā̀tarsà? (당신은 그의 아내를 보았습니까?)
- ī, nā gan tà (네, 그녀를 보았습니다)

- kā san mōtā̀tā tā ɓācì? (당신은 내 자동차가 망가진 것을 압니까?)
- bàn sanī̀ ba (모릅니다)
- kā ga sun tàfi? (당신은 그들이 떠난 것을 보았습니까?)
- ī, nā ganī (네, 보았습니다)

→ NOTE

동사 sanī̀ 가 절을 목적어로 취할 때 다음의 방법들이 모두 가능하다.

- nā san sun tàfi (나는 그들이 떠난 것을 알고 있다)
  = nā san cêwā sun tàfi
  = nā san dà cêwā sun tàfi

→ WRITING LETTERS

Masṑyīnā Mālàm Inuwà Na-Bā̀kin Kṑgī,

Nā gōdḕ makà dà yawā̀ sabṑdà wàsīƙàrkà waddà ta zō hannūnā yâu dà sāfen nàn. Inā̀ bḕgē ìn zō Kàdūna cikin mākṑ mài zuwā̀ kuma inā̀ zubà idṑ gà ganinkà dà ìyālìnkà. Rābi tā cê zā tà biyō nì tà ga ɗan'uwantà Sāni. Ìdan kā yàrda kà sanasshē shì dà zuwàntà.

Dà shī kḕ hannunmù à cìke yakḕ dà aikī̀ kân sābuwar makarantar mânyā bà zân iyà sāmùn dāmā ìn yi tùnā̀nī kân duk àbîn dà ya shā̀fi gàjērùwar tàfiyàrkà zuwā̀ Ingìlà ba, àmmā ìdan nā zō mâ sā̀mi lōkàcī mài yawā̀ dà zā mù yi shāwarā̀ à kânsà dṑmin inā̀ bḕgē ìn yi kwānā huɗu à Kàdūna.

Mātānā biyu, Habībà dà Hari, sun cê minì ìn gaishē kà dà ìyālìnka.

Sai wata rānā, sai nā zō.

Nī nḕ àbōkinkà,
Rābi'ù.

친애하는 이누와 나-바킨 코기 선생님께,

오늘 아침 입수된 당신의 편지에 정말 감사드립니다. 다음 주에 카두나에 가고 싶고 또 당신과 당신의 가족을 보기를 학수고대하고 있습니다. 라비는 그녀의 오빠 사니를 보러 절 따라오겠다고 말했습니다. 괜찮으시다면 그에게 그녀가 온다는 것을 알려주십시요.

우리는 지금 새로운 성인 학교 문제로 무척 바빠서 당신의 짧은 영국 여행에 관한 모든 것에 대해서 생각할 여유를 찾을 수 없습니다. 그러나 제가 가면 카두나에 나흘 동안 있었으면 하기 때문에 그에 대해서 의논할 많은 시간을 우리는 갖게 될 것입니다.

저의 두 아내, 하비바와 하리가 당신과 당신의 가족들에게 인사해 달라고 저한테 말했습니다.

다음에 뵙겠습니다, 제가 갈 때까지.

당신의 친구,
라비우.

제78강

강화형 동사

강화형 동사는 '첫번째 자음+모음+두번째 자음' 을 중첩시켜 만든다. 소리의 중첩에 의한 충돌을 방지하기 위한 자음동화가 현저하게 개입한다.

- kāmā̀ → kam + kāmā̀ → kankā̀mā
- fìta → fit + fìta → fìrfìta

1. 강화형 동사의 의미

강화형 동사는 원 동사의 성질과 문맥에 따라 다음과 같은 의미를 갖는다.

- 반복적인 행위
- 동일한 종류의 여러 대상들에 가해지는 행위
- 여러 사람이나 주체가 하는 행위

2. 강화형 동사의 성조

① High-Low 는 High-Low-High 가 된다.

- gusā̀ v1intr. 옆으로 움직이다 → gurgùsā v1intr.
- tārā̀ v1tr. 모으다 → tattā̀rā v1tr.

② 모음변화동사의 강화형 동사는 모음변화동사이어야 한다. 따라서 Low-High 는 Low-High-Low 가 된다.

- zā̀ɓā v2 고르다 → zàzzāɓā̀ v2
- àikā v2 보내다 → à''aikā̀ v2

③ 3음절, 기타 2음절, 단음절 동사의 강화형 동사는 첫 음절은 원동사의 첫 음절의 성조를 따르고 나머지는 원동사를 그대로 써준다.

- gangàrā v1intr. 내려가다 → gangangàrā v1intr.
- tàmbayā̀ v2 묻다 → tàntàmbayā̀ v2
- fita v3 나가다 → firfita v3

3. 강화형 동사의 자음동화

① n 을 제외한 모든 치경음과 구개음은 r 로 동화된다.

- t d ɗ s sh z j c ts r l → r

- fita v3 나가다 → firfita v3
- fāɗā̀ v1intr. 넘어지다 → farfāɗā v1intr.
- gusā̀ v1intr. 옆으로 이동하다 → gurgùsā v1intr.

② m 과 n 은 다음과 같이 동화된다.

i. 순음 f b ɓ m 앞에서 m 으로 변한다.
ii. 연구개음 k ƙ g 앞에서 ng 로 변하지만, 철자는 n 으로 쓴다.
iii. 그 밖의 자음 앞에서는 n 으로 변한다.

- kāmā̀ v1tr. 잡다 → kam + kāmā̀ → kankāmā v1tr. (캉카마)
- zaunā̀ v1intr. 앉다 → zaun + zaunā̀ → zanzàunā viintr.
- tàmbayā̀ v2 묻다 → tàm + tàmbayā̀ → tàntàmbayā̀ v2

③ 다른 모든 자음들은 뒤따르는 자음에 동화된다.

- shigō v6 들어가다 → shig + shigō → shisshigō v6
- àikā v2 보내다 → àik + àikā → ài''àikā → à''aikā̀ v2
- zā̀ɓā v2 고르다 → zàɓ + zā̀ɓā → zàzzāɓā̀ v2

→ NOTE

치경음, 구개음, 연구개음은 선택적으로 뒤따르는 자음에 동화될 수 있다.

- fita v3 나가다 → firfita v3 (또는 fiffita v3)
- zaunā̀ v1intr. 앉다 → zanzàunā v1intr. (또는 zazzàunā v1intr.)

4. 강화형 동사의 예문

- kì tattā̀rà wadànnân tukwā̀nē (이 항아리들을 모아라)
- yā tàntàmbàyi mutā̀nē (그는 사람들에게 물어보았다)
- kū yârā, kù gurgùsā dàgà nân (너희 아이들, 여기서 비켜라)
- an jèjjḕfē shì dà duwā̀tsū (그는 돌멩이 세례를 받았다)

5. 유사한 방법으로 만들어지는 강화형 부사

보통의 강화형 부사는 원 부사를 반복시켜 만들지만 강화형 동사와 비슷한 방법으로 만드는 경우도 있다. 이렇게 만들어지는 부사의 수는 몇개 안 된다. 하루 중의 시간을 나타내는 어휘들에서 주로 관찰된다.

- sāfe 아침에 → sassāfe 아침 일찍
- dare 밤에 → dàddare 밤 늦게

→ KEY PHRASES

- Wadànnân kàbīlū ukù sun fi yawā̀ à Sakkwato dà Kàtsinà dà Zāriyà dà Kanṑ dà Bauci dà Bàrno dà Adamawa.
(이 세 부족은 소코토, 카지나, 자리아, 카노, 바우치, 보르노, 아다마와에 가장 많다.)
- Àmmā hàkīkā̀ kōwā yā sanī Hàusā̀wā bā̀ à nan kàɗai akḕ sāmùnsù ba, àmmā à kusan kōwànè gàrī mài ɗan dāmā à Afirkà ta Yâmma zā kà sā̀mē sù.
(그러나 하우사인들은 여기서만 발견할 수 있는 것은 아니며 서아프리카의 거의 모든 많은 도시들에서 발견할 수 있다는 것을 모든 사람들이 알고 있다.)
- Harshèn Hàusā̀wā anā̀ cê dà shī Hausa, kuma anā̀ yîn màganā̀ dà shī à kō'ìnā cikin Afirkà ta Yâmma.
(하우사인들의 언어를 하우사어라고 말하는데 서아프리카의 모든 곳에서 사용된다.)
- Bà mù cê kōwā à Afirkà ta Yâmma yā ji Hausa ba, àmmā an fayè màganā̀ dà ita à kō'ìnā mā har kusan â cê bā shī̀ yìwuwā à jē wurîn dà bâ wandà ya san Hausa, sai kō à wurā̀rē mā̀su nīsā can cikin kurmī̀.

(서아프리카의 모든 사람들이 하우사어를 이해한다고 말하는 것은 아니다, 그러나 모든 곳에서 사용되어서 밀림지대의 먼 곳을 제외하면 하우사어를 아는 사람이 없는 곳으로 가는 것은 불가능하다고 말할 수 있을 정도이다.)

- Sauran kàbī̀lun dà yawànsù ya kai miliyàn, sū nḕ Tiv dà Idoma dà Jukun dà Igala dà Igbira à lardunàn Binuwài dà Kabbà.
  (인구가 백 만에 달하는 나머지 부족들은 Tiv, Idoma, Jukun, Igala, 그리고 베누에주와 캅바주의 Igbira 이다.)
- Yànzu zā mù bar Nī̀jēriyā̀ ta Arḕwa sai ɗan lōkàcī kàɗan.
  (이제 우리는 잠시 동안 북부나이지리아를 떠날 것이다.)
- Shī nḕ na farkō à cikin ajìn mânyā.
  (그는 성인 학급에서 첫번째 사람이다.)
- Kà kāwō manì yārṑ na farkō dà ya ƙi yî makà bìyayyā̀.
  (너에게 복종하기를 거절하는 첫번째 소년을 나한테 데려와라.)
- Sau ɗaya kaɗai nā mā̀rē shì à kumā̀tū. (나는 그의 뺨을 한 번 찰싹 때렸다.)
- An bùgē shì sau bakwài dà itā̀cē. (그는 나무로 일곱 번 맞았다.)
- Kā zō nân sau gōmà cikin yinī̀ gùdā. (너는 하루에 열 번 여기 왔다.)
- Sau nawà kakḕ sô ìn zō cikin mākṑ gùdā.
  (당신은 내가 일 주에 몇 번 오기를 원하십니까?)
- Mùtûm na gōmà shâ ɗaya cikin 'yan wā̀san ƙwallon ƙafā̀ shī nḕ mài tsàron gidā.
  (축구팀의 열 한 번째 사람은 골키퍼이다.)
- Mùtûm na ɗarī dà zâi zìyàrci wā̀sân zâi kàrɓi kyàutā.
  (그 박람회를 방문하는 100 번째 사람은 선물을 받을 것이다.)
- Na biyu, inā̀ sô kà gàmu dà Mālàm Mùhammadù à ōfìshinsà.
  (나는 네가 무함마두 선생을 그의 사무실에서 만나기를 원한다.)

제79강

가정법

가정법은 과거 사실에 반하는 가정이나 미래의 실현 불가능한 것에 대한 가정을 나타낸다. 가정법의 기본 틀은 다음과 같다.

(IN) DĀ̀ ... , DĀ̀ ...

- dā̀ kā jē kallon Sallā̀ à Bàrno, dā̀ kā ga abūbuwā̀
  (당신이 보르노에 축제를 보러 갔더라면 당신은 많은 것들을 보았을 텐데)

1. 과거 사실에 반하는 가정

종속절 : Completive
주 절 : Completive = Future = sai + Subjunctive

주절에 완료양상 대신 미래양상이나 가상법이 사용되면 주절 앞의 dā̀ 는 생략될 수 있다. 가상법이 오는 경우에는 반드시 sai 가 함께 쓰여야 한다.

- dā̀ kin zō bìkī jiyà, dā̀ kin mōrḕ
  (당신이 어제 파티에 왔더라면 당신은 즐겁게 놀았을 텐데)
  = dā̀ kin zō bìkī jiyà, (dā̀) zā kì mōrḕ
  = dā̀ kin zō bìkī jiyà, (dā̀) kyâ mōrḕ
  = dā̀ kin zō bìkī jiyà, (dā̀) sai kì mōrḕ

- dā̀ jirgin samàn bài yi lattī̀ ba, dā̀ mun isō cikin lōkàcī
  (그 비행기가 늦지만 않았더라면 우리는 시간 내에 도착할 수 있었을 텐데)
  = dā̀ jirgin samàn bài yi lattī̀ ba, (dā̀) zā mù isō cikin lōkàcī
  = dā̀ jirgin samàn bài yi lattī̀ ba, (dā̀) mâ isō cikin lōkàcī
  = dā̀ jirgin samàn bài yi lattī̀ ba, (dā̀) sai mù isō cikin lōkàcī

- dā̀ sun zō, dā̀ na gan sù (그들이 왔더라면, 나는 그들을 보았을 텐데)
- dā̀ kin gan shì, dā̀ kin yi hawā̀yē
  (네가 그것을 보았더라면, 너는 눈물을 흘렸을 텐데)
- dā̀ kun faɗā̀ manà, dā̀ mun tàimàkē kù
  (네가 우리에게 말했더라면, 우리는 너를 도와주었을 텐데)
- dā̀ Sarkī yā isō, dā̀ mun ji kā̀kā̀kī
  (추장이 돌아왔다면, 우리는 카카키 소리를 들었을 텐데)
- dā̀ an tàmbàyē nì, dā̀ nā yàrda
  (내가 질문을 받았더라면 나는 동의했을 텐데)

→ NOTE

종속절에는 Completive 가 오는 것이 보통이지만 상황에 따라 Copula, Habitual, Continuative 가 올 수도 있다. 그러나 미래양상이나 가상법은 올 수 없다.

- dā̀ Dḕlu cḕ, dā̀ tā tàimàkē kà (델루였다면, 너를 도와주었을 텐데)
- dā̀ nī Allàh nē, dà nā arzùtà kōwā
  (내가 신이라면, 모든 사람을 부자로 만들었을 텐데)
- dā̀ nī nḕ kai, dā̀ bàn tàfi ba (내가 너라면, 가지 않았을 텐데)
- dā̀ nī nḕ kai, dā̀ nā tàfi (내가 너라면 갔을 텐데)
- dā̀ kakàn ci gōrò, dā̀ nā bā kà kàɗan
  (네가 항상 콜라너트를 먹는다면, 너한테 조금 주었을텐데)
- dā̀ sunā̀ sô, dā̀ nā bā sù (그들이 원했다면, 나는 그들에게 주었을 텐데)

2. 미래의 실현 가능성이 희박한 것에 대한 가정

종속절 : Future
주 절 : Future = sai + Subjunctive

- dā̀ jirgin samàn zâi yi lattī̀, dā̀ zā mù fùsātà
  (그 비행기가 늦는다면 우리는 화가 날 텐데)
  = dā̀ jirgin samàn zâi yi lattī̀, dā̀ mâ fùsātà
  = dā̀ jirgin samàn zâi yi lattī̀, dā̀ sai mù fùsātà

- dā̀ Sarkī zâi zìyàrcē nì, dā̀ zân bā shì tuwon dawā̀
  (추장이 나를 방문한다면, 나는 그에게 기니콘 투워를 줄 텐데)
- dā̀ zā sù zō, dā̀ zân gan sù (그들이 온다면, 나는 그들을 볼 텐데)

- dà â tàmbàyē nì, dà zân yàrda (질문을 받는다면 나는 동의할 텐데)

→ NOTE

다음의 예문에서는 종속절에 Copula 나 Continuative 가 쓰였다. 종속절의 Continuative 는 미래적 용법으로 해석한다.

- dà Dèlu cè, dà zā tà tàimàkē kà (델루라면 너를 도와줄 텐데)
- dà nī nè kai, dà zân tàfi (내가 너라면, 나는 갈 텐데)
- dà Sarkī yanà zìyartàtā, dà zân bā shì tuwon dawà.
  (추장이 나를 방문한다면, 나는 그에게 기니콘 투워를 줄 텐데)

→ NOTE

주절에는 미래양상이나 가상법이 오는 것이 원칙이지만 완료양상을 선호하는 사람들도 있다.

- dà Sarkī zâi zìyàrcē nì, dà nā bā shì tuwon dawà
  (추장이 나를 방문한다면, 나는 그에게 기니콘 투워를 줄 텐데)

3. 종속절이 생략되는 경우

가정을 하는 종속절이 문맥상 명시될 필요가 없을 때에는 주절만 사용되기도 한다.

- dà kā ga yaddà akè sâ wà dawākī wàndō
  (말한테 바지를 입히는 것을 보았을 텐데)

4. ~ 했으면 좋으련만

dà mā + Completive

- dà mā nā tàfi (갔으면 좋으련만!)
- ai dà mā bàn yi hakà ba (그것을 하지 않았으면 좋으련만!)
  = ìnā mā bàn yi hakà ba

→ KEY PHRASES

- Nı̀jēriyā̀ bàbbar ƙasā cḕ. (나이지리아는 큰 나라입니다.)
- Sāshı̄̀ cē na bàbban Kontinent dà akḕ kirā̀ Afirkà.
  (아프리카라고 불리는 큰 대륙의 일부입니다.)
- Bà zā kà iyà ganin sūnan Nı̀jēriyā̀ à bisà tàswīràr dà ta fi shḕkarā̀ sìttin ba.
  (당신은 60 년이 넘은 지도 위에서는 나이지리아라는 이름을 볼 수 없습니다.)
- Tā zama bàbbar ƙasā gùdā à sā'àd dà bàbban Bàtūrèn Ingìlīshìn nan dà akḕ kirā̀ Lugard ya ci ƙasā̀shen Hausa na Arḕwa kàmar wajen shḕkarā̀ sìttin dà sukà wucḕ.
  (그것은 루가드라 불리는 그 위대한 영국인이 약 60 년 전에 북쪽의 하우사 국가들을 정복했을 때 하나의 큰 나라가 되었습니다.)
- Sūnân nan Nı̀jēriyā̀ an bā dà shī nḕ sabṑdà bàbban kṑgin Kwārà dà ya rātsā̀ ta cikintà.
  (나이지리아라는 그 이름은 그 안을 관통하는 큰 나이저강 때문에 주어진 것입니다.)
- Àkwai Jihàr Arḕwa waddà ta wurin sūnantà zā kà san dàgà wajen arēwacin ƙasâr takḕ.
  (그 이름으로부터 그것이 그 나라의 북쪽에 있다는 것을 알 수 있는 북부 지방이 있습니다.)
- Kuma àkwai Jihàr Gabàs à wajen kudù-masṑ-gabàs na ƙasâr.
  (그리고 그 나라의 남동쪽에 동부 지방이 있습니다.)
- Sā'àn nan dà Jihàr Yâmma dàgà wajen kudù-masṑ-yâmma na ƙasâr.
  (그리고 서부 지방이 그 나라의 남서쪽에 있습니다.)
- Kā̀fin à yi waɗànnân Jihōhī ukù cikin shḕkarā̀ ta 1954, Jihōhin Gabàs dà Yâmma bā̀kī ɗaya anā̀ kirànsù Nı̀jēriyā̀ ta Kudù, Jihàr Arḕwa kuma anā̀ kiràntà Nı̀jēriyā̀ ta Arḕwa.
  (1954년 이들 세 개의 지방이 만들어지기 전에는 동부 지방과 서부 지방은 함께 남부 나이지리아라고 불렸고, 북부 지방은 북부 나이지리아라고 불렸습니다.)
- Dà farkō dai Lugga Gwamnàn Nı̀jēriyā̀ ta Arḕwa nḕ kawài.
  (루가드는 처음에는 단지 북부 나이지리아의 행정관이었습니다.)
- Àmmā cikin shḕkarā̀ ta 1914 akà haɗā̀ su.
  (그러나 1914년 그 두 개의 나이지리아는 합쳐졌습니다.)

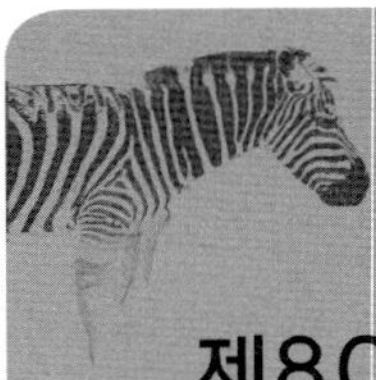

제80강

사회격 동사

1. 2단동사를 제외한 동사들 중에 전치사 dà 를 취하는 동사들이 있다. 파슨즈는 이러한 것들을 사회격 동사라는 독립된 범주로 다루고 있다.[30]

gānā̀ dà v1soc. ~와 은밀히 이야기하다 cf. gānā̀ v1intr. 은밀히 이야기하다
tunā̀ dà v1soc. (= tunā̀ v1tr.) ~을 기억하다
tunō dà v6soc. (=tunō v6tr.) ~을 기억해내다
mântā dà v1soc. (= mântā v1tr.) ~을 잊다
sābā̀ dà v1soc. (= sābā̀ v1tr.) ~에 익숙하다, ~을 잘 알고 있다
hàɗu dà v7soc. ~을 만나다 cf. hàɗu v7intr. 만나다
dāwō dà v6soc. ~을 돌려주다, ~을 갖고 돌아오다 cf. dāwō v6intr. 돌아오다
shigō dà v6soc. ~을 갖고 들어오다 cf. shigō v6intr. 들어오다

- inā̀ sôn ìn gānā̀ dà kai. (나는 당신과 은밀히 이야기를 나누고 싶습니다.)
  cf. Fìrāyìm Ministā̀ 'Major' dà Shū̀gā̀bā 'Bush' sun gānā̀ jiyà.
  (메이저 수상과 부시 대통령은 어제 은밀히 이야기를 나누었다.)
- mutā̀nē dà yawā̀ zā sù tunā̀ dà àbîn dà ya fā̀ru à Yāƙìn Dūniyā̀ na Biyu.
  = mutā̀nē dà yawā̀ zā sù tunà àbîn dà ya fā̀ru à Yāƙìn Dūniyā̀ na Biyu.
  (많은 사람들이 2차대전에서 일어난 일들을 기억할 것이다.)
- kâi, nā mântā dà sūnankà = kâi, nā mântà sūnankà.
  (아, 네 이름을 잊어버렸다.)
- nā sābā̀ dà ganinsà à nân. = nā sābà ganinsà à nân.
  (나는 그를 여기서 보는데 익숙해져 있다.)
- mun sābā̀ dà jūnā = mun sābà jūnā. (우리는 서로 잘 알고 있다.)

[30] Parsons, F.W. 1981. *Writing on Hausa Grammar: The Collected Papers of F.W. Parsons*, ed. By Graham Furniss, pp. 354-370, Ann Arbor: University Microfilms International, Books on Demand.

→ NOTE

사회격 동사의 의미는 대부분 타동사의 의미와 같다. 이것은 사회격 동사 대신 타동사를 사용해도 별 차이가 없음을 뜻한다. 그러나 목적어가 명시될 때 항상 사회격 동사만 쓰는 경우가 있다.

- nā aikā̀ dà kuɗī wurinsà (나는 그에게 돈을 보냈다)
- zā à aikā̀ dà sā̀ƙôn (그 메세지가 보내질 것이다)
- nā aikā̀ (나는 보냈다) <여기서는 문맥상 목적어가 생략되어 있다>

→ NOTE

사회격 동사 중에는 [동사+부사+dà] 또는 [동사+명사+dà]의 형태를 취하는 것들이 있다.

ci gàba dà vsoc. 계속해서 ~하다
yi àmfā̀nī dà vsoc. ~을 이용하다, 사용하다

- Jàm'iyyàr 'National' ta Kasar Afirkà ta Kudù tā cê zā tà ci gàba dà mulkī̀ à ƙasâr (남아공 국민당은 그 나라에서 계속 통치할 것이라고 말했다)
- an fitar dà 'Ben Johnson' dàgà Wā̀sànnin 'Olympics' sabṑdà yā yi àmfā̀nī dà miyā̀gun ƙwāyōyī
(벤 존슨은 약물을 이용했기 때문에 올림픽 경기에서 추방되었다)

2. 사회격 동사의 동명사는 쓰이는 환경에 상관없이 -wā 형태를 취한다.

mutā̀nē dà yawā̀ sunā̀ tunā̀wā dà àbîn dà ya fā̀ru à Yāƙìn Dūniyā̀ na Biyu
(많은 사람들이 2차대전에서 일어난 일들을 기억하고 있다)
- sunā̀ gānā̀wā dà jūnā (그들은 서로 이야기를 나누고 있다)
- hàɗuwā dà ita yanā̀ dà wùyā (그녀를 만나는 것은 어렵다)

→ NOTE

그러나 6단 사회격 동사의 경우 -wa 형태는 선택적이다.

- yàushē zā kà fārà dāwôwā dà kuɗī? (언제 돈을 돌려주기 시작할래?)
= yàushē zā kà fārà dāwō dà kuɗī?
- shigôwā dà miyā̀gun ƙwāyōyī yanā̀ dà haɗā̀rī yànzu
(요즈음 마약을 가지고 들어오는 것은 위험하다)
= shigō dà miyā̀gun ƙwāyōyī yanā̀ dà haɗā̀rī yànzu

- tunôwā dà wannàn lā̀bārī̀ zâi yi mîn wùyā
  (이 이야기를 기억해내는 것은 나한테는 어려울 것이다)
  = tunō dà wannàn lā̀bārī̀ zâi yi mîn wùyā

3. 사회격 동사의 예를 더 들면 다음과 같다.

- gaisā̀ dà v1soc. ~와 인사하다
- haɗā̀ dà v1soc. ~을 포함하다, ~을 포함시키다
- kulā̀ dà v1soc. ~에 주목하다, 신경쓰다
- lū̀ra dà v3soc. ~에 유의하다, ~에 주의하다
- yàrda dà v3soc. ~에(사람, 견해) 동의하다, ~을 수락하다
- dācḕ dà v4soc. ~에 어울리다, ~에 맞다
- zō dà v6soc. ~을 가지고 오다, ~와 함께 오다
- ràbu dà v7soc. ~와 헤어지다, ~와 갈라서다
- tàfi dà vsoc. ~을 가지고 가다
- yi màganā̀ dà vsoc. ~와 이야기하다

→ KEY PHRASES

- Lugga yā zama Gwamnā̀-Janàr na farkō. (루가드는 초대 총독이 되었습니다.)
- Dàgà shḕkarā̀ ta 1914 zuwā̀ shḕkarā̀ ta 1954 Nī̀jēriyā̀ ƙasā ɗaya cḕ.
  (1914년부터 1954년까지 나이지리아는 한 나라였습니다.)
- Kàmar yaddà kukà rigā kukà ji cêwā an kafā̀ Jihōhī ukù cikin shḕkarā̀ ta 1954
  (당신들이 이미 들었듯이 세 개의 주는 1954년에 설치되었습니다)
- Yànzu mun fārà sanin wani àbù à kân ƙasarmù, Nī̀jēriyā̀.
  (이제 우리는 우리들의 나라인 나이지리아에 대해서 어떤 것을 알기 시작했습니다.)
- Yànzu mun san yaddà akà rabà Nī̀jēriyā̀.
  (우리는 이제 나이지리아가 어떻게 나뉘어졌는지 알고 있습니다.)
- Yànzu zā mù ga yaddà ƙasâr takḕ dà girmā.
  (우리는 이제 그 나라가 얼마나 큰지를 볼 것입니다.)

- Kâ yi kàmar mākṑ gùdā dàgà Ìkko zuwà̄ Màidugùri kō dàgà Kàlàba zuwà̄ Sakkwato.
  (라고스에서 마이두구리까지 또는 칼라바르에서 소코토까지 약 1 주일이 걸립니다.)
- Hàkīkà̄ bà zā à dadɗè̄ hakà ba ìdan kā tàfi ta jirgin samà.
  (물론 당신이 비행기로 가면 그렇게 오래 걸리지는 않을 것입니다.)
- Nīsan tsàkānin Ìkko zuwà̄ Màidugùri yā yi kàmar mîl dubū.
  (라고스에서 마이두구리 사이의 거리는 약 천 마일입니다.)
- Dàgà gabàs zuwà̄ yâmma, à indà ta fi fāɗī, bàri mù cê dàgà 'Yōlà zuwà̄ Borgu, nīsân yā kusa mîl ɗàrī bìyar.
  (동에서 서, 가장 넓은 곳으로, 욜라에서 보르구까지라고 하면, 그 거리는 거의 5 백 마일이나 된다.)
- Ìdan kanà̄ sô kà sanì̄ daidai ainihin nīsā tsàkānin wurà̄rên, sai kà tàmbàyi ɗan sàfiyṑ.
  (만약 당신이 그 장소들 사이의 정확한 실제의 거리를 알고 싶다면, 당신은 측량사한테 물어보아야 한다.)
- Bàri yànzu mù ga indà ta yi iyà̄kā. (이제 그것이 경계를 이루는 곳을 보자.)
- À arè̄wa tā yi iyà̄kā dà ƙasar jàmhūriyàr Nì̄jâr.
  (북쪽에서는 그것은 니제르 공화국과 경계를 이룬다.)

제81강

동사의 간접 목적형[31]

1. 1단동사, 4단동사, 5단동사, 6단동사는 간접 목적어 앞에 오는 동사의 형태가 동사의 기본형과 같다.

- tā gyārā̀ wà Audù mōtā̀ (그녀는 아우두를 위해서 자동차를 고쳤다)
- tā gyārā̀ masà mōtā̀ (그녀는 그를 위해서 자동차를 고쳤다)
- nā nūnā̀ wà Audù gōnā (나는 아우두에게 농장을 보여주었다)

→ NOTE

일부 화자나 일부 방언에서는 간접 목적어로 오는 명사 앞에 wà 대신에 mà 를 사용하기도 한다.

---

[31] **Pilszczikowa, Nina.** 1969. *The Changing Form (Grade 2) of the Verb in Hausa.* Panstwowe Wydawnictwo naukowe.
Parsons, F.W. 1971/72. 'Suppletion and neutralization in the verbal system of Hausa', *Afrika und Übersee* 55: 49-97, 188-208.
Newman, Paul. 1977. 'Chadic extensions and pre-dative verb forms in Hausa.' *Studies in African Linguistics* 8 (3): 275-297.
Newman, Paul. 1991. 'Facts count: An empiricist looks at indirect objects in Hausa.' *Berkeley Linguistics Society* 17.
Frajzyngier, Zygmunt. 1985. ''Causative' and 'benefactive' in Chadic'. *Afrika und Übersee* 68: 23-42.
Jaggar, Philip J. 1985. 'Review of Manual of Hausa Idioms by Dauda M. Bagari, William R. Leben, and Faye McNair Knox.' *The Journal of West African Languages* 15 (2): 125-133.
Jaggar, Philip J. 1992. 'R.C. Abraham's early insights into Hausa pre-datival verb forms', In *African Languages and Cultures, Supplement 1, Papers in Honour of R.C. Abraham (1890-1963),* ed. By Philip J. Jaggar, pp. 51-66. London: School of Oriental and African Studies.
Swets, Francine. 1989. 'Grade 2 verbs with indirect objects in the Dogondoutchi dialect of Hausa.' *MA thesis, University of Leiden.*
Munkaila, Muhammed M. 1990. 'Indirect object constructions in Hausa.' *PhD thesis, SOAS, University of London.*
Abdoulaye, Mahamane L. 1992. 'Aspect of Hausa morphosyntax in role and reference grammar.' *PhD dissertation, Suny at Buffalo,* pp. 288-340.
Jaggar, Philip J and Muhammed M. Munkaila. 1992. 'Evidence against the proposal that the Hausa pre-datival final –r verb = 'Grade 5' final –r/-s verb (and an alternative analysis)'. *Proceedings of the Studia Chadica et Hamito-Semitica Symposium (Sprache und Oralität in Afrika),* ed. By Dymitr Ibriszimow and Rudolf Leger. Frankfurt: University of Frankfurt.

▪ nā nūnā̀ mà Audù gōnā (나는 아우두에게 농장을 보여주었다)

2. 2단동사, 3단동사, 7단동사는 간접 목적어 앞에 오는 동사의 형태가 다음의 어느 하나 또는 양쪽 모두를 취할 수 있다.

▪ High-Low(-High) + Final '-ā'[32]
▪ All High Tones + Final 'r'

동사	뜻	간접 목적형	
		High-Low(-High) + Final '-ā'	All High Tones + Final 'r'
ɓùlla v3	갑자기 나타나다	ɓullā̀ 습격하다	ɓullar 습격하다
ɗaukā̀ v2	집다, 들다	ɗaukā̀	ɗaukar
dìra v3	급습하다	dirā̀	dirar
hàƙurà v3	참다	haƙùrā	haƙurar
kàrɓā v2	받다	karɓā̀	karɓar
kṑyā v2	배우다	kōyā̀ 가르치다	kōyar 가르치다
		cf. kōyar dà v5 (과목을) 가르치다	
kùɓutà v3	탈출하다	kuɓùtā	kuɓutar
nēmā̀ v2	찾다	nēmā̀	nēmar
rṑƙā v2	구걸하다	rōƙā̀	rōƙar
sāmū̀ v2	얻다	sāmā̀	sāmar
tàmbayā̀ v2	묻다	tambàyā	tambayar
tūba v3	후회하다	tūbā̀	tūbar 사과하다
yànkā v2	잘라내다, 자르다	yankā̀	yankar
yàrda v3	동의하다	yardā̀	yardar
zā̀ɓā v2	고르다	zāɓā̀	zāɓar
zama v3	되다	zamā̀	zamar
àmbatā̀ v2	언급하다	ambàtā	Ø
fàɗā v2	말하다	faɗā̀	Ø
gùtsurā̀ v2	깨뜨려 떼어내다	gutsùrā	Ø
sàyā v2	사다	sayā̀	Ø

32 Newman(1973)은 [High-Low(-High) + Final '-ā'] 형태를 파생동사로 취급하고 있다.
Newman, Paul. 1973. 'Grade, vowel-tone classes and extensions in the Hausa verbal system', *Studies in African Linguistics* 4(3): 297-346.

shìga v3	들어가다	Ø	shigar
zā̀burà v3	뛰어오르다	Ø	zāburar
tā̀ru v7 àuku v7	모이다 일어나다	Ø Ø	tārar aukar

* tā̀ru, àuku: 7단동사 중에서 동사의 간접 목적형이 -r 형태를 취하는 유일한 경우이다.

→ NOTE

화자에 따라 -ā 형태와 -r 형태 사이에 차이를 두는 경우가 있다. 특히 다음의 동사들의 -ā 형태는 간접 목적어에게 호의적이거나 이익이 되는 반면, -r 형태는 손해를 입히거나 불이익을 초래하는 부정적인 의미를 갖는다.[33]

- ɗaukā̀ v2 집다, 들다, 나르다
- sā̀tā v2 훔치다
- sāmū̀ v2 얻다
- kàrɓā v2 받다

- ɓàrāwòn yā ɗaukar wà ɗan kā̀suwā kāyansà
  (도둑은 상인에게서 그의 물건을 가져갔다)

→ NOTE

4단동사의 형태 [High-Low(-High) + Final '-ē'] 가 2단동사, 3단동사, 7단동사의 간접 목적형으로 사용될 수 있는데 이 경우 종종 '분리박탈' 의 의미가 추가된다.

- kàrɓā v2 받다
- kârɓē v4tr. (~에게서) 빼앗다, 박탈하다
- yā kârɓē masà shī (그는 그에게서 그것을 빼앗았다)

- ɗaukā̀ v2 집다, 들다, 나르다
- ɗâukē v4tr. (~을 위해서, ~에게서) 치우다, 옮기다, 다 훔쳐가다
- yā ɗâukē minì gā̀wā (그는 나를 위해서 그 시체를 치웠다)
- fìtilā̀ tā ɗâukē minì idò̀
  (램프가 내 눈을 부시게 했다. 직역: 램프가 내게서 눈을 옮겼다)

---

[33] **Munkaila, Muhammed M.** 1990. 'Indirect object constructions in Hausa.' *PhD thesis, SOAS, University of London,* 192ff.
Jaggar, Philip J. 1992. 'R.C. Abraham's early insights into Hausa pre-datival verb forms', In *African Languages and Cultures, Supplement 1, Papers in Honour of R.C. Abraham (1890-1963),* ed. By Philip J. Jaggar, pp. 51-66. London: School of Oriental and African Studies.

- yā ɗâukē minì kāyā (그는 내 물건을 다 훔쳐갔다)

3. 예문

- ɗan dakō yā ɗaukā̀ wà ɗan kā̀suwā kāyansà
  (짐꾼은 그 상인을 위해 짐을 날랐다)
- shāhṑ yā dirā̀ wà zōmō (그 매는 토끼를 덮쳤다)
- yā gutsùrā wà àbōkinsà gōrò (그는 친구를 위해 콜라너트를 떼어주었다)
- sai kà haƙùrā masà (그에게 인내심을 가지시오 / 그를 용서하시오)
- yā kōrā̀ masà awākī (나는 그를 위해서 염소들을 쫓아버렸다)
- yā nēmā̀ wà ɗansà aikī̀ (그는 아들을 위해 일거리를 찾았다)
- nā rōƙā̀ masà gāfarā̀ (나는 그에게 용서를 빌었다)
- wasu ɓàrā̀yī sun shigar minì gidā (도둑들이 나의 집에 들어갔다)
- kà tambàyā manà ita (우리를 위해 그녀에게 물어보시오)
- yā tambàyā minì lā̀bārī̀ (그는 나를 위해서 그 소식을 물어보았다)
- yârā sun tārar masà (아이들이 그의 주변에 모여들었다)
- â yardā̀ minì ìn jē gidā ìn ɗaukō?
  (집에 가서 가져오도록 허락해 주시겠습니까?)
- nā zāɓar masà dōkī̀ (나는 그를 위해서 말을 골랐다)
- zākī̀ yā zāburar wà mùtûm (사자가 그 사람에게 뛰어올랐다)
- yā zamā̀ musù tīlàs (그것은 그들에게 필요한 것이 되었다)

→ KEY PHRASES

- À kudù tā yi iyā̀kā dà bahàr wandà à cikin littāfī̀ na biyu akḕ kirā Tḕkun Atlantic.
  (남쪽에서는 제2권에서 대서양이라고 불리는 바다와 경계를 이룬다.)
- À Gabàs tā yi iyā̀kā dà ƙasar Kàmàrû. (동쪽에서는 카메룬이라는 나라와 경계를 이룬다.)
- Kuma dàgà ƙàrshē à yâmma tā yi iyā̀kā dà ƙasā̀shen Jàmhūriyàr Dahomi dà Nī̀jâr.
  (그리고 마지막으로 서쪽에서는 다호메이 공화국 및 니제르 공화국과 같은 나라들과 경계를 이룬다.)

- Wàtàu kā ganī à sâssā ukù tā yi iyā̀kā dà ƙasā, kuma à sāshī̀ na huɗu, wàtàu dàgà wajen kudù, tā yi iyā̀kā dà ruwā.
(그러니까 그것은 세 지역에서 땅과 경계를 이루며, 네번째 지역에서 즉 남쪽에서 물과 경계를 이룬다는 것을 알 수 있습니다.)

- Bà zā kà iyà fàhimtàr girmantà ba sai kā yi tàfiyā̀ kà kēwàyā ta.
(당신이 그 것을 일주하기 위해서 여행을 하지 않는한 당신은 그 크기를 실감할 수 없습니다.)

- Ìdan kā yàrda kà ƙārḕ mu dà lā̀bārìn Nī̀jēriyā̀.
(괜찮다면 우리에게 나이지리아에 대한 이야기를 더 해 주십시요.)

- Mânyan kōgunā̀ gùdā biyu sun rabà Nī̀jēriyā̀ kashī̀ ukù.
(두 개의 큰 강이 나이지리아를 세 부분으로 나눕니다.)

- Sū sànànnū nḕ dà sūnā̀yen Kṑgin Kwārà dà Kṑgin Binuwài.
(그것들은 나이저강과 베누에강이라는 이름으로 잘 알려져 있습니다.)

- Ita Kwārà waddà dàgà sūnantà nē mukà sā̀mu kalmā̀ Nī̀jēriyā̀ tā shigō ƙasâr à lardìn Sakkwato.
(우리가 그 이름으로부터 나이지리아라는 단어를 얻은 그 니제르강은 소코토주에서 그 나라로 흘러들어온다.)

- Tanā̀ gudū̀ kudù-masṑ-gabàs har cikin lardìn Kabbà zuwā̀ Lakwajà à indà Binuwài ta gā̀mu dà ita.
(그것은 남동쪽으로 흘러 캅바주의 로코자까지 가는데 여기서 베누에강이 그것과 만난다.)

- Binuwài yā shìga Nī̀jēriyā̀ kusa dà 'Yōlà cikin lardìn Adamawa, yanā̀ gudū̀ kudù-masṑ-yâmma, ta cikin lardìn Binuwài, har zuwā̀ Lakwajà indà ya hàɗu dà Nī̀jâr (Kwārà).
(베누에강은 아다마와주의 욜라 근처에서 나이지리아에 들어가 베누에주를 통과해 남서쪽으로 흘러 로코자까지 가는데 여기서 그것은 니제르강과 만난다.)

- Sā'àn nan sai Nī̀jâr ya kàrkatà yanā̀ gudū̀ kusan sṑsai ya dṑshi kudù sai dà ya hàɗu dà bahàr kusa dà Fatākwàl.
(그리고 나서 니제르강은 구부러져서, 포트 하르코트 근처에서 바다와 만날 때까지, 거의 일직선으로 흘러 남쪽을 향한다.)

- Àkwai wad'ansu kōgunàn dà sukà hàd'u dà mânyan kōgunàn nan biyu.
(이 두 개의 큰 강들과 만나는 어떤 강들이 있습니다.)

- Wad'àndà akà fi sanī sū nề kồgin Rima dà ya hàd'u dà Nìjâr cikin lardìn Sakkwato dà Kồgin Kàdūna dà ya hàd'u dà Nìjâr cikin lardìn Nìjâr kusa dà Birnin Biddà.
(잘 알려진 것들로서 소코토 주에서 니제르 강과 만나는 리마 강과 비다 시 근처의 니제르 주에서 니제르 강과 만나는 카두나 강이 있다.)

- Kōgunầ biyu dà sukà hàd'u dà Binuwài sū nề Gurara dàgà gēfèn arềwa dà Kàtsinà-Ala dàgà gēfèn kudù.
(베누에 강과 만나는 두 개의 강은 북쪽으로부터의 구라라와 남쪽으로부터의 카찌나-알라이다.)

- Kồgin Ogun shī ma bàbban kồgī nề à Jihàr Yâmma.
(오군 강 또한 서부 지방에서 큰 강입니다.)

- Hakà kuma kồgin Kross à Jihàr Gabàs.
(크로스 강도 동부 지방에서 그렇습니다.)

- Hàkīkầ, ban dà wad'ànnân mânyan kōgunàn dà akà àmbatầ, àkwai ƙanānàn kōgunầ màsu yawầ dà rāfukầ.
(물론 언급된 이들 큰 강말고도 많은 작은 강들과 시내가 있습니다.)

- Wajen tafkunầ, Nìjēriyầ bâ ta dà sū dà yawầ.
(호수로 말하면, 나이지리아는 그것들을 많이 갖고 있지 않습니다.)

- Àkwai kàd'an àmmā girmansù bài ìsā à àmbàcē sù ba.
(약간 있지만 그것들의 크기는 언급할 정도는 아닙니다.)

- Duk dà hakà, àkwai tafkì̄ gùdā d'aya wandà bầ girmā nề kad'ai dà shī à Nìjēriyầ ba, àmmā har mā yanầ cikin mânyan tafkunầ na dūniyầ.
(그럼에도 불구하고, 나이지리아에서만 큰 것이 아니라 세상의 큰 호수들중에 포함되는 호수가 하나 있습니다.)

- Anầ kiràns à Tafkìn Cādì wandà yakề kân kusùrwan arềwa-gabàs na lardìn Barno.
(그것은 보르노 주의 북동쪽 구석에 있는 차드 호수라고 불립니다.)

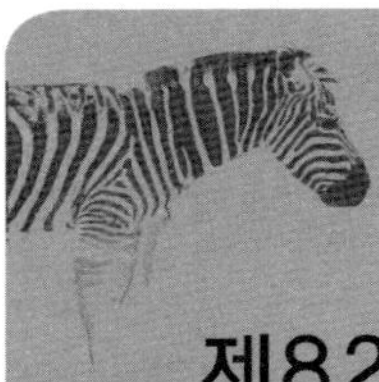

제82강 kō

단독으로 쓰이는 kō 의 중요한 용법은 다음과 같다.

1. kō + 절

① ~ 인지 아닌지

주 절 : …..
종속절 : kō …..

- nā tàmbàyē shì kō yā biyā ’yan aikìnsà
  (그가 일꾼들에게 지불했는지 아니지 나는 그에게 물었다)
- kā san kō yā mutù? (그가 죽었는지 아닌지 당신은 압니까?)
- nā tàmbàyē shì kō Balà yā zō (발라가 왔는지 아닌지 나는 그에게 물었다)
- nā tàmbàyē shì kō Balà zâi zō (발라가 올 것인지 아닌지 나는 그에게 물었다)
- bàn san kō zâi zō ba (그가 올 것인지 아닌지 나는 모른다)

② (알아보려는 속셈으로) ~ 인지

주 절 : Subjunctive (명령) / Command
종속절 : kō .....

- kà lū̀ra dà tufāfī̀nā kō wataƙīlà ànīnī yā cirḕ
  (단추가 빠졌는지 내 옷을 살펴봐라)
- kà dūbā̀ cikin àkwā̀tìn cân kō littāfìn yanā̀ nân
  (그 책이 거기 있는지 저 상자 안을 보아라)

→ NOTE

여기서는 kō 이하의 내용이 주절의 목적어가 아니다.

③ ~ 이건 아니건

종속절 : { kō + affirm. Completive }, { kō + neg. Completive }
주 절 : …..

- kō yā zō, kō bài zō ba ȍho (그가 오건 안 오건 나는 신경 쓰지 않는다)
- kō kā zō, kō bà kà zō ba, duk ɗaya nȅ (당신이 오건 안 오건 똑 같다)

④ ~ 해도 / ~ 지만

종속절 : kō dà (= kō dà yakè) + rel. Completive / Continuative / Copula
또는 kō + Completive
주 절 : …..

- kō dà na sāmȕ, bà zân bā kà ba
(내가 그것을 얻어도 너한테는 주지 않을 것이다)
- kō dà yakè ya zō, bà zân gan shì ba (그가 와도 나는 그를 보지 않을 것이다)
- kō dà mukà jē, bà mù gan shì ba (우리는 갔지만 그를 보지 못했다)
= kō mun jē, bà mù gan shì ba
- kō dà yakè inȁ rashìn lāfiyȁ, (àmmā) nā jē tȁrôn
(몸이 아팠지만 나는 그 모임에 갔다)
- kō dà yakè yanȁ nân, bà mù gan shì ba
(그가 여기에 있었지만/있지만 우리는 그를 보지 못했다)
- kō dà Sarkī nȅ, bā yȁ jîn tsȍron kōwā
(비록 추장이지만 그는 아무도 두려워하지 않는다)

⑤ 아무리 ~ 해도 ~ 한다<note: 일반적 사실>

종속절 : kō + Completive
주 절 : sai + Subjunctive

- kō ita tā yi fushī, sai yà dingà bā tà màganā̀
  (그녀가 아무리 화가나도 그는 그녀를 달랜다. 직역: 그녀가 아무리 화가나도 그는 그녀에게 계속 말을 건다)

⑥ ~ 라는 기대를 갖고

주 절 : .....
종속절 : kō + Future / Subjunctive

- mù jinkìrtā kō sâ isō (그들이 올지도 모른다는 기대를 갖고 그것을 연기하자)
- yā hàrā̀rē sù kō sū mā wai zā sù yi caffā̀
  (그들이 굴복할지도 모른다는 기대를 갖고 그는 그들을 노려보았다)
- inā̀ zubà idṑ kō wataƙīlà zân ga nāmā̀ ìn hàrbā
  (나는 사냥할 짐승을 보게 될거라는 기대를 갖고 참을성있게 기다리고 있다)
- sun sā̀ki bâm kō sù kashè Sarkī
  (그들은 왕을 죽인다는 기대를 갖고 폭탄을 떨어뜨렸다)

⑦ 간접 의문문에서 사용된다. 이 경우 kō 는 생략할 수 있지만 생략하지 않는 것이 자연스럽다.

주 절 : .....
종속절 : kō + 의문절

- kā san kō nawà nē kuɗin damī̀ gōmà? (열 묶음에 얼마인지 아십니까?)
- bà à san kō jirgī gùdā nawà gàrē sù ba
  (얼마나 많은 배가 그들한테 있는지 모른다)
- nā tàmbàyē shì kō yàushè sukà zō (나는 그들이 언제 왔는지 그에게 물었다)
- yanā̀ ta tùnā̀nī kō mḕnē nḕ nufìnsà
  (그것의 의미가 무엇인지 그는 계속 생각했다)

2. kō + 구

① 아니면, ~ 나 = 또는

{ 문장 + kō + 문장 } / { 명사 + kō + 명사 }

- zā kà zō? kō bà zā kà zō ba? (올거야 아니면 안 올 거야?)
- kā nḕmē shì? kō bà kà nḕmē shì ba? (그것을 찾았니 아니면 못 찾았니?)
- kanā̀ sôn wannàn kō wancàn?
  (이것을 원하십니까? 아니면 저것을 원하십니까?)
- bà zân ci dànkalī̀ kō dōyā̀ ba (나는 고구마나 얌은 먹지 않는다)

② ~ 나 ~ 둘 중의 하나

{ kō + 명사 } + { kō + 명사 }

- kō nī kō kai (나나 너 둘 중의 하나)
- kō sarkī kō wàkīlī̀ zâi jē (추장이나 대리인 둘 중의 하나가 갈 것이다)
- kā̀wō kō tū̀lū kō tukunyā! (물단지나 솥 둘 중의 하나를 가져와라!)

③ (다른 것은 말할 나위도 없고) ~ 조차, ~ 까지, ~ 도

kō (= kō dà) + 명사 / 대명사 / 부사 / 전치사 / 동사 / 절

i. 긍정문에서

- kō ƙàramin macī̀jī tsṑronsà nakḕ jî (나는 작은 뱀조차 두려워 한다)
- kā gan shì kō shā̀rā bābù (비질조차 안되어 있습니다)
- kō sū sun kàrai (그들조차 낙담했다)
- kō nī, nā sā̀mi kuɗī dà yawā̀ (나까지 많은 돈을 받았다)
- kō kusa, bà sù kai damī̀ àshìrin ba (20 묶음 근처에도 못미친다)

ii. 부정문에서

- bà zâi bā sù kō kwabṑ ba (그들은 그들에게 1코보도 주지 않을 것이다)
- bâ shi dà sauran sāmùn kō wuƙā (그는 더이상 칼조차 얻을 수 없다)
- kō nī bàn san shì ba (나조차 그것을 모른다)
- bā sā̀ kō sô à san sūnansù (그들은 이름이 알려지는 것을 싫어하기까지 한다)

→ NOTE

다음은 활용 가치가 높은 예문들이다.

- bā̀ kō dà yāƙī̀ ba (전쟁 없이도)

- kō dà yādī̀ gùdā bà sù ci gàba ba (그들은 1 야드도 전진하지 못했다)
- tā yi hakà bā̀ dà kō tā taɓà jînsà ba (그녀는 들어본 적도 없는데 이것을 했다)
- yā tàfi bài kō yi manà sallamā̀ ba
  (그는 떠났는데 우리한테 작별 인사조차 하지 않았다)

3. 기타

① 부가 의문문을 만드는데 사용한다, '안 그래?'

- shī nḕ àbîn dà ya fàɗā, kō (bā̀ hakà ba)?
  (그것이 그가 말한 것이지? 안 그래?)
- kā sā̀mi gyàɗā mài yawā̀, kō (bā̀ hakà ba)?
  (너는 땅콩을 많이 얻었지? 안 그래?)
- tanā̀ dà tsā̀ɗā, kō (bā̀ hakà ba)? (그것은 비싸지? 안 그래?)

② 공손한 질문을 할 때 kō 가 문두에 온다. 질문은 '네', '아니오' 로 대답할 수 있는 질문이어야 한다.

- kō zā kà arā̀ minì bīrònkà? (당신의 볼펜을 좀 빌려 주실 수 있습니까?)
- kō Audù nē ya gyārà sàlansā̀? (소음기를 고친 사람이 아우두입니까?)
- nā ji mōtsī̀, kō bàtūrḕ nē?
  (무슨 움직이는 소리를 들었는데, 그 백인입니까?)

→ KEY PHRASES

- Kōwā yā sanī cêwā indà àkwai ruwā dà yawā̀ dōlè àkwai itātuwā̀ dà cìyā̀yī.
  (물이 많은 곳에는 나무들과 풀들이 있어야 한다는 것을 누구나 알고 있습니다.)
- Kōwànè lōkàcī zā à ga wurin kōrè, kuma ganyā̀yen itātuwàn sunā̀ bā dà inuwā̀ mài sanyī.
  (항상 푸른 장소를 볼 수 있으며, 나무들의 잎들이 시원한 그늘을 제공합니다.)
- Àmmā indà bābù ruwā ìsasshē, wataƙīlà itātuwā̀ bà zā sù yi yawā̀ ba, kuma wataƙīlà cìyāwā̀ sai tà būshḕ.
  (그러나 충분한 물이 없는 곳에는 나무들이 많지 않을 수도 있으며, 풀들이 마르기만 할지도 모릅니다.)

- Ruwan samà shī nḕ dàlīlìn waɗànnân sake-sake, dȍmin sā'àd dà ruwan samà ya saukō yakàn nutsḕ ƙàrƙashin ƙasā kuma saiwōyin dukàn itātuwȁ, dà shȕke-shȕke dà cìyȁyī sunȁ sāmùn àbincinsù dàgà ƙasā nḕ.
  (비는 이러한 변화들의 원인입니다. 왜냐하면 비가 오면 그것은 땅 속으로 스며들고, 모든 나무들과 식물들, 풀들의 뿌리들이 땅으로부터 그들의 자양분을 얻기 때문입니다.)
- Ìdan ruwan samà na wani yankìn ƙasā yanȁ dà yawȁ itātuwȁ dà cìyȁyī dà ƙanānàn itātuwȁ zā sù fi yawȁ fìye dà wurîn dà ruwan samà bâ shi dà yawȁ.
  (어떤 지역의 비가 많으면 비가 많지 않은 곳보다 나무들과 풀들과 식물들이 더 많습니다.)
- Ìdan kā yi tàfiyȁ mîl kàɗan dàgà gàrinkù kō ƙauyènkù, zā kà lȕra cêwā wurîn dà itātuwȁ sukḕ dà yawȁ shī nḕ à tsawon gēfèn rāfukȁ indà àkwai ruwā.
  (만약 당신이 당신들의 도시나 마을로부터 몇 마일을 여행하면 당신은 나무들이 많은 장소가 물이 있는 강가를 따라 길게 이어져 있는 것을 알아채게 될 것입니다.)
- Yànzu zā kà iyà gānè dàlīlìn dà ya sâ à kudancin Nȉjēriyȁ àkwai itātuwȁ fìye dà wajen arḕwa. Dàlīlìn kùwa shī nḕ ruwan samà à can ya fi na nan yawȁ.
  (이제 당신은 북쪽보다 남부 나이지리아에 나무들이 더 많이 있는 것을 이해할 수 있을 것입니다. 그 이유는 그 곳의 비가 여기의 비보다 더 많기 때문입니다.)
- Dȍmin hakà à wajen kudù sunȁ dà kurȁmā mȁsu duhȕ kuma à waɗansu wurȁrên bà zā kà iyà ganin hasken rānā ba dȍmin itātuwȁ sun yi yawȁ kuma cìyāwȁ tanȁ dà tsawō.
  (따라서 남쪽에는 울창한 밀림이 있으며 어떤 곳에서는 나무들이 너무 많고 풀들이 길어서 햇빛을 볼 수 없을 것입니다.)
- Anȁ yîn kātākō dàgà dōgȁyen itātuwȁ mȁsu kaurī dà akḕ sāmȕ à kurȁman Kudù.
  (남쪽의 밀림에서 발견되는 두꺼운 키큰 나무들로부터 목재가 만들어진다.)

제83강

파생명사

파생명사는 주로 동사에서 파생된다. 파생명사에는 행위자를 뜻하는 명사, 도구를 뜻하는 명사, 장소를 뜻하는 명사가 있다. 파생명사는 접두사 ma- 로 시작한다.

1. 행위자를 뜻하는 명사

남성형은 -ī, 여성형은 -ìyā, 복수형은 -ā 로 끝난다. 남성형과 복수형은 동사의 어간이 저성조를 취하며 여성형은 고성조를 취한다. 단음절 동사는 접미사와 동사 사이에 매개 자음 -y- 가 들어간다.

남성형	여성형	복수형	뜻	파생
maƙàryàcī	maƙaryacìyā	maƙàryàtā	거짓말쟁이	ƙaryàtā v1tr. 부인하다, 부정하다
maɗìnkī	maɗinkìyā	maɗìnkā	재단사	ɗinkā̀ v1tr. 바느질하다
mafàràucī	Ø	mafàràutā	사냥꾼	fàrautā̀ v2 사냥하다
mabìyī	mabiyìyā	mabìyā	추종자	bi vtr. 따라가다
ma'àikàcī	ma'aikacìyā	ma'àikàtā	노동자, 일꾼	aikàtā v1tr. 수행하다
magìnī	Ø	magìnā	건축업자, 옹기장이	ginā̀ v1tr. 짓다
majḕmī	Ø	majḕmā	무두장이, 제혁업자	jēmā̀ v1tr. 무두질하다
maƙḕrī	Ø	maƙḕrā	대장장이	ƙērā̀ v1tr. (쇠를) 벼리다
marùbū̀cī	marubūcìyā	marùbū̀tā	작가	rubū̀tā v1tr. 쓰다
magā̀jī	magājìyā	magā̀dā	상속인	gā̀dā v2tr. 상속하다
mahàifī	mahaifìyā	mahàifā	아버지/어머	hàifā v2 낳다

			니/부모	
mahàukàcī	mahaukacìyā	mahàukàtā	미친사람	haukàcē v4intr. 미치다
makàshī	makashìyā	makàsā	살인자	kashḕ v4tr. 죽이다
masṑyī	masōyìyā	masṑyā	애인	sō vtr. 좋아하다
maƙìyī	maƙiyìyā	maƙìyā	적	ƙi vtr. 거절하다
matàfiyī	matafiyā	matàfiyā	여행자	tàfi vintr. 가다
matàmbàyī	matambayìyā	matàmbàyā	질문자	tàmbayā̀ v2 묻다

→ NOTE

행위자를 뜻하는 복수형 다음에 다른 명사가 와서 의미상 속격 구문을 이룰 때 복수형은 속격 연결사를 취하지 않다.[34]

- manḕmā lā̀bā̀rai 통신원들 cf. sg. manḕmin lā̀bā̀rai
- mabìyā àddīnìn Kiristā̀ 기독교도들 cf. sg. mabìyin àddīnìn Kiristā̀
- magṑyā bāyansà 그를 지지하는 사람들 cf. sg. magṑyin bāyansà
- maƙìyā mulkìn kā̀mā kàryā 전체주의에 반대하는 사람들 cf. sg. maƙìyin mulkìn kā̀mā kàryā

2. 도구를 뜻하는 명사

단수형은 모든 음절이 고성조를 취하며 장모음 ī 로 끝난다. 복수형은 마지막 음절을 제외한 모든 음절이 저성조를 취하며 -ai 로 끝난다.

단수형	복수형	뜻	파생
mabūɗī	màbū̀ɗai	열쇠	būɗḕ v4tr. 열다
madūbī	màdū̀bai	거울	dūbā̀ v1tr. 주시하다
magwajī	màgwàdai	재는 막대기	gwadā̀ v1tr. 재다, 측정하다

34 **Parsons, F.W.** 1960/61/63. 'The operation of gender in Hausa.' *African Language Studies* 1: 117-136; 2: 100-124; 4: 166-207. (특히 1963: 189ff.)
McIntyre, J.A. 1988. 'A NAg-ging question in Hausa: Remarks on the syntax and semantics of the plural noun of agent.' In *Studies in Hausa Language and Linguistics (In Honour of F.W. Parsons)*, ed. By Furniss, Graham and Philip J. Jaggar, pp. 78-88. London: Kegan Paul International in assiciation with the International African Institute.

3. 장소를 뜻하는 명사

만드는 방법은 도구를 뜻하는 명사와 동일하다. 다만 단수형이 ī 대신 ā 로 끝난다.

단수형	복수형	뜻	파생
makarantā	màkàràntai = màkàràntū	학교	karàntā v1tr. 읽다
makarkatā	màkàrkàtū	탈선의 장소	kàrkatà v3 벗어나다, 탈선하다
ma'aunā	mà'àunai	곡물시장, 곡물가게	aunà̄ v1tr. (무게를) 재다, 달다
makasā	màkàsai	급소	kashè̄ v4tr. 죽이다
maƙērā	màƙḕrai	대장간	ƙērà̄ v1tr. (쇠를) 벼리다

→ NOTE

일부 장소를 뜻하는 명사의 단수형은 도구를 뜻하는 명사처럼 ī 를 취한다.

- masaukī nm. (pl. màsàukai) 묵는 곳, 호텔 < sàuka v3 묵다, 머물다
- masallācī nm. (pl. màsàllā̀tai) 회교사원 < sallà̄ nf. 기도

→ KEY PHRASES

- Ì̄dan kā bar kudù kanà̄ zuwà̄ arḕwa zā kà lū̀ra itātuwàn sunà̄ daɗà̄ gàjartà̄, kuma cìyā̀yī bâ su dà tsawō dà yawà̄.
  (당신이 남쪽을 떠나 북쪽으로 가면 당신은 그 나무들이 점점 짧아지고 풀들이 크지도 많지도 않다는 것을 알아챌 것입니다.)
- Kanà̄ ƙārà zuwà̄ dai wajen Arḕwa sai kà ga itātuwà̄ sunà̄ daɗà̄ sarā-sarā har kà kai wani wurī kusa dà kân iyà̄kā indà yakḕ Jigāwà̄ nē, wā̀tàu masōmin hàmādà̄ kḕ nan.
  (당신은 북쪽으로 더 갑니다. 그러면 지가와에 있는 경계선 근처의 어떤 장소, 다시 말해 사막이 시작되는 곳에 이르게 될 때까지 나무들이 점점 희박해지는 것을 보게 될 것입니다.)

- Ruwan samà à wajḕjên nan kīmā̀ nē ƙwarai kuma daidai sabṑdà àmfā̀nin gōnā dà shū̀ke-shū̀ke sù yi kyâu.
  (이들 지역의 비는 아주 적으며 농산물과 식물들의 성장을 위해 필요한 양을 간신히 충족시킬 정도입니다.)
- Anā̀ yîn ruwan samà kàmar watā̀ ukù kō huɗu nḕ kawài cikin shḕkarā̀, kuma kàmar wata shidà kō bakwài kō ɗis bābù, sabṑdà hakà nē kōwànè lōkàcī wurîn bū̀sasshē nḕ.
  (일 년 중에 약 3 ~ 4 개월 동안만 비가오며, 약 6 ~ 7 개월 동안은 물 한 방울 떨어지지 않습니다. 그 지역이 항상 마른 것은 이것 때문입니다.)
- Kàmar yaddà Nī̀jēriyā̀ takḕ dà girmā, hakà kuma à ràbe takḕ mā bisà gà fāɗū̀war ruwan samà.
  (나이지리아가 큰 것처럼, 강우량에 따라 그렇게 여러 지역으로 나뉘어 집니다.)
- Ìdan kanā̀ zàune à Arḕwa mài nīsā sai kà yi tàfiyā̀ zuwā̀ Kudù, ìdan kùwa à Kudù kakḕ kà yi tàfiyā̀ zuwā̀ Arḕwa, kuma zā kà ga bambancìn sṑsai dà kânkà.
  (당신이 먼 북쪽에 살고 있으면 남쪽으로 여행을 해야 하며, 남쪽에 있으면 북쪽으로 여행을 해야 합니다. 그러면 당신은 스스로 그 큰 차이를 보게 될 것입니다.)

제84강 kàmar

kàmar 는 영어의 like, as 에 해당하는 단어로서 그 쓰임새가 비교적 다양한 편이지만 모두 "~같은" 이라는 기본적 의미에서 출발한다. kàmar 는 활용 빈도가 높은 단어이다. 용법을 숙지하는 데는 큰 어려움이 없다.

1. 전치사적 용법

① 닮음, 비슷함

- Audù kàmar Bellò nē (아우두는 벨로와 닮았다)
- sun yi kàmā (그들은 닮았다)
- sun yi kàmā dà jūnā (그들은 서로 닮았다)
- wannàn yā yi kàmā dà wancàn = wannàn yā yi kàmar wancàn
  (이 것은 저 것과 비슷하다)

② ~ 같은

- nā jarràbà tàllàn tābōbī kàmar Gwalìf dà Fai-fài
  (나는 그왈리프나 파이파이 같은 담배들을 진열하려고 했다)
- kàmarkù bà zā kù yi hakà ba.
  (당신들 같은 사람은 그런 일을 하지 않을 것이다)
- wurîn kàmar dājì̃ ya kḕ (그 장소는 숲과 같다)

③ ~ 처럼, ~로서, ~만큼

- sunằ kīwòn tumākinsù kusan kàmar Filằnī
  (그들은 거의 풀라니처럼 양들을 돌본다)
- nā ɗaukē shì kàmar àbōkī (나는 그를 친구로 간주한다)
- bābù 'yā mài kyâu kàmartà (= kàmā tatà) (그녀 만큼 예쁜 소녀는 없다)

④ 약, 대략

- kàmar kwālin Mài Bāsùkùr nawà ka kḕ sayârwā à watā̀
  (당신은 한 달에 약 몇 상자의 Mài Bāsùkùr 를 팝니까?)
- kàmar nawà nē kuɗînsà? (그 값이 대략 얼마입니까?)
- yā yi kàmar shḕkarā̀ gōmà (그는 대략 열 살 정도 되었다)

⑤ 외관, 모습, 상당하는 것

- yā sākè kàmā (그는 외관을 바꿨다)
- in kā kāwō nairā̀ biyu zân ƙārà makà kàmarsù
  (2 나이라를 가져오면 그에 상당하는 것을 더 주겠다)

2. 접속사적 용법

① ~ 한대로

- kà yi kàmar yaddà na gayā̀ makà (내가 너한테 말한대로 해라)
- yanā̀ nan kàmar yaddà mukà bar shì (그것은 우리가 놔둔 상태로 있다)

② ~ 하다시피, ~ 듯이

- kàmar yaddà kukà sanī (너희도 알다시피)
- kàmar yaddà kukà rigā kukà ji cêwā an kafà Jihōhī ukù cikin shḕkarā̀ ta 1954
  (너희들이 이미 들었듯이 세 개의 주는 1954년에 설치되었다)

③ 마치 ~ 인 것처럼

이 용법은 문자 그대로 "~인 것처럼 행동했다"는 의미를 전달하고 있으며 사실에 반하는 진술과는 상관없다.

- jî nakḕ kàmar zân yi sūmā (나는 마치 기절할 것만 같았다)
- nā ji kàmar zân yi amai (나는 마치 토할 것만 같았다)
- yā yi kàmar zâi wucḕ (그는 마치 지나갈 것처럼 했다)
- kàmar nā fitō dàgà wutā (나는 마치 불에서 나온 것 같았다)

→ NOTE

이와 비교되는 것으로 sai kà cê 가 있는데 둘 사이에 미묘한 의미상의 차이가 있다. 아래의 예문에서 "그가 추장처럼 옷을 입었다"는 것은 그 자체로 사실이며 이런 맥락에서 kàmar 와 별 차이가 없는 것처럼 보이지만, "그가 추장이 아님에도 불구하고 추장처럼" 이라는 부가적 의미가 깔려 있다는 점에서 kàmar 와는 분명히 다르다.

- yanā̀ sànye dà kāyā sai kà cê shī sarkī nḕ (그는 마치 추장처럼 옷을 입었다)
- yā iyà iyṑ sai kà cê kīfī nḕ (그는 마치 물고기처럼 헤엄을 친다)

④ kàmar 가 동사 다음에 쓰여 목적절을 유도할 수 있다. 비슷한 단어로 cêwā, wai 등이 있다. 하우사 구문의 특성상 kàmar, cêwā, wai 가 의무적으로 사용되어야 하는 것은 아니며 생략이 가능하다.

- sun gayā̀ minì kàmar zâi zō gṑbe
  (그들은 그가 내일 올 것이라고 나에게 말했다)
- nā ji kàmar yāƙī̀ yā tāshì (나는 전쟁이 일어났다는 것을 들었다)

⑤ ~ 하는 식으로, ~ 하는 방향으로

- zā à ɓatar dà kuɗìn nan kàmar sù kyautàtà cìnikinmù
  (그 돈은 우리의 사업을 개선하는 방향으로 쓰여질 것이다)

→ KEY PHRASES

- Wannàn icḕ yanā̀ dà girmā. (이 나무는 매우 크다.)
- Kanò tā fi Kàdūna girmā. (카노는 카두나보다 크다.)
- Yā sàyi bàbbar mōtā̀. (그는 큰 자동차를 샀다.)
- Shēhù bàbban shū̀gàbā nḕ. (쉐후는 위대한 지도자였다.)
- Yā ɗàuki bàbban ràbō na nāmàn. (그는 큰 고기 조각을 집어들었다.)
- Kà bā shì yankī̀ kàɗan kawài. (그에게 작은 조각만을 주어라.)
- Yā sâ hannū cikin faɗàn. (그는 그 싸움에 참여했다.)
- À wànè sāshī̀ kakḕ wàsā? (너는 어느 편에서 경기를 하냐?)

- Kà faɗi̋ gàskiyar àbîn dà ka sani̋. (네가 아는 것을 사실대로 말해라.)
- An rabà Amìrkà cikin ƙasa̋shē dà yawa̋ ma̋su mulkìn kânsù.
  (미국은 많은 자치주들로 나뉘어져 있다.)
- À cikin yāƙi̋ dōlè rùndunar yāƙi̋ gùdā tà ci ɗayân.
  (전쟁에서 한 군대는 다른 군대를 정복해야 한다.)
- Rabi yā ci Bàrno cikin shḕkara̋ ta 1897. (라비는 1897년 보르노를 정복했다.)
- Bàri mù yi aiki̋ ta̋re cikin àbȍtā. (우리 친구처럼 함께 일하자.)
- Nā ga sun tàfi ta̋re cikin mōtàrsà.
  (나는 그들이 그의 자동차로 함께 떠나는 것을 보았다.)
- Dàgà wànnē ka zō, cikin jihōhîn nan ukù?
  (그 세 지방 중에서 당신은 어디에서 왔습니까?)
- Girmansà yā fi yaddà ka yi tsàmmāni̋ sàu dà yawa̋.
  (그 크기는 네가 생각하는 것보다 몇 배 더 크다.)
- Tsuntsûn yana̋ kwànce cikin shḕƙarsà. (그 새는 둥지 안에 누워있다.)

제85강

시간 관련 표현시 주의 사항

1. 시간 관련 표현 앞에서 dà 의 사용

- Audù yā zìyàrcē nì yâu (아우두는 오늘 나를 방문했다)
- Audù yā isō dà ƙarfè ukù (아우두는 세 시에 도착했다)
- Audù yā zìyàrcē nì (dà) ƙarfè ukù zuwā̀ ƙarfè bìyar
  (아우두는 세 시에서 다섯 시까지 나를 방문했다)
  = Audù yā zìyàrcē nì (dà) dàgà ƙarfè ukù zuwā̀ ƙarfè bìyar
- àgōgôn yanā̀ bugā̀wā (dà) kōwànè rabìn awā̀
  (그 시계는 30 분마다 종을 친다)
  = àgōgôn yanā̀ bugā̀wā (dà) duk rabìn awā̀
- nā ga Audù (dà) kōwàcè dā̀minā (나는 매년 우기에 아우두를 보았다)

2. 관계절 앞에 올 수 있는 시간 관련 표현

① 부사는 관계절의 선행사가 될 수 없다. 다음의 예문은 비문이다.

* Audù yā zìyàrcē nì bā̀râr dà maƙwàbtānā sukà yi tàfiyā̀
  (아우두는 나의 이웃들이 여행을 떠났던 작년에 나를 방문했다)

* Audù yā isō yànzûn dà maƙwàbtānā sukà isō
  (아우두는 나의 이웃들이 도착한 지금 도착했다)

② 그러나 명사는 관계절의 선행사가 될 수 있다.

- yā zìyàrcē nì dà dā̀minâr dà akà yi farī̀
  (그는 가물었던 그 우기에 나를 방문했다)
- yā isō (dà) tsakar darên dà ɓàrā̀yī sukà shìga gidanmù
  (그는 도둑들이 우리 집에 들어왔던 그 한 밤중에 도착했다)

③ 아래의 예문에서는 선행사 lōkàcîn 이 생략되어 있다. 따라서 관계대명사 dà 바로 앞에 있는 부사 bàra 와 ɗàzu 가 일견 선행사인 것처럼 보이지만 그것들은 선행사가 아니다.

- Audù yā zìyàrcē nì bàra (lōkàcîn) dà maƙwàbtānā sukà yi tàfiyà
  (작년에 아우두는 나를 방문했는데 그 때 나의 이웃들은 여행 중이었다)
- Audù yā isō ɗàzu (lōkàcîn) dà maƙwàbtānā sukà dāwō
  (아우두는 방금 전에 도착했는데 나의 이웃들도 돌아왔다)

3. 시간 관련 표현의 연속된 사용

아래 예문의 시간 관련 표현 1) jiyà, 2) dà yâmma, 3) dà ƙarfè ukù 중에서 첫번째 것보다는 두번째 것이, 두번째 것보다는 세번째 것이 더 구체적이다.

- Audù yā isō jiyà, dà yâmma, dà ƙarfè ukù
  (아우두는 어제, 오후에, 세 시에 도착했다)

4. 전치사 tun, har, sai 다음에서의 시간 관련 표현

- Audù bài zìyàrcē nì ba tun bàra (아우두는 작년부터 나를 방문하지 않았다)
- Audù bà zâi zìyàrcē nì ba har bàɗi
  (아우두는 내년까지 나를 방문하지 않을 것이다)
- Audù bà zâi zìyàrcē nì ba sai bàɗi
  <직역: 아우두는 내년까지 나를 방문하지 않을 것이다>
  (아우두는 내년이 되어야 나를 방문할 것이다)

- Audù bài zaunà ba tun (dà) yâmma
  (아우두는 오후부터 자리에 앉지 못했다)
- Audù bà zâi zaunà ba har (dà) yâmma
  (아우두는 오후까지 자리에 앉지 못할 것이다)
- Audù bà zâi zaunà ba sai (dà) yâmma
  <직역: 아우두는 오후까지 자리에 앉지 못할 것이다>
  (아우두는 오후가 되어야 자리에 앉을 수 있을 것이다)

5. sā'àn nan = sânnan 그 때 (then)

- Audù yā zìyàrcē nì jiyà, sânnan mukà tattàunà màganàr
 (아우두는 어제 나를 방문했고, 그 때 우리는 그 문제를 토론했다)
- dà dare ragō yakȅ barcī, mài ƙwȁzō kuma sânnan yakȅ aikȉ
 (게으른 사람은 밤에 자고, 그 때 부지런한 사람은 일한다)
- Audù yā farkȁ dà ƙarfȅ ukù, Garba kuma sânnan ya yi barcī
 (아우두는 세 시에 일어났고, 그 때 가르바는 잠들었다)
- Audù yanȁ barcī lōkàcîn dà na isō, Garbà kuma yanȁ kàrȁtū sânnan
 (아우두는 내가 도착했을 때 자고 있었고, 그 때 가르바는 책을 읽고 있었다)
- Audù yā ji yârân lōkàcîn dà sukà shìgo, nī ma nā ji sù sânnan
 (아우두는 그 소년들이 들어올 때 그들의 소리를 들었다, 나도 그 때 그들의 소리를 들었다)

6. tun dà / bāyân dà / sai dà ….. , ….. sânnan.

- sunȁ barcī tun dà sukà dāwō dàgà makarantā, nī kùwa inȁ kàrȁtū tun sânnan/lōkàcîn nan
 (그들은 학교에서 돌아온 후 지금까지 자고 있지만, 나는 공부하고 있다)
- sun yi barcī bāyân dà sukà dāwō dàgà makarantā, nī kùwa nā yi kàrȁtū (bāyan) sânnan/lōkàcîn nan
 (그들은 학교에서 돌아온 후 잤지만, 나는 공부했다)
- bài yi barcī ba sai dà sukà dāwō dàgà sìnimȁ, nī mā bàn yi ba sai sânnan/lōkàcîn nan
 (그는 그들이 극장에서 돌아오고 나서야 잤다, 나도 그 때가 되어서야 잤다)

7. hakà 는 시간 관련 표현을 대신하지 못한다.

우선, 다음의 문장들은 올바른 문장들이다.

- Audù yā ci wàinā jiyà, Garbà mā hakà
 (아우두는 어제 와이나를 먹었다, 가르바도 그랬다)
- Audù yā tāshì dȍmin Garbà yā zō, nī mā hakà
 (아우두는 가르바가 왔기 때문에 떠났다, 나도 그랬다)
- Audù zâi tāshì dȍmin Garbà yā zō, nī mā zân tāshì dȍmin hakà
 (아우두는 가르바가 왔기 때문에 떠날 것이다, 나도 그렇기 때문에 떠날 것이다)

- Audù yā zìyàrcē nì lōkàcîn dà ìyālī̀nā sukà yi tàfiyā̀, Garbà mā hakà
  (아우두는 나의 가족들이 여행을 갔을 때 나를 방문했다, 가르바도 그랬다)

그러나 다음의 문장들은 非文이다. 왜냐하면 hakà 는 시간 관련 표현을 대신하지 못하기 때문이다.

* sunā̀ barcī tun dà sukà dāwō dàgà makarantā, Garbà mā yanā̀ yî tun hakà
(그들은 학교에서 돌아온 후 지금까지 자고 있다, 가르바도 그 때부터 자고 있다)

* Audù bài yi barcī ba sai dà sukà dāwō, nī mā bàn yi ba sai hakà
(아우두는 그들이 돌아오고 나서야 잤다, 나도 그 때가 되어서야 잤다)

8. tun / har / sai / bāyan : 관계 대명사의 유무 및 양상대명사

<table>
<tr><th>종류</th><th>관계대명사 dà 의 유무</th><th>Aspect</th><th>뜻</th></tr>
<tr><td>tun</td><td>dà</td><td>rel.</td><td>~ 이래로</td></tr>
<tr><td rowspan="2">har</td><td rowspan="2">Ø</td><td>non-rel.</td><td rowspan="2">~ 까지</td></tr>
<tr><td>rel.</td></tr>
<tr><td rowspan="2">sai</td><td>Ø</td><td>non-rel.</td><td rowspan="2">~ 까지</td></tr>
<tr><td>dà</td><td>rel.</td></tr>
<tr><td rowspan="2">bāyan</td><td>Ø</td><td>non-rel.</td><td rowspan="2">~ 후에</td></tr>
<tr><td>dà (→ bāyân dà)</td><td>rel.</td></tr>
</table>

① TUN ~ 이래로 (since ...)

그들은 학교에서 돌아온 이래로 자지 않았다.

- bà sù yi barcī ba tun sun dāwō dàgà makarantā (X)
- bà sù yi barcī ba tun sukà dāwō dàgà makarantā (X)
- bà sù yi barcī ba tun dà sukà dāwō dàgà makarantā (O)

② HAR ~ 까지 (until ...)

그들은 우리가 학교에서 돌아올 때까지 자지 않았다.

- bà sù yi barcī ba har dà mukà dāwō dàgà makarantā. (X)
- bà sù yi barcī ba har mun dāwō dàgà makarantā (O)
- bà sù yi barcī ba har mukà dāwō dàgà makarantā (O)

③ SAI ~ 까지 (... not ... until)

그들은 우리가 학교에서 돌아오고 나서야 잤다.

- bà sù yi barcī ba sai mun dāwō dàgà makarantā (O)
- bà sù yi barcī ba sai dà mukà dāwō dàgà makarantā (O)

④ BĀYAN ~ 후에 (after ...)

그들은 학교에서 돌아온 후에 잤다.

- sun yi barcī bāyan sun dāwō dàgà makarantā (O)
- sun yi barcī bāyân dà sukà dāwō dàgà makarantā (O)

→ KEY PHRASES

- Rằfī yanằ gudằ à hankàlī. (시냇물이 천천히 흐른다.)
- Kāfintà yā hadằ kātākō biyu dà ƙūsằ.
  (목수는 두 개의 널판지를 못으로 이었다.)
- Mùtûm bà zâi iyà hàlittàr àbù mài râi ba.
  (인간은 생명체를 창조할 수 없다.)
- Mài kồyō yanằ iyà ɗaukàr kōwàcè kalmằ yà yi ƙồƙarī yà shiryằ su cikin sentences don kânsà.
  (학습자는 스스로를 위해서 모든 단어들을 이용해 그것들을 문장 속에 배열해 볼 수 있다.)
- Hàkīkằ nā gānè àbîn dà kakề nufì̀.
  (물론 나는 네가 의도하는 것을 이해한다.)
- Jirgin samà yanằ tāshì̄ samà kàmar tsuntsū. (비행기가 새처럼 난다.)
- Àkwai jirằgen samà irì̄ dàbam dàbam, waɗansu dồmin fāsinjà, waɗansu dồmin yāƙì̀, waɗansu kuma dồmin ɗaukàr kāyā
  (여러 다른 종류의 비행기들이 있다. 어떤 것들은 승객들을 위한 것이고, 어떤 것들은 전투를 위한 것이고, 어떤 것들은 물건들을 나르기 위한 것이다)
- Shī nè na huɗu à cikin ajìnsà. (그는 그의 반에서 네번째로 왔다.)

- Mùtûm na huɗu cikin jērìn yā fi saurân tsawō.
  (줄의 네번째 사람이 나머지 사람들보다 키가 크다.)
- Kā san nīsân dà kḕ tsàkānin dūniyằ dà rānā?
  (당신은 지구와 태양 사이의 거리를 압니까?)
- Nīsā tsàkānin Kanò dà Ìkko yā fi mîl ɗàrī bakwài.
  (카노와 라고스 사이의 거리는 칠 백 마일을 넘는다.)
- Kā gānè yaddà ka aikàtà wâutā?
  (당신은 얼마나 어리석을 짓을 했는지 아십니까?)
- Kà gyārà kūrèn dà ka yi cikin lìssāfinkà.
  (당신의 계산에서 당신이 한 실수를 고치세요.)
- Ìdan bà kà rṑƙi gāfarằ ba, zā à yi makà hukuncī̀.
  (용서를 빌지 않으면 당신은 처벌을 받을 것입니다.)

제86강

ban + 명사

'나에게 주시오' 라는 뜻의 bā̀ ni 의 축약형 ban 은 명사와 결합하여 형용사의 기능을 수행한다.

1. mài (pl. mā̀su) + [ban + 명사] = 한정 형용사의 기능

- nā ji wani lā̀bārī̀ mài ban tsṑrō (나는 두려운 소식을 들었다)
- nā ji wani lā̀bārī̀ mài ban tàusàyī (나는 가엾은 소식을 들었다)
- bàhaushḕ mài ban haushī
  (전형적인 하우사 남자. 직역: 짜증나게 하는 하우사 남자)

2. 진행양상대명사 + dà + [ban + 명사] = 서술 형용사의 기능

- àbîn yanā̀ dà ban dā̀riyā (그 일은 웃긴다)
- àbîn yanā̀ dà ban shà'awā̀ (그 일은 재미있다)

3. àbù nē mài + [ban + 명사] + Subjunctive : ~ 하는 것은 ~ 하다

- àbù nē mài ban mā̀mākī̀ à ga yaddà wasu mutā̀nē kḕ shân tābā̀ indà bài kàmātà ba.
  (일부 사람들이 담배를 피워서는 안되는 곳에서 담배를 피우는 것을 보는 것은 놀라운 일이다. It is surprising to see that ...)

→ NOTE

[ban + 명사] 는 비록 형용사로서의 역할은 아니지만 다음과 같이 쓰일 수 있다.

i. yi + [ban + 명사]

- yā yi ban hannū dà nī (그는 나와 악수했다)
- mun yi ban kwānā dà ita tun jiyà (우리는 어제 그녀에게 작별 인사를 했다)
- mun yi ban kāshī dà shī (우리는 그와 격렬하게 싸웠다)

ii. 기타 표현

- yā nūnā̀ minì hālin ban girmā. (그는 나에게 존경을 표했다.)
- à ban gàskiyā bā̀ zân iyà zuwā̀ ba. (솔직히 말해서 나는 올 수 없다.)
- manṑmī yā jē ban ruwan làmbū. (농부는 정원에 물을 주러 갔다.)

→ KEY PHRASES

- Iyā̀kā tsàkāninsù gundumōmin biyu kṑgī nḕ.
  (두 행정지구 사이의 경계는 강이다.)
- Anā̀ kiràn ƙasar Kàmàrû ƙasar Àmānā̀.
  (카메룬은 평화지역<Trust Territory>으로 불린다.)
- Nā amìncē dà shī sṑsai. (나는 그를 무척 신뢰한다.)
- Wannàn hàkīkā̀ bàbbar màtsalā̀ cē. (이것은 정말로 심각한 문제이다.)
- Shī sànannē nḕ sabṑdà kyāwā̀wan ayyukànsà na tàimakon jàma'à.
  (그는 사람들을 도와주는 그의 좋은 행실들 때문에 유명하다.)
- Mun shìga gidân à lōkàcī gùdā. (우리는 동시에 그 집에 들어갔다.)
- Àkwai lardī̀ gōmà shâ biyu à Jihàr Arḕwa.
  (북쪽 지방에 열 두 개의 주가 있습니다.)
- Kadà kōwā yà sākè bî ta ƙōfàr nân.
  (아무도 이 문을 다시 통과해서는 안된다.)
- Mun kùɓutà ta wurin jārumtakàrsà. (우리는 그의 용기로 탈출했다)
- Nā yi kusan tsàmmānìn zâi mutù nē.
  (나는 거의 그가 죽을 거라고 생각했다.)
- Shī bā̀ mùtûm nē nagàrī ba. (그는 정직한 사람이 아니다.)

- Hanyàr à mī̀ƙe takḕ dà kuma fā̀ɗī̀ har mîl dà yawā̀.
  (그 길은 곧게 뻗어있고 수 마일에 걸쳐 넓다.)
- Jirgin ƙasà zâi isō dà ƙarfḕ huɗu na yâmmā.
  (기차가 오후 네 시에 도착할 것이다.)
- Nasarā̀ tāsà sabṑdà ƙwā̀zō nḕ wajen aikī̀.
  (그의 성공은 일을 열심히 하기 때문이다.)
- Kai kà yi wajen kudù, nī kuma ìn yi wajen arḕwa.
  (너는 남쪽으로 가라, 나는 북쪽으로 갈께.)
- Bandà mōtàrsà mài kyâu yanā̀ dà waɗansu mōtōcin ɗaukan kāyā.
  (그의 좋은 자동차말고도 그는 다른 화물차들을 갖고 있다.)

제87강

구개음화

자음 d, z, t, s 는 전설모음 i, e 앞에서 구개음화된다. 구개음화는 한 개 이상의 형태를 갖는 단어들에서 발생하며 주로 명사의 복수형과 2단동사에서 전형적으로 관찰된다. 규칙은 다음과 같다.

d, z → j
t → c
s → sh

- kȁzā (pl. kȁjī) nf. 닭 <kȁzī → kȁjī>
- mōtȁ (pl. mōtōcī) nm. 자동차 <mōtōtī → mōtōcī>
- kàrē yā cȉjē nì (그 개가 나를 물었다) <cȉzā (i/ē) v2 물다: cȉzē → cȉjē>
- an sȁci kuɗīnā (누가 내 돈을 훔쳤다) <sȁtā (i/ē) v2 훔치다: sȁti → sȁci>
- maƙȅrī yā cȕci Bàtūrȅ (그 대장장이가 백인을 속였다)
  <cȕtā (i/ē) v2 속이다: cȕti → cȕci>
- wannàn bà zâi ìshē mù ba (이 것은 우리에게 충분치 않을 것이다)
  <ìsā (i/ē) v2 ~에 충분하다: ìsē → ìshē>

→ KEY PHRASES

- Ȉdan kā àmbatȁ masà sūnānā zâi tunȁ.
  (내가 그에게 내 이름을 언급하면 그가 기억할 것이다.)
- Yanȁ kallōnā ta wutsiyàr idònsà. (그는 곁눈질로 나를 보고 있었다.)
- Dākìn kȅwàyayyē nȅ bâ shi dà kusurwōyī.
  (그 방은 둥글며 구석이 하나도 없다.)

- Ầmadù yanầ cikin àmìntàttun àbồkainā.
  (아마두는 나의 믿을 수 있는 친구들 중의 하나이다.)
- Inầ yī wà kōwā kàshēdī̀ yà yi hankàlī yâu.
  = Inầ yī wà kàshēdī̀ yà shìga cikin hankàlinsà yâu.
  (나는 모든 사람들에게 오늘 주의하라고 경고했다.)
- Kōwầnē nề ya ƙi bìyayyầ dà dồkâr, zā à yī masà hukuncī̀.
  (법에 대한 복종을 거부하는 사람은 누구이건 처벌받을 것이다.)
- Kōwànè ɗaya dàgà cikinmù sai yà gōdề wà Allàh.
  (우리들 모두는 각자 신에게 감사해야 한다.)
- Sai kà yi iyầkar àbîn dà zā kà iyầ kà bar minì saurân.
  (네가 할 수 있는 한도까지 하고 그 나머지는 나한테 맡겨라.)
- Ruwā yā yī wà bōkitìn yawầ. (물이 그 양동이에 너무 많다.)
- Nā gōdề makà dà yawầ. (매우 고맙습니다.)
- Kà sâ tufāfī̀ kân wayầ dồmin sù būshề à rānā.
  (옷이 햇볕에 마르도록 줄에 널어라.)
- Wurîn bũsasshē nề ƙaƙaf kàmar hàmādầ.
  (그 곳은 사막처럼 완전히 말랐다.)
- Tūbalàn bà sù būshề ba tùkùna. (그 벽돌들은 아직 마르지 않았다.)
- Anầ kāwō kātākō Arềwa dàgà Kudù. (북쪽에서 남쪽으로 목재를 가져온다.)
- Munầ àmfầnī dà kātākō dồmin à yi kāyan gidā kàmar kùjềrī da gadầjē.
  (우리는 의자나 침대들과 같은 가구를 만들기 위해서 목재를 이용한다.)
- Kà yi àmfầnī dà kātākō mài kyâu wajen yîn ƙyāmầren ƙōfōfin dà tāgōgī.
  (출입구의 문이나 창문을 만드는데 좋은 목재를 이용하시오.)

제88강

의성어와 의태어

의성어와 의태어는 소리, 움직임, 색깔, 냄새, 맛, 태도 등과 같은 감각적인 현상을 기술하는 데 사용된다. 하우사어의 의성의태어는 다음과 같은 특징을 갖고 있다.

- 단음절이거나 음절이 중복된다
- 자음으로 끝난다
- 특이한 성조를 갖는다

통사적 측면에서 볼 때 의성의태어는 부사적 기능, 형용사적 기능을 수행한다.

1. 동사 + 의성의태어 (부사적 기능)

- helìkaftā̀ tā sàuka jirif (헬리콥터가 쿵하고 내려앉았다)
- yā tāshì firgigit (그는 후다닥 놀라서 일어났다)
- ɗākī̀ yā cìka fal (방이 꽉 들어찼다)
- tanā̀ tàfiyā̀ buguzum-bùgùzùm (그녀는 뒤뚱뒤뚱 걷고 있다)
- yârā sunā̀ ta kūkā rirìs (아이들이 몹시 울고 있다)
- yā fitō but dàgà rāmìnsà (그것이 굴에서 불쑥 나왔다)
- kuɗīnā yā ƙārḕ kwata-kwata (나는 돈이 깡그리 떨어졌다)
- yā cînyē shi kakaf (그는 그것을 몽땅 먹었다)
- yā fitō ɓutuk (그는 홀랑 벗고 나왔다)
- dùrô yā fāɗì kwàngàràm (북이 뗑그렁하고 쓰러졌다)
- an kullḕ kam (그것은 단단히 잠겨져 있다)
- tsuntsā̀yē sukà tāshì fir (새들이 푸드덕 날아올랐다)
- yā tsāyā̀ ƙī̀ƙàm kàmar gāwā (그는 마치 송장처럼 미동도 않고 서 있었다)
- sun yi jùrum (그들은 풀이죽어 서 있었다)

- yanā̀ tàfiyā̀ rī̀garsà tanā̀ tāshī̀ bùyā̀-bùyā̀ (그는 가운을 펄럭이며 걷고 있었다)
- tā yi farat tā tāshì (그는 갑자기 일어났다)
- yârā sun yi cā gà bàtūrḕ (아이들이 그 유럽인 주위에 떼지어 모였다)
- sun bī shì wōhṑ wōhṑ (그들은 그를 야유하며 따라갔다)
- zūcìyarsà tanā̀ (yîn) ɗàr-ɗàr sabṑdà tsṑrō
  (그의 심장은 두려움으로 쿵쿵 뛰었다)
- kāyansà sun yi ràkwàcàm (그의 물건들이 어지럽혀져 있다)
- kà yi shirū (조용히 해! 닥쳐!)
- mun yi shirū mun sàurā̀rē shì (우리는 조용히 하고 그의 말을 들었다)
- yā yi tsit bài cê uffàn ba
  (그는 쥐죽은 듯이 조용했다, 한 마디도 하지 않았다)

2. 명사/동작명사 + 의성의태어 (형용사적 기능)

- kwabṑ kacal ya bā nì (그는 나한테 쪼잔하게 1코보를 주었다)
- yā kāwō minì fākitìn sā̀bulū̀ sùkùtum
  (그는 나한테 비누를 한 갑 통째로 주었다)
- gā̀ shi cân shī ɗaya ƙwal (그가 저기 혼자 있다)
- bài bā nì kō ɗaya tak ba (그는 나한테 단 한 개도 주지 않았다)
- nā sàyi rī̀gā farā fat (나는 순 백 색의 가운을 샀다)
- sun bi arḕwa sak (그들은 곧장 북쪽으로 향했다)
- mutā̀nē tìnjim sun tā̀ru cikin kā̀suwā (사람들이 시장 안에 가득 모였다)
- nā gan shì tik, haihùwar uwarsà
  (나는 그가 태어나던 날 홀랑 벗고 있는 것을 보았다)
- yanā̀ dà gāshī̀ buzū-bùzū̀ (그는 머리가 텁수룩하다)
- yanā̀ dà haƙṑrā zaƙō-zàƙṑ (그는 뻐드렁니를 가졌다)
- àkwai mōtōcī bìrjik cikin tashā̀ (주차장에 차들이 빼곡히 들어차 있다)
- mahàukàcī nḕ tuburàn (그는 미쳐날뛰는 광인이다)
- gā̀ bā̀kin yāròn dumū-dùmū̀ dà cākùlàn
  (초콜릿으로 범벅이된 저 아이의 입을 봐라)

3. 자주 쓰이는 의성의태어

- bìrjik id 많은, 빼곡한 상태를 묘사하는 말
- buguzum-bùgùzùm id 꼴사납게, 볼품없게
- but id 불쑥 나타나는 모습을 묘사하는 말 yi but 불쑥 나타나다

- ɓutuk id 홀랑 벗은 상태를 묘사하는 말
- bùyầ-bùyầ id 펄럭이며
- bṹyầyầ id (수염 따위가) 지저분한 상태를 묘사하는 말
  gēmṹ bṹyầyầ 지저분한 수염
- buzū-bùzṹ id (털 따위가) 텁수룩함을 묘사하는 말
- câ id yi câ 붐비다, 떼지어 모이다
- cif id 정확히, 완전히 yā bā nì canjì̀ cif (그는 나에게 잔돈을 정확히 주었다)
  ƙarfḕ biyu cif (두 시 정각)
- daɓaɓa id 아주 분명함을 묘사하는 말
- ɗàr-ɗàr id yi ɗàr-ɗàr (심장이) 쿵쿵 뛰다
- dumū-dùmṹ id 지저분한, 범벅이된 상태를 묘사하는 말
- fal id 꽉 들어찬 상태를 묘사하는 말
- farat id ① 즉시 yi farat (즉시 해라) ② 갑자기 yi farat 갑자기 ~하다
  yā yi farat yā gudù (그는 갑자기 뛰었다)
- fat = kal id 純白을 강조하는 말
- fìr id 푸드덕
- firgigit id 깜짝놀라서, 후다닥
- ful id 상품 따위가 갓 만들어진 것을 강조하는 말
  sābō ful 갓 만들어진, 신품의
- jirif id 쿵, 텀벙
- jùrum id 낙담한, 풀이죽은 상태를 묘사하는 말
- kaca-kaca id yi kaca-kaca (방 따위가) 지저분하다
  ɗākìn yā yi kaca-kaca dà tàkàrdū (방이 종이들로 지저분하다)
- kacak id 쓸모없음, 형편없음을 경멸적으로 묘사하는 말, 하찮은, 지질한
- kàciɓìs id yi kàciɓìs dà 갑자기 만나다, 예기치 않게 만나다
  mun yi kàciɓìs dà sū (우리는 그들을 갑자기 만났다)
- kam id 단단히
- kakaf id 몽땅
- ƙìƙàm id 옴짝달싹 않고, 미동도 없이
- ƙirin = sidiƙ = sil id 純黑을 강조하는 말 baƙī ƙirin 새까만
- ƙùrmus id ƙōnḕ ƙùrmus 새까맣게 타다
- ƙwal id 혼자를 강조하는 말
- kwàngàràm id 뎅그렁, 쩽그렁
- kwata-kwata id 깡그리
- lau id 인사표현 lāfiyầ lau 에서 사용되는 말로서 '아주'라는 뜻을 나타냄
- mầƙil id 꽉 들어찬 상태를 묘사하는 말 cìka mầƙil 꽉 들어차다
  ɗākìn yā cìka mầƙil dà mutầnē (방이 사람들로 꽉 들어찼다)

- maza-maza id yi maza-maza 아주 빨리 하다
- ràkwàcàm id yi ràkwàcàm 어지럽혀져 있다, 지저분하게 놓여 있다
- rirìs id (울음 따위) 심하게
- rugū-rùgȕ id 크고 둥근 상태를 강조하는 말
  gōrò rugū-rùgȕ 크고 둥근 콜라너트
- rùgùzùm id fāɗì rùgùzùm 곤두박이치다, 꺼꾸로 떨어지다
- sak id ① 동서남북을 강조하는 말 arȅwa sak 정북
  kudù sak 정남 ② 똑바로, 곧장을 묘사하는 말 yā tsayȁ sak (그는 똑바로 섰다)
- samsam id ƙi samsam 단도직입적으로 거절하다
- shar id 녹색을 강조하는 말 kōrȅ shar 선녹색의
- sharaf id jiƙȅ sharaf 흠뻑 젖다
- shirū id 조용한 상태를 묘사하는 말 yi shirū 조용히 하다
- sùkùkù id 낙담한, 풀이죽은 상태를 묘사하는 말
  zaunȁ sùkùkù 낙담해서 주저앉다
- sùkùtum id 완전함을 묘사하는 말
- tak id 단 한 개를 강조하는 말 ɗaya tak 단 한 개
  bābù kō tak (단 한 개도 없다)
- tȁtil id 많이 먹거나 마셔서 배가 부른 상태를 묘사는 말
  bùgu tȁtil 고주망태기가 되다
- tiɓis id gàji tiɓis 녹초가 되다
- tik id 홀랑 벗은 상태를 묘사하는 말
  nā yi tik sai ta shigō (홀랑 벗고 있었는데 그 때 그 녀가 들어왔다)
- tìnjim id 많은 수나 양을 나타내는 말
  mutȁnē sun tȁru cikin ɗākȉ tìnjim (사람들이 방 안에 가득 모였다)
- tsit id yi tsit 쥐죽은듯이 조용하게 있다
- tuburàn id 미쳐 날뛰는 상태를 묘사하는 말
- wōhȍ wōhȍ id 야유하는 소리를 묘사하는 말
- wur = jir = zur id 빨강을 강조하는 말
  jȁ wur 새빨간 <jā가 저성조가 된다>
- zaƙō-zàƙȍ id (이 따위가) 튀어 나온 상태를 묘사하는 말

→ KEY PHRASES

- Àkwai sanyī yâu dà sāfen nàn. (오늘 아침은 춥다.)

- Kà bar ruwân yà yi sanyī kā̀fin kà yi àmfā̀nī dà shī.
(물을 사용하기 전에 차가워지도록 내버려둬라.)
- An cê waɗansu dabbōbī jininsù màì sanyī nḕ.
(어떤 동물들은 피가 차갑다고 한다.)
- Wannàn karìn màganā̀ nē mài nufin "Yā yi bìris dà nī".
(이것은 "그가 나한테 냉담했다"라는 의미를 지닌 속담이다.)
- Kuɗîn bà zâi ìsa aikìn ba. (그 돈은 그 일에 충분하지 않다.)
- Shī mawàdā̀cī nḕ ainùn. (그는 매우 부자이다.)
- Kai masà wannàn takàrdā. (이 쪽지를 그에게 가져다 주어라.)
- Kà kulā̀ dà àbîn dà na kḕ fadā̀ makà. (내가 너한테 말하는 것에 주목해라.)
- Yā yar dà takàrdâr kân hanyā̀. (그는 그 쪽지를 길에 떨어뜨렸다.)
- Nā bā sù sanârwā sù tāshì dàgà gidân.
(나는 그들에게 그 집을 떠나라고 통지했다.)
- Kà yi tùnā̀nī à nàtse kā̀fin kà aikàtà kōmē.
(어떤 일이든지 하기 전에 침착하게 생각해라.)
- Kà tsayā̀ cif kadà kà yi mōtsī̀. (가만히 서서 움직이지 마라.)
- Kō dà yakè ya aikàtā minì mùgùntā duk dà hakà zân yāfḕ masà.
(그가 나한테 나쁜 짓을 했지만 나는 그를 용서할 것이다.)
- Ī̀dan kā yi tàfiyā̀ zuwā̀ ƙasā̀shē dà yawā̀ zā kà ga abūbuwā̀ irī̀ irī̀.
(네가 많은 나라들을 여행하면 여러 종류의 것들을 보게 될 것이다.)
- Shī matàfiyī nḕ sànannē. (그는 유명한 여행가이다.)
- Tàfiyā̀ bâ kuɗī kiràn wàhalā̀ nē.
(돈 없이 여행하는 것은 고생을 부르는 것이다.)
- Sâiwan itā̀cên yanā̀ can dà zurfī ƙàrƙashin ƙasā.
(그 나무의 뿌리는 땅 속에 깊이 있다.)

제89강

명사의 여성형

사람, 동물을 뜻하는 명사나 형용사적 명사의 여성형은 남성형에서 파생된다. 이 때의 여성형은 생물학적으로 여성인 경우가 많다.

1. 남성형의 마지막 모음 -ō / -ū 를 -uwā 로 변화시켜 여성형을 만드는 경우.

남성형	여성형	뜻	복수형
tsōfō	tsōfuwā	노인, 낡은 것, 늙은, 낡은	tsṑfàffī
dōgō	dōguwā	키 큰 사람, 키 큰, 긴	dōgā̀yē
bā̀ƙō	bā̀ƙuwā	손님, 방문자, 낯선 사람	bā̀ƙī
būzū	būzuwā	투아레그	būzā̀yē
tsuntsū	tsuntsuwā	새	tsuntsā̀yē

2. 남성형의 마지막 모음 -ṑ / -ū̀ 를 -ùwā 로 변화시켜 여성형을 만드는 경우.

남성형	여성형	뜻	복수형
bàhagṑ	bàhagùwā	왼손잡이	bàhàgwai
ƙātṑ	ƙātùwā	거대한 것, 거대한	ƙàttā
gurgū̀	gurgùwā	절름발이, 절룩거리는	gurā̀gū
mūgū̀	mūgùwā	사악한 사람/것, 사악한	miyā̀gū

3. 마지막 모음 -ѐ / ì 를 ìyā 로 변화시켜 여성형을 만드는 경우.

남성형	여성형	뜻	복수형
Bàhaushḕ	Bàhaushìyā	하우사인	Hàusā̀wā
Bàlārabḕ	Bàlārabìyā	아랍인	Lārabāwā
Bàtūrḕ	Bàtūrìyā	백인	Tū̀rā̀wā
bàƙauyḕ	bàƙauyìyā	시골 사람	ƙauyā̀wā
shēgḕ	shēgìyā	서자, 부랑아	shḕgū
shūɗì̄	shūɗìyā	파란 것, 파란	shûɗɗā

4. 마지막 모음 -ē 를 -iyā 로 변화시켜 여성형을 만드는 경우.

남성형	여성형	뜻	복수형
bēbē	bēbiyā	농아	bēbā̀yē
dàfaffē	dàfaffiyā	요리된 것, 요리된	dàfàffū
sā̀taccē	sā̀tacciyā	도둑맞은 물건, 도둑맞은	sā̀tàttū

5. 마지막 모음 -ā / -ā̀ / -ī 를 -ā / -ā̀ 로 변화시켜 여성형을 만드는 경우.

남성형	여성형	뜻	복수형
àutā	àutā	막내둥이	Ø
kā̀kā	kā̀kā	할아버지/할머니	kā̀kànnī
kurmā	kurmā	귀머거리, 귀먼	kurā̀mē
wāwā	wāwā	바보, 어리석은	wāwā̀yē
kyàkkyāwā	kyàkkyāwā	미남/미녀, 잘생긴	kyāwā̀wā
ƙàƙƙarfā	ƙàƙƙarfā	매우 힘 센 사람, 매우 힘 센	ƙarfā̀fā
shāshā̀shā	shāshā̀shā	바보, 우둔한	shā̀shā̀shai
jā	jā	빨간 것, 빨간	jājā̀yē
jikā̀	jikā̀	손자/손녀	jīkōkī
sa’ā̀	sa’ā̀	동갑나기, 또래	sa’ō’ī
jārùmī	jārùmā	용감한 사람, 용감한	jā̀rùmai
gwànī	gwànā	전문가, 숙련된	gwanā̀yē
mālàmī	mālàmā	선생, 학자	mā̀làmai
ɗālìbī	ɗālìbā	학생	ɗā̀lìbai
jā̀kī	jā̀kā	당나귀	jā̀kai
àlfadàrī	àlfadàrā	노새	àlfâdàrai
farī	farā	흰 것, 흰	farā̀rē
baƙī	baƙā	까만 것, 까만	baƙā̀ƙē

→ NOTE

다음의 단어들은 마지막 모음이 ī 로 끝나지만 여성형 접미사 ìyā 가 붙는다. 이 때 ìyā 를 제외한 모든 음절은 고성조를 취한다.

- majè̄mī nm. (nf. majēmìyā, pl. majè̄mā) 무두장이, 제혁업자
- mahàifī (nf. mahaifiyā, pl. mahàifā) 부모

6. 사람이나 동물을 뜻하는 일부 명사는 여성형 접미사로 -anyà̄, inyà̄, -nìyā 를 취한다.

- 2 음절 명사: -anyà̄, inyà̄
- 3 음절 명사: nìyā

남성형	여성형	뜻	복수형
zākì̄	zākanyà̄ = zākì̄	사자	zākōkī
kūsù̄	kūsanyà̄ = kūsù̄	쥐, 생쥐	kūsā
yārò̄	yārinyà̄	소년/소녀	yârā
màkāhò̄	màkaunìyā	장님	màkà̄fī
ɓàrāwò̄	ɓàraunìyā	도둑	ɓàrà̄yī
màrāyà̄	màrainìyā	고아	màrà̄yū
sarkī	sàraunìyā	왕	sarākunà̄

→ NOTE

sarkī 는 원래 3 음절 sàrākī 였으며 여성형 sàraunìyā 는 sàraknìyā 에서 변화된 것이다.

7. 생물학적 성이 분명한 경우는 끝 모음과 상관없이 문법적 성이 결정되는 경향이 있다.

- màcè nf. (pl. mātā) 여자
- sâ nm. (f. sānìyā, pl. shānū) 수소, 황소
- zàkarà̄ nm. (pl. zàkàrū) 수탉
- cf. kà̄zā nf. (pl. kà̄jī) 암탉

→ KEY PHRASES

- Kā san tūshèn wannàn tàrzòmā? (당신은 이 분규의 기원을 압니까?)
- Sàkainā tanà tāshì bisà ruwā bā tà nutsèwā.
  (깨진 호리병박 조각은 물 위에 뜨며 가라앉지 않는다.)
- Ruwā yā nutsè ƙàrƙashin yàshī. (물이 모래 아래로 스며들었다.)
- Shī kàmar bàbbar inuwà ya kè à gàrē mù.
  (그는 우리한테는 큰 그늘과도 같다.)
- Sunà ɗàuke dà kāyā gà kāwunànsù. (그들은 머리에 짐을 이고 있다.)
- Inuwà tanà dà dāɗī à lōkàcîn dà rānā ta kè dà zāfī ainùn.
  (그늘은 태양이 뜨거울 때 좋다.)
- Nā fadà masà yà zō dà rānā bà dà dare ba.
  (나는 그에게 밤이 아니라 낮에 오라고 말했다.)
- Wurîn kàmar dājì ya kè. (그 장소는 숲과 같다.)
- Bisà gà làbārìnsà kai kā yi lâifîn.
  (그의 이야기에 따르면 네가 위법을 했다.)
- Sā'àn dà na yi nitsò cikin kògîn na ga zurfinsà yā fi ƙafà àshìrin.
  (내가 그 강에서 물 밑에서 헤엄칠 때 나는 그 깊이가 20 피트를 넘는 것을 알았다.)
- Kā fi sônsà dà nī. (너는 나보다 그를 더 좋아한다.)
- Shī nè ya jāwō jìnkirī. (지체를 야기시킨 사람은 그다.)
- Ìdan kā sâ ruwā cikin tùlū sai ya yi sanyī ƙalau.
  (물을 항아리에 넣으면 아주 차가워진다.)
- Kā iyà bā ni canjìn sulè? (1 시링을 잔돈으로 바꾸어 줄 수 있습니까?)
- Inà sô kà sākè minì wani. (나는 다른 것으로 바꿔주길 원합니다.)
- Àkwai sake-sake dà yawà à cikin littāfìn. (그 책에 많은 변화가 있다.)

제90강

명령법[35]

명령법은 가상법 명령과는 달리 성조 변화를 통해서 이루어진다. 명령법은 2인칭 단수 긍정에서만 사용된다. 부정 명령과 2인칭 복수에서는 가상법이 쓰인다.

1 (Low -) Low - High 형식

대부분의 동사가 이 형식을 따른다. 마지막 음절을 제외한 모든 음절이 저성조를 취한다. 1단 동사부터 7단 동사까지 살펴보면 다음과 같다.

① 1단 동사

- tayā̀ v1tr (흥정에서) 값을 부르다, 돕다
- dafā̀ v1tr (음식을) 만들다
- tsayā̀ v1tr 멈추다
- rabā̀ v1tr 나누다
- dākàtā v1intr 기다리다
- karàntā v1tr 읽다
- mântā dà v1soc 잊다
- gayā̀ wà v1dat 말하다
- zaunā̀ v1intr. 앉다

- tàyā ni ɗaukàn wannàn bùhū (이 자루를 들어올리는 것좀 도와주시오)

---

[35] **Parsons, F.W.** 1981. *Writing on Hausa Grammar: The Collected Papers of F. W. Parsons*, ed. By Graham Furniss, pp. 155ff. Ann Arbor: University Microfilms International, Books on Demand.
Jaggar, Philip J. 1982. 'Monoverbal imperative formation in Hausa: a striking case of analogic realignment.' *Journal of African Languages and Linguistics* 4 (2): 133-156.
Newman, Paul and **Philip J. Jaggar**. 1989. 'Low tone raising in Hausa: a critical assessment', *Studies in African Linguistics* 20 (3): 227-251.

- dàfa àbincîn mànà (그 음식을 만들어라)
- tsàyā (멈춰라)
- ràbā musù gōròn mànà (그들에게 그 콜라너트를 나누어 주시오)
- dākàtā mîn (나를 기다리시오)
- kàràntā mù ji (읽어보시오, 들을테니까)
- kàràntā ta (그것을 읽어보시오)
- màntā dà shī (그를 잊어버리시오)
- gàyā mîn lābārìn (나에게 그 이야기를 해 주시오)
- zàunā kà shā ruwā (앉아서 물을 마셔라 / 물을 마시러 앉아라)

→ NOTE

위의 예문에서 알 수 있듯이 1단 동사와 4단 동사의 명령에서 직접 목적 대명사의 성조는 동사의 마지막 성조와 상관 없이 항상 고성조를 취한다.

② 2단 동사

- tàimakā v2tr 돕다
- tàmbayā v2tr 묻다
- sàyā v2tr 사다
- fàɗā = faɗī v2 말하다
- ɗaukā v2 집다, 들다, 나르다, 가져가다
- zāɓā v2 고르다

- tàimàkē sù (그들을 도와주시오)
- tàmbàyam minì ita (날 위해서 그녀에게 물어보시오)
- tàmbàyi mālàminkì (당신의 선생님에게 물어보시오)
- tàmbàyā = tàmbàyi (물어보시오)
- sàyā = sàyi (사시오)
- sàyi mōtàr (그 자동차를 사시오)
- sàyē tà (그것을 사시오)
- fàɗā (= fàɗi) mù ji (말해봐 들어볼께)
- ɗàuki wannàn (이것을 가져가시오)
- ɗàukā masà kàɗan (그에게 조금 갖다주시오)
- zāɓi duk wandà kikē sô (당신이 원하는 것은 무엇이든지 고르시오)

→ NOTE

명령법에서 2단 동사가 목적어를 취하지 않을 때 일부 화자들은 마지막 모음으로 단모음 i 를 취하기도 한다.[36] 유사한 예를 3단 동사를 비롯한 특수한 경우에서 찾을 수 있다.

- Ma'aikatar Shìgi dà Fìci (이민국. 직역: '들어가라' 와 '나가라' 부서)
  <shìga v3 들어가다; fìta v3 나가다>
- kwànci tā̀shi (점진적으로. 직역: '누워라, 일어나서 떠나라')
  <kwântā v1intr 눕다; tāshì v3 떠나다>

③ 3단 동사

- fìta v3 나가다
- hàƙurà v3 참다
- kwāna v3 밤을 보내다
- sàuka v3 도착하다

- fìta wàje (밖으로 나가시오)
- fìtam mîn gidānā (날 위해서 내 집에서 나가 주시오)
- hàƙùra (= hàƙùri) dai (참으세요)
- hàƙùram masà (그를 용서하세요. 직역: 그를 위해 참으세요)
- kwā̀na lāfiyā̀ (안녕히 주무세요)
- sàuka lāfiyā̀ (안전한 여행이 되시기를)

④ 4단 동사

- riƙḕ v4tr 잡다, 쥐다
- hūcḕ v4intr 진정하다, 가라앉다, 식다
- shigḕ v4intr 지나가다
- kwāshḕ v4tr 치우다
- ajìyē v4tr 치워두다
- ƙyālḕ v4tr 무시하다
- ɗàukē v4tr 제거하다, 몽땅 가져가다
- mâncē dà v4soc 잊다

- rìƙe wannàn (이것을 잡으시오)
- rìƙē mîn wannàn (날 위해 이것좀 잡아주시오)

---

[36] **Newman, Paul.** 1973. 'Grade, vowel-tone classes and extensions in the Hausa verbal system', *Studies in African Linguistics* 4(3): 297-346.

- kē, hũcē dai (당신, 진정하세요)
- shìgē mànà (지나가라)
- kwȁshē manà kāyân (우리를 위해 그 물건들을 치우시오)
- àjìye rȉgarkà nân (당신의 코우트를 여기에 두시오)
- àjìyē ta nân (그것을 여기에 두시오)
- ƙyȁlē shi (그를 무시해버려)
- ɗȁukē masà bandējì (그의 붕대를 제거해 버리시오. 직역: 그를 위해서 붕대를 제거해 버리시오)
- màncē dà ita (그녀를 잊으시오)

⑤ 5단 동사

- mayar dà = mai dà = maishē v5tr 제자리에 가져다 놓다
- sayar dà v5tr 팔다
- kwantar dà v5tr 눕히다
- fitar dà = fid dà = fisshē v5tr 꺼내다

- màyar dà shī = mài dà shī = màishē shì (그것을 제자리에 가져다 놓으시오)
- sàyar (파시오)
- sàyar dà dōkìn = sài dà dōkìn (그 말을 파시오)
- kwàntar dà hankàlinkà (마음을 편하게 하시오)
- kwàntar masà dà hankàlī (그를 진정시키시오)
- fìtar dà sū = fìd dà sū = fìsshē sù (그것들을 꺼내시오)

⑥ 6단 동사

- shigō v6intr 들어오다
- kāwō v6tr 가져오다
- karantō v6tr 읽어주다
- ɗaukō v6tr 가져오다

- shìgō (들어오시오)
- kȁwō shì (그것을 가져오시오)
- kȁwō kuɗìn (돈을 내시오)
- kàràntō mîn lȁbārìn (그 소식을 나한테 읽어주시오)
- ɗȁukō shì (그것을 가져오시오)

⑦ 7단 동사 (dà 또는 gà 와 함께)

- ràbu dà v7soc ~와 헤어지다

- hìmmàntu v7intr 힘쓰다, 노력하다

- ràbu dà shī (그와 헤어져라)
- hìmmàntu gà aikìnkà (당신의 일에 힘쓰시오)

2. 명령법의 성조가 (Low -) Low - High 형식을 취하지 않는 경우

① 1단 동사와 4단 동사가 명사를 직접 목적어로 취할 때 일부 화자들은 (Low -) Low - High 대신에 (Low -) Low - Low 를 선호한다.

- dàfà àbincîn mànà (그 음식을 만드시오) <L-H: dàfa>
- kā̀mà ɓàrāwṑ (도둑을 잡아라) <L-H: kā̀ma>
- kàràntà takàrdā (그 편지를 읽어보시오) <L-L-H: kàrànta>
- rìƙè wannàn (이것을 잡으시오) <L-H: rìƙe>
- àjìyè rī̀garkà nân (당신의 가운을 여기에 두세요) <L-L-H: àjìye>

② 단음절 동사는 고성조를 취한다. 그러나 대명사가 직접목적어로 오면 저성조를 취한다. 그 이유는 저성조의 단음절 동사와 고성조의 단음절 대명사가 결합하면 자연스럽게 Low - High 가 되어 명령법의 일반적 성조 추이를 따르게 되기 때문이다.

- bi yārò̀n (그 소년을 따라가시오)
- bā Audù rī̀garsà (아우두에게 그의 가운을 주시오)
- ji manà (자, 들어봐)
- ji wannàn (이것을 들어보시오)
- sā rānā (날짜를 정하시오)
- sā àbîn kân tēbùr (그 물건을 탁자 위에 놓으시오)
- yi mîn aikìn yànzu (날 위해서 그 일을 지금 하시오)
- zō kù yi aikìnkù (와서 너희들의 일을 해라 / 너희들의 일을 하러 와라)
- bā̀ ni kuɗîn (나에게 그 돈을 주시오)
- bī̀ su (그들을 따라가시오)
- kài ni tashā̀ (나를 정거장에 데려다 주시오)
- sā̀ shi kân tēbùr (그것을 탁자 위에 놓으시오)

③ 2단 동사가 대명사를 목적어로 취하면 (Low -) Low - High 가 되고 대명사는 저성조가 된다고 했는데 일부 화자들은 단음절 동사의 경우처럼 동사와 대명사를 한 묶음으로 처리해 전체적으로 (Low -) Low - Low - High 성조 추이를 부여한다. 다시 말해 동사는 모두 저성조로 하고 대명사는 고성조로 한다.

- hàrbḕ shi (그를/그것을 쏴라) <hàrbā v2 ~을 쏘다>
- sàkḕ ni (나를 가게 해 주시오) <sakī̀ v2tr 풀어주다, 놓아주다>
- sàyḕ ta (그것을 사시오) <sàyā v2 사다>
- ɗàukḕ ta (그것을 나르시오) <ɗaukā̀ v2 나르다>
- tàimàkḕ su (그들을 도와주시오) <tàimakā̀ v2 돕다>
- tàmbàyḕ su (그들에게 물어보시오) <tàmbayā̀ v2 묻다>

→ NOTE

위에서 동사의 마지막 모음 ḕ 대신에 ā̀ 나 àr 를 사용하는 사람들도 있다. 지금까지 2단 동사가 대명사를 목적어로 취할 때 사용할 수 있는 명령법의 세 가지 방법을 소개했다. 이 것들이 각각 미묘한 차이를 드러낸다고 알려져 있지만 구체적이며 체계적인 연구는 아직 이루어지지 않고 있다. 마지막 방법의 예문을 제시하면 다음과 같다.

- hàrbā̀ shi = hàrbàr shi
- sàkā̀ ni = sàkàr ni
- ɗàukā̀ ta = ɗàukàr ta
- tàmbàyā̀ su = tàmbàyàr su

④ 1단, 4단, 6단 동사의 명령법에서 명사를 간접 목적어로 취하면 (Low -) Low - High 대신 (Low -) Low - Low 가 사용되기도 한다.[37]

- rabā̀ v1tr 나누다
- karàntā v1tr 읽다
- kashḕ v4tr 죽이다, (불 따위를) 끄다
- gutsurō v6tr 쪼개서 내오다, 찢어서 내오다

- ràbā̀ (= ràbā) wà mutā̀nên kuɗîn (사람들에게 돈을 나눠 주시오)
- kàràntā̀ (= kàràntā) wà ɗā̀lìbân littāfìn (학생들에게 그 책을 읽어 주시오)
- kàshḕ (= kàshē) wà yârân fìtilā̀ (그 아이들을 위해 불을 끄시오)
- gùtsùrṑ (= gùtsùrō) wà bā̀ƙī tuwō (손님들을 위해 투워를 쪼개서 내오시오)

[37] Newman, Paul and Philip J. Jaggar. 1989. 'Low tone raising in Hausa: a critical assessment', *Studies in African Linguistics* 20 (3): 237ff.

3. biyā '지불하다', kirā '부르다', '소환하다', jirā '기다리다' 는 6단 동사의 경우에 준한다.

- bìyā mànà (지불하시오)
- bìyā mîn kuɗîn shìgā (날 위해서 입장료를 내주시오)
- kìrā tà (= kìrā ta) (그녀를 부르시오)
- jìrā Mūsā (무사를 기다리시오)

> → NOTE
>
> 그러나 동사를 모두 저성조로 하는 사람들도 있다. 명령의 강도에 차이가 있는 것으로 짐작되지만 아직 충분히 연구된 상태는 아니다.

- bìyā̀ mîn kuɗîn shìgā = bìyàr mîn kuɗîn shìgā = bìyàm mîn kuɗîn shìgā
- kìrā̀ ta = kìràr ta = kìràt ta

4. 동사 barì '뒤에 남기다', '그만두다', ganī '보다', sanī '알다' 는 단음절 동사의 경우에 준한다.

- bàr ta (그녀를 내버려 두시오)
- bàri kūkā (울음을 그치시오)
- gàn shi (그를 보시오)
- gàni mùtumìn (그 사람을 보시오)

5. '동사+명사' 의 형태를 갖는 복합어 중에서 동사의 성조가 Low-High 인 것들이 있다. 이 때 복합어의 의미는 명사적 범주에 속하지만 동사 자체의 문법적 성격은 명령인 경우가 있다. 몇 개의 예를 제시하면 다음과 같다.

- fāɗì vintr 떨어지다, 넘어지다
- būɗā̀ v1tr = būɗḕ v4tr 열다
- kāmā̀ v1tr 잡다
- karyā̀ v1tr 부러뜨리다

- fā̀ɗì-kà-mutù (도자기. 직역: 넘어져 죽어라)
- mālàm-bū̀ɗā-manà-littāfì̀ = mālàm-bū̀ɗē-manà-littāfì̀ (나비. 직역: 선생님, 우릴 위해 책을 펼쳐 주세요)
- mulkìn kā̀mā-kàryā (전체주의. 직역: 잡아라, 부러뜨려라 하는 통치)

→ KEY PHRASES

- À cikin sūrōrī biyu na farkō mun karàntà wani àbù à kân dukàn Nī̀jēriyā̀ indà mukḕ zàune. Yànzu zā mù karàntà samà-samà kân Nī̀jēriyā̀ ta Arḕwa mafī̀ girmā cikin jihōhîn nan ukù na hàɗaɗɗiyar Nī̀jēriyā̀.
(첫 두 장에서 우리는 우리가 살고 있는 나이지리아의 모든 것에 대해서 읽었다. 이제 우리는 나이지리아 연방의 세 지방 중에서 가장 큰 북부 나이지리아에 대해서 간략히 읽어볼 것이다.)

- À Jihàr Arḕwa àkwai kàbī̀lū dàbam dàbam mā̀su yawā̀, sunā̀ zàncē dà harsunā̀ dàbam dàbam fiye dà ɗàrī.
(북부 지방에는 많은 다른 부족들이 있는데, 그들은 백 개 이상의 다른 언어들을 말한다.)

- An rabà Jihàr cikin lardunā̀ gōmà shâ biyu, sū nḕ : Sakkwato, Kàtsinà, Bàrno, Zāriyà, Kanṑ, Bauci, Nējà, Ìlṑrin, Fìlā̀tô, Adamawa, Kabbà, Binuwài.
(그 지방은 12 개의 도로 나뉘어지는데, 그것들은 다음과 같다: Sokoto, Katsina, Borno, Zaria, Kano, Bauchi, Niger, Plateau, Adamawa, Ilorin, Kabba, Benue.)

- Gùdā ukù na farkō, wā̀tàu Sakkwato dà Kàtsinà dà Bàrno, sunā̀ can dàgà ƙàrshen arḕwa.
(처음 세 개, 다시 말해 소코토, 카찌나, 보르노는 북쪽 끝에 있다.)

- Kashī̀ na biyu, wā̀tàu Zāriyà dà Kanṑ dà Bauci, sunā̀ dàgà kudù kàɗan.
(두번째 집단, 다시 말해 자리아, 카노, 바우치는 약간 남쪽에 있다.)

- Dàgà nan sai Nējà dà Fìlā̀tô dà Adamawa waɗàndà sukḕ à tsakiyàr Jihàr.
(그 다음에는 그 지방의 한 가운데에 있는 나이저, 플래토우, 아다마와가 있다.)

- Jērī̀ na ƙàrshē cikin lìssāfìn wā̀tàu Ìlṑrin dà Kabbà dà Binuwài sū sukà yi iyā̀kā à kudù.
(그 목록의 마지막 줄, 다시 말해 일로린, 캅바, 베누에는 남쪽에서 경계를 이루고 있다.)

- Jìmillàr yawàn mazàunā à cikin waɗànnân lardī̀ gōmà shâ biyu an cê wajen miliyàn gōmà shâ takwàs nē.
(이 열 두 개의 도의 총 거주자 수는 천 팔 백만이라고 한다.)

- Kàbīlàr dà ta fi yawā̀ ita cḕ Hausa dà mùtûm miliyàn shidà, sā'àn nan Fulā̀nī nā̀ bìye dà miliyàn ukù, sā'àn nan Barḕbarī dà miliyàn ɗaya dà rabī̀.
(가장 많은 부족은 6 백만의 인구를 갖고 있는 하우사족이며, 그 다음에 3 백만의 풀라니족이 뒤따르고 있으며, 그 다음이 150 만의 카누리족이다.)

제91강

명사의 복수형[38]

명사의 복수형을 만드는 방법은 매우 복잡하다. 우선 각 단어의 복수형을 마치 새로운 단어처럼 외우는 것을 권장한다. 그럼에도 불구하고 많은 명사들이 일정한 규칙의 지배를 받는다는 것은 그러한 규칙들을 숙지할 경우 시간과 노력을 절약할 수 있음을 뜻한다.

1. /-ōCī/ 형 (C는 단수형 어간의 마지막 자음)

High-Low 성조를 취하며 모음 -ā 로 끝나는 많은 2 음절 명사들이 여기에 속한다. 이 부류에 속하는 다음절 명사는 단수형의 성조가 불규칙적이다.

① 2 음절 명사

단수형	뜻	복수형
harkā̀ nf.	일, 사건	harkōkī
nairā̀ nf.	나이라	nairōrī
gadā̀ nf.	다리	gadōjī
tāgā̀ nf.	창문	tāgōgī
hanyā̀ nf.	길	hanyōyī
jīkā̀ nf.	손자	jīkōkī
dabbā̀ nf.	동물	dabbōbī
lauyā̀ nm.	변호사	lauyōyī
laccā̀ nf.	강의	laccōcī
waƙā̀ nf.	노래, 시	waƙōƙī

[38] Parsons, F.W. 1981. *Writing on Hausa Grammar: The Collected Papers of F.W. Parsons*, ed. By Graham Furniss, pp. 78 ff. Ann Arbor: University Microfilms International, Books on Demand.

sōjà̄ nm.	군인	sōjōjī
kwānṑ nf.	금속사발	kwānōnī, kwānukà̄
fensìr nm.	연필	fensirōrī
bātìr nm.	배터리	bātirōrī, bāturà̄
tēbùr nf.	탁자	tēburōrī
fartanyà̄ nf.	괭이	fartanyōyī
ƙwà̄yā nf.[39]	(곡물의) 낟알, 알약	ƙwayōyī

② 다음절 명사

단수형	뜻	복수형
likità nm.	의사	likitōcī
iyà̄kā nf.	경계	iyākōkī
tàmbayà̄ nf.	질문	tambayōyī
kà̄suwā nf.	시장	kāsuwōyī
ùnguwā nf.	구	unguwōyī
kàtàfīlà nf.	캐터필러	katafīlōlī
asìbitì nm.	병원	asibitōcī
fàrfēsà̄ nm.	의사	farfēsōshī

2. /-ē/ 형

High-High 성조를 취하는 대부분의 명사와 형용사적 명사가 여기에 속한다. 복수형은 High-Low-High 성조를 갖는다. 세 개의 경우로 다시 분류된다.[40]

① 첫 음절이 경음절(CV)로 끝나는 명사의 복수형

단수형	뜻	복수형
wurī nm.	장소	wurà̄rē

[39] 예외적으로 Low-High 의 성조를 갖는다.

[40] **Newman, Paul.** 1972. 'Syllabic weight as a phonological variable.' *Studies in African Linguistics* 3: 301-323.
Newman, Paul. 1990. *Nominal and Verbal Plurality in Chadic.* (Publications in African Languages and Linguistics 12), p.38. Dordrecht:Foris.
Parsons, F.W. 1981. *Writing on Hausa Grammar: The Collected Papers of F. W. Parsons*, ed. By Graham Furniss, 78ff. Ann Arbor: University Microfilms International, Books on Demand.

farī nm. & adj.	흼, 흰	farā̀rē
gidā nm.	집	gidā̀jē
gadō nm.	침대	gadā̀jē
baƙī nm. & adj.	까만 것, 까만	baƙā̀ƙē
ƙasā nf.	땅, 나라	ƙasā̀shē
wuƙā nf.	칼	wuƙā̀ƙē

② 첫 음절이 중음절(CVV 또는 CVm/CVn)로 끝나는 명사의 복수형

단수형	뜻	복수형
gīwā nf.	코끼리	gīwā̀yē
kūrā nm.	사륜 짐마차	kūrā̀yē
kamfai nm.	속바지	kamfā̀yē
zōmō nm.	산토끼	zōmā̀yē
ɓērā nm.	생쥐, 쥐	ɓērā̀yē
kīfī nm.	생선, 물고기	kīfā̀yē
sūnā nm.	이름	sūnā̀yē
dōgō nm. & adj.	긴 것, 긴, 키가 큰	dōgā̀yē
huntū nm. & adj.	헐벗은 사람, 벌거벗은	huntā̀yē
tsuntsū nm.	새	tsuntsā̀yē

③ 어간이 세 개의 자음으로 이루어져 있는 경우

단수형	뜻	복수형
birnī nm.	도시	birā̀nē
kurmā nm/f. & adj.	귀머거리	kurā̀mē
askā nf.	한 날 면도기	asā̀kē
kulkī nm.	곤봉, 몽둥이	kulā̀kē
kaskō nm.	진흙으로 만든 작은 사발	kasā̀kē

3. /-unā̀/-ukā̀/-uwā̀/ 형

Low-High 또는 High-Low 성조를 갖는 상당수의 명사들이 여기에 속한다. 다음과 같은 이화작용의 규칙이 적용된다.

- 단수형의 마지막 자음이 n 으로 끝나면 적어도 -unà 는 사용되지 않는다.
- 단수형의 마지막 자음이 k, ƙ, g 로 끝나면 적어도 -ukà 는 사용되지 않는다.
- 단수형의 마지막 자음이 m 으로 끝나면 적어도 -uwà 는 사용되지 않는다.

① 단수형의 첫번째 음절이 중음절(CVV, CVC)로 끝나는 경우

단수형	뜻	복수형
bà̄kī nm.	입	bākunà̄
hù̄lā nf.	모자	hūlunà̄
tù̄lū nm.	물항아리	tūlunà̄
kè̄kē nm.	자전거	kēkunà̄
rì̄gā nm.	가운 (남성들의 평상복)	rīgunà̄
rà̄gō nm.	숫양	rāgunà̄
kàntī nm.	상점	kantunà̄
hò̄tō nm.	사진	hōtunà̄
wàndō nm.	바지	wandunà̄
ɗākì̄ nm.	방	ɗākunà̄
kōfì̄ nm.	컵	kōfunà̄
cf. kò̄fī nm.	커피	Ø
ràunī nm.	상처	raunukà̄
rāmì̄ nm.	구멍	rāmukà̄
ƙauyè̄ nm.	마을	ƙauyukà̄
lāyì̄ nm.	선	lāyukà̄
kûnnē nm.	귀	kunnuwà̄

② 단수형의 첫번째 음절이 경음절(CV)로 끝나는 많은 명사의 경우 어간의 마지막 자음이 다음과 같이 반복된다.

단수형	뜻	복수형
jìkī nm.	몸	jikunkunà̄
jàkā nf.	가방	jakunkunà̄
bùhū	자루, 푸대	buhunhunà̄
gàrī nm.	도시	garūruwà̄
kwàrī nm.	화살통	kwarūruwà̄

ƙàshī nm.	뼈	ƙasūsuwā, ƙassà̄
àbù nm.	것, 물건	abūbuwà̄
ajì̄ nm.	학급	azūzuwà̄

→ NOTE

첫음절이 중음절로 끝남에도 불구하고 이러한 복수형을 취하는 명사들이 있다.

- cù̄tā nf. (pl. cūtuttukà̄) 질병
- lâifī nm. (pl. laifuffukà̄) 죄, 잘못, 흠
- dājì̄ nm. (pl. dāzūzuwà̄) 숲

③ 단수형의 첫번째 음절이 경음절(CV)로 끝나는 일부 명사의 경우 어간의 마지막 자음이 다음과 같이 연이어 반복된다.

단수형	뜻	복수형
tudù̄ nm.	언덕	tuddunà̄, tù̄ddai
damì̄ nm.	곡식의 다발	dammunà̄
ƙanè̄ nm.	남동생	ƙannuwà̄, ƙânnē
cf. ƙanwà̄ nf.	여동생	ƙannuwà̄, ƙânnē
tabò̄ nm.	흉터	tabbunà̄

4. /-ai/ 형

① 도구나 장소를 나타내는 파생명사와 3음절 이상의 명사에서 흔히 나타난다. 단수형의 성조나 마지막 모음 따위에서 어떤한 특징도 찾을 수 없다. 복수형은 단수형의 어간에 단순히 -ai 가 첨가되며 마지막 음절을 제외한 모든 음절이 저성조이다.

단수형	뜻	복수형
àbōkī nm.	친구	àbò̄kai
dò̄rinā nf.	하마	dò̄rìnai
mālàmī nm.	선생님	mà̄làmai
ɗālìbī nm.	학생	ɗà̄lìbai
wàkīlì̄ nm.	대리인, 대표자	wàkì̄lai

àlhajī̀ nm. (àlhajìyā nf.)	알하지 (하지야 nf.)	àlhàzai
màkānikḕ nm.	기계 수리공	màkā̀nìkai
dàlīlī̀ nm.	원인, 이유	dàlī̀lai
lā̀bārī̀ nm.	소식	lā̀bā̀rai, lā̀bā̀rū
àmīnī̀ nm. (àmīnìyā nf.)	신뢰할 수 있는 친구, 친한 친구	àmī̀nai
kùnkurū nm.	거북이	kùnkùrai
magirbī nm.	수확하는데 쓰는 괭이	màgìrbai
masaukī nm.	여관	màsàukai
maƙērā nf.	대장간	màƙḕrai
makāmī nm.	무기	màkā̀mai
ma'aikatā nf.	공장, 작업장, (행정) 부/성	mà'àikàtai
mabūɗī nm.	열쇠, 따개	màbū̀ɗai
masallācī nm.	사원	màsàllā̀tai

② 소수의 2음절 명사에서도 -ai 복수형을 관찰할 수 있다. 어간의 마지막 자음이 반복되기도 한다.

단수형	뜻	복수형
jā̀kī nm. (jā̀kā nf.)	당나귀	jā̀kai, jākunā̀
dubū nm.	천(1,000)	dùbbai
kwabṑ nm.	코보	kwàbbai, kwabunā̀
tudū̀ nm.	언덕	tùddai, tuddunā̀
birī̀ nm.	원숭이	birai, bìrrai

③ 일부 명사의 경우 복수형을 만드는 과정에서 다음과 같이 어간의 일부 또는 전부가 반복되는 경우도 있다.

단수형	뜻	복수형
fiffikḕ nm.	날개	fìkā̀fìkai
faifai nm.	레코드	fàyā̀fàyai
bâm nm.	폭탄	bàmā̀bàmai

→ READING

Lā̀bārin Ƙasā Dà Tārīhī̀

Gabātârwā

Kōyad dà lā̀bārìn ƙasā dà tārīhī̀ bā̀ àbù mài sauƙī ba nḕ: lallē sai mālàmī yà nàtsu kā̀fìn yà shìga aikìnsù. Mun ganī, à waɗansu màkàràntū dà yawā̀, mālàmī dà yâransà, in lōkàcin waɗânnân yā zō, sai sù cê 'Mādàllā, mù sàki jìkī, lā̀bārī̀ zā mù ji, bā̀ aikī̀ ba!': sai kà ji mālàmī yā shìga màganā̀ à kân màganā̀, bài kùwa rìgāyā̀ yā shiryà àbîn dà zâi kōyar ba. Yârā sunā̀ zàune kawài, sunā̀ jîn lā̀bārī̀, bā sā̀ tùnā̀nin kōmē, sai kà cê uwā tanā̀ lallāshin ɗantà don yà yi barcī.

Àbîn dà zâi zama bàbban nufìn mālàmī gà kōyad dà waɗânnân, yà nannḕmè hanyōyîn dà yârā dukà zā sù yi tā̀rayyàr aikī̀ dà shī, sunā̀ kṑyō ta wurin àbîn dà su kḕ ganī dà idṑ, dà àbîn dà su kḕ taɓā̀wā dà hannū, bā̀ ta wurin jî dà kûnnē kaɗai ba. In bā̀ hakà ba, kōyar dà waɗânnân duk, banzā nḕ. Mālàmī yà riƙà tàntàmbayā̀ kōyàushē, yanā̀ aikī̀ dà bàbban àllō; yà zama mài tàimakon yârā nḕ cikin aikìnsù, bā̀ mài bā dà lā̀bārī̀ ba. Dà sànnu kùwa, gā̀ yaddà zâi yìwu cikin littāfìn nân.

지리와 역사

서문

지리와 역사를 가르치는 것은 쉬운 일이 아니다. 교사는 그들의 일을 시작하기 전에 깊이 숙고해야 한다. 우리는 많은 학교에서, 교사와 그의 학생들이, 이런 것들을 위한 시간이 오면, '좋아, 마음 편히 먹자, 우리가 듣는 것은 정보야, 공부가 아니야!'라고 말하는 것을 보았다: 당신은 교사가 꼬리에 꼬리를 물고 말하는 것을 듣는다, 사실 그는 가르칠 것을 미리 준비하지 못한 것이다. 학생들은, 마치 어머니가 그의 아들이 잠이 들도록 달래듯이, 가만히 앉아서, 이야기를 들으며, 아무것도 생각하지 않는다.

이러한 것들을 가르치는 것과 관련해서 교사의 중요한 목적이 되어야 할 것은, 모든 아이들이 귀로만 듣는 것을 통해서가 아니라, 눈으로 보는 것, 손으로 만지는 것을 통해 배우면서, 그와 공부를 함께 할 수 있는 방법들을 계속해서 다 찾아내는 것이다. 만약 그렇지 않다면, 이 모든 것들을 가르치는 일은 헛된 일이 될 것이다. 교사로 하여금 칠판 작업을 하면서도 언제나 계속 질문하게 해야한다; 그 결과 그가 아이들의 공부에서 정보를 제공하는 사람이 아니라 아이들을 도와주는 사람이 되도록 해야 한다. 조심스럽지만, 이 책 안에 그것이 가능한 방법이 있다.

- là̀bārìn ƙasā 지리
- tārīhì̄ nm. 역사
- gabātârwā nf. 서문
- kōyar (dà) v5 (과목을) 가르치다
- sauƙī nm. ① 쉬움 ② (고통, 질병으로부터의) 차도, 경감, mài sauƙī 쉬운
- lallē adv. 분명히, 확실히
- nàtau = nùtsu = nìtsu v6 ① 숙고하다, 곰곰히 생각하다
  ② 제정신으로 돌아오다 ③ 기분이 좋다
- sakì̄ (sàki/sàkē) (vn. sakì̄, shikà̄) v2 ① 풀어주다, 풀어놓다 ② 이혼하다
  ③ (무기를) 발사하다, sàki jìkī 마음을 편히 가지다, 마음을 느긋하게 먹다
- shìga màganà̄ à kân màganà̄ 꼬리에 꼬리를 물고 말하기 시작하다
- rìgāyà̄ v1tr. 이미 ~하다 [cf. gram. 조동사 rigā]
- shiryà̄ v1tr. 준비하다
- zàune sta. intr. 앉아 있다 < zaunà̄ v1intr. 앉다
- tùnà̄nī nm. ① 생각 ② 염려, 걱정, àbîn dà na kè̄ tùnà̄nī kadà à kamà̄ ni (내가 염려하는 것은 그들이 나를 잡을지도 모른다는 것이다)
- sai kà cê + 명사구/절: 마치 ~처럼
- làllāsà̄ (shi/shē) (vn. lallāshī) v2 설득하다, 달래다, 꾀다
- nufì̄ nm. ① 의도, 목적 ② 동사 nùfā (i/ē) 의 동명사형
- nùfā (i/ē) (vn. nufì̄)v2 ① 의도하다 ② ~로 향하다, yā nùfi gidā (그는 집으로 향했다)
- nannè̄mē v4tr. [cf. gram. 강화형동사] 계속해서 다 찾다 (nēmà̄ v1tr. 찾다 > nannè̄mā v1tr. 계속해서 찾다 (강화형동사) > nannè̄mē v4tr. 계속해서 다 찾다 [cf. gram. 4단동사]) [cf. nè̄mā v2 찾다]
- tà̄rayyà̄ nf. ① 협력, 제휴, yi tà̄rayyà̄ dà ~와 협력하다, yi tà̄rayyàr aikì̄ dà ~와 일을 함께 하다 ② 연방, Jàmhūriyàr Tà̄rayyàr Nījēriyà̄ 나이지리아 연방 공화국
- kò̄yā (i/ē) (vn. kò̄yō) v2 배우다 [cf. kōyà̄ v1tr. (간접목적어와 함께 사용되어) (사람을) 가르치다]
- ta wurin ~을 통해서
- in bà̄ hakà ba 그렇지 않으면
- riƙà̄ v1tr. 계속해서 ~하다 [cf. gram. 조동사]
- tàntàmbayà̄ v2 묻고 또 묻다 [cf. gram. 강화형동사]
- àllō nm. (pl. allunà̄) 코란의 구절 따위를 쓰는 작은 나무판
- bàbban àllō 큰 나무판이라는 뜻이니까 여기서는 칠판을 의미함
- mài tàimakon yârā 아이들을 도와주는 사람 [cf. gram. mài]
- mài bā dà là̄bārì̄ 정보를 제공하는 사람 <note: 이처럼 mài 다음에는 동사구가 직접 나올 수 있다.>
- yìwu v7 가능하다 < yi vt. 하다

제92강

불한정 대명사와 불한정 형용사

1. 지시 대명사가 특정 대상을 가리키는데 사용되는 반면, 불한정 대명사/형용사는 불특정한 대상, 구체적으로 모르는 대상을 가리키는데 사용된다.

남성 단수	wani	i. 어떤 것, 어떤 사람 ii. 또 다른 것, 또 다른 사람 iii. 어떤 iv. 또 다른
여성 단수	wata	
복수	wasu = waɗansu	

2. 예문

- inā̀ sô kà yi minì wani ɗan gyārā̀
  (나는 당신이 날 위해 어떤 작은 수리를 해 주기를 바랍니다)
- nā gan shì à wani gàrī (나는 어떤 도시에서 그를 보았다)
- zân gan kà wani lōkàcī kumā? (언제 다시 뵐 수 있겠습니까?)
- wani irìn tsuntsū nḕ (어떤 종류의 새다)
- kā gan shì wani wurī? (그를 어딘가에서 보았습니까?)
- wata mōtā̀ tā ɓācì à hanyā̀ (어떤 자동차가 노상에서 망가졌다)
- nā ga wata irìn rī̀gā à cân (나는 저기서 어떤 종류의 가운을 보았다)
- wasu mutā̀nē sun wucḕ nân (어떤 사람들이 여기를 지나갔다)
- wasu sun zō, wasu bà sù zō ba
  (어떤 사람들은 왔고, 어떤 사람들은 오지 않았다)
- bā nā̀ sôn wannàn rī̀gā, à kāwō wata
  (나는 이 가운을 좋아하지 않습니다, 다른 것을 가져오세요)
- sai wani lōkàcī (다음에 봅시다. 직역: 또 다른 시간까지)
- sai wata rānā (다음에 봅시다. 직역: 또 다른 날까지)

→ READING

Dàlīlìn Kōyad dà Lā̀bārìn Ƙasā

Zāmànin nàn, jàma'à sun fārà būɗḕ idṑ gà àmfā̀nin makarantā. Sun ganī, aikìn makarantā yanā̀ tàimakon yarṑ sāmùn àbinci bāyân dà ya fita: dṑmin hakà, bâ su hanà 'yā'yansù zuwā̀ makarantā don sù yi musù aikìn gidā kàmar dâ, sunā̀ dūban gàba kḕ nan.

Zuwā̀ makarantā yâ kāwō wani àmfā̀nī kuma dàban, bandà wannàn. Ì̀dan mùtûm yā sā̀mi hūtū dàgà aikìnsà, lōkàcîn dà ya kōmō gidā, àlbarkàcin makarantā bà zâi rasà àbîn dà zâi jīyar dà shī dāɗī ba. Yā kàmātà kōwànè àbîn dà akà kṑyā yà àmfā̀ni yârā gà nēman àbinci, kō gà shà'awā̀, kō dukà biyu: in bā̀ hakà ba, sai à bar shì, à nḕmi wani!

Kàrā̀tū, rùbū̀tū, lìssāfī̀, kīwòn lāfiyā̀, bābù mài yîn shakkà gà àmfā̀ninsù, àmmā lā̀bārìn ƙasā, sai an yi tùnā̀nī, zā à ga nāsà. Yā kàmātà 'yan Adàm sù san hālin dūniyā̀ dà su kḕ zàune à cikī. À̀kwai màshàhū̀ran mutā̀nē dà yawā̀ waɗàndà sukà yi yāwòn dūniyā̀ dṑmin kwàɗàyin sanìn àbîn dà Allàh ya hàlittā̀: gālìbin àbîn dà mukà sanī̀ na lā̀bārìn dūniyā̀ kùwa, dàgà gàrēsù nē. Yā kàmātà mù mai dà wannàn sanī̀ dà sukà sāmō, yà zama àbin àmfā̀nī gà kōyā̀ wà yârā.

Gā̀ wani dàlīlìn dà zā à kōyā̀ musù lā̀bārìn ƙasā: sabṑ dà zuwàn Tū̀rā̀wā, cìnikī ya bū̀ɗu tsàkānin wannàn ƙasā dà sauran ƙasā̀shē na dūniyā̀ har wata rānā àbîn dà ya sā̀mi wata ƙasā ya kàn shā̀fi ƙasan nàn. Mìsālī̀, cikin wata shḕkarā̀, rashìn kyâu audùgā à ƙasar Amurkà zâi arzùttà manṑman audùgā à nân, kō kùwa sabṑ dà àbîn dà akà yi can cikin ƙasar Tū̀rā̀wā, kuɗin gyàɗā dà mân jā dà ƙirā̀gā su kàn fāɗì kàmar yaddà sukà yi cikin shḕkarā̀ 1930 dà 1931. Tun dà arzìkin mutā̀nen ƙasammù ya dàngantà gà cìnikī dà waɗansu ƙasā̀shē nḕ, yā wàjabà gàrēsù sù san dàlīlìn yaddà wannàn ya fā̀ru: tô, sanìn nan dukà, ta wurin lā̀barìn ƙasā zâi sā̀mu.

지리를 가르치는 이유

오늘날, 사회는 학교의 이점에 대해 눈을 뜨기 시작했다. 그들은 학교 공부가 아이들이 졸업한 후 먹을거리를 얻는데 도움이 된다는 것을 보았다: 그래서 그들은 그들의 아이들이 예전과 같이 그들을 위해서 집안일을 할 수 있도록 학교에 가는 것을 방해하지 않는다, 그들은 미래를 보고 있는 것이다.

학교에 다니는 것은 이것과는 별도로 또 다른 이득을 가져올 것이다. 어떤 사람이 일에서 휴가를 얻으면, 그가 집에 돌아갈 때, 학교에서 배운 것들이 (직역: 학교의 이득이) 그에게 즐거움을 느끼게 할 것들을 제공하지 못하는 일은 없을 것이다. 배우는 모든 것들이 아이들이 생계를 꾸리는 데, 또는 즐거움에, 또는 둘 다에 이득이 되어야 한다: 만약 그렇지 못하다면, 그것을 그만두고, 다른 어떤 것을 찾아야 한다.

읽기, 쓰기, 산수, 보건(직역: 건강 돌보기), 그것들의 유익함에 대해서 의심하는 사람은 없지만, 지리는 사람들이 생각하고 나서야 그 유익함을 깨달을 것이다. 인간은 그들이 살고 있는 세상의 상황을 알아야 한다. 신이 창조한 것을 알고 싶어하는 열망 때문에 세상을 돌아다닌 많은 유명한 사람들이 있다: 우리가 아는 세상 소식의 대부분은 그들로부터 얻은 것이다. 우리는 그들이 얻어온 이 지식을 바꾸어서 그것이 아이들을 가르치는데 쓸모있는 것이 될 수 있도록 해야 한다.

여기에 그들에게 지리를 가르쳐야 할 이유가 있다: 이 나라와 세상의 다른 나라들 사이에 무역이 발달해서 어떤 나라에 일어난 일이 어느날 이 나라에 영향을 주게 되는 것은 유럽인들의 도래 때문이다. 일례로, 어느 해에 미국에서 (생산되는) 목화의 질이 떨어지는 것은 여기의 목화 농부들을 부유하게 할 것이다, 또는 저기 유럽에서 일어난 일 때문에 땅콩과 야자기름과 소가죽의 값이 1930년과 1931년에 그랬던 것처럼 떨어지곤 한다. 우리나라 사람들의 부가 다른 나라들과의 무역과 관계가 있기 때문에 그들이 이것이 어떻게 일어나는지 그 이유를 알아야 하는 것은 그들의 의무이다: 그런데, 그 모든 지식은 지리를 통해서 얻어질 것이다.

Mà'ànar 'syllabus' shī nḕ àbîn dà akà shiryā̀ don kōyā̀ wà yârā. Làbā̀run ƙasā, bâ su dà iyā̀kā, bā yā̀ yìwuwā à kōyà dukà, sai dai à zāɓè àbîn dà zâi ƙārā̀ wà yârā sanìn dūniyàr dà su kḕ ciki, tun bā̀ abūbuwàn dà sukḕ dà mà'ànā gàrēsù bâ. Har yànzu kuma, sai mù shiryà àbîn dà â kōyar, yaddà zâi zō daidai dà lōkàcin daɗḕwarsù à cikin makarantā, dà gwàrgwadon wā̀yon yârā, dṑmin banzā nḕ à kōyā̀ wà yārṑ àbîn dà ya fi ƙarfinsà. Fàhimtàr yārṑ ɗan shḕkarā̀ takwàs kàɗan cḕ, bā̀ daidai takḕ dà ta ɗan shḕkarā̀ gōmà shâ biyu ba.

Sabṑ dà hakà akḕ fārà kōyā̀ musù lā̀bārìn gàrinsù har shḕkarā̀ ta biyu: dukàn àbîn dà zā à kōyā̀ musù yā zama àbîn dà sukà iyà ganī dà kânsù. Àmmā fa, kadà mālàmī yà yi ta màganā̀, yârā sunā̀ zàune kawài! ā'ā̀, bā̀ hakà ba! Sai yârā sù kāwō àbîn dà sukà ganī sù fàɗā̀, mālàmī yanā̀ aikī̀ tā̀re dà sū, yanā̀ gyārā̀wā, yanā̀ tàimakonsù gà àbîn dà ya yi musù wùyā. À cikin shḕkàrûn nan gùdā biyu, anā̀ sô sù tàbbatà gà sanìn lā̀bārìn dukàn àbîn dà yakḕ cikin ƙasarsù sṑsai, dṑmin wōkàcîn dà zā sù zō à kân lā̀bārìn wata ƙasā, yà zama àbîn kwatàntâwā gà àbîn dà sukà rigā sukà sanī̀ na ƙasassù.

Cikin shḕkaràr yārṑ ta ukù, zâi ƙārà kṑyon abūbuwā̀ mā̀su yawā̀ fiye dà na dâ.

Dàgà kṑyon lā̀bārìn àbîn dà yakḕ kḕwàye dà gàrinsù, sai yà shìga kṑyon lā̀bārìn dukàn ƙasā̀shen Nī̀jēriyā̀. Dàgà nan, dōlè nē mālàmī yà ƙārà bayyànā musù àbîn dà bà sù sanì ba, bà sù kuma taɓà ganinsà ba. Àmmā duk da hakà, kadà yârā sù zaunā̀ kawài, mālàmī yanā̀ bā dà lā̀bārī̀: yā kàmatà yârā sù riƙà tùnā̀nī, sunā̀ faɗîn àbîn dà sukà ganī.

Gā̀ àbîn dà akḕ nufī̀ dà 'syllabus' kḕ nan: na farkō, yārṑ yà sakankàncē dà màganàr ƙasarsù dà dukkàn àbîn dà yakḕ gàretà: na biyu, yà lū̀ra dà yaddà hālin zamam mutā̀nē ya dàngantà gà irìn wurîn dà sukḕ zàune: na ukù, yà sā̀mi sanī̀ kàɗan na sauran ƙasā̀shen dūniyā̀ waɗândà àkwai àbîn dà ya gamā̀ su dà Nī̀jēriyā̀, kō ta wajen cìnikī, kō ta wajen sàrautā̀, har yà fàhimtā̀ dà yaddà ya zama wata rānā asalin àbîn dà ya shā̀fi mutā̀nen ƙasan nàn, yanā̀ dàgà wurin wàɗâncan ƙasā̀shē.

'실러버스'의 의미는 아이들을 가르치기 위해 준비되어진 것이다. 지리는 한계가 없다, (그들에게) 모든 것을 가르치는 것은 불가능하다, 아이들을 위해 그들이 몸담고 있는 세상의 지식을 증진시킬 수 있는 것을 선택해야 한다, 특히, 그들에게 의미가 있는 것들을. 게다가, 우리는 아이들이 학교에 체류하는 시기와 그들의 지능에 비례하는 데 부합하는 식으로 가르칠 것들을 준비해야 한다, 왜냐하면 어떤 소년에게 그의 힘에 부치는 것을 가르치는 것은 쓸모없는 일이기 때문이다. 여덟 살짜리 소년의 이해력은 보잘 것 없다, 그것은 열 두 살짜리의 그것과 같지 않다.

그들에게 2학년 때까지 그들의 도시의 지리를 가르치기 시작하는 것은 이런 이유 때문이다. 그들에게 가르치는 모든 것은 그들이 그들 스스로 볼 수 있는 것이다. 그러나, 아이들은 가만히 앉아있고 교사가 (혼자서) 계속 말해서는 안된다! 아니다, 그렇게 해서는 안된다! 교사가 학생들과 함께 공부하고, (틀린 것을) 고쳐주고, 그들에게 어려운 것이 있으면 그들을 도와주는 동안 아이들은 그들이 본 것을 제시하고 말해야 한다. 그들이 그 2 년 동안 그들의 나라에 있는 모든 것들의 지리 지식과 관련해 확실하게 아는 것이 바람직하다, 그들이 다른 나라의 지리에 대해서 배우게 될 때 (직역: 다른 나라의 지리에 대해서 올 때) 그것이 그들이 이미 알고 있는 그들의 나라의 것들과 비교할 수 있는 것이 될 수 있도록.

소년의 3 년차에, 그는 전보다 많은 것들을 더 배울 것이다. 그들의 도시를 둘러싸고 있는 것의 역사를 배운 후에, 그가 나이지리아의 모든 나라들의 역사를 배우는 것을 시작하게 해야 한다. 그 후, 교사는 그들이 모르는 것, 그들이 본 적이 없는 것을 그들에게 더 설명해야 한다. 그럼에도 불구하고, 교사가 설명하는 동안 아이들이 가만히 앉아있게 하지 마라: 아이들은 그들이 본 것을 말하면서 계속 생각해야 한다.

이것이 '실러버스'의 목적이다: 첫째로, 그 소년은 그들의 나라의 사정과 그 안에 있는 모든 것들을 확실하게 알아야 한다: 둘째로, 그는 사람들의 삶의 상태가 그들이 거주하고 있는 장소와 어떻게 관련을 맺고 있는지 주목해야 한다: 셋째로, 무역을 통해서 또는 종주권을 통해서 나이지리아와 관계가 있는 (직역: 그것들과 나이지리아를 결합시키는 것이 있는) 세상의 다른 나라들에 대한 약간의 지식을 그는 얻어야 한다, 그가 이 나라 사람들에게 영향을 주는 것의 원인이 어느날 어떻게 그 나라들로부터 나오게 되는지 이해하게 될 때까지.

DICTIONATY

A

- **à** prep. 1. (장소) ~에 2. (시간) ~에 3. 상태사나 부사 앞에 올 수 있음
- **ā'ā̀** excl. 아니요
- **àbîn dà** ~하는 것
- **àbinci** nm. 음식
- **àbōkī** nm. (pl. àbōkìyā, pl. àbṑkai) 친구, 동료
- **àbù** nm. (f. àbā, pl. abūbuwā̀, gen. àbîn) 1. 것 2. 일
- **Adàm** = Adàn 아담 ɗan Adàm nm. ('yar Adàm nf., 'yan Adàm pl.) 사람, 인간
- **Afìrkà** nf. 아프리카
- **Àfrīlù** nm. 4월
- **ā̀gazā̀** (ji/jē) v2 돕다, 원조하다, (사람을) 구조하다
- **àgōgo** nm. (pl. àgṑgai, agōgunā̀) 시계, 손목시계
- **Àgustā̀** nm. 8월
- **àikā** (i/ē) v2 (vn. aikī̀) (사람을 심부름) 보내다
- **aikā̀** v1tr. (dà 와 함께 쓰임) (물건을) 보내다
- **aikàtā** v1tr. 실행하다, 수행하다
- **aikī̀** nm. (pl. ayyukā̀) 일, 직업, 활동 yi aikī̀ 일하다 ɗan aikī̀ (f. 'yar aikī̀, pl. 'yan aikī̀) 일꾼 aikìn gidā 숙제 shā aikī̀ 매우 바쁘다
- **aikō** v6tr. 보내오다
- **àiku** v7 보내지다
- **aiwatar dà** v5 1. 실행하다, 이행하다 2. 운영하다
- **ajìyē** v4tr. 1. (안전한 장소에) 치우다 2. 저장하다, 저축하다 3. 내려놓다
- **àkuyā̀** nf. (pl. awākī, àwā̀kai) 염소
- **àkwai** ~가 있다
- **àkwā̀tì** nm. (pl. akwātunā̀) 상자
- **àl'ādā̀** nf. (pl. àl'ā̀dū) 관습, 전통
- **àl'ādā̀** nf. (pl. àl'ā̀dū) 관습, 전통
- **àladḕ** nm. (pl. àlàdai, àlàdū) 돼지, 수퇘지
- **àlbarkā̀** 1. nf. 축복, 번창, 은총 2. excl. (물건을 흥정할 때 파는 사람이 값이 안 맞아서 하는 말) 안됩니다

- **àlbâshī** nm. 봉급, 임금
- **àlfadàrī** nm. (f. àlfadàrā, pl. àlfàdàrai) 노새
- **Àlhajì̄** nm. (f. àlhajìyā, pl. àlhàzai) 1. 메카 성지 순례를 다녀온 남자를 부르는 말 2. 혹은 그런 남자의 이름 앞에 붙이는 경칭
- **Àlhàmîs** nf. 목요일
- **alìf** nf. (특히 날짜를 말할 때) 천
- **àlƙalàmī** nm. (pl. alƙalumà̄) 1. 펜 2. 숫자
- **àlƙālī** nm. (pl. àlƙàlai) (전통 이슬람 법정의) 재판관 àlƙālin wā̀sā (경기의) 주심, 심판 cf. 현대적 의미의 재판관, 판사는 mài shàri'à̄, mahùkùncī, jōjì 라고 함
- **àlkawàrī** nm. (pl. alkawurà̄) 1. 약속 yi àlkawàrī = ɗauki àlkawàrī 약속을 하다 2. 신뢰성, 믿을만함
- **Allà̄** = **Allàh** 신
- **Allāhù** 다음과 같이 쓰임 har sai illā mā shā Allāhù 무한정
- **àllō** nm. (pl. allunà̄) (코란의 구절 따위를 쓰는 작은) 나무판
- **àmbatà̄** (ci/cē) v2 언급하다, 말하다
- **àmfà̄nī** nm. 1. 쓸모있음, 유익함 yi àmfà̄nī dà 이용하다, 사용하다 2. 이득 3. 장점 4. 생산물 àmfà̄nin gōnā 농산물
- **àmin** excl. 아멘
- **amìncē** v4tr. (간접목적어 또는 전치사 dà 와 함께 쓰여) 1. 신뢰하다, 믿다 2. ~에 대하여 합의하다, 의견을 같이하다 3. 받아들이다, 비준하다, 승인하다 4. (부정문으로 쓰여) 감히 ~할 용기가 나지 않다
- **àmmā** 그러나
- **angàzā** v1tr. 밀어넣다
- **àrā** (i/ē) v2 (vn. arō) 빌리다 (빌린 것 자체를 되돌려 주어야 하는 경우)
- **àrbà'in** n. & adj. 사 십
- **arḕwa** nf. & adv. 북쪽, 북쪽으로
- **arēwacin** prep. ~의 북쪽에
- **arzìkī** nm. (pl. arzukà̄) 부, 재산, 풍부
- **Àsabàr** nf. 토요일
- **àshìrin** n. & adj. 이 십
- **asìbitì** nf. (pl. asibitōcī) 병원
- **askì̄** nm. 면도 mài askì̄ 이발사
- **àsùbâ** nf. 새벽, 동틀녘
- **audùgā** nf. 목화, 면
- **àuku** v7 일어나다, 발생하다
- **aunà̄** v1tr. (vn. awò̄) 무게를 달다
- **àurā** (i/ē) v2 (vn. aurē) ~와 결혼하다
- **aurar dà** v5 결혼시키다, 출가시키다
- **aurē** nm. (pl. àure-àure) 결혼
- **àutā** nm. & nf. 막내둥이

B

- **bâ** (목적어가 명시될 때 bābù 대신에 사용될 수 있음) 1. ~가 없다 2. ~없이 3. (시간 표현에서) ~전 ƙarfḕ ukù bâ kwatà̄ (15분전 3시)
- **bā dà** 5단동사 bayar dà 의 이형

- **bā** vt. 주다
- **bābù** ~이 없다
- **bābur** nm. (pl. bāburā̀) 오토바이
- **ɓācì** v3 (간접목적어 앞에서 ɓācḕ 로 바뀜) (물건, 상황, 마음이) 손상되다, 망가지다, 망쳐지다
- **bàɗi** nf. & adv. 내년 bàɗi wàccan 내후년
- **Bàfillācḕ** nm. (f. Bàfillātā̀, pl. Filā̀nī) 풀라니 사람
- **bàhagṑ** nm. (f. bàhagùwā, pl. bàhàgwai) 왼손잡이
- **Bàhaushḕ** nm. (f. Bàhaushìyā, pl. Hàusā̀wā) 하우사인
- **Bàkanṑ** (= Bàkanḕ) nm. (f. Bàkanìyā, pl. Kanāwā) 카노사람
- **bàƙauyḕ** nm. (f. bàƙauyìyā, pl. ƙauyā̀wā) 시골 사람
- **baƙī** nm. & adj. (f. baƙā, pl. baƙā̀ƙē) 까만 것, 까만
- **bā̀kī** nm. (pl. bākunā̀) 1. 입 bā̀kī dà bā̀kī 얼굴을 맞대고, 서로 마주보고 bā̀kī dà hancī̀ 매우 가까이 2. (병 따위의) 주둥이 3. 출입구 4. 말 sâ bā̀kī 참견하다, 간섭하다 yi bā̀kī 저주하다, 악담하다 yi bā̀kī biyu 약속을 어기다, 한 입으로 두 말하다 bā̀kī ɗaya 만장일치로, 다 함께, 모두 동시에, 갑자기 5. ~의 가장자리 bā̀kin hanyā̀ 길가 bā̀kin kṑgī 강가, 강둑 bā̀kin kā̀suwā 시장 변두리 6. (다음과 같은 뜻으로) 한계 nā yi bā̀kin ƙṑƙarīnā (나는 내 노력의 한계를 다했다, 나는 내가 할 수 있는 모든 것을 다했다)
- **bā̀ƙō** nm. (f. bā̀ƙuwā, pl. bā̀ƙī) 손님, 방문자, 낯선 사람
- **bakwài** n. & adj. 일곱
- **Bàlārabḕ** nm. (f. Bàlārabìyā, pl. Lārabāwā) 아랍인
- **bàllē** 1. conj. (부정문 다음에서) ~는 고사하고, ~는 커녕 2. prep. (부정문 다음에서) ~는 고사하고, ~는 커녕; (긍정문 다음에서) ~는 말할 나위도 없고
- **Bàmasàrī** nm. (f. Bàmasàrā, pl. Masarāwā) 이집트인
- **bambancī̀** nm. 차이 yi bambancī̀ 다르다) nūnà bambancī̀ gà w. ~를 차별하다 bambancìn kàbīlā̀ 부족주의 bambancìn launī̀ 인종주의
- **bana** nf. & adv. 올해
- **bandà** prep. 1. ~ 을 빼고, ~을 제외하고, ~ 는 그렇다치고 2. ~ 없이
- **bā̀ra** nf. & adv. 작년 bā̀ra wàccan
- **ɓarāwṑ** nm. (f. ɓàraunìyā, pl. ɓàrā̀yī) 도둑
- **barcī** nm. 잠 yi barcī 자다
- **bàrgō** nm. (pl. bargunā̀) 담요
- **barī̀** vt. (목적어를 취하면 bar 가 된다) 1. (업무 따위를) 그만두다 2. 남겨두고 가다 3. ~하게 하다, ~을 허락하다 4. ~한 채로 놔 두다
- **bārikì** nf. 1. 막사, 병영 2. 휴게소, 숙박소
- **ɓarkḕ** v4intr. 1. (전쟁, 소요, 유행병 따위가) 발생하다 2. 터지다, 째지다 3. (사람, 물) ~을 돌파해 지나가다
- **ɓàrnā** nf. 1. 손해 yi ɓàrnā 손해를 끼치다 2. 낭비 cikà ɓàrnā 낭비가 심하다
- **ɓātā̀** v1tr. 1. 망치다, 망쳐놓다 2. 낭비하다
- **ɓatar dà** 1. (돈을) 쓰다 2. ~을 처분하다, 팔아버리다 3. ~을 잃다 4. (사람을) 타락시키다, 탈선하게 만들다
- **bātsa** nf. 외설스러운 말 yi bātsa 외설스러운, 고상하지 못한 이야기를 하다
- **Bàtūrḕ** nm. (f. Bàtūrìyā, pl. Tū̀rā̀wā) 유럽인
- **bâutā** v1tr. (간접목적어와 함께 쓰여) 1. 숭배하다 2. 충실하게 섬기다, ~에 봉사하다, ~을 위해서 열심히 일하다
- **bāya** adv. 뒤에, 뒤로
- **bāyā** nm. 등

- **bāyan** prep. 1. ~후에 2. ~뒤에
- **bàyā̀nī̀** nm. (pl. bàyā̀nai) 설명
- **bayar dà** v5 주다, 줘버리다
- **bayyànā** v1tr. 1. 설명하다 2. 폭로하다, 까발리다
- **bazā̀** v1tr. & intr. 1. (말리기 위해서) 펴다, 펼치다 2. (소문, 질병 따위를) 퍼뜨리다
- **bazarā** nf. 우기가 시작되기 직전의 혹서기 (2월 ~ 6월, 건조기)
- **bēbē** nm. (f. bēbiyā, pl. bēbā̀yē) 농아
- **ɓērā** nm. (pl. ɓērā̀yē) 쥐, 새앙쥐
- **bi** vt. 1. 따라가다 2. 따르다 3. ~로 가다 yā bi zuwā̀ Kanò (그는 카노로 갔다) 4. 복종하다 5. (bi 의 목적어가 주어에게) 빚이 있다 yā bi Audù bāshī̀ (아우두는 그에게 빚이 있다) 6. (종종 ta 와 함께 쓰여) ~을 경유해서 가다, 통과하다 nā bī ta kā̀suwā (나는 시장을 경유해서 갔다)
- **bincìkā** v1tr. (vn. bìncìkē) 조사하다
- **birī̀** nm. (pl. birai) 원숭이
- **birnancī** nm. 세상 물정에 닳고 닳은 교활한 행실
- **birnī** nm. (pl. birā̀nē) 성곽이 있는 도시 bàbban birnī 수도
- **bisà** prep. 1. ~위에 2. ~에 관하여, ~에 대하여 3. 분수에서 사용됨 biyu bisà bìyar (2/5)
- **bishiyā̀** nf. (pl. bishiyōyī) 나무
- **biyā** vt. (vnm. biyā̀) 지불하다, (값을) 치르다, (돈을) 갚다
- **bìyar** n. & adj. 다섯
- **biyō** v6tr. & intr. ~을 뒤따라 나오다, ~다음에 오다, ~뒤에 일어나다, ~의 결과로서 일어나다
- **biyu** n. & adj. 둘
- **bìyu** v7 (길 따위가) 사람들이 많이 다니다
- **ɓōyḕ** v4tr. & intr. (vn. ɓōyō) 1. ~을 숨기다, 감추다 2. 숨다
- **būdḕ** v4tr. 열다
- **bùgā** (i/ē) v2 (bugū̀) (막대기, 손 따위로 사람이나 동물을) 때리다, 치다
- **bugā̀** v1tr. (vn. bugū̀) (숙어적 용법으로 사람이 아닌 물건을) 때리다, 치다 bugà bindigā̀ 대포를 쏘다, 총을 쏘다 bugà wutā 발사하다 bugà yākī̀ 전쟁을 걸다 bugà gàngar yākī̀ 전쟁을 선포하다 bugà iskā̀ 타이어에 바람을 넣다 bugà littāfī̀ 책을 출판하다 (cf. 작가나 시인이 책을 출판하는 것은 wallàfā v1tr. 라고 한다) bugà jàrīdā̀ 신문을 출판하다 bugà nā̀kiyā̀ 화약을 폭발시키다 bugà wayā̀ 전화를 걸다, 전보를 보내다, 소식을 퍼뜨리다 ② (숙어적 용법으로 사람에게) 지우다, 과하다, 부과하다
- **bugō wayā̀** < bugà wayā̀ 전화를 걸다
- **bùgu** v7 1. 흠씬 두들겨맞다 2. (술에) 취해 있다
- **bùhū** nm. (pl. buhunhunā̀) 자루, 부대
- **bùkātā̀** (ci/cē) v2 (vn. bùkātā̀) ~이 필요하다, ~을 요구하다
- **būlālā̀** nf. 채찍
- **ɓullō** v6 intr. & tr. 1. 갑자기 나타나다, 예기치 않게 나타나다 2. (의견, 학설 따위를) 느닷없이 내놓다, 갑자기 꺼내다, 제출하다
- **burgḕ** v4tr. (말이나 행실로 사람을) 감동시키다, 감명을 주다
- **būshḕ** v4 vt. & vi. 1. 불어서 끄다 2. (곡물, 겨) 까부르다, 키질하다 3. 마르다 4. 고갈되다 5. būshḕ dà dā̀riyā 웃음을 터뜨리다
- **ɓūya** v3 (사람이) 숨다
- **būzū** nm. (f. būzuwā, pl. būzā̀yē) 투아레그인

C

- **can** 1. adv. (눈에 보이지 않는 경우에 사용) 저기, 저쪽에 2. dem. (앞서 한 번 언급된 것을 가리키는 말로서 화자가 발화 문맥상 시간적 거리를 느낄 때 사용하는 말. 시간적 거리를 느끼지 않을 때는 nan 을 사용. 영어의 정관사 the 에 해당하는 표현) 그
- **cân** 1. adv. (멀지만 눈에 보이는 경우에 사용) 저기, 저쪽에 2. dem. (멀지만 눈에 보이는 경우에 사용. 선행하는 명사가 고성조로 끝나면 càn 이 됨) 저
- **càsà'in** n. & adj. 구 십
- **cê, cḕ** (vnf. cêwā) 말하다
- **ci gàba dà** 계속 ~하다
- **ci** vt. 먹다
- **cikā̀** v1tr. 1. 채우다 2. (약속, 의무 따위를) 이행하다, 완수하다 3. ~을 많이 하다, ~의 특징이 있다
- **cìka** v3 1. 가득 차다 2. 완료되다 3. 이루어지다, 성취되다
- **cikḕ** v4tr. & intr. 1. 가득 채우다 2. 고갈되다, (사물이 주어) 다 써버리다
- **ciki** adv. 안에, 내부에
- **cikī̀** nm. (pl. cikkūnā̀) 1. 위, 2. 임신
- **cikin** prep. ~안에, ~사이에서
- **cìnikī** nm. 무역, 장사 yi cìnikī 장사하다 cìnikin gyàɗā 땅콩장사
- **cînyē** v4tr. 1. 먹어 없애다, 다 먹어버리다 2. (전쟁, 경쟁) 패배시키다, 쳐부수다, 이기다
- **cìrā** (i/ē) v2 (vnf. cìrā) 뽑다, 빼내다
- **cirḕ** v4tr. & intr. 1. (가시 따위를) 뽑아내다, 빼내다 2. (돈을) 공제하다, 빼다 3. 제거하다 4. (옷, 신발 따위를) 벗다 5. (사람을) 해고하다 6 남녀가 눈이 맞아 달아나다 7. (단추, 자루, 신발굽 등이) 떨어지다
- **città** nf. & adv. 그글피, 4 일후
- **cīwṑ** nm. (pl. cìwàce-cìwàce) 1. 병, 질병 2. (몸의) 아픔, 통증 3. 용기를 잃게 하는 것, 낙담시키는 것
- **cìwu** v7 먹을 수 있다
- **ciyar dà** v5 (사람이나 동물을) 먹이다
- **cī̀zā** (ji/jē) v2 (vn. cīzṑ) 물다
- **cū̀tā** (ci/cē) v2 (vn. cū̀tā) 속이다, 기만하다, 사취하다, 사기하다

D

- **dà** 1. ~와 함께, ~을 가지고 2. ~와 3. ~가 있다 4. ~할 때 5. 관계대명사
- **dâ** adv. 1. 이전에, 옛날에 2. 바로 지금, 방금
- **ɗā** nm. (f. 'yā, pl. 'yā'yā) (사람을 뜻할 경우 복수형의 속격은 'yan 이고 열매를 뜻할 경우 복수형의 속격은 'yā'yan 이다) 1. 아들 (f. 딸) 2. 'ɗan + 명사'의 형태로 사용됨 ɗan tēbùr 좌판상인 ɗan bṑrī 보리 무당 ɗan jàm'iyyā̀ 정당원 3. 열매 ɗan itā̀cē
- **dàbārā̀** nf. (pl. dàbā̀rū, dàbàrce-dàbàrce) ① 계획 dàbārā̀ tā fāɗṑ minì (나는 어떤 계획이 떠올랐다) dàbārā̀ tasù, sai aikī̀ takḕ yî sṑsai (그들의 계획은 아주 성공적이다) wannàn dàbārā̀ tā fita (이 계획은 성공했다) wannàn dàbārā̀ bà tà fisshē shì ba (이 계획은 그의 목적을 달성하지 못했다) ìnā dàbārā̀? (이제 어떻게 합니까?) ìnā dàbāràrmù dà sū? (그들에게 대처할 우리의 최상의 계획이 무엇입니까?) bâ ni dà dàbārā̀ (나는 어찌해야 할지 모르겠다) sai yà sā̀mi dàbāràr kânsà (그는 자신의 계획을 수립해야 한다) yi dàbārā̀ 계획을 세우다 yā yi dàbārā̀ (그는 계획을 세웠다) ɗàuki dàbārā̀ 계획을 채택하다 sun ɗàuki dàbāràr nân (그들은 이 계획을

채택했다) ② 책략이 풍부함 bâ shi dà dàbārā̀ (그는 책략이 풍부하지 못하다) ③ 획책, 책략, 속임수, 음모 yā yi minì dàbārā̀ (그는 나를 위해서 계획을 세웠다 / 그는 나에게 속임수를 쳤다) ƙullā̀ wà w. dàbārā̀ ~에 대해서 음모를 꾸미다 yā ƙullā̀ musù dàbārā̀ (그는 그들에 대해서 음모를 꾸몄다)

- **dabbā̀** nf. (pl. dabbōbī) 동물, 짐승
- **ɗàbī'ā̀** nf. (pl. ɗàbī̀'ū) 행실, 습관, 버릇, 성격
- **dācḕ** v4intr. 어울리다, 맞다, 적절하다, 적당하다
- **ɗācī** nm. 쓴맛, 씀
- **dadḕ** v4intr. 오래 있다, 오래 되다
- **ɗāɗī** nm. 1. 즐거움, 유쾌함 2. 맛있음 3. 재미있음
- **dafā̀** v1tr. 요리하다, 음식을 만들다
- **dàfaffē** nm. & adj. (f. dàfaffiyā, pl. dàfàffū) 요리된 것, 요리된
- **dàfu** v6. 요리되다, 익다
- **dàgà** prep. ~로부터
- **ɗagḕ** v4tr. & intr. 1. 들어올리다 2. (금지령, 제재 따위를) 해제하다 3. 오그라들다, 줄어들다
- **daidàitā** v1tr. 맞추다, 조정하다, 정확하게 하다, 똑바르게 하다, 같게 하다, 가지런히 하다, 정돈하다
- **dainā̀** v1tr. & intr. 1. ~하는 것을 그만두다 2. (시계 따위가) 멈추다
- **dājī̀** nm. (pl. dāzuzzukā̀) 덤불, 숲
- **dakā̀** v1tr. (vnm. dakā̀) (곡식을) 1. 찧다, 빻다 2. (사람이나 물건을) 때리다, 치다
- **dākàtā** v1intr. 1. 기다리다 2. (전치사 dà 와 함께 쓰임) 잠시 미루다, 연기하다 3. 잠시 멈추다 4. v1tr. (간접목적어와 함께 쓰임) ~을 기다리다
- **ɗākī̀** nm. (pl. ɗākunā̀) 1. (지붕을 짚으로 덮은 둥근) 집 2. 방
- **ɗālìbī** nm. (f. ɗālibìyā, ɗālìbā, pl. ɗā̀lìbai) 학생
- **dāmā** nf. 1. 기회 dà dāmā 많은 2. 필적하는 사람 (것), 대등한 사람 (것)
- **dāma** nf. 오른쪽 dà dāma dà ~의 오른쪽에
- **dā̀mā** v2 (vn. dāmū̀) ~을 성가시게 하다, 귀찮게 하다, 괴롭히다
- **dàmfarā̀** (i/ē) v2 (vn. dàmfarā̀) 속이다, 사기치다
- **dā̀minā** nf. 우기
- **dā̀mu** v7 걱정하다
- **ɗan'uwā** nm. (f. 'yar'uwā, pl. 'yan'uwā) 1. (같은 어머니에게서 난) 형제, 자매 2. 친척, 친구, 동지, 동포 3. 한 쌍의 다른 쪽
- **danganè dà** prep. ~에 관한, ~에 관하여
- **danshī** nm. 축축함, 습기
- **dare** adv. (dà 와 함께 쓰여) 밤에
- **darē** nm. (pl. darā̀rē) 밤
- **ɗàrī** n. & adj. (pl. ɗarūruwā̀) 백
- **ɗārī** nm. 1. 하르마탄 계절에 불어오는 바람으로 인한 추위 2. 병으로 인한 오한, 추위 3. 한랭기
- **dā̀riyā** nf. 웃음 yi dā̀riyā 웃다
- **ɗaukā̀** (ɗàuki/ɗàukē) v2 (vn. ɗaukā̀) 1. 줍다, 집다, 들다 2. 가져가다, 데려가다 3. 운반하다, 나르다 4. 다루다, 대우하다 5. ~로 생각하다, 간주하다 6. (책임) 떠맡다 7. 받아들이다 8. (사진을) 찍다
- **ɗàukē** v4tr. & intr. 1. 치우다 2. (간접목적어와 함께 쓰여) 다 가지고 가버리다, 다 훔쳐가다 3. 젖을 떼다, 이유시키다 4. 바싹 마르다

- **ɗâukē** v4tr. & intr. 1. 치우다 2. (간접목적어와 함께 쓰여) 다 가지고 가버리다, 다 훔쳐가다 kâi àmmā wàccan yārinyà̄ tā ɗâukē mîn idò̄ (아! 그 소녀는 정말로 내 눈을 부시게 했지)
- **ɗaukō** v6tr. 가져오다
- **ɗaurè̄** v4tr. (vn. ɗaurī̀) 1. (물건, 동물을) 묶다 2. 감금하다, 구속하다
- **dāwà̄** nf. 기니콘(팥수수)
- **dāwō** v6intr. 돌아오다
- **ɗaya** n. & adj. 1. 하나 2. 같음
- **ɗībà̄** (ɗè̄bi/ɗè̄bē) v2 (vnm or vnf. ɗībà̄) 1. (물을) 긷다 2. (국물을, 곡식을) 뜨다, 푸다 3. (물질을) 추출하다, 짜내다
- **ɗiga** v3 1. (수도꼭지에서 물이) 똑똑 떨어지다 2. 걸러지다, 여과되다
- **dilā** nm. (pl. dilōlī) 자칼
- **dingà̄** v1tr. 계속 ~하다
- **ɗinkā** (i/ē) v2 (해진 곳을) 꿰매다, 깁다
- **ɗinkà̄** v1tr. (vn. ɗinkī̀) (바느질해서 옷을) 만들다
- **dirà̄** v1tr. (간접 목적어와 함께 쓰임) ~를 덮치다, ~를 급습하다
- **dirēbà** nm. (pl. dirēbōbī) 운전사
- **Dìsambà̄** nm. 12월
- **dōgō** nm. & adj. (f. dōguwā, pl. dōgà̄yē) 키 큰 사람, 키 큰, 긴
- **dò̄kā** (i/ē) v2 (vnm. dūkà̄) (몽둥이, 회초리 따위로 사람이나 동물을) 때리다, 치다
- **dò̄kā** nf. (pl. dōkōkī) 법, 칙령
- **dōkī̀** nm. (f. gōɗiyā, pl. dawākī) 말
- **dōlè** (가상법과 함께 쓰여) ~해야 한다
- **dò̄min** = don conj. & prep. 왜냐하면, ~때문에, ~하기 위하여, ~을 위하여
- **don** = dò̄min
- **dōyà̄** nf. (식물) 얌
- **dù̄bā** (i/ē) v2 (vn. dūbā) 1. 보다, 주시하다 2. ~에 면하다, ~을 향하다
- **dūbà̄** (vn. dūbā) v1tr. 1. 보다(look at) 2. 조사하다 3. 찾다 4. ~에 주의하다(pay attention to) 5. 방문하다 6. (아픈 사람을) 병문안 가다
- **dubū** n. & adj. (pl. dùbbai) 1. 천 2. 수천의, 많은
- **duk, dukà** ① adj. 모든 ② adv. 아주, 완전히 ③ pro. 모두, 전부 ④ nm. 전체
- **dūniyà̄** nf. 세상
- **dūtsè̄** nm. (pl. duwà̄tsū) 돌, 산, 언덕

F

- **Fàbrairù** nm. 2월
- **fàɗā** (i/ē) v2 (vn. faɗī̀, vnf. fàɗā) = faɗī̀ v2 1. ~을 말하다 2. nf. 말
- **faɗà̄** v1tr. (간접 목적어를 취함) ~에게 말하다
- **fāɗàɗā** v1tr. 넓히다
- **fà̄ɗaɗà** v3. 넓어지다
- **faɗī̀** (fàɗi/fàɗē) v2 (vn. faɗī̀) 말하다
- **fāɗī** nm. 넓음, 넓이, 폭, 면적
- **fāɗì** vi. (vnf. fāɗûwā) 1. (높은 데서) 떨어지다 2. (값이) 떨어지다 3. 낙담하다
- **fàhimtà̄** (ci/cē) v2 (vn. fàhimtà̄) 1. 이해하다 2. nf. 이해력, 지능
- **fahimtar dà** = **fahintar dà** v5 가르치다, 이해시키다
- **fakè̄** v4intr. 1. 피난하다, 대피하다 2. (dà 와 함께 쓰여) 어떤 것을 핑계로 삼다, 구실로 삼다

- **fāmā** nf. 1. 싸움, 애씀, 고군분투 2. (역경이나 병 따위로 인한) 고생 yi fāmā dà 고투하다, 싸우다
- **fankā̀** nf. (pl. fankōkī) 선풍기
- **fārā̀** v1tr. 시작하다
- **farī** nm. & adj. (f. farā, pl. farā̀rē) 흰 것, 흰
- **farkā̀** v1intr. 1. (잠에서) 깨다, 일어나다 2. (기절한 사람, 시든 식물이) 소생하다, 다시 살아나다
- **farkō** nm. 처음, 시작 na farkō 첫째의, (여러 가지를 열거할 때) 첫째로
- **fartanyā̀** nf. (pl. farḕtanī, fartanyōyī) (삼각형의 날을 가진 작은) 괭이
- **fā̀ru** v7 일어나다, 발생하다
- **fasā̀** v1tr. (vn. fashī̀) 1. 부서뜨리다, 깨뜨리다 2. 산산이 부수다, 박살내다 3. 흩어지게 하다 4. (폭탄, 폭약) 폭발시키다, 터뜨리다
- **fasàlī** nm. ① (책의) 장, 절 ② 짜임새, 맵시, 대칭, 균형미, 조화 ③ 계절
- **fashḕ** v4intr. 1. 부서지다, 깨지다 2. 흩어지다, 해산하다 3. (폭탄, 폭약) 터지다, 폭발하다
- **fashī̀** nm. (pl. fàshe-fàshe) 고속도로 강도(행위) ɗan fashī̀ 고속도로 강도(사람)
- **fassàrā** v1tr. ① 번역하다 bābù yaddà zā à fassàrā shi? (그것을 번역할 방법이 없습니까?) ② 설명하다
- **fātā** nm. or nf. 바램, 희망
- **fatsa** nf. 1. 낚싯바늘 2. 낚시 yi fatsa 낚시하다
- **fàufau** adv. 1. (부정적인 의미와 함께 사용되어) 단호히, 결단코 2. 완전히
- **fāwā̀** nf. (pāwā̀ 로 발음되는 경우가 더 많음) 1. (가축 따위의) 도살 2. 도살업
- **fayḕ** v4tr. 1. ~의 특징이 있다 2. (간접목적어와 함께 쓰여 상태나 정도가) ~에게 너무 ~하다
- **fensìr** nm. (pl. fensirōrī) 연필
- **fi** vt. 1. ~을 초과하다, ~보다 낫다, ~을 능가하다 2. 비교급, 최상급 구문을 만드는 데 쓰임
- **fīlī** nm. (pl. filā̀yē) 1. 개활지, 들판 2. (건물을 짓기 위한) 터 3. 기회 4. adv. (à 와 함께 쓰여) à fīlī = fīlī dà fīlī 솔직히, 공공연히, 드러내놓고
- **Fìr'aunà** nm. (이집트의) 파라오
- **fir'aunancī** nm. 포악함, 잔인함
- **fita** v3 나가다
- **fitar dà** 1. (물건을) 꺼내다, (사람을) 데리고 나가다 2. 해고하다, 해임하다, (자리에서) 쫓아내다 3. 내보이다, 전시하다
- **fitilā̀** nf. (pl. fitilū) 램프
- **fitō** v6 나오다
- **fulōtì** nm. 환금작물의 거래가 이루어지는 곳
- **furā** nf. 1. 밀가루로 만든 볼 2. 이러한 볼을 시큼한 우유에 섞은 묽은 죽
- **fusā̀tā** v1tr. 화나게 하다
- **fùsātà** v3 화나다
- **fushī** nm. 화, 노여움 yi fushī dà ~에 화내다
- **fùskantā̀** (ci/cē) v2 1. ~에 면하다, ~을 향하다 2. ~라는 견해를 갖다, ~라는 생각을 갖다 3. ~에 직면하다

G

- **gā̀** (눈에 보이는 것을 손으로 가리키며) …가 있다 sai gā̀ … (우화에서 동물이나 사람의 갑작스러운 출현을 유도하는 말) 그 때 ~가 나타났다
- **gàba** adv. 앞에, 전방에

- **gàbā** nm. 사람이나 동물의 신체의 앞부분
- **gàban** prep. ~의 앞에
- **gabàs** nf. & adv. 1. 동쪽 2. 동쪽에, 동쪽으로
- **gabashin** prep. ~의 동쪽에
- **gadō** nm. (pl. gadājē) 침대
- **gai dà** 5단동사 gayar dà 의 이형
- **gaisā** v1intr. 인사를 나누다
- **gaishē** v5 gai dà '인사하다' 의 이형으로서 직접목적대명사 앞에서 쓰일 수 있음
- **gàji** v3 (vn. gàjiyā) 1. 지치다, 피로하다 2. 낡다, 닳아 해지다
- **gàjiyā** nf. 1. 피곤함 2. gàji v3 의 동명사
- **gajiyar dà** v5 지치게 하다, 피곤하게 하다
- **gamā** v1tr. 끝내다, 마치다
- **gàme dà** prep. ~에 대하여
- **gàmu** v7 (사람들이) 만나다
- **gānā** v1intr. & tr. 1. ~와 은밀한 대화를 하다 2. (간접목적어와 함께 쓰임) 경험하게 하다
- **gānē** v4tr. 1. 이해하다 2. (잃어버린 것을) 찾다, (새로운 것을) 발견하다
- **gangancī** nm. 무모함, 경솔, 부주의
- **ganī** vt. (명사 목적어 앞에서는 ga 로 변하고 직접목적대명사 앞에서는 gan 으로 변한다) 보다
- **gānō** v6tr. 1. 발견하다 2. 봐오다
- **gàntàli** nm. 목적없는 배회 yi gàntàlī 목적없이 배회하다
- **gāra** (가상법과 함께 쓰여) ~ 하는 것이 더 좋다
- **gàrī** nm. (pl. garūruwā) 도시 shā gàrī 도시에서 오래 살다
- **gàrī** nm. 1. 밀가루 2. 분말, 가루
- **gasā** v1tr. (vn. gashī) (불 위에서 직접) 굽다
- **gàskiyā** nf. 1. 진리, 진실 2. 정직
- **gātà** nf. & adv. 글피
- **gawàyī** nm. 숯, 목탄
- **gayā** v1tr. (간접목적어와 함께 쓰임) ~에게 말하다
- **gayar dà** v5 인사하다
- **gàyyatā** v2 (vn. gàyyatā) 초대하다
- **gēfe** adv. 옆에
- **gēfē** nm. (pl. gyâffā) 쪽, (강 따위의) 가, 측면
- **gēfen** prep. 1. ~의 옆에 2. 직전에, 바로 전에
- **gidā** nm. (pl. gidājē) 집 mài gidā 집주인
- **ginā** v1tr. (vn. ginī) 1. (건물을) 짓다, 세우다 2. 구멍, 구덩이를 파다
- **ginī** nm. (pl. gìne-gìne) 1. 건물 2. 동사 ginā 의 동명사형
- **gìnu** v7 잘 지어지다
- **gìrbā** (i/ē) v2 (vn. girbī) 수확하다
- **girbē** v4tr. (girbī) 수확하다, 거둬들이다
- **girbī** nm. 추수, 수확
- **girmā** nm. 1. 큼 yi girmā 자라다, 크다 2. 중요함, 명성, 위신
- **girma** v3 자라다, 성장하다
- **gishirī** nm. 소금
- **giwā** nf. (pl. gīwāyē) 코끼리
- **giyā** nf. 기어, 톱니바퀴 장치

- **giyā̀** nf. 술
- **gò̄be** nm. & adv. 내일 watàn gò̄be 다음 달
- **gōdḕ** vt. & vi. (vn. gò̄diyā) 감사하다
- **gò̄diyā** nf. 감사(thanks)
- **gōgā̀** v1tr. ① (간접목적어와 함께 쓰여) 문지르다
- **gò̄gu** v7 경험이 풍부하다
- **gōmà** n. & adj. 10, 십
- **gōnā** nf. (pl. gò̄nàkī) 농장
- **gōrò** nm. (pl. gwârrā) ① 콜라너트 ② (작은) 선물, 보답 ③ 뇌물
- **gò̄yā** (i/ē) v2 (vn. gōyō) (아이를) 돌보다, 보살피다
- **gùdā** nm. (pl. gùdā̀jī) 1. 일, 하나 tā bā dà kwabò̄ gùdā (그녀는 1 코보를 주었다) 2. (한) 개 (unit of one) gùdā nawà? (몇 개?) gùdā àshìrin (20 개)
- **gudù** v3 1. 달리다, 뛰다 2. 달아나다
- **gù̄gā** nm. (pl. gūgunā̀) 양동이
- **gujḕ** v4intr. (간접목적어와 함께 쓰여) ~로부터 달아나다
- **gwàmmà** (가상법과 함께 쓰여) ~ 하는 것이 더 좋다
- **gwamnatì** nf. (pl. gwamnatōcī) 정부
- **gwànī** nm. & adj. (f. gwànā, pl. gwanā̀yē) 전문가, 숙련된
- **gwànintā̀** nf. 능숙함, 솜씨
- **gyā̀ɗā** nf. 땅콩
- **gyārā̀** v1tr. 고치다, 수리하다
- **gyā̀ru** v7 (완전히) 수리되다

H

- **haɗàrī** nm. (pl. haɗarurrukā̀) 1. 위험 2. 재난, 사고
- **hagu, hagun** adv. 1. 왼쪽 hagu dà ~의 왼쪽에 2. 기대에 반함, 기대에 어긋남
- **haifù** vi (vn. haifùwā) (자동사로서) 출산하다, 아이를 낳다
- **hakà** adv. 이렇게, 이런
- **haƙā̀** v1tr. (vnm. haƙā̀) (구멍, 우물) 파다
- **hàƙurà** v3 참다, 인내하다
- **hàƙurī** nm. 인내
- **halàkā** v1tr. 파괴하다, 죽이다
- **hàlakà** v3 파괴되다, 죽다, 멸망하다
- **halī** nm. (pl. hālā̀yē) 성격, 기질, 태도
- **hālī** nm. 상황, 형세, 사정
- **hàmsin** n. & adj. 오 십
- **hanā̀** v1tr. 1. 방해하다 2. 금지하다
- **hàngā** (i/ē) v2 (vn. hàngē) 멀리서 보다
- **hankàlī** nm. (pl. hankulā̀) 1. 분별력, 사고력 2. 주의, 주목 3. 조심 à hankàlī 서서히, 천천히
- **hannū** nm. (pl. hannuwā̀) 손, 팔
- **hanyā̀** nf. (pl. hanyōyī) 1. 길 2. 방법, 수단
- **hanzarī** nm. 1. 서두름, 급함 2. 변명, 핑계
- **har** prep. & conj. ~까지
- **hàrāj̀ī** nm. 세, 세금 mài hàrāj̀ī 세금 징수인
- **hàrbā** (i/ē) v2 (vn. harbì̄) 1. (사람이나 짐승을) 쏘다 2. (침, 가시를 가진 동식물이) 쏘다

- **hatsī** nm. 수수, 기장, 조 따위의 곡식을 칭하는 일반적인 말 <note: 밀이나 쌀을 가리키지 않음>
- **hàukā** nm. 1. 광기, 미침 cīwòn hàukā = cīwòn kàrē 광견병 ② (강, 호수의 물살이) 거침
- **hawā** nm. 1. (건물의) 층 hawā na ɗaya (1층) 2. 동사 hau '타다'의 동명사형
- **hidimā** nf. (pl. hidimōmī) 섬김, 봉사 yi hidimā 섬기다, 봉사하다
- **himmà̄** nf. (pl. himmōmī) 1. 노력, 전력, 분발 2. 인내, 참을성 3. 결심, 결단
- **hīra** nf. 잡담, 대화 yi hīra 재잘거리다, 수다떨다
- **hūɗà̄** v1tr. (vnf. hù̄ɗā) (밭의) 이랑을 만들다, 둔덕을 쌓다
- **huɗu** n. & adj. 넷
- **hùkūmà̄** nf. (pl. hukūmōmī) 1. (기관이나 단체의) 이사회, 위원회, 관리부 2. 기구, 조직 3. (복수 형태로) 당국 hukūmōmin Là̄bēriyà 라이베리아 당국
- **hukuncì̄** nm. (pl. hùkùnce-hùkùnce) 판결, 선고 yankè̄ (= yi) wà … hukuncì̄ ~에게 판결하다, 선고하다 hukuncìn kisà̄ 사형선고
- **hùntūrù̄** nm. 한랭기 (11월 ~ 2월, 하르마탄이 동쪽에서 불어옴)
- **husūmà̄** nf. (pl. husūmōmī) 불화
- **hūtà̄** v1intr. 쉬다, 휴식하다

I

- **ī** excl. 예
- **idò̄** nm. (idà̄nū) 눈
- **igiyà̄** nf. (pl. igiyōyī) 1. 밧줄, 새끼 2. (군대, 경찰) 지위나 계급을 나타내는 줄무늬
- **īkò̄** nm. 권력, 권위, 지배
- **ilmì̄, ilìmī** nm. 1. (특히 이슬람 신학과 관련된) 지식 2. 교육 3. ~ 학
- **in** conj. ~하면 (= ìdan)
- **indà** rel. adv. ~한 곳
- **irì̄** nm. 1. 씨 2. (동식물의) 자손, 혈통 3. 종류, 유형
- **irìn** prep. ~와 같은
- **ìsā** (shi/shē) v2 충분하다
- **ìsa** v3 1. 도착하다 2. 충분하다
- **isō** v6 (화자가 있는 쪽으로) 도착하다
- **ità̄cē** nm. (pl. itātuwà̄) 1. 나무 2. 목재 3. 막대기
- **iyà̄** v1tr. ~할 수 있다

J

- **jā** nm. & adj. (f. jā, pl. jājà̄yē) 빨간 것, 빨간
- **jā** vt. 당기다, 끌다
- **jàkā** nf. (pl. jakunkunà̄) 가방
- **jà̄kī** nm. (f. jà̄kā, pl. jà̄kai) 당나귀
- **jàma'à̄** nf. (pl. jama'ō'ī) 1. 국민 2. 사회, 공동체, 공동체 주민
- **jāmi'à̄** nf. (pl. jāmi'ō'ī) 대학
- **Jànairù** nm. 1월
- **jânyē** v4tr. 1. 끌어서 딴 데로 치우다 2. 철회하다, 철수하다
- **Japanancī** nm. 일본어 à cikin Japanancī 일본어로

- **jàrīrī̀** nm. (jàrīrīyā, pl. jàrīrai) 유아, 아기
- **jarràbā** v1tr. 시험하다, 테스트하다, 검사하다, 조사하다
- **jarràbâwā** nf. 시험, 테스트 ci jarràbâwā 시험에 붙다
- **jārùmī** nm. & adj. (f. jārùmā, pl. jàrùmai) 용감한 사람, 용감한
- **jāwō** v6tr. 1. 당기다 2. 가져오다 3. (주의를) 끌다 4. 개입시키다 5. 일으키다, 초래하다
- **jàyayyà** nf. 말다툼
- **jē** vi (vnm. zuwà) 1. 가다 2. ~에 도착하다
- **jèfā** (i/ē) v2 (jīfà) ~에게 던지다
- **jēfar dà** v5 ~을 던져버리다
- **ji** vt. 1. 듣다 2. 이해하다 3. 느끼다
- **jībi** nf. & adv. 모레
- **jikà** nm. & nf. (pl. jīkōkī) 손자/손녀
- **jimà** v1intr. 얼마간의 시간을 보내다, 잠시 머물다
- **jirā** vt. 기다리다
- **jità** v1tr. 입다, 쓰다
- **jìtu** v7. 사이좋게 지내다
- **jiyà** adv. 어제
- **Jumma'à** nf. 금요일
- **jūnā** nm. 서로, 상호

K

- **kadà** 부정 가상법을 만드는데 사용된다
- **kàɗan** adv. (수, 량, 정도) 조금
- **ƙàdangarè** nm. (f. ƙàɗangarùwā, pl. ƙàɗàngàrū) 도마뱀
- **kafà** v1tr. 1. 세우다, 설치하다 2. 설립하다 3. (법률 따위를) 제정하다, 선포하다
- **kàfin** = kàfin
- **kàfin** conj. ~하기 전에
- **kāfintà** nm. (pl. kāfintōcī) 목수
- **kàfu** v7 설립되다
- **kâi** nm. (pl. kāwunà, gen. kân) 1. 머리 2. 꼭대기 3. 머리(총명함) 4. 재귀적 용법으로 사용됨 5. 꾸러미, 다발
- **kai** vt. & vi. ① 가져가다, 데려가다 ② 도착하다 ③ (수치나 상황이) 달하다, 이르다
- **kaifàfā** v1tr. 날카롭게 하다
- **kàifafà** v3 날카로워지다
- **kaifī** nm. 1. 날카로움, 예리함 2. (칼 따위의) 날
- **ƙàƙà** inter. adv. 어떻게?
- **kàkā** nf. 수확기
- **kàkā** nm. & nf. (pl. kàkànnī) 할아버지, 할머니
- **ƙàƙƙarfā** nm. & adj. (f. ƙàƙƙarfā, pl. ƙarfàfā) 매우 힘 센 사람, 매우 힘 센
- **kàllā** (i/ē) v2 (vn. kallō) ~을 바라보다, 주시하다 (watch, look at)
- **kallō** nm. 봄, 주시, 관전 shā kallō ~을 실컷 보다
- **kāmà** v1tr. ① (도둑 따위를) 잡다 ② (물건을) 잡다, 쥐다, 붙잡다 ③ 착수하다, 시작하다
- **kàmar** prep. & conj. (kàmar 는 영어의 like, as 에 해당하는 단어로서 그 쓰임새가 다양한 편이지만 모두 "~같은" 이라는 기본 의미에서 출발한다.) ~ 만큼, ~ 같은, ~ 처럼, ~ 로서, 약, 대략, ~ 한대로, ~ 하다시피, ~ 듯이, 마치 ~ 인 것처럼

- **kàmātà** v3 (yā kàmātà + subjunctive 의 형태로) ~하는 것이 마땅하다, 당연하다, 적당하다
- **kầmìn** = kầfin
- **kammàlā** v1tr. 완성하다, 끝마치다
- **kammàlē** v4tr. 다 끝마치다
- **kân** prep. 1. ~위에 2. ~에 대하여
- **kân sarkī** 도장
- **Kanancī** nm. 카노어
- **ƙànƙarā** nf. 부싯돌
- **kàntī** nm. (pl. kantunầ) 상점, 가게
- **ƙārā** nf. (ƙāràrrakī) 1. 고소 yi ƙārar ~ = yi wà ~ ƙārā ~을 고소하다 2. 소송 wātsar dà ƙārā 소송을 기각하다 3. (법 따위에) 호소, 간청 4. 울부짖음, 소리침 5. 시끄러운 소리, 소음, 소란 ƙārar bindigầ 총소리
- **ƙārầ** v1tr. 1. 늘리다, 증대하다 2. 다시하다
- **karàntā** v1tr. (vn. kàrầtū) 읽다, 공부하다
- **karantar dà** v5 가르치다, 교육시키다
- **karantō** v6tr. 읽어주다
- **karàs** nm. 당근
- **kàrầtū** nm. (pl. kàrànce-kàrànce) 1. 독서, 공부 yi kàrầtū 공부하다 2. 학문, 교육
- **kàrɓā** (i/ē) v2 (vnf. kàrɓā) 받다, 받아들이다, 수령하다
- **kàrē** nm. (f. kàryā, pl. karnukầ) 개
- **ƙārề** v4tr. & intr. 1. 끝마치다, 완성하다 2. 완성되다, 다 되다 3. 끝나다 4. (매우 포괄적인 의미에서 옷, 돈, 건전지, 전구, 음식, 칼 따위가) 다 떨어지다, 다 되다
- **ƙarfàfā** v1tr. 더 강하게 하다
- **ƙàrfafà** v3 1. 더 강해지다 2. 더 격려되다, 더 고무되다
- **ƙarfề** nm. (pl. ƙarầfā) ① 금속 ② 시
- **ƙarfī** nm. 힘, 세기
- **ƙàrƙashī** nm. 아래
- **ƙàrƙashin** prep. ~의 아래에
- **karồ** nm. 부딪침, 충돌
- **ƙầru** v7 1. 증가되다, 늘어나다 2. 이득을 보다
- **ƙaryā** nf. (pl. ƙaràirai, ƙàryàce-ƙàryàce) 거짓말, 거짓 yi ƙaryā = shā ƙaryā = yankà ƙaryā 거짓말 하다
- **karyầ** v1tr. 1. (나무나 뼈를) 딱 부러뜨리다 2. (천이나 종이를) 접다 3. (약속, 금식) 어기다
- **karyề** v4intr. 1. 딱 부러지다 2. 무효가 되다, 취소되다
- **ƙasà** = ƙas adv. 1. 땅에 2. 아래로, 아래에 3. (직위, 신분이) 아래에
- **ƙasā** nf. (pl. ƙasầshē) ① 땅 ② 나라
- **kasàncē** v4intr. 1. 되다 2. 이다 3. 공교롭게도 ~하다, 우연히 ~하다
- **kashề** v4tr. 죽이다 kashè fitilầ 등불을 끄다
- **kầshềgàrī** n. & adv. 그 다음날 (= wầshềgàrī)
- **kashì** nm. 1. 쌓아 올린 것, 더미 2. 장, 절 3. 부분, 몫 4. 상인이 흥정하기 위해서 부른 값 5. 퍼센트
- **kầsuwā** nf. (pl. kāsuwōyī) 시장
- **kātākō** nm. 목재, 널판지 mài kātākō 목수
- **ƙātồ** nm. & adj. (f. ƙātùwā, pl. ƙàttā) 거대한 것, 거대한
- **ƙauràcē** v4tr. (간접목적어와 함께 쓰여) 1. 발걸음을 끊다 2. 보이콧하다, 배척하다
- **kaushī** nm. 거침, 거칠거칠함

- **ƙauyḕ** nm. (pl. ƙauyukā̀) 시골, 촌락
- **kawar dà** 다른 곳으로 치우다
- **kāwō** v6tr. 가져오다, 데려오다
- **kāyā** nm. (pl. kāyàyyakī) 1. 짐 2. 어떤 물건이나 행위와 관련된 도구 3. 옷, 의복
- **kā̀zā** nf. (pl. kā̀jī) 암탉, 병아리
- **kḕkē= kḕkè** nm. (pl. kēkunā̀) 1. 자전거 2. 기계
- **ƙērā̀** v1tr. (vnf. ƙīrā̀) 1. (쇠를 망치로 두드려서 물건을) 만들다, 단조하다 2. (배, 집 따위를) 만들다, 제조하다 3. 꾸며내다, 날조하다
- **ƙētàrē** v4tr. 1. (강, 길, 국경) 건너다, 넘다 2. (법 따위를) 위반하다
- **kēwàyā** v1intr. (장소를) 돌다, 일주하다
- **kēwàyē** v4tr. 에워싸다, 둘러싸다, 포위하다
- **ƙi** vt. 거절하다, 거부하다
- **ƙibā̀** nf. 비만, 살찜, 뚱뚱함
- **kibiyā̀** nf. (pl. kibiyōyī, kibau) 화살
- **ƙidā̀yā** v1tr. (vnf. ƙìdāyā) 세다, 계산하다
- **ƙìdimā̀** nf. 당황
- **kīfī** nm. (pl. kīfā̀yē) 물고기, 생선
- **ƙīlà** adv. 아마도
- **kirā̀** nm. 부름, 소환 yi kirā̀ 부르다, 소환하다
- **kirā** vt. (vnm. kirā̀) 1. 부르다, 소환하다 2. 초대하다
- **kirāwō** v6tr. 소집하다, 소환하다
- **kirkī̀** nm. 1. 친절 2. 우수, 탁월
- **kō** prep. & conj. 1. 또는, 혹은, ~이나 ~이나 2. ~인지 3. 그래 안그래? 4. 공손한 의문문을 만드는데 사용됨 5. ~조차도 6. kō kàɗan (부정 표현과 함께 쓰여) 조금도, 전혀 ⑦ (kō dà = kō dà ya kḕ 의 형태로) 비록 ~일지라도 8. kō dà + rel. completive ~하자마자
- **kō'ìnā** adv. 1. (긍정문에서) 어디에나, (부정문에서) 어디에도 2. 어디를 ~해도, 어디서 ~해도
- **ƙōdagō** nm. = ƙwādagō
- **ƙōfā̀** nf. (pl. ƙōfōfī) 문
- **kṑgī** nm. (pl. kōgunā̀) 강
- **ƙṑƙarī** nm. 노력 yi ƙṑƙarī 노력하다
- **kōmā̀** v1intr. 1. 돌아가다(go back, return) 2. ~로 되다
- **kōmar dà** v5 제자리에 돌려놓다, 돌려주다
- **kōmō** v6intr. 돌아오다
- **ƙōnā̀** v1tr & intr. 1. 태우다 2. 타다
- **ƙōnḕ** v4tr. & intr. 1. 다 태우다 2. 다 타다 3. (우물, 강) 마르다
- **kṑrā** (i/ē) v2 (vn. kṑrā) 쫓아내다, 쫓아버리다
- **ƙōsai** nm. 콩가루를 튀겨서 만든 과자
- **kōwā** pro.m. 1. 모든 사람 2. (부정문에서) 아무도 3. 누가 ~하더라도, ~하는 누구나
- **kōwànè** dem. (f. kōwàcè, pl. kōwàɗannè) 1. (긍정문/의문문에서) 모든, 각각의, 매 2. (부정문에서) 어떤 ~ 도 3. ~ 을 해도, ~ 가 해도
- **kṑyā** (i/ē) v2 (vn. kṑyō) 배우다
- **kōyā̀** v1tr. (간접목적어와 함께 쓰임) (사람을) 가르치다
- **kōyar dà** v5 (사람을, 과목을) 가르치다
- **kuɓḕwā** nf. 오크라 (okra)
- **kuɓùcē** v1intr. 1. 탈출하다, 달아나다 2. (간접목적어와 함께 쓰여) ~로부터 달아나다, 빠지다
- **kudancin** prep. ~의 남쪽에

- **kuɗī** nm. (pl. kuɗàɗē) ① 돈 ② 값, 가격 ③ 비용
- **kuɗù** nm. & adv. 남쪽, 남쪽으로
- **kujḕrā** nf. (pl. kùjḕrū) 의자
- **kūkā** nf. (pl. kṑke-kṑke) 1. 울음 2. 불평 kai kūkan w. ~에 대해서 불평하다
- **kullun** adv. 항상
- **kumbùrā** v1tr. 부풀게 하다
- **kùmburà** v3 부풀다, 부풀어오르다
- **ƙuncàcā** v1tr. 괴롭히다, 못살게 굴다
- **ƙùncacà** v3. 좁아지다, 협소해지다
- **ƙuncī** nm. 1. 좁음, 협소 2. 성질이 고약함
- **ƙungìyā** nf. (pl. ƙungiyōyī) 협회, 단체, 조합 'yan ƙungìyā 단원, 회원
- **Kungìyar Kasā̀shē mā̀su Arzìkin Mâi** 석유 산유국 기구 (OPEC)
- **kûnnē** nm. (pl. kunnuwā̀) 귀
- **kùnū** nm. (타마린드 또는 후추 따위로 맛을 낸) 기니콘이나 수수로 만든 묽은 죽
- **kūrā** nf. (pl. kūrā̀yē) 하이에나
- **kūrā** nf. 손수레
- **kurkìt** nm. 크리켓
- **kurmā** nm. & adj. (f. kurmā, pl. kurā̀mē) 귀머거리, 귀먼
- **kùrmucī** nm. 코브라(의 일종)
- **kusa** adv. 가까이 kusa dà ~에 가까이
- **kusa** v3 1. 가까이 가다, 가까이 오다 2. 거의 ~하다 yi kusan + 동명사 '거의 ~하다'
- **kūsū̀** nm. (f. kūsanyā̀, kūsū̀, pl. kūsā) 쥐, 생쥐
- **kwabṑ** nm. (pl. kwàbbai, kwabbunā̀) (나이지리아의 화폐 단위) 코보(kobo)
- **ƙwādagō** nm. 임금노동 ƙungìyar ƙwādagō = ƙungìyar ma'àikàtā 노동조합 Hàɗaɗɗiyar Kungìyar 'Yan Kwādagon Kasā 전국 노동 조합원 연대 조직
- **ƙwai** nm. (pl. ƙwayā̀yē, gen. ƙwan) 1. 계란 2. 전구
- **kwàikwayā̀** (i/ē) v2 (vn. kwaikwayō) 흉내내다, 모방하다
- **kwalabā** nf. (pl. kwalā̀bē) 1. 유리병 2. (기계) 쇠지레
- **kwānā** nm. (pl. kwā̀nàkī) 1. 밤을 보내기 2. (24 시간의) 하루 à kwā̀nàkin nàn 요즈음
- **kwāna** v3 밤을 보내다, 24 시간의 하루를 보내다
- **kwàndō** nm. (pl. kwandunā̀) 바구니, 광주리
- **kwântā** v1intr. (vnf. kwànciyā) 1. 드러눕다 2. 진정되다, 가라앉다
- **kwantar dà** v5 눕히다
- **ƙwarai** nf. 매우
- **ƙwārī** nm. (구조물 따위의) 단단함
- **kwāshḕ** v4tr. 1. (음식을) 푸다, 뜨다 2. 모아서 치우다, 모아서 옮기다 3. (간접목적어와 함께 쓰임) (도둑이) 싹 쓸어가다
- **kwatā̀** nf. 4분의 1, 15분
- **ƙwā̀yā** nf. (pl. ƙwāyōyī) 1. 알곡, 낟알 2. 알약, 태블릿, 약 miyā̀gun ƙwāyōyī 마약 ƙwāyōyin cū̀tā 바이러스, 박테리아, 세균 shân ƙwā̀yā 마약 복용
- **kyàkkyāwā** nm. & adj. (f. kyàkkyāwā, pl. kyāwā̀wā) 미남/미녀, 잘생긴
- **ƙyālḕ** v4tr. 1. (의식적으로) 무시하다, 못본척 하다 2. 묵인하다, 허락하다
- **ƙyāmā̀rē** nf. 문
- **kyânwā** nf. (pl. kyanwōyī) 고양이
- **kyâu** nm. (gen. kyân) 1. 좋음 2. 아름다움
- **kyâutā** v1intr. 1. 친절하다 2. (흥정에서) 값을 깎거나 물건을 더주다

- **kyàutu** v7 (가상법과 함께 쓰여) ~하는 것이 마땅하다, ~해야 한다

L

- **làbārì** nm. (pl. làbàrū, làbàrai) 소식, 뉴스, 정보
- **laccà** nf. (pl. laccōcī) 강의
- **lādā** nm. 1. 임금, 급료 2. 보상, 보답
- **lāfiyà** nf. 1. 건강 2. (일반적으로) 좋은 상태 3. adv. 무사히
- **Lahàdì** nf. 일요일
- **lālàtā** v1tr. 1. (물건을) 망가뜨리다, 못쓰게 만들다 2. ~을 망신시키다, 명예를 더럽히다 3. (사람을) 미혹시키다, 타락시키다
- **lallaɓō** v6intr. 몰래 들어오다
- **Làràbā** nf. 수요일
- **lardì** nm. 1. 지역, 지구 2. 주
- **làsā** (shi/shē) v2 핥다
- **làshe-làshe** nm. 파티 등에서 제공되는 스낵
- **lēƙō** v6intr. 잠시 들르다, 잠시 방문하다
- **lèmō** nm. (pl. lēmunà) 1. 오렌지 2. 청량음료
- **līƙà** v1tr. 붙이다
- **līƙè** v4tr. (빵꾸가 난 것을) 때우다
- **likità** nm. or nf. (pl. likitōcī) 의사
- **lìssāfì** nm. 산수, 셈, 목록
- **Lìtìnìn** nf. 월요일
- **littāfì** nm. (pl. lìttàttàfai) 책
- **lìttàttàfan lissāfì** 장부
- **lōkàcī** nm. (pl. lòkàtai) 시간, 때, 시기
- **lōtò** nm. 시간 lōtò-lōtò 때때로, 이따금
- **luɓus** id. (고기, 솜) 부드러움을 나타내는 말

M

- **ma'àikàcī** nm. (f. ma'aikacìyā, pl. ma'àikàtā) 노동자, 일꾼, 인력
- **màcè** nf. (pl. mātā) 여자
- **mādàllā** excl. 감사나 찬성을 표현하는 일반적인 말
- **mafàràucī** nm. (pl. mafàràutā) 사냥꾼
- **màganà** nf. (pl. màgàngànū) ① 말 yi màganà dà ~ 와 말하다 ② 일, 용건, 업무
- **màgàribà** nf. 1. 하루의 네번째 기도 2. 해질녘
- **mahàifī** (nf. mahaifiyā, pl. mahàifā) 부모
- **mài gidā** 집주인
- **mâi** nm. (gen. mân) 1. 기름, 지방 mân shānū 버터 2. 휘발유 (= mân fētùr) Kungìyar Kasàshē màsu Arzìkin Mâi 석유 산유국 기구 (OPEC)
- **maimàitā** v1tr. 반복하다, 반복해서 말하다
- **màimakon** prep. ~대신에
- **majèmī** nm. (nf. majēmìyā, pl. majèmā) 무두장이, 제혁업자

- **màkāhồ** nm. (f. màkaunìyā, pl. màkầfī) 장님
- **makàncē** v4intr. 눈이 멀다, 장님이 되다
- **màkarà** v3 늦다, 늦어지다
- **makarantā** nf. (pl. màkàràntū) 학교 'yan makarantā 학생
- **makarkatā** nf. (사람을 망가뜨리는) 탈선 장소
- **maƙḕrī** (pl. maƙḕrā) nm. 대장장이
- **mākồ** nm. (pl. mākồ-mākồ) 주 (week)
- **mālàm** = **mālàmī**
- **mālàmī** nm. (f. mālàmā, pl. mầlàmai) 선생, 학자
- **mầmākì̀** nm. 놀람 yi mầmākì̀ dà ~에 놀라다
- **manồmī** nm. (f. manōmìyā, pl. manồmā) 농부
- **mântā** v1tr. (= mântā dà) ~을 잊다
- **mầrā** (i/ē) v2 (vn. mārì̀) 따귀를 때리다
- **màrāyầ** nm. (f. màrainìyā, pl. màrầyū) 고아
- **mārì̀** nm. 따귀
- **Mārìs** nm. 3월
- **masallācī** nm. (pl. màsàllầtai) (회교) 사원
- **masàrā** nf. 옥수수
- **masồ** 동서남북 사이의 방위를 나타내는데 사용. arḕwa masồ gabàs 북동쪽, kudù gabàs yâmma 남서쪽
- **mầtā** nf. (pl. mātā) 1. 여자 2. 아내
- **matākī** nm. (pl. màtầkai) 1. 계단 2. (발전, 진행의) 단계 3. 조치
- **matsầ** v1tr. 죄다, 짜다
- **màtsu** v7 압력을 받다, 강요되다
- **mayar dà** = mài dà v5 1. 돌려주다, 돌려놓다, (사람을 ~로) 돌려보내다 2. ~로 바꾸다, ~로 개조하다 3. (노력 따위를) 쏟다, 기울이다 mayar dà himmầ 최선을 다하다 mayar dà hankàlī ~에 열심히 종사하다, 전념하다
- **Māyù̀** nm. 5월
- **mḕ** inter. pro. (pl. su mḕ) 무엇?
- **mḕnē nḕ** inter. pro. (f. mḕcē cḕ, pl. su mḕnē nḕ) ~은 무엇입니까?
- **mīƙḕ** v4intr. 1. 곧장 가다 2. 뻗어 있다 3. 기지개를 켜다 4. yā mīƙḕ tsàye (그는 일어났다)
- **miliyàn** (= mìlyân) n & adj. (pl. miliyōyī) 백만
- **ministà** nm. (pl. ministōcī) 장관
- **mintì̀** nm. (pl. mintōcī) (시간) 분
- **mōtầ** nf. (pl. mōtōcī) 자동차 bàbbar mōtầ 트럭
- **mōtsì̀** nm. 움직임, 운동, 활동
- **mūgù̀** nm. & adj. (f. mūgùwā, pl. miyầgū) 사악한 사람/것, 사악한
- **muhùtī** nm. (pl. mùhùtai) (전통 법정에서 피고나 원고의 재산이나 과세를 평가하여 재판관을 보좌하는) 평가인
- **mùrmùshī** nm. 미소, 스마일 yi mùrmùshī 미소짓다
- **muryầ** nf. (pl. muryōyī) 1. 목소리 ɗākìn ɗaukàr muryầ 시청각실 (=ɗākìn sàurầrō) 2. 멜로디, 리듬
- **mutù** vi. (vn. mutuwầ) 죽다
- **mùtûm** nm. (pl. mutầnē) 사람
- **mutuwầ** nf. 1. 죽음 2. mutù vintr. 의 동명사

N

- **naɗà** v1tr. 1. ~을 (물건을) 두르다, 휘감다 2. (간접목적어와 함께 쓰여) ~을 ~로 싸다 3. (사람을 어떤 직위에) 임명하다
- **nàɗu** v7 1. 감기다 2. 지명되다
- **nairà** nf. (pl. nairōrī) (나이지리아의 화폐 단위) 나이라
- **nāmà** nm. (pl. nāmū) 고기, 들짐승
- **nân** 1. adv. (눈에 보이는 경우에 사용) 여기에 2. dem. (눈에 보이는 경우에 사용. 고성조로 끝나는 단어 다음에서는 nàn) 이
- **nan** 1. adv. (눈에 보이지는 않지만) 여기에, 가까이에 2. dem. (대화중에 언급된) 이, 그
- **narkè** v4tr. & intr. 녹이다, 용해하다, 녹다, 용해되다
- **nasarà** nf. (pl. nasarōrī) 승리, 성공 ci nasaràr + 동명사 '~ 하는 데 성공하다'
- **nauyī** nm. 1. 무거움, 무게 maràs nauyī 가벼운 2. 책임, 짐
- **nawà** inter. adj. 몇? 얼마나 많은?
- **nazàrī** nm. 연구, 조사
- **nèmā** (i/ē) v2 (vn. nēmā) ~을 찾다, 추구하다
- **nēmō** v6tr. 찾아오다
- **niƙà** v1tr. (vnm. niƙà) 갈다, 가루로 만들다
- **nīsā** nm. 거리, 멈 dà nīsā dà ~로부터 멀리
- **nòmā** (i/ē) v2 (vnm. nōmā) 경작하다, 농사짓다
- **nōmā** nm. 농사
- **nōnò** nm. 1. (유방에서 나오는, 또는 시큼한) 젖 2. (여성의) 유방 kân nōnò 젖꼭지
- **nufì** nm. 의도, 목적
- **nukà** v1tr. (과일을 저장해서) 익히다
- **nùka** v3 (과일이 저장되어서) 익다
- **nunà** v1tr. (vn. nūnì) 보여주다, 나타내다, 표방하다
- **nùna** v3 (과일이 자연스럽게) 익다
- **nūnar dà** v5 (과일을 자연스럽게) 익히다
- **Nùwambà** nm. 11월

O

- **ōfis** nm. (pl. ōfisōshī) 사무실
- **Òktōbà** nm. 10월

R

- **rabà** v1tr. 1. 나누다 2. 나누어주다, 분배하다 3. (분쟁) 수습하다, 조정하다
- **rabì** nm. 반
- **ràbō** nm. 1. 분할 2. 몫 3. 헤어짐 ràbonmù dà ganinkà an daɗè (당신을 뵌지가 오래 되었습니다) 4. 행운
- **ràbu** v7 1. 나뉘어지다 2. 갈라서다, 분리되다
- **ragargàzā** v1tr. 1. 산산이 부수다, 박살내다, 분쇄하다 2. 망쳐놓다
- **ragè** v4tr. & intr. 1. (양·액수·정도 따위를) 줄이다, 축소하다, 감소시키다 2. 남다, 남아 있다
- **ràgō** nm. (pl. rāgunà) 숫양
- **râi** nm. (pl. rāyukà, gen. rân) 1. 목숨, 생명 2. 정신, 영혼 3. 구조, 희망 4. 번영, 번창 5. (물건

따위의) 상태가 좋음
- **rāmḕ** v4intr. 야위다
- **rāna** adv. (dà 와 함께 쓰여) 낮에
- **rānā** nf. (pl. rā̀nàikū, gen. rānar = ran) 1. 태양 2. 더위 3. 날 wata rānā 어느날 rân nan 어느날 ràn nan 그 날
- **ràncē** nm. 빌림 (같은 양이나 가치로 되돌려 주어야 하는 경우) yi ràncē 빌리다
- **rānī** nm. 우기가 시작되기 전의 건기 (2월 ~ 6월, 혹서기)
- **rantsḕ** v4intr. 맹세하다
- **rarràbā** v1tr. 1. 분배하다, 나누어 주다 2. 배포하다, 유포하다, 뿌리다
- **rarràfā** v1intr. (도마뱀, 아기가) 기다
- **ràsu** v7 죽다
- **rawā** nf. (pl. ràye-ràye) 춤
- **rī̀gā** nf. (pl. rīgunā̀) 하우사 남성들이 입는 길고 폼이 넓은 두루마기 비슷한 평상복
- **rigā** vt. 1. (긍정문에서) 이미, 벌써 ~하다 2. (부정문에서) 아직 ~하지 않다
- **riƙā̀** v1tr. 계속 ~하다
- **riƙḕ** v4tr. (vn. riƙṑ) 1. 잡다, 쥐다 2. (습관, 생각) 고수하다, 집착하다
- **rìkicī** nm. 1. 위기, 중대국면 2. 갈등 3. 혼란 4. (실 또는 은유적으로 일 따위가) 엉킴, 얽힘 yi rìkicī 엉키다, 얽히다 5. 음모, 술책
- **rinā̀** v1tr. (vn. rinī̀) 염색하다
- **rṑƙā** (i/ē) v2 (vn. rṑƙō) 1. 부탁하다, 요청하다 2. 구걸하다
- **ruɓḕ** v4intr. 다
- **rubù'ī** nm. 사분의 일 (1/4)
- **rubū̀tā** v1tr. (vn. rùbū̀tū) 쓰다
- **rubūtō** v6tr. 써보내다
- **rufā̀** v1tr. 덮다
- **rufḕ** v4tr. & intr. (vn. rufī̀) 1. (문 따위를) 닫다, 덮다, 닫히다 2. (진실 따위를) 숨기다, 비밀로 하다
- **rùmfā** nf. (pl. rumfunā̀) 헛간, 광
- **rūshḕ** v4tr. & intr. 1. 파괴하다, 무너뜨리다, 붕괴시키다 2. 전멸시키다 3. 무너지다, 붕괴하다
- **ruwā** nm. (pl. ruwā̀yē) ① 물 ② 비 yi ruwā 비오다

S

- **sâ** nm. (f. sānìyā, pl. shānū) 수소, 황소
- **sâ** vt. 1. 두다, 놓다 2. 입다, 쓰다 3. 임명하다 4. 야기하다, 초래하다
- **sa'ā̀** nm. & nf. (pl. sa'ō'ī) 동갑나기, 또래
- **sā'àn nan** conj. 1. 그 다음에, 그리고 나서 2. 그 때 3. 게다가, 더욱이, 또한
- **sābā̀** v1tr. 1. ~하는데 익숙하다 2. 잘 알고 있다, 친하다
- **sàbà'in** n. & adj. 칠 십
- **sābō** n. & adj. (f. sābuwā, pl. sàbàbbī) 새로운
- **sabṑdà** conj. & prep. ~ 때문에
- **sādā̀** v1tr. 소개시키다
- **sā̀du** v7 (사람들이) 만나다
- **sāfe** adv. (보통 dà 나 na 와 함께 쓰임) 아침에
- **sāfiyā** nf. 아침
- **sai** 1. ~을 제외하고 2. ~까지

- **sākḕ** v1tr. 1. 바꾸다 2. 반복하다, 다시하다
- **sakī̀** (sàki/sàkē) v2 (vn. sakī̀) 1. 풀어놓다, 방면하다, 석방하다 2. 이혼하다 3. (무기를) 발사하다
- **sā̀lansā̀** nf. (pl. sā̀lànsū) (자동차의) 소음기, 머플러
- **sallā̀** nf. 1. 하루에 다섯번 하는 기도들 중의 하나 2. 무슬림 종교 축제 yi sallā̀ 축제를 지내다
- **samà** nm. & adv. 1. 하늘 2. 꼭대기 3. 위로, 위에 4. (dà 와 함께 쓰여) ~의 위에
- **sāmar dà** v5 공급하다
- **sāmō** v6tr. 사오다
- **sāmū̀** (sā̀mi = sā̀mu / sā̀mē) v2 (vn. sāmū̀) 1. 얻다 2. 발견하다, 찾다 3. ~에게 생기다, 일어나다 4. ~하는데 성공하다
- **sā̀mu** v7 손에 넣을 수 있다, 얻을 수 있다, 입수할 수 있다
- **sànā'ā̀** nf. (pl. sanā'ō'ī) 1. 장사 mài sànā'ā̀ 사업주 2. 직업 3. 습관, 버릇
- **sanar dà** v5 ~에게 알리다, 통지하다
- **sàndā** nm. or nf. (pl. sandunā̀) 1. 막대기 ɗan sàndā (f. 'yar sàndā, pl. 'yan sàndā) 경찰 2. 천의 길이를 재는 단위 (약 1m)
- **sanī̀** vt. & nm. (직접목적대명사 앞에서 san 으로 됨) 1. 알다 2. 지식
- **sānìyā** nf. (pl. shānū) 암소
- **sânnan** sā'àn nan 의 축약형
- **santsī** nm. 미끄러움, 매끄러움
- **sânyā** v1tr. (= sâ vt.) 1. 두다, 놓다 2. 일으키다, 야기하다 3. 입다, 쓰다
- **sanyàyā** v1tr. 차게 하다, 시원하게 하다
- **sànyayà** v3 차지다, 시원해지다
- **sanyī** nm. 1. 차가움, 냉기 2. 추위
- **sā̀rā** (i/ē) v2 (vnm. sārā) 1. (나무를) 베다 2. (장작을) 패다 3. (사람을 내리쳐) 베다 4. 숲을/토지를 개간해 ~을 만들다 5. ~에 대해서 험담하다, ~에 대해서 악의있게 말하다 6. (뱀이) 물다 7. (닭 따위가) 쪼다
- **sārā̀** v1tr. (vnm. sārā) 1. (구멍, 통로, 입구, 문 따위를) 내다 2. (간접목적어와 함께 쓰여) 경례하다, 인사하다 3. 몫으로 나누다
- **sārḕ** v4 tr. & intr. ① (사람을 내리쳐) 베다 ② (나무를) 베다 ③ (장작을) 패다 ④ (여행자, 말 따위가) 녹초가 되가, 기진맥진 하다 ⑤ (물건이) 다 떨어지다, 바닥나다 ⑥ 낙담하다, 희망을 잃다, 절망하다
- **sarkī** nm. (f. sàraunìyā, pl. sarākunā̀) 왕, 추장
- **sassāfe** adv. (dà 와 함께 쓰여) 아침 일찍
- **sàssaƙā̀** nf. 목수일 (=aikìn sàssaƙā̀)
- **sā̀tā** (ci/cē) v2 (vn. sātā̀) 훔치다
- **sātā̀** nf. (pl. sā̀ce-sā̀ce) 도둑질, 절도 kāyan sātā̀ 장물
- **sā̀taccē** nm. & adj. (f. sā̀tacciyā, pl. sā̀tàttū) 도둑맞은 물건, 도둑맞은
- **sātī** nm. 1. 주 2. 토요일
- **Sàtumbā̀** nm. 9월
- **sàu** nm. 1. 번 nā gan shì sàu biyu (나는 그를 두 번 보았다) sàu nawà kakḕ yîn wankā à mākṑ? (당신은 일주일에 몇 번 목욕을 합니까?) 2. 곱 biyu sàu ukù shidà nē (2 곱하기 3 은 6 이다)
- **sàuka** v3 1. (탈것에서) 내리다 2. (열, 통증, 가격) 내리다 3. (비가) 내리다 4. (여관 등에) 묵다 5. 도착하다 6. 아이를 낳다
- **sauƙàƙā** v1tr. 쉽게 하다
- **sàuƙaƙà** v3 쉬워지다
- **saukar dà** v5 1. (위에서 아래로, 위에 있는 것을 아래로) 내리다 2. 숙박시키다

- **saukḕ** v4tr. (짐 따위를) 내리다
- **sauƙī** nm. 1. 쉬움 mài sauƙī 쉬운 2. 값이 쌈 3. (병) 경감, 차도 sā̀mi sauƙī 차도를 보이다
- **saukō** v6intr. (여기에) 도착하다, 내려오다
- **saurā** nm. 나머지
- **sàurārā̀** (i/ē) v2 (vn. sàurā̀rē, sàurā̀rō, sàurārō) 1. ~을 주의깊게 듣다 2. ~을 조용히 기다리다
- **sauràyī** nm. (pl. sàmā̀rī) 청년, 젊은이
- **saurī** nm. 빠름, 서두름, 속도
- **sāwū** = sau nm. (pl. sāwā̀yē, gen. san) 1. 발 2. 발자국
- **sàyā** (i/ē) v2 (vn. sàyē) 사다
- **sayar dà** = **sai dà** v5 팔다
- **sayḕ** v4tr. 모두 사다
- **sayō** v6tr. 사오다
- **shā** vt. 1. 마시다 2. ~을 많이(실컷) 하다, 종종 ~하다
- **shāfī̀** nm. (pl. shāfuffukā̀) 1. (옷 따위의) 안대기, 안감 2. 페이지, 쪽 3. (페인트의) 막, 코우팅
- **shakkā̀** nf. 의심
- **shānū** pl. (집합적) 소, 축우
- **shânyē** v4tr. 다 마셔 버리다
- **sharàfī** nm. 인기, 유행 tābā̀ tanā̀ sharàfī yànzu (담배가 요새 유행이다)
- **shārḕ** v4tr. (vnf. shā̀rā) 청소하다, 쓸다
- **shāshā̀shā** nm. & adj. (f. shāshā̀shā, pl. shā̀shā̀shai) 우둔한, 바보
- **shāwarā̀** nf. (pl. shāwàrwarī) 1. 충고 2. 견해 3. 결심 4. 결정 5. 의논 6. 숙고
- **shā̀wartā̀** (ci/cē) v2 1. ~의 의견을 듣다, ~의 충고를 구하다 2. 충고하다, 조언하다
- **shayar dà** v5 (사람이나 동물한테) 물을 주다
- **shēgḕ** nm. (f. shēgìyā, pl. shḕgū) 서자(녀), 부랑아
- **shḕkarā̀** nf. (pl. shḕkàrū) 1. 년 2. 나이
- **shḕkarà** v3 해를 보내다 yā shḕkarà ukù (그는 3년을 보냈다)
- **shēkaranjiyà** nf. & adv. 그저께
- **shidà** n. & adj. 여섯
- **shìga** v3 들어가다
- **shigar dà** v5 들여놓다
- **shigḕ** v4intr. 1. (시간이, 사람이) 지나가다 2. 통과해 지나가다
- **shigō** v5intr. 들어오다
- **shimfìɗā** v1tr. 1. 펴다, 펼치다 2. 확립하다, 시작하다, 펼치다
- **shìmfìɗu** v7 (돗자리, 담요) 잘 펴지다
- **shìnkāfā** nf. 쌀
- **shirī̀** nm. 1. 준비, 계획
- **shiryā̀** v1tr. 1. 준비하다, 계획하다 2. 화해시키다
- **shūɗī̀** nm. & adj. (f. shūɗìyā, pl. shûɗɗā) 파란 것, 파란
- **shū̀gàba** nm. (pl. shū̀gàbànnī) 대통령, 지도자, 장, 의장
- **shūkā̀** v1tr. & nf. (pl. shū̀ke-shū̀ke) 1. 씨를 뿌리다 2. 농작물, 식물 3. 씨부리기, 심기
- **sìkēlī̀** nm. (pl. sikēlōlī) 저울
- **sìtô** nm. 창고, 저장소, 광
- **sìttin** n. & adj. 육 십
- **sìyāsā̀** nf. 1. 정치
- **sō** vt. 좋아하다, 원하다, 사랑하다 sôn kâi 이기심
- **sōjà** nm. (pl. sōjōjī) 군인, 군대

- **sōjì** nm. (= sōjà) 병사, 군인, 군대
- **sòkā** (ki/kē) v2 (vnf. sūkà̄) 1. (칼 따위로) 찌르다 2. 비판하다, 비평하다 3. sōkà̄ wà … ~을 찌르다
- **sōkḕ** v4 (vn. sūkà̄) 1. 찌르다, 쑤시다, 꿰뚫다 2. 취소하다, 삭제하다, 부정하다 3. (동물을) 도살하다
- **sōmà̄** v1tr. 시작하다
- **sōsà̄** v1tr. (vnf. sūsà̄) (가려운 곳을) 긁다
- **sṑsai** adv. 잘, 바르게, 정확하게, 완벽하게
- **sōyà̄** v1tr. (vnf. sūyà̄) 1. 튀기다 2. (뜨거운 모래 속에서 땅콩 따위를) 굽다
- **sṑyu** v7 완전히 튀겨지다
- **sû** nm. (그물로 하는) 고기잡이 (= kāmùn kīfī) yi sû 고기잡이를 하다 mà̄su sûn kīfī 고기잡이꾼 <note: 낚시로 잡는 것은 fatsa nf., yi fatsa>
- **sufùrī** nm. 수송, 운송
- **sulḕ, sulài** nm. (pl. sulàllā) 나이지리아 구 통화에서의 1 실링으로서 현재의 10 코보에 해당하는 돈
- **sullùɓē** v4intr. 1. (반지 따위가) 벗겨지다 2. 달아나다
- **sulùsī** nm. 삼분의 일 (1/3)
- **sūnā** nm. (pl. sūnà̄yē) 이름
- **sū̀rūtū̀** nm. (pl. sū̀rū̀tai) 수다, 지껄임 yi sū̀rūtū̀ 재잘거리다, 수다떨다

T

- **tābà̄** nf. (pl. tābōbī) 1. 담배
- **taɓà̄** v1tr. 1. 만지다, 느끼다 2. ~의 맛을 보다 3. ~의 이해에 관계되다, ~에게 영향을 주다 4. ~을 조금하다 5. ~한 적이 있다
- **tā̀barmā** nf. (pl. tā̀bàrmī) 돗자리
- **tàbbatà** v3 (사람이) 1. 확신하다, 자신하다, 자신있게 알다 2. (예약, 약속 따위가) 확인되다, 컨펌되다
- **tabbatar dà** v5 1. 확인하다 2. 비준(재가)하다
- **tādī̀** nm. 대화, 잡담
- **tafàsā** v1tr. 1. 끓이다 2. 화나게 하다
- **tàfasà** v3 1. 끓다 2. 분노하다
- **tàfi** v3 (vnf. tàfiyà̄) 가다, 떠나다
- **tàfiyà̄** nf. (pl. tàfiye-tàfiye) 1. 여행 2. 동사 tàfi 의 동명사형
- **tafiyar dà** v5 (진행형은 yanà̄ tàfiyà̄ dà = yanà̄ tafī dà) 1. (~을 어디로) 가져가다 2. (바퀴가 달린 것을) 밀다 3. (사람을, 장님을) 인도하다, 손을 잡아 이끌다 4. (차를, 당나귀를) 몰다 5. 운영하다, 경영하다, 수행하다, 관리하다
- **tafō** v6intr. 도착하다, 오다
- **tāgà̄** nf. (pl. tāgōgī) 창문, 벽에난 창문 구멍
- **tàimakà̄** (i/ē) v2 (vn. tàimakō) 돕다
- **tàimakō** nm. 도움, 원조
- **tā̀kàlmī** nm. (pl. tākalmà̄) 신발, 샌들
- **takàrdā** nf. (pl. tàkàrdū) 1. 종이 2. 편지 3. 문서
- **tā̀kunkùmī** nm. 1. (선박의 입출항, 무기 판매 등에 대한) 금지 명령 2. 제재, 봉쇄 3. (동물에게 물리는) 재갈
- **takwàs** n. & adj. 여덟

- **Tàlātā̀** nf. 화요일
- **tàlā̀tin** n. & adj. 삼 십
- **tàllà** nm. (pl. tàllàce-tàllàce) 1. 외치고 다니며 팔기 2. 판매를 목적으로 한 물건의 진열 3. 광고
- **tàmā̀nin** n. & adj. 팔 십
- **tàmbayā̀** (i/ē) v2 (vn. tàmbayā̀) 묻다
- **tā̀nadā̀** (i/ē) v2 (vn. tānàdī) ~을 미리 준비하다
- **tarà** n. & adj. 9, 구
- **tārā̀** v1tr. 모으다
- **tarbō** v6intr. 영접하러 오다
- **tā̀re** adv. (dà 와 함께 쓰여) ~와 함께
- **tā̀ru** v7 (사람들이) 모이다
- **tashā̀** nf. (pl. tashōshī) (기차, 자동차, 배, 비행기 따위의) 정거장, 항구, 비행장 tashàr jirgin ruwā 항구 tashàr kā̀rùwai 갈봇집 tashàr hàrsāshī̀ 탄약고
- **tāshì** v3 1. 일어서다 2. (잠에서) 일어나다, 깨다 3. 날다, 날아오르다 4. 떠나다, 가버리다 5. (여행을) 시작하다 6. (값이) 오르다 7. (성질 따위가) 오르다 8. (전쟁, 사건이) 일어하다 9. (폭탄) 터지다, 폭발하다
- **tāsō** v6intr. 1. (사람이) 일어나다 2. (사건이) 발생하다
- **tàttā̀sai** nm. 크고 순한 고추
- **tattàunā** v1tr. 의논하다, 토론하다
- **taurī** nm. 딱딱함 taurin kâi 완고함, 고집
- **tausā̀sā** v1tr. 부드럽게 하다
- **tāyar dà** v5 (직접목적어 앞에서 tā dà) 1. 올리다, (머리를) 들어올리다, (목소리를) 끌어올리다 2. 부추기다, 선동하다 3. (문제를) 일으키다 4. (문제를) 제기하다 5. 깨우다
- **tēbùr** nm. (tēburōrī) 탁자 ɗan tēbùr 좌판상인
- **tēlà** nm. (pl. tēlōlī) 1. 재단사 2. 재봉틀
- **tīlàs** (가상법과 함께 쓰여) ~해야 한다
- **tōnā̀** v1tr. 파내다, 파헤치다, 발굴하다
- **tōyā̀** v1tr. (vnf. tūyā̀) 1. 반죽된 것을 튀기다 2. (기름, 버터) 데우다, 가열하다 3. (냄비에) 불을 때다
- **tṑye-tṑye** nm. (꼬사이, 와이나 등과 같은) 반죽을 튀겨서 만든 케익
- **tsā̀dā** nf. 비쌈 yi tsā̀dā 비싸다
- **tsakà** adv. 한가운데에, 한창 ~하는 중에 tsakà dà ~의 절정에, ~의 극치에
- **tsakā̀** nf. ① 한가운데, 중심 ② 전성기
- **tsàkānī** nm. 1. (두 지점) 사이 2. (서로간의) 관계
- **tsàkānin** prep. 사이에
- **tsakàr** prep. ~의 한가운데에, ~의 중심에, ~의 전성기에 tsakàr rānā = tsakiyàr rānā 한낮 inā̀ tsakàr (= tsakiyàr) aikī̀ yā shigō (나는 한창 일하고 있었는데 그가 들어왔다) tsakàr gidā 여성들이 일도하고 쉬기도 하는 집안의 한 가운데
- **tsakiyā̀** nf. (gen. tsakiyàr, tsakar, tsakàr) ① 한가운데, 중심 ② 전성기 yanā̀ tsakiyàr ƙùrū̀ciyarsà mōtā̀ tā tā̀kē shì (그는 젊음의 전성기에 있었는데 교통사고로 죽었다)
- **tsakiyàr** prep. ~의 한가운데에, ~의 중심에, ~의 전성기에
- **tsallàkā** v1tr. 가로지르다, (강, 바다, 다리) 건너다, (문턱, 경계선, 담) 넘다
- **tsāmī** nm. 1. 심, 신 맛, 신 냄새 2. (고된 일 또는 얻어 맞아서) 몸이 욱씬 욱씬 쑤심 3. 팔다리가 쑤시는 느낌
- **tsàmmānī̀** nm. 생각 yi tsàmmānī̀ 생각하다
- **tsananī** nm. 1. 심함, 끔찍함 2. 엄격함, 엄함

- **tsarè̃** v4tr. 1. 보호하다, 지키다 2. 감금하다, 구속하다 3. 막다, 방해하다
- **tsàrō** nm. 방위, 방어, 보호 tsàron ƙasā 국가방위 tsàron kâi = kārè kâi 자기방어 tsàron gidā (스포츠에서) 수비, 방어 Ministàn Tsàrō 국방부 장관
- **tsauràrā** v1tr. 조이다, 팽팽하게 하다
- **tsàurarà** v3 조여지다, 팽팽해지다
- **tsaurī** nm. 딱딱함, 엄격함, 팽팽함
- **tsayà̃** v1intr. 1. 서다, 일어서다 2. 기다리다 3. 멈추다, 정지하다
- **tsayar dà** v5 1. (움직이는 것을) 세우다, 멈추다, 정지시키다 2. (건물을, 막대기를) 세우다 3. (법 따위를) 만들다, 제정하다
- **tsēgùmī** nm. 남의 소문, 남의 이야기, 뒤에서 하는 험담
- **tsinkè̃** v4tr. & intr. 1. (과일을) 따다 2. (밧줄, 실, 전선 따위를) 끊다 3. 끊어지다 4. (묶인 동물이) 달아나다
- **tsōfō** nm. & adj. (f. tsōfuwā, pl. tsò̃fàffī) ① 노인, 낡은 것, 늙은, 낡은 ② 전임 tsōhon Ministàn Tsàrō 전임 국방 장관
- **tsò̃ratà̃** (ci/cē) v2 (어떤 것을) 무서워하다, 두려워하다
- **tsōràtā** v1tr. (사람을) 무서워하게 만들다, 두려워하게 만들다
- **tsò̃ratà** v3 (사람이) 무서워하다, 두려워하다
- **tsò̃rō** nm. (pl. tsò̃ràcē-tsò̃ràcē) 무서움, 두려움, 걱정
- **tsūfa** v3 늙다, 나이들다
- **tsuntsū** nm. (f. tsuntsuwā, pl. tsuntsà̃yē) 새
- **tūba** v3 후회하다, 유감으로 생각하다
- **tūƙà̃** v1tr. & intr. 1. (걸죽한 액체를) 젓다, 휘젓다 2. (배, 자전거, 자동차 따위를) 몰다 3. 배에 심한 통증을 느끼다
- **tūƙì̃** nm. (배, 자전거, 자동차 따위의) 운전
- **tùkùna** = tùkùn adv. (부정문에서) 아직
- **tunà̃** v1tr. 1. (종종 dà 와 함께 쓰임) ~을 기억하다 2. (간접목적어와 함께 쓰임) ~에게 생각나게 하다, 상기시키다
- **tùnà̃nī** nm. 1. 생각 yi tùnà̃nī 숙고하다, 곰곰히 생각하다 2. 염려, 걱정
- **tunkìyā** nf. (tumākī) 양
- **Tūrancī** nm. 영어

U

- **ùbā** nm. (pl. ùbànnī) 아버지
- **ukù** n. & adj. 셋
- **ùmartà̃** (ci/cē) v2 (vn. ùmartà̃) 명령하다, 지시하다
- **ùmùrnī** nm. 명령, 지시
- **ushìrī** nm. 1/10, 십분의 일
- **uwā** nf. (pl. iyà̃yē) 1. 모친 (pl. 부모) (호칭어 아님. 지칭어) 2. 물건의 가장 큰/중요한 부분

W

- **wà̃** inter. pro. (pl. su wà̃) 누가, 누구를, 누구에게
- **wàccē** nf. wànnē 의 여성형
- **wàhalà̃** nf. (pl. wahalōlī) 고생, 고난, 곤란, 곤경

- **wàinā** nf. 쌀, 수수, 기니콘 반죽을 튀겨서 만든 작은 케이크
- **wàje** adv. 밖에, 밖으로
- **wajē** nm. (pl. wajējē) 쪽, 방향, 근처, 장소
- **wajen** prep. 1. (장소를 가리키는 말 앞에서) ~로, ~을 향하여 2. (관리, 보관, 돌봄, 보살핌, 보호) ~한테 3. 약, 대략 4. ~하는데, ~하는데 있어서, ~할 때
- **wāƙā** nf. (pl. wāƙōƙī, wāƙe-wāƙe) 노래, 시
- **wākē** nm. 콩
- **wàllāhì** excl. (힘이 들었다거나 어려웠다거나 앉좋았다는 것을 강조하는데 쓰는 말) 맹세코, 아주
- **wandà** rel. pro. (f. waddà, waccè, pl. waɗàndà) (관계대명사로서 영어의 the one who, who, that which, which 에 해당함) ~하는 사람, ~하는 것, (앞에 선행사를 수반하여) ~하는
- **wàndō** nm. (pl. wandunā̀) 바지
- **wànè** inter. dem. (f. wàcè, pl. wàɗànnè) 어느, 어떤, 어느 쪽의
- **wā̀nē nề** inter. pro. (f. wā̀cē cề, pl. su wā̀nē nè) 누구세요?, (~가) 누군데요?, 누구에게?
- **wani** indef. pro. (f. wata, pl. wasu) ① 어떤 사람, 어떤 것, 또 다른 사람, 또 다른 것 ② dem. 어떤
- **wankề** v4tr. (vn. wankì) (몸, 얼굴, 그릇, 옷) 씻다, 빨다
- **wànnē** inter. pro. (f. wàccē, pl. wàɗànnē) 어느 것, 어느 쪽
- **wàrhakà** adv. 이맘때
- **wārī** nm. 악취
- **warkề** v4intr. 치료되다, 낫다, 회복하다
- **wā̀sā** nm. (pl. wā̀sànnī) 게임 yi wā̀sā 놀다, 장난치다 'yan wā̀sā 선수 'yan wā̀san kurkìt 크리켓 선수
- **wàsīƙā̀** nf. (pl. wàsīƙū) 편지 wàsīƙā̀ ta jirgin samà 항공우편
- **watā̀** nm. (pl. wàtànnī) ① 달 ② 월
- **wataƙīlà** adv. 아마도
- **wāwā** nm. & adj. (f. wāwā, pl. wāwā̀yē) 바보, 어리석은
- **wayā̀** nf. 1. 철사줄, 전선 2. 건(걸려온) 전화 gidan wayā̀ 우체국
- **wāyar dà** v5 계몽하다
- **wā̀yō** nm. 영리함
- **wucề** v4tr. & intr. 1. 초과하다, 넘어서다 2. (시간, 요일, 날짜) 지나가다 3. 죽다
- **wuƙā** nf. (pl. wuƙā̀ƙē) 칼
- **wulākàntā** v1tr. 창피를 주다
- **wùlā̀kàntu** v7. 완전히 창피를 당하다
- **wunì** = yinì v3 (낮을 중심으로) 하루를 보내다
- **wunī̀** nm. 하루를 보냄
- **wuri** adv. (dà 와 함께 쓰여) 일찍, 제 시간에
- **wurī** nm. (pl. wurā̀rē) 장소
- **wurin** prep. 1. ~한테, ~에 2. ~중에 sunā̀ wurin aikī̀ (그들은 작업 중에 있다)
- **wutā** nf. 1. (전기의 또는 모든 종류의) 불 2. 전기 būdè wutā 발포하다

Y

- **yaddà** rel. adv. 어떻게 ~하는 지, ~하는 방법
- **yājī̀** nm. 1. 톡 쏘는 맛을 지닌 후추, 생강 같은 향신료, 양념 따위를 총칭하는 말 2. (후추, 생강 따위의) 매움 3. yājìn aikī̀ 파업 yi yājìn aikī̀ 파업하다

- **yāƙī̀** nm. (pl. yā̀ƙe-yā̀ƙe) 전쟁 yi yāƙī̀ dà ~와 전쟁하다
- **yâmma** nf. & adv. 1. 서쪽, 서쪽으로 2. (보통 dà 또는 na 와 함께 쓰임) 오후에
- **yâmmā** nf. 오후
- **yammacin** prep. ~의 서쪽에
- **yànkā** (i/ē) v2 (vn. yankā) 베어내다, 잘라내다
- **yankà̄** v1tr. (vn. yankā) 1. ~을 째다 2. (동물을) 목을 따서 도살하다, 죽이다
- **yankḕ** v4tr.& intr. 1. 줄어들다, 부족하다 2. (간접목적어와 함께 쓰여 전기 따위를) 끊다 3. yankḕ wà … hukuncìn … ~에게 ~의 판결을 내리다
- **yànku** v7 도살되다, 죽다
- **yànzu** adv. 지금 har yà zuwà̄ yànzu = har zuwà̄ yànzu = har yànzu 지금까지
- **yàrda** v3 동의하다
- **yārṑ** nm. (f. yārinyà̄, pl. yârā) 소년/소녀
- **yâu** nf. & adv. 오늘
- **yàushè** = **yàushē** inter. adv. 언제?
- **yawà̄** nm. 많음 dà yawà̄ = mài yawà̄ 많은 yi yawà̄ 많다
- **yāwṑ** nm. (pl. yā̀wàce-yā̀wàce) 산책, 거닐음 yi yāwṑ 산책하다, 거닐다
- **yā̀yà̄** inter. adv. 어떻게
- **yi** vt. 하다, 만들다
- **yiwō** v6tr. 해오다
- **yìwu** v7 가능하다
- **Yūlì** nm. 7월
- **Yūnì** nm. 6월
- **yunwà̄** nf. 배고픔, 허기

'Y

- **'yam mātā** n.pl. 1. 소녀들 2. 젊은 여자

Z

- **zā̀ɓā** (i/ē) (vn. zā̀ɓē) 1. 선택하다, 고르다 2. 선출하다, 뽑다
- **zāɓḕ** v4tr. 모두 선택하다, 모두 고르다
- **zāfàfā** v1tr. 1. 덥히다, 데우다 2. (간접목적어를 취해서) 화나게 하다
- **zā̀fafà** v3 1. 덥혀지다, 데워지다 2. (논쟁 따위가) 격해지다
- **zāfī** nm. 1. 더움, 뜨거움, 더위, 열 yi zāfī 덥다, 뜨겁다 2. (병이나 고통의) 심함, 강렬함
- **zā̀gā** (i/ē) v2 (vn. zāgī̀) 욕하다, (상스럽고 공격적인 말로) 모욕하다
- **zāgī̀** nm. (pl. zā̀ge-zā̀ge) 1. 욕, 모욕 2. 동사 zā̀gā 의 동명사형
- **zàkarà̄** nm. (pl. zàkàrū) 수탉
- **zākī̀** nm. (f. zākanyà̄, zākī̀, pl. zākōkī) 사자
- **zāƙī** nm. 1. 단맛, 달콤함 2. 즐거움, 유쾌함
- **zama** v3 1. ~이다 2. ~이 되다
- **zāmànī** nm. 시대 na zāmànī 현대의 Hausa ta zāmànī = Hausar yâu (현대 하우사어) ɗan zāmànī 현대인 adàbin zāmànī 현대문학 à zāmànin nàn 오늘날 à zāmànin dâ 옛날에 Allàh yà jā zāmàninkà (오래 사십시요)
- **zambàr** nm. 천

- **zānā** nf. (pl. zȁnàkū) 담을 치거나 지붕을 덮는데 사용되는 풀로 된 직사각형의 돗자리
- **zàncē** nm. (pl. zantukȁ) 1. 대화, 말 2. 주제, 문제
- **zàngà-zangà** nf. 시위, 데모 mȁsu zàngà-zangà 시위대 yi zàngà-zangà 시위하다, 데모하다
- **zaunȁ** v1intr. 1. 앉다 2. 살다, 머무르다
- **zaunar dà** v5 1. 앉히다 2. 정착시키다
- **zàunu** v7 (도시, 성채) 잘 자리잡다
- **zaurȅ** nm. (pl. zaurukȁ) 자우레 (손님이 왔을 때 거실로 맞아들이기 전에 잠시 거처하게 하는 문 옆의 방)
- **zìyartȁ** (i/ē) v2 (vnf. zìyartȁ) 방문하다
- **zō** vi. (vn. zuwȁ) 오다
- **zû** nm. (= gidan zû) 동물원
- **zubȁ** v1tr. 1. (~에) 쏟다, 붓다, 따르다 2. (여러 개를) 넣다, 삽입하다, 주입하다 3. ~을 많이 하다
- **zubar dà** = zub dà v5 (액체를) 쏟아버리다, 부어버리다, 따라버리다
- **zubȅ** v4intr. 1. 완전히 새어나가다, 흘러나가다 2. (벽이) 무너지다, 붕괴하다 3. 야위어지다
- **zūcìyā** nf. (pl. zukȁtā, zūciyōyī) 1. 심장 2. 마음
- **zumȁ** nm. 1. 꿀 2. 벌 (= ƙudan zumȁ)
- **zurfàfā** v1tr. 깊게 하다
- **zùrfafà** v3 깊어지다
- **zurfī** nm. 깊음 zurfin cikī̀ 과묵함, 속이 깊음
- **zuwȁ-zuwȁ** adv. 때때로, 이따금
- **zuwȁ** nm. & prep. 1. 도착 2. 동사 zō 의 동명사형 3. (장소) ~로 4. zuwȁ gȁ 편지의 서두에 오는 호칭 zuwȁ gȁ Malàm Audù (아우두 선생님께) 5. ~까지

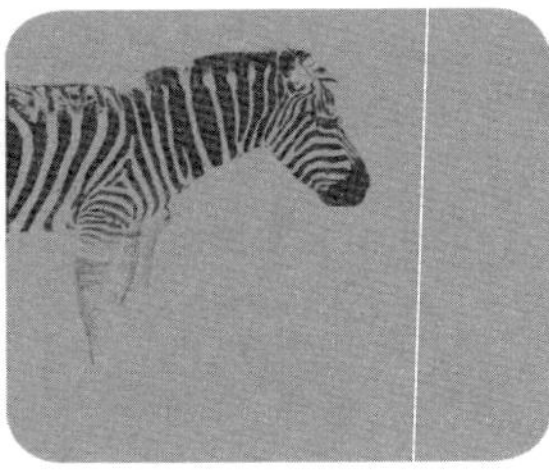

TABLES OF PRONOUNS

완료양상 대명사

		단수	복수
1인칭		nā tàfi	mun tàfi
2인칭	남성	kā tàfi	kun tàfi
	여성	kin tàfi	
3인칭	남성	yā tàfi	sun tàfi
	여성	tā tàfi	
	비인칭	an tàfi	

		단수	복수
1인칭		bàn tàfi ba	bà mù tàfi ba
2인칭	남성	bà kà tàfi ba	bà kù tàfi ba
	여성	bà kì tàfi ba	
3인칭	남성	bài tàfi ba	bà sù tàfi ba
	여성	bà tà tàfi ba	
	비인칭	bà à tàfi ba	

진행양상 대명사

		단수	복수
1인칭		inā̀ zuwā̀	munā̀ zuwā̀
2인칭	남성	kanā̀ zuwā̀	kunā̀ zuwā̀
	여성	kinā̀ zuwā̀	
3인칭	남성	yanā̀ zuwā̀	sunā̀ zuwā̀
	여성	tanā̀ zuwā̀	
	비인칭	anā̀ zuwā̀	

		단수	복수
1인칭		bā nā̀ zuwā̀	bā mā̀ zuwā̀
2인칭	남성	bā kā̀ zuwā̀	bā kwā̀ zuwā̀
	여성	bā kyā̀ zuwā̀	
3인칭	남성	bā yā̀ zuwā̀	bā sā̀ zuwā̀
	여성	bā tā̀ zuwā̀	
	비인칭	bā ā̀ zuwā̀	

미래양상 대명사

		단수		복수	
		미래양상 1	미래양상 2	미래양상 1	미래양상 2
1인칭		zân zō	nâ zō	zā mù zō	mâ/mwâ zō
2인칭	남성	zā kà zō	kâ zō	zā kù zō	kwâ zō
	여성	zā kì zō	kyâ zō		
3인칭	남성	zâi zō	yâ zō	zā sù zō	sâ/swâ zō
	여성	zā tà zō	tâ zō		
	비인칭	zā à zō	â zō		

		단수		복수	
		미래양상 1	미래양상 2	미래양상 1	미래양상 2
1		bà zân zō ba	bà nâ zō ba	bà zā mù zō ba	bà mâ/mwâ zō ba
2	남	bà zā kà zō ba	bà kâ zō ba	bà zā kù zō ba	bà kwâ zō ba
	여	bà zā kì zō ba	bà kyâ zō ba		
3	남	bà zâi zō ba	bà yâ zō ba	bà zā sù zō ba	bà sâ/swâ zō ba
	여	bà zā tà zō ba	bà tâ zō ba		
	비	bà zā à zō ba	bà â zō ba		

습관을 나타내는 양상 대명사

		단수	복수
1인칭		na kàn	mu kàn
2인칭	남성	ka kàn	ku kàn
	여성	ki kàn	
3인칭	남성	ya kàn	su kàn
	여성	ta kàn	
	비인칭	a kàn	

직접목적대명사

	선행하는 동사의 성조가 저성조 일 때	선행하는 동사의 성조가 고성조일 때
1인칭 단수	ni	nì
2인칭 단수 (남성)	ka	kà
2인칭 단수 (여성)	ki	kì
3인칭 단수 (남성)	shi	shì
3인칭 단수 (여성)	ta	tà
1인칭 복수	mu	mù
2인칭 복수	ku	kù
3인칭 복수	su	sù

직접목적대명사

		단수	복수
1인칭		minì / manì / mîn	manà / mamù / mumù
2인칭	남성	makà / mâ / mā	mukù / makù
	여성	mikì / makì / mâ / mā	
3인칭	남성	masà / mishì / mai / mâr	musù / masù
	여성	matà	

독립대명사

		단수	복수
1인칭		nī	mū
2인칭	남성	kai	kū
	여성	kē	
3인칭	남성	shī	sū
	여성	ita	

소유대명사

비분리 소유대명사

	yārō̃ nm. 소년	gōnā nf. 농장
1인칭 단수	yārō̃nā 나의 소년	gōnātā 나의 농장
2인칭 단수 (남성)	yārònkà 너의 소년	gōnarkà 너의 농장
2인칭 단수 (여성)	yārònkì 너의 소년	gōnarkì 너의 농장
3인칭 단수 (남성)	yārònsà 그의 소년	gōnarsà 그의 농장
3인칭 단수 (여성)	yāròntà 그녀의 소년	gōnartà 그녀의 농장
1인칭 복수	yārònmù 우리들의 소년	gōnarmù 우리들의 농장
2인칭 복수	yārònku 너희들의 소년	gōnarkù 너희들의 농장
3인칭 복수	yārònsù 그들의 소년	gōnarsù 그들의 농장

분리 소유대명사

	남성형	여성형
1인칭 단수	nā̀wa	tā̀wa
2인칭 단수 (남성)	nākà	tākà
2인칭 단수 (여성)	nākì	tākì
3인칭 단수 (남성)	nāsà	tāsà
3인칭 단수 (여성)	nātà	tātà
1인칭 복수	nāmù	tāmù
2인칭 복수	nākù	tākù
3인칭 복수	nāsù	tāsù

과거분사

동사	과거분사			
	남성	여성	복수	뜻
ɓatà v3 분실되다	ɓàtaccē	ɓàtacciyā	ɓàtàttū	분실된
dafà̄ v1tr. 요리하다	dàfaffē	dàfaffiyā	dàfàffū	요리된
tabbàtā v1tr. 확신하다	tàbbàtaccē	tàbbàtacciyā	tàbbàtàttū	확실한
rubū̀tā v1tr. 쓰다	rùbū̀taccē	rùbū̀tacciyā	rùbū̀tàttū	쓰여진
kwararràɓē v4intr. 다 낡다	kwàràrràɓaɓɓē	kwàràrràɓaɓɓiyā	kwàràrràɓàɓɓū	다 낡은, 고물이 다 된
cìka v3 가득차다	cìkakkē	cìkakkiyā	cìkàkkū	가득찬, 완전한
haɗà̄ v1tr. 결합하다, 잇다	hàɗaɗɗē	hàɗaɗɗiyā	hàɗàɗɗū	결합된
fasà̄ v1tr. 부서지다, 깨지다	fàsasshē	fàsasshiyā	fàsàssū	부서진, 깨진
ƙwarè̄ v4intr. 숙련되다	ƙwàrarrē	ƙwàrarriyā	ƙwàràrrū	숙련된
bazà̄ v1tr. 펴다	bàzajjē	bàzajjiyā	bàzàzzū	펴진
ɗinkà̄ v1tr. 꿰매다	ɗìnkakkē	ɗìnkakkiyā	ɗìnkàkkū	꿰매진
gasà̄ v1tr. 굽다	gàsasshē	gàsasshiyā	gàsàssū	구워진
niƙà̄ v1tr. 갈다	nìƙaƙƙē	nìƙaƙƙiyā	nìƙàƙƙū	갈아진
sā̀rā v2. (장작을) 패다, (나무를) 자르다	sā̀rarrē	sā̀rarriyā	sā̀ràrrū	베어진
shàharà v3 유명하다	shàhàrarrē	shàhàrarriyā	shàhàràrrun	유명한
ìsā v2 충분하다	ìsasshē	ìsasshiyā	ìsàssū	충분한
sōyà̄ v1tr. 튀기다	sṑyayyē	sṑyayyiyā	sṑyàyyū	튀겨진

동사	과거분사			
	남성	여성	복수	뜻
tafàsā v1tr. 삶다	tàfàsasshē	tàfàsasshiyā	tàfàsàssū	삶아진
sàtā v2 훔치다	sàtaccē	sàtacciyā	sàtàttū	훔쳐진
lālàtā v1tr. 망가뜨리다	làlàtaccē	làlàtacciyā	làlàtàttū	망가진, 부패한
tsērè v4intr. 탈출하다	tsèrarrē	tsèrarriyā	tsèràrrū	탈출한
būshè v4intr. 마르다	bùsasshē	bùsasshiyā	bùsàssū	마른
sanì vtr. 알다	sànannē	sànanniyā	sànànnū	유명한

파생명사

행위자를 뜻하는 명사

남성형	여성형	복수형	뜻	파생
maƙàryàcī	maƙaryacìyā	maƙàryàtā	거짓말쟁이	ƙaryàtā v1tr. 부인하다, 부정하다
maɗìnkī	maɗinkìyā	maɗìnkā	재단사	ɗinkà̄ v1tr. 바느질하다
mafàràucī	Ø	mafàràutā	사냥꾼	fàrautà̄ v2 사냥하다
mabìyī	mabiyìyā	mabìyā	추종자	bi vtr. 따라가다
ma'àikàcī	ma'aikacìyā	ma'àikàtā	노동자, 일꾼	aikàtā v1tr. 수행하다
magìnī	Ø	magìnā	건축업자, 옹기장이	ginà̄ v1tr. 짓다
majè̄mī	Ø	majè̄mā	무두장이, 제혁업자	jēmà̄ v1tr. 무두질하다
maƙè̄rī	Ø	maƙè̄rā	대장장이	ƙērà̄ v1tr. (쇠를) 벼리다
marùbū̀cī	marubūcìyā	marùbū̀tā	작가	rubū̀tā v1tr. 쓰다
magā̀jī	magājìyā	magā̀dā	상속인	gā̀dā v2tr. 상속하다
mahàifī	mahaifìyā	mahàifā	아버지/어머니/부모	hàifā v2 낳다
mahàukàcī	mahaukacìyā	mahàukàtā	미친사람	haukàcē v4intr. 미치다
makàshī	makashìyā	makàsā	살인자	kashè̄ v4tr. 죽이다
masṑyī	masōyìyā	masṑyā	애인	sō vtr. 좋아하다
maƙìyī	maƙiyìyā	maƙìyā	적	ƙi vtr. 거절하다
matàfiyī	matafiyā	matàfiyā	여행자	tàfi vintr. 가다
matàmbàyī	matambayìyā	matàmbàyā	질문자	tàmbayà̄ v2 묻다

도구를 뜻하는 명사

단수형	복수형	뜻	파생
mabūɗī	màbū̀ɗai	열쇠	būɗè̄ v4tr. 열다
madūbī	màdū̀bai	거울	dūbà̄ v1tr. 주시하다
magwajī	màgwàdai	재는 막대기	gwadà̄ v1tr. 재다, 측정하다

장소를 뜻하는 명사

단수형	복수형	뜻	파생
makarantā	màkàràntai = màkàràntū	학교	karàntā v1tr. 읽다
makarkatā	màkàrkàtū	탈선의 장소	kàrkatà v3 벗어나다, 탈선하다
ma'aunā	mà'àunai	곡물시장, 곡물가게	aunā̀ v1tr. (무게를) 재다, 달다
makasā	màkàsai	급소	kashḕ v4tr. 죽이다
maƙērā	màƙḕrai	대장간	ƙērā̀ v1tr. (쇠를) 벼리다

하우사어 문법

초판 1쇄발행 2012년 2월 20일
초판 2쇄발행 2012년 2월 28일

지 은 이 장태상
펴 낸 이 박 철
기 획 권원순 Director, University Press
편 집 탁경구 Executive Knowledge Contents Creator
편집진행1 신선호 Chief e-Contents Creator
편집진행2 정재원 Chief Contents Creator
마 케 팅 김태문 Chief Marketing Creator
재무관리 김혜영 Chief Managing Creator
발 행 처 한국외국어대학교 출판부
130-791 서울특별시 동대문구 이문동 270
전화 02)2173-2495, 2496
팩스 02)2173-3363
홈페이지 http://press.hufs.ac.kr
전자우편 press@hufs.ac.kr
출판등록 ■ 제6-6호(1969. 4. 30)
편집·디자인 (주)이환디앤비 02)2254-4301
인쇄·제본 (주)SM C&P 02)468-6100

ISBN 978-89-7464-717-9 93790 정가 25,000원
ISBN 978-89-7464-725-1 (세트)

한국외국어대학교 아프리카연구소
인문한국(HK)사업단 아프리카어학총서 1

* 잘못된 책은 교환하여 드립니다.